Shell-Programmierung ... im Alleingang

Springer
*Berlin
Heidelberg
New York
Barcelona
Budapest
Hongkong
London
Mailand
Paris
Santa Clara
Singapur
Tokio*

Peter Termöllen

Shell-Programmierung ... im Alleingang

Die Korn-Shell in der Praxis

Zweite Auflage
Mit Diskette

 Springer

Peter Termöllen
Talstraße 6
65719 Hofheim

Die Deutsche Bibliothek – CIP-Einheitsaufnahme

Shell-Programmierung ... im Alleingang : die Korn-Shell in der Praxis / Peter Termöllen. – Berlin; Heidelberg; New York; Barcelona; Budapest; Hongkong; London; Mailand; Paris; Santa Clara; Singapur; Tokio: Springer.
ISBN 3-540-61721-3
NE: Termöllen, Peter
Buch. – 2. Aufl. – 1997
Diskette.– 2. Aufl. – 1997

ISBN 3-540-61721-3 Springer-Verlag Berlin Heidelberg New York

ISBN 3-540-56344-X 1. Aufl. Springer-Verlag Berlin Heidelberg New York

Dieses Werk ist urheberrechtlich geschützt. Die dadurch begründeten Rechte, insbesondere die der Übersetzung, des Nachdrucks, des Vortrags, der Entnahme von Abbildungen und Tabellen, der Funksendung, der Mikroverfilmung oder der Vervielfältigung auf anderen Wegen und der Speicherung in Datenverarbeitungsanlagen, bleiben, auch bei nur auszugsweiser Verwertung, vorbehalten. Eine Vervielfältigung dieses Werkes oder von Teilen dieses Werkes ist auch im Einzelfall nur in den Grenzen der gesetzlichen Bestimmungen des Urheberrechtsgesetzes der Bundesrepublik Deutschland vom 9. September 1965 in der jeweils geltenden Fassung zulässig. Sie ist grundsätzlich vergütungspflichtig. Zuwiderhandlungen unterliegen den Strafbestimmungen des Urheberrechtsgesetzes.

© Springer-Verlag Berlin Heidelberg 1993, 1997
Printed in Germany

Die Wiedergabe von Gebrauchsnamen, Handelsnamen, Warenbezeichnungen usw. in diesem Werk berechtigt auch ohne besondere Kennzeichnung nicht zu der Annahme, daß solche Namen im Sinne der Warenzeichen- und Markenschutz-Gesetzgebung als frei zu betrachten wären und daher von jedermann benutzt werden dürften.

Die in diesem Buch vorgestellten Beispielprogramme dürfen ohne Genehmigung und weitere Vergütung als Grundlage für die Erstellung kommerzieller Programme verwendet werden. Werden die Beispielprogramme erweitert, so darf die Copyright-Erklärung im Quelltext der Beispielprogramme um eigene Urheberrechtserklärungen erweitert werden. Die Verwendung der Quelltexte für Schulungen oder Publikationen ist, auch bei auszugsweiser Verwendung, grundsätzlich genehmigungs- und vergütungspflichtig.

Der Springer-Verlag ist nicht Urheber der Beispielprogramme, sondern stellt diese nur zur Verfügung. Der Verlag weist darauf hin, daß Software nicht fehlerfrei erstellt werden kann; der Leser muß daher die Korrektheit der Beispielprogramme in geeigneter Weise überprüfen.

Einbandgestaltung: Künkel + Lopka Werbeagentur, Heidelberg
Satz: Reproduktionsfertige Vorlage vom Autor
Fotobelichtung: perform, Heidelberg

SPIN: 10551223   33/3142 - 5 4 3 2 1 0 – Gedruckt auf säurefreiem Papier

... Dank und Widmung

Mein Dank gilt allen Personen, die mich während der Erstellung des Buches unterstützt haben.

Herr Dr. Schnupp muß dabei an erster Stelle stehen, denn er hat das ganze Vorhaben überhaupt erst ermöglicht, indem er das Ausgangsmaterial kritisch begutachtete. Dank auch dem Verlag, insbesondere Herrn Dr. Barabas, der mit Rat und Tat zur Verfügung stand. Vor allem Robert Barton sowie Dieter Harig, Michael Lebert und Susanne Vaitl gaben mir durch wiederholtes Korrekturlesen wertvolle Hinweise.

Gewidmet meinem Sohn Marcel, der noch vor Drucklegung der ersten Auflage zur Welt kam, meiner Tochter Vanessa und meiner Frau Anke, die mich in allen Phasen der Entstehung des Buches tatkräftig unterstützt hat.

Peter Termöllen

Vorwort zur zweiten Auflage

Als die IBM Bildungsgesellschaft nach Erscheinen der ersten Auflage mit der Bitte auf mich zugekommen ist, auf der Basis dieses Buches ein AIX-Seminar zu gestalten, war ich natürlich sehr erfreut, das Thema einer großen Zahl von Anwendern bereitstellen zu können. Auf diese Weise ist das Kursprogramm "UNIX/AIX für fortgeschrittene Anwender" entstanden, das den Inhalt des Buches in komprimierter Form wiedergibt und den Teilnehmern zusammen mit diesem Buch als Seminarunterlage zur Verfügung gestellt wird.

Die Idee des Buches "... im Alleingang" konnte also unmittelbar in die Praxis umgesetzt werden und aufgrund der positiven Rückmeldungen sowie Erfahrungen als Referent in diesen Kursen kann man abschließend feststellen: das Buch hat seine Bewährungsprobe bestanden.

Aufgrund der Anregungen und zahlreichen Diskussionen während der letzten drei Jahre habe ich mich entschlossen, das Buch um eine Kurzübersicht der Tools `awk` und `sed` zu erweitern, um so das Thema Shell-Programmierung sinnvoll abzurunden.

Ich wünsche Ihnen auch weiterhin viel Spaß und Erfolg beim Durcharbeiten des Buches.

Inhaltsverzeichnis

1.	**Einleitung**	**1**
1.1.	Zielsetzung des Buches	3
1.2.	Voraussetzungen	3
1.3.	Themenübersicht der Prozeduren	5
1.4.	Installation der Diskette auf die Festplatte	6
1.5.	Arbeiten mit den Prozeduren	7
1.6.	Übersicht aller Prozeduren anzeigen	9
1.7.	Die Prozeduren richtig plazieren	9
1.8.	Die Prozeduren der Adreßverwaltung	9
1.9.	Sprachgegebenheiten	10
1.10.	Her mit der Korn-Shell	10
2.	**Shell-Prozeduren**	**13**
2.1.	Kapitelübersicht	13
2.2.	Aufbau einer Prozedur	15
2.3.	Aufruf einer Shell-Prozedur	17
	Aufruf als Argument der Shell	17
	Der Aufruf durch Eingabe des Dateinamens	19
2.4.	Beispiele für Shell-Prozeduren	21
2.5.	Prozeduren im UNIX-Umfeld	23
2.6.	Kommentare	24
2.7.	Identifikation einer Prozedur	25
2.8.	Die Wahl der Shell	26
2.9.	Fehlersuche	30
3.	**Argumente übergeben**	**33**
3.1.	Kapitelübersicht	33
3.2.	Einleitung	34
3.3.	Die Positionsparameter $1 bis $n	35
3.4.	Die Variable $*	38
3.5.	Die Variable "$@"	39

Inhaltsverzeichnis

3.6. Die Variable `$#` 39
3.7. Der Befehl `shift` 40
3.8. Argumente und Leerzeichen.. 42
3.9. Daten von der Tastatur einlesen 44
3.10. Daten aus dem Environment lesen 50
3.11. Parametersubstitution 58

4. Daten zurückgeben 63

4.1. Kapitelübersicht.. 63
4.2. Die Umgebung der aktuellen Shell verändern................. 64
4.3. Der Aufruf mit dem Punkt.. 67
4.4. Die Rückgabe von Daten.. 70

5. Vordefinierte Variablen der Shell 73

5.1. Kapitelübersicht.. 73
5.2. Die Variable `$0` 74
5.3. Die Variable `$$` 75
5.4. Die Variable `$?` 75
5.5. Die Variable `$!` 76

Adreßkartei Teil 1 79

Kapitelübersicht.. 79
Allgemeine Beschreibung... 80
Die Prozeduren der Diskette übernehmen....................... 81
Anlegen einer Adresse... 82
Alle Adressen ausgeben... 84
Suchen einer Adresse.. 84
Löschen einer Adresse... 85
Ein Beispieldurchlauf 86
Die Adreßdatei wechseln.. 88
Geplante Änderungen in Teil 2 90

6. Kommandosubstitution 91

6.1. Kapitelübersicht.. 91
6.2. Die umgekehrten Anführungszeichen `` `...` `` 92
6.3. Mehrzeilige Ausgaben.. 93
6.4. Die einfachen Anführungszeichen `'...'` 95
6.5. Die doppelten Anführungszeichen `"..."` 95
6.6. Argumente generieren 97
6.7. Zuweisung an Variablen 100
6.8. Der Befehl `set` und die Kommandosubstitution......... 103
6.9. Die Variable `IFS` 106
6.10. Unter die Lupe genommen 112

7. Integerarithmetik 115

- 7.1. Kapitelübersicht 115
- 7.2. Der Befehl `expr` 116
- 7.3. Arithmetik mit dem Befehl `let` 117
- 7.4. Eine alternative Schreibweise von `let` 119
- 7.5. Der Datentyp `integer` 120

Adreßkartei Teil 2 125

- Kapitelübersicht 125
- Übersicht der Änderungen 126
- Anzeigen einer Adresse 127
- Änderung der Prozedur `suchen` 128
- Ein Beispieldurchlauf 128
- Geplante Änderungen in Teil 3 133

8. Entscheidungen treffen 135

- 8.1. Kapitelübersicht 135
- 8.2. Erfolg/Mißerfolg von Kommandos 136
- 8.3. Der Rückgabewert in `$?` 137
- 8.4. Der Befehl `exit` 139
- 8.5. Die bedingte Anweisung `if` 140
- 8.6. `if` und die Kommandoverkettung 143
- 8.7. Das Kommando `test` 150
  - Zeichenketten vergleichen 152
  - Vergleich ganzer Zahlen 159
  - Die Argumente einer Prozedur überprüfen 161
  - Ganze Zahlen vergleichen mit `let` 166
  - Den Status von Dateien abfragen 169
  - Eine alternative Schreibweise von `test` 173
  - Der Negationsoperator `!` 174
  - Ausdrücke logisch verknüpfen 174
  - Eine Erweiterung von `test` in SVR4 178
- 8.8. Anwendungsbeispiel: Das sichere Löschen 179
- 8.9. Die Fallunterscheidung mit `elif` 188

Adreßkartei Teil 3 193

- Kapitelübersicht 193
- Übersicht der Änderungen 194
- Änderung der Prozedur `anlegen` 195
- Änderung der Prozedur `suchen` 196
- Änderung der Prozedur `loeschen` 198
- Ein Beispieldurchlauf 200
- Geplante Änderungen in Teil 4 204

9. Weitere Entscheidungen 205

- 9.1. Kapitelübersicht 205
- 9.2. Die Befehle `&&` und `||` 206
- 9.3. Anwendungsbeispiel: Das sichere Löschen 211
- 9.4. Die Anweisung `case` 216
- 9.5. `case` und die Wildcard-Zeichen 219
  - Die Verarbeitung von Optionen 223
- 9.6. Alternative Vergleichsmuster 228
- 9.7. Ein Auswahlmenü mit `case` 231

Adreßkartei Teil 4 235

- Kapitelübersicht 235
- Übersicht der Änderungen 236
- Ja/Nein-Abfragen gestalten 237
- Das Hauptprogramm der Adreßverwaltung 237
- Das Ändern einer Adresse 239
- Änderung der Prozedur `suchen` 241
- Änderung der Prozedur `loeschen` 242
- Ein Beispieldurchlauf 243
- Geplante Änderungen in Teil 5 248

10. Schleifen 249

- 10.1. Kapitelübersicht 249
- 10.2. Die `while`-Schleife 250
  - Anwendungsbeispiel: Ein Auswahlmenü 254
- 10.3. Die `until`-Schleife 258
- 10.4. Die `for`-Schleife 263
  - Argumente bearbeiten 265
  - `for` und die Dateinamengenerierung 267
  - `for` und die Kommandosubstitution 271
- 10.5. Der Befehl `continue` 277
  - Anwendungsbeispiel: Das sichere Löschen 281
- 10.6. Endlosschleifen 286
  - Die Gestaltung von Ja/Nein-Abfragen 287
  - Der Befehl `break` 289
  - Anwendungsbeispiel: Dämonen 296
- 10.7. Ein-Ausgabeumlenkung 306
  - Die Ausgabeumlenkung an ein Kommando 308
  - Dateien lesen mit der Eingabeumlenkung 310
  - Kommandoausgaben lesen 313

Adreßkartei Teil 5 .... **319**

    Kapitelübersicht 319
    Übersicht der Änderungen 320
    Änderung der Ja/Nein-Abfrage 321
    Änderung der Prozedur `adr` 322
    Ändern, Löschen und Suchen von Adressen 323
    Änderung der Prozedur `aendern` 324
    Änderung der Prozedur `loeschen` 327
    Änderung der Prozedur `suchen` 329
    Die Prozedur `tel` 329
    Ein Beispieldurchlauf 331
    Geplante Änderungen in Teil 6 336

11. Das Umlenken von Daten **337**

11.1. Kapitelübersicht 337
11.2. Umlenkung mit dem Befehl `exec` 338
11.3. Die Benutzung von Dateideskriptoren 340
11.4. Here-Dokumente (In-line-Eingabeumleitung) 342
11.5. Anwendungsbeispiel: Fließkommaberechnungen 346
11.6. Anwendungsbeispiel: Datensicherung 347

12. Auswahlmenüs **351**

12.1. Kapitelübersicht 351
12.2. Die `select`-Anweisung 352
12.3. Anwendungsbeispiel: Das sichere Löschen 360

13. Zeichenketten formatieren **363**

13.1. Kapitelübersicht 363
13.2. Der Befehl `typeset` 364
       Variablen Formate zuweisen 367
       Variablen vor dem Überschreiben schützen 369
       Variablen exportieren 370
       Das Zurücksetzen von Optionen 371
       Anzeigen der definierten Variablen 372
       Die Aufbereitung von Ausgaben 373
13.3. Zeichenketten bearbeiten mit `expr` 380
       Den Inhalt einer Zeichenkette überprüfen 384
       Teilzeichenketten ausschneiden 387

Adreßkartei Teil 6 393
Kapitelübersicht 393
Übersicht der Änderungen 394
Änderung der Prozedur `anzeigen` 396
Änderung der Prozedur `tel` 400
Die Auswahl einer Adreßkartei 402
Änderung der Prozedur `adr` 403
Ein Beispieldurchlauf 405
Geplante Änderungen in Teil 7 410

14. Signale 411

14.1. Kapitelübersicht 411
14.2. Was sind Signale? 412
14.3. Signale abfangen mit `trap` 413
14.4. Signale abfangen und Beenden der Prozedur 417
14.5. Das Signal 0 - Verlassen der Shell 420
14.6. Signale ignorieren 421
14.7. Zurücksetzen von Signalen 428
14.8. Anzeigen der abgefangenen Signale 430
14.9. Anwendungsbeispiel: Das Terminal sperren 430
14.10. Geltungsbereich von Signalen 433

Adreßkartei Teil 7 443
Kapitelübersicht 443
Übersicht der Änderungen 444
Änderung der Prozedur `adr` 445
Auswahl einer Adreßkartei 447
Eingeben einer Adresse 447
Ändern von Adressen 448
Anlegen einer Adresse 449
Eine Adresse anzeigen 449
Formatierte Ausgabe 450
Suchen von Adressen 450
Löschen von Adressen 451
Gestalten von Ja/Nein-Abfragen 452
Telefonbuch aufschlagen 452
Terminal sperren 453
Ein Beispieldurchlauf 454
Die Adreßverwaltung richtig plazieren 457

15. Sammelsurium 459
- 15.1. Kapitelübersicht 459
- 15.2. Shell-Funktionen 460
  - Anzeigen der bisher definierten Funktionen 465
  - Die Variable ENV 466
  - Funktionen exportieren 466
  - Entfernen einer Funktionsdefinition 467
- 15.3. Anwendungsbeispiel: Archivieren von Daten 467
- 15.4. Der Geltungsbereich von Variablen 474
- 15.5. Der Befehl `type` 476
- 15.6. Der Befehl `eval` 476
- 15.7. Der Befehl `exec` 481

16. Kurzübersicht `awk` 487
- 16.1. Kapitelübersicht 487
- 16.2. Einleitung 488
- 16.3. Funktionsweise 488
- 16.4. Struktur eines `awk`-Programmes 489
- 16.5. Einfache Ausgaben 490
- 16.6. Formatierte Ausgaben 492
- 16.7. `BEGIN` und `END` 493
- 16.8. Aufrufsyntax 494
- 16.9. Eigene Variablen verwenden 495
- 16.10. Arithmetik und Vergleiche 496
- 16.11. Kontrollstrukturen und Befehle 496
- 16.12. Muster 497
- 16.13. Arrays 498
- 16.14. Eingebaute Funktionen 499
- 16.15. Eingebaute Variablen 500
- 16.16. Feldvariablen 500
- 16.17. Übungen 501
- 16.18. Lösungen 503

17. Kurzübersicht `sed` 505
- 17.1. Kapitelübersicht 505
- 17.2. Einleitung 506
- 17.3. Struktur eines `sed`-Programmes 506
- 17.4. Editieranweisungen 506
- 17.5. Adressen 507
- 17.6. Funktionen 508
- 17.7. Beispiele 513

18. Übersicht 515
- 18.1. Kommandos 516
- 18.2. Environment (Korn-Shell) 542
- 18.3. Vordefinierte Variablen der Shell 543
- 18.4. Parametersubstitution 543
- 18.5. Tabellen und Sonderzeichen 544
- 18.6. Verzeichnis der Prozeduren 545
- 18.7. Schlußwort 551

Stichwortverzeichnis 553

1. Einleitung

Sie halten gerade den zweiten Teil der Reihe "... im Alleingang" in den Händen. Genau wie im ersten Band soll der Leser, ausgestattet mit Buch und Terminal, im Alleingang die Materie bis zu einem Grad durchwandern, der ihn langsam aber sicher zum UNIX-Spezialisten werden läßt. Dabei wird nicht der Anspruch erhoben, alles Wissen in einem gigantischen Werk zusammenzufassen. Vielmehr behandelt jeder Band ein in sich abgeschlossenes Thema. Der Leser kann sich, unabhängig von den anderen Bänden, neu in das Thema einarbeiten, vorhandenes Wissen ergänzen oder einfach auffrischen. Als UNIX-Neuling bietet es sich an, dem Pfad dieser Buchreihe zu folgen und sich nach und

nach in die verschiedenen Themengebiete einzuarbeiten. Jedes Buch beschreibt zusätzlich die erforderlichen Kenntnisse, so daß Sie ohne weiteres auch den direkten Einstieg in spezielle Themengebiete wagen können. Während sich der erste Band mit den Grundlagen des Betriebssystems beschäftigt, greift dieses Buch das Thema "Shell-Programmierung" auf. Sie sollten schon einige Zeit mit dem System gearbeitet haben und mit den Grundbegriffen des UNIX-Systems vertraut sein. Die genauen Voraussetzungen erfahren Sie im Anschluß an dieses Vorwort.

Mit der Einführung von UNIX-System V Release 4 wurde die Korn-Shell erstmals Bestandteil des Betriebssystems. Sie beinhaltet die Mechanismen der altbekannten Bourne-Shell und bietet darüber hinaus neue Möglichkeiten, die Sie im Verlauf dieses Buches genauer kennenlernen werden. Die einzelnen Kapitel des Buches sind so gegliedert, daß zunächst der Aufbau und die Wirkungsweise eines Befehls in der Theorie erläutert werden; kleinere Shell-Prozeduren fordern Sie dann auf, das Erlernte gleich in die Praxis umzusetzen, damit Ihnen die neuen Kommandos vertraut werden. In den folgenden Kapiteln lernen Sie nach diesem

Einleitung

Schema weitere Befehle kennen, und damit das Erlernte nicht in Vergessenheit gerät, werden zusätzlich die bisher behandelten Themen in die Prozeduren aufgenommen. Dadurch wird der Stoff der einzelnen Abschnitte anhand von praxisnahen Beispielen immer mehr vertieft und um neue Verfahren ergänzt.

Einen wesentlichen Bestandteil der Übungen bildet eine Adreßverwaltung, die in sieben Teile gegliedert ist und die Sie somit schrittweise entwickeln werden. Wenn Sie genügend neue Befehle kennengelernt haben, schließt sich ein weiterer Teil der Adreßverwaltung an. Hier werden Sie anhand einer konkreten Aufgabenstellung mit dem Einsatz und vor allem dem Zusammenspiel der bisher vorgestellten Befehle vertraut gemacht. Sie lernen Fehlersituationen zu vermeiden, Eingaben eines Benutzers zu verarbeiten, Ausgaben zu formatieren, Dateien zu bearbeiten und vieles mehr. In den unterschiedlichen Versionen der Adreßverwaltung werden Sie immer wieder Schwachstellen entdecken, die mit den Kommandos der folgenden Abschnitte behoben werden können. Durch das ständige Erweitern der einzelnen Komponenten sammeln Sie Erfahrung im Erstellen umfangreicher Prozeduren und lernen gleichzeitig typische Problemstellungen mit der Shell-Programmierung zu lösen. Doch keine Angst - Sie müssen die Programme nicht abschreiben. Das Buch enthält eine Diskette, die alle vorgestellten Prozeduren beinhaltet, so daß Sie gleich mit der Arbeit starten können.

Ich habe das Beispiel der Adreßverwaltung in meinen Schulungen verwendet und dabei die Erfahrung gemacht, daß die Teilnehmer mit viel Spaß und Begeisterung diese Aufgabe bewältigten. Viele Anregungen dieser Prozeduren wurden in den Kursen oft zum Anlaß genommen, eigene Problemstellungen mit der Shell-Programmierung zu lösen, obwohl diese nichts mit der Verwaltung von Adressen gemeinsam haben. Das vorrangige Ziel war, dem Teilnehmer die vielseitigen Möglichkeiten der Shell-Programmierung deutlich zu machen und ihn durch gezielte Aufgabenstellungen auf die spätere Praxis vorzubereiten. Das ist auch die Absicht dieses Buches und ich hoffe, Sie haben ebensoviel Spaß beim Erstellen der Prozeduren.

Peter Termöllen

1.1. Zielsetzung des Buches

Das Buch wendet sich hauptsächlich an Schulungsabsolventen, DV-Referenten, Softwareentwickler und angehende Systemverwalter, die in die Shell-Programmierung einsteigen oder ihr vorhandenes Wissen auffrischen möchten - aber auch die Insider unter Ihnen kommen auf ihre Kosten. Insbesondere diejenigen, die bisher mit der altbekannten Bourne-Shell gearbeitet haben, können ihr Wissen um den erweiterten Befehlsumfang der Korn-Shell ergänzen. Es kann als Begleitung und Ergänzung für Absolventen einer UNIX-Schulung dienen, die im Anschluß, ausgerüstet mit der beigefügten Diskette, alles noch einmal vertiefen wollen. Durch die vielen Beispiele werden Sie optimal auf die vielfältigen Aufgabenstellungen der Praxis vorbereitet. Wer dieses Buch liest und danach arbeitet, kann sich getrost als Kenner der Shell-Programmierung bezeichnen.

1.2. Voraussetzungen

Sie sollten mit den Grundlagen von UNIX vertraut sein und bereits einige Zeit mit dem System gearbeitet haben. Vorhandene Programmierkenntnisse wären hilfreich, sind aber nicht unbedingt erforderlich. Das Buch ist so konzipiert, daß auch Anfänger in die Grundlagen der Programmentwicklung eingeweiht werden. Wenn Sie "UNIX ... im Alleingang"[1] bereits gelesen haben, sind Sie bestens auf die Themen dieses Buches vorbereitet. Als Quereinsteiger in dieses Thema, sei es durch eine vorbereitende Grundlagen-Schulung, durch aufbauende Literatur oder durch ein Selbststudium, sollten Ihnen folgende Befehle und Verfahren bekannt sein:

❏ An- und Abmelden im System

❏ Kommunikation: `mail` und `write`

❏ Arbeiten mit dem Texteditor `vi` oder einem Editor Ihrer Wahl

❏ Das UNIX-Dateisystem
  - Aufbau von Dateien und Verzeichnissen
  - Das Heimatverzeichnis
  - Die Kommandos: `cd`, `pwd`, `ls`, `cp`, `mv`, `rm`, `mkdir`, `rmdir`, `cat`, `pg`, `find`

❏ Zugriffsrechte
  - Die Klassen der Zugriffsrechte: `r` (read), `w` (write), `x` (execute)
  - Zugriffsrechte verändern: `chmod`

---

[1] D.Harig: UNIX ... im Alleingang. 1993, Springer, Berlin, Heidelberg

Einleitung

❏ Archivierung von Daten
  - Die Kommandos: `tar` und `cpio`

❏ Mechanismen der Shell
  - Die Datei `.profile`
  - Ein-Ausgabeumlenkung mit: `<, >, >>, 2>`, Pipelines: `|`
  - Der Umgang mit Shell-Variablen
  - Dateinamensexpansion mit den Zeichen: `*, ?` und `[ ]`
  - Kommandogruppierung `{ ... }` und Subshells `( ... )`

❏ Grundsätzliche UNIX-Befehle
`grep, egrep`	Suche nach Mustern in Dateien
`sort`	Sortieren von Dateiinhalten
`who`	Anzeige der aktiven Benutzer
`wc`	Word count - Zeichen, Worte, Zeilen zählen
`cut`	Felder oder Spalten aus einem Text ausschneiden
`ps`	Aktive Prozesse auflisten
`echo`	Meldung auf dem Bildschirm ausgeben
`date`	Tagesdatum anzeigen

Folgende Nachschlagewerke helfen Ihnen den Stoff aufzufrischen:

- **UNIX ... im Alleingang. Für Einsteiger und Umsteiger**
  Dieter Harig, Springer-Verlag Berlin Heidelberg New York
  Eine grundlegende Einführung in das Betriebssystem UNIX. Eine sinnvolle Vorbereitung auf dieses Buch.

- **UNIX System V.4, Begriffe, Konzepte, Kommandos, Schnittstellen.**
  Vierte, überarbeitete Auflage.
  Gulbins/Obermayr, Springer-Verlag Berlin Heidelberg New York
  Dieses Buch ist ein hervorragendes Nachschlagewerk zum Thema UNIX.

- **UNIX-SYSTEM V/386 RELEASE 4 - User's Reference Manual**
  Erschienen bei: Prentice Hall, Route 9W, Englewood Cliffs, NJ 07632-9940
  In diesem Buch finden Sie detaillierte Beschreibungen aller benutzerspezifischen UNIX-Befehle. Es ist ein Buch aus einer Reihe von mehreren Bänden zum UNIX-System V Release 4, herausgegeben von AT&T.

1.3. Themenübersicht der Prozeduren

Das Buch wird Ihnen die Shell-Programmierung anhand von praxisnahen Beispielen vermitteln. Daher habe ich mich bemüht, meine Erfahrungen anhand von zahlreichen praxisnahen Beispielen an Sie weiterzugeben. Die annähernd 200 Shell-Prozeduren in diesem Buch sollen Sie ermuntern, das Erlernte gleich in die Tat umzusetzen, denn nur durch Übung werden Sie zum Meister.

Damit Sie die Beispiele nicht abschreiben müssen, liegt dem Buch eine Diskette bei, auf der Sie alle Prozeduren der einzelnen Kapitel wiederfinden.

- Adreßverwaltung mit den Funktionen: Anlegen, Suchen, Ändern und Löschen von Adressen.
- Komfortables Versenden von Post an die Mitbenutzer.
- Erstellen eines Telefonregisters mit den Funktionen: Eintragen und Suchen von Telefonnummern.
- Archivieren von Daten:
  - Der Umgang mit den Befehlen `cpio` und `tar`.
  - Das Sichern/Restaurieren der eigenen Datenbestände.
  - Tägliche Datensicherung: Das Sichern von Daten aller Benutzer Ihres Rechners.
  - Ein menügeführtes Programm zum Lesen, Schreiben und Formatieren von unterschiedlichen Datenträgern (Diskette, Band ...)
- Das "sichere" Löschen von Dateien:
  - Sie lernen Prozeduren kennen, mit denen Sie Dateien löschen und wiederherstellen können.
- Das Erstellen von Auswahlmenüs:
  - Anhand zahlreicher Beispiele lernen Sie, Ihre Prozeduren mit Hilfe von Auswahlmenüs "benutzerfreundlich" zu gestalten.
- Das Erstellen von sogenannten "Dämonen", die nützliche Dienste im Hintergrund anbieten:
  - Sie lernen eine Prozedur kennen, die alle 10 Minuten Sicherungskopien Ihrer Dateien erstellt.
- Sie lernen eine Prozedur kennen, mit der Sie das Terminal während Ihrer Abwesenheit sperren können.
- Zwei Prozeduren ermöglichen das Überwachen der An- und Abmeldung eines Benutzers.

Das folgende Kapitel beschreibt, wie Sie die Prozeduren der Diskette auf Ihre Festplatte übertragen können.

1.4. Installation der Diskette auf die Festplatte

Die Beispielprozeduren sind dem Buch in Form einer 3,5" Diskette beigefügt[*]. Ich empfehle Ihnen, vor dem Lesen den Inhalt der Diskette auf Ihre Festplatte zu übertragen. Sie finden auf der Diskette folgende Verzeichnisstruktur vor:

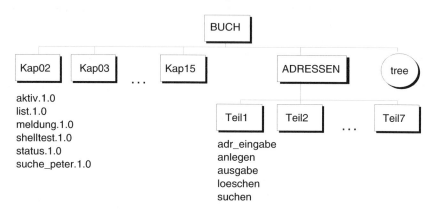

Die folgende Befehlsfolge überträgt die Daten auf die Festplatte Ihres Rechners:

```
$ cd $HOME                    Wechsel in das Heimatverzeichnis
$ tar xvf <Laufwerk>          Lesen der Diskette
```

Ersetzen Sie die Angabe `<Laufwerk>` gegen den UNIX-Gerätenamen Ihres Diskettenlaufwerkes. Nach dem Wechsel in Ihr Heimatverzeichnis, übertragen Sie die Diskette mit dem Befehl `tar` auf die Festplatte Ihres Rechners. Anschließend befindet sich die gesamte Dateistruktur der Diskette unterhalb Ihres Heimatverzeichnisses.

`BUCH`	Anfangsverzeichnis aller Prozeduren des Buches
`tree`	Die Prozedur gibt eine Verzeichnisstruktur aufbereitet auf dem Bildschirm aus
`Kap02 - Kap15`	Die Verzeichnisse enthalten die Beispielprozeduren der einzelnen Kapitel des Buches
`ADRESSE`	Anfangsverzeichnis der Adreßverwaltung
`Teil1 - Teil7`	Die Verzeichnisse enthalten die unterschiedlichen Ausbaustufen der Adreßverwaltung

---

[*] Die mit dem Buch gelieferte Software ist auch im Internet auf der Homepage `www.springer.de` des Springer-Verlages abrufbar.

1.5. Arbeiten mit den Prozeduren

Damit Sie die vorgestellten Prozeduren gleich auf Ihrem Rechner ausprobieren können, übertragen Sie zunächst die beigefügte Diskette auf Ihre Festplatte. Nach dem Lesen der Diskette wird unterhalb Ihres Heimatverzeichnisses ein weiteres Unterverzeichniss BUCH angelegt, in dem Sie u.a. die Verzeichnisse Kap02 bis Kap15 finden. Jedes dieser Verzeichnisse beinhaltet die Prozeduren des zugehörigen Buchkapitels. Bevor Sie die Kapitel des Buches bearbeiten, empfehle ich Ihnen folgendermaßen vorzugehen:

Die übertragenen Prozeduren unterhalb von $HOME/BUCH/Kap02 bis $HOME/BUCH/Kap15 sollten Sie unverändert lassen. Erstellen Sie statt dessen ein zentrales Arbeitsverzeichnis mit dem Namen $HOME/bin:

```
$ cd $HOME
$ mkdir bin
```

Anschließend befindet sich folgende Struktur unterhalb Ihres Heimatverzeichnisses:

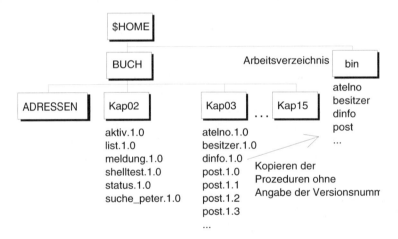

Da die Prozeduren innerhalb eines oder mehrerer Kapitel immer wieder um neue Befehle ergänzt werden, finden Sie zusätzlich eine Versionsnummer am Ende der Prozedurnamen, die die Version des Kommandos eindeutig kennzeichnet.
Innerhalb der Kapitel wird jedoch grundsätzlich nur der Basisname (ohne Versionsnummer) der Prozedur erwähnt. Die zugehörige Versionsnummer finden Sie dort im Kopfteil jeder Prozedur.

Zum Beispiel gibt es im Kapitel 3 eine Prozedur mit dem Namen post. Sie finden die erste Version (1.0) des Programmes im Verzeichnis $HOME/BUCH/Kap03 unter dem Namen post.1.0, die zweite Variante hat den Namen post.1.1. Dieses Muster können Sie auch auf die übrigen Prozeduren des Buches anwenden. Mit den Informationen Kapitel- und Versionsnummer können Sie auf die entsprechende Prozedur des Verzeichnisses BUCH zugreifen.

Wenn Sie eine bestimmte Version einer Prozedur bearbeiten möchten, kopieren Sie diese vorher in Ihr Arbeitsverzeichnis. Damit der Prozedurname mit der Angabe im Buch übereinstimmt, müssen Sie den Namen der Zieldatei ohne Versionsnummer angeben. Sagen wir, Sie möchten die Version 1.1 der Prozedur post aus Kapitel 3 bearbeiten. Dazu geben Sie folgende Kommandofolge ein:

```
$ cd $HOME/bin
$ cp $HOME/BUCH/Kap03/post.1.1 post
```

Anschließend befindet sich die Version 1.1 der Prozedur unter dem Namen post in Ihrem Arbeitsverzeichnis $HOME/bin; sie steht Ihnen für eine weitere Verarbeitung zur Verfügung.

Dieses Vorgehen hat den Vorteil, daß Sie notfalls auf die Originaldateien unterhalb des Verzeichnisses BUCH zurückgreifen können. Zusätzlich befinden sich immer die neuesten Prozeduren nach dem Kopieren in einem zentralen Arbeitsverzeichnis, aus dem sie von jeder Position im Dateisystem aufgerufen werden können. Welche Einstellungen Sie dazu vornehmen müssen, erfahren Sie umgehend.

In manchen Fällen kommt es vor, daß eine Prozedur eine bereits erstellte Prozedur eines vorangegangenen Kapitels benötigt. Zum Beispiel gibt es im Kapitel 9 eine Prozedur sdel.1.1, die ihrerseits die Prozedur ueberlauf aus Kapitel 8 aufruft. Damit es nicht zu unübersichtlich wird, finden Sie die neueste Version von ueberlauf im gleichen Unterverzeichnis. So gibt es im Verzeichnis $HOME/BUCH/Kap09 die Prozedur sdel.1.1 und ueberlauf.1.0.

Kopieren Sie also zunächst beide Prozeduren in das Arbeitsverzeichnis $HOME/bin. Bei den Namen der Zieldateien sollte die Versionsnummer entfallen:

```
$ cd $HOME/bin
$ cp $HOME/BUCH/Kap09/sdel.1.1 sdel
$ cp $HOME/BUCH/Kap09/ueberlauf.1.0 ueberlauf
```

Nach dem Kopieren können Sie die Prozedur sdel starten. Auf diese Art können Sie auch die restlichen Prozeduren des Buches bearbeiten.

1.6. Übersicht aller Prozeduren anzeigen

Unterhalb des Verzeichnisses BUCH finden Sie die Prozedur tree. Kopieren Sie das Kommando zunächst in Ihr Arbeitsverzeichnis $HOME/bin. Durch den folgenden Aufruf erhalten Sie auf dem Bildschirm eine Übersicht aller Prozeduren:

```
$ cp $HOME/BUCH/tree $HOME/bin
$ chmod u+x $HOME/bin/tree
$ $HOME/bin/tree $HOME/BUCH | pg
```

Sie können die Ausgabe des Kommandos auch auf eine Datei ausgeben und später ausdrucken:

```
$ $HOME/bin/tree $HOME/BUCH >inhalt.buch
```

Mit Hilfe der Übersicht sind Sie während Ihrer Arbeit immer über den aktuellen Stand informiert. Zusätzlich finden Sie in Kapitel 16 eine Übersicht aller Prozeduren und deren Seitenzahl im Buch.

1.7. Die Prozeduren richtig plazieren

Es ist empfehlenswert, die Variable PATH um den neuen Pfad $HOME/bin zu erweitern. Dadurch ist sichergestellt, daß die Programme von einem beliebigen Standort im Dateisystem aufgerufen werden können. Wenn Sie folgende Zeile an das Ende Ihrer Datei .profile anfügen, wird der Suchpfad nach jedem Anmelden automatisch eingestellt:

PATH=$PATH:$HOME/bin

1.8. Die Prozeduren der Adreßverwaltung

Am Beispiel einer Adreßverwaltung werden Sie das Erstellen umfangreicher Prozeduren erlernen. Das Beispiel wird Sie in sieben Teilen bis zum Ende des Buches begleiten. In den Verzeichnissen BUCH/ADRESSEN/Teil1 bis BUCH/ADRESSEN/Teil7 finden Sie die zugehörigen Prozeduren der gleichnamigen Buchkapitel. Über den genauen Umgang mit der Adreßverwaltung erfahren Sie mehr im Kapitel "Adreßverwaltung Teil 1".

1.9. Sprachgegebenheiten

Bei einem internationalen Betriebssystem wie UNIX ist es notwendig, einige Anmerkungen zum Thema Sprachanpassungen zu geben. Wie Sie wissen, unterscheiden sich die verschiedenen Sprachen in Europa, bezüglich ihrer Schreibweise, in den unterschiedlichen Sonderzeichen. Die Prozedurnamen, Kommentare und Variablennamen sind in diesem Buch der deutschen Sprache angepaßt.

Das bedeutet im Klartext, daß Sie in den abgedruckten Beispielprozeduren des Buches deutsche Umlaute ä, ü, ö, Ä, Ü, Ö, ß vorfinden. Auf einigen Systemen kann der Standardtexteditor `vi` keine deutschen Umlaute darstellen; statt dessen würden Sie unleserliche Zeichen wie `\366` oder ähnlich vorfinden.

Einige Hersteller liefern daher einen erweiterten Texteditor (`Maxed`, `ced`, `INed` ...) mit dem Betriebssystem aus, der diesen Umstand berücksichtigt und deutsche Umlaute problemlos darstellt. In den Prozeduren der beigefügten Diskette werden deutsche Umlaute ä, ü, ö, Ä, Ü, Ö, ß durch die Schreibweise ae, ue, oe, Ae, Ue, Oe, ss repräsentiert. Damit ist sichergestellt, daß jeder Leser, unabhängig vom Editor, die Prozeduren lesen und anwenden kann.

Aufgrund der besseren Lesbarkeit finden Sie in den abgedruckten Beispielprozeduren des Buches weiterhin deutsche Umlaute. Prozedur- und Variablennamen sind davon ausgenommen.

Das letzte Thema betrifft die Shell selbst. Die meisten Befehle und Verfahren, die in diesem Buch behandelt werden, sind auch für die Bourne-Shell zutreffend. Je weiter Sie im Stoff voranschreiten, desto mehr lernen Sie den erweiterten Befehlsumfang der Korn-Shell kennen. Überprüfen Sie daher, ob diese Shell auch nach dem Anmelden für Sie bereit steht.

1.10. Her mit der Korn-Shell

UNIX kennt drei verschiedene Shell-Varianten:

- C-Shell   /bin/csh
- Bourne-Shell   /bin/sh
- Korn-Shell   /bin/ksh

Die Bourne-Shell ist sicherlich die meist genutzte Shell-Variante des UNIX-Systems. Mit der Auslieferung von UNIX-System V Release 4 ist die Korn-Shell zunehmend in den Vordergrund getreten. Sie beinhaltet die Mechanismen der Bourne-Shell und bietet darüber hinaus neue Möglichkeiten, die besonders in der Shell-Programmierung erkennbar werden. Die Grundlage der folgenden Kapitel bildet die Korn-Shell. Ich habe diese Wahl getroffen, da sich die Korn-Shell in der UNIX-Welt immer größerer Beliebtheit erfreut und zudem die anderen Shell-Varianten in Punkto Funktionalität übertrifft. Als Leser dieses Buches haben Sie sich entschlossen, UNIX zu lernen. Also warum nicht gleich mit dem Neuesten anfangen? Die login-Shell wird in der Datei /etc/passwd festgelegt. Der letzte Eintrag sollte den Aufruf /bin/ksh enthalten.

```
$ grep peter /etc/passwd
peter:x:106:1:Peter Termöllen:/home/peter:/bin/ksh
$
```

Wenn bei Ihrer Kennung ebenfalls die Korn-Shell eingetragen ist, steht Ihnen das Programm gleich nach der Anmeldung zur Verfügung. Andernfalls bitten Sie den Systemverwalter, den Eintrag entsprechend zu ändern.

Die Prozeduren der folgenden Kapitel wurden mit der Korn-Shell Version 11/16/88d erstellt und getestet. Das Kommando what zeigt die ausführliche Versionsbezeichnung an:

```
$ what /bin/ksh
/bin/ksh:
        Version 11/16/88d
        UNIX-System V/386 Release 4.0 3.0 /usr/bin/ksh
$
```

Nachdem nun alle Vorbereitungen erläutert wurden, lassen Sie uns gleich mit dem Erstellen von Shell-Prozeduren starten. Das folgende Kapitel beschäftigt sich mit den Grundlagen der Shell-Programmierung. Sie lernen den grundsätzlichen Aufbau und den Aufruf von Prozeduren kennen.

2. Shell-Prozeduren

2.1. Kapitelübersicht

In diesem Kapitel werde ich Sie mit den vielseitigen Möglichkeiten der Shell-Programmierung vertraut machen. Die Shell ist nicht nur eine Oberfläche zur Eingabe einzelner Kommandos, sondern auch eine Programmiersprache, mit der Sie sich eigene Befehle "maßschneidern" können. Sie können dabei auf die Ihnen bekannten Kommandos und Verfahren zurückgreifen und erhalten zusätzlich neue Elemente zur strukturierten Programmierung wie Variablen, Schleifen, bedingte Programmverzweigungen, Unterprogrammtechniken, Übergabe von Argumenten, Benutzerdialog sowie eine Anzahl nützlicher Kommandos. In den folgenden Kapiteln werden diese Dinge genau durchleuchtet und Ihnen anhand praxisnaher Beispiele die Verwendung einzelner Kommandos erläutert, sowie auch sukzessive das Zusammenspiel der Komponenten näher gebracht. Kleine Prozeduren zu schreiben ist meistens sehr leicht, aber um den gesamten Umfang der Shell-Programmierung zu verstehen, bedarf es sehr viel Zeit und Mühe. Aber Sie werden sehen - es lohnt sich.

- Was ist eine Shell-Prozedur?
- Der Aufbau von Shell-Prozeduren
- Der Aufruf von Shell-Prozeduren
- Kommentarzeilen einfügen
- Das Ausführen mit der richtigen Shell
- Fehlersuche in Prozeduren

Shell-Prozeduren

Sind Sie sich eigentlich bewußt, daß Sie bei Ihrer bisherigen Arbeit die Shell-Programmierung schon des öfteren eingesetzt haben? Betrachten Sie folgendes Beispiel:

```
$ ls | sort -r | pg
```

Diese Kommandoverkettung stellt ein Programm dar. Drei verschiedene, unabhängige Kommandos werden durch Einsatz einer Pipe zu einem neuen Kommando zusammengesetzt, das eine seitenweise Ausgabe des aktuellen Kataloginhaltes absteigend sortiert erzeugt.

Die Shell aktiviert den Befehl `ls`, erkennt das Pipe-Symbol und veranlaßt dadurch die Weiterleitung der Daten an den Folgebefehl `sort -r`, der die Ausgabe absteigend sortiert und wiederum die Ausgabe an den Befehl `pg` weiterleitet. Sie bestimmen durch die Anordnung der Befehle und den Einsatz der Pipe den Datenfluß und damit die Ablaufsteuerung dieser Kommandokette. Was aber tun, wenn Sie

- Befehlssequenzen mehrfach ausführen wollen?
- aufgrund von Entscheidungen Programmverzweigungen durchführen?
- Daten zur Weiterverarbeitung zwischenspeichern wollen?
- Eingaben des Benutzers benötigen?

Diese Fragen werden in den folgenden Kapiteln beantwortet. Sie lernen weitere unabdingbare Kontrollstrukturen wie Schleifen, bedingte Anweisungen sowie Variablen und Unterprogrammtechniken kennen. Anhand von Beispielen und Übungen erlernen Sie die Verwendung und Wirkungsweise dieser Elemente. Wie Sie diese neuen Techniken innerhalb umfangreicher Prozeduren einsetzen und verbinden, zeige ich am Beispiel einer Adreßverwaltung, die Sie von nun an begleiten wird.

Der Befehlsumfang von UNIX kann durch das Erstellen von eigenen Shell-Prozeduren ständig erweitert werden. Diese Philosophie basiert auf dem Konzept, daß UNIX nicht für jede Aufgabe ein spezielles Programm bereitstellt. Die mitgelieferten Kommandos und Verfahren der Shell-Programmierung stellen lediglich eine solide Basis dar, um eigene Ideen in Befehle zu fassen und diese in die Kommandoliste von UNIX einzureihen. Im folgenden werden Sie den Aufbau und Aufruf von einfachen Prozeduren kennenlernen.

2.2. Aufbau einer Prozedur

Sie haben sich in der Vergangenheit vielleicht schon darüber geärgert, daß häufig vorkommende Befehle oder Befehlsfolgen wiederholt von Ihnen eingegeben werden müssen. Wenn Sie die aktiven Benutzer sortiert auf dem Bildschirm auflisten möchten und zusätzlich die Anzahl der angemeldeten Teilnehmer erfahren wollen, müssen sie jedesmal folgende Kommandos in die Shell eingeben:

```
$ who | sort
dieter    term/tty01   Nov 19 13:10
peter     console      Nov 19 14:19
$ echo "Anzahl aktiver Benutzer"; who | wc -l
Anzahl aktiver Benutzer:
       2
$
```

Sie können sich in Zukunft viel Schreibarbeit sparen, wenn Sie die Kommandos in eine Datei schreiben, anstatt sie wie bisher direkt in die Shell einzugeben. Zum Bearbeiten von Dateien verwende ich in diesem Buch den UNIX-Texteditor `vi`; selbstverständlich können Sie Ihren eigenen, vertrauten Editor einsetzen. Schreiben Sie nun die Befehlsfolge in eine Datei mit dem Namen `aktiv`.

```
$ vi aktiv
```

```
who | sort
echo "Anzahl aktiver Benutzer:"
who | wc -l
~
~
~
~
~
~
"aktiv" [New file]
```

Nach dem Eintrag der Befehlsfolge speichern Sie den Text in die Datei mit dem Namen `aktiv`. Überprüfen Sie Ihre Datei, indem Sie sich den Inhalt anzeigen lassen.

Shell-Prozeduren

```
$ cat aktiv
who | sort
echo "Anzahl aktiver Benutzer:"
who | wc -l
$
```

Voreingestellt liest die Shell alle Befehle von der Standardeingabe. Wie können Sie nun die Shell dazu veranlassen, die in der Datei `aktiv` gespeicherten Befehle auszuführen? Zu dem Problem gibt es eine einfache Lösung: UNIX bietet die Möglichkeit die Standardeingabe eines Kommandos mit dem Symbol < derart umzulenken, daß ein Programm die Eingabe aus einer Datei liest, statt diese von der Tastatur entgegenzunehmen. Auf diese Weise können Sie eine Shell starten und die Eingabe umleiten, so daß die Befehle aus der Datei `aktiv` gelesen werden:

```
$ ksh <aktiv                    Die Befehle werden aus der Datei aktiv gelesen
dieter       term/tty01         Nov 19 13:10
peter        console            Nov 19 14:19
Anzahl aktiver Benutzer:
     2
$
```

Durch die Eingabeumleitung `<aktiv` lenkt Ihre login-Shell zunächst die Standardeingabe (Kanal 0) um und startet anschließend das Programm `ksh`. Die neue Shell liest wie gewohnt die Eingabe vom Kanal 0 (Standardeingabe), nimmt die Befehle entgegen, führt die Kommandos aus und schreibt die Ausgabe auf die Standardausgabe (Kanal 1). Fehlermeldungen werden auf die Standardfehlerausgabe (Kanal 2) geschrieben. Sie können sich eine Umlenkung wie eine Steckverbindung vorstellen, bei der die Geräte ausgetauscht werden. Die Tastatur wird gegen das Eingabegerät Datei ausgewechselt. Das Programm `ksh` liest weiterhin von der Standardeingabe (Kanal 0), so daß die neue

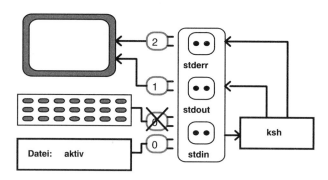

Shell von dem Austausch der Geräte nichts erfährt. Als Folge dieser Umlenkung liest die Shell die Befehle aus der Datei `aktiv`, statt diese wie gewohnt von der Tastatur zu lesen. Durch Eintragen der Befehle in die Datei haben Sie Ihre erste Shell-Prozedur erstellt, die Sie wiederholt aufrufen können, ohne alle Kommandos erneut eingeben zu müssen. Im folgenden Abschnitt stelle ich Ihnen zwei weitere Aufrufvarianten vor, die in der Praxis vorrangig verwendet werden.

2.3. Aufruf einer Shell-Prozedur

Das Ausführen einer Prozedur durch die Shell erfolgt interpretativ, das heißt, alle Befehle in der Kommandodatei werden nacheinander zur Ausführung gebracht, bis alle Befehle bearbeitet wurden. Es stehen Ihnen zwei Arten des Aufrufs zur Verfügung:

Aufruf als Argument der Shell

Dazu starten Sie eine neue Shell mit dem Namen der Kommandodatei als Argument und fordern diese Shell damit indirekt auf, alle Befehle der angegebenen Datei auszuführen. Die Shell beendet sich anschließend, so daß Sie sich wieder in der Eingabezeile Ihrer ursprünglichen Shell befinden.

```
ksh Kommando
```

Schreiben Sie folgende Zeilen in die Datei `status`:

```
date
echo "---------------------------"
echo "Dateiliste: peter"
echo "---------------------------"
find / -user peter -print 2>/dev/null
```

Nach Ausgabe des Datums und einer Überschrift, werden alle Dateien des Benutzers `peter` auf dem Bildschirm aufgelistet. Ersetzen Sie die Kennung `peter` durch Ihre Benutzerkennung und starten Sie das Kommando durch folgenden Aufruf:

```
$ ksh status
Sat Dec 19 14:58:32 EST 1992
---------------------------
Dateiliste: peter
---------------------------
/etc/netstat_data
/home/peter
/home/peter/.profile
....
$
```

Das Programm `ksh` (Korn-Shell) wurde mit dem Argument `status` aufgerufen. Dieses veranlaßt die Shell die Datei zu lesen und die Befehlsfolge auszuführen. Das Ergebnis wird auf dem Bildschirm angezeigt. Im Anschluß befinden Sie sich wieder in der ursprünglichen Shell und können mit der Kommandoeingabe fortfahren. Diese Art des Aufrufes spiegelt den dahinterstehenden Algorithmus

Shell-Prozeduren

besonders gut wider. Mit dem Aufruf ksh status wird eine Subshell gestartet, die den Dateinamen der auszuführenden Prozedur als Argument erhält. Die neue Shell öffnet die Datei status, liest die Zeilen der Prozedur, führt die darin enthaltenen Befehle aus und beendet sich anschließend. Während die Befehle der Datei status ausgeführt werden, nimmt die Shell keine weiteren Kommandos entgegen. Erst nach Beendigung des Befehls find wird die Subshell beendet und Sie können mit der Kommandoeingabe fortfahren.

Alternativ können Sie die Prozedur auch im Hintergrund ausführen. In diesem Fall steht die Shell für weitere Eingaben sofort zur Verfügung und Sie können mit dem Kommando ps die beteiligten Prozesse auf dem Bildschirm sichtbar machen. Die Suche kann einige Zeit in Anspruch nehmen, so daß Sie genug Zeit haben, die beteiligten Prozesse mit dem Kommando ps zu untersuchen. Sie können ungestört weiterarbeiten, wenn Sie die Ausgabe der Prozedur status in eine Datei umlenken:

```
$ ksh status >liste &               Start im Hintergrund
[1]     531
$ ps -f                             Anzeigen der Prozeßliste
   UID  PID PPID  C    STIME TTY       TIME COMD
 peter  324    1  0 13:09:48 console   0:05 -ksh
 peter  534  324 27 13:54:52 console   0:00 ps -f
 peter  531  324  0 13:54:37 console   0:00 ksh status
 peter  532  531 41 13:54:38 console   0:06 find / -user peter...
$
```

Die Spalte **PID** (Process-ID) zeigt die Prozeßnummer des Kommandos, **PPID** (Parent Process-ID) enthält die Prozeßnummer des übergeordneten Vaterprozesses, von dem das jeweilige Kommando gestartet wurde.

Nach dem Aufruf der Prozedur ksh status wird eine Subshell mit der Nummer 531 gestartet. In der Spalte **PPID** erkennen Sie, daß diese Shell von Ihrer login-Shell (324) aufgerufen wurde. Zur Zeit der Ausführung Ihrer Prozedur sind also zwei Shell-Programme aktiv. Die Subshell (531) liest die Befehle der Prozedur status und führt diese zeilenweise aus. Für jeden Befehl, sofern dieser nicht fest in die Shell eingebaut ist, wird ein eigener Prozeß gestartet. Sie erkennen es deutlich an dem Befehl find (532), der als neuer Prozeß in der Liste auftaucht. Das Programm ps, mit dem Sie die Prozeßliste erzeugt haben, wird ebenfalls als aktives Programm registriert.

Allerdings weicht der Aufruf von der sonst üblichen UNIX-Philosophie im starken Maße ab. Bisher haben Sie ein Kommando durch Eingabe des Namens aktiviert. Sollten die Shell-Prozeduren hier eine Ausnahme bilden? Versuchen Sie, ob dieses auch mit einer Shell-Prozedur funktioniert:

```
$ status
ksh: status: cannot execute
$
```

Schade, war wohl nichts - aber erinnern Sie sich an das x-Recht für Dateien? Richtig, ein Programm ist nur ausführbar, wenn das x-Recht gesetzt ist. Vermutlich trifft das hier nicht zu.

Der Aufruf durch Eingabe des Dateinamens

Die Datei `status` hat für den Benutzer `peter` kein Recht auf Ausführbarkeit (x-Recht) gesetzt. Sie müssen vor dem Aufruf die Einstellung mit dem Kommando `chmod` verändern. Die Auflistung der Prozedur `status` zeigt folgendes Bild:

```
$ ls -l status
-rw-rw-r--   1 peter   other     156 Nov 19 20:15 status
$
```

Unter der Voraussetzung, daß Sie sich als Benutzer `peter` im System angemeldet haben, besitzen Sie kein Recht, die Prozedur zu starten. Setzen Sie also das x-Recht für den Benutzer und versuchen Sie es erneut!

```
chmod u+x Kommando; Kommando
```

```
$ chmod u+x status
$ ls -l status
-rwxrw-r--   1 peter   other     156 Nov 19 20:15 status
$
```

Der Benutzer `peter` ist nun berechtigt, die Prozedur zu starten. Der Aufruf erfolgt durch Eingabe des Dateinamens, welcher zugleich den Kommandonamen darstellt.

```
$ status
Sat Dec 19 14:58:32 EST 1992
----------------------------
Dateiliste: peter
----------------------------
/etc/netstat_data
/home/peter
/home/peter/.profile
/home/peter/.sh_history
....
$
```

Shell-Prozeduren

Es funktioniert! Die Prozedur konnte auf bekannte Art und Weise aufgerufen werden und unterscheidet sich rein äußerlich nicht von den anderen UNIX-Kommandos. Aber auch bei der direkten Eingabe des Kommandonamens wird die Prozedur genauso wie im ersten Fall ausgeführt. Sie merken es nur nicht, da die Umsetzung automatisch vorgenommen wird. Die beiden Aufrufe unterscheiden sich also nur rein äußerlich und führen in beiden Fällen zum Aufruf einer Subshell. In der ersten Version muß die Datei kein x-Recht besitzen. Hier ist lediglich eine Leseberechtigung notwendig, da die Shell den Inhalt der Datei zeilenweise liest und ausführt. Im zweiten Fall wird die Prozedur direkt durch Eingabe des Namens aufgerufen und benötigt, wie alle anderen UNIX-Kommandos, zusätzlich das Recht auf Ausführbarkeit. Ein erneuter Aufruf des Kommandos `status` verdeutlicht den Vorgang:

```
$ status >liste &              Start im Hintergrund
[1] 531
$ ps -f                        Anzeigen der Prozeßliste
    UID  PID PPID  C    STIME TTY      TIME COMD
  peter  324   1   1 13:09:48 console  0:06 -ksh       (login-Shell)
  peter  538 324  28 13:55:24 console  0:00 ps -f
  peter  537 536  38 13:55:18 console  0:02 find / -user peter ...
  peter  536 324   0 13:55:18 console  0:00 -ksh       (Subshell)
$
```

Das Minuszeichen vor `ksh` zeigt an, daß es sich um die login-Shell bzw. um eine Subshell der login-Shell handelt. An diesem Beispiel erkennen Sie, daß beide Arten des Aufrufes auf gleiche Weise behandelt werden. Es ist gleichgültig, ob Sie eine Prozedur als Argument des Kommandos `ksh` oder direkt durch Eingabe des Namens aktivieren. In beiden Fällen wird zur Ausführung eine Subshell gestartet,

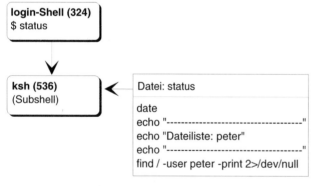

die Ihre Prozedur zeilenweise ausführt. Sie haben dieselbe Aufrufreihenfolge wie im ersten Fall: Die login-Shell (324) startet zur Ausführung der Prozedur `status` eine Subshell (536). Diese wiederum liest die Befehle der angegebenen Datei und führt sie nacheinander aus. Beachten Sie, daß der Prozedurname `status` nicht in der Prozeßliste auftaucht. Statt dessen sehen Sie zwei aktive Programme mit dem Namen `ksh`, die Sie auf den ersten Blick nur schwer voneinander unterscheiden können. Was ist Ihre login-Shell, und welche Shell führt gerade die Prozedur `status` aus? Die login-Shell läßt sich einfach ermitteln, denn sie bekommt als übergeordneten Prozeß immer die **PPID** 1 zugeordnet. Dabei handelt es sich um den Prozeß `init`, der gleich nach dem Anmelden für Sie eine Shell bereitstellt.

Eine Subshell läßt sich dagegen nur schwer einer bestimmten Prozedur zuordnen. Besonders bei einer großen Anzahl von Prozeduren fällt die Entscheidung nicht leicht. Für jede gestartete Shell-Prozedur taucht in der Prozeßliste lediglich der Name `ksh` auf, so daß Sie nicht gleich entscheiden können, welche Shell für die Ausführung einer bestimmten Prozedur zuständig ist. Im nächsten Kapitel sehen Sie eine Möglichkeit, mit der Sie eine Prozedur anhand des Namens eindeutig in der Prozeßliste identifizieren können.

Mit der Prozedur `status` haben Sie den UNIX-Befehlsumfang um ein weiteres Kommando ergänzt. Zugegeben - es ist ein sehr einfaches Kommando, aber wie gesagt, die Anzahl der Befehle in der Kommandodatei sind nicht beschränkt. Die Ihnen bisher vertrauten Mechanismen wie Variablenersatz, Umlenkung, Pipelining und Dateinamengenerierung können auch in Shell-Prozeduren verwendet werden. Aber das ist ja eigentlich selbstverständlich, denn alles was Sie "per Hand" in die Kommandozeile eingegeben haben kann ebenso in eine Datei geschrieben werden, die erst später von der Shell zur Ausführung gebracht wird. Doch zunächst einige Beispiele zu Shell-Prozeduren.

2.4. Beispiele für Shell-Prozeduren

Selbstverständlich können Shell-Prozeduren aus einer beliebigen Anzahl von Befehlen aufgebaut sein. Hier einige Beispiele für kleinere Programme, die jeweils mit dem Texteditor `vi` erstellt und in eine Datei gespeichert wurden.

| `$ vi meldung` | Erstellen der Datei meldung und eintragen der Befehlsfolgen |

```
BENUTZER="dieter peter"
mail $BENUTZER <nachricht
echo "Die Post wurde an $BENUTZER ausgetragen"
~
~
~
~
~
~
"meldung" [New file]
```

Shell-Prozeduren

```
$ chmod u+x meldung
$ cat >nachricht
Hallo, die Nachricht wurde von meiner Prozedur meldung versendet.
<CTRL-D>
$ meldung
Die Post wurde an dieter peter ausgetragen
$

$ vi list        Erstellen der Datei list und eintragen der Befehlsfolgen
```

```
echo "Inhaltsverzeichnis von \c"; pwd
ls
echo "Anzahl Dateien:"
ls | wc -l
~
~
~
~
~
"list" [New file]
```

```
$ chmod u+x list
$ list
Inhaltsverzeichnis von /home/peter
Datei.txt
brief.txt
post.txt
Anzahl Dateien:
       3
$
```

Bisher haben Sie Befehle direkt in die Kommandozeile der Shell eingegeben. Jede Eingabe wurde sofort von der Shell ausgeführt. Bei einer Prozedur werden die Kommandos zuerst in eine Datei geschrieben und erst zum Zeitpunkt des Aufrufes gelesen. Die Ausführung erfolgt genauso, als hätten Sie die Eingabe "von Hand" durchgeführt. Aus diesem Grund sind die bekannten Mechanismen wie Ein-Ausgabeumlenkung, Variablenersatz, Kommandogruppierung, sowie die übrigen Verfahren auch in einer Shell-Prozedur erlaubt. Bevor Sie mit dem Lesen fortfahren, empfehle ich Ihnen, sich mit der Erstellung von Shell-Prozeduren vertraut zu machen. Sie können die oben genannten Prozeduren als Vorlage nutzen oder eigene erstellen.

2.5. Prozeduren im UNIX-Umfeld

Wie verhält sich eine Prozedur im Zusammenspiel mit anderen Kommandos des UNIX-Systems? Kann die Ein-Ausgabe einer Prozedur umgelenkt werden? Ist die Ausführung im Hintergrund erlaubt? Das folgende Kapitel beantwortet diese Fragen.

Erstellen Sie eine Prozedur mit dem Namen `suche_peter`, die ab dem Wurzelkatalog alle Dateien des Benutzers `peter` sucht und auf dem Bildschirm ausgibt. Es besteht die Wahrscheinlichkeit, daß Verzeichnisse durchsucht werden, zu denen Sie keinen Zutritt haben. Das Kommando übergeht diesen Katalog und schreibt eine entsprechende Meldung in die Fehlerausgabe. Damit die eigentliche Ausgabe nicht gestört wird, leiten Sie die Fehlerausgabe in den UNIX-Papierkorb `/dev/null`. Dazu sind folgende Schritte notwendig:

- Erstellen einer Datei `suche_peter` mit dem Texteditor `vi`
- Die entsprechende Befehlsfolge eintragen und speichern
- Das Ausführbarkeitsrecht der Datei setzen (x-Recht)
- Kommando aufrufen

```
$ vi suche_peter
```

```
find / -user peter -print 2>/dev/null
~
~
~
~
~
~
~
~
~
~
"suche_peter" [New file]
```

```
$ chmod u+x suche_peter; suche_peter
/home/peter/.profile
/home/peter/brief.txt
/home/peter/post
/home/peter/suche_peter
$
```

Wie verhält sich die Prozedur in Bezug auf die bisher bekannten Mechanismen wie Pipes, Ein-Ausgabeumlenkung und Ausführung im Hintergrund? Dazu einige Beispiele:

```
$ suche_peter | wc -l
      4
$
```

Die Ausgabe des Kommandos `suche_peter` wurde an das Kommando `wc -l` mittels einer Pipe weitergeleitet. Als Ausgabe erhalten Sie die Anzahl der gefundenen Dateien. Sie können die Ausgaben von Prozeduren wie gewohnt mit einer Pipe einem weiteren Kommando zur Verfügung stellen.

```
$ suche_peter > /tmp/peter.dat
$ cat /tmp/peter.dat
/home/peter/.profile
/home/peter/brief.txt
/home/peter/post
/home/peter/suche_peter
$ rm /tmp/peter.dat
```

Das Umlenken der Ausgabe auf die Datei `/tmp/peter.dat` war erfolgreich. Mit dem Befehl `rm /tmp/peter.dat` wurde die Datei korrekterweise entfernt. Zum Schluß noch die Ausführung des Kommandos im Hintergrund. Die Ausgabe wird in die Datei `peter.dat` geschrieben; Sie können also ungestört mit der Arbeit fortfahren.

```
$ suche_peter >/tmp/peter.dat &
[1]  254              Ausgabe der Auftrags- und Prozeßnummer
$ cat /tmp/peter.dat
/home/peter/.profile
/home/peter/brief.txt
/home/peter/post
/home/peter/suche_peter
$ rm /tmp/peter.dat
$
```

Die Prozedur `suche_peter` wurde durch das angefügte Zeichen `&` als Hintergrundprozeß aufgerufen. Die Nummer `254` ist die willkürlich ermittelte Prozeßnummer des Kommandos. Die Auftragsnummer `[1]` wird von der Job-Control der Korn-Shell angezeigt. Zur Überprüfung geben Sie die Datei `peter.dat` auf dem Bildschirm aus.

2.6. Kommentare

Bevor Sie sich weiter mit Shell-Prozeduren befassen, sollten wir das Thema Dokumentation aufgreifen. Sie können zur besseren Übersicht Kommentare in Ihre Shell-Prozeduren einbauen. Kleine Prozeduren können Sie meistens sehr leicht durchschauen. Bei umfangreicheren Prozeduren fällt es manchmal schwer, die

Übersicht zu behalten, besonders dann, wenn Sie selber nicht der Autor sind. Sie werden in den weiteren Kapiteln umfangreiche Prozeduren bearbeiten, daher sehen Sie sich gleich die Verwendung von Kommentaren an .

Ein Kommentar wird durch das Zeichen # eingeleitet. Es kann an beliebiger Stelle innerhalb einer Zeile stehen. Der nachfolgende Text bis Zeilenende wird von der Shell ignoriert und nicht als Befehl angesehen.

```
#-------------------------------------------------------------
# Prozedur     : status
# Aufruf       : status
# Beschreibung: Anzeigen der Dateien von peter
#-------------------------------------------------------------
date
echo "-------------------------"
echo "Dateiliste: peter"
echo "-------------------------"
find / -user peter -print 2>/dev/null
```

Am Anfang der Prozedur wurde ein Kopfteil eingeführt, der den Namen der Prozedur, die Verwendung und den Aufruf erklärt. Hinter den einzelnen Kommandos können Sie, eingeleitet durch das Zeichen #, weitere Kommentare zu dem Befehl einfügen. Sie dürfen nicht über eine Zeile hinausschreiben, da der Kommentar nur bis an das Zeilenende gültig ist. Es ist üblich, eine Prozedur mit einer Einleitung beginnen zu lassen. Diese sollte mindestens den Prozedurnamen, den Namen des Autors, die Art des Aufrufes und eine Kurzbeschreibung beinhalten. Bei Angabe des Prozedurnamens empfehle ich Ihnen einen sogenannten "what string" voranzustellen.

2.7. Identifikation einer Prozedur

Sie können Ihre Prozeduren im Einleitungsteil mit der Zeichenfolge @(#) kennzeichnen, die im Fachjargon "what string" genannt wird und vom gleichnamigen Kommando what abgeleitet wurde. Dieser Befehl durchsucht Dateien nach dem Kürzel @(#) und gibt den nachfolgenden Text auf dem Bildschirm aus. Das folgende Beispiel ist ein Vorschlag zur Gestaltung des Kopfteils Ihrer Prozeduren:

```
#
# @(#) status V1.0 Dateiliste des Benutzers peter anzeigen
#
# Autor: Peter Termöllen                    Datum: 18.08.1992
#
# Aufruf: status
#
# Beschreibung:
# Die Dateien des Benutzers peter werden am Bildschirm angezeigt.
date
echo "-------------------------"
echo "Dateiliste: peter"
echo "-------------------------"
find / -user peter -print 2>/dev/null
```

Die zweite Kommentarzeile beginnt mit einem "what string" und beinhaltet den Prozedurnamen, Versionsnummer und eine Kurzbeschreibung. Das Kommando `what` erkennt dieses Kürzel und gibt den nachfolgenden Text auf dem Bildschirm aus.

```
$ what status                    Zeige die Kurzbeschreibung des Kommandos
status:
        status V1.0 Dateiliste des Benutzers peter anzeigen
$
```

Die meisten UNIX-Kommandos beinhalten einen "what string". Dabei ist es gleichgültig, ob es sich um eine Shell-Prozedur oder ein ausführbares Binärprogramm handelt. Im weiteren Verlauf des Buches habe ich aus Platzgründen auf eine ausführliche Version des Einleitungsteils verzichtet. Lediglich ein "what string" ist Bestandteil jeder Prozedur.

Zum Abschluß des Themas möchte ich auf eine Besonderheit hinweisen, die im Zusammenhang mit Kommentaren genutzt wird. Sie können mit einer speziellen Kommentarzeile festlegen, von welcher Shell-Variante Ihre Prozedur ausgeführt wird.

2.8. Die Wahl der Shell

Sie kennen bereits folgende Shell-Varianten:

- Bourne-Shell   `/usr/bin/sh`   oder   `/bin/sh`
- C-Shell   `/usr/bin/csh` oder   `/bin/csh`
- Korn-Shell   `/usr/bin/ksh` oder   `/bin/ksh`

In UNIX System V Rel. 4 finden Sie die Shell-Varianten in der Regel im Verzeichnis `/usr/bin`. In älteren UNIX-Versionen wurden diese Programme im Verzeichnis `/bin` abgelegt. Aus Kompatibilitätsgründen verwende ich im weiteren Verlauf des Buches `/bin` für den Zugriff auf die Shell-Varianten.

Alle drei Programme unterscheiden sich in ihrem Befehlsumfang. Bei der Kommandoeingabe verwendet die C-Shell zusätzlich eine Syntax, die zu den übrigen Shell-Versionen nicht kompatibel ist. Die Korn-Shell vereinigt die wesentlichen Elemente der Bourne- und C-Shell. Darüber hinaus sind neue Befehle eingeführt worden, die in den anderen Shell-Programmen keine Gültigkeit haben. Die Prozeduren in diesem Buch nutzen die neuen Funktionalitäten und sind zum Teil nur in der Korn-Shell ablauffähig. Die Verwendung einer anderen Shell würde zu einem Fehler und somit zu einem Programmabbruch führen.

In einem UNIX-System ist es durchaus wahrscheinlich, daß die einzelnen Benutzer unterschiedliche Shell-Varianten favorisieren. Falls Sie eine Prozedur speziell für die Korn-Shell erstellt haben und ein anderer Teilnehmer verwendet die C-Shell, führt dieses zwangsläufig zu einem Fehler. Mit einem speziellen

Die Wahl der Shell

Kommentar in der **ersten** Zeile Ihrer Prozedur können Sie die gewünschte Shell einstellen.

```
#!/bin/ksh
#
# @(#) status V1.0 Dateiliste des Benutzers peter anzeigen
#
# Autor: Peter Termöllen                    Datum: 18.08.1992
#
# Aufruf: status
#
# Beschreibung:
# Die Dateien des Benutzers peter werden am Bildschirm angezeigt.
date
echo "----------------------------"
echo "Dateiliste: peter"
echo "----------------------------"
find / -user peter -print 2>/dev/null
```

Folgt in der ersten Zeile dem Kommentarzeichen unmittelbar ein Ausrufezeichen, wird das darauf folgende Kommando gestartet. Der Prozedurname wird als Argument übergeben. In diesem Fall startet die aktive Shell den Befehl `/bin/ksh` mit dem Argument `status`. Selbst wenn ein Benutzer eine andere Shell verwendet, so sorgt die erste Kommentarzeile dafür, daß die Prozedur automatisch von der Korn-Shell ausgeführt wird. Berücksichtigen Sie den genauen Standort des Befehls auf Ihrem System und ersetzen Sie gegebenenfalls den Pfad `/bin` gegen die entsprechende Pfadangabe. Das folgende Bild verdeutlicht den Vorgang anhand der Prozedur `status`:

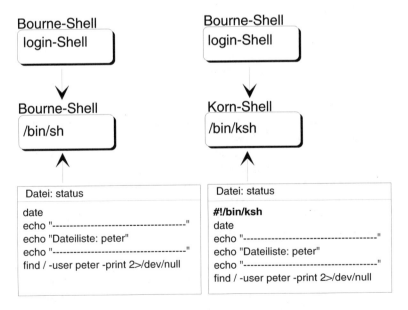

In beiden Fällen steht nach der Anmeldung eine Bourne-Shell zur Verfügung. Voreingestellt erzeugt die Ausgangs-Shell eine weitere Bourne-Shell in der die

Befehle der Prozedur `status` zeilenweise ausgeführt werden. Damit bei der Ausführung keine Fehler auftreten, müssen die Kommandos der Datei den Syntaxregeln entsprechen und der Bourne-Shell bekannt sein.

Die Prozedur auf der rechten Seite wurde in der ersten Zeile um den speziellen Kommentar `#!/bin/ksh` ergänzt. Als Folge dieser Anweisung wird das Programm `/bin/ksh` gestartet und mit der weiteren Ausführung der Prozedur beauftragt. Obwohl die Prozedur aus der Bourne-Shell aufgerufen wurde, kann die Datei `status` spezielle Befehle der Korn-Shell enthalten, ohne daß der Programmaufruf zu Fehlern führt. Der Aufrufende bemerkt diese Umsetzung nicht, da UNIX diesen Mechanismus selbstständig erkennt und ausführt.

Wie es funktioniert, ist einfach erklärt; zum Start eines Programmes verwenden alle Shell-Varianten den UNIX-Systemaufruf `exec`. Starten Sie aus der login-Shell eine Prozedur, wird zunächst eine weitere Subshell erzeugt. Durch den Systemaufruf `exec` wird der neue Prozeß durch ein angegebenes Programm überlagert. Das Programm kann in Form einer ausführbaren Datei oder in Form einer Shell-Prozedur vorliegen. Im zweiten Fall startet `exec` voreingestellt eine Shell vom Typ Ihrer aufrufenden Shell und beauftragt diese, die Befehle der angegebenen Datei auszuführen. Enthält die Shell-Prozedur in der ersten Zeile eine Angabe in Form von

`#! Interpreter [Argument]`

beauftragt `exec` den angegebenen Interpreter mit der Ausführung der Shell-Prozedur. So können Sie eine der drei bekannten Shell-Varianten zur Ausführung Ihrer Prozedur verwenden:

`#!/bin/ksh`	Korn-Shell
`#!/bin/sh`	Bourne-Shell
`#!/bin/csh`	C-Shell

An der Zeichenfolge `#!` in der ersten Zeile erkennt `exec` die Interpreterzeile und verwendet die noch folgende Zeichenkette als Programmname des Interpreters. Der Dateiname Ihrer Shell-Prozedur wird beim Aufruf des Interpreters automatisch übergeben. Im Anschluß an den Interpreternamen darf kein Kommentar folgen, da dieser sonst als Argument verwendet würde. Der Mechanismus ist nicht an eine spezielle Shell gebunden, da `exec` von allen Shell-Varianten zum Start von Kommandos verwendet wird.

Wenn Sie zum Beispiel mit der C-Shell arbeiten und sicherstellen möchten, daß die Prozedur von der Bourne-Shell ausgeführt wird, dann fügen Sie in die erste Zeile die Anweisung `#!/bin/sh` ein, um auf diese Shell umzuschalten. Die Prozeduren dieses Buches sind zu Anfang mit der Anweisung `#!/bin/ksh` gekennzeichnet, sofern sie ausschließlich in der Korn-Shell ablauffähig sind. Damit gewährleisten Sie einen Ablauf der Prozedur in der richtigen Umgebung, auch wenn der Aufrufende es gewohnt ist mit einer anderen Shell zu arbeiten.

Dieses Verfahren ist nicht bei allen Shell-Versionen, die sich zur Zeit auf dem Markt befinden, anwendbar. Nach meiner Erfahrung unterstützen jedoch die meisten Shell-Programme diesen Mechanismus. Das folgende Programm überprüft, ob die Bourne- oder C-Shell Ihres Systems die Angabe eines Kommandointerpreters unterstützt. Dazu bedienen wir uns der Variablen RANDOM, die nur der Korn-Shell bekannt ist und gleich nach dem Start mit einer zufälligen Zahl besetzt wird.

```
#!/bin/ksh
#
# @(#) shelltest V1.0 Test des Aufrufes: #!/bin/ksh
#
if [ "$RANDOM" ]
then
    echo "Die Korn-Shell wurde gestartet"
else
    echo "Die Korn-Shell konnte nicht gestartet werden"
fi
```

Durch die Zeile #!/bin/ksh wird zunächst auf die Korn-Shell umgeschaltet. Anschließend wird geprüft, ob das Programm auch wirklich aktiviert wurde, indem die Variable RANDOM geprüft wird. Nur wenn die Variable einen Wert enthält, war das Umschalten auf die Korn-Shell erfolgreich. In diesem Fall antwortet die Prozedur mit einer entsprechenden Meldung.

Sollte die Variable keinen Wert besitzen, war der Aufruf der Korn-Shell erfolglos; shelltest gibt daraufhin eine Fehlermeldung aus. Die hier benutzte Anweisung if werden Sie im Kapitel 8 noch genauer kennenlernen. Für einen Test starten Sie nacheinander die Bourne- und C-Shell und rufen jeweils die Prozedur shelltest auf:

```
$ sh                              Aufruf der Bourne-Shell
$ shelltest
Die Korn-Shell wurde gestartet
% csh                             Aufruf der C-Shell
% shelltest
Die Korn-Shell wurde gestartet
% <CTRL-D>  <CTRL-D>              Zurück zur login-Shell
```

In diesem Beispiel erkennen beide Shell-Varianten den speziellen Kommentar in der ersten Zeile. Die Meldung zeigt an, daß die Korn-Shell ordnungsgemäß gestartet wurde. Wenn Sie diese Ausgabe ebenfalls erhalten, können Sie den Mechanismus ohne Probleme auf Ihrem System benutzen. Wenn die Korn-Shell nicht gestartet wurde, sollten Sie vor dem Ablauf Ihrer Prozeduren sicherstellen, daß die richtige Shell zur Verfügung steht.

Die spezielle Kommentarzeile hat einen interessanten Nebeneffekt. Sobald Sie eine Prozedur starten, die in der ersten Zeile einen Interpreteraufruf enthält, erscheint der Name der Shell-Prozedur in der Ausgabe des Kommandos ps:

```
$ status >liste &
$ ps -f                    Prozeßstatus anzeigen
   UID  PID  PPID  C    STIME    TTY     TIME COMD
 peter  324    1   0 13:09:48  console   0:06 -ksh
 peter  544  542  15 13:56:00  console   0:01 find / -user peter ...
 peter  542  324   0 13:56:00  console   0:00 status
 peter  548  324  22 13:56:04  console   0:00 ps -f
$
```

2.9. Fehlersuche

Fehler in einer Shell-Prozedur aufzuspüren ist nicht immer leicht. Spätestens wenn Sie umfangreiche Prozeduren entwerfen, werden Sie diese Erfahrung machen. Die Shell bietet daher eine Testhilfe, um auftretende Fehler in einer Prozedur einfacher lokalisieren zu können. Durch Angabe der Option -x veranlassen Sie die Shell zur Protokollierung der ausgeführten Befehle.

```
ksh  -x  Prozedurname
```

Als Beispiel starten Sie zunächst die Prozedur meldung ohne Testhilfe:

```
$ cat meldung
BENUTZER="dieter peter"
mail $BENUTZER < nachricht
echo "Die Post wurde an $BENUTZER ausgetragen"
$ meldung       Start ohne Testhilfe
Die Post wurde an dieter peter ausgetragen
$
```

Das Einschalten der Testhilfe, durch Angabe von -x, bewirkt folgende Ausgabe:

```
$ ksh -x meldung
+ BENUTZER=dieter peter
+ mail dieter peter
+ 0<nachricht
+ echo Die Post wurde an dieter peter ausgetragen
Die Post wurde an dieter peter ausgetragen
$
```

Angeführt von einem Plus-Zeichen zeigt die Shell alle Kommandos vor deren Ausführung auf dem Bildschirm an. Alle vorkommenden Sonderzeichen werden zuvor von der Shell ersetzt. Die erste Zeile zeigt die Zuweisung an die Variable BENUTZER. Die nächste Zeile zeigt den Aufruf von mail nach der Ersetzung der Variablen BENUTZER. In diesem Fall wurde die Variable BENUTZER durch

Fehlersuche

den Inhalt `dieter peter` ausgetauscht. Die Umlenkung der Eingabe wird durch die Zeile `0<nachricht` dargestellt. Die Ziffer 0 steht stellvertretend für die Standardeingabe. Sie können anhand der expandierten Ausgabe einen Fehler besser erkennen, da das Kommando vor der Ausführung erneut angezeigt wird. Das Plus-Zeichen vor jeder ersetzten Zeile kann durch Umbesetzen der Variablen `PS4` gegen eine beliebige Zeichenkette ausgetauscht werden.

```
PS4="Prompt"
```

```
$ export PS4="[ksh] "
$ ksh -x meldung
[ksh] BENUTZER=dieter peter
[ksh] mail dieter peter
[ksh] 0<nachricht
[ksh] echo Die Post wurde an dieter peter ausgetragen
Die Post wurde an dieter peter ausgetragen
$
```

Die Shell zeigt den Inhalt der Variablen `PS4` vor jeder ersetzten Zeile an. Durch Umbesetzen dieser Variablen können Sie den Prompt nach Ihren Wünschen gestalten. Sie können zum Beispiel die aktuelle Zeilennummer des ausgeführten Befehls anzeigen, wenn Sie `PS4` folgendermaßen besetzen:

```
$ export PS4='$LINENO : '
$ ksh -x meldung
1 : BENUTZER=dieter peter     Der Befehl steht in Zeile 1 der Prozedur meldung
2 : mail dieter peter
2 : 0<nachricht
3 : echo Die Post wurde an dieter peter ausgetragen
Die Post wurde an dieter peter ausgetragen
$
```

Die Variable `LINENO` wird von der Korn-Shell nach Ausführung eines Befehls mit der aktuellen Zeilennummer besetzt. Sie müssen `LINENO` mit einfachen Anführungszeichen umschließen, damit während der Zuweisung an `PS4` keine Ersetzung stattfindet. Dieses hätte zur Folge, daß `LINENO` nur einmal gegen den aktuellen Wert 1 ausgetauscht würde, der daraufhin als Promptzeichen vor jeder Zeile erscheinen würde. Das Maskieren der Variablen `LINENO` mit Anführungszeichen weist `PS4` die Zeichenkette `"$LINENO"` zu, die von der Shell nach Ausführen eines Kommandos jedesmal neu bewertet wird.

```
PS4='$LINENO : '
       ↓
PS4=$LINENO :
```

Die Shell entnimmt aus `PS4` die Zeichenkette `$LINENO`, erkennt darin eine Variable und ersetzt diese durch die aktuelle Zeilennummer des zuletzt ausgeführten Befehls. Die Bewertung wird also nach Bearbeiten jeder Befehlszeile neu ausgeführt. Während die Auswertung bei der Zuweisung ohne Anführungszeichen nur einmalig erfolgt:

```
PS4=$LINENO :
    ↓
PS4=1 :
```

Sie können im weiteren Verlauf des Buches auf diese Testhilfe zurückgreifen. Das Wesentliche über Aufbau und Aufruf einer Prozedur haben Sie in den vorangegangenen Abschnitten kennengelernt. Im folgenden Kapitel erfahren Sie, wie Argumente an eine Prozedur übergeben werden können.

3. Argumente übergeben

3.1. Kapitelübersicht

Nachdem Sie nun den grundsätzlichen Aufbau von Shell-Prozeduren und die verschiedenen Formen des Aufrufs kennengelernt haben, beschäftigen wir uns in diesem Kapitel mit der Übergabe von Argumenten an eine Prozedur. Shell-Programme werden wesentlich flexibler und vielseitiger, wenn man weiß, wie man ihnen Argumente übergeben kann. Sie bestimmen beim Aufruf, worauf die Befehle der Prozedur angewandt werden sollen. Im einzelnen lernen Sie folgende Verfahren der Übergabe von Argumenten kennen:

- Argumente in der Kommandozeile übergeben
- Die Positionsparameter $1 bis $n
- Die Übernahme aller Argumente mit $* und $@
- Argumente und Leerzeichen
- Daten von der Tastatur lesen
- Daten aus dem Environment lesen
- Erstellen eines Telefonregisters mit der Shell

3.2. Einleitung

Die Übergabe von Argumenten ist für Sie nichts Neues. Sie benutzen Argumente ständig im Umgang mit anderen Kommandos wie zum Beispiel:

```
$ ls -l /etc/passwd
```

Der Kommandoaufruf beschreibt was (`ls`), in welcher Form `-l` (Langformat) auf welches Objekt (`etc/passwd`) angewendet werden soll. Die Argumente sind hier die Option `-l` und die Datei `/etc/passwd`. Sie legen beim Aufruf des Befehls fest, wie und worauf `ls` operieren soll. Das Kommando wird dadurch flexibler - gäbe es keine Argumente, dann wäre der Befehl `ls` nur auf den aktuellen Katalog anwendbar. Das gilt auch für Ihre Prozeduren. Nehmen Sie als Beispiel die Shell-Prozedur `suche_peter`.

```
#
# @(#) suche_peter V1.0 Suche alle Dateien des Benutzers: peter
#
# Aufruf: suche_peter

find / -user peter -print 2>/dev/null
```

Diese Prozedur sucht mit dem Kommando `find` alle Dateien, die dem Benutzer `peter` gehören. Die Suche beginnt ab dem Katalog `/`. Wenn Sie Verzeichnisse durchsuchen, auf die Sie keine Zugriffsrechte besitzen, gibt der Befehl Meldungen auf die Standardfehlerausgabe aus. Diese Fehlerausgabe wird vom Bildschirm in den UNIX-Papierkorb umgelenkt, denn sie würde unsere Ausgabe stören. Möchten Sie alle Dateien des Benutzers `dieter` suchen, so gibt es, nach den bisherigen Erkenntnissen, nur die Möglichkeit eine neue Prozedur zu erstellen.

```
#
# @(#) suche_dieter V1.0 Suche alle Dateien des Benutzers: dieter
#
# Aufruf: suche_dieter

find / -user dieter -print 2>/dev/null
```

Sie besitzen nun zwei Prozeduren `suche_peter` und `suche_dieter`, die jeweils die zugehörigen Dateien des Benutzers `peter` und `dieter` suchen und auf dem Bildschirm ausgeben. Wendet man dieses Verfahren auf jeden Benutzer des Systems an, existieren zum Schluß genauso viele Prozeduren wie Benutzereinträge. Dabei wurde in den einzelnen Prozeduren nur der Benutzername nach dem Schlüsselwort `-user` ausgetauscht. Das Problem der mehrfachen Prozeduren ist gelöst, wenn Sie beim Aufruf der Prozedur den Benutzernamen als Argument übergeben und diesen Namen nach dem Schlüsselwort `-user` einsetzen lassen.

3.3. Die Positionsparameter $1 bis $n

Innerhalb einer Prozedur können Sie mit den speziellen Variablen $1 bis $n auf die Argumente des Kommandoaufrufes zugreifen.

```
Kommando   Arg₁   Arg₂   ...   Arg₁₀   Arg₁₁   ...   Argₙ
             ↓      ↓            ↓        ↓            ↓
Prozedur    $1     $2    ...   ${10}   ${11}   ...   ${n}
```

Bei den ersten neun Argumenten folgt die Zahl direkt auf das Dollarzeichen. Ab der zehnten Position müssen Sie die Ziffern zusätzlich in geschweifte Klammern fassen. Der Stellvertreter n steht für die Zahl des letzten Arguments. Die maximale Argumentenzahl ist abhängig von dem Gesamtspeicherbedarf aller Argumente. Auf meinem System konnte eine Liste mit 558 Argumenten und einer Gesamtlänge von 5002 Zeichen verarbeitet werden. Erfahrungsgemäß werden Sie diese Obergrenze nur selten erreichen.

Die Prozeduren `suche_peter` und `suche_dieter` lassen sich zu einem Kommando `suche` zusammenfassen, indem Sie den Benutzernamen gegen die Variable $1 austauschen.

```
#
# @(#) suche V1.0 Suche alle Dateien eines Benutzers
#
# Aufruf: suche Kennung

find / -user $1 -print 2>/dev/null
```

Zur Suche aller Dateien des Benutzers `peter` ist folgender Aufruf notwendig:

```
$ suche peter
/home/peter/.profile
/home/peter/antwort.txt
/home/peter/brief.txt
/home/peter/dir
/home/peter/suche
$
```

Die Dateien von `dieter` erhalten Sie durch den Aufruf:

```
$ suche dieter
/home/dieter/.profile
/home/dieter/adressen.dat
/home/dieter/post
$
```

Argumente übergeben

Nach dem Aufruf ersetzt die Shell die Variable `$1` gegen den angegebenen Benutzernamen und führt das Kommando `find` aus. Sie können die Prozedur für jede Kennung Ihres Systems anwenden, ohne eine Änderung vornehmen zu müssen. Dazu ein weiteres Beispiel. Die folgende Prozedur `post` versendet eine Nachricht an einen Benutzer Ihres Systems. Die Meldung wird der Datei `nachricht` entnommen. Zur Protokollierung wird das Datum und der Benutzername in eine Datei mit dem Namen `protokoll` geschrieben. Die Kommandogruppierung `{...}` leitet die Ausgaben der Kommandos `date` und `echo` gemeinsam in die Protokolldatei.

```
$ vi post
```

```
#
# @(#) post V1.0 Post an einen Benutzer senden
#
# Aufruf: post Kennung
#
# Das Protokoll wird in die Datei protokoll geschrieben

{ date; echo "Nachricht an: $1"; } >>protokoll
mail $1 <nachricht
echo "Die Post wurde an $1 ausgetragen"
```

```
$ chmod u+x post
```

Vor dem Aufruf schreiben Sie mit dem Kommando `cat` eine Meldung in die Datei `nachricht`.

```
$ cat >nachricht
Um 14.00 findet in meinem Büro ein kleiner Umtrunk
statt. Ihr seid herzlich eingeladen.
<CTRL-D>
$
```

Zum Versenden der Nachricht starten Sie die Prozedur `post` zunächst mit dem Argument `anke`.

```
$ post anke
Die Post wurde an anke ausgetragen
$ post dieter
Die Post wurde an dieter ausgetragen
$ cat protokoll
Thu Nov 28 13:15:36 PST 1991
Nachricht an: anke
Thu Nov 28 13:15:37 PST 1991
Nachricht an: dieter
$
```

Zu Ihrer Erinnerung finden Sie in der Protokolldatei eine Übersicht aller angeschriebenen Personen. Die Prozedur erlaubt Ihnen maximal einen Empfänger anzugeben. Möchten Sie beim Aufruf gleich zwei Benutzer übergeben, so müssen Sie die Prozedur um die Variable $2 erweitern.

```
$ vi post
#
# @(#) post V1.1 Post an zwei Benutzer senden
#
# Aufruf: post Kennung1 Kennung2
#
# Das Protokoll wird in die Datei protokoll geschrieben

{ date; echo "Nachricht an: $1 $2"; } >>protokoll
mail $1 $2 <nachricht
echo "Die Post wurde an $1 $2 ausgetragen"
```

Der Befehl echo wird um $2 ergänzt und dem Kommando mail wird ebenfalls $2 zugeordnet. Dadurch werden beide Benutzernamen protokolliert, und die Post wird an beide verschickt. Sie brauchen die Prozedur post nicht mehr zweimal aufzurufen, um an die Teilnehmer anke und dieter Post zu versenden.

```
$ post anke dieter claudia
Die Post wurde an anke dieter ausgetragen
$ cat protokoll
Thu Nov 28 13:15:36 PST 1991
Nachricht an: anke
Thu Nov 28 13:15:46 PST 1991
Nachricht an: dieter
Thu Nov 28 13:21:55 PST 1991
Nachricht an: anke dieter
$
```

Was passiert, wenn Sie drei Benutzer beim Aufruf angeben? Richtig, der Dritte wird ignoriert, da die Prozedur nur zwei Argumente verarbeiten kann. Der Aufruf: post anke dieter claudia ist ein Musterbeispiel dafür. Das dritte Argument claudia wurde ignoriert. Sie könnten die Prozedur um den Positionsparameter $3 erweitern, damit das Argument claudia berücksichtigt wird. Doch ist das eine Lösung? Schließlich können Sie nicht jedesmal die Prozedur anpassen, wenn ein weiteres Argument aufgenommen werden soll. Dazu bietet sich eine bessere Lösung an - die Variable $*.

3.4. Die Variable $*

Die Variable $* verbindet alle Argumente, die dem Programm übergeben wurden, zu einer Zeichenkette. Die einzelnen Argumente sind durch ein Leerzeichen voneinander getrennt.

```
$* ← "$1 $2 $3 $4 $5 $6 $7 $8 $9 ${10} ... ${n}"
```

Der Platzhalter $* läßt sich hervorragend für Prozeduren mit variabler Argumentenzahl einsetzen. In Ihrem vorangegangenem Beispiel post, konnten Sie nur zwei Argumente verarbeiten. Für jedes weitere Argument mußte die Prozedur um einen Positionsparameter erweitert werden. Bei Verwendung der Variablen $* ist die Anzahl der Argumente unbedeutend, da in $* alle Argumente zusammengefaßt sind - egal wie viele übergeben wurden.

```
#
# @(#) post V1.2 Post versenden
#
# Aufruf: post Kennung(1)...Kennung(n)
#
# Das Protokoll wird in die Datei protokoll geschrieben

{ date; echo "Nachricht an: $*"; } >>protokoll
mail $* <nachricht
echo "Die Post wurde an $* ausgetragen"
```

Die Variablen $1 und $2 wurden durch $* ersetzt. Sie können beim Aufruf eine variable Anzahl von Benutzernamen übergeben. Gleichgültig wieviel Argumente Sie übergeben - bei der Bearbeitung wird keiner vergessen. Ein anschließender Blick in die Protokolldatei bestätigt den ordnungsgemäßen Ablauf von post:

```
$ rm protokoll                        Die Protokolldatei wird vorher gelöscht
$ post anke dieter claudia
Die Post wurde an anke dieter claudia ausgetragen
$ post dieter anke
Die Post wurde an dieter anke ausgetragen
$ cat protokoll
Thu Nov 28 13:30:44 PST 1991
Nachricht an: anke dieter claudia
Thu Nov 28 13:31:13 PST 1991
Nachricht an: dieter anke
$
```

Der Aufruf ksh -x post anke dieter schaltet die x-Option der Shell ein und die Befehle werden, nachdem alle Sonderzeichen aufgelöst wurden, vor der Ausführung auf dem Bildschirm angezeigt. Nutzen Sie diese Eigenschaft und betrachten Sie die Ausführung aus der Sicht der Korn-Shell:

```
$ ksh -x post anke dieter
+1>> protokoll                          Umlenkung der Standardausgabe
+ date                                  Das Kommando date wird ausgeführt
+ echo Nachricht an: anke dieter        $* wurde durch anke dieter ersetzt
+ mail anke dieter                      $* wurde durch anke dieter ersetzt
+0<nachricht                            Umlenkung der Standardeingabe
+ echo Die Post wurde an anke dieter ausgetragen
Die Post wurde an anke dieter ausgetragen
$
```

Durch diese Ausgabe wird der Ersetzungsmechanismus der Shell besonders deutlich. Die Korn-Shell hat die Variable $* durch die Argumente anke dieter ausgetauscht.

3.5. Die Variable "$@"

Im Gegensatz zu der Variablen $* werden die Positionsparameter als einzelne Zeichenketten zusammengefaßt.

```
"$@" ← "$1" "$2" ... "$9" "${10}" ... "${n}"
```

Im Kapitel 10, das sich mit Schleifen beschäftigt, finden Sie Beispiele für den Einsatz dieser Variablen

3.6. Die Variable $#

Die Variable $# wird nach dem Aufruf einer Prozedur mit der Anzahl der übergebenen Argumente besetzt.

```
#
# @(#) post V1.3 Post versenden
#
# Aufruf: post Kennung(1)...Kennung(n)
#
# In der Variablen $* stehen alle Benutzer
# Das Protokoll wird in die Datei protokoll geschrieben

{ date; echo "Nachricht an: $*"; } >>protokoll
mail $* <nachricht
echo "Die Post wurde an $# Benutzer ausgetragen"
echo $*
```

Argumente übergeben

```
$ post anke dieter claudia
Die Post wurde an 3 Benutzer ausgetragen
anke dieter claudia
$
```

In diesem Beispiel verwenden Sie die Variable `$#`, um die Anzahl der Empfänger auszugeben. In Verbindung mit der Entscheidungsanweisung `if` können Sie den Wert der Variablen überprüfen und gegebenenfalls mit einer Fehlermeldung antworten, sollte die erwartete Anzahl an Argumenten nicht Ihren Erwartungen entsprechen. Im Kapitel 8.7 werde ich das Überprüfen von Argumenten ausführlich behandeln. Doch zunächst zurück zu den Positionsparametern.

3.7. Der Befehl `shift`

Mit dem Befehl `shift` können Sie die Positionsparameter `$1` bis `$n` um eine Stelle nach links verschieben. Dadurch werden die Argumente, die für bestimmte Verarbeitungsschritte nicht mehr benötigt werden, aus der Argumentenliste entfernt. Der Befehl hat folgenden Aufbau:

```
shift [n]
```

Wenn Sie `shift` ausführen, wird der Inhalt von `$2` nach `$1` übertragen, was sich vorher in `$3` befand, ist dann in `$2` usw. Der Wert des ersten Positionsparameters geht dabei unwiederbringlich verloren. Die Variable `$#` (Anzahl der Argumente) wird zusätzlich nach jedem Aufruf von `shift` um 1 verringert. Das folgende Beispiel verdeutlicht den Vorgang:

```
#
# @(#) myshift V1.0 Beispiel für das Kommando shift
#
echo "Anzahl Argumente: $# $1 $2 $3 $4"; shift
echo "Anzahl Argumente: $# $1 $2 $3 $4"; shift
echo "Anzahl Argumente: $# $1 $2 $3 $4"; shift
echo "Anzahl Argumente: $# $1 $2 $3 $4"; shift
echo "Anzahl Argumente: $# $1 $2 $3 $4"
```

```
$ myshift A B C D
Anzahl Argumente: 4 A B C D
Anzahl Argumente: 3 B C D       $1 geht verloren; $4 wird auf "leer"gesetzt
Anzahl Argumente: 2 C D         $1 geht verloren; $3, $4 werden auf "leer"gesetzt
Anzahl Argumente: 1 D           $1 geht verloren; $2, $3, $4 werden auf "leer"gesetzt
Anzahl Argumente: 0             $1 geht verloren; $1, $2, $3, $4 werden auf "leer"
$                               gesetzt
```

Der Befehl shift

Jeder Aufruf von `shift` verschiebt die Argumentenliste um eine Stelle in Richtung $1. Dabei werden alle folgenden Positionsparameter auf "leer" gesetzt. Sie erkennen es an der Ausgabe von `myshift`, bei der zuerst $4, $3, $2 und zuletzt $1 mit der leeren Zeichenkette besetzt wird.

Sie können die Positionsparameter auch um mehr als eine Stelle verschieben, indem Sie die Anzahl im Anschluß an das Kommando angeben. Wenn Sie z.B. `shift 2` aufrufen, werden die Positionsparameter um zwei Stellen nach links verschoben.

```
#
# @(#) myshift V1.1 Beispiel für das Kommando shift
#
echo "Anzahl Argumente: $# $1 $2 $3 $4"
shift 2
echo "Anzahl Argumente: $# $1 $2 $3 $4"
```

```
$ myshift A B C D
Anzahl Argumente: 4 A B C D
Anzahl Argumente: 2 C D              Nach Ausführen von shift 2
$
```

Durch den Aufruf von `shift` wird auch die Variable `$*` (alle Positionsparameter in einer Zeichenkette) aktualisiert. Die erste Version von `myshift` kann auch folgendermaßen geschrieben werden:

```
#
# @(#) myshift V1.2 Beispiel für das Kommando shift
#
echo "Anzahl Argumente: $# $*"; shift
echo "Anzahl Argumente: $# $*"; shift
echo "Anzahl Argumente: $# $*"; shift
echo "Anzahl Argumente: $# $*"; shift
echo "Anzahl Argumente: $# $*"
```

```
$ myshift A B C D
Anzahl Argumente: 4 A B C D
Anzahl Argumente: 3 B C D
Anzahl Argumente: 2 C D
Anzahl Argumente: 1 D
Anzahl Argumente: 0
```

Rufen Sie den Befehl `shift` auf, wenn keine Argumente zum Verschieben vorliegen, erscheint folgende Fehlermeldung:

```
$ shift                    Es liegen keine Argumente zum Verschieben vor
ksh: shift: bad number
```

Ein ausführliches Beispiel zu dem Kommando `shift` finden Sie im Kapitel 9.5, das sich mit der Verarbeitung von Optionen beschäftigt.

3.8. Argumente und Leerzeichen

In diesem Abschnitt beschäftigen Sie sich genauer mit der Zuordnung von Argumenten zu den Positionsparametern $1 bis $n. Woran erkennt die Shell, wann ein Argument endet und das nächste beginnt? Dazu ein Beispiel:

```
#
# @(#) telno V1.0 Anlegen eines Telefonregisters
#
# Aufruf: telno Vorname Nachname Telefonnummer

echo "Kommandoname: $0   Anzahl Argumente: $#"
echo "-------------------------------"
echo $1
echo $2
echo $3
echo $4
echo "-------------------------------"
echo $1:$2:$3:$4 >>telno.dat
```

Die Prozedur ist ein erster Ausblick auf die Adreßverwaltung, mit der Sie am Ende dieses Kapitels beginnen. Die angegebene Adresse wird satzweise in die Datei `telno.dat` gespeichert und auf dem Bildschirm protokolliert.

```
$ telno Johann de Groot 05971/12345
Kommandoname: telno   Anzahl Argumente: 4
-------------------------------
Johann
de
Groot
05971/12345
-------------------------------
$ cat telno.dat
Johann:de:Groot:05971/12345
$
```

Die Bestandteile der Adresse sind in der Datei durch einen Doppelpunkt voneinander getrennt. Fällt Ihnen an der Aufteilung etwas auf? Richtig, der Name de Groot wurde in zwei Felder zerlegt. Warum trifft die Shell diese Zuordnung? Folgendes Bild zeigt die Vorgehensweise der Shell bei der Ausführung des Kommandos:

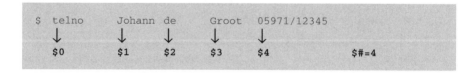

Anhand des Leerzeichens erkennt die Shell das Ende und den Beginn eines Arguments der Kommandozeile. Die erste Zeichenkette ist der Kommandoname. Die Shell startet das Kommando und besetzt die Variable $0 mit dem Kommandonamen. Jede folgende Zeichenkette, die durch mindestens ein Leerzeichen von den anderen getrennt ist, wird den Positionsparametern $1 bis $4 zugeordnet.

Daraus folgt, daß Sie in einem Argument keine Leerzeichen verwenden dürfen. Die Shell generiert daraus zwei Argumente. Ein Leerzeichen in einem Argument ist durchaus keine Seltenheit. In Ihrem Beispiel besitzt der Nachname eine Vorsilbe. Sie können diese Einschränkung durch Verwenden der Anführungszeichen " " umgehen.

```
$ telno Johann "de Groot" 05971/12345
Kommandoname: telno   Anzahl Argumente: 3
------------------------------
Johann
de Groot
05971/12345
                        $4 ist unbesetzt
------------------------------
$ cat telno.dat
Johann:de:Groot:05971/12345
Johann:de Groot:05971/12345:   Das letzte Feld ($4) bleibt leer
$
```

Das Umschließen der Argumente mit doppelten Anführungszeichen hebt die Sonderbedeutung des Leerzeichens auf. Die Shell erkennt das Leerzeichen nicht als Trenner der Eingabe und behandelt die beiden Zeichenketten als ein Argument.

Die Adresse wird korrekt auf dem Bildschirm dargestellt und in die Datei geschrieben. Der Positionsparameter $4 wurde beim Aufruf nicht benutzt; er wird von der Shell auf "leer" gesetzt. Der zweite Eintrag in der Datei telno.dat enthält daher am Ende der Zeile einen Doppelpunkt.

Im nächsten Abschnitt möchte ich Ihnen eine weitere Möglichkeit vorstellen, mit der Sie Daten in Ihr Programm übernehmen können. Auch hier spielt das Leerzeichen eine wichtige Rolle.

Argumente übergeben

3.9. Daten von der Tastatur einlesen

Die Angabe von Argumenten in der Kommandozeile ist nur eine Möglichkeit Daten in eine Prozedur zu übernehmen. Mit dem Befehl `read` können Sie Eingaben direkt von der Tastatur einlesen. Ähnlich wie bei der Argumentenübergabe werden die Werte in Variable übertragen.

```
read    Variable₁ Variable₂ ...
```

Nach Aufruf von `read` wartet der Befehl auf die Eingaben des Benutzers. Genau wie bei einer Argumentenliste müssen Sie die einzelnen Zeichenketten durch Leerzeichen voneinander trennen. Mit der Taste <RETURN> beenden Sie die Eingabe. Anschließend werden die einzelnen Zeichenketten den angegebenen Variablen zugewiesen. Die Prozedur `telno` aus dem vorherigen Abschnitt kann auch folgendermaßen formuliert werden:

```
#
# @(#) telno V1.1 Anlegen eines Telefonregisters
#
# Aufruf: telno
#
# Adressen von der Tastatur einlesen
echo "Bitte Vorname Nachname Telefon eingeben:"
read vorname nachname telefon
echo "-------------------------------"
echo $vorname
echo $nachname
echo $telefon
echo "-------------------------------"
echo $vorname:$nachname:$telefon >>telno.dat
```

```
$ telno                                           Die Adresse wird eingelesen
Bitte Vorname Nachname Telefon eingeben:
Peter Termöllen 089/12345<RETURN>                 Ihre Eingabe der Adresse
-------------------------------
Peter
Termöllen
089/12345
-------------------------------
$
```

Die neue Adresse wurde in der Datei `telno.dat` gespeichert:

```
$ cat telno.dat
Johann:de:Groot:05971/12345
Johann:de Groot:05971/12345:
Peter:Termöllen:089/12345
```

Der Unterschied zur vorherigen Version besteht darin, daß die Adresse nicht in der Kommandozeile angegeben werden muß. Die Prozedur fordert die Daten selbständig vom Benutzer. Die Zuordnung der Adreßfelder zu den Variablen erfolgt genau wie bei der Bearbeitung einer Argumentenliste. Jedes Feld, das durch ein Leerzeichen vom nächsten getrennt ist, wird nacheinander den Variablen des Befehls read zugewiesen.

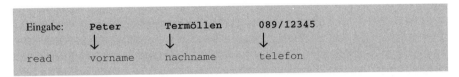

Die Zuordnung wird Ihnen bekannt vorkommen. Bei der Argumentenübergabe hat die Shell die Argumente den Positionsparametern $1 bis $3 zugeordnet. In diesem Fall zerlegt die Shell die Eingabe nach dem gleichen Muster und stellt sie anschließend dem Befehl read zur Verfügung. Dieser wiederum liest die einzelnen Argumente von der Standardeingabe und überträgt sie in die Variablen vorname, nachname und telefon.

Haben Sie sich schon gefragt, was passiert, wenn Sie mehr Daten eingeben, als von der Prozedur verlangt wurde? Etwa wenn Sie nach der Telefonnummer zusätzlich die Straße angeben. Oder wie verhält sich der Befehl read, wenn Sie Eingaben weglassen?

Bevor ich die Fragen beantworte, rufen Sie telno erneut auf, und beobachten Sie das Verhalten der Prozedur in diesen Fällen:

Was ist passiert? Richtig - die Telefonnummer und die Straße wurden gemeinsam in die Variable telefon übertragen. Die Prozedur verlangt die Eingabe von drei Argumenten, Sie haben aber vier angegeben. Stehen mehr Worte in der Eingabe als Variablen in der Liste vorhanden sind, werden die überzähligen Angaben der letzten Variablen zugewiesen.

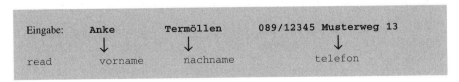

Argumente übergeben

Um zu verhindern, daß mehr Angaben als erwünscht in der letzten Variablen gespeichert werden, ergänzen Sie die Liste um eine weitere Variable (in unserem Beispiel REST). So wird die neue Variable zur letzten in der Liste und die restlichen Werte werden dort abgelegt. Ob Sie diese Variable im Programm verwenden, können Sie von Fall zu Fall entscheiden. Ergänzen Sie Ihre Prozedur um diese neue Erkenntnis:

```
#
# @(#) telno V1.2 Anlegen eines Telefonregisters
#
# Aufruf: telno
#
# Adressen von der Tastatur lesen
#
echo "Bitte Vorname Nachname Telefon eingeben:"
read vorname nachname telefon REST
echo "-----------------------------"
echo $vorname
echo $nachname
echo $telefon
echo "-----------------------------"
echo $vorname:$nachname:$telefon >>telno.dat
```

Die Liste wurde um die Variable REST ergänzt. Überzählige Angaben werden dort abgelegt, so daß die relevanten Variablen davon unberührt bleiben.

```
$ telno
Bitte Vorname Nachname Telefon eingeben:
Anke Termöllen 089/12345 Musterweg 13<RETURN>
-----------------------------
Anke
Termöllen
089/12345
-----------------------------
$
```

Gleichgültig wieviel Argumente Sie angeben, die restlichen Eingaben werden ignoriert. Sie sehen es daran, daß der Straßenname nicht mehr Bestandteil der Variablen telefon ist. Die Variable REST, die alle überzähligen Argumente beinhaltet, wird nicht weiter verwendet. Das folgende Bild veranschaulicht die Zuordnung der Eingaben:

Eingabe:	Anke	Termöllen	089/12345	Musterweg 13
	↓	↓	↓	↓
read	vorname	nachname	telefon	REST

Wenn Sie bei der Eingabe zuwenig Angaben machen, bleiben die nachfolgenden Variablen unbesetzt. Im folgenden Aufruf von telno geben Sie lediglich den Vornamen ein:

Daten von der Tastatur einlesen

```
$ telno
Bitte Vorname Nachname Telefon eingeben:
Michael<RETURN>
-------------------------------
Michael


-------------------------------
$
```

Es wird nur der Vorname ausgegeben. Die Variablen `nachname` und `telefon` bleiben unbesetzt. Sie erkennen es aufgrund der leeren Zeilen in der Ausgabe.

Der Befehl `read` kann die Eingaben aus einer Datei oder von einem anderen Kommando lesen, wenn Sie den Datenstrom zuvor umlenken: Der folgende Aufruf liest die erste Zeile der Datei `/etc/passwd`:

```
$ read zeile </etc/passwd
$ echo $zeile
root:x:0:1:Systemverwalter:/:/bin/sh
$
```

Die Interpretation der Eingabe aus einer Datei unterscheidet sich nicht von der Tastatureingabe. Der Befehl `read` liest bis zum Ende der Zeile und betrachtet das Leerzeichen als voreingestelltes Trennzeichen. Das folgende Beispiel verwendet die Datei `EINGABE` als Eingabe für das Kommando `read`:

```
$ cat >EINGABE
Peter Termöllen 089/12345 <RETURN>
<CTRL-D>
$ read Vorname Nachname Tel <EINGABE
$ echo "$Nachname, $Vorname ($Tel)"
Termöllen, Peter (089/12345)
$
```

Genau wie bei der Tastatureingabe werden die durch Leerzeichen getrennten Wörter den angegebenen Variablen zugeordnet.

Die Ausgabe eines Kommandos kann mit dem Pipe-Symbol direkt an den Befehl `read` geleitet werden. Das nachfolgende Verfahren funktioniert allerdings nicht auf allen UNIX-Systemen. Manche Shell-Implementierungen führen den Befehl `read` in einer Subshell aus, wenn die Eingabe aus einer Pipe gelesen wird. Als Folge davon werden die angegebenen Variablen von `read` nur in dieser neuen Shell besetzt. Nach Rückkehr des Kommandos wird die erzeugte Subshell wieder beendet, so daß die Variablen anschließend in der aktuellen Shell nicht zur Verfügung stehen. Prüfen Sie daher die Funktionsweise auf Ihrem System.

Argumente übergeben

```
$ who am i
peter       console      Oct 11 12:57
$ who am i | read kennung term datum
$ echo "Der Benutzer: $kennung arbeitet am Terminal: $term"
Der Benutzer: peter arbeitet am Terminal: console
$
```

Die Elemente der Ausgabe von who werden nacheinander in die angegebenen Variablen übertragen. Obwohl die Angaben Monat, Tag und Uhrzeit durch ein Leerzeichen voneinander getrennt sind, werden Sie gemeinsam in die Variable datum übertragen. Der Grund dafür liegt darin, daß diese Variable als letztes in der Liste auftaucht und daher alle Informationen beinhaltet, die nicht zugeordnet werden konnten. Hier kommt Ihnen diese Eigenschaft von read sehr entgegen.

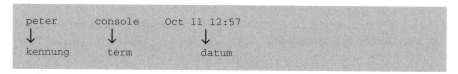

```
peter       console      Oct 11 12:57
  ↓            ↓              ↓
kennung      term          datum
```

Auf diese Art können Sie auf die Informationen einer Kommandoausgabe zugreifen und diese in bereitgestellte Variablen hinterlegen. Falls das Verfahren auf Ihrem System aus den zuvor genannten Gründen nicht funktionieren sollte, können Sie auf eine weitere Methode zurückgreifen, um eine Zeichenkette in einzelne Felder zu zerlegen. Im Kapitel 6.8 werden Sie dieses Verfahren genauer kennenlernen.

Die folgende Prozedur dinfo nutzt den Befehl read, um die ausführliche Beschreibung einer Datei in aufbereiteter Form auf dem Bildschirm auszugeben. Die Informationen zu einer Datei erhalten Sie mit dem Befehls ls -l:

```
$ ls -l /bin/who
-r-xr-xr-x   1 root     root 53428 Jan 16 1991 /bin/who
$
```

Diese nüchterne Form der Darstellung läßt sich durch die Prozedur dinfo wesentlich freundlicher gestalten:

Daten von der Tastatur einlesen

```
#!/bin/ksh
#
# @(#) dinfo V1.0 Dateiinformation ausgeben
#
# Aufruf: dinfo Datei/Verzeichnis

ls -ld $1 | read RECHTE LINKS BEN GRP GROESSE MONAT TAG ZEIT NAME

echo "-------------------------------------------"
echo "Datei              : $NAME"
echo "Rechte             : $RECHTE"
echo "Größe              : $GROESSE byte"
echo "Besitzer           : $BEN"
echo "Gruppe             : $GRP"
echo "letzte Änderung    : $TAG. $MONAT"
echo "-------------------------------------------"
```

```
$ dinfo /bin/who                         Informationen über das Kommando who
-------------------------------------------
Datei              : /bin/who
Rechte             : -r-xr-xr-x
Größe              : 53428 byte
Besitzer           : root
Gruppe             : root
letzte Änderung    : 16. Jan
-------------------------------------------
$
```

Die durch Leerzeichen getrennten Zeichenketten der Ausgabe wurden in die bereitgestellten Variablen übertragen und aufbereitet ausgegeben. Sie können die einzelnen Informationen beliebig anordnen und zusätzlich mit einem Kommentar versehen. Wenn Sie den Besitzer einer Datei bestimmen möchten, leistet die Prozedur `besitzer` wertvolle Dienste:

```
#!/bin/ksh
#
# @(#) besitzer V1.0 Besitzer einer Datei ausgeben
#
# Aufruf: besitzer Datei/Verzeichnis

ls -ld $1 | read RECHTE LINKS BESITZER REST
echo $BESITZER
```

```
$ besitzer /bin/who
root
$ besitzer dinfo
peter
$
```

Um den Besitzer der Datei zu ermitteln, werden die ersten drei Angaben in die Variablen RECHTE, LINKS und BESITZER übertragen. Alle nachfolgenden Angaben können Sie ignorieren und gesammelt in die Variable REST übertragen. Als Ergebnis des Aufrufes wird der Besitzer auf dem Bildschirm ausgegeben. Durch die Umlenkung der Kommandoausgabe haben Sie den Befehl `read` in ein

Hilfsmittel verwandelt, mit dem Sie mühelos auf die Bestandteile einer Zeichenkette zugreifen können.

Am Anfang dieses Kapitels habe ich `read` als einen Befehl vorgestellt, mit dem Sie Daten interaktiv vom Benutzer anfordern und in Ihre Prozedur übernehmen können. Zusammen mit den Positionsparametern $1 bis $n kennen Sie nun zwei Möglichkeiten, Werte in Ihre Prozeduren zu übernehmen:

1) **Die Positionsparameter** $1 **bis** $n: `post anke dieter`
                                                                            `$1   $2   = $*`

2) **Das Kommando** `read:`   `read vorname nachname telefon`

Bevor ich das Thema "Argumentenübergabe" abschließe, zeige ich Ihnen eine dritte Variante, Daten an eine Prozedur zu übergeben.

3.10. Daten aus dem Environment lesen

Sie kennen bisher zwei Formen der Argumentenübergabe an eine Prozedur. Im ersten Fall wurden die Argumente beim Aufruf angegeben. Innerhalb der Prozedur konnten Sie durch die Positionsparameter $1 bis $n auf die Werte zugreifen. In der zweiten Variante wurden die Daten mit dem Befehl `read` eingelesen und in bereitgestellte Variablen übertragen.

Im dritten Verfahren nutzt die Shell den Umgebungsbereich, um Werte an ein Programm zu übergeben. Vor dem Aufruf der Prozedur besetzen Sie in Ihrer aktuellen Shell eine Variable mit dem gewünschten Übergabewert. Mit dem Befehl `export` wird die Variable global definiert. Jede Prozedur, die von Ihrer Shell aufgerufen wird, erhält eine Kopie dieser Variablen in ihrem eigenen Environment. Die folgende Prozedur `sicherung` hilft Ihnen bei der Speicherung Ihrer Datenbestände. Das Startverzeichnis der Sicherung und der Name des Ausgabegerätes werden mit Hilfe von Umgebungsvariablen an das Programm übergeben.

```
#
# @(#) sicherung V1.0 Sicherung eines Datenbestandes
#
# Aufruf: sicherung

echo "---------------------------------------------"
echo "Startverzeichnis : $VERZEICHNIS"
echo "Ausgabegerät     : $AUSGABE"
echo "Protokolldatei   : $PROTOKOLL"
echo "---------------------------------------------"

tar cvf $AUSGABE $VERZEICHNIS >$PROTOKOLL

pg $PROTOKOLL        # Protokoll anzeigen
```

Die Prozedur verwendet die Variable `VERZEICHNIS` zur Festlegung der zu sichernden Datenbestände. Alle Daten unterhalb dieses Verzeichnisses werden ge-

Daten aus dem Environment lesen

sichert. Die Variable `AUSGABE` beinhaltet den Namen des Ausgabegerätes und in `PROTOKOLL` wird der Name einer Datei hinterlegt, in die alle Ausgaben geschrieben werden. Sie müssen die drei Variablen vor Aufruf der Prozedur mit den gewünschten Werten besetzen und mit dem Befehl `export` anderen Prozeduren verfügbar machen.

```
$ VERZEICHNIS=/home/peter              Heimatverzeichnis sichern
$ AUSGABE=/dev/fd0135ds18              Diskettenlaufwerk
$ PROTOKOLL=$HOME/sich.prot            Name der Protokolldatei
$ export VERZEICHNIS AUSGABE PROTOKOLL
```

Nachdem die Variablen besetzt sind, können Sie die Prozedur aufrufen:

```
$ sicherung
-------------------------------------------------------------
Startverzeichnis: /home/peter
Ausgabegerät     : /dev/fd0135ds18
Protokolldatei   : /home/peter/sich.prot
-------------------------------------------------------------
 ... die Sicherung kann einige Zeit in Anspruch nehmen ...
a /home/peter/ 0 tape blocks
a /home/peter/sicherung 1 tape blocks
a /home/peter/brief.txt 2 tape blocks
...
(EOF):
```

Zur Ausführung der Prozedur `sicherung` wird eine Subshell gestartet, ihr wird eine eigene Umgebung zugeordnet. Durch das Exportieren der drei Variablen werden diese in die neue Umgebung kopiert. Damit stehen die Variablen der aufgerufenen Prozedur zur Verfügung, so als hätten Sie die Werte als Argumente übergeben. Diese Art der Übergabe eignet sich hervorragend für Prozeduren, deren Argumente sich selten ändern. Wenn Sie die Variablen in der aktuellen Umgebung Ihrer Shell definieren, müssen Sie die Argumente nicht bei jedem Aufruf angeben.

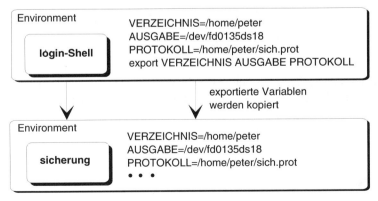

Argumente übergeben

Ich empfehle Ihnen die Variablen VERZEICHNIS, AUSGABE und PROTOKOLL an das Ende der Datei .profile einzutragen, damit sie nach dem Anmelden in Ihrer Umgebung definiert sind.

```
#
# Datei .profile des Benutzers "peter"
#
...
#
# Argumente der Prozedur "sicherung"
#
VERZEICHNIS=/home/peter
AUSGABE=/dev/fd0135ds18
PROTOKOLL=$HOME/sich.prot
export VERZEICHNIS AUSGABE PROTOKOLL
```

Nach der einmaligen Definition der Variablen in der Datei .profile können Sie die Prozedur sicherung in Zukunft ohne Angabe von Argumenten starten. Die Werte werden sich vermutlich im Laufe Ihrer Arbeit nur selten ändern. Sie ersparen sich beim Aufruf der Prozedur lästige Schreibarbeit. Sollte jedoch eine Änderung des Startverzeichnisses, des Ausgabegerätes oder der Protokolldatei notwendig sein, bleibt Ihnen die Möglichkeit einer Umbenennung offen.

Die verschiedenen Formen der Argumentenübergabe lassen sich sinnvoll miteinander verbinden. Sie können die Argumente in der Kommandozeile angeben und gleichzeitig Werte aus dem Environment lesen. Die Angaben, die sich vermutlich bei jedem Aufruf ändern, verarbeiten Sie mit den Positionsparametern $1 bis $n. Werte, die nur selten geändert werden, übernehmen Sie aus dem Umgebungsbereich. Zur Veranschaulichung ändern Sie die Prozedur telno aus dem vorherigen Abschnitt. Die Adresse wird weiterhin in der Kommandozeile angegeben. Den Namen der Adreßdatei entnehmen Sie der Variablen ADRDAT.

```
#
# @(#) telno V1.3 Anlegen eines Telefonregisters
#
# Aufruf: telno Vorname Nachname Telefonnummer

echo "-------------------------------"
echo $1
echo $2
echo $3
echo "-------------------------------"

echo $1:$2:$3 >>$ADRDAT
echo "Die Adresse wurde gespeichert"
```

Sie müssen die Variable vor dem Aufruf von telno mit einem Dateinamen besetzen. Alle Adressen werden daraufhin in diese Datei gespeichert.

Daten aus dem Environment lesen

```
$ ADRDAT=/home/peter/privat.dat
$ export ADRDAT

$ telno Peter Termöllen 089/12345
-----------------------------------
Peter
Termöllen
089/12345
-----------------------------------
Die Adresse wurde gespeichert

$ telno Anke Termöllen 089/12345
-----------------------------------
Anke
Termöllen
089/12345
-----------------------------------
Die Adresse wurde gespeichert

$ cat $ADRDAT
Peter:Termöllen:089/12345
Anke:Termöllen:089/12345
$
```

Die Adresse ändert sich bei jedem Aufruf. Daher ist es sinnvoll, die Übergabe in der Kommandozeile vorzunehmen. Der Dateiname wird nur selten geändert und es ist vorteilhafter, ihn einmalig in der Umgebung der aktuellen Shell zu definieren. Alle weiteren Aufrufe von `telno` beziehen sich dann auf diese Datei. Sie können durch Änderung der Umgebungsvariablen zwischen den verschiedenen Dateien umschalten. Auf diesem Wege können Sie Ihre privaten und geschäftlichen Adressen getrennt erfassen.

```
$ ADRDAT=/home/peter/buero.dat
$ export ADRDAT

$ telno Karl "Müller KG" 089/7777
-----------------------------------
Karl
Müller KG
089/7777
-----------------------------------
Die Adresse wurde gespeichert.

$ cat /home/peter/buero.dat
Karl:Müller KG:089/7777
$
```

Nach der Änderung von ADRDAT bezieht sich jeder Aufruf von `telno` auf die neue Datei `buero.dat`. Sie mußten für die Umstellung des Dateinamens keine Änderung in der Prozedur vornehmen. Statt dessen geben Sie der Variablen ADRDAT einen neuen Inhalt und können mit der gleichen Prozedur eine andere Datei bearbeiten. Für die Bearbeitung der Adreßdatei werden Sie zwei weitere Prozeduren erstellen. Das Programm `stelno` ermittelt mit dem Befehl `grep`

Argumente übergeben

einen Eintrag im Telefonregister und gibt die gefundene Adresse auf dem Bildschirm aus.

```
#
# @(#) stelno V1.0 Suchen einer Adresse aus dem Telefonregister
#
# Aufruf: stelno Name

grep $1 $ADRDAT
```

Die Prozedur `atelno` gibt alle Adressen seitenweise auf dem Bildschirm aus:

```
#
# @(#) atelno V1.0 Anzeigen aller Adressen aus dem Telefonregister
#
# Aufruf: atelno

pg $ADRDAT
```

Jedes Kommando, das aus der login-Shell gestartet wurde, bekommt eine Kopie der Variablen ADRDAT zugeordnet. Die drei Prozeduren verwenden diese Variable, um auf den gleichen Datenbestand zuzugreifen. Für die Bearbeitung der privaten Daten besetzen Sie die Variable wie folgt:

```
$ ADRDAT=/home/peter/privat.dat
$ export ADRDAT

$ telno Dieter Harig 089/7788              Eine neue Adresse anlegen
--------------------------------
Dieter
Harig
089/7788
--------------------------------
Die Adresse wurde gespeichert.

$ atelno                                   Alle Adressen anzeigen
Peter:Termöllen:089/12345
Anke:Termöllen:089/12345
Dieter:Harig:089/7788
(EOF):

$ stelno Harig                             Eine Adresse suchen
Dieter:Harig:089/7788
$
```

Um mit den gleichen Kommandos einen anderen Datenbestand zu bearbeiten, geben Sie der Variablen ADRDAT einen neuen Wert. Der Rest erledigt sich von selbst:

Daten aus dem Environment lesen

```
$ ADRDAT=/home/peter/buero.dat
$ export ADRDAT

$ atelno
Karl:Müller KG:089/7777        Das Kommando bezieht sich auf die Datei
(EOF):                         buero.dat.

$ telno Klaus "Bäcker KG" 0231/123321
-------------------------------------
Klaus
Bäcker KG
0231/123321
-------------------------------------
Die Adresse wurde gespeichert.
$

$ stelno Müller
Karl:Müller KG:089/7777
$
```

Eine Änderung der Variablen ADRDAT in der aktuellen Umgebung der Shell wirkt sich sofort auf die drei Prozeduren aus. Jedem Programm wird nach dem Aufruf eine Kopie in der neuen Umgebung bereitgestellt.

Nun sehen Sie, daß es sinnvoll war, den Namen der Adreßdatei nicht fest zu codieren. Ein Wechsel der Adreßdatei würde eine Änderung in jeder Prozedur erfordern. Diese Arbeit bleibt Ihnen erspart, wenn Sie zukünftig Umgebungsvariablen zur Konfiguration Ihrer Programme einsetzen. Ihre Prozeduren passen sich automatisch der eingestellten Umgebung an.

Stellen Sie sich vor, die Prozeduren telno, stelno und atelno sollen allen Benutzern zur Verfügung stehen. Bei einer festen Codierung des Dateinamens innerhalb der Prozedur würden alle Teilnehmer den gleichen Datenbestand bearbeiten. Dieses würde schnell zu einem Durcheinander führen. Erfolgt der Zugriff auf die Datei mit Hilfe einer Umgebungsvariablen, kann jeder Benutzer die Einstellung in seiner login-Shell vornehmen. Dazu müssen die Teilnehmer die Variable mit dem Namen der Adreßdatei besetzen und exportieren. Bei einem Aufruf wird für jeden Benutzer eine neue Subshell gestartet. Alle globalen Variablen der login-Shell werden in die Umgebung der jeweiligen Subshell kopiert, so daß die Variable ADRDAT für jeden Benutzer einen anderen Wert besitzt.

Das folgende Beispiel veranschaulicht den Vorgang am Beispiel der Prozeduren telno, stelno und atelno. Die Programme werden jeweils von der login-Shell des Benutzers peter und dieter aufgerufen. Im ersten Fall hat sich peter am System angemeldet; er wählt die Datei: /home/peter/peter.dat.

Argumente übergeben

login-Shell: **peter**

```
$ ADRDAT=/home/peter/peter.dat
$ export ADRDAT

$ telno Michael Lebert 0231/123123
-----------------------------------
Michael
Lebert
0231/123123
-----------------------------------
Die Adresse wurde gespeichert.
$
$ stelno Lebert
Michael:Lebert:0231/123123
$ atelno
Michael:Lebert:0231/123123
(EOF):
```

Der Benutzer `dieter` meldet sich ebenfalls am System an; er wählt die Datei: /home/dieter/dieter.dat.

login-Shell: **dieter**

```
$ ADRDAT=/home/dieter/dieter.dat
$ export ADRDAT

$ telno Robert Barton 089/321321
-----------------------------------
Robert
Barton
089/321321
-----------------------------------
Die Adresse wurde gespeichert.
$
$ stelno Barton
Robert:Barton:089/321321
$ atelno
Robert:Barton:089/321321
(EOF):
```

In diesem Beispiel wird die Prozedur von den Benutzern `dieter` und `peter` ausgeführt. Beide verwenden die Prozeduren `telno`, `stelno` und `atelno` zur Bearbeitung ihres Telefonregisters. Trifft die Shell auf die Variable `ADRDAT`, wird diese gegen den Wert in der jeweiligen Umgebung ersetzt.

In der Shell von `peter` wird `ADRDAT` gegen den Dateinamen /home/peter/peter.dat ausgetauscht. Beim Benutzer `dieter` findet die Shell den Wert /home/dieter/dieter.dat. Die Speicherung der Daten erfolgt daraufhin in zwei unterschiedliche Dateien, die sich jeweils in den Heimatverzeichnissen der einzelnen Teilnehmer befinden. Die Ausführung der Prozeduren `stelno` und `atelno` erfolgt nach demselben Schema. Jede weitere Prozedur, die den Dateinamen der Variablen `ADRDAT` entnimmt, paßt sich den

Daten aus dem Environment lesen

Einstellungen der jeweiligen login-Shell an. Auf diese Art können mehrere Benutzer mit denselben Programmen unterschiedliche Dateien bearbeiten.

Umgebungsvariablen sind in UNIX ein beliebtes Hilfsmittel zur Konfiguration von Programmen. So können Sie den Ablauf Ihrer Prozeduren beeinflussen, ohne Änderungen daran vornehmen zu müssen. Verwenden mehrere Prozeduren die gleichen Umgebungsvariablen, dann genügt eine Änderung in der login-Shell und alle Programme orientieren sich an den neuen Einstellungen. Sollten Sie, wie auch die anderen Benutzer, die Variable ADRDAT in der Datei .profile definieren, steht sie gleich nach der Anmeldung zur Verfügung.

Bei der Verwendung von Variablen zur Argumentenübergabe ist es möglich, daß der Benutzer eine Prozedur startet, ohne die notwendige Umgebungsvariable vorher zu besetzen. Was würde geschehen, wenn die Variable ADRDAT in der Prozedur telno auf keinen Wert gesetzt wäre?

```
#
# @(#) telno V1.3 Anlegen eines Telefonregisters
#
# Aufruf: telno Vorname Nachname Telefonnummer

echo "-------------------------------"
echo $1
echo $2
echo $3
echo "-------------------------------"

echo $1:$2:$3 >>$ADRDAT
echo "Die Adresse wurde gespeichert"
```

Sie können es am besten in Erfahrung bringen, wenn Sie die Variable ADRDAT vor dem Aufruf von telno löschen.

```
$ unset ADRDAT                              Die Variable löschen
$ telno Peter Termöllen 089/99999
-------------------------------
Peter
Termöllen
089/99999
-------------------------------
Peter:Termöllen:089/99999
Die Adresse wurde gespeichert
$
```

Bei der Ausführung von telno ersetzt die Shell die Variable ADRDAT gegen den Inhalt der Variablen. Sie erkennt, daß die Variable undefiniert ist und aus der ursprünglichen Zeile

```
echo $1:$2:$3 >>$ADRDAT
```

entsteht der Befehl

```
echo Peter:Termöllen:089/99999
```

bei dem der Dateiname und die Umlenkungspfeile entfernt wurden. Daraufhin wird die Adresse auf dem Bildschirm (Standardausgabe) angezeigt. Sie können in einem solchen Fall einen besonderen Ersetzungsmechanismus der Shell verwenden, um eine undefinierte Variable mit einem Voreinstellungswert zu belegen.

3.11. Parametersubstitution

Ausdruck	Bedeutung
`${variable:-wert}`	Die Variable `variable` wird durch ihren Wert ersetzt, falls dieser ungleich Null ist; ansonsten wird `wert` eingesetzt
`${variable:=wert}`	Die Variable `variable` wird durch ihren Wert ersetzt, falls dieser ungleich Null ist; ansonsten wird `wert` eingesetzt und gleichzeitig der Variablen `variable` zugewiesen
`${variable:+wert}`	Der Wert `wert` wird eingesetzt, falls `variable` ungleich Null (also bereits einen Wert besitzt); ansonsten wird nichts ersetzt.
`${#variable}`	Die Variable `variable` wird durch ihre Länge ersetzt. Wenn Sie das Zeichen * einsetzen, wird die Anzahl der Positionsparameter eingesetzt (entspricht `$#`)

Dieser Auszug zeigt Ihnen die gängigsten Ersetzungsmechanismen, die Sie in Ihren Shell-Prozeduren verwenden können. Sie sollten die verschiedenen Ausdrücke anhand von Beispielen nachvollziehen:

```
$ unset ADRDAT
$ ADRDAT=${ADRDAT:-/home/peter/adressen}
$ echo $ADRDAT
/home/peter/adressen
```

Die Shell erkennt, daß ADRDAT den Wert Null besitzt und setzt statt dessen den Wert /home/peter/adressen ein. Wenn die Variable einen Wert besitzt, wird dieser eingesetzt:

```
$ ADRDAT=privat.dat
$ ADRDAT=${ADRDAT:-/home/peter/adressen}
$ echo $ADRDAT
privat.dat
$
```

Parametersubstitution

Wenn Sie diesen Ausdruck in die Prozedur `telno` einsetzen, können Sie der Variablen ADRDAT einen Voreinstellungswert zuweisen, sollte der Benutzer es versäumen, diese vor dem Aufruf zu besetzen.

```
#
# @(#) telno V1.4 Anlegen eines Telefonregisters
#
# Aufruf: telno Vorname Nachname Telefonnummer

ADRDAT=${ADRDAT:-$HOME/adressen.dat}

echo "------------------------------"
echo $1
echo $2
echo $3
echo "------------------------------"

echo $1:$2:$3 >>$ADRDAT
echo "Die Adresse wurde gespeichert"
```

Wenn der Benutzer keine spezielle Datei in der Variablen ADRDAT angibt, schreibt `telno` die Adreßdaten voreingestellt in die Datei $HOME/adressen.dat.

```
$ unset ADRDAT                        Die Variable löschen
$ telno Peter Termöllen 089/99999
------------------------------
Peter
Termöllen
089/99999
------------------------------
Die Adresse wurde gespeichert
$ cat $HOME/adressen.dat
Peter:Termöllen:089/99999
```

Beachten Sie den feinen Unterschied zwischen der Parametersubstitution `${variable:-Wert}` und `${variable:=Wert}`:

```
$ unset ADRDAT
$ echo ${ADRDAT:-privat.dat}
privat.dat
$ echo $ADRDAT
                    Es erfolgt keine Zuweisung an die Variable ADRDAT
$ unset ADRDAT
$ echo ${ADRDAT:=privat.dat}
privat.dat
$ echo $ADRDAT
privat.dat          Der ersetzte Wert privat.dat wird zusätzlich der Variablen
                    ADRDAT zugewiesen
$
```

Argumente übergeben

Im ersten Fall wird der Voreinstellungswert `privat.dat` eingesetzt, wenn die Variable `ADRDAT` keinen Wert besitzt; eine Zuweisung von `privat.dat` an die Variable `ADRDAT` wird nicht durchgeführt.

Der Ausdruck `${ADRDAT:=privat.dat}` dagegen überträgt zusätzlich den Wert `privat.dat` in die Variable `ADRDAT`. Der folgende Ausdruck ist das Gegenstück dazu. Wenn die Variable einen Wert besitzt, wird dieser mit dem Voreinstellungswert überschrieben:

```
$ ADRDAT=privat.dat
$ ADRDAT=${ADRDAT:+buero.dat}
$ echo $ADRDAT
buero.dat
$
```

Mit diesem Ausdruck können Sie den Wert einer Variablen ignorieren und diese mit dem Voreinstellungswert überschreiben. Enthält `ADRDAT` keinen Wert, erfolgt auch keine Ersetzung. Der letzte Ausdruck bestimmt die Länge einer Variablen:

```
$ ADRDAT=privat.dat
$ LAENGE=${#privat.dat}
$ echo $LAENGE
10                              Die Länge der Variablen
$
```

Häufig werden geschweifte Klammern dazu benutzt, um den Namen einer Variablen von seiner Umgebung abzugrenzen. Sofern sich ein Text direkt an den Variablennamen anschließt, müssen Sie diesen durch Setzen der geschweiften Klammern vom restlichen Text deutlich abgrenzen. Stellen Sie sich vor, Sie möchten einen Dateinamen kopieren, der aus dem Basisnamen `ausgaben` und einer angehängten Jahreszahl besteht. Sie könnten folgendermaßen vorgehen:

```
$ ls
ausgaben1992
$ DATEI=ausgaben
$ cp $DATEI1992 $DATEI1993       Kopieren der Datei
cp: Insufficient arguments (0)
Usage: cp [-i] [-p] f1 f2
       cp [-i] [-p] f1 ... fn d1
       cp [-i] [-p] [-r] d1 d2
```

Bei der Ersetzung der Variablennamen `$DATEI1992`, `$DATEI1993` ist ein Fehler aufgetreten, denn der Befehl `cp` weist Sie daraufhin, daß beim Aufruf keine Argumente angegeben wurden. Nachdem das Dollarzeichen erkannt wurde, betrachtet die Shell den nachfolgenden Text als Variablennamen und sucht daraufhin die Bezeichner DATEI1992 und DATEI1993 in Ihrer Shell-Umgebung. Diese sind nicht definiert, so daß dem Befehl cp keine Argumente zugeordnet werden. Eigentlich sollte die Variable DATEI ersetzt und um den Zusatz 1992, 1993 ergänzt werden. Dazu müssen Sie den eigentlichen Variablennamen mit den geschweiften Klammern von der Jahreszahl abgrenzen.

```
$ DATEI=ausgaben
$ cp ${DATEI}1992 ${DATEI}1993          Kopieren der Datei
$ ls
ausgaben1992
ausgaben1993
$
```

Wenn Sie den Text mit folgenden Sonderzeichen

/ , . : % ^ + - # !

vom Variablennamen abgrenzen, können Sie auf das Setzen der geschweiften Klammern verzichten.

In einem solchen Fall erkennt die Shell anhand dieser Zeichen, wo der Variablenname endet und ein neuer Text beginnt. Das vorherige Beispiel läßt sich also auch folgendermaßen schreiben:

```
$ DATEI=ausgaben
$ cp $DATEI.1992 $DATEI.1993            Kopieren der Datei
$ ls
ausgaben.1992
ausgaben.1993
$
```

In diesem Fall wurde die Variable DATEI mit einem Punkt von der Jahreszahl getrennt. Anhand dieses Zeichens erkennt die Shell das Ende des Variablennamens, ersetzt diese gegen den aktuellen Wert und ergänzt die Zeichenkette um den Text .1992 beziehungsweise .1993. Das Sonderzeichen / haben Sie vermutlich schon häufiger zur Abgrenzung eines Pfadnamens benutzt:

```
$ cd $HOME/ADRESSEN
$ pwd
/home/peter/ADRESSEN
$
```

Das Zeichen / grenzt den Variablennamen HOME vom Verzeichnis ADRESSEN ab. Das Setzen der geschweiften Klammern ist auch dann zulässig, wenn Sie eines der aufgeführten Sonderzeichen zur Abgrenzung verwenden:

Argumente übergeben

```
$ cd ${HOME}/ADRESSEN
$ pwd
/home/peter/ADRESSEN
$
```

Mit diesem Thema möchte ich das Kapitel "Argumentenübergabe" abschließen und die drei Varianten nochmals zusammenfassen:

1) Die Positionsparameter $1 bis $n

```
$ post anke  dieter  claudia
       $1    $2      $3     = $*
```

2) Das Kommando read

```
$ read vorname nachname telefon
```

3) Übernahme von Argumenten aus der Shell-Umgebung

```
$ VERZEICHNIS=/home/peter
$ AUSGABE=/dev/fd0135ds18
$ PROTOKOLL=$HOME/sich.prot
$ export VERZEICHNIS AUSGABE PROTOKOLL

$ sicherung
```

Sie werden im Verlauf des Buches auf diese Methoden zurückgreifen. Doch zunächst lernen Sie, wie Prozeduren Daten der aktuellen Shell verändern können.

4. Daten zurückgeben

4.1. Kapitelübersicht

Im vorangegangenen Kapitel haben Sie die verschiedenen Möglichkeiten der Übergabe von Argumenten an eine Prozedur kennengelernt. Der folgende Abschnitt beschäftigt sich mit der Rückgabe von Daten an das aufrufende Programm. Im einzelnen werden folgende Themen behandelt:

- Daten aus einer Prozedur zurückreichen
- Die Umgebung der aktuellen Shell verändern
- Der besondere Aufruf mit dem Punkt

Daten zurückgeben

4.2. Die Umgebung der aktuellen Shell verändern

Der Begriff Shell-Umgebung wird für den Speicherbereich verwendet, der genau einer Shell zugeordnet ist und in der Literatur auch mit Environment bezeichnet wird. Nach dem Aufruf der Shell wird dieser Bereich automatisch im Hauptspeicher angelegt und steht Ihnen für die Dauer einer Sitzung zur Verfügung. Wenn Sie mit den Grundlagen von UNIX bereits vertraut sind, dürfte Ihnen dieser Speicherbereich hinreichend bekannt sein. Vordefinierte Variablen wie `PS1`, `TERM`, `LOGNAME`, `HOME`, `PWD` und eine Liste von weiteren Namen werden von der Shell nach dem Anmelden gleich besetzt. Mit dem Kommando `set` können Sie den Inhalt dieses Speicherbereiches auf dem Bildschirm anzeigen

```
$ set
ERRNO=10
FCEDIT=/bin/ed
HOME=/home/peter
IFS=:
   ... und noch einige mehr
$
```

und dieser Liste eigene Variablen hinzufügen, die Ihnen für die Dauer der Sitzung wertvolle Dienste leisten.

```
$ DISK=/dev/fd0135ds18                     Eine Variable mit dem
                                           Gerätenamen des
                                           Diskettenlaufwerkes anlegen
$ tar tvf $DISK
```

Sie definieren eine Variable `DISK` mit dem symbolischen Gerätenamen des Diskettenlaufwerkes. Für einen späteren Zugriff auf das Laufwerk reicht die Angabe der Shell-Variablen `DISK`. Dieser Name läßt sich einfacher merken als die ursprüngliche Bezeichnung `/dev/fd196ds18`. Sie ersparen sich viel Schreibarbeit bei der Versendung von Post, wenn Sie eine Variable `ALLE` mit den Benutzernamen des Systems anlegen.

```
$ ALLE="claudia anke tobias root"
$ mail $ALLE <nachricht
```

Aber denken Sie daran, wenn Sie sich im System abmelden und erneut anmelden, sind die eigens definierten Variablen nicht mehr vorhanden.

Damit diese nicht jedesmal "per Hand" gesetzt werden müssen, erstellen Sie mit Hilfe des Texteditors vi eine Shell-Prozedur `initvar`, die Ihnen die Variablen `ALLE`, `BAND` und `DISK` definiert.

Die Umgebung der aktuellen Shell verändern

```
$ vi initvar
```

```
#
# @(#) initvar V1.0 Variablen in der aktuellen Shell definieren
#
# Aufruf: initvar

ALLE="claudia anke tobias root"
BAND="/dev/rmt/c0s0"
DISK="/dev/fd196ds18"

echo "Variablen sind gesetzt"
```

```
$ chmod u+x initvar          Recht auf Ausführbarkeit setzen
```

Vor dem Aufruf geben Sie zur Probe die Inhalte der drei Variablen auf dem Bildschirm aus.

```
$ echo $ALLE
                    ...nicht besetzt
$ echo $BAND
                    ...nicht besetzt
$ echo $DISK
                    ...nicht besetzt
$
```

Damit die Variablen der aktuellen Umgebung zugefügt werden, starten Sie die Prozedur `initvar`.

```
$ initvar           Besetzen der Variablen durch Aufruf von initvar
Variablen sind gesetzt

$ echo $ALLE
                    ...nicht besetzt
$ echo $BAND
                    ...nicht besetzt
$ echo $DISK
                    ...nicht besetzt
$
```

Zur Probe geben Sie die Inhalte nochmals mit dem Kommando `echo` aus und stellen fest, daß sie immer noch nicht besetzt sind. Warum hat die Prozedur die Variablen nicht in die Umgebung eingefügt?

Sollten Prozeduren nicht geeignet sein, um Variablen zu besetzen? Betrachten Sie dazu folgendes Schaubild über den Ablauf einer Prozedur:

Daten zurückgeben

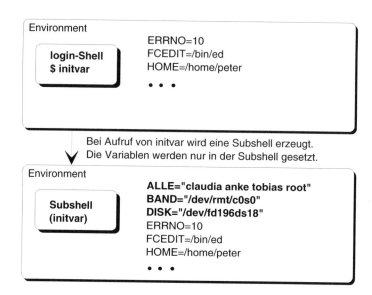

Nach der üblichen UNIX-Konvention startet die aktuelle Shell zur Ausführung der Prozedur eine Subshell. Diesem neuen Prozeß wird automatisch ein eigener Umgebungsbereich zugeordnet, indem er seine Daten ablegen und verändern kann. Mit diesem Vorgehen trennt UNIX die Datenbereiche einzelner Prozesse streng voneinander und verhindert, daß ein Prozeß den Datenbereich eines anderen beeinflussen kann. Die Befehle der Prozedur initvar werden von dem neuen Prozeß zeilenweise ausgeführt und die Zuweisungen an die Variablen ALLE, BAND und DISK verändern den Datenbereich des neuen Prozesses. Die Variablen werden in die Liste der vordefinierten Variablen einsortiert und die Subshell beendet sich, so daß Sie sich wieder in Ihrer Ausgangs-Shell befinden.

Die Änderungen wurden nur im Environment der Subshell durchgeführt und haben keinen Einfluß auf das Environment der aktuellen Shell. Aufgrund der UNIX-Systemstruktur würde jeder Versuch, den Datenbereich eines anderen Prozesses zu verändern, sofort zu einer Speicherverletzung und damit zu einem Programmabbruch führen. Die Subshell und das Environment existieren nur solange, wie das Kommando initvar ausgeführt wird, so daß nach dem Beenden der Prozedur weder die Subshell noch die zugehörigen Variablen erhalten bleiben. Daraus könnten Sie schließen, daß Sie mit einer Shell-Prozedur niemals Variablen der aktuellen Shell verändern können.

Das trifft nicht zu, denn die Entwickler der Shell haben für dieses Problem bereits eine Lösung bereitgestellt.

4.3. Der Aufruf mit dem Punkt

Bisher haben Sie folgende Aufrufmöglichkeiten einer Shell-Prozedur kennengelernt:

```
$ ksh kommando

$ chmod u+x kommando
$ kommando
```

Beide Formen des Aufrufs erzeugen eine Subshell, die alle Befehle in der angegebenen Datei kommando ausführt. Im vorherigen Abschnitt haben Sie festgestellt, daß insbesondere der Aufruf einer Subshell die Veränderung des aktuellen Datenbereiches unmöglich macht. Nur wenn die Befehle einer Prozedur in der aktuellen Shell ausgeführt werden, ist ein Verändern des zugehörigen Datenbereiches erlaubt. Sie praktizieren diese Art des Aufrufes immer dann, wenn Sie Befehle direkt in die Shell eintippen:

```
$ BENUTZER="peter"            Die Ausführung erfolgt in der aktuellen Shell
$ echo $BENUTZER
peter
$
```

Alle Befehle, die Sie direkt in die Kommandozeile eingeben, werden von der aktuellen Shell ausgeführt. Die Zuweisung verändert daher die Variable BENUTZER in der aktuellen Umgebung der Shell. Wenn Sie alle Befehle der Prozedur initvar

```
#
# @(#) initvar V1.0 Variablen in der aktuellen Shell definieren
#
# Aufruf: initvar

ALLE="claudia anke tobias root"
BAND="/dev/rmt/c0s0"
DISK="/dev/fd196ds18"

echo "Variablen sind gesetzt"
```

in die Kommandozeile eintippen würden, hätten Sie die Variablen in der aktuellen Shell verändert. Die direkte Eingabe aller Befehle wollten Sie aber mit dieser Prozedur vermeiden.

Daher gibt es eine dritte Form des Kommandoaufrufes, bei dem alle Befehle so ausgeführt werden, als ob Sie diese direkt in die Kommandozeile eingegeben hätten.

Daten zurückgeben

> **Der Aufruf mit einem vorangestellten Punkt**
> **(Ausführung einer Prozedur durch die aktuelle Shell)**
>
> . Kommando   Der Punktaufruf

Wenn Sie dem Prozedurnamen einen Punkt voranstellen, wird der Aufruf einer Subshell unterdrückt und alle Befehle werden von der aktuellen Shell bearbeitet. Dieses ist allerdings ein Ausnahmefall und nur in Verbindung mit Kommandos sinnvoll, die bewußt das Environment der aktiven Shell ändern sollen. Starten Sie die Prozedur `initvar` mit einem vorangestellten Punkt:

```
$ . initvar                        initvar wird in der aktuellen Shell ausgeführt
Variablen sind gesetzt
$ echo $ALLE
claudia anke tobias root
$ echo $BAND $DISK
/dev/rmt/c0s0 /dev/fd0135ds18
$
```

Beachten Sie, daß zwischen dem Punkt und dem Kommandonamen ein Leerzeichen stehen muß. Eine anschließende Überprüfung bestätigt, daß die Variablen mit den gewünschten Werten besetzt wurden. Der Punkt vor dem Kommandonamen unterdrückt den Aufruf einer Subshell. Die Prozedur wird von der aktiven Shell ausgeführt, so daß die Variablen im zugehörigen Environment der login-Shell besetzt wurden.

Die Shell behandelt den Vorgang so, als würden Sie die Zuweisungen an die Variablen direkt in die Kommandozeile eingeben. Tatsächlich aber werden die Kommandos aus der Datei gelesen und zeilenweise ausgeführt. Die Shell erkennt den Punkt vor dem Dateinamen, lenkt die Standardeingabe auf die angegebene Datei `initvar` und entnimmt alle folgenden Befehle, die voreingestellt von der Tastatur erwartet werden, aus dieser Datei.

Es ist für die Shell kein besonderer Fall, sie liest lediglich alle Kommandos kurzzeitig von einem anderen Gerät. Nach dem Bearbeiten aller Befehle wird die Eingabe wieder auf die Tastatur umgestellt, und Sie können mit der Kommandoeingabe fortfahren. Das folgende Bild zeigt den Ablauf einer Prozedur, die mit einem vorangestellten Punkt gestartet wurde.

Der Aufruf mit dem Punkt

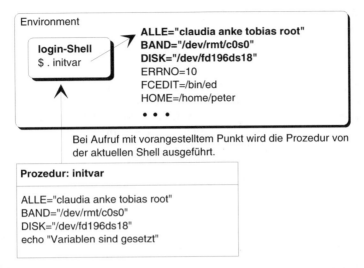

Bei Aufruf mit vorangestelltem Punkt wird die Prozedur von der aktuellen Shell ausgeführt.

Prozedur: initvar

ALLE="claudia anke tobias root"
BAND="/dev/rmt/c0s0"
DISK="/dev/fd196ds18"
echo "Variablen sind gesetzt"

Der Aufruf einer Subshell wurde unterdrückt, so daß die Befehle der Datei `initvar` die aktuelle Umgebung der Shell verändern können. Nach Abschluß der Prozedur wird die Shell nicht beendet und Sie können fortfahren. Die Variablen stehen Ihnen nun zur weiteren Arbeit zur Verfügung. Wozu fragen Sie - dazu einige kurze Beispiele:

```
$ echo $ALLE
claudia anke tobias root
$ echo $BAND
/dev/rmt/c0s0
$ echo $DISK
/dev/fd196ds18
$ mail $ALLE
Um 14.00 findet in meinem Büro ein kleiner Umtrunk
statt. Ihr seid herzlich eingeladen. Bis dann.
<CTRL-D>
Cc: <Return>
$ tar tvf $BAND

... Anzeige des Bandinhaltes ...
```

Die Variable `ALLE` können Sie nutzen, um allen zugeordneten Benutzern eine Nachricht zu senden. Sie ersparen sich damit lästige Schreibarbeit. Mit dem Kommando `tar` können Sie sich unter anderem den Inhalt Ihres Magnetbandes anzeigen lassen. Die Namen der Geräte `/dev/rmt/c0s0` oder `/dev/fd196ds18` lassen sich schlecht merken. Die Bezeichner `$BAND` und `$DISK` dagegen lassen sich gut einprägen.

Diese Art des Aufrufes mit einem Punkt ist nur in Verbindung mit Shell-Prozeduren sinnvoll, da die Shell angewiesen wird, die nachfolgende Datei zu lesen und zeilenweise auszuführen. Der Aufruf eines UNIX-Kommandos mit dem vorangestellten Punkt führt zu einem Fehler.

Daten zurückgeben

```
$ . /bin/who
ksh: syntax error: `(' unexpected
$
```

Die Shell erkennt einen Punktaufruf, öffnet die Datei /bin/who, liest die erste Zeile und versucht den Text als Shell-Kommando auszuführen. Da es sich um ein Programm in Maschinensprache handelt, entdeckt die Shell ein ungültiges Format und antwortet mit einem Syntaxfehler. Eine vorherige Überprüfung des Dateiformates findet in diesem Fall nicht statt.

4.4. Die Rückgabe von Daten

Diese Form des Aufrufes ist die einzige Form, Daten an eine Prozedur zurückzugeben. In Wirklichkeit ist es natürlich keine Rückgabe in Form einer Kopie, die von dem aufgerufenen Programm an die Shell zurückgereicht wird; die Prozedur wird lediglich von der aktuellen Shell ausgeführt, so daß alle Variablenzuweisungen direkt in die aktuelle Umgebung geschrieben werden. Am Beispiel der Prozedur `adr_eingabe` stelle ich Ihnen diesen Mechanismus genauer vor:

```
#
# @(#) adr_eingabe V1.0 Adreßdaten lesen
#
# Aufruf: adr_eingabe

echo "Bitte Adresse eingeben:"
echo "-----------------------"
echo "Vorname : \c"; read Vorname
echo "Nachname : \c"; read Nachname
echo "Telefon : \c"; read Telefon
```

Die Prozedur liest eine Reihe von Adreßdaten in die Variablen `Vorname`, `Nachname` und `Telefon`. Die Zeichenfolge `\c` am Ende der Ausgaben von `echo` verhindern einen Vorschub auf die nächste Zeile. Dadurch erfolgt die Eingabe der Adresse gleich im Anschluß an die Eingabeaufforderung. Rufen Sie das neue Kommando in `telno` auf:

```
#
# @(#) telno V1.5 Anlegen eines Telefonregisters
#
# Aufruf: telno
#
# Einlesen der Daten von der Tastatur
#
ADRDAT=${ADRDAT:-$HOME/adressen.dat}

    . adr_eingabe
echo $Vorname:$Nachname:$Telefon >>$ADRDAT
echo "Die Adresse wurde gespeichert."
```

Die Rückgabe von Daten

Die Prozedur `adr_eingabe` liest die Adresse von der Tastatur in die Variablen `Vorname`, `Nachname` und `Telefon`. Im weiteren Verlauf von `telno` werden diese Variablen in die Datei geschrieben. Damit die Prozedur `adr_eingabe` Variablen an die aufrufende Prozedur `telno` zurückreichen kann, müssen Sie einen Punkt vor den Kommandoaufruf stellen. Aber denken Sie daran, die Daten werden nicht über einen Zwischenbereich zurückgegeben. Vielmehr ändert die aufgerufene Prozedur direkt das Environment des aufrufenden Kommandos, was mit einer Datenrückgabe gleichzusetzen ist. Sie können sich den Vorgang so vorstellen, als würden die Befehle von `adr_eingabe` direkt in die Prozedur `telno` eingesetzt. Die Variablen `Vorname`, `Nachname` und `Telefon` stehen nach dem Aufruf von `adr_eingabe` für eine weitere Verarbeitung zur Verfügung:

Datei: telno

```
ADRDAT=${ADRDAT:-$HOME/adressen.dat}
. adr_eingabe
   echo "Bitte Adresse eingeben"
   echo "-----------------------------"
   echo "Vorname: \c"; read Vorname
   echo "Nachname: \c"; read Nachname
   echo "Telefon: \c"; read Telefon
echo $Vorname:$Nachname:$Telefon >>$ADRDAT
echo "Die Adresse wurde gespeichert"
```

Ein Aufruf von `telno` zeigt, daß die Daten von der Prozedur `adr_eingabe` zurückgereicht wurden:

```
$ telno
Bitte Adresse eingeben:             Die Prozedur adr_eingabe
-----------------------
Vorname  : Peter
Nachname : Termöllen
Telefon  : 089/99999
Die Adresse wurde gespeichert.
$ cat $ADRDAT
Peter:Termöllen:089/99999
$
```

Die Prozedur `adr_eingabe` übergibt bei dieser Form des Aufrufes die Variablen `Vorname`, `Nachname` und `Telefon` an die Prozedur `telno`. Genaugenommen liest der Befehl `read` die Daten in das Environment der aufrufenden Prozedur.

Im nächsten Kapitel stelle ich Ihnen spezielle Variablen vor, die von der Shell nach dem Aufruf einer Prozedur besetzt werden. Sie stehen nach dem Start einer Prozedur automatisch zur Verfügung und enthalten wichtige Informationen zum Prozeß. Daher nennt man diese Variablen auch "Vordefinierte Variablen".

5. Vordefinierte Variablen der Shell

5.1. Kapitelübersicht

Neben den Positionsparametern versorgt die Shell nach dem Aufruf einer Prozedur eine Reihe von Variablen mit wichtigen Informationen zum laufenden Prozeß. Einige davon haben Sie bereits bei der Übergabe von Argumenten verwendet. In diesem Kapitel lernen Sie die übrigen vordefinierten Variablen kennen, auf die Sie im weiteren Verlauf des Buches noch zurückgreifen werden. Nachfolgend sehen Sie eine Übersicht aller vordefinierten Variablen; die fettgedruckten Namen werden in diesem Kapitel genauer vorgestellt.

- $0   -   Name der Shell-Prozedur
- $1 - $n -   Argumente 1 bis n der Prozedur
- $*   -   Alle Argumente $1 - $n in einer Zeichenkette
- $@   -   Alle Argumente $1 - $n als einzelne Zeichenketten
- $#   -   Anzahl der übergebenen Argumente
- $$ -   Die Prozeßnummer der aktuellen Shell
- $?   -   Der Rückgabewert (Exit-Status) des letzten Kommandos
  - 0   =Kommandoausführung erfolgreich
  - ungleich 0   =Kommandoausführung nicht erfolgreich
- $!   -   Die Prozeßnummer des letzten Hintergrundprozesses

5.2. Die Variable $0

Der Name der aufgerufenen Shell-Prozedur wird von der Shell in der Variablen $0 hinterlegt.

```
#
# Prozedur: prog
#
echo "Mein Kommandoname lautet: $0"
```

```
$ prog
Mein Kommandoname lautet: prog
$ $HOME/bin/prog
Mein Kommandoname lautet: /home/peter/bin/prog
$
```

Die Variable wird Ihnen später bei der Ausgabe von Fehlermeldungen nützlich sein. Wird z.B. ein UNIX-Kommando mit einer falschen Anzahl an Argumenten gestartet, antwortet es in der Regel mit einem Hinweis auf den korrekten Gebrauch.

```
$ mkdir
mkdir: usage: mkdir [-m mode] [-p] dirname ...
$
```

Die Meldung zeigt den korrekten Aufruf des Kommandos. Der Kommandoname innerhalb der Fehlermeldung wird durch die Variable $0 gebildet. Im Kapitel 8.7 werden Sie dieses Verfahren auf Ihre Prozeduren anwenden.

Abschließend möchte ich Ihnen eine weitere Besonderheit vorstellen. Wenn Sie eine Prozedur mit einem vorangestellten Punkt aufrufen, enthält die Variable $0 den Namen des Kommandointerpreters. Daran erkennen Sie, ob eine Prozedur mit einem vorangestellten Punkt gestartet wurde:

```
$ . prog              Aufruf mit vorangestelltem Punkt (in der Korn-Shell)
Mein Kommandoname lautet: ksh
$
```

In diesem Fall erfolgt der Punkt-Aufruf in der Korn-Shell; die Variable $0 enthält daraufhin den Namen des Kommandointerpreters: ksh. Derselbe Aufruf in der Bourne-Shell zeigt folgendes Ergebnis:

```
$ sh                  Aufruf der Bourne-Shell
$ . prog              Aufruf mit vorangestelltem Punkt (in der Bourne-Shell)
Mein Kommandoname lautet: sh
$
```

Hier wurde der Programmname der Bourne-Shell (sh) in die Variable $0 übertragen. Im weiteren Verlauf des Buches werden Sie weitere Beispiele für die Verwendung dieser Variablen kennenlernen.

5.3. Die Variable $$

In $$ finden Sie die Prozeßnummer der betreffenden Shell. Diese Variable eignet sich zur Erzeugung von temporären Dateien, da die enthaltene Nummer immer eindeutig ist. Damit können Dateinamen erzeugt werden, die absolut eindeutig sind, so daß es zu keiner Überschneidung mit anderen Namen kommt. Hier ein Beispiel:

```
$ cat >adressen.dat                    Anlegen einer Adreßdatei
Meier
Adam
<CTRL-D>
$ sort <adressen.dat >/tmp/sort$$      Die sortierte Datei wird in eine
$ ls /tmp/sort*                        Zwischendatei geschrieben.
/tmp/sort254
$ mv /tmp/sort$$ adressen.dat
```

Die Variable $$ wird durch die Prozeßnummer der Shell ersetzt und an den Dateinamen sort angehängt. Dadurch erhalten Sie eine eindeutige Bezeichnung für die Zwischendatei. So besteht keine Gefahr, eine bestehende Datei zu überschreiben.

5.4. Die Variable $?

In der Variablen $? hinterlegt die Shell den Endestatus des zuletzt ausgeführten Programmes. Jedes Kommando im UNIX-System liefert einen sogenannten Exit-Status an den Aufrufer zurück.

```
$?                 0    Kommando war erfolgreich
$?   ungleich      0    Kommando war erfolglos
```

```
$ grep root /etc/passwd
root:*:0:0:::/:/bin/ksh
$ echo $?
0
$ grep hugo /etc/passwd
$ echo $?
1
```

Vordefinierte Variablen der Shell

Die Suche nach dem Benutzer root war erfolgreich. Das Kommando grep liefert den Endestatus 0 zurück. Die Suche nach hugo war erfolglos und in der Variablen $? erscheint der Wert 1.

5.5. Die Variable $!

Beim Start eines Hintergrundprozesses wird die Prozeßnummer (PID) in der Variablen $! hinterlegt. Um einen Hintergrundprozeß vorzeitig zu beenden, benötigen Sie die Prozeßnummer und können dann mit dem Kommando kill das Programm abbrechen.

```
$ find / -print >ausgabe &
[1]             254
$
```

Das Kommando find erstellt eine Liste aller Dateien ab dem Wurzelverzeichnis. Die Shell gibt die Auftrags- und Prozeßnummer des Hintergrundprozesses aus. Mit dem Kommando kill können Sie die Ausführung abbrechen. Sollten Sie die Prozeßnummer nicht mehr in Erinnerung haben, können Sie stellvertretend die Variable $! einsetzen:

```
$ kill $!              $! enthält die Nummer des Hintergrundprozesses
$
```

In einem Beispielprogramm habe ich einige vordefinierten Variablen zusammengefaßt. Die Shell besetzt die Variablen nach dem Aufruf der Prozedur.

```
#
# @(#) var_test V1.0 Alle vordefinierten Variablen anzeigen
#
# Aufruf: var_test Argumente

echo "--------------------------------------"
echo "Mein Name lautet     :     $0"
echo "Meine Prozeßnummer   :     $$"
echo "Anzahl der Argumente:      $#"
echo "Die Argumente lauten:      "$1, $2, $3, $4"
echo "Alle Argumente in einer Zeichenkette:"
echo $*
echo "--------------------------------------"
```

Die Variable $!

Ein Aufruf der Prozedur zeigt folgendes Ergebnis:

```
$ var_test dieter claudia anke peter
-----------------------------------------
Mein Name lautet          :    var_test
Meine Prozeßnummer        :    255
Anzahl der Argumente:          4
Die Argumente lauten:          dieter, claudia, anke, peter
Alle Argumente in einer Zeichenkette:
dieter claudia anke peter
-----------------------------------------
$
```

Nachdem Sie nun wesentliche Grundlagen der Shell-Programmierung kennengelernt haben, werden Sie die erworbenen Kenntnisse anhand eines Beispiels anwenden und vertiefen. Im folgenden Kapitel beginnen Sie mit der Erstellung einer Adreßverwaltung, die Sie bis zum Ende des Buches begleiten wird.

Adreßkartei Teil 1

Kapitelübersicht

In diesem Kapitel beginnen Sie mit der Erstellung einer Adreßverwaltung auf der Basis von Shell-Prozeduren. In den folgenden Kapiteln werden diese Prozeduren immer wieder um neu erlernte Befehle ergänzt, so daß am Ende des Buches eine vollständige Version vorliegt. Sinn und Zweck dieser Aktion ist es, Ihnen anhand praxisnaher Beispiele das Zusammenspiel der einzelnen Befehle zu erläutern. Sie erlernen das Erstellen umfangreicher Prozeduren und erhalten gleichzeitig Übung im Umgang mit der Shell. Sie sind also aufgefordert mitzumachen und sollten Sie Verbesserungsvorschläge haben, scheuen Sie sich nicht, diese einzubauen.

- Allgemeine Beschreibung
- Die Prozeduren von der Diskette übernehmen
- Die Prozeduren: `anlegen`, `loeschen`, `suchen`, `ausgabe`

Allgemeine Beschreibung

Im vorherigen Kapitel haben Sie bereits mit der Adreßverwaltung begonnen. Sie werden die Prozeduren erweitern und um neue Programme ergänzen. Basis der Adreßkartei sind fünf Prozeduren, die jeweils eine Aufgabe erfüllen. Über die Umgebungsvariable ADRESSE können Sie den Namen der Adreßdatei bestimmen. Die Prozeduren erhalten beim Aufruf eine Kopie dieser Variablen. Das folgende Bild zeigt eine Übersicht der Komponenten:

Die Adreßangaben werden beim Aufruf einer Prozedur übergeben. Die Aufgabenverteilung in der ersten Version der Adreßverwaltung ist wie folgt:

Prozedurname	Aufgabe
anlegen	Aufnehmen einer neuen Adresse
loeschen	Löschen von Adressen
suchen	Suchen einer Adresse
ausgabe	Alle Adressen anzeigen

Im Laufe der folgenden Kapitel werden Sie weitere Prozeduren kennenlernen, die in dieser Aufzählung noch nicht enthalten sind. Die Daten werden satzweise mit folgendem Aufbau in eine Datei gespeichert:

Die Felder des Satzes werden durch einen Doppelpunkt voneinander getrennt. Der Name der Adreßdatei wird in der Umgebungsvariablen ADRESSE hinterlegt. Alle Prozeduren nutzen diese Variable, um auf die Datei zugreifen zu können, so daß sich die Änderung des Namens auf alle Prozeduren auswirkt. Sie sollten die Prozeduren in ein gesondertes Verzeichnis ablegen. Bevor Sie fortfahren, erstellen Sie zuerst ein Verzeichnis ADRESSEN unterhalb Ihres Heimatverzeichnisses.

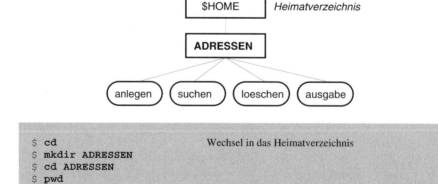

```
$ cd                          Wechsel in das Heimatverzeichnis
$ mkdir ADRESSEN
$ cd ADRESSEN
$ pwd
/home/peter/ADRESSEN
$
```

Die Prozeduren der Diskette übernehmen

Durch diese Struktur befinden sich alle Prozeduren der Adreßverwaltung in einem Verzeichnis und können später an zentraler Stelle erweitert und aufgerufen werden. Sie können die Prozeduren der verschiedenen Versionen selbst erstellen und ergänzen oder diese von der mitgelieferten Diskette in ein separates Verzeichnis einlesen und anschließend in Ihr Heimatverzeichnis übertragen.

Die Prozeduren der Diskette übernehmen

Im Kapitel 1 wurde bereits beschrieben, wie sie den gesamten Disketteninhalt mit allen Beispielen des Buches auf Ihren Rechner einlesen können. Bevor Sie weiterlesen, sollten Sie diese Schritte unbedingt ausgeführt haben. Nachdem Sie die Anweisungen in Kapitel 1 ausgeführt haben, befindet sich folgende Verzeichnisstruktur unterhalb Ihres Heimatverzeichnisses:

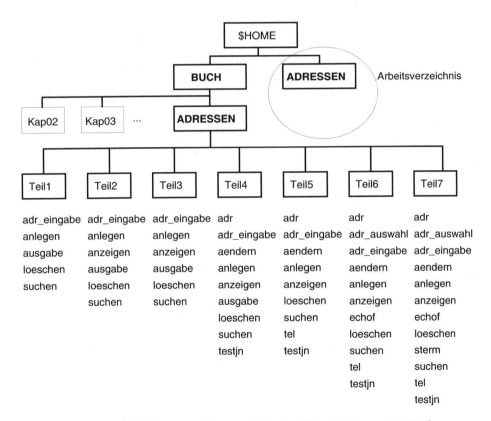

Nach dem Lesen der Diskette wurde unterhalb des Verzeichnisses BUCH das Verzeichnis ADRESSEN angelegt. Darunter befinden sich sieben weitere Verzeichnisse, in denen Sie jeweils die Prozeduren der Adreßverwaltung zu den einzelnen Buchkapiteln finden.

Adreßkartei Teil 1

Sie sollten das Verzeichnis $HOME/ADRESSEN zu Ihrem Arbeitsverzeichnis ernennen und dort die aktuelle Arbeitsversion ablegen. Beginnen Sie im Buch mit einem neuen Teil der Adreßverwaltung, so kopieren Sie vorher alle Dateien des entsprechenden Unterverzeichnisses Teil1 bis Teil7 in den Arbeitskatalog $HOME/ADRESSEN. Zur Bearbeitung des ersten Teils geben Sie folgenden Befehl ein:

```
$ cp $HOME/BUCH/ADRESSEN/Teil1/* $HOME/ADRESSEN
$ chmod u+x $HOME/ADRESSEN/*
```

Anschließend befinden sich alle Prozeduren in Ihrem Arbeitsverzeichnis und Sie können mit dem Durcharbeiten des Abschnitts beginnen. In den einzelnen Kapiteln werden nur die Prozeduren besprochen, die sich zu der vorangegangenen Version geändert haben.

Für einen korrekten Ablauf sollten sich jedoch alle Prozeduren in Ihrem Arbeitsverzeichnis befinden. Vergessen Sie nicht, mit dem Kommando chmod allen Prozeduren Ausführrechte zuzuordenen. Am Anfang empfehle ich Ihnen die ersten Versionen der Adreßverwaltung eigenhändig mit Ihrem Editor zu erstellen, um sich mit dem Anlegen von Prozeduren vertraut zu machen. Möglicherweise schleichen sich dadurch Fehler in Ihre Prozeduren ein, aber auch der Umgang mit Fehlern will gelernt sein. Später, wenn die Prozeduren umfangreicher werden, können Sie immer noch auf das Kopieren der Programme zurückgreifen. Lassen Sie uns nun mit dem ersten Teil der Adreßverwaltung beginnen.

Anlegen einer Adresse

Wechseln Sie zunächst in das Arbeitsverzeichnis:

```
$ cd $HOME/ADRESSEN
```

Zum Einlesen einer Adresse erstellen Sie die Prozedur adr_eingabe. Die Prozedur, die Sie bereits aus dem Kapitel 4.4 kennen, liest die Angaben Vorname, Nachname, Wohnort, Straße, Telefonnummer und Bemerkung von der Tastatur.

Anlegen einer Adresse

```
#
# @(#) adr_eingabe V1.1    Adreßdaten eingeben
#
# Aufruf: adr_eingabe

#
# Adresse von der Tastatur lesen
#
echo "Bitte Adresse eingeben:"
echo "-----------------------"
echo "Nachname  : \c"; read Nachname
echo "Vorname   : \c"; read Vorname
echo "Strasse   : \c"; read Strasse
echo "Wohnort   : \c"; read Wohnort
echo "Telefon   : \c"; read Telefon
echo "Bemerkung: \c"; read Bemerkung
```

Sie können `adr_eingabe` in der folgenden Prozedur `anlegen` aufrufen, um die eingegebenen Daten in die Adreßdatei zu speichern:

```
#
# @(#) anlegen V1.0 Neue Adresse hinzufügen
#
# Aufruf: anlegen

ADRESSE=${ADRESSE:-$HOME/adressen.adr}

#
# Adresse von der Tastatur lesen
#
. adr_eingabe

#
# Adresse speichern
#
echo "$Nachname":"$Vorname":"$Strasse":"$Wohnort":"$Telefon":"$Bemerkung" >>$ADRESSE

#
# Sortieren der Adreßkartei
#
sort -o $ADRESSE $ADRESSE
echo "\nAdresse wurde gespeichert"
```

Die Adreßangaben werden zu einem Datensatz aufgebaut und in die Datei übertragen. Anschließend werden die Adressen entsprechend des Nachnamens sortiert. Im Anschluß wird mit dem Befehl `echo` eine Meldung ausgegeben, die auf das erfolgreiche Speichern der Adresse hinweist. Das Sonderzeichen \n am Anfang der Zeichenkette bewirkt einen Zeilenvorschub in der Ausgabe. Eine genaue Auflistung dieser Sonderzeichen finden Sie in der Befehlsübersicht (Befehl: `echo`) im Anhang des Buches.

Vergessen Sie nicht, den Namen der Adreßdatei vor dem Aufruf in der Variablen `ADRESSE` zu hinterlegen. Diese Variable bestimmt den Namen der zu verwendenden Adreßdatei. Wenn keine spezielle Datei ausgewählt wurde, bestimmt die Parametersubstitution:

`ADRESSE=${ADRESSE:-$HOME/adressen.adr}`

die Datei `adressen.adr` unterhalb des Heimatverzeichnisses. Vergessen Sie nicht die Zugriffsrechte dieser und der folgenden Prozeduren zu setzen:

```
$ chmod u+x anlegen
```

Alle Adressen ausgeben

```
#
# @(#) ausgabe V1.0 Alle Adressen anzeigen
#
# Aufruf: ausgabe

ADRESSE=${ADRESSE:-$HOME/adressen.adr}

pg $ADRESSE
```

Die Prozedur zeigt den Inhalt der Adreßdatei seitenweise auf dem Bildschirm an. Sie wird Ihnen im Laufe der weiteren Arbeit nützliche Dienste erweisen. Später wird das Programm ausgebaut, wenden Sie sich nun aber der Adreßsuche zu.

Suchen einer Adresse

Die folgende Prozedur sucht, unter Angabe des Nachnamens, einen Eintrag in der Adreßkartei und zeigt das Ergebnis auf dem Bildschirm an. Denken Sie daran, daß sich der Name der Datei in der Variablen ADRESSE befindet.

```
#
# @(#) suchen V1.0 Suchen einer Adresse
#
# Aufruf: suchen Nachname

ADRESSE=${ADRESSE:-$HOME/adressen.adr}

MUSTER="^$1:"

egrep "$MUSTER" $ADRESSE
```

Das Suchmuster `"^$1:"` veranlaßt das Kommando `egrep` den Nachnamen am Satzanfang bis zum nächsten Trenner zu suchen. Geben Sie das Zeichen ^ nicht an, sucht `egrep` den Nachnamen innerhalb des Satzes, so laufen Sie Gefahr, daß gleichlautende Vornamen oder Straßenbezeichnungen als Treffer erkannt werden. Auch hier sorgt die Parametersubstitution dafür, daß voreingestellt die Datei `$HOME/adressen.adr` durchsucht wird. Das Ausgabeformat einer Adresse wird in der nächsten Version ansprechender gestaltet. Die erforderlichen Befehle lernen Sie im folgenden Kapitel kennen. Vorher beschäftigen Sie sich noch mit dem Löschen eines Eintrags.

Löschen einer Adresse

Das Kommando `egrep` eignet sich nicht nur zur Suche eines Satzes, sondern dient auch zur Löschung eines Eintrags. In Verbindung mit der Option `-v` werden alle Sätze ausgegeben, die nicht dem Suchmuster entsprechen. Stellen Sie sich vor, Ihre Adreßdatei hat folgenden Inhalt:

```
Huber:Karl:Wiesenweg 12:4600 Dortmund:0231/998673:Neu
Mustermann:Peter:Musterweg 13:8000 München:089/34433:Neu
```

```
$ egrep -v "^Huber:" $ADRESSE
$ Mustermann:Peter:Musterweg 13:8000 München:089/34433:23.10
```

In diesem Fall sucht `egrep` alle Zeilen der Datei, die nicht `Huber` am Anfang der Zeile enthalten und gibt diese auf dem Bildschirm oder über eine Datei aus. Als Folge dieser Suchanfrage ist die Adresse nicht mehr Bestandteil der Ausgabe. Sie wurde gelöscht.

```
#
# @(#) loeschen V1.0 Löschen einer Adresse
#
# Aufruf: loeschen Nachname

ADRESSE=${ADRESSE:-$HOME/adressen.adr}

MUSTER="^$1:"
tmpdat=/tmp/loesch$$

egrep -v "$MUSTER" $ADRESSE >$tmpdat
mv $tmpdat $ADRESSE

echo "Die Adresse wurde gelöscht"
```

Die Prozedur sucht alle Zeilen, die nicht das angegebene Suchmuster enthalten und löscht damit die Adresse. Die Ausgabe speichern Sie in eine Zwischendatei und verlagern diese in den aktuellen Katalog unter dem Namen der Adreßdatei. Damit haben Sie den vorhandenen Datenbestand überschrieben. Nachfolgend sehen Sie einen Beispieldurchlauf aller Prozeduren. Geplante Änderungen einer Prozedur erkennen Sie durch einen Hinweis am Textrand. In der folgenden Version der Adreßverwaltung werden Sie die Programme mit Hilfe der neu erlernten Befehle verbessern.

Adreßkartei Teil 1

Ein Beispieldurchlauf

Für den ersten Beispieldurchlauf wählen Sie die Adreßdatei `privat.adr` und speichern diese unterhalb des Heimatverzeichnisses:

```
$ ADRESSE=$HOME/privat.adr
$ export ADRESSE
```

privat.adr

Legen Sie nun einige Adressen an:

```
$ anlegen
Bitte Adresse eingeben:
-----------------------
Nachname   : Mustermann
Vorname    : Klaus
Strasse    : Musterweg 13
Wohnort    : 8000 München
Telefon    : 089/77777
Bemerkung  : Meine erste Adresse

Adresse wurde gespeichert

$ anlegen
Bitte Adresse eingeben:
-----------------------
Nachname   : Meier
Vorname    : Alfred
Strasse    : Mustergasse 34
Wohnort    : 1000 Berlin
Telefon    : 030/123321
Bemerkung  :

Adresse wurde gespeichert

$ anlegen
Bitte Adresse eingeben:
-----------------------
Nachname   : Schulze
Vorname    : Karl
Strasse    : Am Weiher 12
Wohnort    : 5000 Köln
Telefon    : 0251/99911
Bemerkung  : Versicherungsagent LEBEN AG

Adresse wurde gespeichert
```

Ein Beispieldurchlauf

Zur Überprüfung geben Sie alle gespeicherten Adressen auf dem Bildschirm aus:

```
$ ausgabe
Meier:Alfred:Mustergasse 34:1000 Berlin:030/123321:
Mustermann:Klaus:Musterweg 13:8000 München:089/77777:Meine erste Adresse
Schulze:Karl:Am Weiher 12:5000 Köln:0251/99911:Versicherungsagent LEBEN AG
(EOF)
$
```

Mit der Prozedur suchen können Sie eine bestimmte Person auflisten:

```
$ suchen Schulze
Schulze:Karl:Am Weiher 12:5000 Köln:0251/99911:Versicherungsagent LEBEN AG
$

$ suchen Mustermann
Mustermann:Klaus:Musterweg 13:8000 München:089/77777:Meine erste Adresse
$

$ suchen Harig             Der Teilnehmer ist nicht vorhanden.

$
```

Änderung in Teil 2

Das Ausgabeformat der Adresse werden Sie im zweiten Teil der Adreßverwaltung anspruchsvoller gestalten. Die notwendigen Befehle lernen Sie im folgenden Kapitel kennen. Vorher löschen Sie die Person "Schulze" aus Ihrem Adreßbestand:

```
$ loeschen Schulze
Die Adresse wurde gelöscht
$
```

Eine Überprüfung zeigt, daß die Adresse gelöscht wurde:

```
$ ausgabe
Meier:Alfred:Mustergasse 34:1000 Berlin:030/123321:
Mustermann:Klaus:Musterweg 13:8000 München:089/77777:Meine erste Adresse
(EOF):
$
```

87

Die Adreßdatei wechseln

Zu Anfang der Beispielsitzung haben Sie in der Shell, aus der alle weiteren Prozeduren aufgerufen wurden, die Variable ADRESSE mit dem Dateinamen $HOME/privat.adr besetzt. Als Folge davon bekommt jede Prozedur eine Kopie dieser Variablen in Ihrer Ablaufumgebung bereitgestellt, so daß alle Kommandos der Adreßkartei die Datei $HOME/privat.adr bearbeiten. Durch Umbesetzen der Variablen können Sie zwischen verschiedenen Dateien umschalten und die privaten Adressen von den geschäftlichen Daten trennen.

```
$ ADRESSE=$HOME/Kunden.adr
$ export ADRESSE
```

Kunden.adr

```
$ anlegen
Bitte Adresse eingeben:
-----------------------
Nachname   : Knauser GmbH
Vorname    : Dieter
Strasse    : Grüne Alle 24
Wohnort    : 8000 München
Telefon    : 089/9988
Bemerkung  : Ansprechpartner H. Fromm

Adresse wurde gespeichert
```

Die neue Adresse wurde in der Datei $HOME/Kunden.adr gespeichert und ist damit von den privaten Daten getrennt worden. Die restlichen Prozeduren bearbeiten den neuen Datenbestand:

```
$ ausgabe
Knauser GmbH:Dieter: Grüne Alle 24:8000 München:089/9988:Ansprechpartner H. Fromm
(EOF):
$

$ suchen "Knauser GmbH"
Knauser GmbH:Dieter: Grüne Alle 24:8000 München:089/9988:Ansprechpartner H. Fromm
$

$ loeschen "Knauser GmbH"
Adresse wurde gelöscht
$
```

In Ihrem Heimatverzeichnis befinden sich nun zwei Adreßdateien:

```
$ ls $HOME/*.adr
/home/peter/Kunden.adr
/home/peter/privat.adr
$
```

Die Adreßdatei wechseln

Ein erneutes Umbesetzen der Variablen ADRESSE genügt und alle Prozeduren der Adreßkartei bearbeiten wieder Ihren privaten Datenbestand:

```
$ ADRESSE=$HOME/privat.adr
$ export ADRESSE
```

privat.adr

```
$ ausgabe
Meier:Alfred:Mustergasse 34:1000 Berlin:030/123321:
Mustermann:Klaus:Musterweg 13:8000 Müchnen:089/77777:Meine erste Adresse
(EOF):
$
```

Sollten Sie vergessen, die Variable vor dem Aufruf zu besetzen, werden die Adressen in die Datei $HOME/adressen.adr gespeichert:

```
$ unset ADRESSE           Löschen der Variablen
$ anlegen
Bitte Adresse eingeben:
-----------------------
Nachname   : Maier
Vorname    : Hugo
Strasse    : Langbogen 12
Wohnort    : 6900 Heidelberg
Telefon    : 06221/1234
Bemerkung  : Zahnarzt

Adresse wurde gespeichert
$

$ ausgabe
Maier:Hugo:Langbogen 12:6900 Heidelberg:06221/1234:Zahnarzt
$
```

Sie ersparen sich viel Arbeit, wenn Sie Variablen zur Konfiguration Ihrer Prozeduren verwenden. Hätten Sie den Namen der Adreßdatei in allen Prozeduren fest kodiert, wäre das Umschalten zwischen den privaten und geschäftlichen Daten nicht so problemlos. Sie müßten in jeder Prozedur der Adreßkartei den Dateinamen gegen einen neuen Wert austauschen. Mit diesem Beispiel wird auf eine Problematik hingewiesen, die Ihnen bestimmt in der täglichen Praxis häufig begegnen wird. Wenn Sie Dateinamen, Verzeichnisnamen, Gerätenamen oder Benutzerkennungen fest in Ihre Prozeduren kodieren, sind diese Kommandos nur durch nachträgliches Bearbeiten mit dem Editor zu konfigurieren. Verwenden Sie dagegen Variablen, genügt eine einfache Wertzuweisung, um die Prozedur den neuen Anforderungen anzupassen.

Das Ändern einer Adresse möchte ich auf einen späteren Zeitpunkt verschieben. Sie benötigen dazu weitere Befehle, die in den folgenden Kapiteln vorgestellt werden. Für den Anfang können Sie mit Ihren Prozeduren zufrieden sein. In den folgenden Kapiteln werden Sie weitere Befehle kennenlernen, mit denen Sie in Teil 2 der Adreßverwaltung Verbesserungen vornehmen werden.

Geplante Änderungen in Teil 2

Folgende Änderungen werden im zweiten Teil der Adreßverwaltung durchgeführt:

- Das Anzeigeformat der Prozedur `suchen` wird aufbereitet auf dem Bildschirm ausgegeben.

Im folgenden Kapitel lernen Sie ein Verfahren kennen, mit dem Sie Kommandoausgaben in Ihre Prozeduren übernehmen können. Sie werden mit Hilfe dieses Verfahrens die Ausgabe des Befehls `egrep` in einer Variablen speichern, in die einzelnen Felder der Adresse zerlegen und diese aufbereitet auf dem Bildschirm ausgeben.

6. Kommando-substitution

6.1. Kapitelübersicht

In den vorangegangenen Kapiteln wurde beschrieben, wie der Wert einer Variablen in einer Kommandozeile ersetzt wurde. Ein Ausdruck der Form $VARIABLE bewirkt, daß die Shell den Inhalt von VARIABLE in den laufenden Text einsetzt. Die Kommandosubstitution besitzt eine ähnliche Eigenschaft, mit der Sie die Ausgabe eines Kommandos direkt in die Kommandozeile einfügen können. Wenn Sie einen Befehl in umgekehrte Anführungszeichen einschließen, wird das Kommando ausgeführt und die Ausgabe wird anstelle des Befehls eingesetzt. Warum dieses Verfahren in der Shell-Programmierung so beliebt ist, erfahren Sie auf den folgenden Seiten. Im einzelnen werden folgende Themen vorgestellt:

- Generieren von Text durch eine Kommandoausgabe
- Die umgekehrten Anführungszeichen `...`
- Die einfachen Anführungszeichen '...'
- Die doppelten Anführungszeichen "..."
- Argumente für ein Kommando generieren
- Speichern von Kommandoausgaben in Variablen
- Die Variable IFS - die Eingabetrennzeichen der Shell
- Mehrzeilige Kommandoausgaben speichern

6.2. Die umgekehrten Anführungszeichen `...`*

Schließen Sie ein Kommando in diese Zeichen ein, wird es ausgeführt, die erzeugte Ausgabedatei wird an die Stelle des Kommandos eingesetzt (daher der Name Kommandosubstitution). Auf den meisten Tastaturen erhalten Sie dieses Zeichen in Kombination mit der Taste <SHIFT> und dem einfachen Anführungsstrich '. Prüfen Sie bitte den Zugriff des Zeichens auf Ihrer Tastatur. Nachdem Sie die Taste betätigt haben, drücken Sie anschließend die Leertaste, so erscheint das Zeichen auf dem Bildschirm. Hat es funktioniert? Nun werden Sie sehen, was geschieht wenn Sie ein Kommando in diese Zeichen einschließen. Dazu folgendes Beispiel:

```
$ echo Das heutige Datum: `date`
Das heutige Datum: Thu Nov 28 16:16:35 PST 1991
```

Die Kommandosubstitution `date` wird aufgelöst, das heißt der Befehl date wird ausgeführt und die Ausgabe an die Stelle des Kommandos gesetzt. Nach der Ersetzung wird die veränderte Kommandozeile ausgeführt. Die einzelnen Schritte bei der Auflösung sind für Sie nicht ersichtlich, da die Shell die Ersetzung intern vornimmt. Sie sehen lediglich das Endergebnis der Ausführung. Betrachten Sie den Vorgang in einzelnen Schritten:

```
Eingabe:    echo Das heutige Datum:`date`
                                    ↓ Die Ersetzung wird vorgenommen
intern:     echo Das heutige Datum: Thu Nov 28 16:16:35 PST 1991
                                    ↓ Die Ausgabe
Ausgabe:    Das heutige Datum: Thu Nov 28 16:16:35 PST 1991
```

Die Eingabe wird von der Shell analysiert und die Kommandosubstitution `date` wird ausgeführt. Der vom Befehl erzeugte Text wird gegen das Kommando ausgetauscht. Dem Befehl echo wird als weiteres Argument das Systemdatum zugeordnet und die gesamte Zeile wird ausgeführt. Sehen Sie dazu ein weiteres Beispiel:

```
$ echo Mein aktueller Katalog lautet: `pwd`
Mein aktueller Katalog lautet: /home/peter
```

---

* Die umgekehrten Anführungszeichen `...` stellen eigentlich eine veraltete Schreibweise der Kommandosubstitution dar. Innerhalb der Korn-Shell empfiehlt es sich die Form $(...) zu verwenden. So können Sie für `date` auch $(date) schreiben - es ist in der Regel übersichtlicher und weniger fehleranfällig.

Die Shell liest die Kommandozeile und findet in den Argumenten von echo die Kommandosubstitution `pwd`. Das Kommando pwd wird ausgeführt und der erzeugte Text an die Stelle des Befehls eingesetzt. Das Kommando echo bekommt zusätzlich den aktuellen Pfad als Argument zugewiesen. Erst dann wird der Befehl echo ausgeführt und der fixe sowie der erzeugte Text werden ausgegeben.

Als nächstes geben Sie die Anzahl der im System arbeitenden Benutzer aus. Der Aufruf von who liefert folgendes Ergebnis:

```
$ who
peter      term/tty01 Nov 28 13:13
dieter     term/tty02 Nov 28 12:25
$
```

Innerhalb der umgekehrten Anführungszeichen können mehrere Befehle, getrennt durch das Pipe-Symbol oder das Semikolon als Trennzeichen, eingesetzt werden. Verwenden Sie eine Kommandosubstitution zum Zählen der Benutzer, können Sie diese folgendermaßen in einen Text einbauen:

```
$ echo Es sind momentan `who | wc -l` Benutzer aktiv
Es sind momentan        2 Benutzer aktiv
$
```

Die Ausgabe der aktiven Benutzer wird durch eine Pipe an das Kommando wc -l weitergereicht. Dieser Befehl zählt die Anzahl der Zeilen und damit die Anzahl der Benutzer im System. Die von der Kommandoverkettung erzeugte Ausgabe wird als Text in die Kommandozeile eingebaut, wobei die Leerzeichen vor der Nummer 2 durch das Kommando wc -l erzeugt werden, also wundern Sie sich nicht. Nach Substitution des Textes, wird der Befehl echo ausgeführt. Mit einer ähnlichen Befehlsfolge können Sie die Anzahl der Dateien in Ihrem Verzeichnis ausgeben:

```
$ echo Der Katalog `pwd` enthält `ls | wc -l` Dateien
Der Katalog /home/peter enthält        5 Dateien
$
```

6.3. Mehrzeilige Ausgaben

Bisher haben Sie bei der Ausführung der Kommandosubstitution eine Zeile als Ausgabe erhalten. Sie können sich vorstellen, daß Kommandos mehrere Ausgabezeilen liefern. Mit dem Kommando ls /bin/w* erhalten Sie eine Liste aller Kommandos, die mit dem Buchstaben w beginnen:

Kommandosubstitution

```
$ ls /bin/w*
/bin/wall<NL>
/bin/wc<NL>
/bin/who<NL>
/bin/whodo<NL>
/bin/write<NL>
$
```

Die fünf Zeilen werden, durch ein unsichtbares Newline-Zeichen <NL> getrennt, untereinander ausgegeben. Was geschieht, wenn Sie den Befehl in umgekehrte Anführungszeichen setzen und den erzeugten Text mit dem Kommando `echo` ausgeben?

```
$ echo `ls /bin/w*`
/bin/wall /bin/wc /bin/who /bin/whodo /bin/write
$
```

Der Zeilenvorschub wird durch die umgekehrten Anführungszeichen unterdrückt und durch ein Leerzeichen ausgetauscht. Dadurch erhalten Sie eine Liste, deren Elemente durch Leerzeichen getrennt sind. Diese Liste wird an die Stelle des Kommandos eingesetzt und der Befehl `echo` gibt die Namen auf dem Bildschirm aus. Betrachten Sie die Ausführung in einzelnen Schritten:

```
Eingabe   echo `ls /bin/w*`
              ↓ Die Ersetzung wird vorgenommen und der Zeilenvorschub
                wird in ein Leerzeichen umgewandelt
intern:   echo /bin/wall /bin/wc /bin/who /bin/whodo /bin/write
              ↓ Die Ausgabe
Ausgabe   /bin/wall /bin/wc /bin/who /bin/whodo /bin/write
```

Die Kommandosubstitution hat eine Argumentenliste für den Befehl `echo` generiert. Der Zeilenvorschub wurde durch Leerzeichen ersetzt. Würde diese Umwandlung nicht vorgenommen, dann wäre jedes Element der Ausgabe durch einen Zeilenvorschub vom Vorgänger getrennt und so könnte die Ausgabe nicht vom Befehl `echo` verwertet werden. Wie Sie wissen, erwarten alle Kommandos in UNIX die einzelnen Argumente durch ein Leerzeichen getrennt. Neben der Kommandosubstitution `` `...` `` gibt es die einfachen `'...'` und die doppelten Anführungszeichen `"..."`, die einen Text vor dem Zugriff der Shell schützen. Wie verhält sich eine Kommandosubstitution, die von den Sonderzeichen umschlossen wird?

6.4. Die einfachen Anführungszeichen '...'

Die einfachen Anführungszeichen '...' schützen folgende Sonderzeichen vor dem Zugriff der Shell:

```
$, &, <, >, >>, *, ?, [ ], { }, \, ;   und   `...`
```

Die Kommandosubstitution gehört selbstverständlich dazu.

```
$ echo 'Der Katalog von $LOGNAME lautet: `pwd` '
Der Katalog von $LOGNAME lautet: `pwd`
$
```

Das gesamte Argument von echo wurde in einfache Anführungszeichen '...' gesetzt und alle Sonderzeichen darin werden nicht mehr beachtet. Der Text zwischen den Zeichen '...' wird, wie er dort steht, ausgegeben. Die Variable LOGNAME ist von der Shell in Ihrem Environment vordefiniert und enthält Ihre Benutzerkennung. Wie Sie erkennen, wird der Variablenersatz und die Kommandosubstitution `pwd` nicht ausgeführt.

6.5. Die doppelten Anführungszeichen "..."

Die doppelten Anführungszeichen "..." schützen die oben aufgeführten Sonderzeichen ebenfalls vor dem Zugriff der Shell. Folgende Zeichen sind davon ausgenommen:

```
`...`     Die Kommandosubstitution
$         Zugriff auf Variablen
\         Das Maskierungszeichen für ein Sonderzeichen
```

Diese Sonderzeichen werden, wenn Sie von doppelten Anführungszeichen eingeschlossen sind, von der Shell ausgewertet.

```
$ echo "Der Katalog von $LOGNAME lautet: `pwd` "
Der Katalog von peter lautet: /home/peter
$
```

Kommandosubstitution

Bei den doppelten Anführungszeichen wurden der Variablenersatz und die Kommandosubstitution ausgeführt. Welchen Sinn ergibt diese Eingrenzung mit den Anführungszeichen? Lassen Sie mich dazu ein Beispiel aufzeigen, bevor ich Ihnen den Sachverhalt näher erläutere. Betrachten Sie folgende Shell-Prozedur:

```
#
# @(#) binfo V1.0 Informationen zum aufrufenden Benutzer anzeigen
#
# Aufruf: binfo

echo "************ $LOGNAME *************"
echo "Der aktuelle Katalog:  <`pwd`>"
echo "Anzahl Dateien:        <`ls | wc -l`>"
echo "Heimatverzeichnis:     <$HOME>"
echo "Anzahl Prozesse:       <`ps | tail +2 | wc -l`>"
```

```
$ binfo
************ peter *************
Der aktuelle Katalog:   </home/peter/bin>
Anzahl Dateien:         <     6>
Der Heimatkatalog:      </home/peter>
Anzahl Prozesse:        <     4>
$
```

Die Shell-Prozedur `binfo` zeigt den aktuellen Katalog, die Anzahl der Dateien im aktuellen Katalog und das Heimatverzeichnis auf dem Bildschirm an. Die einzelnen Informationen wurden über die Variable LOGNAME (enthält Ihre Benutzerkennung), HOME (Ihr Heimatverzeichnis) und den Kommandosubstitutionen erzeugt und mit zusätzlichen Bemerkungen ausgegeben. Die Variable LOGNAME wurde mit dem Zeichen * optisch eingegrenzt. Alle Kommandosubstitutionen sind, zur optischen Verschönerung, in spitze Klammern <...> gesetzt worden. Bei den Zeichen * , < und > handelt es sich um Sonderzeichen der Shell. Der Stern steht für alle beliebigen Dateinamen des aktuellen Kataloges und die Zeichen < > bewirken eine Umlenkung der Ein- und Ausgabe. Diese Sonderzeichen sollen hier lediglich als Text angesehen und nicht von der Shell interpretiert werden, denn sonst gäbe es ein Chaos in Ihrer Prozedur. Demzufolge umschließt man die Ausgabezeile mit den doppelten Anführungszeichen " ", um die Sonderzeichen *, < und > vor dem Zugriff der Shell zu schützen.

Die Kommandosubstitutionen und der Ersatz der Variablen LOGNAME und HOME sind, laut Definition, nicht geschützt und werden von der Shell ausgewertet. Genau diesen Effekt wünschen Sie sich an dieser Stelle und daher benutzen Sie zur Eingrenzung die doppelten Anführungszeichen. Die einfachen Anführungszeichen ' ... ' bewirken, daß **alle** Sonderzeichen bedeutungslos und als reiner Text angesehen werden. Die doppelten Anführungszeichen schließen gerade die Kommandosubstitution und den Variablenersatz aus, da diese Verfahren zur Texterzeugung benutzt werden und dieser Text häufig mit anderen Sonderzeichen gemischt ausgegeben wird.

6.6. Argumente generieren

Im vorherigen Abschnitt wurde der allgemeine Aufbau einer Kommandosubstitution beschrieben. Eine beliebte Anwendung ist die dynamische Erzeugung von Argumentenlisten für ein Kommando. Erinnern Sie sich an die Prozedur `post` aus Kapitel 3.4?

```
#
# @(#) post V1.2 Post versenden
#
# Aufruf: post Kennung(1)...Kennung(n)
#
# Das Protokoll wird in die Datei protokoll geschrieben

{ date; echo "Nachricht an: $*"; } >>protokoll
mail $* <nachricht
echo "Die Post wurde an $* ausgetragen"
```

Die Prozedur sendet anderen Benutzern mit dem Kommando `mail` eine Nachricht. Die Namen der Empfänger werden beim Aufruf der Prozedur angegeben. Es gibt auch Anwendungen, bei denen Sie erst zur Laufzeit der Prozedur entscheiden können, welche Argumente das entsprechende Kommando erhalten soll. Für diesen Zweck eignet sich die Kommandosubstitution. Sie lassen die Argumentenliste durch Kommandos erzeugen, anstatt die Argumente "von Hand" zu übergeben. Stellen Sie sich vor, Sie möchten Post an alle angemeldeten Benutzer senden. Dazu müssen Sie folgende Änderungen vornehmen:

```
#
# @(#) post V1.4 Post an angemeldete Benutzer versenden
#
# Aufruf: post
#
# Die Benutzer werden vom Kommando who erzeugt
# Das Protokoll wird in die Datei protokoll geschrieben
#
{ date;echo Nachricht an: `who | cut -c1-8`; }>>protokoll
mail `who | cut -c1-8` <nachricht
echo Die Post wurde an `who | cut -c1-8` ausgetragen
```

Der Platzhalter `$*` wurde gegen die Kommandosubstitution `who | cut -c1-8` ausgetauscht. Wie sieht der erzeugte Text dieser Befehlsfolge aus? Der Aufruf zeigt folgendes Ergebnis:

```
$ who
peter   console Nov 28 13:13
dieter  term/tty01 Nov 28 12:25
$ who | cut -c1-8
peter
dieter
$
```

Kommandosubstitution

Das Kommando who gibt eine ausführliche Information über die angemeldeten Benutzer aus. Mit dem Kommando cut -c1-8 schneiden Sie die ersten acht Spalten aus und erhalten die Benutzernamen peter und dieter. Die Kommandosubstitution erzeugt aus der mehrzeiligen Ausgabe eine Liste.

```
$ echo `who | cut -c1-8`
peter dieter
$
```

Bei Ausführung der Prozedur post wird diese Liste generiert und in den Kommandoaufrufen eingesetzt.

```
$ rm protokoll
$ post
Die Post wurde an peter dieter ausgetragen
$
```

Die Benutzer dieter und peter erhalten eine Nachricht, da sie zum Zeitpunkt des Aufrufes angemeldet sind. Nehmen Sie an, der Benutzer anke hat sich zwischenzeitlich angemeldet. Berücksichtigt die Prozedur post den neuen Teilnehmer?

```
$ who
peter      console      Nov 28 13:13
dieter     term/tty01   Nov 28 12:25
anke       term/tty02   Nov 28 13:30
$ post
Die Post wurde an peter dieter anke ausgetragen
$
```

Die Kommandosubstitution `who | cut -c1-8` erzeugt bei jedem Aufruf die Liste der aktiven Benutzer. Neue Teilnehmer werden von der Prozedur automatisch berücksichtigt. Bedenken Sie, daß das Kommando cut eine Spalte von acht Zeichen aus der Ausgabe von who ausschneidet. Der Benutzername darf in diesem Fall nicht länger als acht Zeichen sein, damit es funktioniert. Sie glauben die Änderung der Prozedur post wäre nicht nötig gewesen? Sie hätten selbstverständlich das Kommando who aufrufen, sich über die aktiven Benutzer informieren und dann post mit diesen Benutzern als Argument aufrufen können. Aber wozu dieser Aufwand - überlassen Sie diese Arbeit doch einfach dem Kommando who.

Bisher konnten Sie die Benutzer als Argumente übergeben oder es wurde automatisch Post an alle aktiven Benutzer gesendet. Was halten Sie davon, Benutzernamen aus einer Datei zu lesen? Sie können unterschiedliche Dateien anlegen, die jeweils die Benutzernamen, an die Post gesendet werden soll, enthalten. Den Namen der Datei übergeben Sie bei Aufruf der Prozedur. In der Datei

Argumente generieren

vertrieb sind alle Mitarbeiter der Vertriebsabteilung aufgeführt. Die Namen der Entwicklungsabteilung speichern Sie in der Datei entwicklung:

```
$ cat >vertrieb
claudia
anke
<CTRL-D>
$ cat >entwicklung
tobias
dieter
<CTRL-D>
$
```

Die bestehende Kommandosubstitution wird gegen `cat $1` ausgetauscht und erzeugt für jede Datei eine Liste der Benutzernamen:

```
$ echo `cat vertrieb`
claudia anke
$ echo `cat entwicklung`
tobias dieter
$
```

Die geänderte Prozedur sieht folgendermaßen aus:

```
#
# @(#) post V1.5 Post versenden
#
# Aufruf: post Kennung
#
# Die Benutzer werden aus einer Datei gelesen
# Der Dateiname wird als Argument übergeben
# Das Protokoll wird in die Datei protokoll geschrieben
#
{ date; echo Nachricht an: `cat $1`; }>>protokoll
mail `cat $1` <nachricht
echo Die Post wurde an `cat $1` ausgetragen
```

Für die Vertriebsabteilung schreiben Sie folgende Meldung in die Datei nachricht:

```
$ cat >nachricht
Liebe Kollegen,
am 19.12.91, 16.00 wird die Verkaufsstrategie
für 1992 besprochen.Treff in meinem Büro.
<CTRL-D>
$
```

Um allen Benutzern der Datei vertrieb eine Meldung zu senden, aktivieren Sie die Prozedur post mit dem Dateinamen als Argument:

Kommandosubstitution

```
$ post vertrieb
Die Post wurde an claudia anke ausgetragen
$
```

Die Entwicklungsabteilung erhält folgende Nachricht:

```
$ cat >nachricht
Liebe Kollegen,
am 18.12.91, 15.00 Projektbesprechung in meinem Büro.
<CTRL-D>
$
```

Ein erneuter Aufruf sendet die Nachricht an alle Benutzer, die in der Datei `entwicklung` eingetragen sind:

```
$ post entwicklung
Die Post wurde an tobias dieter ausgetragen
$
```

In der vorangegangenen Version von `post` wurde mit dem Kommando `who` eine Liste der aktiven Benutzer erzeugt. In der neuen Version stehen die Benutzer in einer Datei und es gilt, diese Namen als Argumentenliste zur Verfügung zu stellen. Für den Zugriff auf die Benutzer geben Sie die Datei mit dem Kommando `` `cat $1` `` aus. Durch Einschließen des Befehls mit den umgekehrten Anführungszeichen wird die Datei ausgegeben und die Zeichen für den Zeilenvorschub werden durch Leerzeichen ersetzt. Es entsteht eine Liste der Benutzerkennungen, wobei jede Kennung durch ein Leerzeichen von der nächsten getrennt ist. Diese Argumentenliste benutzen Sie für die Kommandos `mail` und `echo`. Sie können sich in Zukunft Schreibarbeit ersparen, wenn Sie die unterschiedlichen Benutzergruppen in Dateien zusammenfassen. Beim Aufruf müssen Sie lediglich den Dateinamen übergeben. Weitere Informationen zu mehrzeiligen Kommandoausgaben finden Sie am Ende dieses Kapitels.

6.7. Zuweisung an Variablen

Der erzeugte Text einer Kommandosubstitution kann einer Variablen zugewiesen werden. Ihr aktuelles Verzeichnis läßt sich folgendermaßen in einer Variablen speichern:

```
$ katalog=`pwd`
$ echo $katalog
/home/peter
```

Zuweisung an Variablen

Die Anzahl der aktiven Benutzer läßt sich mit folgender Anweisung in eine Variable übertragen:

```
$ anzben=`who | wc -l`
$ echo $anzben
3
$
```

Eine mehrzeilige Ausgabe, beispielsweise die aller aktiven Benutzer, läßt sich ebenso übertragen:

```
$ BENUTZER=`who | cut -c1-8`
$ echo $BENUTZER
peter dieter
$
```

Der gesamte Inhalt einer Datei kann mit einer Kommandosubstitution in eine Variable übertragen werden:

```
$ cat >benutzer.dat
dieter
peter
claudia
anke
<CTRL-D>
$ BENUTZER=`cat benutzer.date`; echo $BENUTZER
dieter peter claudia anke
$
```

Durch Verwendung von Variablen können Sie Ergebnisse einer Kommandosubstitution einmalig speichern, um diese später an verschiedenen Stellen der Prozedur einzusetzen. Dadurch vermeiden Sie den mehrfachen Aufruf von identischen Kommandos innerhalb einer Prozedur. Sie können die Prozedur post durch den Einsatz einer Variablen folgendermaßen verbessern:

```
#
# @(#) post V1.6 Post versenden
#
# Aufruf: post Datei

# Die Benutzer werden aus einer Datei gelesen
# Der Dateiname wird als Argument übergeben
# Das Protokoll wird in die Datei protokoll geschrieben

BENUTZER=`cat $1`

{ date;echo Nachricht an: $BENUTZER; } >>protokoll
mail $BENUTZER <nachricht
echo Die Post wurde an $BENUTZER ausgetragen
```

Kommandosubstitution

Am Anfang der Prozedur führen Sie die Kommandosubstitution `cat $1` einmal aus und speichern die Liste der aktiven Benutzer in die Variable BENUTZER. In den folgenden Kommandozeilen verwenden Sie statt der Kommandosubstitution die Variable und ersparen sich im Gegensatz zur vorherigen Version zwei Aufrufe von `cat $1`.

Die folgende Kommandosubstitution ist eine beliebte Anwendung zur Sicherung von Daten:

```
#
# @(#) btar V1.0 Sichern aller Dateien eines Benutzers
#
# Aufruf: btar Kennung

MEDIUM=/dev/fd196ds18

tar cvf $MEDIUM `find / -user $1 -print 2>/dev/null`

echo Die Dateien des Benutzers $1 wurden gesichert
```

```
$ btar peter
a /home/peter/ 0 tape blocks
a /home/peter/.profile 1 tape blocks
a /home/peter/post 1 tape blocks
....
Die Dateien des Benutzers peter wurden gesichert
$
```

Die Kommandosubstitution erzeugt eine Liste aller Dateien des angegebenen Benutzers. Der Befehl `tar` wird mit dieser Argumentenliste aufgerufen und sichert den Datenbestand auf das Diskettenlaufwerk. Sie können sich vorstellen, daß bei einer großen Anzahl von gefundenen Dateien diese Argumentenliste stark anwächst. Dieses kann unter Umständen zu einem Fehler führen, da die Anzahl der Argumente für ein Kommando auf den einzelnen Systemen einer Beschränkung unterliegt und nicht beliebig groß werden kann. Berücksichtigen Sie zukünftig diese Einschränkung, wenn Sie eine Argumentenliste mit der Kommandosubstitution erzeugen möchten.

Sollte die Prozedur `btar` mit einem Fehler antworten, empfehle ich Ihnen die Sicherung mit dem Kommando `cpio` durchzuführen. Der Befehl liest die Dateinamen von der Standardeingabe, so daß Sie die Ausgabe von `find` direkt mit einer Pipeline an das Kommando `cpio` weiterleiten können. Auf diese Art kommt es zu keinem Überlauf der Argumentenliste:

```
#
# @(#) bcpio V1.0 Sichern aller Dateien eines Benutzers
#
# Aufruf: bcpio Kennung

MEDIUM=/dev/fd196ds18

find / -user $1 -print 2>/dev/null | cpio -ocv >$MEDIUM

echo Die Dateien des Benutzers $1 wurden gesichert
```

6.8. Der Befehl `set` und die Kommandosubstitution

Der Kommandoaufruf war der bisher einzige Weg den Positionsparametern $1 bis $n Werte zuzuordnen. Es gibt eine weitere Möglichkeit diesen speziellen Variablen Werte zuzuweisen. Der Befehl `set` überträgt die Argumente seines Aufrufs nacheinander in die Positionsparameter $1 bis $n.

```
set Arg₁   Arg₂   Arg₃   Arg₄   ...   Argₙ
     ↓      ↓      ↓      ↓            ↓
    $1     $2     $3     $4           $n

$#   wird mit der Anzahl von Argumenten besetzt
$*   enthält alle Positionsparameter in einer Zeichenkette
```

```
$ set Das Zerlegen einer Zeichenkette
$ echo $1
Das
$ echo $2
Zerlegen
$ echo $3
einer
$ echo $4
Zeichenkette
$ echo $*
Das Zerlegen einer Zeichenkette
$ echo $#
4
$
```

Die Argumente des Befehls `set` werden Wort für Wort den Variablen $1 bis $4 zugewiesen. Jedes Wort, das durch mindestens ein Leerzeichen von seinem Nachfolger getrennt ist, wird den Positionsparametern zugewiesen. In Verbindung mit der Kommandosubstitution können Sie auf einzelne Felder einer Kommandoausgabe zugreifen und diese umformatieren. Die Variable $* beinhaltet alle Argumente in einer Zeichenkette, in der vordefinierten Variablen $# hinterlegt die Shell die Anzahl der zugewiesenen Argumente. Sollte Ihnen die Ausgabe des Kommandos `date` nicht zusagen, können Sie mit dem Befehl `set` das Datum umformen:

```
$ date
Thu Nov 28 17:40:35 PST 1991
$
```

Mit dem Befehl `set` werden die einzelnen Felder den Positionsparametern $1 bis $6 zugewiesen.

Kommandosubstitution

```
$ set `date`
$ echo "Heute ist der $3. $2 $6"
Heute ist der 28. Nov 1992
$
```

Was ist im einzelnen geschehen? Die Ausführung aus der Sicht der Shell:

Nach Ausführung des Befehls `set` sind die Positionsparameter mit den Feldern der Datumsausgabe besetzt. Der Befehl `echo` verwendet die Variablen $2, $3, $6 und bringt die Ausgabe in eine andere Form:

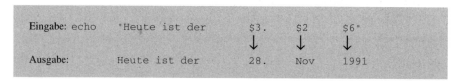

Die Shell führt das Kommando `date` aus und ersetzt den Befehl durch das Systemdatum. Dem Befehl `set` werden die einzelnen Worte der Zeichenkette als Argumente zugeordnet. Die Ausführung überträgt die einzelnen Komponenten, die jeweils durch ein Leerzeichen voneinander getrennt sind, in die Variablen $1 bis $6. Sie erhalten Zugriff auf die Bestandteile des Datums und können eine Prozedur erstellen, die Ihnen die Uhrzeit ausgibt:

```
#
# @(#) zeit V1.0 Uhrzeit ausgeben
#
# Aufruf: zeit

set `date`; echo $4
```

```
$ zeit
17:50:23
$
```

Die folgende Prozedur gibt Informationen über einen aktiven Benutzer aufbereitet auf dem Bildschirm aus. Die Benutzerkennung wird als Argument übergeben.

Der Befehl set und die Kommandosubstitution

```
#
# @(#) binfo V1.1 Informationen zu einem Benutzer anzeigen
#
# Aufruf: binfo Kennung

set `who | grep $1`

echo "------------------------------------"
echo "                     Datum: $4.$3"
echo "Kennung:     $1"
echo "Bildschirm:  $2"
echo "aktiv seit:  $5"
echo "------------------------------------"
```

```
$ who
peter      console       Nov 28 13:13
dieter     term/tty02    Nov 28 12:25
$
```

Der Aufruf von who gibt Ihnen einen Überblick aller angemeldeten Benutzer. Ihre Prozedur binfo gibt zu einem Benutzer dieser Liste Informationen in optisch aufbereiteter Form auf dem Bildschirm aus. Der Aufruf der Prozedur binfo mit verschiedenen Benutzernamen erzeugt folgende Ausgabe:

```
$ binfo peter
------------------------------------
                     Datum: 28.Nov
Kennung:     peter
Bildschirm:  console
aktiv seit:  13:13
------------------------------------
$
$ binfo dieter
------------------------------------
                     Datum: 28.Nov
Kennung:     dieter
Bildschirm:  term/tty02
aktiv seit:  12:25
------------------------------------
$
```

Sieht doch viel besser aus. Ist Ihnen klar, wie sich der Ablauf der Prozedur vollzogen hat? Verfolgen Sie die einzelnen Schritte :

Kommandosubstitution

```
Aufruf: $ binfo peter

set `who | grep peter`  $1 wurde durch peter ersetzt
              ↓
intern:  set    peter    console    Nov    28    13:13
                 ↓         ↓         ↓      ↓      ↓    Zuweisung an $1 bis $5
                $1        $2        $3     $4     $5

echo "----------------------------------------"
echo "                        Datum: $4.$3"
echo "Kennung:     $1"
echo "Bildschirm:  $2"
echo "aktiv seit:  $5"
echo "----------------------------------------"
```

Die Shell führt zuerst die Befehlsfolge `who | grep peter` aus. Das Kommando wird durch den erzeugten Text ausgetauscht und in die Kommandozeile eingesetzt. Der Befehl `set` weist die einzelnen Komponenten den Variablen $1 bis $5 zu. Mit dem Kommando `echo` wurden die Felder in eine neue Form angeordnet und ausgegeben. Als Trenner verwendet der Befehl `set` das Leerzeichen. Alle Wörter, die durch dieses Zeichen begrenzt sind, werden nacheinander in die Positionsparameter $1 bis $n übertragen. Auf diese Weise können Sie Ausgaben eines Kommandos in die einzelnen Bestandteile auflösen und erhalten Zugriff auf die Wörter der Ausgabe. Sollten die Wörter nicht durch ein Leerzeichen getrennt sein, können Sie den neuen Trenner durch Umbesetzen der Variablen `IFS` neu bestimmen.

6.9. Die Variable `IFS`

In Ihrer Shell-Umgebung finden Sie die Variable `IFS` (Abkürzung für **I**nternal **F**ield **S**eparator), die das Trennzeichen bei folgenden Aktionen bestimmt:

- der Ausgabe einer Kommandosubstitution
- der Substitution von Variablen
- der Eingabe von Daten des Befehls `read`

Die Variable steht Ihnen nach der Anmeldung in Ihrer Shell-Umgebung zur Verfügung. Mit dem Befehl `echo` können Sie den momentanen Wert von `IFS` überprüfen:

```
$ echo "$IFS"

$
```

Die Variable IFS

Vermutlich sind Sie durch die Ausgabe nicht schlauer geworden, denn die enthaltenen Zeichen lassen sich anhand dieser Ausgabe nicht bestimmen. Abhilfe schafft hier der Befehl od -x, mit dem Sie den Inhalt der Variablen in hexadezimaler Form anzeigen können.

```
$ echo "$IFS" | od -x
0000000    0920 0a 0a                                     ...
0000004
$
```

Die Zahlen 0000000 zeigen den Offset der Zahlenreihe von Beginn des Zeichenstroms an. Darauf folgen die hexadezimalen Werte für die in IFS enthaltenen Zeichen. Das letzte Zeichen 0a (Neue Zeile) wurde bei der Ausgabe vom Befehl echo erzeugt und ist nicht Bestandteil der Variablen IFS. Es bleiben die folgenden drei Trennzeichen: Das Leerzeichen, der Tabulator und das Zeichen für "Neue Zeile" bilden die voreingestellten Trennzeichen der Shell bei der Trennung der Eingabe für den Befehl read, bei der Substitution von Variablen sowie bei der Kommandosubstitution. Das dürfte für Sie keine Überraschung sein, denn von diesen Zeichen war in der Vergangenheit des öfteren die Rede. Beginnen Sie mit dem Einlesen von Daten:

```
$ read Nachname Vorname Telefon
Mustermann Klaus 089/1234
$ echo $Nachname
Mustermann
$ echo $Vorname
Klaus
$ echo $Telefon
089/1234
$
```

Alle Wörter der Eingabe, die durch Leerzeichen voneinander getrennt sind, werden nacheinander den angegebenen Variablen zugewiesen. Sie können das Eingabetrennzeichen für den Befehl read, durch Umbesetzen der Variablen IFS, selbst bestimmen. Vorher sollten Sie den bestehenden Wert in einer Variablen zwischenspeichern, damit Sie später den Voreinstellungswert erneut setzen können.

```
$ IFS_ALT="$IFS"
$ IFS=:

$ read Nachname Vorname Telefon
von Mustermann:Klaus Peter:089/12345
$
```

Kommandosubstitution

```
$ echo $Nachname
von Mustermann
$ echo $Vorname
Klaus Peter
$ echo $Telefon
089/12345
$
```

Durch Umbesetzen der Variablen IFS, akzeptiert die Shell den Doppelpunkt als zukünftiges Trennzeichen und zerteilt die Eingaben des Befehls read in : von Mustermann, Klaus Peter, 089/12345. Nur auf diese Weise werden die Leerzeichen in der Eingabe ignoriert und Sie können in einer Adresse Doppelnamen verwenden. Die Variable IFS kann auch verschiedene Trennzeichen enthalten, wie folgendes Beispiel zeigt:

```
$ IFS=:,
$ read Nachname Vorname Telefon
von Mustermann:Klaus Peter,089/12345
$ echo $Nachname
von Mustermann
$ echo $Vorname
Klaus Peter
$ echo $Telefon
089/12345
$
```

IFS=:,

:	,

Wenn Sie die Variablen IFS mit den Zeichen : und , besetzen, akzeptiert die Shell beide Zeichen als Trenner der Eingabe. Hier wurden die Felder Nachname und Vorname durch einen Doppelpunkt getrennt, der Vorname dagegen wurde durch ein Komma von der Telefonnummer abgetrennt.

Auf diese Weise können Sie alternative Trennzeichen festlegen. Das Zerteilen der Eingabe in einzelne Felder ist keine Eigenschaft des Befehls read. Die Variable IFS wird nur von der Shell ausgewertet, die daraufhin den Eingabestrom in Worte aufteilt und diese dem Kommando read als Argumente zuweist.

Auf eine möglicherweise unliebsame Auswirkung dieser Aufteilung möchte ich noch hinweisen. Beim Lesen von Eingaben mit dem Befehl read werden führende Leerzeichen aus der Zeile entfernt. Dazu ein Beispiel:

```
$ read EINGABE
          Die Zeile beginnt ab Spalte 10
$ echo "$EINGABE"
Die Zeile beginnt ab Spalte 10
$
```

Der eingegebene Text wurde zu Beginn mit 10 Leerzeichen aufgefüllt. Die anschließende Ausgabe der Variablen EINGABE zeigt jedoch, daß die führenden Leerzeichen nicht in die Variable aufgenommen wurden. Die Shell bewertet diese als Trennzeichen und entfernt sie aus der Eingabezeile. Sie können das Entfernen führender Leerzeichen unterbinden, indem Sie die Variable IFS auf "leer" setzen. Es ist empfehlenswert den Wert von IFS zu sichern und ihn anschließend auf den ursprünglichen Wert zurückzusetzen:

```
$ OIFS="$IFS"; IFS=
$ read EINGABE
         Die Zeile beginnt ab Spalte 10
$ echo "$EINGABE"
         Die Zeile beginnt ab Spalte 10
$ IFS="$OIFS"
```

Die Shell benutzt die Variable IFS ebenfalls bei der Substitution von Variablen sowie bei der Ersetzung von Kommandoausgaben (Kommandosubstitution). Der Befehl set wird häufig in Verbindung mit der Variablen IFS benutzt, um eine Zeichenkette in einzelne Worte zu zerlegen. Dazu besetzen Sie IFS mit dem Voreinstellungswert, den Sie zuvor in der Variablen IFS_ALT zwischengespeichert haben.

```
$ IFS="$IFS_ALT"
$ satz="Johann de Groot Musterweg 13"
$ set $satz
$ echo $1
Johann
$ echo $2
de
$ echo $3
Groot
$ echo $4
Musterweg
$ echo $5
13
$
```

IFS="$IFS_ALT"

| ␣ | <TAB> | NL |

Nach der Substitution der Variablen satz wird das Leerzeichen von der Shell als Trenner für die Argumente des Befehls set benutzt. Der Doppelname und die Straßenangabe wurden daher in zwei Argumente aufgelöst und den Positionsparametern zugewiesen. Mit der Variablen IFS können Sie das Trennzeichen umdefinieren:

```
$ satz="Johann,de Groot,Musterweg 13"
$ IFS=,
$ set $satz
$ echo $1
Johann
$ echo $2
de Groot
$ echo $3
Musterweg 13
```

IFS=,

| , |

Kommandosubstitution

Die Zuweisung des Kommas an die Variable IFS bestimmt das neue Trennzeichen der Shell. Bei der Zerlegung der Adresse werden alle Felder, die durch ein Komma voneinander getrennt sind, den Positionsparametern zugewiesen. Mit dieser Technik können Sie in Zukunft auf die Felder eines Satzes zugreifen, selbst wenn diese nicht durch ein Leerzeichen voneinander getrennt sind. Ein gutes Beispiel ist der Aufbau der Datei /etc/passwd.

```
$ pg /etc/passwd
root:x:Systemverwalter:/:/bin/sh
peter:x:106:1:Peter Termöllen:/home/peter:/bin/ksh
dieter:x:107:1:Dieter Harig:/home/dieter:/bin/ksh
... weitere folgen
```

Die einzelnen Felder eines Satzes sind durch einen Doppelpunkt voneinander getrennt. Die Prozedur binfo verwendet die Variable IFS für den Zugriff auf die Daten eines Benutzers in der Datei /etc/passwd:

```
#
# @(#) binfo V1.2 Informationen zu einem Benutzer anzeigen
#
# Aufruf: binfo Kennung

INFO=`grep ^$1: /etc/passwd`    # Zeile mit den Benutzerdaten aus
                                # der Datei /etc/passwd ausschneiden
IFS=:                           # Trennzeichen festlegen
set $INFO                       # Felder der Zeile den Positions-
                                # parametern $1 bis $7 zuweisen
echo "-----------------------------------"
echo "Kennung:            $1"
echo "User-ID:            $3"
echo "Group-ID:           $4"
echo "Kommentar:          $5"
echo "Heimatverzeichnis:  $6"
echo "Startprogramm:      $7"
echo "-----------------------------------"
```

```
$ binfo peter
-----------------------------------
Kennung:            peter
User-ID:            106
Group-ID:           1
Kommentar:          Peter Termöllen
Heimatverzeichnis:  /home/peter
Startprogramm:      /bin/ksh
-----------------------------------
$ binfo dieter
-----------------------------------
Kennung:            dieter
User-ID:            107
Group-ID:           1
Kommentar:          Dieter Harig
Heimatverzeichnis:  /home/dieter
Startprogramm:      /bin/ksh
-----------------------------------
$
```

Die Variable IFS

Zur Veranschaulichung betrachten Sie die Ausführung in einzelnen Schritten:

```
INFO=`grep ^$1: /etc/passwd`
       ↓
INFO=peter:x:106:1:Peter Termöllen:/home/peter:/bin/ksh

IFS=:
set    $INFO
       ↓
set    peter   x   106  1  Peter Termöllen  /home/peter  /bin/ksh
       ↓      ↓   ↓   ↓   ↓                ↓            ↓
       $1     $2  $3  $4  $5               $6           $7
```

Die Kommandosubstitution `grep ^$1: /etc/passwd` ermittelt den Eintrag zu einem Benutzer und speichert die Zeile in die Variable INFO. Das Muster ^$1: veranlaßt grep den Benutzernamen am Satzanfang bis zum nächsten Trenner zu suchen. Geben Sie das Zeichen ^ nicht an, sucht grep den Namen innerhalb des Satzes, so laufen Sie Gefahr, daß gleichlautende Einträge als Treffer erkannt werden.

Die Zuweisung an die Variable IFS bestimmt den Doppelpunkt als Trennzeichen, so daß die Shell nach der Ersetzung der Variablen INFO den Inhalt anhand der Variablen IFS zerlegt. Anschließend werden die ermittelten Wörter dem Befehl set als Argumente zugeordnet. Dieser wiederum überträgt die einzelnen Felder in die zugehörigen Positionsparameter $1 bis $7.

Beachten Sie, daß die Shell die Variable IFS ebenfalls bei der Ersetzung einer Kommandoausgabe verwendet. Der erzeugte Text wird auf das eingestellte Trennzeichen untersucht und in einzelne Felder aufgeteilt. Die Prozedur binfo läßt sich auch folgendermaßen schreiben:

```
#
# @(#) binfo V1.3 Informationen zu einem Benutzer anzeigen
#
# Aufruf: binfo Kennung

IFS=:                           # Trennzeichen festlegen
set `grep ^$1: /etc/passwd`     # Zeile mit den Benutzerdaten aus
                                # der Datei /etc/passwd ausschneiden.
                                # Felder der Zeile den Positions-
                                # parametern $1 bis $7 zuweisen
echo "-----------------------------------"
echo "Kennung:              $1"
echo "User-ID:              $3"
echo "Group-ID:             $4"
echo "Kommentar:            $5"
echo "Heimatverzeichnis:    $6"
echo "Startprogramm:        $7"
echo "-----------------------------------"
```

In dieser Version wurde die Ausgabe von grep direkt verarbeitet, statt die Zeile wie zuvor in einer Variablen zu speichern. Bei der Kommandosubstitution orien-

111

Kommandosubstitution

tiert sich die Shell bei der Zerlegung ebenfalls an der Variablen `IFS`, die Felder der Kommandoausgabe werden daraufhin dem Befehl `set` als Argumente zugeordnet. Die Variable `IFS` hat eine zentrale Bedeutung bei der Interpretation Ihrer Eingaben. Sie sollten daher nicht vergessen, die Änderung rückgängig zu machen.

6.10. Unter die Lupe genommen

In den vorherigen Abschnitten haben Sie das Wesentliche über Kommandosubstitutionen erfahren. An dieser Stelle möchte ich Ihnen ein paar Hintergrundinformationen zum Thema "Mehrzeilige Ausgaben einer Kommandosubstitution" an die Hand geben. Betrachten Sie folgendes Beispiel:

```
$ who | cut -c1-8
peter<NL>
dieter<NL>
```

Die Ausgabe der Kommandofolge `who | cut -c1-8` besteht aus zwei Zeilen. Nach dem Wort peter folgt ein unsichtbares Zeichen für einen Zeilenvorschub (Newline-Zeichen <NL>), das den Wechsel auf die neue Zeile einleitet. Was geschieht mit diesen Zeichen bei Anwendung einer Kommandosubstitution?

```
$ benutzer=`who | cut -c1-8`
```
Inhalt der Variablen benutzer: peter<NL>dieter<NL>
```
$ echo $benutzer
peter dieter            Ersetzen der Newline-Zeichen durch Leerzeichen
$
```

Die mehrzeilige Ausgabe `who | cut -c1-8` wurde in die Variable `benutzer` übertragen. Bei der Zuweisung bleiben die Newline-Zeichen <NL> Bestandteil der Zeichenkette. Erst die Ausgabe ersetzt die Newline-Zeichen <NL> durch Leerzeichen. Hier der Ablauf in einzelnen Schritten:

```
Eingabe:     benutzer=`who | cut -c1-8`
                  ↓
intern:      benutzer=peter<NL>dieter<NL>
Eingabe:     echo $benutzer
                  ↓    Variable benutzer wurde ersetzt
                       Die unsichtbaren Sonderzeichen <NL> werden bei der
                       Ausgabe durch Leerzeichen ersetzt.
Ausgabe:     peter dieter
```

Sie können selbst überprüfen, ob die Newline-Zeichen in der Variablen gespeichert sind. Erinnern Sie sich an die doppelten Anführungszeichen? Richtig, alle Sonderzeichen außer den Zeichen `` ` ``, $ und \ werden vor dem Zugriff der Shell geschützt. Das Newline-Zeichen ist ein Sonderzeichen und bleibt somit von der Shell unberührt, wenn Sie die Variable in Anführungszeichen setzen.

```
$ echo "$benutzer"
peter
dieter
$
```

Die Newline-Zeichen wurden nicht durch Leerzeichen ersetzt. Die beiden Namen werden untereinander ausgegeben. Betrachten Sie den Ablauf im einzelnen:

Eingabe:	echo "$benutzer"
	↓ Variable benutzer wurde ersetzt
intern:	echo peter<NL>dieter<NL>
	↓ Die Anführungszeichen schützen die Zeichen <NL> vor dem Ersetzen durch Leerzeichen.
Ausgabe:	peter<NL> dieter<NL>

Nach der Ersetzung der Variablen benutzer befinden sich die Newline-Zeichen weiterhin in der Zeichenkette. Bei der Ausgabe bleiben diese Sonderzeichen erhalten, da der gesamte Text in Anführungszeichen steht. Die Shell nimmt bei den Newline-Zeichen keine Ersetzung vor und gibt den Text unbehandelt auf dem Bildschirm aus. Als Folge davon werden die Zeilen der Ausgabe untereinander auf dem Bildschirm ausgegeben.

```
$ echo "Liste der angemeldeten Benutzer:\n`who | cut -c1-8`"
Liste der angemeldeten Benutzer:
peter
dieter
anke
$
```

Mit Hilfe der Anführungszeichen können Sie in Zukunft festlegen, ob die Ausgabe einer mehrzeiligen Kommandosubstitution untereinander oder in Form einer Liste erscheinen soll.

Kommandosubstitution

```
$ echo "`who | cut -c1-8`"
peter
dieter
anke
$ echo `who | cut -c1-8`
peter dieter anke
$
```

Mit diesem Beispiel möchte ich das Thema Kommandosubstitution abschließen. Sie werden im Verlauf des Buches ausreichend Gelegenheit haben, dieses Verfahren anzuwenden und an praktischen Beispielen zu vertiefen.

Bisher haben Sie folgende grundlegende Themen der Shell-Programmierung kennengelernt:

- Aufruf von Prozeduren
- Übernahme von Argumenten aus der Kommandozeile
- Daten von der Tastatur einlesen
- Rückgabe von Werten an die aufrufende Shell
- Vordefinierte Variablen
- Ausgaben eines Kommandos verarbeiten
- Das Zerlegen von Zeichenketten mit dem Befehl `set`

Im folgenden Kapitel ergänzen Sie die Liste um zwei Befehle, mit denen Sie arithmetische Ausdrücke in Ihren Prozeduren berechnen können. Diesem Abschnitt schließt sich ein weiterer Teil der Adreßverwaltung an, in dem der bisher behandelte Stoff angewendet und anhand von praktischen Beispielen vertieft wird. Damit kennen sie alle Voraussetzungen, um anschließend mit dem Erstellen umfangreicherer Prozeduren zu beginnen. Doch zunächst wenden Sie sich den vier Grundrechenarten und einigen weiteren Operatoren zu.

7. Integerarithmetik

7.1. Kapitelübersicht

Zur Berechnung arithmetischer Ausdrücke stehen Ihnen die Kommandos `expr` und `let` zur Verfügung. Bei den Ausdrücken handelt es sich um ganzzahlige Werte, die durch die vier Grundrechenarten und einige weitere Operatoren miteinander verknüpft werden können. `expr` ist der bekanntere, aber auch langsamere Befehl der Bourne-Shell. Mit der Korn-Shell wurde `let` eingeführt; er ist in der Shell eingebaut und vielfach schneller als sein Vorgänger `expr`. Sie werden nachfolgend beide Befehle kennenlernen.

- Ausdrücke berechnen mit dem Befehl `expr`
- Arithmetische Ausdrücke Berechnen mit `let`
- Die alternative Schreibweise von `let`: `((...))`
- Der Datentyp `integer`

7.2. Der Befehl `expr`

Mit dem Befehl `expr` können Sie durch die vier Grundrechenarten und die Modulo-Rechnung ganzzahlige Werte miteinander verknüpfen. Das Ergebnis der Berechnung wird auf die Standardausgabe geschrieben.

```
$ expr 2 + 2            Addieren
4
$ expr 10 - 8           Subtrahieren
2
$ expr 2 \* 5           Multiplizieren
10
$ expr 25 / 4           Dividieren
6
$ expr 10 % 3           Modulo (Divisionsrest)
1
$
```

Die Argumente des Befehls `expr` werden, durch Leerzeichen getrennt, angegeben. Bei der Multiplikation müssen Sie den Operator * mit einem umgekehrtem Schrägstich entwerten, da dieses Zeichen von der Shell zur Generierung von Dateinamen genutzt wird. Die Division **expr 25 / 4** zeigt deutlich, daß bei der Berechnung ausschließlich ganze Zahlen zugelassen sind. Eine Überprüfung mit dem Taschenrechner ergibt den Wert 6,25. Die Kommastellen wurden bei der Ausgabe ignoriert. Das Ergebnis der Berechnung wird auf die Standardausgabe geschrieben. Mit Hilfe der Kommandosubstitution können Sie das Ergebnis in eine Variable speichern:

```
$ i=2
$ ERGEBNIS=`expr $i + 10 \* 2`
$ echo $ERGEBNIS
22
$
```

Der errechnete Wert wird der Variablen ERGEBNIS zugewiesen. Bei der Auswertung des arithmetischen Ausdrucks haben entsprechend den Arithmetikgesetzen die Operatoren * und / Vorrang vor + und -. Die Methode zur Berechnung von Ausdrücken mit Hilfe von `expr` entstammt der Bourne-Shell. Sie ist nicht nur unbeholfen, sondern auch langsam, da bei jedem Aufruf der Befehl `expr` geladen und ausgeführt wird.

Die Korn-Shell bietet mit dem Befehl `let` eine Alternative zur Berechnung von Ausdrücken. Das Kommando ist in der Shell eingebaut und daher in der Ausführung durchschnittlich 10 - 30 mal schneller. Der Befehl `expr` kann jedoch mehr, als nur arithmetische Ausdrücke berechnen.

In Kapitel 13.3 werde ich Ihnen die Vorteile zur Auswertung regulärer Ausdrücke vorstellen. Für die Berechnung von arithmetischen Ausdrücken empfehle ich Ihnen allerdings den Befehl `let` zu verwenden.

7.3. Arithmetik mit dem Befehl `let`

Die Korn-Shell bietet mit dem Befehl `let` eine Alternative zur Ausführung von Integerarithmetik. Der Befehl hat folgendes Format:

```
let   "expressions"   ...
```

Operator	Bedeutung
+	Addieren
-	Subtrahieren
*	Multiplizieren
/	Dividieren
%	Modulo (Divisionsrest)
=	Zuweisung
+=, -=, *=, /=	Zuweisung und Ausführung der Rechenoperation

`expressions` sind arithmetische Ausdrücke, die mit den aufgeführten Operatoren gebildet werden können. Ich habe mich hier auf die wesentlichen beschränkt. Der Befehl `let` kennt eine Reihe von zusätzlichen Operatoren zur bitweisen Verarbeitung von Ausdrücken. In Ihrem Systemhandbuch finden Sie weitere Informationen zu diesem Thema. Sehen Sie sich den Aufbau einiger Ausdrücke an:

```
$ i=2
$ let i=i+1
$ echo $i
3
$
```

Beachten Sie, daß vor der Variablen `i` kein Dollarzeichen stehen muß. Die Korn-Shell erkennt anhand des Kommandos `let`, daß es sich um eine Variable handelt. Falls keine Anführungszeichen verwendet werden, darf zwischen den Operanden und den Operatoren kein Leerzeichen enthalten sein.

Integerarithmetik

Sofern Sie den gesamten Ausdruck in doppelte Anführungszeichen einschließen, werden Leerzeichen ignoriert:

```
$ i=3
$ let "i = i * 10" "a = i / 6"
$ echo $i
30
$ echo $a
5
$
```

Bei Verwendung der Anführungszeichen schützen Sie das Sonderzeichen * vor dem Zugriff der Shell. Das Beispiel zeigt, daß die Angabe mehrerer Ausdrücke erlaubt ist. Der errechnete Wert des ersten Ausdrucks kann in den weiteren Argumenten verwendet werden. Bei der Berechnung arithmetischer Ausdrücke haben die Operatoren *, / Vorrang vor +, -.

```
$ j=1
$ let "j = j + 10*2"
$ echo $j
21
$
```

Durch das Setzen von Klammern können Sie die Ausdrücke gruppieren:

```
$ j=1
$ let "j = (j + 10) * 2"
$ echo $j
22
$
```

Mit den Operatoren +=, -=, *= und /= läßt sich der Wert einer Variablen auf elegante Weise manipulieren. Der Ausdruck

```
$ anzahl=20
$ let "anzahl = anzahl + 10"
$ echo $anzahl
30
```

ist gleichbedeutend mit

```
$ anzahl=20
$ let "anzahl += 10"
$ echo $anzahl
30
```

In beiden Fällen wird der Wert der Variablen anzahl um den Wert 10 erhöht. Diese Methode können Sie auch auf die anderen Operatoren anwenden:

```
$ let "anzahl -= 5" "anzahl /= 5" "anzahl *=2"
```

Mit dem Befehl let können Sie Variablen Werte zuweisen. Bei der bisher bekannten Form der Zuweisung durfte vor und hinter dem Gleichheitszeichen kein Leerzeichen stehen:

```
$ ANZAHL=100
```

Wenn Sie den Ausdruck in Anführungszeichen einschließen, läßt der Befehl let die Verwendung von Leerzeichen bei der Zuweisung zu:

```
$ let "ANZAHL = 100"
```

Bei der Zuweisung von Werten an eine Variable sollten Sie berücksichtigen, daß let nur ganze Zahlen verarbeiten kann. Das Besetzen einer Variablen mit einem Text führt zu einem Fehler:

```
$ let BENUTZER=peter
ksh: BENUTZER=peter: bad number
$
```

Die Shell antwortet mit einem Fehler, da peter nicht als ganze Zahl erkannt wurde. Sie können den Befehl let auch in anderer Form schreiben:

7.4. Eine alternative Schreibweise von let

```
(( expression ))
```

ist gleichbedeutend mit

```
let "expression"
```

Integerarithmetik

Der Ausdruck:

```
$ let "i = 1"
$ let "j = i * 10 + 350"
```

läßt sich auch folgendermaßen schreiben:

```
$ (( i = 1 ))
$ (( j = i * 10 + 350 ))
```

Die Klammern stehen stellvertretend für den Befehl `let` und den Anführungszeichen. Daher dürfen in den doppelten Klammern Sonderzeichen wie Leerzeichen oder * auftreten, ohne diese entwerten zu müssen. Zur Veranschaulichung einige Beispiele:

```
$ (( zahl1 = 10 ))
$ (( zahl2 = 15 ))
$ (( ergebnis = (((15 + zahl1) * zahl2) * 10) ))
$ echo $ergebnis
3750
$ (( ergebnis += 10 ))
$ echo $ergebnis
3760
$
```

Ich bevorzuge im weiteren Verlauf des Buches das Alternativformat, da diese Ausdrücke besser lesbar sind.

Die Korn-Shell bietet erstmals die Möglichkeit Datentypen zu deklarieren. Im folgenden Abschnitt lernen Sie einen Datentypen kennen, mit dem Sie das Format einer Zahl bestimmen können. In Kapitel 13 stelle ich Ihnen weitere Datentypen vor, die sich ausschließlich mit dem Format einer Zeichenkette beschäftigen.

7.5. Der Datentyp `integer`

In der Vergangenheit haben Sie sich um den Datentyp einer Variablen keine weiteren Gedanken gemacht. Zahlen oder Texte werden von der Shell gleich behandelt und in Form einer Zeichenkette in die Variable gespeichert.

```
$ ANZAHL=peter
$ ANZAHL=300
```

Der Datentyp integer

Beide Zuweisungen sind zulässig und werden von der Shell ausnahmslos akzeptiert. Die Korn-Shell unterstützt den speziellen Datentyp `integer`. Sie können Variablen durch folgenden Befehl als ganzzahlig definieren:

```
integer    Variable₁ [=Wert], Variable₂ [=Wert]...
oder
typeset -i Variable₁ [=Wert], Variable₂ [=Wert]...
```

```
$ integer ANZAHL
$ ANZAHL=100
$ ANZAHL=peter
ksh: peter: bad number
$ typeset -i ZAHL                  Alternative Schreibweise von integer
$ ZAHL=peter
ksh: peter: bad number
$
```

Die Definition der Variablen ANZAHL durch den Befehl `integer` legt fest, daß Zahlen nicht wie zuvor als Zeichenkette, sondern in binärer Form gespeichert werden. Der eigentliche Name des Befehls lautet `typeset -i`. Er wurde mit dem Kommando `alias` in `integer` umbenannt, da sich diese Bezeichnung einfacher einprägen läßt. Die Umbenennung wird standardmäßig von der Korn-Shell durchgeführt, so daß beide Kommandos nach der Anmeldung zur Verfügung stehen. Wir verwenden für die weitere Erklärung den Befehl `integer`.

In diesem Beispiel führte die Zuweisung des Wortes `peter` zu einem Fehler, da dieser Wert nicht als ganze Zahl umgewandelt werden kann. Einer Integer-Variablen kann nur ein Integer-Wert zugewiesen werden. Arithmetische Operationen mit dem Kommando `let` sind schneller bei der Verwendung von Integer-Variablen.

```
$ integer i=2 j=5
$ (( i = i + j*2 ))
$ echo $i
12
$
```

Sie können Integer-Variablen Ausdrücke zuweisen, ohne das Kommando `let` benutzen zu müssen:

```
$ integer wert
$ wert=2+3*6
$ echo $wert
20
$
```

Integerarithmetik

```
$ MENGE=10; EPREIS=25; integer GPREIS=0
$ GPREIS=MENGE*EPREIS                    Die Zuweisung ist ohne let möglich
$ echo $GPREIS
250
$
```

Sofern Sie eine Variable mit dem Befehl `integer` definiert haben, können Sie Integer-Werte oder Ausdrücke direkt zuweisen, ohne das Kommando `let` vor den Ausdruck zu schreiben. Die Variablen auf der rechten Seite der Zuweisung müssen nicht vom Typ `integer` sein. Sie müssen jedoch von der Shell in einen solchen umgewandelt werden können. Sollten Sie versuchen etwas anderes als einen Integer-Wert zuzuweisen antwortet die Shell mit einer Fehlermeldung.

```
$ integer zahl1 zahl2
$ zahl1=peter
ksh: peter: bad number
$ zahl2=123ABC
ksh: 123ABC: bad number
$
```

Beachten Sie, daß Sonderzeichen wie z.B. * in einem Integer-Ausdruck nicht maskiert werden müssen:

```
$ integer A=0
$ A=2*3*10
$ echo $A
60
$
```

Leerzeichen in einem Integer-Ausdruck sind nur zulässig, wenn Sie den Ausdruck in doppelte Anführungszeichen einschließen:

```
$ integer A=0
$ A="2 * 3 * 10"
$ echo $A
60
$
```

Das Ergebnis eines Ausdruckes kann zur Initialisierung einer Integer-Variablen verwendet werden:

```
$ integer A=2*3*6
$ echo $A
60
```

Der Datentyp integer

Der Aufruf des Kommandos `integer` ohne Argumente zeigt die bisher definierten Integer-Variablen an. Der Variablen muß zuvor ein Wert zugewiesen worden sein. In der Ausgabe erscheinen zusätzlich die von der Shell voreingestellten Variablen:

```
$ integer zahl
$ integer anzahl
$ anzahl=10*10
$ integer
ERRNO=10
LINENO=1
MAILCHECK=600
OPTIND=1
PPID=509
RANDOM=2320
SECONDS=3
TMOUT=0
anzahl=100
$
```

Am Ende der Liste erscheint die Variable `anzahl`. Die Variable `zahl` ist nicht Bestandteil der Liste, da ihr noch kein Wert zugewiesen wurde.

Im weiteren Verlauf des Buches werden Sie auf diese Befehle zurückgreifen und sie in Ihren Prozeduren einsetzen. Vergewissern Sie sich nochmals, daß Sie alle bisher behandelten Befehle und Verfahren ausreichend verstanden haben. Im folgenden Kapitel werden Sie die Adreßverwaltung um die erlernten Kommandos erweitern und die bisher behandelten Befehle an einem praktischen Beispiel vertiefen.

Adreßkartei Teil 2

Kapitelübersicht

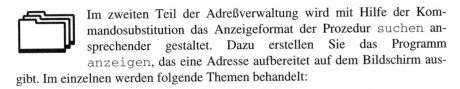
Im zweiten Teil der Adreßverwaltung wird mit Hilfe der Kommandosubstitution das Anzeigeformat der Prozedur suchen ansprechender gestaltet. Dazu erstellen Sie das Programm anzeigen, das eine Adresse aufbereitet auf dem Bildschirm ausgibt. Im einzelnen werden folgende Themen behandelt:

- Ersetzung von Kommandoausgaben (Kommandosubstitution)
- Aufbereiten von Ausgaben

Adreßkartei Teil 2

Übersicht der Änderungen

In den vorherigen Kapiteln haben Sie sich vorrangig mit dem Thema Kommandosubstitution beschäftigt. Im zweiten Teil der Adreßverwaltung werden Sie dieses Verfahren nutzen, um folgende Änderungen vorzunehmen:

Prozedur	Aktion	Beschreibung
anzeigen	Neu	Adresse aufbereitet anzeigen
suchen	Änderung	Aufruf von anzeigen zur Ausgabe einer Adresse

Sie können die Prozeduren eigenhändig bearbeiten oder die beigefügten Prozeduren der Diskette verwenden (Weitere Informationen finden Sie im ersten Teil der Adreßverwaltung). Wechseln Sie in jedem Fall zunächst in Ihr Arbeitsverzeichnis und, wenn gewünscht, kopieren Sie die Prozeduren des zweiten Teils in dieses Verzeichnis:

```
$ cd $HOME/ADRESSEN
$ cp $HOME/BUCH/ADRESSEN/Teil2/* .
```

Das folgende Bild gibt eine Übersicht der Prozeduren:

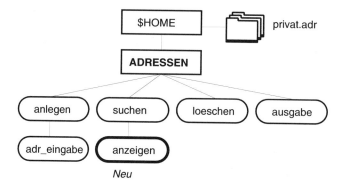

Wenn Sie sich für ein Kopieren der Prozeduren von der beigelegten Diskette entschieden haben, befinden sich die gezeigten Dateien in Ihrem Arbeitsverzeichnis. Ansonsten müssen Sie die vorgestellten Prozeduren mit Ihrem Texteditor ändern oder neu anlegen. Die Prozedur anzeigen ist neu hinzugekommen, suchen wurde geändert, alle übrigen Prozeduren wurden aus dem ersten Teil übernommen.

Anzeigen einer Adresse

Zur Anzeige einer Adresse erstellen Sie eine Prozedur mit dem Namen `anzeigen`. Als Argument erhält dieses Kommando die Adreßdaten in Form eines Satzes, bei dem die einzelnen Felder durch einen Doppelpunkt voneinander getrennt sind. Das Zerlegen der einzelnen Felder erfolgt mit dem Befehl `set` in Verbindung mit der Kommandosubstitution:

```
#
# @(#) anzeigen V1.0 Anzeigen einer Adresse
#
# Aufruf:
# anzeigen Nachname:Vorname:Strasse:Wohnort:Telefon:Bemerkung

SATZ="$*"

IFS=:         # Trennzeichen der Shell auf Doppelpunkt setzen

#
# Zerlegen der Adresse in einzelne Felder
#
set $SATZ     # Zuweisung der Felder an die Positionsparameter
              # $1=Nachname, $2=Vorname, $3=Strasse
              # $4=Wohnort,  $5=Telefon, $6=Bemerkung

echo "-------------------------------------"
echo "$2 $1"
echo "$3"
echo "$4"
echo "$5"
echo "$6"
echo "-------------------------------------"
```

```
$ anzeigen Mustermann:Klaus:Musterweg 12:1000 Berlin:030/7722:Neuer Eintrag
-------------------------------------
Klaus Mustermann
Musterweg 12
1000 Berlin
030/7722
Neuer Eintrag
-------------------------------------
$
```

Diese Form der Ausgabe sieht doch gleich viel freundlicher aus. Als nächstes werden Sie diese Prozedur in `suchen` aufrufen, um eine Adresse auf dem Bildschirm anzuzeigen.

Änderung der Prozedur suchen

Im Gegensatz zur vorherigen Version speichern Sie mit der Kommandosubstitution die Ausgabe des Suchkommandos `egrep` in die Variable `SATZ`. Der gefundene Eintrag wird dem Kommando `anzeigen` zur Ausgabe übergeben.

```
#
# @(#) suchen V1.1 Suchen einer Adresse
#
# Aufruf: suchen Nachname
ADRESSE=${ADRESSE:-$HOME/adressen.adr}

MUSTER="^$1:"

SATZ=`egrep "$MUSTER" $ADRESSE`

anzeigen "$SATZ"
```

Ein erneuter Beispieldurchlauf zeigt das verbesserte Ausgabeformat beim Suchen einer Adresse :

Ein Beispieldurchlauf

Im ersten Teil der Adreßverwaltung haben Sie die Datei `privat.adr` bearbeitet. Durch Besetzen der Variablen `ADRESSE` mit diesem Namen können Sie den bisherigen Datenbestand als Basis für alle Prozeduren bestimmen:

```
$ ADRESSE=$HOME/privat.adr
$ export ADRESSE
```

privat.adr

Die Prozedur `ausgabe` zeigt Ihnen die bisher eingetragenen Daten:

```
$ ausgabe
Meier:Alfred:Mustergasse 34:1000 Berlin:030/123321:
Mustermann:Klaus:Musterweg 13:8000 München:089/77777:Meine erste Adresse
(EOF):
$ suchen Meier
-----------------------------------------
Alfred Meier
Mustergasse 34
1000 Berlin
030/123321
-----------------------------------------
```

Sie können reguläre Ausdrücke für die Suche eines Teilnehmers verwenden. Der Ausdruck `.*` steht für ein beliebiges Zeichen, das beliebig oft vorkommen kann und damit der beliebigen Zeichenkette entspricht. Mit dem folgenden Muster können Sie alle Nachnamen suchen, die mit *Muster* beginnen:

```
$ suchen 'Muster.*'
------------------------------------------------
Klaus Mustermann
Musterweg 13
8000 München
089/77777
Meine erste Adresse
------------------------------------------------
$
```

Sie sollten die Zeichenfolge .* in einfache Anführungszeichen einschließen, um diese Sonderzeichen vor dem Zugriff der Shell zu schützen. Diese verwendet das Zeichen * ebenfalls zur Generierung von Dateinamen. Das neue Format sieht viel ansprechender aus. Es hat sich aber auch eine Fehlerquelle in die Prozedur suchen eingeschlichen. Wenn Sie eine nicht vorhandene Adresse suchen, erhalten Sie folgende Anzeige:

```
$ suchen Harig                                    Adresse ist nicht vorhanden
ADRESSE=/home/peter/privat.adr
ERRNO=25
FCEDIT=/bin/ed
HOME=/home/peter
HZ=100
IFS=:
LINENO=14
LOGNAME=peter
MAIL=/usr/mail/peter
MAILCHECK=600
PATH=/usr/bin:/usr/X/bin:/usr/ucb:/sbin:.:/usr/X/bin:/usr/ucb
PPID=528
PS1=$
PS2=>
PS3=#?
PS4=+
PWD=/home/peter/ADRESSEN/teil2
RANDOM=11406
SATZ=
 ...
------------------------------------------------
                                                  leere Anzeige



------------------------------------------------
$
```

Änderung in Teil 3

Das sieht nicht gut aus. Die Prozedur hat eine Liste der definierten Umgebungsvariablen ausgegeben und die Adreßanzeige ist leer. Der Fehler tritt in der Prozedur anzeigen auf. Betrachten Sie daher die Ausführung in einzelnen Schritten:

Adreßkartei Teil 2

```
$ suchen Harig
MUSTER="^$1:"
         ↓
MUSTER=^Harig:

SATZ=`egrep "^$MUSTER" $ADRESSE`
         ↓
SATZ=`egrep ^Harig: /home/peter/privat.adr`

SATZ=                   Es wurde kein Eintrag gefunden. Das Kommando
                        egrep liefert eine leere Zeile

anzeigen "$SATZ"        Aufruf der Prozedur anzeigen
         ↓
anzeigen       ""       Die Variable SATZ ist leer, daher wird anzeigen ohne
                        Argument aufgerufen.
```

Die Prozedur `anzeigen`:

```
SATZ="$*"
IFS=:
set $SATZ
     ↓
set                     Die Variable SATZ ist leer. Der Befehl set wird ohne
                        Argumente aufgerufen und gibt die vordefinierten
                        Variablen aus.
ADRESSE=/home/peter/privat.adr
DISPLAY=unix:0
ERRNO=25
FCEDIT=/bin/ed
HOME=/home/peter
... weitere Variablen folgen

-------------------------------------------



-------------------------------------------
$
```

Der Befehl `egrep` liefert in der Prozedur `suchen` eine leere Zeile, da der Name *Harig* nicht in der Adreßdatei gefunden wurde.

Der anschließende Aufruf der Prozedur `anzeigen` erfolgt ohne Argumente. In der Prozedur `anzeigen` wird der Befehl `set` ohne Argumente gestartet und es erscheint eine Ausgabe aller definierten Variablen. Dieses ist ein gutes Beispiel dafür, daß es nicht immer einfach ist, das Verhalten der Shell richtig zu interpretieren. Um diesen Fehler zu vermeiden, müssen Sie das Suchergebnis des Befehls `egrep` überprüfen und nur im Erfolgsfall den Befehl `set` ausführen.

Ein Beispieldurchlauf

Sie werden diese Überprüfung in Teil 3 der Adreßverwaltung vornehmen. Es gibt auch in den anderen Prozeduren Fehlerquellen. Wenn Sie Adressen speichern, deren Nachname identisch ist, führt das in den Prozeduren `suchen` und `loeschen` zu Fehlern.

```
$ anlegen                         Eine neue Adresse Musterfrau anlegen
Bitte Adresse eingeben:
-----------------------
Nachname  : Musterfrau
Vorname   : Karin
Strasse   : Am Bogen 57
Wohnort   : 8017 Ebersberg
Telefon   : 08092/1010
Bemerkung : Private Telefonnr

Adresse wurde gespeichert
$
```

In Ihrem Datenbestand sind nun zwei Adressen gespeichert, die mit dem Wort *Muster* beginnen:

```
$ ausgabe
Meier:Alfred:Mustergasse 34:1000 Berlin:030/123321:
Musterfrau:Karin:Am Bogen 57:8017 Ebersberg:08092/1010:Private Telefonnr
Mustermann:Klaus:Musterweg 13:8000 München:089/77777:Meine erste Adresse
(EOF):
$

$ suchen 'Muster.*'
-------------------------------------------
Karin Musterfrau
Am langen Bogen 57
8017 Ebersberg
08092/10101010
Private Telefonnr.
Mustermann                    Dieses Wort gehört nicht zur Bemerkung
-------------------------------------------
$
```

> Änderung in Teil 3

Wenn mehrere Adressen zu einem Suchmuster vorhanden sind, liefert `suchen` nur den ersten Eintrag und erweitert zusätzlich die Zeile Bemerkung um den Nachnamen des folgenden Eintrags. Dieser Fehler tritt deshalb auf, weil die Prozedur `anzeigen`, mit der die Adresse am Bildschirm angezeigt wird, lediglich eine Adresse verarbeiten kann.

Im dritten Teil der Adreßverwaltung wird dieser Fehler behoben; die Prozedur `anzeigen` wird nur aufgerufen, wenn genau eine Adresse zu dem Suchmuster gefunden wurde. Andernfalls werden die Adressen in Form einer Liste angezeigt. Der fünfte Teil der Adreßverwaltung zeigt Ihnen, wie Sie `anzeigen` auch für mehrere Adressen verwenden können. Die Suche nach einer nicht vorhandenen Adresse wird im nächsten Teil mit einer Hinweismeldung abgewiesen.

Adreßkartei Teil 2

Auch das Löschen von Adressen ist sehr gefährlich, wenn Nachnamen mit dem gleichen Suchmuster beginnen.

> Änderung
> in
> Teil 3

```
$ loeschen 'Muster.*'
Die Adresse wurde gelöscht
$
```

Alle Adressen, die mit dem Wort *Muster* beginnen, wurden ohne Rückfrage gelöscht.

```
$ ausgabe
Meier:Alfred:Mustergasse 34:1000 Berlin:030/123321:
(EOF):
$
```

Wenn Sie eine nicht vorhandene Adresse löschen möchten, antwortet die Prozedur `loeschen` mit der Standardmeldung "Die Adresse wurde gelöscht".

> Änderung
> in
> Teil 3

```
$ loeschen Termöllen
Die Adresse wurde gelöscht
$
```

An dieser Stelle sollte die Prozedur darauf hinweisen, daß die Adresse nicht vorhanden ist. Im dritten Teil der Adreßverwaltung werden Sie das fehlerhafte Verhalten der Prozedur `loeschen` beheben. Wenn mehrere Adressen zu einem Suchmuster vorhanden sind, werden Sie das Löschen von Adressen nicht ausführen und den Aufrufenden mit einer Fehlermeldung darauf hinweisen. Für einen erneuten Aufruf muß das Suchmuster genauer spezifiziert werden. Nachfolgend sehen Sie alle Änderungsvorschläge im Überblick:

Geplante Änderungen in Teil 3

Folgende Änderungen werden im dritten Teil der Adreßverwaltung vorgenommen:

- Beim Anlegen einer Prozedur werden Sie überprüfen, ob die angegebene Adresse schon vorhanden ist.
- Das Löschen wird nur durchgeführt, wenn die gesuchte Adresse genau einmal in der Adreßdatei gefunden wurde. Zusätzlich muß der Löschvorgang vom Benutzer bestätigt werden. Eine Meldung weist daraufhin, wenn eine zu löschende Adresse nicht in der Datei enthalten ist.
- Bei der Suche nach einer Adresse wird die Prozedur `anzeigen` nur dann aufgerufen, wenn genau eine Adresse gefunden wurde. Wenn die Suche mehrere Adressen liefert, werden diese in Form einer Liste angezeigt. Eine Meldung weist auf eine nicht gefundene Adresse hin.
- Bei allen Prozeduren wird überprüft, ob die richtige Anzahl an Argumenten übergeben wurde.

Das folgende Kapitel beschäftigt sich mit der Überprüfung von Rückgabewerten eines Kommandos und zeigt Ihnen, wie Sie mit der bedingten Anweisung `if` die geplanten Änderungen in die Praxis umsetzen können. Sie lernen die Anzahl der gefundenen Adressen festzustellen, die Richtigkeit der Aufrufargumente zu überprüfen und aufgrund der Vergleiche an anderer Stelle mit der Ausführung fortzufahren.

8. Entscheidungen treffen

8.1. Kapitelübersicht

Sie haben bisher den grundsätzlichen Umgang mit Shell-Prozeduren kennengelernt. Dazu gehörten die Themen: Aufbau und Aufruf einer Prozedur, Fehlersuche, Übergabe von Argumenten, vordefinierte Variablen und Erzeugen von Text durch die Kommandosubstitution. Der Ablauf der Prozedur konnte damit jedoch nicht beeinflußt werden. Die Befehle wurden in der Reihenfolge Ihres Auftretens ausgeführt. In diesem Kapitel werden Sie die bedingte Anweisung if kennenlernen, mit der sie den Ablauf einer Prozedur nach Ihren Wünschen steuern können. Aufgrund von Bedingungen, die Sie festlegen, wird die Kommandoausführung an anderer Stelle im Text fortgesetzt. Sie können 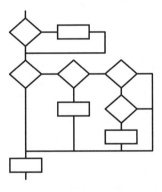 den Erfolg von Kommandos überprüfen, Zahlen oder Zeichenketten miteinander vergleichen, den Status von Dateien und Verzeichnissen überprüfen und Eingaben des Benutzers auswerten.

- Beenden von Prozeduren mit: `exit`
- Verzweigen mit der Anweisung: `if`
- Ausdrücke testen mit: `test`
- Zahlen vergleichen mit: `let`
- Die Fallunterscheidung mit: `elif`

8.2. Erfolg/Mißerfolg von Kommandos

Bevor Sie sich den Shell-Prozeduren zuwenden, betrachten Sie zunächst den Rückgabewert von bekannten UNIX-Kommandos. Woran erkennen Sie eine erfolgreiche Befehlsausführung. Probieren Sie dazu einige Beispiele:

```
$ pwd
/home/peter
$ cd hans
cd: cannot change to hans         Fehler in der Ausführung von cd
$ cd ..                           Wechsel in den Vaterkatalog erfolgreich
```

Offensichtlich war das Wechseln in den Katalog `hans` nicht erfolgreich. Das Kommando `cd` teilt dieses über eine Fehlermeldung mit. Im zweiten Fall war das Wechseln in den Vaterkatalog erfolgreich; es erfolgt keine weitere Ausgabe auf dem Bildschirm.

```
$ who > user_liste
$ cat user_liste
peter   tty01  Nov 28 14:25
dieter  tty02  Nov 28 12:30
$

$ grep peter user_liste           Das Suchen war erfolgreich; die Zeile
peter   tty01  Nov 28 14:25       wird angezeigt.
$

$ grep hugo user_liste            Die Suche war erfolglos; es wird
$                                 nichts ausgegeben.
```

Im ersten Fall war die Suche nach dem Benutzer `peter` erfolgreich; die Zeile mit dem Suchmuster wird auf dem Bildschirm angezeigt. Die zweite Suche dagegen ist erfolglos, da der Benutzer `hugo` sich nicht in der angegebenen Datei befindet. Das Kommando `grep` gibt keine Fehlermeldung aus, die den Mißerfolg des Kommandos bestätigt.

Wie Sie selbst sehen, ist die Ausgabe einer Fehlermeldung kein eindeutiges Kriterium, um den Erfolg oder Mißerfolg von Kommandos zu testen. Die beiden Testfälle mit dem Kommando `cd` und `grep` verhalten sich völlig entgegengesetzt. Würden Sie innerhalb einer Shell-Prozedur eine solche Testmethode wählen, wäre es nahezu unmöglich, anhand einer Fehlerausgabe auf dem Bildschirm den Erfolg zu überprüfen. Sie brauchen für die Shell-Programmierung eine eindeutige Aussage über den Erfolg oder Mißerfolg eines Kommandos.

8.3. Der Rückgabewert in $?

Jedes UNIX-Kommando hinterlegt nach Beendigung einen Rückgabewert in der Variablen $?. Diesem Wert wird folgende Bedeutung zugeordnet:

```
$?   0             Ausführung war erfolgreich
$?   ungleich 0    Ausführung nicht erfolgreich
```

Wurde ein Kommando erfolgreich beendet, liefert es in der Variablen $? den Wert 0 zurück. Im anderen Fall enthält $? einen Wert ungleich 0. Wenn Sie mit dem Kommando cd in einen Katalog wechseln und dieser ungültig wäre, würde cd in der Variablen $? einen Wert ungleich 0 hinterlegen. Das Kommando grep liefert einen Wert ungleich 0, sollte das Suchmuster in keiner der angegebenen Dateien zu finden sein.

```
$ cd hans
ksh: cd: cannot change to hugo
$ echo $?                          Überprüfen Sie den Erfolg von cd hans
1                                  1 - Nicht erfolgreich
$ cd ..
$ echo $?
0                                  0 - Hier ist wieder alles o.k.
$ who > user_liste
$ cat user_liste
peter   tty01   Nov 28 14:25
dieter  tty02   Nov 28 12:30
$ echo $?                          Überprüfen Sie den Erfolg von cat
0                                  0 - Erfolgreich
$ grep peter user_liste            Ein weiteres Beispiel mit grep
peter   tty01   Nov 28 14:25       Muster peter wurde gefunden
$ echo $?
0                                  0 - Die Suche war erfolgreich
$ grep hugo user_liste             Die Suche war erfolglos
$ echo $?
   1                               1 - Muster hugo wurde nicht gefunden
$
```

Wie Sie an diesen Beispielen sehen, liefert jedes Kommando einen Exit-Wert, der in der Variablen $? hinterlegt wird. Mit dem Kommando echo können Sie den Wert dieser Variablen auf dem Bildschirm darstellen und den Erfolg des **zuletzt** ausgeführten Kommandos überprüfen. Dieses gilt für jedes UNIX-Kommando. Der Inhalt der Variablen $? wird immer von dem zuletzt ausgeführten Kommando überschrieben.

Entscheidungen treffen

```
$ pwd; cd hugo                          Ausführung von pwd ist erfolgreich
/home
ksh: cd: cannot change to hugo          cd kennt den Katalog hugo nicht
$ echo $?
1                                       In $? steht also der Status des letzten
                                        Befehls; hier ist es der Befehl cd
```

In Kommandoverknüpfungen durch Pipelines ist das letzte Kommando der Verkettung verantwortlich für den Exit-Status in `$?`.

```
$ who
peter   tty01   Nov 28 14:25
dieter  tty02   Nov 28 12:30
$

$ who | grep peter                      Überprüfe, ob Benutzer peter
peter   tty01   Nov 28 14:25            angemeldet ist.
$ echo $?
0                                       Dieses ist der Exit-Wert von grep
$
$ who | grep root                       Ist Benutzer root angemeldet?
$ echo $?
1                                       Exit-Wert ist 1 - also grep war nicht
$                                       erfolgreich. root ist nicht angemeldet.
```

Bei der Verkettung von Kommandos durch das Pipe-Symbol bestimmt das letzte Kommando der Kette den Rückgabewert in `$?`. Das Kommando `who | grep root` reicht die Ausgabe der angemeldeten Benutzer an das Kommando `grep`. Die anschließende Suche nach dem Muster `root` ist erfolglos, da dieser Benutzer nicht angemeldet war. Der erste Befehl `who` wird in der Regel erfolgreich ausgeführt, so daß der Exit-Status in `$?` 0 ergibt. Das Kommando `grep` ist bei der Suche aber erfolglos und überschreibt den Wert in der Variablen `$?` mit 1.

Shell-Prozeduren besitzen ebenfalls einen Exit-Status. Dieser wird voreingestellt von dem zuletzt ausgeführten Kommando bestimmt. In Kapitel 3 haben Sie die Prozedur `suche` erstellt, die alle Dateien eines Benutzers am Bildschirm anzeigt:

```
#
# @(#) suche V1.0 Suche alle Dateien eines Benutzers
#
# Aufruf: suche Kennung

find / -user $1 -print 2>/dev/null
```

Starten Sie die Prozedur zunächst mit Ihrem Benutzernamen:

```
$ suche $LOGNAME
/home/peter/.profile
/home/peter/antwort.txt
/home/peter/brief.txt
...
$ echo $?
0                           Die Prozedur suche war erfolgreich
$
```

Das Kommando `find` bestimmt in diesem Fall den Rückgabewert; eine Überprüfung des Exit-Status zeigt an, daß die Prozedur erfolgreich war. Wenn Sie Dateien eines unbekannten Benutzers suchen, enthält `$?` den Wert 1:

```
$ suche Unbekannt
$ echo $?                   Die Prozedur suche war erfolglos
1
$
```

In diesem Fall liefert `suche` den Rückgabewert 1 (falsch), da der angegebene Benutzer dem Befehl `find` nicht bekannt ist. Alternativ zu dieser Methode kennt die Shell einen Befehl, mit dem Sie die Ausführung einer Prozedur beenden und den Exit-Status in `$?` zurückgeben können.

8.4. Der Befehl `exit`

Mit dem Befehl `exit` können Sie die Ausführung einer Prozedur sofort beenden. Das Kommando hat folgendes Format:

```
exit [n]
```

Die Zahl `n` ist der Exit-Status, der in der Variablen `$?` hinterlegt wird. Wenn Sie keinen Wert angeben, setzt die Shell den Rückgabewert des Kommandos ein, das vor `exit` ausgeführt wurde. Eine Anwendung für diesen Befehl finden Sie im folgenden Kapitel, das sich mit der bedingten Anweisung `if` beschäftigt. Mit diesem Kommando können Sie den Erfolg/Mißerfolg von Kommandos überprüfen und davon abhängig an anderer Stelle im Programm mit der Ausführung fortsetzen.

8.5. Die bedingte Anweisung `if`

Die bisher vorgestellten Prozeduren waren dadurch gekennzeichnet, daß die Anweisungen linear von oben nach unten ausgeführt wurden. Die Anweisungen ei-

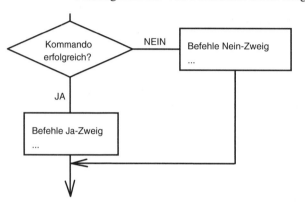

ner Prozedur wurden in der Reihenfolge ihres Auftretens genau einmal ausgeführt. In diesem Kapitel lernen Sie einen Befehl kennen, bei dem Anweisungen in Abhängigkeit von einer Bedingung ausgeführt werden. Die `if`-Anweisung prüft das Ergebnis eines Kommandos und unterteilt daraufhin die weitere Programmausführung in einen Ja- oder Nein-Zweig. Bei erfolgreicher Ausführung des Kommandos werden alle Befehle des Ja-Zweiges durchlaufen, ansonsten werden die Anweisungen des Nein-Zweiges ausgeführt. Die allgemeine Form der `if`-Bedingung lautet:

```
if Kommando erfolgreich
then
     # JA-Zweig
     Befehle Ja-Zweig
else
     # NEIN-Zweig
     Befehle Nein-Zweig
fi
```

Die fettgedruckten Schlüsselwörter sind feste Bestandteile der `if`-Anweisung. Im Anschluß an das Schlüsselwort `if` muß ein Kommando oder eine Kommandofolge stehen. Diese(s) Kommando(s) werden ausgeführt und sollte der Rückgabewert des letzten Kommandos 0 sein, werden die Befehle zwischen `then` und `else` ausgeführt. Andernfalls werden die Befehle zwischen `else` und `fi` ausgeführt. `fi` (`if` rückwärts geschrieben) schließt die gesamte `if`-Anweisung ab.

Das Fehlen des Nein-Zweiges (`else`) stellt eine besondere Form der `if`-Bedingung dar. War in diesem Fall das letzte Kommando nach `if` erfolgreich, werden alle Kommandos zwischen `then` und `fi` ausgeführt. Andernfalls wird mit der Kommandoausführung nach `fi` fortgefahren.

Betrachten Sie folgendes Beispiel: Die Prozedur `pruefe` sucht mit Hilfe des Befehls `grep` einen Benutzer in der Datei `/etc/passwd`. Der Name wird als Argument beim Aufruf übergeben und in die Variable `$1` übertragen. Ist der angegebene Benutzer in der Datei eingetragen (`grep` war erfolgreich), geben Sie folgende Meldung aus:

"Der Benutzer <Name des Benutzers> ist dem System bekannt "

Anschließend verlassen Sie die Prozedur mit dem Kommando `exit` und dem Rückgabewert 0 (Suche erfolgreich). Wurde der angegebene Benutzer nicht in der Datei `/etc/passwd` gefunden (`grep` war nicht erfolgreich), antworten Sie mit folgender Ausgabe:

"Der Benutzer <Name des Benutzers> ist dem System nicht bekannt"

und verlassen die Prozedur mit dem Rückgabewert 1 (Suche nicht erfolgreich). Das Ablaufdiagramm dieses Programmes sieht folgendermaßen aus:

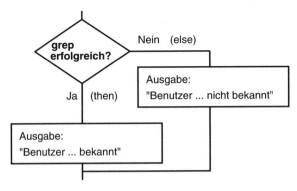

```
#
# @(#) pruefe V1.0 Suche Benutzer in der Datei /etc/passwd
#
# Aufruf: pruefe Kennung

if grep "^$1:" /etc/passwd
then
    # Kommando grep war erfolgreich
    echo "Benutzer <$1> ist dem System bekannt";          exit 0
else
    # Komando grep war nicht erfolgreich
    echo "Benutzer <$1> ist dem System nicht bekannt"; exit 1
fi
```

Das Kommando `grep` wird ausgeführt und sucht in der Datei `/etc/passwd` den Benutzernamen, den Sie als Argument in `$1` übergeben haben. Ist die Suche erfolgreich, liefert `grep` den Exit-Status 0 zurück. Andernfalls wird als Rückgabe ein Wert ungleich 0 geliefert. Die Anweisung `if` überprüft direkt den Rückgabewert von `grep`. War die Suche erfolgreich (Rückgabewert 0) wird der Befehl nach `then` bis zum `else` ausgeführt. Wurde von `grep` ein Wert ungleich 0 zurückgeliefert, wird mit der Ausführung nach dem `else` fortgesetzt. Starten Sie die Prozedur `pruefe` mit verschiedenen Benutzernamen.

Entscheidungen treffen

```
$ pruefe peter                          Geben Sie den Benutzernamen an
peter:x:201:20:Peter Termöllen:/home/peter/:/bin/ksh
Benutzer <peter> ist dem System bekannt
$ echo $?                               Überprüfen Sie auf Erfolg
0                                       Die Suche war erfolgreich
$
```

Der Aufruf mit dem Benutzernamen `peter` war erfolgreich. Als Ausgabe erhalten Sie die von `grep` gefundene Zeile und eine entsprechende Meldung, daß der Benutzer bekannt ist. Im `then`-Zweig wurde die Prozedur mit dem Kommando `exit 0` beendet. Sie finden diesen Exit-Status wieder, wenn Sie nach dem Aufruf der Prozedur die Variable `$?` ausgeben. Im Gegensatz dazu ist der Benutzer `hans` im folgenden Beispiel nicht in der Datei `/etc/passwd` enthalten:

```
$ pruefe hans                           Probieren Sie es mal mit "hans"
Benutzer <hans> ist dem System nicht bekannt.
$ echo $?
1                                       Die Suche war erfolglos; der Wert 1
$                                       wurde von exit übergeben
```

Der Aufruf von `pruefe` mit dem Benutzer `hans` gibt Ihnen die Meldung aus, daß der Benutzer dem System nicht bekannt ist. Das Kommando `grep` konnte diesen Benutzernamen in der Datei `/etc/passwd` nicht finden und die Kommandofolge nach dem `else` wurde ausgeführt. Mit dem Kommando `exit 1` wurde der Exit-Status 1 in die Variable `$?` übergeben. Durch Anzeigen der Variablen `$?` können Sie sich davon überzeugen.

Sie können mit Ihrer Prozedur zufrieden sein. Die Ausführung des Kommandos `grep` wird ordnungsgemäß überwacht und protokolliert, wobei der Exit-Status an die aufrufende Shell zurückgereicht wurde. Der Aufruf mit der Kennung `peter` liefert in der Ausgabe eine zusätzliche Zeile.

```
$ pruefe peter
peter:x:201:20:Peter Termöllen:/home/peter/:/bin/ksh
Benutzer <peter> ist dem System bekannt
$
```

Wie Sie sicher bemerkt haben, handelt es sich um die gefundene Zeile in der Datei `/etc/passwd`. Der Aufruf von `grep` erzeugt diese Ausgabe, wenn eine passende Zeile gefunden wurde. Dieses wird auch durch die `if`-Anweisung nicht beeinträchtigt. Sie können diese Ausgabe unterdrücken, indem Sie die Standardausgabe auf den UNIX-Papierkorb `/dev/null` umlenken.

```
#
# @(#) pruefe V1.1 Suche Benutzer in der Datei /etc/passwd
#
# Aufruf: pruefe Kennung

if grep "^$1:" /etc/passwd >/dev/null
then
    # Kommando grep war erfolgreich
    echo "Benutzer <$1> ist dem System bekannt";        exit 0
else
    # Komando grep war nicht erfolgreich
    echo "Benutzer <$1> ist dem System nicht bekannt"; exit 1
fi
```

Die neue Version der Prozedur `pruefe` zeigt die Ausgabe des Kommandos `grep` nicht mehr am Bildschirm an:

```
$ pruefe peter                              Ein erneuter Test mit "peter"
Benutzer <peter> ist dem System bekannt
$
```

Die Ausgabe der gefundenen Zeile wurde durch Umlenkung der Ausgabe von `grep` nach `/dev/null` unterbunden. Zur Erinnerung: Das Gerät `/dev/null` ist eine Art Papierkorb und nimmt alle Ausgaben entgegen, ohne sie jemals widerzuspiegeln oder aufzubewahren.

Im Anschluß an die Anweisung `if` können mehrere Befehle durch ein Pipe-Symbol miteinander verbunden werden. Das folgende Kapitel zeigt Ihnen, wie eine solche Kommandoverkettung von `if` interpretiert wird.

8.6. `if` und die Kommandoverkettung

Bei Verwendung einer Kommandoverkettung durch das Pipe-Symbol ist der Rückgabewert des letzten Kommandos für die `if`-Anweisung entscheidend.

```
                                 Entscheidend für den Erfolg
                                              ↓
if   Kommando 1  |  Kommando 2  |  ...  |  Kommando n
then
     # Ja-Zweig
     Befehle Ja-Zweig
else
     # Nein-Zweig
     Befehle Nein-Zweig
fi
```

Zur Veranschaulichung erstellen Sie die Prozedur `aktiv`. Sie überprüft, ob ein Benutzer am Rechner angemeldet ist. Auch in diesem Fall übergeben Sie der

Entscheidungen treffen

Prozedur den Benutzernamen als Argument des Aufrufs. Eine entsprechende Meldung soll Ihnen mitteilen, ob der Benutzer angemeldet ist oder nicht. Den Erfolg/Mißerfolg dieser Prozedur hinterlegen Sie wie zuvor in der Variablen $?.

$?	0	Benutzer ist angemeldet
$?	ungleich 0	Benutzer ist nicht angemeldet

Zunächst die Überlegung: "Wie erkennen Sie einen angemeldeten Benutzer? Starten Sie dazu das Kommando who und filtern Sie mit Hilfe von grep den gewünschten Benutzer aus der Liste aller angemeldeten Personen heraus:

```
$ who | grep peter                    Suche Benutzer peter
peter   tty01  Nov 28 14:25           peter ist aktiv
$ echo $?
0                                     Der Exit-Status von grep ist 0,
$                                     also die Suche war erfolgreich.
```

Suchen Sie nun nach einem Benutzer, der nicht angemeldet ist. In diesem Fall der Benutzer root.

```
$ who | grep root                     Suche Benutzer root
$ echo $?
1                                     Der Exit-Status von grep ist 1,
$                                     also die Suche war erfolglos.
```

Auf dem Bildschirm wird der Benutzer root nicht angezeigt. Ein Indiz, daß er nicht angemeldet ist. Die Ausgabe der Variablen $? ergibt den Wert 1. Das letzte Kommando, in diesem Fall grep, war nicht erfolgreich; die Suche nach root war ohne Erfolg. Dieses sollten Sie nutzen, um in der Prozedur aktiv den Exit-Status zu überprüfen.

```
#
# @(#) aktiv V1.1 Prüfen, ob ein Benutzer angemeldet ist
#
# Aufruf: aktiv Kennung

BENUTZER=$1                           # Der Benutzername wird als
                                      # Argument übergeben
if who | grep $BENUTZER >/dev/null    # if überprüft den Exit-Status
then                                  # von grep
   echo "Benutzer <$BENUTZER> ist angemeldet";        exit 0
else
   echo "Benutzer <$BENUTZER> ist nicht angemeldet";  exit 1
fi
```

Zunächst hinterlegen Sie den in $1 übergebenen Benutzernamen in die Variable BENUTZER. Die Kommandoverkettung who | grep $BENUTZER filtert den angegebenen Teilnehmer aus der Liste aller angemeldeten Kennungen heraus.

if und die Kommandoverkettung

Das letzte Kommando bestimmt den Exit-Status. Die `if`-Anweisung überprüft daher den Rückgabewert des Kommandos `grep`. Befindet sich der angegebene Name in der durch `who` übergebenen Liste aller aktiven Benutzer, liefert `grep` den Exit-Status 0 (erfolgreich). Andernfalls wird ein Wert ungleich 0 zurückgeliefert.

```
$ aktiv peter                              Ist Benutzer peter aktiv?
Benutzer <peter> ist angemeldet            Ja!
$ echo $?
0                                          Die Prozedur war erfolgreich
$ aktiv root                               Ist Benutzer root aktiv?
Benutzer <root> ist nicht angemeldet       Nein!
$ echo $?
1                                          Die Prozedur war ohne Erfolg
$
```

Sie haben den UNIX-Befehlsumfang um zwei Prozeduren ergänzt. Das Kommando `pruefe` durchsucht die Datei `/etc/passwd` nach einem Benutzer. Die Prozedur `aktiv` kontrolliert, ob ein Benutzer angemeldet ist.

In dem folgenden Beispiel erweitern Sie die Prozedur `binfo` aus Kapitel 6.9. Sie verwenden die neuen Kommandos, um weitere Statusinformationen zu einem Benutzer auszugeben. Diese bestehen zu einem Teil aus Informationen der Datei `/etc/passwd` und zum anderen Teil aus Informationen des aktiven Benutzers. Die Ausgabe des Kommandos `binfo` soll folgendes Format erhalten: Wenn der Benutzer im System angemeldet ist, erscheint folgende Ausgabe:

```
$ binfo peter                       Informationen über Benutzer peter
-----------------------------------
Benutzer:             peter
-----------------------------------
User-ID            :  201
Group-ID           :  20
Bemerkung          :  Peter Termöllen
Heimatverzeichnis  :  /home/peter
Startprogramm      :  /bin/ksh
-----------------------------------
Der Benutzer ist angemeldet
-----------------------------------
$
```

Ist der Benutzer nicht im System angemeldet, erscheint die Ausgabe:

Entscheidungen treffen

```
$ binfo root                              Informationen über Benutzer root
-----------------------------------
Benutzer:            root
-----------------------------------
User-ID           :  0
Group-ID          :  0
Bemerkung         :  Systemverwalter
Heimatverzeichnis:  /
Startprogramm     :  /bin/ksh
-----------------------------------
Der Benutzer ist nicht angemeldet
-----------------------------------
$
```

Die Informationen für den ersten Teil der Ausgabe erhalten Sie aus der Datei /etc/passwd.

```
$ cat /etc/passwd
root:x:0:0:Systemverwalter:/:/bin/ksh
peter:x:201:20:Peter Termöllen:/home/peter:/bin/ksh
... weitere folgen
$
```

In der Datei /etc/passwd sind alle Benutzer des Systems mit Ihren Daten gespeichert. Hier finden Sie alle Informationen, die Sie für den ersten Teil der Ausgabe benötigen. Sie werden die Prozedur schrittweise entwickeln. Die neue Version hat folgenden Aufbau:

```
#
# @(#) binfo V1.4 Informationen zu einem Benutzer anzeigen
#
# Aufruf: binfo Kennung

IFS=:                              # Trennzeichen festlegen
set `grep ^$1: /etc/passwd`        # Zeile mit den Benutzerdaten aus
                                   # der Datei /etc/passwd ausschneiden.
                                   # Felder der Zeile den Positions-
                                   # parametern $1 bis $7 zuweisen
echo "-----------------------------------"
echo "Benutzer:            $1"
echo "-----------------------------------"
echo "User-ID           : $3"
echo "Group-ID          : $4"
echo "Kommentar         : $5"
echo "Heimatverzeichnis: $6"
echo "Startprogramm     : $7"
echo "-----------------------------------"

if aktiv $1 >/dev/null       # Ist Der Benutzer angemeldet?
then
    echo "Der Benutzer ist angemeldet"
else
    echo "Der Benutzer ist nicht angemeldet"
fi
echo "-----------------------------------"
```

if und die Kommandoverkettung

Mit dem Kommando `grep` filtern Sie aus der Datei `/etc/passwd` die entsprechende Zeile eines Benutzers heraus. Die Wörter dieser Zeile sind durch einen Doppelpunkt voneinander getrennt. Durch das Einschließen des Kommandos in doppelte Anführungszeichen wird die Ausgabe in die Kommandozeile eingesetzt und dem Befehl `set` übergeben. Das Trennzeichen Doppelpunkt in der Variablen `IFS` weist den Befehl an, die einzelnen Felder des Satzes in die Positionsparameter `$1` bis `$7` zu übertragen. Der Benutzername steht daraufhin in `$1`, die User-ID in `$3`, die Group-ID in `$4`, der Kommentar in `$5` und das Startprogramm in `$7`. Das Kommando `echo` stellt die Ausgabe der Information in aufbereiteter Form auf dem Bildschirm dar.

Nachdem Sie den ersten Teil der Prozedur `binfo` fertiggestellt haben, beschäftigen Sie sich mit dem zweiten Teil. Zur Überprüfung, ob der angegebene Benutzer angemeldet ist, starten Sie die Prozedur `aktiv`. Mit der Anweisung `if` überprüfen Sie den Rückgabewert der Prozedur. Liefert das Kommando den Wert 0, geben Sie die Meldung `"Der Benutzer ist angemeldet"` aus. Andernfalls wird der Text `"Der Benutzer ist nicht angemeldet"` eingesetzt. Denken Sie daran, die Ausgabe der Prozedur `aktiv` nach `/dev/null` umzulenken, da Sie die Meldung vom Kommando `grep` hier nicht benötigen. Jetzt ist es an der Zeit, die Prozedur `binfo` zu testen. Doch vorher informieren Sie sich, wer im System angemeldet ist.

```
$ who                                    Erst mal sehen, wer aktiv ist
peter    term/tty01   Nov 28 14:25
dieter   term/tty02   Nov 28 12:30
$
```

Der Benutzer `peter` ist aktiv und in der Datei `/etc/passwd` eingetragen. Daher werden Sie den ersten Aufruf mit dem Benutzer `peter` durchführen.

```
$ binfo peter                            Informationen über Benutzer peter
-----------------------------------
Benutzer:              peter
-----------------------------------
User-ID             : 201
Group-ID            : 20
Bemerkung           : Peter Termöllen
Heimatverzeichnis:  : /home/peter
Startprogramm       : /bin/ksh
-----------------------------------
Der Benutzer ist angemeldet
-----------------------------------
$
```

Die Daten des Benutzers `peter` wurden in der Datei `/etc/passwd` gefunden, und wie gewünscht, auf dem Bildschirm ausgegeben. Die Prozedur `aktiv` stellt fest, daß `peter` im System angemeldet ist und liefert den Exit-Status 0 zurück. Die `if`-Anweisung setzt die Ausführung nach dem Schlüsselwort `then` fort.

Entscheidungen treffen

Auf diese Weise können Sie mit der `if`-Anweisung auch den Rückgabewert Ihrer eigenen Shell-Prozeduren überprüfen. Der nächste Aufruf gilt einem Benutzer, der in der Datei `/etc/passwd` eingetragen ist, aber nicht im System arbeitet.

```
$ binfo root                              Informationen über Benutzer peter
---------------------------------------
Benutzer:             root
---------------------------------------
User-ID           : 0
Group-ID          : 0
Bemerkung         : Systemverwalter
Heimatverzeichnis : /
Startprogramm     : /bin/ksh
---------------------------------------
Der Benutzer ist nicht angemeldet
---------------------------------------
```

Hier lieferte die Prozedur `aktiv` den Exit-Status 1 zurück, und aufgrund der `if`-Anweisung wurde das Kommando `echo` im `else-Zweig` ausgeführt.

Was geschieht, wenn der angegebene Benutzer nicht in der Datei `/etc/passwd` eingetragen ist? Als Beispiel können Sie den Benutzer `hans` verwenden.

```
$ binfo hans                              Benutzer hans ist nicht in /etc/passwd
EDITOR=/bin/ed
FCEDIT=/bin/ed
HOME=/u/peter
HZ=100
IFS=:
LOGNAME=peter
MAIL=/usr/spool/mail/peter
... weitere Variablen
---------------------------------------
Benutzer:
---------------------------------------
User-ID           :
Group-ID          :
Bemerkung         :
Heimatverzeichnis :
Startprogramm     :
---------------------------------------
Der Benutzer ist nicht angemeldet
---------------------------------------
$
```

Die Prozedur `binfo` zeigt ihr aktuelles Environment an, die Daten zu dem Benutzer werden nicht ausgegeben. Der gleiche Fehler trat im Abschnitt Adreßkartei Teil 2 bei der Prozedur `suchen` auf.

Mit dem Kommando `set ` `grep ^$1: /etc/passwd` ` sucht `grep` nach dem angegebenen Benutzer in der Datei `/etc/passwd`. Die Suche ist erfolglos und `grep` kehrt ohne Ausgabe zurück. Die Kommandosubstitution

if und die Kommandoverkettung

wird also in "NICHTS" ersetzt und so bleibt der Befehl `set` allein in der Kommandozeile stehen.

Die Argumente von `set`, die durch `grep` generiert werden sollten, entfallen, es bleibt das Kommando `set`, das daraufhin von der Shell ausgeführt wird. Erinnern Sie sich, was der Aufruf des Kommandos `set` ohne Argumente bewirkt? Richtig, die Umgebungsvariablen Ihrer Shell werden aufgelistet. Wenn Sie genau hinschauen, ist bei der Ausführung von `binfo` genau das eingetreten. Die Variablen $1 bis $7 konnten nicht besetzt werden und daher werden die Daten des Benutzers auch nicht angezeigt. Die letzte Meldung "Der Benutzer hans ist nicht angemeldet" ist, wie Sie zugeben müssen, korrekt. Sie sehen wie verwirrend es sein kann, wenn nicht alle Fehlermöglichkeiten in Ihren Prozeduren abgefangen werden.

Sie sollten sich vor dem Aufruf des Kommandos `set` vergewissern, daß der angegebene Benutzer in der Datei /etc/passwd eingetragen ist. Andernfalls beenden Sie die Prozedur mit einer Fehlermeldung. An dieser Stelle können Sie die Version 1.1 Ihrer Prozedur `pruefe` einsetzen. Die geänderte Prozedur `binfo` hat folgenden Aufbau:

```
#
# @(#) binfo V1.5 Informationen zu einem Benutzer anzeigen
#
# Aufruf: binfo Kennung

if pruefe $1 >/dev/null          # Ist der Benutzer in der Datei
then                              # /etc/passwd eingetragen?
   IFS=:                          # Trennzeichen festlegen
   set `grep ^$1: /etc/passwd`    # Zeile mit den Benutzerdaten aus
                                  # der Datei /etc/passwd ausschneiden
                                  # Felder der Zeile den Positions-
                                  # parametern $1 bis $7 zuweisen
   echo "-----------------------------------"
   echo "Benutzer:              $1"
   echo "-----------------------------------"
   echo "User-ID            : $3"
   echo "Group-ID           : $4"
   echo "Kommentar          : $5"
   echo "Heimatverzeichnis: $6"
   echo "Startprogramm      : $7"
   echo "-----------------------------------"

   if aktiv $1 >/dev/null         # Ist Der Benutzer angemeldet?
   then
      echo "Der Benutzer ist angemeldet"
   else
      echo "Der Benutzer ist nicht angemeldet"
   fi
   echo "-----------------------------------"
   RET=0                          # Exit-Status festlegen
else
   # Der Benutzer ist nicht in der Datei /etc/passwd eingetragen
   echo "Der Benutzer <$1> ist unbekannt"
   RET=1                          # Exit-Status festlegen
fi
exit $RET                         # Exit-Status zurückgeben
```

Entscheidungen treffen

Durch Einsatz der Prozedur `pruefe` wird eine weitere Fehlermöglichkeit ausgeschaltet. Ein Aufruf mit dem Benutzer `hans` zeigt folgendes Ergebnis:

```
$ binfo hans
Der Benutzer <hans> ist unbekannt
$
```

Es funktioniert! Der zweite Entwurf von `binfo` führt zuerst das Kommando `pruefe` aus. Diese Prozedur, die Sie entworfen haben, überprüft das Vorhandensein einer Benutzerkennung in der Datei `/etc/passwd`. Bei Erfolg wird der Exit-Status 0 zurückgeliefert; liegt kein Eintrag vor, kehrt die Prozedur mit dem Wert 1 zurück. Mit der `if`-Anweisung prüfen Sie den Erfolg und verzweigen an die entsprechende Stelle im Programmablauf.

Sie sehen wie unentbehrlich die `if`-Anweisung in der Shell-Programmierung ist. Ohne diese Kontrollstruktur könnten Sie nicht auf Fehlersituationen reagieren und entsprechende Maßnahmen einleiten. Ich empfehle Ihnen, eigene Shell-Prozeduren immer mit einem entsprechenden Rückgabewert zu beenden, damit Sie diese in weiteren Programmen verwenden können. In diesem Fall wurde der Rückgabewert in der Variablen `RET` hinterlegt und am Ende des Programmes `binfo` mit Hilfe des Kommandos `exit` an die aufrufende Shell zurückgegeben.

Der Aufruf von `binfo` ohne Benutzernamen wird in der Prozedur nicht berücksichtigt. Bisher wird nicht überprüft, ob der Prozedur beim Aufruf ein Argument übergeben wurde. Geben Sie keinen Benutzernamen an, fehlt der Prozedur die Information, wonach gesucht werden soll. Mit den bisher vorgestellten Kommandos ist diese Prüfung nicht möglich. Daher stelle ich Ihnen im folgenden Abschnitt ein weiteres Kommando vor, das im Zusammenhang mit der `if`-Anweisung nützliche Dienste leistet. Das Kommando heißt `test` und ermöglicht unter anderem das Überprüfen der Argumente einer Shell-Prozedur. Wir werden die Prozedur `binfo` an dieser Stelle vervollständigen.

8.7. Das Kommando `test`

In der Shell-Programmierung ist es häufig erforderlich, komplizierte Bedingungen und logische Ausdrücke zu testen. Stellen Sie sich vor, Sie möchten zwei Zeichenketten miteinander vergleichen und aufgrund des Ergebnisses im Programm verzweigen. Sie könnten folgenden Ausdruck formulieren:

```
if "Unix" = "UNIX"
then
     Befehle Ja-Zweig
else
     Befehle Nein-Zweig
fi
```
In der Shell-Programmierung nicht zulässig!

Das Kommando test

In den meisten Programmiersprachen ist es durchaus üblich, daß auf die if-Anweisung direkt ein Ausdruck wie "Unix" = "UNIX" folgt. In der Shell-Programmierung ist diese Formulierung nicht ohne weiteres zulässig, da im Anschluß an die if-Anweisung immer ein Kommando folgen muß. Bei der Abfrage if "Unix" = "UNIX" würde die Shell "Unix" als Befehl erkennen und versuchen diesen auszuführen. Sie benötigen also einen weiteren Befehl, der zuerst den Ausdruck vergleicht und das Ergebnis der if-Anweisung zur Verfügung stellt.

Dazu gibt es den Befehl test, der ab UNIX-System V in die Shell eingebaut ist. Dieser Befehl ermöglicht den Vergleich von Zeichenketten, Zahlenwerten und Überprüfung von Zuständen einer UNIX-Datei. Als Argument erwartet test einen Ausdruck, der auf seinen Wahrheitswert untersucht wird. Der Befehl test überprüft zuerst den Ausdruck und liefert einen Rückgabewert von 0 (wahr) oder ungleich 0 (falsch).

```
if test  Ausdruck            Ist der Ausdruck wahr?
then
        #Ausdruck ist wahr, Rückgabewert von test ist 0
        Kommando 1
        ...
        Kommando n
else
        #Ausdruck ist falsch, Rückgabewert von test ist ungleich 0
        Kommando 1
        ...
        Kommando n
fi
```

Sie können für den Befehl test verschiedene Ausdrücke formulieren, die einen Vergleich von Zeichenketten und Zahlenwerten ermöglichen und den Status von Dateien überprüfen. Diese Ausdrücke werden im folgenden genauer erläutert.

Zeichenketten vergleichen

Ausdruck	Ergebnis von test ist wahr Rückgabewert 0, wenn ...
Zeichenkette1 = Zeichenkette2	Zeichenkette1 mit Zeichenkette2 übereinstimmt
Zeichenkette1 != Zeichenkette2	Zeichenkette1 mit Zeichenkette2 nicht übereinstimmt
Zeichenkette	Zeichenkette nicht leer ist
-n Zeichenkette	Zeichenkette nicht leer ist
-z Zeichenkette	Zeichenkette leer ist

Zum Vergleich zweier Zeichenketten übergeben Sie dem Befehl `test` die Argumente Zeichenkette1, Operand und Zeichenkette2. Diese Argumente müssen jeweils durch (mindestens) ein Leerzeichen voneinander getrennt sein. Bei Übereinstimmung der Zeichenketten wird in der Variablen $? der Wert 0 zurückgeliefert.

```
$ kennung=peter
$ test "$kennung" = peter          Sind die Zeichenketten identisch?
$ echo $?
0                                  Ja
$ kennung=dieter
$ test "$kennung" = peter          Sind die Zeichenketten identisch?
$ echo $?
1                                  Nein
$ kennung=dieter
$ test "$kennung" != peter         Sind die Zeichenketten verschieden?
$ echo $?
0                                  Ja
$
```

Dem Befehl `test` wurden drei Argumente übergeben: $kennung, Operand (=) und die Zeichenkette "peter". Die beiden Zeichenketten werden, gemäß dem Operanden, miteinander verglichen, und der Rückgabewert wird in der Variablen $? hinterlegt. Durch Anzeigen von $? können Sie das Ergebnis überprüfen. Wie bei allen Kommandos steht der Wert 0 für erfolgreiche Ausführung des Befehls; der Ausdruck ist wahr. Andernfalls wird ein Wert ungleich 0, in diesem Fall 1, zurückgeliefert. Vergessen Sie nicht, vor und nach dem Operanden (=, !=) jeweils ein Leerzeichen einzufügen.

Der Befehl `test` würde sonst mit einer Fehlermeldung antworten und die Operation abbrechen. In diesem Fall liefert `test` den Rückgabewert 1 zurück. Selbstverständlich können Sie den Rückgabewert von `test` mit der `if`-Anweisung überprüfen und an eine andere Stelle im Programm verzweigen. Im fol-

Das Kommando test

genden Beispiel ist eine Shell-Prozedur aufgelistet, die Ihr Heimatverzeichnis auf eine Diskette sichert.

```
#
# @(#) sichern V1.0   Sichern des Heimatverzeichnisses auf Diskette
#
# Aufruf: sichern

DISKETTE=/dev/fd196ds18

echo "Sicherung von: $HOME"
echo "Bitte Diskette einlegen"
echo "Taste j startet Sicherung"
read antwort                        # Antwort von der Tastatur lesen

if test "$antwort" = j
then
    tar cvf $DISKETTE $HOME;        # tar bestimmt den Rückgabewert
else
    echo "Sicherung wurde nicht ausgeführt"; exit 1
fi
```

Nach Aufruf der Prozedur wird der Benutzer aufgefordert, eine Diskette einzulegen und die Sicherung mit der Taste "j" zu starten. Der Befehl read wartet auf eine Eingabe von der Tastatur und überträgt diese Eingabe in die Variable antwort. Der Befehl test vergleicht die Eingabe mit dem Zeichen "j" und gibt bei Übereinstimmung den Rückgabewert 0 zurück. Daraufhin wird die Sicherung mit dem Kommando tar gestartet. Der Rückgabewert von tar bestimmt gleichzeitig den Exit-Status der Prozedur. Wird ein Zeichen ungleich "j" eingegeben, wird die Sicherung nicht ausgeführt und die Shell-Prozedur mit dem Wert 1 beendet.

`$ sichern`	
Sicherung von: /home/peter	Meldung ausgeben
Bitte Diskette einlegen	
Taste j startet Sicherung	Warten auf Bestätigung
n	Taste n wurde betätigt
Sicherung wurde nicht ausgeführt	Abbruch der Sicherung
$	

Es ist ratsam, Shell-Variablen in doppelte Anführungszeichen einzuschließen. So wird gewährleistet, daß eine Variable mit der Länge 0 keine Fehler bei der Ausführung von test verursacht.

`$ kennung=`	Die Variable wird auf NULL gesetzt.
`$ test "$kennung" = peter`	Sind die Zeichenketten identisch?
`$ echo $?`	
1	Nein
`$ test $kennung = peter`	Vergleich ohne Anführungszeichen
ksh: test: argument expected	test hat einen Fehler entdeckt
$	

Entscheidungen treffen

Im ersten Fall liefert der Befehl `test` eine ordnungsgemäße Antwort. Beim zweiten Aufruf von `test` wurden die Anführungszeichen der Variablen `kennung` nicht gesetzt, so daß der Befehl mit einer Fehlermeldung abgebrochen wird. Betrachten Sie die Ausführung nochmals aus der Sicht der Shell:

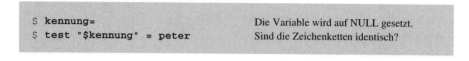

| `$ kennung=` | Die Variable wird auf NULL gesetzt. |
| `$ test "$kennung" = peter` | Sind die Zeichenketten identisch? |

Die Shell ersetzt die Variable `$kennung` durch die leere Zeichenkette, so daß der Ausdruck nur aus den Anführungszeichen besteht. Der Vergleich von der Null-Zeichenkette `""` und `peter` liefert den Wert falsch. Was geschieht, wenn Sie die Anführungszeichen nicht setzen?

| `$ test $kennung = peter` | Vergleich ohne Anführungszeichen |
| `ksh: test: argument expected` | test hat einen Fehler entdeckt |

Nachdem die Variable `$kennung` durch die Null-Zeichenkette ersetzt wurde, bleiben nur die Leerzeichen erhalten. Die Shell interpretiert das Leerzeichen als Trenner und ordnet `test` die beiden Argumente `=` und `peter` zu. Anstatt der drei erwarteten Argumente erhält `test` lediglich zwei Parameter und antwortet mit einer Fehlermeldung. Sollten Zeichenketten Leerzeichen enthalten ist es empfehlenswert, diese in Anführungszeichen einzuschließen.

`$ text="UNIX macht Spass"`	
`$ test $text = "UNIX macht Spass"`	Stimmt doch oder?
`test UNIX macht Spass = "UNIX macht Spass"`	(interne Ersetzung)
`ksh: macht: unknown operator`	Fehlerausgabe von test
`$`	

Der Befehl `test` interpretiert das Wort `macht` als Operator und unterbricht die Ausführung mit einer Fehlermeldung. Wenn Sie sich die Eingabezeile nach Ersetzung der Variablen `$text` vorstellen, läßt sich dieser Fehler leicht nachvollziehen. Nach der Ersetzung von `$text` bleibt die Zeichenkette `UNIX macht Spass`. Diese Zeichenkette ist nicht von doppelten Anführungszeichen umgeben und die Shell betrachtet die enthaltenen Leerzeichen als Trenner. Der Befehl `test` erwartet als zweites Argument einen Operator. Die Shell überreicht allerdings an zweiter Stelle das Wort `macht` und `test` quittiert die Eingabe mit einer Fehlermeldung, da dieses kein zulässiger Operator ist. Umschließen Sie die

Variable `text` mit doppelten Anführungszeichen, so sind die dort enthaltenen Leerzeichen vor dem Zugriff der Shell geschützt und werden nicht als Trennzeichen behandelt; sie sind Bestandteil der Zeichenkette.

```
$ text="UNIX macht Spass"                    Ihre Eingabe
$ test "$text" = "UNIX macht Spass"           Anführungszeichen setzen
$ echo $?
0                                             Wahr - alles o.k.
$
```

Das Einschließen der Variablen `text` in doppelte Anführungszeichen schützt die Leerzeichen vor dem Zugriff der Shell, so daß die Argumente korrekt zugeordnet werden. Nach der Ersetzung der Variablen `text` weist die Shell dem Kommando `test` die Zeichenkette `"UNIX macht Spaß"` zu. Damit erhält der Befehl `test` die richtige Anzahl an Argumenten und vergleicht die beiden Zeichenketten miteinander.

Die Anweisung `test` kennt drei weitere Operatoren zum Vergleich von Zeichenketten. Auch hier spielen die Anführungszeichen eine wesentliche Rolle.

Den Inhalt einer Zeichenkette prüfen:

```
test    -z    zeichenkette     Wahr, wenn leer
test    -n    zeichenkette     Wahr, wenn nicht leer
test          zeichenkette     alternative Schreibweise von test -n
```

```
$ zkleer=                        Variable zkleer auf Länge Null setzen
$ test -z "$zkleer"              Besitzt zkleer eine Länge von Null?
  test -z ""                     Nach Ersetzung von $zkleer bleiben die
                                 Anführungszeichen übrig (leere Zeichenkette)
$ echo $?
0                                Ja
$
```

Der Operator -z liefert wahr zurück, wenn eine Zeichenkette die Länge 0 besitzt. Nach Ersetzung von `"$zkleer"` bleiben die Anführungszeichen erhalten. Die Shell übergibt den Operator -z und die leere Zeichenkette `""` als Argumente an den Befehl `test`. Dieser erkennt eine leere Zeichenkette und liefert den Wert wahr zurück. Was geschieht, wenn Sie keine Anführungszeichen setzen?

```
$ test -z $zkleer
ksh: test: argument expected
$
```

Entscheidungen treffen

In diesem Fall befinden sich nach der Ersetzung von `$zkleer` lediglich Leerzeichen in der Kommandozeile. Die Shell aktiviert den Befehl `test` mit dem Argument `-z`. Ein notwendiges zweites Argument wurde nicht erkannt, so daß `test` eine Fehlermeldung ausgibt.

Mit dem Operator `-n` können Sie prüfen, ob eine Zeichenkette eine Länge ungleich 0 besitzt.

```
$ zkbesetzt=UNIX            Variable zkbesetzt mit "UNIX" besetzen
$ test -n "$zkbesetzt"      Besitzt $zkbesetzt eine Länge ungleich Null?
$ echo $?
0                           Ja
$
```

Wenn Sie keinen Operator angeben, wird automatisch `-n` eingesetzt:

```
$ test "$zkbesetzt"         Besitzt $zkbesetzt eine Länge ungleich Null?
$ echo $?
0                           Ja
$
```

Die Prozedur `sichern` sollten Sie ändern, so daß Sie beim Aufruf als Argument den Namen des Gerätes und das Startverzeichnis angeben können. Auf den meisten Systemen lassen sich die Gerätenamen wie `/dev/fd196ds18` (Diskette 2) oder `/dev/rmt/c0s0` (Bandkassette) nur schlecht merken. Sie können sich die Arbeit zukünftig erleichtern, wenn Sie statt dessen symbolische Namen wie `Diskette1`, `Diskette2` oder `Band` angeben.

Dazu erstellen Sie am besten eine Beschreibungsdatei, die folgende Informationen beinhaltet: symbolischer Gerätename, UNIX-Gerätename und Hinweismeldung. Die einzelnen Felder werden durch einen Doppelpunkt voneinander getrennt. Die Gerätenamen sind oft unterschiedlich auf den UNIX-Systemen. Erkundigen Sie sich bei Ihrem Systemverwalter nach den entsprechenden Namen und erstellen Sie eine Datei mit dem Namen `GERAETE.TAB` in Ihrem Heimatverzeichnis:

```
$ cat $HOME/GERAETE.TAB
Name        Gerät           Hinweismeldung
---------------------------------------------------------------
Diskette1:/dev/fd096ds18:Diskette (1,2 MB) in Laufwerk 1 einlegen
Diskette2:/dev/fd196ds18:Diskette (1,44MB) in Laufwerk 2 einlegen
Band:/dev/rmt/c0s0:Bandkassette (60-150 MB) einlegen
$
```

Im Anschluß an die Überschrift folgen die Beschreibungen der Geräte `Diskette1`, `Diskette2` und `Band`. Wir werden die Prozedur `sichern` so verändern, daß Sie beim Aufruf die symbolischen Gerätenamen angeben können.

Die Prozedur entnimmt den UNIX-Gerätenamen der Beschreibungsdatei und gibt die eingetragene Meldung vor dem Sichern auf dem Bildschirm aus.

Symbolische Gerätenamen, die in dieser Datei nicht enthalten sind, werden von der Prozedur mit einer Fehlermeldung abgewiesen. Die neue Version von `sichern` hat folgenden Aufbau:

```
#!/bin/ksh
#
# @(#) sichern V1.1 Sichern von Dateien
#
# Aufruf: sichern Gerät [Startverzeichnis]

VERZ=${2:-$HOME}                          # Startverzeichnis
GTAB=$HOME/GERAETE.TAB                    # Gerätebeschreibungen
EINTRAG=`grep ^$1: $GTAB 2>/dev/null`     # Gerät in der Datei suchen
                                          # und in EINTRAG speichern.
if test -z "$EINTRAG"                     # Kein Eintrag in der Geräte-
then                                      # datei gefunden?
    echo "Gerät <$1> ist nicht in der Gerätedatei enthalten:"
    echo "$GTAB"; exit 1
else
    IFS=:                                 # Trennzeichen für read
    # Zerlegen des Satzes in die Felder:
    # symbolischer Name, UNIX-Gerätename, Meldung
    set $EINTRAG; NAME="$1"; GERAET="$2"; MELDUNG="$3"
fi

echo "Sicherung von: $VERZ"; echo "$MELDUNG"
echo "Taste j startet Sicherung"; read antwort

if test "$antwort" = j
then
    tar cvf $GERAET $VERZ                 # tar bestimmt den Rück-
else                                      # gabewert
    echo "Sicherung wurde nicht ausgeführt"; exit 1
fi
```

Beim Aufruf von `sichern` können Sie zukünftig einen symbolischen Gerätenamen ($1) und das Startverzeichnis ($2) der Sicherung übergeben. Falls Sie kein Verzeichnis angeben, wird Ihr Heimatverzeichnis gesichert. Mit dem Befehl:

```
EINTRAG=`grep ^$1: $GTAB 2>/dev/null`
```

wird der zugehörige Satz mit der Gerätebeschreibung ermittelt und in die Variable EINTRAG übertragen. Der Befehl `test -z "$EINTRAG"` überprüft den Inhalt von EINTRAG. Falls die Variable keinen Wert besitzt, wurde das gewünschte Gerät nicht gefunden oder die Datei $HOME/GERAETE.TAB ist nicht vorhanden. Eventuelle Fehlermeldungen von `grep` werden ignoriert und in den UNIX-Papierkorb /dev/null umgeleitet. In diesem Fall antwortet die Prozedur mit einer Fehlermeldung.

Andernfalls wird der gefundene Satz mit Hilfe von `set` in die einzelnen Felder zerlegt und den Positionsparametern zugewiesen. Zur besseren Lesbarkeit werden diese in die Variablen NAME, GERAET und MELDUNG übertragen. Der Inhalt von MELDUNG wird vor dem Sichern am Bildschirm angezeigt; das Kommando `tar` verwendet die Variable `GERAET` als UNIX-Gerätenamen. Die restlichen Befehle kennen Sie bereits aus der vorangegangenen Version.

Möchten Sie auf ein Bandgerät sichern, starten Sie die Prozedur mit dem symbolischen Gerätenamen `Band`. Voreingestellt wird Ihr Heimatverzeichnis gesichert:

```
$ sichern Band                                  Sichern auf das Bandgerät.
Sicherung von: /home/peter
Bandkassette (60-150 MB) einlegen               Meldung aus GERAETE.TAB
Taste j startet Sicherung
j                                               Ihre Eingabe
... Nach Eingabe von j erfolgt die Sicherung ...
```

Zur Sicherung auf das zweite Diskettenlaufwerk geben Sie die Bezeichnung `Diskette2` an. Zusätzlich können Sie das Startverzeichnis der Sicherung angeben:

```
$ sichern Diskette2 /home/peter/bin             Sichern auf die Diskette 2
Sicherung von: /home/peter/bin
Diskette (1,44MB) in Laufwerk 2 einlegen
Taste j startet Sicherung
j                                               Ihre Eingabe
... Nach Eingabe von j erfolgt die Sicherung ...
$
```

Der Start von `sichern` ohne Argument zeigt folgendes Ergebnis:

```
$ sichern
Gerät <> ist nicht in der Gerätedatei enthalten:
/home/peter/GERAETE.TAB
$
```

Ein unzulässiger Gerätename wird ebenfalls mit einer Meldung abgewiesen:

```
$ sichern GIGATAPE
Gerät <GIGATAPE> ist nicht in der Gerätedatei enthalten:
/home/peter/GERAETE.TAB
$
```

Sie erleichtern sich zukünftig den Umgang mit den UNIX-Geräten, wenn Sie die Datei `$HOME/GERAETE.TAB` mit symbolischen Namen ausstatten und darin neue Geräte aufnehmen.

Wenden wir uns nun einer weiteren Eigenschaft von `test` zu. Das folgende Kapitel beschäftigt sich mit dem Vergleichen von ganzen Zahlen.

Vergleich ganzer Zahlen

Mit Hilfe von `test` können auch ganze Zahlen verglichen werden. Dazu stehen folgende Operatoren zur Verfügung:

Ausdruck		Ergebnis von test ist wahr (Rückgabewert 0) wenn ...
zahl1 -eq zahl2	(equal)	Zahl1 gleich Zahl2 ist
zahl1 -ne zahl2	(not equal)	Zahl1 ungleich Zahl2 ist
zahl1 -lt zahl2	(less than)	Zahl1 kleiner Zahl2 ist
zahl1 -gt zahl2	(greater than)	Zahl1 größer Zahl2 ist
zahl1 -le zahl2	(less equal)	Zahl1 kleiner/gleich Zahl2 ist
zahl1 -ge zahl2	(greater equal)	Zahl1 größer/gleich Zahl2 ist

Bei den Zahlen handelt es sich um sogenannte `integer` Werte, also Zahlen, die keine Nachkommastellen besitzen.

```
$ a=5; b=7
$ test "$a" -eq "$b"        Ist $a gleich $b
$ echo $?
1                           Nein
$
```

Der Inhalt der Variablen `$a` wird mit dem Inhalt von `$b` auf Gleichheit getestet. Um zu verhindern, daß eine Variable der Länge Null zu einem Fehler führt, sollten Sie die Variablen in doppelte Anführungszeichen einschließen. Die anderen Operatoren arbeiten ähnlich:

```
$ test "$a" -lt "$b"        Ist $a kleiner als $b
$ echo $?
0                           Ja
$
```

Die Shell unterscheidet nicht zwischen unterschiedlichen Datentypen. Sie kennt nur den Datentyp Zeichenkette. Bei dem numerischen Vergleich zweier Zahlen mit den Operatoren -eq, -ne, -lt, -gt, -le und -ge wandelt der Befehl `test` die Zeichenketten vorher in ein internes Zahlenformat um. Bei den Operatoren = und != wird keine Umwandlung vorgenommen, so daß die Werte als Zeichenketten verglichen werden. Die folgenden Beispiele veranschaulichen den Unterschied zwischen einem numerischen und alphanumerischen Vergleich.

Entscheidungen treffen

```
$ a="001", b=1
$ test "$a" -eq "$b"          Vergleiche $a und $b numerisch auf Gleichheit
$ echo $?
0                             Ja, sie sind gleich. 001 ist gleich 1
$
```

Der Befehl `test` wandelt die Zeichenkette "001" in den numerischen Wert 1 um; die führenden Nullen werden ignoriert. Der Wert in `$b` wird ebenfalls in ein Integer-Format umgewandelt. In beiden Umsetzungen ist das Ergebnis der Zahlenwert 1, so daß der anschließende Vergleich mit wahr beantwortet wird. Der Vergleich mit dem nicht numerischen Operator = führt zu folgendem Ergebnis:

```
$ a="001"; b=1
$ test "$a" = "$b"            Vergleiche $a und $b als Zeichenketten auf Gleichheit
$ echo $?
1                             Nein, sie sind nicht gleich. "001" ist ungleich "1"
$
```

Die einzelnen Zeichen der Zeichenkette in `$a` werden mit den Zeichen in `$b` verglichen, ohne vorher in einen numerischen Wert umgewandelt zu werden. Die Variable `$a` enthält 3 Zeichen, während `$b` 1 Zeichen enthält.

Die Antwort auf den Vergleich der Zeichenketten lautet falsch. Ich empfehle Ihnen, beim Vergleich von Zahlen die numerischen Operatoren zu verwenden. Selbst führende Leerstellen werden bei der Umwandlung ignoriert.

```
$ a="   1"; b=1
$ test "$a" -eq "$b"          Vergleiche $a und $b numerisch auf Gleichheit
$ echo $?
0                             Ja, sie sind gleich. 1 ist gleich 1
$
```

Die bisher beschriebenen Verfahren sind auch der Bourne-Shell bekannt. Zusätzlich bietet die Korn-Shell eine Besonderheit: Bei einem numerischen Vergleich wird eine Zeichenkette, die nicht in ein numerisches Format umgewandelt werden konnte, als eine Variable erkannt und gegen ihren Inhalt ersetzt. Deshalb kann bei der Korn-Shell das Dollar-Zeichen vor einer Variablen entfallen, wenn Sie einen numerischen Ausdruck mit der `test`-Anweisung bearbeiten.

```
$ a=1; b=1
$ test "a" -eq "b"            Bei der Korn-Shell kann das Dollar-Zeichen vor einer
                              Variablen entfallen.
$ echo $?
0                             Ja, sie sind gleich. 1 ist gleich 1
```

Obwohl a und b nicht mit einem Dollar-Zeichen beginnen, interpretiert die Korn-Shell in diesem Fall beide Zeichenketten als Variablen und ersetzt sie gegen ihren Inhalt. Die anschließende Umwandlung in ein numerisches Format ergibt bei beiden Zahlen den Wert 1, so daß der Vergleich erfolgreich ist.

Beachten Sie, daß diese Eigenschaft nur in Verbindung mit numerischen Operatoren sinnvoll und zulässig ist. Wenn Sie das Beispiel mit dem Operator = (Vergleich von Zeichenketten) durchführen, ist der Vergleich ohne Erfolg:

```
$ a=1; b=1
$ test "a" = "b"          Die Korn-Shell betrachtet a und b als Zeichenketten
$ echo $?
1                         Nein - "a" ist nicht gleich "b"
$
```

Anhand des Operators = erkennt die Korn-Shell, daß zwei Zeichenketten miteinander verglichen werden sollen. "a" und "b" werden daraufhin nicht als Variablen, sondern als reine Zeichenketten interpretiert, so daß keine Übereinstimmung von test festgestellt wird. Würde die Korn-Shell auch in diesem Fall a und b als Variablen erkennen, wäre ein Vergleich von Zeichenketten auf diese Art nicht möglich.

Im übernächsten Kapitel lernen Sie die Anweisung let kennen, mit der Sie ebenfalls ganze Zahlen miteinander vergleichen können. Die Eigenschaft, daß Variablennamen selbständig erkannt werden, ist auch bei diesem Befehl gültig, da die Korn-Shell den gleichen Algorithmus zur Erkennung der Ausdrücke benutzt. Bevor Sie das Kommando let kennenlernen, zeige ich Ihnen, wie Sie mit den hier vorgestellten Operatoren die Argumentenzahl einer Prozedur überprüfen können.

Die Argumente einer Prozedur überprüfen

Beim Aufruf von Prozeduren können unerwartete Fehler auftreten, wenn erforderliche Argumente nicht angegeben wurden. Mit dem Befehl test in Verbindung mit der speziellen Variablen $# können Sie die Anzahl der übergebenen Argumente überprüfen.

```
if test $# -ne 1  # Anzahl der Argumente ungleich 1?
then
    echo "Aufruf: $0 Benutzerkennung"
    exit 1
fi
```

Im aufgelisteten Beispiel wird als Eingabe ein Argument (Benutzerkennung) erwartet. Nach Aufruf der Prozedur wird die Anzahl der übergebenen Argumente in die Variable $# übertragen. Mit dem Befehl test können Sie zu Anfang der Prozedur feststellen, ob die Anzahl der übergebenen Argumente gültig ist. Ist dies nicht der Fall, verlassen Sie die Prozedur mit dem Befehl `exit`. Sie sollten vorher eine Nachricht auf dem Bildschirm schreiben, die den richtigen Gebrauch des Kommandos wiedergibt ($0 enthält den Prozedurnamen). Damit erhält der Benutzer die Gelegenheit, einen erneuten Aufruf mit den notwendigen Argumenten durchzufuhren.

Diese Konvention wird von vielen UNIX-Kommandos eingehalten, es ist sinnvoll in den eigenen Prozeduren nicht davon abzuweichen. In diesem Fall wird nur mit der Ausführung fortgefahren, wenn genau ein Argument angegeben wurde. Nur wenn die Prüfung erfolgreich ist, sollten Sie in Ihrer Prozedur mit der Verarbeitung fortfahren. Aber denken Sie daran - es wird nur die richtige Anzahl der Argumente überprüft; ob diese einen sinnvollen Wert besitzen, müssen Sie unter Umständen separat testen.

Für eine Prozedur, die mindestens eine Datei als Argument erwartet, würde eine Prüfung folgendermaßen aussehen:

```
if test $# -lt 1    # Wurde mindestens eine Datei angegeben?
then
     echo "Aufruf: $0 Datei1 [Datei2] [Datei3] ..."; exit 1
fi
```

In UNIX ist es erlaubt, daß sich Benutzer mit der gleichen Kennung mehrmals im System anmelden. Die folgende Prozedur `logtest` überprüft, ob eine Benutzerkennung mehrfach im System angemeldet ist. Als Argument muß beim Aufruf die Benutzerkennung, sowie die Anzahl der zulässigen Kennungen angegeben werden. Sie sollten auch diese Prozedur in dem zentralen Verzeichnis $HOME/bin ablegen:

```
#
# @(#) logtest V1.0 Prüfe, ob ein Benutzer mehrfach am System
#                   angemeldet ist
#
# Aufruf: logtest Kennung Anzahl

if test $# -ne 2    # Ist die Argumentenzahl ungleich 2?
then
    echo "Aufruf: $0 Kennung Anzahl"; exit 1
fi

BENUTZER=$1         # Benutzerkennung
MAXANZAHL=$2        # Maximale Anzahl der zulässigen Anmeldungen

# Anzahl Anmeldungen des Benutzers ermitteln
# Ausgabe einer Meldung nur dann, wenn der Benutzer öfter als
# erlaubt angemeldet ist
anz=`who | grep $BENUTZER | wc -l`
if test "$anz" -gt $MAXANZAHL
then
    echo "***----------------------------------------***"
    echo "Anzahl Anmeldungen von $BENUTZER: $anz"
    echo "***----------------------------------------***"
    exit 0
else
    exit 1
fi
```

Das Kommando test

```
$ who
peter      term/tty00 Mar 29 19:30
dieter     term/tty01 Mar 29 12:30
$ logtest peter 1         Ist peter mehr als einmal angemeldet?
$                         Nein, es erfolgt keine Ausgabe.
```

...einige Zeit später... Es hat sich jemand mit `peter` angemeldet

```
$ who
peter      term/tty00 Mar 29 19:30
peter      term/tty02 Mar 29 19:43
dieter     term/tty01 Mar 29 12:30
$ logtest peter      1    Ist peter mehr als einmal angemeldet?
***-------------------------------------***
Anzahl Anmeldungen von peter: 2
***-------------------------------------***
$
```

Zu Beginn der Prozedur wird die korrekte Anzahl der Argumente überprüft. Im Fehlerfall verlassen Sie die Prozedur mit einer Hinweismeldung auf den korrekten Aufruf. Das Kommando `who` zeigt alle aktiven Benutzer und `grep` sucht nach den Zeilen mit der vorgegebenen Benutzerkennung. Der Befehl `wc -l` zählt die gefundenen Zeilen, und das Ergebnis wird in die Variable `anz` abgelegt. In der Variablen `MAXANZAHL` bestimmen Sie wieviel Benutzer mit der gleichen Kennung im System arbeiten können, ohne daß eine Hinweismeldung ausgegeben wird. Was passiert, wenn Sie keine Benutzerkennung beim Aufruf angeben?

```
$ logtest                          Mal sehen was passiert?
Aufruf: logtest Kennung Anzahl
$
```

Die Prozedur bricht ab und zeigt als Hinweis den Prozedurnamen und die erforderlichen Argumente an. Diese Meldung hilft Ihnen den nächsten Aufruf richtig einzugeben. Der Prozedurname in der Hinweismeldung ist nicht fest codiert. An der Stelle wurde in der Shell Prozedur die Variable $0 eingesetzt. Beim Aufruf wird diese automatisch mit dem Prozedurnamen besetzt. Sollten Sie jemals den Prozedurnamen ändern, müssen Sie die Prozedur nicht anpassen.

```
$ mv logtest testlog              Benennen Sie die Prozedur um
$ testlog                         Ein erneuter Aufruf ohne Argument
Aufruf: testlog Kennung Anzahl    Siehe da, der Name hat sich geändert
$ mv testlog logtest              Der alte Name war besser
```

Entscheidungen treffen

Nachdem Sie `logtest` in `testlog` umbenannt haben, paßt sich die Hinweismeldung automatisch dem neuen Namen an. Es ist daher sinnvoll, die Variable $0 innerhalb einer Meldung zu verwenden, anstatt den Namen fest zu codieren. Starten Sie `logtest` probeweise mit dem Wert 2

```
$ logtest peter 2            Ist peter mehr als 2-mal angemeldet?
```

und die Meldung erscheint nur, wenn Sie sich ein drittes Mal anmelden. Möchten Sie nach dem Anmelden feststellen, ob ein bestimmter Benutzer bereits im System arbeitet, starten Sie `logtest` folgendermaßen:

```
$ who
peter       term/tty00 Mar 29 19:30
peter       term/tty02 Mar 29 19:43
dieter      term/tty01 Mar 29 12:30
$ logtest dieter 0            Ist dieter mindestens 1-mal angemeldet?
***-----------------------------------------***
Anzahl Anmeldungen von dieter: 1
***-----------------------------------------***
$
```

Wenn der Benutzer `dieter` mindestens 1-mal angemeldet ist, erscheint die Ausgabemeldung von `logtest` und der Rückgabewert der Prozedur wird auf 0 gesetzt. Sie können die Prozedur `logtest` an das Ende Ihrer Datei `.profile` anfügen. Alle darin enthaltenen Befehle werden nach jedem Anmelden ausgeführt und `logtest` informiert Sie darüber, wenn jemand unter Ihrer Kennung im System angemeldet ist. Eine typische `.profile` Datei könnte folgendermaßen aussehen:

```
#
# @(#) V1.0 Eine typische .profile Datei
#
PATH=$PATH:$HOME/bin         # Pfad erweitern um das Verzeichnis,
                             # in dem sich Ihre Prozeduren befinden
MAILCHECK=10                 # Alle 10 Sekunden auf eingetroffene
                             # Post prüfen.
set -o vi                    # Kommandowiederholung einschalten
set -o monitor               # Job Control einschalten
PS1='$PWD $ '                # Prompt auf den aktuellen Pfad
                             # einstellen
umask 022                    # Voreinstellung Zugriffsrechte
                             # rw-r--r-- (Dateien)
                             # rwxr-xr-x (Verzeichnisse)
                             #
logtest $LOGNAME 1           # Ist meine Kennung mehr als einmal
                             # angemeldet?

if logtest dieter 0          # Falls dieter angemeldet ist:
then                         # Post an dieter senden
  echo "Hallo Dieter ich bin eingetroffen" | write dieter
  echo "Nachricht an dieter gesendet"
fi
```

Das Kommando test

Zu Anfang der Datei wurde die `PATH`-Variable um das Verzeichnis `$HOME/bin` erweitert. Darin sollten Sie alle Prozeduren des Buches ablegen, so daß Sie die Programme von jedem Verzeichnis starten können. Am Ende der Datei `.profile` können Sie den Aufruf von `logtest` anfügen. Die Prozedur wird in diesem Fall im Verzeichnis `$HOME/bin` erwartet und erhält als Argument Ihre Benutzerkennung und die Anzahl der zulässigen Kennungen. Nach jedem Anmelden bekommen Sie von nun an mitgeteilt, ob schon jemand unter Ihrer Kennung im System arbeitet.

Wenn Sie einen bestimmten Teilnehmer Ihres Systems über Ihr Eintreffen informieren wollen, leistet `logtest` wertvolle Dienste. In unserem Fall wird mit `logtest` überprüft, ob `dieter` angemeldet ist. Die `if`-Anweisung überprüft den Rückgabewert und sollte die Abfrage wahr zurückliefern, erhält `dieter` eine Meldung auf seinen Bildschirm. Sie können den Mechanismus testen, indem Sie Ihre Datei `.profile` um diese Einträge ergänzen und sich an einem zweiten Bildschirm unter der momentanen Kennung anmelden.

```
login: peter                          Ein erneutes Anmelden an einem zweiten Bildschirm
password: xxxxxx                      Die Eingabe erfolgt unsichtbar
Willkommen im UNIX-System V Release 4 Bei Ihnen sieht die Begrüßung
                                      sicherlich ein wenig anders aus.
***----------------------------------***
Anzahl Anmeldungen von peter: 2
***----------------------------------***
***----------------------------------***
Anzahl Anmeldungen von dieter: 1
***----------------------------------***
Nachricht an dieter gesendet.
/home/peter $ who              Als Prompt wird das aktuelle Verzeichnis angezeigt
peter      term/tty00 Mar 29 19:30
peter      term/tty02 Mar 29 19:43
dieter     term/tty01 Mar 29 12:30
/home/peter $
```

Nach dem Anmelden stellt die Prozedur `logtest` fest, daß schon jemand mit Ihrer Kennung im System angemeldet ist. Zusätzlich wird erkannt, daß `dieter` im System angemeldet ist, er erhält daraufhin eine Nachricht über Ihr Eintreffen.

Das Kommando `test` läßt sich hervorragend zum Vergleich von ganzen Zahlen einsetzen. Sie werden in Ihrer Praxis eine Vielzahl von Anwendungsmöglichkeiten kennenlernen. Beherzigen Sie den Abschnitt über das Prüfen der richtigen Argumentenzahl einer Prozedur. Sie können die hier verwendeten Verfahren übernehmen und den jeweiligen Gegebenheiten anpassen. Das Ausgeben einer Hinweismeldung zum korrekten Proceduraufruf hat sich in der Praxis bestens bewährt, und es ist sinnvoll, wenn Sie Ihre eigenen Prozeduren diesem Standard anpassen.

Die hier beschriebenen Mechanismen sind auch der Bourne-Shell bekannt, so daß Sie die Prozeduren in beiden Shell-Varianten aufrufen können. Darüber hinaus bietet die Korn-Shell eine alternative Möglichkeit, Zahlen miteinander zu vergleichen.

Ganze Zahlen vergleichen mit `let`

Mit dem Kommando `let` stellt die Korn-Shell einen weiteren Befehl zur Verfügung, mit dem Sie ganze Zahlen numerisch vergleichen können. In Kapitel 7.3 haben Sie `let` bereits zur Berechnung arithmetischer Ausdrücke benutzt. Der Kommandoname `let` kann auch durch Setzen der doppelten Klammern geschrieben werden:

```
let   "Ausdruck"
oder
((Ausdruck))
```

Das Kommando besitzt folgende Vergleichsoperatoren:

Ausdruck	Ergebnis von let ist wahr Rückgabewert 0, wenn ...
((Zahl1 == Zahl2))	Zahl1 gleich Zahl2 ist
((Zahl1 != Zahl2))	Zahl1 ungleich Zahl2 ist
((Zahl1 <= Zahl2))	Zahl1 kleiner/gleich Zahl2 ist
((Zahl1 >= Zahl2))	Zahl1 größer/gleich Zahl2 ist
((Zahl1 < Zahl2))	Zahl1 kleiner als Zahl2 ist
((Zahl1 > Zahl2))	Zahl1 größer als Zahl2 ist
&&	logische UND Verknüpfung
||	logische ODER Verknüpfung

Die Zahlen werden vor dem Vergleich in ein internes numerisches Format umgewandelt. Bei der Verwendung von Variablen kann das Dollarzeichen vor dem Namen entfallen, da `let` den Ausdruck selbständig aus dem Kontext ableitet. Nachfolgend sehen Sie einige Beispiele zum Vergleich von Integer-Werten mit dem Kommando `let`:

```
$ a="001"; b=5
$ ((a < b))             Ist der Inhalt von a kleiner b?
$ echo $?
0                       Ja
$
```

Das Kommando `let` liefert den Wert wahr, sofern der angegebene Ausdruck als richtig erkannt wird. Führende Nullen oder Leerzeichen werden, genau wie bei der Anweisung `test`, bei der Umwandlung ignoriert. Der Vergleich darf nur mit

Integer-Werten durchgeführt werden. Das Kommando antwortet mit einer Fehlermeldung, wenn es eine Umwandlung nicht ausführen konnte.

```
$ a=NULL
$ b=0
$ ((a > b))
ksh: NULL: bad number
$
```

Die Zeichenkette NULL konnte nicht in ein numerisches Format überführt werden, der Befehl antwortet mit einem Fehler. Beachten Sie, daß die Überprüfung auf Gleichheit mit den doppelten Gleichheitszeichen durchgeführt wird.

```
$ i=10
$ ((i == 5))                Beachten Sie die doppelten Gleichheitszeichen
$ echo $?
1                           Falsch
$ ((i != 50))               Ist i ungleich 50?
$ (( anzahl <= 1000 ))      Ist der Inhalt von anzahl kleiner/gleich 1000?
```

Die Operatoren && und || erlauben das logische Verknüpfen von Ausdrücken:

```
$ i=10
$ j=30
$ (( i < 15 && j >40 ))     Ist i kleiner 15 und j größer als 40?
$ echo $?
1                           Nein
$ (( i < 15 || j > 40 ))    Ist i kleiner 15 oder j größer als 40?
$ echo $?
0                           Ja
$
```

Sie können innerhalb eines Vergleichs arithmetische Operationen durchführen:

```
$ i=10; j=30
$ (( i < 15 && j+20 > 40 ))
```

Das Kommando let führt in Verbindung mit der Anweisung if zu lesbaren Ausdrücken. Beim Vergleich von Zahlen haben Sie die Wahl zwischen dem Kommando let und der Anweisung test. Die Prozedur logtest aus dem vorherigen Abschnitt läßt sich auch folgendermaßen schreiben:

Entscheidungen treffen

```
#!/bin/ksh
#
# @(#) logtest V1.1 Prüfe, ob ein Benutzer mehrfach am System
#                  angemeldet ist
#
# Aufruf: logtest Kennung Anzahl

if (( $# != 2 ))      # Ist die Argumentenzahl ungleich 2?
then
    echo "Aufruf: $0 Kennung Anzahl"; exit 1
fi

BENUTZER=$1           # Benutzerkennung
MAXANZAHL=$2          # Maximale Anzahl der zulässigen Anmeldungen

# Anzahl Anmeldungen des Benutzers ermitteln
# Ausgabe einer Meldung nur dann, wenn der Benutzer öfter als
# erlaubt angemeldet ist
anz=`who | grep $BENUTZER | wc -l`
if (( anz > MAXANZAHL ))
then
    echo "***-------------------------------------***"
    echo "Anzahl Anmeldungen von $BENUTZER: $anz"
    echo "***-------------------------------------***"
    exit 0
else
    exit 1
fi
```

Die erste Zeile #!/bin/ksh schaltet nach dem Aufruf auf die Korn-Shell um. Dieses ist notwendig, damit die Prozedur auch in der Bourne-Shell aufgerufen werden kann. Eine genaue Beschreibung finden Sie im Kapitel 2.8. Im weiteren Verlauf des Buches werde ich numerische Vergleiche mit dem Kommando let vornehmen, da es zu lesbaren Ausdrücken führt. Im folgenden Kapitel werden Sie weitere Operatoren des test-Kommandos kennenlernen, die den Status von Dateien und Verzeichnissen abfragen. Am Ende des Kapitels werden Sie ein umfangreiches Beispiel erstellen, das die bisher behandelten Operatoren nochmals zusammenfaßt.

Den Status von Dateien abfragen

Ausdruck	Ergebnis von test ist wahr Rückgabewert 0, wenn ...
-a Datei	die Datei existiert
-r Datei	die Datei existiert und lesbar ist
-w Datei	die Datei existiert und schreibbar ist
-x Datei	die Datei existiert und ausführbar ist
-f Datei	die Datei existiert und eine reguläre Datei ist
-d Datei	die Datei existiert und ein Verzeichnis ist
-h Datei	die Datei existiert und ein symbolischer Link ist
-b Datei	die Datei existiert und ein blockorientiertes Gerät ist
-c Datei	die Datei existiert und ein zeichenorientiertes Gerät ist
-p Datei	die Datei existiert und eine benannte Pipe ist
-s Datei	die Datei existiert und nicht leer ist

Dateien sind gefragte Objekte in der Shell-Programmierung und dementsprechend mächtig sind die Testoperatoren, wie die Tabelle zeigt. Einem Operator folgt immer genau ein Datei- oder Verzeichnisname. Ein Test auf eine nicht existierende Datei wird immer mit falsch beantwortet. Damit Sie die grundsätzliche Verwendung dieser Operatoren kennenlernen, beginnen Sie mit ein paar einfachen Beispielen.

```
$ who am i                                    Na, wer bin ich denn?
peter    tty00    Apr 2 10:30
$ cat > adresse                               Erzeugen Sie eine neue Datei
Mustermann Karl 089/123456
Muster Otto 089/998899
<CTRL-D>                                      Beenden der Eingabe mit CTRL-D
$ chmod 600 adresse                           Zugriffsrechte auf rw------- setzen
$ ls -l adresse                               Betrachten Sie die Datei adresse
-rw------- 1 peter other 1213 Apr 2 13:15 adresse
$ test -f adresse                             Ist es eine gewöhnliche Datei?
$ echo $?
0                                             Ja, es ist eine gewöhnliche Datei
$ test -r adresse                             Darf ich die Datei lesen?
$ echo $?
0                                             Ja, sie ist für mich lesbar
$ test -w adresse                             Darf ich auf die Datei schreibend
                                              zugreifen?
```

Entscheidungen treffen

```
$ echo $?
0                                    Ja, Sie dürfen
$ test -x adresse                    Darf ich die Datei ausführen?
$ echo $?
1                                    Nein, das x-Recht ist nicht gesetzt.
$
```

Die verschiedenen Testanfragen zeigen, daß peter die Datei adresse lesen und schreiben, aber nicht ausführen darf. Nehmen Sie an, der Benutzer dieter ist in der gleichen Gruppe wie peter und führt anschließend diese Tests auf die von peter erzeugte Datei adresse aus.

```
$ who am i                           Na, wer bin ich denn?
dieter   tty01   Apr 2 09:30
$ cd /home/peter                     Wechseln in den Heimatverzeichnis von peter
                                     Voraussetzung ist, daß Sie die Erlaubnis haben in
                                     das Heimatverzeichnis von peter zu wechseln.
                                     In diesem Fall setzen Sie diese Erlaubnis voraus.

$ ls -l adresse                      Betrachten Sie die Datei adresse
-rw------- 1 peter other 1213 Apr 2 13:15 adresse

$ test -f adresse                    Ist es eine gewöhnliche Datei?
$ echo $?
0                                    Ja, es ist eine gewöhnliche Datei
$ test -r adresse                    Darf ich die Datei lesen?
$ echo $?
1                                    Nein, das Zugriffsrecht r ist nur für peter gesetzt
$ test -w adresse                    Darf ich auf die Datei schreibend zugreifen?
$ echo $?
1                                    Nein, ich habe kein Schreibrecht
$ test -x adresse                    Darf ich die Datei ausführen?
$ echo $?
1                                    Nein, das x-Recht ist für mich nicht gesetzt.
$
```

Für die Benutzer peter und dieter liefern die gleichen Tests auf die Datei adresse unterschiedliche Ergebnisse. Der Befehl test wird von zwei verschiedenen Benutzern aufgerufen, und die Abfrage, ob eine Datei lesbar, schreibbar oder ausführbar ist, bezieht sich immer auf die Benutzer- und Gruppenkennung des Aufrufers und die damit eingestellten Zugriffsrechte. Führt peter einen Test auf die Datei adresse aus wird von UNIX zuerst festgestellt, daß er der Besitzer der Datei ist. In diesem Fall sind die ersten drei (von links beginnend) Zugriffsrechte entscheidend. Der Benutzer dieter ist in der gleichen Gruppe (other) wie peter. Startet dieter den Befehl test werden zur Überprüfung die Zugriffsrechte der Gruppe herangezogen. In diesem Fall besitzt die Datei adresse keinerlei Zugriffsrechte für die Gruppe other und test liefert dieses in Form des Rückgabewertes 1 an den Aufrufer.

Das Kommando test

Es gibt weitere Operatoren mit denen Sie den Status einer Datei bzw. eines Verzeichnisses überprüfen können. Der folgende Test stellt fest, ob eine Datei eine Länge ungleich Null hat.

```
$ test -s adresse            Besitzt die Datei adresse eine Länge ungleich 0?
$ echo $?
0                            Ja, die Länge ist ungleich 0
$
```

Wenn Sie wissen möchten, ob es sich bei der Datei um ein Verzeichnis handelt verwenden Sie den Operator -d.

```
$ test -d adresse            Ist adresse ein Verzeichnis?
$ echo $?
1                            Nein
$
```

Einige Testoperatoren beziehen sich auf Gerätedateien. Damit können Sie testen, ob ein Gerät zeichen- oder blockorientiert arbeitet. Plattenlaufwerke oder Bandgeräte sind im allgemeinen blockorientiert, während das Terminal ein zeichenorientiertes Gerät darstellt.

```
$ tty                        Na, wie lautet der Name Ihres Terminals?
/dev/tty00
$ test -c /dev/tty00         Ist das Gerät zeichenorientiert?
$ echo $?
0                            Ja
$
```

Nachdem Sie die wesentlichen Techniken des Testens von Dateien kennengelernt haben, wenden Sie sich ein paar Beispielen zu, die den Einsatz des Befehls test in einer Shell-Prozedur aufzeigen.

Zum Löschen einer Datei steht Ihnen der Befehl rm zur Verfügung. Eine Bestätigung zum Löschen müssen Sie nur dann angeben, wenn der Aufruf mit der Option -i erfolgte. Sie können sich zum Löschen einer Datei eine Prozedur entwerfen, die immer auf Bestätigung des Benutzers wartet, bevor der Löschvorgang ausgeführt wird. Das Löschen von Verzeichnissen wird grundsätzlich abgewiesen. Die zu löschende Datei wird der Prozedur als Argument beim Aufruf übergeben. Nun benötigen Sie nur noch einen Namen für die Prozedur. Wie wäre es mit delete?

Entscheidungen treffen

```
#!/bin/ksh
#
# @(#) delete V1.0 Löschen einer Datei mit Bestätigung
#
# Aufruf: delete Datei

if (($# != 1))        # Argumentenzahl ungleich 1?
then
   echo "Aufruf: $0 Datei"; exit 1
fi

if test -d "$1"       # Handelt es sich um ein Verzeichnis?
then
   echo "Löschen von Verzeichnis <$1> nicht möglich"; exit 1
fi

echo "Sind Sie sicher?    (j=ja) \c"; read antwort
if test "$antwort" != "j"
then
   echo "<$1> wurde nicht gelöscht"
else
   if rm $1 2>/dev/null # Datei löschen, Exit-Status prüfen
   then
      echo "<$1> wurde gelöscht";            exit 0
   else
      echo "Fehler beim Ausführen von rm"; exit 1
   fi
fi
```

Starten Sie die Prozedur `delete` zunächst ohne Angabe eines Arguments:

```
$ delete                                    Ein Aufruf ohne Argumente
Aufruf: /home/peter/bin/delete Datei        Aha, danke für den Hinweis.
$
```

Wenn Sie eine bestimmte Shell in der ersten Zeile Ihrer Prozedur (`#!/bin/ksh`) mit der Ausführung beauftragen, enthält die Variable `$0` zusätzlich eine Pfadangabe, die den genauen Standort des Kommandos angibt. In diesem Fall enthält die Variable `PATH` den Pfad `/home/peter/bin`, so daß die Shell das Kommando auch ohne Angabe eines absoluten Pfadnamens findet. Je nach Standort der Prozedur kann die Ausgabe des Prozedurnamens bei Ihnen ein wenig anders aussehen.

Im folgenden Beispiel nutzen Sie `delete`, um die Datei `adresse` zu löschen:

```
$ delete adresse
Sind Sie sicher? (j=ja) n      Antworten Sie mit n für nein
<adresse> wurde nicht gelöscht
$ delete adresse               Versuchen Sie es erneut
Sind Sie sicher? (j=ja) j      Antworten Sie mit j für ja
<adresse> wurde gelöscht
```

Sie können es abschließend mit einem Verzeichnis versuchen:

```
$ mkdir neudir            Erstellen Sie sich ein neues Verzeichnis
$ delete neudir           Versuch das Verzeichnis zu löschen
Löschen von Verzeichnis <neudir> nicht möglich
$
```

Innerhalb der Prozedur wird der Erfolg des Kommandos rm mit der if-Anweisung überwacht. Falls Sie eine Datei angeben, die von Ihnen nicht gelöscht werden kann, antwortet rm mit einem Rückgabewert ungleich 0, die Prozedur gibt daraufhin eine Fehlermeldung aus. Seien Sie vorsichtig beim Löschen, denn es gibt keine Möglichkeit eine gelöschte Datei wiederherzustellen. Am Ende des Kapitels stelle ich Ihnen zwei Prozeduren vor, mit denen Sie dieses Problem besser in den Griff bekommen werden.

Eine alternative Schreibweise von test

Der Befehl test kann auch anders formuliert werden:

```
if  [  Ausdruck  ]        Ist der Ausdruck wahr?
then
      #Ausdruck ist wahr, Rückgabewert von test ist 0
         ... Kommandofolge ...
else
      #Ausdruck ist falsch, Rückgabewert von test ist ungleich 0
         ... Kommandofolge ...
fi
```

Dazu schließen Sie den Ausdruck der test-Anweisung in eckige Klammern ein. Nach der ersten und vor der zweiten Klammer müssen Sie jeweils ein Leerzeichen schreiben. Diese Schreibweise wird aufgrund einer besseren Übersichtlichkeit bevorzugt eingesetzt. Die Bedeutung des Befehls wird dadurch in keiner Weise beeinträchtigt. Beide Formen der test-Anweisung sind gleichbedeutend:

```
if test "$1" = "peter"          if [ "$1" = "peter" ]
then                            then
    Kommandofolge ...               Kommandofolge ...
fi                              fi
```

Wählen Sie die Schreibweise, die Ihnen am besten gefällt. Ich werde im weiteren Verlauf des Buches die eckigen Klammern verwenden.

Entscheidungen treffen

Der Negationsoperator !

Der Operator ! kann vor jedem Ausdruck gesetzt werden. Das Resultat der Prüfung wird logisch umgekehrt, so daß wahr - falsch und falsch - wahr wird. Zum Beispiel liefert der nachfolgende Ausdruck den Wert wahr, wenn die Datei /etc/passwd **kein** Verzeichnis ist.

```
$ [ ! -d /etc/passwd ]          Ist /etc/passwd kein Verzeichnis?
$ echo $?
0                               Ja
$
```

Die gleichbedeutende Schreibweise sieht so aus:

```
$ test ! -d /etc/passwd         Ist /etc/passwd kein Verzeichnis?
```

Im Gegensatz dazu liefert folgender Ausdruck die Antwort falsch, da /etc/passwd existiert und eine gewöhnliche Datei ist.

```
$ [ ! -f /etc/passwd ]          Ist /etc/passwd keine gewöhnliche Datei?
$ echo $?
1                               Nein, /etc/passwd ist eine gewöhnliche Datei
$
```

Lassen Sie sich nicht verwirren. Zuerst wird der Ausdruck getestet und der Befehl `test` liefert als Resultat wahr oder falsch. Der Operator ! kehrt diese Aussage ins Gegenteil um. Beim letzten Test wird zunächst überprüft, ob die Datei /etc/passwd existiert und eine gewöhnliche Datei ist. Der Befehl `test` antwortet mit wahr (Rückgabewert 0). Der Operator ! negiert dieses Resultat und aus wahr wird falsch. Im abschließenden Beispiel dieses Kapitels finden Sie eine Anwendung des Negationsoperators!

Ausdrücke logisch verknüpfen

```
-a   UND-Verknüpfung
-o   ODER-Verknüpfung
```

Die UND-Verknüpfung -a

Bei der UND-Verknüpfung müssen alle Ausdrücke wahr sein, damit der gesamte Ausdruck wahr wird. Sobald nur ein Ausdruck falsch ist, ist der gesamte Ausdruck falsch. So liefert der Ausdruck

```
[ -f "$datei" -a -x "$datei" ]
```

wahr, wenn die in $datei angegebene Datei eine gewöhnliche Datei ist und wenn die Datei ausführbar ist. Der Ausdruck

```
[ "$x" -gt 1  -a  "$x" -lt 10 ]
```

liefert wahr, wenn der Wert in $x im Bereich zwischen 2 und 9 liegt. Die Datei-, Integer- und Zeichenketten-Operatoren haben immer Vorrang gegenüber den Operatoren -a und -o. Sie brauchen den oben aufgeführten Ausdruck nicht zu klammern.

Die ODER-Verknüpfung -o

Die ODER-Verknüpfung liefert das Ergebnis wahr, wenn ein Ausdruck innerhalb der Verknüpfung wahr ist. So liefert der Ausdruck

```
[ -c "$datei"  -o  -b "$datei" ]
```

wahr, wenn der in der Variablen datei enthaltene Dateiname ein zeichenorientiertes oder blockorientiertes Gerät repräsentiert.
Der Ausdruck

```
[ "$zahl" -eq 1  -o  "$zahl" -eq 2 ]
```

ist wahr, wenn die Zahl in der Variablen zahl den Wert 1 oder 2 besitzt. Die UND und ODER-Operatoren lassen sich auch untereinander verknüpfen. Die Reihenfolge der Bewertung läßt sich durch Setzen von Klammern steuern. Der Ausdruck

```
[ "$zahl" -gt 0 -a "$zahl" -lt 3 -o "$zahl" -eq 10 ]
```

ist gleichbedeutend mit

```
[ \( "$zahl" -gt 0 -a "$zahl" -lt 3 \) -o "$zahl" -eq 10 ]
```

Sie müssen den runden Klammern das Maskierungszeichen \ voranstellen, um die Sonderbedeutung dieses Zeichens für die Shell aufzuheben. Außerdem müssen Sie vor und nach der Klammer jeweils mindestens ein Leerzeichen schreiben. Der gesamte Ausdruck ist wahr, wenn die Zahl in der Variablen zahl einen Wert zwischen 0 und 3 oder den Wert 10 besitzt. In diesem Fall müssen Sie die

Entscheidungen treffen

runden Klammern nicht setzen, da der Operator -a Vorrang gegenüber dem Operator -o hat.

Probieren Sie die test-Anweisung anhand der folgenden Beispielprozedur ueberlauf, die das Anwachsen eines Verzeichnisses überwacht und Sie mit einer Meldung auf einen Überlauf hinweist. Das zu überwachende Verzeichnis und die Anzahl der zulässigen Dateien werden beim Aufruf als Argument übergeben.

```ksh
#!/bin/ksh
#
# @(#) ueberlauf V1.0 Das Anwachsen eines Verzeichnisses überwachen
#
# Aufruf: ueberlauf Verzeichnis Anzahl

HINWEIS="Aufruf: $0 Verzeichnis Anzahl Dateien"

if (($# != 2))
then
    echo $HINWEIS; exit 1
fi

#-------------------------#
VERZEICHNIS=$1           # Zu überprüfendes Verzeichnis
MAX=$2                   # Erlaubte Anzahl Dateien im Verzeichnis
KOMPRG=mail              # Programm zur Meldungsausgabe
TEMP=$$tmp               # Zwischendatei für die Nachricht
#-------------------------#

if [ ! -d "$VERZEICHNIS" ] # Abbruch, falls das Verzeichnis nicht
then                       # vorhanden ist
   echo "Das Verzeichnis <$VERZEICHNIS> ist nicht vorhanden";exit 1
fi

anzdateien=`ls $VERZEICHNIS | wc -w`
if (( anzdateien > MAX ))
then
    echo "Es sind mehr als $MAX Dateien im Verzeichnis: $VERZEICHNIS" >$TEMP
    echo "Sie sollten mal wieder aufräumen !\n"                       >>$TEMP
    echo "Mfg   -   Ihr Computer"                                     >>$TEMP
    $KOMPRG $LOGNAME <$TEMP # Nachricht an den Aufrufer versenden
    rm $TEMP
fi
```

Das Prüfen der beim Aufruf übergebenen Argumente steht auch hier an erster Stelle. Es sind genau zwei Argumente erlaubt, damit die Prozedur fehlerfrei arbeiten kann. Daraufhin werden die notwendigen Variablen besetzt. In KOMPRG legen Sie das Kommando, das die Nachrichtenübermittlung durchführen soll, fest. Als Auswahl stehen Ihnen mail oder write zur Verfügung je nachdem ob Sie die Mitteilung in Ihrem Postkorb oder direkt auf dem Bildschirm ausgeben möchten. Bevor Sie fortfahren, sollten Sie überprüfen, ob das angegebene Verzeichnis wirklich existiert. Ist das nicht der Fall, wird das Programm mit einem Hinweis beendet. Existiert das Verzeichnis, so wird mit der Kommandoverkettung ls $VERZEICHNIS | wc -w die Anzahl der Dateien im Verzeichnis bestimmt und die Kommandosubstitution legt das Ergebnis in die Variable anzdateien ab.

Übersteigt dieser ermittelte Wert die maximale Anzahl der zulässigen Dateien für das Verzeichnis, wird eine Zwischendatei mit der auszugebenden Meldung erzeugt. Die Zeile $KOMPRG $LOGNAME <$TEMP führt das in der Variablen KOMPRG enthaltene Kommando aus und sendet die Nachricht aus der Zwischendatei an den aufrufenden Benutzer, dessen Kennung von UNIX in der Variablen LOGNAME hinterlegt wurde.

```
$ mkdir temp              Erzeugen Sie ein neues Verzeichnis und einige Dateien
$ touch temp/dat1 temp/dat2 temp/dat3
$ ueberlauf temp 2        Sende eine Meldung, wenn mehr als 2 Dateien
                          im Verzeichnis temp vorhanden sind.
$ mail                    Es müßte Post für Sie vorhanden sein
From peter Sun Apr  5 13:16 EDT 1992
Content-Length: 109

Es sind mehr als 1 Dateien im Verzeichnis: temp
Sie sollten mal wieder aufräumen!

Mfg    - Ihr Computer
? q
```

In der Variablen KOMPRG wurde zum Versenden der Meldung das Kommando mail bestimmt. Nachdem die Prozedur ueberlauf mehr als 2 Dateien im Verzeichnis temp entdeckt hat, wurde in Ihrem Postkorb eine Meldung hinterlegt, die durch den anschließenden Aufruf von mail bestätigt wurde. Wenn Sie möchten, sendet die Prozedur die Meldung auch direkt auf den Bildschirm; Sie müssen dazu die Variable KOMPRG mit dem Kommandonamen write besetzen. Auch den Aufruf dieser Prozedur können Sie in die Datei .profile einbauen, damit Sie nach jedem Anmelden über das Anwachsen bestimmter Verzeichnisse informiert werden:

```
#
# @(#) V1.1 Eine typische .profile Datei
#
PATH=$PATH:$HOME/bin        # Pfad erweitern um das Verzeichnis,
                            # in dem sich Ihre Prozeduren befinden
MAILCHECK=10                # Alle 10 Sekunden auf eingetroffene
                            # Post prüfen.
set -o vi                   # Kommandowiederholung einschalten
set -o monitor              # Job Control einschalten
PS1='$PWD $ '               # Prompt auf den aktuellen Pfad
                            # einstellen
umask 022                   # Voreinstellung Zugriffsrechte
                            # rw-r--r-- (Dateien)
                            # rwxr-xr-x (Verzeichnisse)
logtest $LOGNAME 1          # Ist meine Kennung mehr als einmal
                            # angemeldet?
if logtest dieter 0         # Falls dieter angemeldet ist:
then                        # Meldung an dieter senden
    echo "Hallo Dieter ich bin eingetroffen" | write dieter
    echo "Nachricht an dieter versendet"
fi
ueberlauf $HOME 20          # Mehr als 20 Dateien in $HOME ?
ueberlauf $HOME/temp 10     # Mehr als 10 Dateien in $HOME/temp ?
```

Entscheidungen treffen

Nach jedem Anmelden werden Sie benachrichtigt, wenn sich mehr als 20 Dateien in Ihrem Heimatverzeichnis befinden oder die Anzahl der Dateien im Verzeichnis `$HOME/tmp` die Zahl 10 übersteigt. Sie können an dieser Stelle eine beliebige Anzahl von Verzeichnissen überwachen, indem Sie jeweils die Datei `.profile` um die entsprechenden Aufrufe von `ueberlauf` ergänzen. Haben Sie zur Übermittlung `mail` gewählt und wurde ein "Überlauf" registriert, meldet sich das System nach einiger Zeit mit der Meldung "you have mail ..." und weist Sie auf die eingegangene Post hin. Wählen Sie `write` als Ausgabekommando, erscheint die Meldung direkt auf dem Bildschirm.

Eine Erweiterung von `test` in SVR4

In UNIX-System V Release 4 gibt es in der Korn-Shell eine Erweiterung bezüglich der Schreibweise der UND und ODER- `Operatoren`.

```
&&   UND-Verknüpfung
||   ODER-Verknüpfung

[[ Ausdruck1 && Ausdruck2 || Ausdruck 3 ... ]]
```

Dazu müssen Sie den Ausdruck in doppelte eckige Klammern setzen:

```
[[ "$zahl" -gt 0 && "$zahl" -lt 3 || "$zahl" -eq 10 ]]
```

Bei den doppelten eckigen Klammern handelt es sich um den bekannten Befehl `test`, der um einige Möglichkeiten erweitert wurde. Die Operatoren `&&` und `||` unterscheiden sich lediglich in der Schreibweise von den Operatoren `-a` und `-o`.

```
$ name=                              Setze die Variable name auf die Länge Null
$ [[ $name = peter ]]                Es tritt kein Fehler auf, wenn die
$ echo $?                            Anführungszeichen um name fehlen.
1                                    Nein
$
```

Der Vergleich mit einer Variablen der Länge Null führt in dieser erweiterten Version von `test` nicht mehr zu einem Fehler, sofern Sie die Variable nicht in Anführungszeichen einschließen.

Mit den hier vorgestellten Anweisungen können Sie bereits umfangreiche Prozeduren erstellen und die erworbenen Kenntnisse vertiefen. Dazu werden Sie zwei größere Prozeduren entwerfen, in der Sie das Kommando `ueberlauf` sofort einsetzen können. Es geht um das heikle Thema "Löschen von Dateien".

8.8. Anwendungsbeispiel: Das sichere Löschen

Vielleicht haben Sie auch schon einmal mit dem Kommando rm eine Datei gelöscht und anschließend festgestellt, daß Sie eigentlich eine ganz andere Datei löschen wollten? Das Kommando rm ist so konzipiert, daß es Ihre Eingaben bedingungslos ausführt und eine Datei unwiederbringlich löscht. Es gibt keine Möglichkeit die Datei wiederherzustellen, da UNIX die freigewordenen Datenblöcke sofort anderen Programmen zur Verfügung stellt. In einem Multiuser/Multitasking Betriebssystem ist die Wahrscheinlichkeit, daß diese Blöcke bereits nach kurzer Zeit von anderen Prozessen überschrieben werden hoch, so daß ein Kommando zur Wiederherstellung der Daten kaum Erfolg hätte. Das folgende Beispiel beschreibt zwei Prozeduren, die ein Löschen und das Wiederherstellen einer Datei ermöglichen. Mit dem Kommando sdel werden die Dateien nicht wirklich gelöscht, sondern lediglich in ein spezielles Verzeichnis verlagert. Nennen Sie dieses Verzeichnis .Papierkorb und plazieren es in Ihr Heimatverzeichnis. Zum Wiederherstellen einer gelöschten Datei verlagert der Befehl undel diese dann aus dem Verzeichnis .Papierkorb in das aktuelle Verzeichnis.

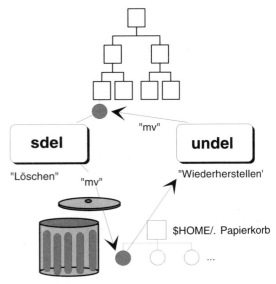

Bevor Sie mit dem Erstellen der Kommandos beginnen, zeige ich Ihnen zwei Kommandos, die an dieser Stelle nützlich sind:

```
basename   Pfadangabe
dirname    Pfadangabe
```

Der Befehl basename erwartet als Argument eine Pfadangabe und liefert als Ergebnis das letzte Element des Pfades. Der Befehl dirname erwartet ebenfalls einen Pfad als Argument und liefert diesen ohne das letzte Element des Pfades zurück. Wenn Sie dirname nur mit einem Dateinamen aufrufen, erhalten Sie die Antwort . (aktuelles Verzeichnis).

```
$ basename /home/peter/Datei
Datei
$ dirname /home/peter/Datei
/home/peter
$
```

Entscheidungen treffen

Sie benötigen die Befehle für die Prozeduren `sdel` und `undel`. Die neuen Kommandos erhalten beim Aufruf den Dateinamen der zu löschenden Datei.

```ksh
#!/bin/ksh
#
# @(#) sdel V1.0 Löschen einer Datei in den Papierkorb
#
# Aufruf: sdel Datei

if (( $# != 1 ))               # Anzahl Argumente prüfen
then
    echo "Aufruf: $0 Datei"; exit 1
fi

#-----Variablen festlegen------#
DATEI=$1                       # Löschdatei mit Pfad
PAPIERKORB=$HOME/.Papierkorb   # Name des Papierkorbes
VERZ=`dirname $DATEI`          # Vaterverzeichnis der Datei
DATNAME=`basename $DATEI`      # Löschdatei ohne Pfad
ANZAHL=2                       # Zulässige Anzahl Dateien im
                               # Papierkorb
#-----------------------------#

if [ ! -a $PAPIERKORB ]        # Papierkorb anlegen, falls nicht
then                           # vorhanden
    mkdir $PAPIERKORB
fi

if [ -f $PAPIERKORB ]          # Ist der Papierkorb eine Datei?
then                           # Wenn ja - Abbruch
    echo "$PAPIERKORB ist kein Verzeichnis"; exit 1
fi

# Löschkriterien überprüfen
if [ ! -f $DATEI -o ! -w $VERZ -o ! -w $DATEI -o ! -r $DATEI ]
then
    echo "Datei $DATEI kann nicht gelöscht werden"; exit 1
fi

if [ -a $PAPIERKORB/$DATNAME ] # Existiert die Datei bereits im
then                           # Papierkorb? - Wenn ja Über-
                               # schreiben bestätigen lassen

    echo "Datei $DATNAME existiert bereits im Papierkorb !"
    echo "Taste j überschreibt die Datei \c"; read antwort
    if [ "$antwort" != "j" ]
    then
        echo "Datei $DATNAME wurde nicht überschrieben"; exit 1
    fi
fi

mv $DATEI $PAPIERKORB                    # Verlagere Datei in den Papierkorb
ueberlauf $PAPIERKORB $ANZAHL            # Benachrichtige den Aufrufer, falls
                                         # der Papierkorb überläuft
```

Wie immer prüfen Sie auch hier zuerst die richtige Anzahl an Argumenten. Es folgt die Belegung aller erforderlichen Variablen. Der Aufruf

```
VERZ=`dirname $DATEI`       # Vaterverzeichnis der Datei
DATNAME=`basename $DATEI`   # Löschdatei ohne Pfad
```

besetzt die Variable VERZ mit dem Pfad der angegebenen Datei und die Variable DATNAME mit dem Dateinamen. Haben Sie als Argument den Pfad /home/peter/dat1 angegeben, befindet sich in VERZ das Vaterverzeichnis /home/peter und in DATNAME der Dateiname dat1. Sie benötigen das Vaterverzeichnis, um später die Zugriffsrechte davon zu bestimmen. Den Dateinamen benötigen Sie zur Verlagerung der Datei in den Papierkorb. Nachdem Sie alle Variablen besetzt haben, überprüfen Sie mit der test-Anweisung, ob das Verzeichnis $PAPIERKORB vorhanden ist. Wenn es nicht existiert, erzeugen Sie das Verzeichnis.

```
if [ ! -a $PAPIERKORB ]
then
    mkdir $PAPIERKORB
fi
```

Es ist möglich, daß bereits eine Datei mit dem Namen des Papierkorbes vorhanden ist. In diesem Fall wird die Prozedur mit einer Meldung beendet, da Sie zum Verlagern der gelöschten Dateien ein freies Verzeichnis benötigen.

```
if [ -f $PAPIERKORB ]
then
    echo "$PAPIERKORB ist kein Verzeichnis"; exit 1
fi
```

Jetzt beginnt der schwierigste Teil. Sie müssen Kriterien festlegen, um eine Datei zum Löschen freizugeben. Wenn die Datei eine der folgenden Kriterien nicht erfüllt, wird die Prozedur beendet. Die einzelnen Kriterien sind durch eine ODER-Bedingung (-o) miteinander verknüpft:

- $DATEI ist **keine** gewöhnliche Datei
- Das Vaterverzeichnis von $DATEI ist **nicht** schreibbar
- $DATEI ist **nicht** schreibbar für den "Aufrufer"
- $DATEI ist **nicht** lesbar

```
if [ ! -f $DATEI -o ! -w $VERZ -o ! -w $DATEI -o ! -r $DATEI ]
then
    echo "Datei $DATEI kann nicht gelöscht werden"; exit 1
fi
```

Wenn die Prozedur bisher nicht abgebrochen wurde, gehen Sie zur nächsten Prüfung über. Es ist durchaus möglich, daß die zu löschende Datei bereits im Papierkorb vorhanden ist. Sie sollten vor dem Überschreiben den Benutzer um Bestätigung bitten:

Entscheidungen treffen

```
if [ -a $PAPIERKORB/$DATNAME ]
then
    echo "Datei $DATNAME existiert bereits im Papierkorb !"
    echo "Taste j überschreibt die Datei?  \c"; read antwort
    if [ "$antwort" != "j" ]
    then
        echo "Datei $DATNAME wurde nicht überschrieben"; exit 1
    fi
fi
```

Hat der Benutzer die Datei im Papierkorb zum Überschreiben freigegeben, verlagern Sie die Datei in den Papierkorb:

```
mv $DATEI $PAPIERKORB
```

Die Datei wird in das Verzeichnis $PAPIERKORB verlagert und verschwindet damit aus dem ursprünglichen Verzeichnis. Für den aufrufenden Benutzer sieht dieses zunächst wie ein Löschen aus. Damit der Papierkorb nicht übermäßig anwächst, überprüfen Sie die Anzahl der enthaltenen Dateien nach jedem Löschvorgang. Was wäre besser geeignet, als Ihre Prozedur ueberlauf aus Kapitel 8.7 einzusetzen.

```
ueberlauf $PAPIERKORB $ANZAHL
```

Die Anzahl der vertretbaren Dateien steht in der Variablen ANZAHL und ist der Papierkorb voll, erhält der Benutzer eine Nachricht in seinem Postkorb. Ein Aufruf von sdel zeigt folgendes Ergebnis:

```
$ cd                                    Wechseln in das Heimatverzeichnis
$ ls .Papierkorb                        Ist der Papierkorb vorhanden?
.Papierkorb: No such file or directory                  Nein
$ sdel                                  Aufruf ohne Argument
Aufruf: sdel Datei                      Alles klar, so soll es sein
$ touch dat1 dat2 dat3                  Anlegen von 3 leeren Testdateien
$ sdel dat1                             Löschen von dat1, dat2 in den Papierkorb
$ sdel dat2
$ ls .Papierkorb                        Ist der Papierkorb jetzt da?
dat1                                    Prima, dat1, dat2 sind im Papierkorb
dat2
$ ls dat*                               Sind die Dateien dat1, dat2 wirklich gelöscht?
dat3                                    Ja
$ sdel .Papierkorb                      Warum denn nicht mal den Papierkorb löschen?
Datei .Papierkorb kann nicht gelöscht werden
$                                       Nichts da, .Papierkorb ist ein Verzeichnis
$ chmod 400 dat3                        Zugriffsrechte auf nur lesbar setzen
$ ls -l dat3
-r-------- 1 peter    other    0 Nov 21 19:56 dat3
$
```

Anwendungsbeispiel: Das sichere Löschen

```
$ sdel dat3                      Kann eine solche Datei gelöscht werden?
Datei dat3 kann nicht gelöscht werden
$                                Hier ist der gravierende Unterschied zum UNIX
                                 Kommando rm. rm hätte die Datei gelöscht
                                 (allerdings erst nach Bestätigung durch den
                                 Benutzer).
$ rm dat3                        Das Kommando rm löscht die Datei
rm: dat3: 400 mode?     y        Die Datei wird nach Bestätigung gelöscht
$ ls dat*
dat*: No such file or directory  Die Datei dat3 wurde gelöscht
$
```

Der Aufruf von sdel verlagert die Dateien dat1 und dat2 in den Papierkorb, statt diese für immer zu löschen. Auf diese Weise können Sie Dateien auf Wunsch wieder hervorholen und in das aktuelle Verzeichnis übertragen. Weiterhin fallen zwei Eigenschaften besonders auf: ein Verzeichnis kann von sdel grundsätzlich nicht gelöscht werden. Zusätzlich wurde sdel um eine weitere Sicherheitsvorkehrung ergänzt. Die Datei dat3 kann nur gelöscht werden, wenn für den Aufrufenden ein Schreibrecht besteht. Der Befehl rm orientiert sich dagegen an den Zugriffsrechten des übergeordneten Verzeichnisses. Sofern das Dateiverzeichnis ein Schreibrecht besitzt, können alle darin enthaltenen Dateien gelöscht werden. Das Kommando weist Sie zwar auf das fehlende Schreibrecht hin, löscht die Datei dennoch nach Bestätigung durch den Benutzer. Im Gegensatz dazu führt der Aufruf von sdel in einem solchen Fall immer zu einem Mißerfolg. Hier ist ein weiterer gravierender Unterschied zum Kommando rm erkennbar.

Um eine Datei aus dem Papierkorb hervorzuholen, erstellen Sie die Prozedur undel. Der Aufruf erfolgt unter Angabe des Dateinamens. Eine Pfadangabe für die Datei ist überflüssig, da die Datei nur im Papierkorb gesucht wird und dieser der Prozedur bekannt ist. Die wiederhergestellte Datei wird aus dem Papierkorb in das aktuelle Verzeichnis verlagert.

Entscheidungen treffen

```
#!/bin/ksh
#
# @(#) undel V1.0 Wiederherstellen einer gelöschten Datei
#
# Aufruf: undel Datei

if (( $# != 1 ))                        # Anzahl Argumente prüfen
then
    echo "Aufruf: $0 Datei"; exit 1
fi

#------- Variablen festlegen --------#
DATEI=$1                                # Dateiname
PAPIERKORB=$HOME/.Papierkorb            # Name des Papierkorbes
#------------------------------------#

if [ ! -d $PAPIERKORB ]                 # Papierkorb vorhanden?
then
    echo "Der Papierkorb $PAPIERKORB ist nicht vorhanden"; exit 1
fi

if echo $DATEI | grep "/" >/dev/null    # Pfadnamen sind nicht
then                                    # erlaubt
    echo "Keine Pfadangabe erlaubt"; exit 1
fi

if [ ! -f $PAPIERKORB/$DATEI ]          # Ist die Datei im
then                                    # Papierkorb enthalten
    echo "Datei $DATEI ist nicht im Papierkorb enthalten"; exit 1
fi

if [ -a $DATEI ]                        # Existiert die Datei im
then                                    # aktuellen Verzeichnis?

    # Die Datei existiert bereits im aktuellen Verzeichnis
    # Wiederherstellen mit Bestätigung
    echo "Datei $DATEI im aktuellen Verzeichnis vorhanden"
    echo "Soll die Datei überschrieben werden (j/n)?\c"; read ok
    if [ "$ok" != j ]
    then
         echo "Die Datei $DATEI wurde nicht wiederhergestellt"; exit 1
    fi
fi

mv $PAPIERKORB/$DATEI .                 # Datei aus dem Papierkorb in
                                        # das aktuelle Verzeichnis
                                        # verlagern
```

Hier sollten Sie die einzelnen Programmschritte näher betrachten. Die obligatorische Überprüfung der Argumente und des Papierkorbes darf auch hier nicht fehlen. Im nächsten Schritt wird der Dateiname auf eventuelle Pfadangaben untersucht. Ein Pfad wird in UNIX durch die Verzeichnisnamen in Verbindung mit dem Trennzeichen "/" gebildet. Sie müssen den Dateinamen auf ein solches Zeichen überprüfen:

```
if echo $DATEI | grep "/" >/dev/null    # Pfadnamen sind nicht
then                                    # erlaubt
    echo "Keine Pfadangabe erlaubt"; exit 1
fi
```

Anwendungsbeispiel: Das sichere Löschen

Die folgende Abfrage stellt sicher, daß die angeforderte Datei im Papierkorb existiert und eine reguläre Datei ist:

```
if [ ! -f $PAPIERKORB/$DATEI ]      # Ist die Datei im
then                                 # Papierkorb enthalten
    echo "Datei $DATEI ist nicht im Papierkorb enthalten"; exit 1
fi
```

Wenn die angegebene Datei bereits im aktuellen Verzeichnis existiert, wird der Benutzer vor dem Überschreiben um Bestätigung gebeten.

```
if [ -a $DATEI ]                    # Existiert die Datei im
then                                 # aktuellen Verzeichnis?

    # Die Datei existiert bereits im aktuellen Verzeichnis
    # wiederherstellen nicht zulässig
    echo "Datei $DATEI im aktuellen Verzeichnis vorhanden"
    echo "Soll die Datei überschrieben werden (j/n)?\c"; read ok
    if [ "$ok" != j ]
    then
        echo "Die Datei $DATEI wurde nicht wiederhergestellt"; exit 1
    fi
fi
```

Jetzt sind alle Fehlermöglichkeiten ausgeschaltet, und Sie können das Wiederherstellen der gelöschten Datei durchführen. Dazu verlagern Sie die Datei aus dem Papierkorb in das aktuelle Verzeichnis.

```
mv $PAPIERKORB/$DATEI .
```

Die folgenden Beispiele zeigen das Zusammenspiel beider Kommandos:

```
$ undel                           Der erste Aufruf ohne Argumente
Aufruf: undel Datei               Vielen Dank für den Hinweis!
$ ls dat*                         Welche Dateien sind vorhanden?
dat*: No such file or directory
$ ls $HOME/.Papierkorb            Mal nachsehen, was im Papierkorb vorhanden ist
dat1
dat2
$ undel dat2                      Wiederherstellen von dat2
$ ls dat[0-9]                     Wurde dat2 zurückgesichert?
dat2                              Ja,
$ undel dat2                      Weil´s so schön war gleich noch einmal
Datei dat2 ist nicht im Papierkorb enthalten
$ undel dat1                      Wiederherstellen von dat1
$ ls dat[0-9]                     Wurde dat1 zurückgesichert?
dat1                              Ja,
dat2
$ undel /home/peter/dat1          Pfadnamen sind nicht erlaubt
Pfadnamen sind nicht erlaubt
$ sdel dat2
$ touch dat2                      Überlisten Sie die Prozedur und legen Sie die Datei
                                  neu an
```

Entscheidungen treffen

```
$ undel dat2                         dat2 aus dem Papierkorb holen
Datei dat2 im aktuellen Verzeichnis vorhanden
Soll die Datei überschrieben werden (j/n)?n         Nein
Die Datei dat2 wurde nicht wiederhergestellt
$ sdel dat2                          Wie ist es umgekehrt? dat2 ist im Papierkorb
                                     enthalten.
Datei dat2 existiert bereits im Papierkorb!
Taste j überschreibt die Datei j
$
```

Wunderbar, die Prozeduren arbeiten wie Sie es erwarten. Die Dateien dat1 und dat2 konnten erfolgreich wiederhergestellt werden. Das Anwachsen des Papierkorbes wird durch Ihre Prozedur ueberlauf nach jedem Aufruf von sdel überwacht. Übersteigt die Anzahl der Dateien im Papierkorb den von Ihnen vorgegebenen Wert, erfolgt automatisch eine Meldung an Ihren Postkorb. Der momentan eingestellte Wert liegt bei zwei Dateien.

Wenn Sie mehr als zwei Dateien mit sdel löschen, haben Sie die zulässige Anzahl überschritten, es befindet sich eine Meldung in Ihrer Post.

```
$ touch dat3
$ ls dat*
dat1
dat2
dat3
$ sdel dat1
$ sdel dat2
$ sdel dat3                          Jetzt befinden sich 3 Dateien im Papierkorb und sdel
                                     hat Ihnen Post geschickt.
$ mail                               Ist wirklich Post für mich vorhanden?
From peter Sun Apr  5 13:45 EDT 1992

 Es sind mehr als 2 Dateien im Verzeichnis:
/home/peter/.Papierkorb
  Sie sollten mal wieder aufräumen!

 Mfg    -  Ihr Computer
? q
```

Dieser nette Hinweis ist eine indirekte Aufforderung, den Papierkorb aufzuräumen. Sie können die Dateien, die Sie nicht mehr benötigen, löschen oder sichern. Wenn Sie die Prozeduren sdel und undel in das zentrale Verzeichnis $HOME/bin kopieren, können Sie die Kommandos von jeder Stelle im Dateisystem aktivieren. In einem späteren Kapitel werden Sie die Prozedur undel um eine Aufrufoption ergänzen, so daß auf Wunsch alle Dateien im Papierkorb aufgelistet werden. Weiterhin werden Sie ein neues Kommando pdel erstellen, mit dem Sie Dateien im Papierkorb für immer löschen können.

An diesem Beispiel erkennen Sie deutlich, wie einfach es ist mit wenigen Befehlen die Eigenschaften von UNIX den eigenen Wünschen anzupassen. Mit Hilfe der Shell-Programmierung können Sie maßgeschneiderte Prozeduren entwerfen und damit Ihr System sicherer und bequemer gestalten. Die `if-Anweisung` spielt bei der Gestaltung Ihrer Prozeduren eine wesentliche Rolle, da Sie unmittelbar den Erfolg von Kommandos überwachen und darauf reagieren können. Nachfolgend möchte ich Ihnen eine weitere Variante dieser Anweisung vorstellen.

Mit der `if-Anweisung` haben Sie bisher zwischen zwei Fällen unterschieden. Entweder war die Bedingung der `if-Anweisung` wahr, dann wurden die Kommandos zwischen `then` und `else` ausgeführt. Im anderen Fall hat die Shell alle Befehle zwischen `else` und `fi` gestartet. Häufig ist es erforderlich, zwischen mehreren Bedingungen zu unterscheiden und für jeden erkannten Fall die entsprechenden Aktionen durchzuführen. Stellen Sie sich vor, Sie möchten überprüfen, ob eine Datei eine "Normale Datei", ein Verzeichnis oder ein Gerät ist. Das folgende Ablaufdiagramm gibt eine Übersicht der drei möglichen Fälle:

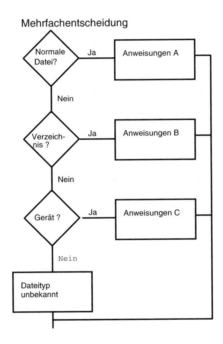

Die `if...then...else` Konstruktion prüft genau eine Bedingung auf ihren Wahrheitswert, während bei der Fallunterscheidung mehrere Bedingungen zur Prüfung herangezogen werden. Im folgenden Kapitel werden Sie einen Befehl kennenlernen, mit dem Sie zwischen verschiedenen Fällen unterscheiden können.

8.9. Die Fallunterscheidung mit `elif`

Prinzipiell können Sie eine Fallunterscheidung mit der bekannten `if...then...else` Konstruktion durchführen. Diese aber führt sehr schnell zu einer mehrfachen Verschachtelung der `if-Anweisung` und erhöht nicht gerade die Lesbarkeit Ihrer Prozedur. Je mehr Fälle Sie zu unterscheiden haben, desto tiefer wird die Verschachtelung. Ab einer bestimmten Anzahl wird die Konstruktion unüberschaubar und es ist fraglich, ob ein Einsatz überhaupt noch sinnvoll ist. Aus diesem Grund wurde der Befehl `elif` ins Leben gerufen. Sollten Sie mehrere Entscheidungen zu treffen haben, ist es immer ratsam, den `elif-Befehl` zu verwenden. Eine Fallunterscheidung mittels `elif` ist wesentlich übersichtlicher und hat folgenden Aufbau:

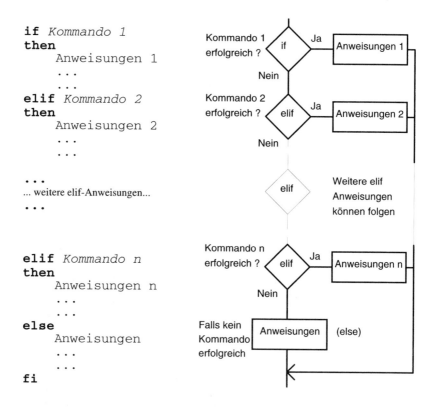

```
if Kommando 1
then
     Anweisungen 1
     ...
     ...
elif Kommando 2
then
     Anweisungen 2
     ...
     ...

...
... weitere elif-Anweisungen...
...

elif Kommando n
then
     Anweisungen n
     ...
     ...
else
     Anweisungen
     ...
     ...
fi
```

Alle Kommandos *Kommando 1* bis *Kommando n* werden in der aufgeführten Reihenfolge ausgeführt und die einzelnen Rückgabewerte getestet. Liefert ein Kommando den Rückgabewert 0 (wahr) werden alle Kommandos nach dem `then` bis zum folgenden `elif`, `else` oder `fi` ausgeführt und es wird nach dem Schlüsselwort `fi` fortgefahren. Ansonsten wird das nächste Kommando nach einem `elif` ausgeführt und dessen Rückgabewert wird gleichermaßen überprüft. Sollte keines der Kommandos *Kommando 1* bis *Kommando n* den Wert 0 liefern, werden die Kommandos zwischen `else` und `fi` ausgeführt.

Damit Sie endgültig überzeugt sind und gleichzeitig die Anwendung des Befehls `elif` kennenlernen, stelle ich Ihnen die Prozedur `ftyp` vor. Als Argument erhält der neue Befehl einen Dateinamen und als Antwort wird Ihnen der Dateityp angezeigt. Die erste Version der Prozedur `ftyp` wurde auf der Basis einer `if...then...else` Konstruktion gelöst.

```
#!/bin/ksh
#
# @(#) ftyp V1.0 Dateityp einer Datei feststellen
#
# Aufruf: ftyp Datei

DATEI=$1

if (($# -ne 1))                 # Überprüfung mit dem Kommando let
then
    echo "Aufruf: $0 Datei"; exit 1
fi

if [ ! -a $DATEI ]              # Fall 1) Datei nicht vorhanden?
then
    echo "$DATEI: NICHT VORHANDEN"
else
    if [ -d $DATEI ]            # Fall 2) Verzeichnis?
    then
        echo "$DATEI: VERZEICHNIS"
    else
        if [ -f $DATEI ]        # Fall 3) Datei?
        then
            echo "$DATEI: DATEI"
        else
            if [ -c $DATEI ]    # Fall 4) Gerät zeichenorientiert?
            then
                echo "$DATEI: GERÄTEDATEI(zeichenorientiert)"
            else
                if [ -b $DATEI ] # Fall 5) Gerät blockorientiert?
                then
                    echo "$DATEI: GERÄTEDATEI(blockorientiert)"
                else
                    echo "$DATEI: UNBEKANNT"
                fi
            fi
        fi
    fi
fi
```

Ist der Dateityp nicht in dieser Liste enthalten, wird die Meldung `"Datei: UNBEKANNT"` ausgegeben. Sie müssen zugeben, daß diese Version der Prozedur `ftyp` kaum überschaubar ist. Die große Anzahl an verschachtelten `if`-Anweisungen ist unübersichtlich, obwohl hier nur fünf Fälle unterschieden werden. Auch wenn die Prozedur formal richtig und funktionsfähig ist, sollten Sie eine solche Konstruktion vermeiden. Die Lösung mit dem Befehl `elif` ist in einem solchen Fall weniger komplex und leichter überschaubar. Zum Vergleich können Sie die zweite Version von `ftyp` mit der `elif`-Anweisung umschreiben.

```
#!/bin/ksh
#
# @(#) ftyp V1.1 Dateityp einer Datei feststellen
#
# Aufruf: ftyp Datei

DATEI=$1

if [ $# -ne 1 ]      # Überprüfung mit dem Kommando test
then
     echo "Aufruf: $0 Datei"; exit 1
fi

if    [ ! -a $DATEI ]    # Fall 1) Datei nicht vorhanden?
then
     echo "$DATEI: NICHT VORHANDEN"
elif [ -d $DATEI ]       # Fall 2) Verzeichnis?
then
     echo "$DATEI: VERZEICHNIS"
elif [ -f $DATEI ]       # Fall 3) Datei?
then
     echo "$DATEI: DATEI"
elif [ -c $DATEI ]       # Fall 4) Gerät zeichenorientiert?
then
     echo "$DATEI: GERÄTEDATEI(zeichenorientiert)"
elif [ -b $DATEI ]       # Fall 5) Gerät blockorientiert?
then
     echo "$DATEI: GERÄTEDATEI(blockorientiert)"
else
                         # Voreinstellung: Dateityp unbekannt
     echo "$DATEI: UNBEKANNT"
fi
```

Das sieht doch gleich viel besser aus. Die Prozedur bleibt selbst beim Einbau weiterer Entscheidungen überschaubar. Der Vergleich beider Prozeduren dürfte Sie davon überzeugt haben.

Die Anweisung `if...then...else` unterscheidet genau zwei Fälle, während Sie mit dem Befehl `elif` auf strukturierte Weise beliebig viele Fallunterscheidungen durchführen können. Ein Aufruf der Prozedur `ftyp` zeigt folgendes Ergebnis:

```
$ ftyp                                  Vielen Dank für den Hinweis
Aufruf: typ Datei
$ ftyp /etc/passwd                      Was ist denn das für eine Datei?
/etc/passwd: DATEI                      eine gewöhnliche Datei
$ ftyp /etc
/etc: VERZEICHNIS                       Richtig, /etc ist ein Verzeichnis
$ ftyp /dev/fd0                         Was ist damit?
/dev/fd0: GERÄTEDATEI(blockorientiert)
$ ftyp xyz                              Die Datei gibt es doch gar nicht
xyz: NICHT VORHANDEN
```

Sie können die Prozedur um weitere Typen ergänzen, so daß auch symbolische Links oder benannte Pipes erkannt werden. Im Kapitel 8.7 finden Sie eine Übersicht der Dateioperatoren.

Sie lernen die `case-Anweisung` später in einem separaten Kapitel kennen, mit der Sie ebenfalls auf strukturierte Weise Fallunterscheidungen durchführen können. Bevor Sie jedoch mit neuen Themen und Befehlen fortfahren, sollten Sie das bisher Erlernte an einem praktischen Beispiel üben und vertiefen. Daher werden wir an Ihrer Adreßverwaltung weiterarbeiten und mit Hilfe der `if-Anweisung` die Prozeduren des zweiten Teils erweitern und verbessern. Zur Erinnerung finden Sie am Anfang des nun folgenden Kapitels eine Übersicht der geplanten Änderungen in Teil 3 der Adreßverwaltung. Sie werden mit der `if-Anweisung` alle bisher bekannten Fehler und Schwachstellen in den Prozeduren beseitigen, so daß Sie nach Abschluß des Kapitels eine sichere und fehlerfrei arbeitende Version vorliegen haben.

Adreßkartei Teil 3

Kapitelübersicht

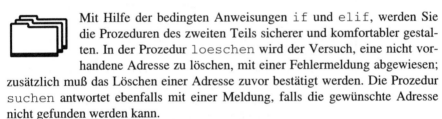

Mit Hilfe der bedingten Anweisungen if und elif, werden Sie die Prozeduren des zweiten Teils sicherer und komfortabler gestalten. In der Prozedur loeschen wird der Versuch, eine nicht vorhandene Adresse zu löschen, mit einer Fehlermeldung abgewiesen; zusätzlich muß das Löschen einer Adresse zuvor bestätigt werden. Die Prozedur suchen antwortet ebenfalls mit einer Meldung, falls die gewünschte Adresse nicht gefunden werden kann.

Beim Durcharbeiten des Kapitels wird Ihnen vermutlich auffallen, daß das Suchen von Adressen ein unterschiedliches Ausgabeformat benutzt. Wenn zu einem Nachnamen mehrere Adreßdaten gefunden werden, zeigt die Prozedur die Namen in Form einer Liste an. Nur wenn genau eine Adresse vorliegt, werden die Daten mit der Prozedur anzeigen in aufbereiteter Form ausgegeben. Im fünften Teil der Adreßverwaltung wird auch diese Schwachstelle beseitigt werden. Zunächst sollten Sie die folgenden Themen anhand der Adreßverwaltung üben und vertiefen.

- Den Rückgabewert von Kommandos prüfen
- Das Kommando exit
- Die bedingte Anweisung if
- Das Kommando test
- Zahlen vergleichen mit let
- Die Fallunterscheidung mit elif

Übersicht der Änderungen

Mit der Anweisung `if` und dem Kommando `test` werden Sie die Prozeduren der Adreßverwaltung um folgende Funktionalitäten erweitern:

Prozedur	Aktion	Beschreibung
`anlegen`	Änderung	Eine Adresse kann nur neu eingetragen werden, wenn diese noch nicht vorhanden ist.

`loeschen`	Änderung	Die Anzahl der Aufrufargumente wird überprüft
		
		Eine Meldung wird ausgegeben und die Prozedur wird beendet, wenn
		    a) keine Adresse gefunden wurde
		    b) eine Adresse mehrfach vorhanden ist
		
		Der Löschvorgang muß zuvor bestätigt werden

`suchen`	Änderung	Die Anzahl der Aufrufargumente wird überprüft Sollten mehrere Adressen zu einer Suchanfrage gefunden werden, erfolgt die Anzeige der Daten in Form einer Liste. Nur wenn genau eine Adresse vorliegt, werden die Daten mit der Prozedur `anzeigen` in aufbereiteter Form ausgegeben. Eine Meldung weist auf eine nicht gefundene Adresse hin

Die restlichen Prozeduren bleiben unverändert. Wechseln Sie vor dem Bearbeiten der Prozeduren in Ihr Arbeitsverzeichnis und wenn gewünscht, kopieren Sie die Prozeduren der beigelegten Diskette in Ihren Arbeitsbereich:

```
$ cd $HOME/ADRESSEN
$ cp $HOME/BUCH/ADRESSEN/TEIL3/* .
```

Auch hier können Sie sich entscheiden, ob Sie die Änderungen "per Hand" oder durch Kopieren der beigelegten Prozeduren vornehmen möchten. In beiden Fällen liegt nach Abschluß des Kapitels folgende Struktur vor:

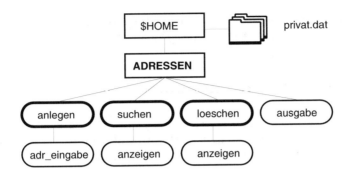

Nachfolgend sehen Sie eine Übersicht der geänderten Prozeduren:

Änderung der Prozedur `anlegen`

Nach Eingabe einer neuen Adresse wird überprüft, ob diese bereits in der Adreßkartei vorhanden ist. Die Prozedur beendet sich in diesem Fall mit einer Fehlermeldung und kehrt in die aufrufende Shell zurück.

```
#
# @(#) anlegen V1.1 Neue Adresse hinzufügen
#
# Aufruf: anlegen

ADRESSE=${ADRESSE:-$HOME/adressen.adr}

. adr_eingabe                           # Adresse von der Tastatur lesen

SATZ="$Nachname":"$Vorname":"$Strasse":"$Wohnort":"$Telefon":"$Bemerkung"

# Adresse bereits vorhanden?
if egrep "^$SATZ$" $ADRESSE >/dev/null 2>/dev/null
then
     echo "\nAdresse bereits vorhanden"; exit 1
fi

echo $SATZ >>$ADRESSE                   # Adresse speichern
sort -o $ADRESSE $ADRESSE               # Sortieren der Adreßkartei
echo "\nAdresse wurde gespeichert"
exit 0
```

Der Befehl:

```
if egrep "^$SATZ$" $ADRESSE >/dev/null 2>/dev/null
```

sucht die eingegebene Adresse in der Adreßkartei. Die genaue Übereinstimmung der Adresse wird durch das Suchmuster `^$SATZ$` sichergestellt. Die Angaben in der Variablen `SATZ` werden vom Anfang der Zeile `^` bis zum Ende der Zeile `$` mit den Sätzen in der Datei verglichen. Liefert `egrep` den Rückgabewert 0, weist eine Meldung auf den schon vorhandenen Satz hin. Dadurch wird das mehrfache Speichern von identischen Adressen verhindert.

Änderung der Prozedur suchen

Der Prozedur wird beim Aufruf der Nachname als Argument übergeben. Entspricht die Argumentenzahl nicht dem Wert 1, wird die Prozedur mit einer Hinweismeldung über den korrekten Gebrauch des Kommandos beendet.

```
#!/bin/ksh
#
# @(#) suchen V1.2 Suchen einer Adresse
#
# Aufruf: suchen Nachname

if (( $# != 1 ))                              # Anzahl Argumente != 1?
then
    echo "Aufruf: $0 Nachname"; exit 1
fi

#-------------------------------------------#
ADRESSE=${ADRESSE:-$HOME/adressen.adr}   # Name der Adreßkartei
MUSTER="^$1:"                             # Suchmuster
#-------------------------------------------#

anzahl=`egrep -c "$MUSTER" $ADRESSE`      # Anzahl Treffer zählen

if   (( anzahl >1   ))                    # Mehr als 1 Treffer
then
    egrep "$MUSTER" $ADRESSE | tr ":" ","  # Ersetze : durch ,
                                          # Als Liste anzeigen
elif (( anzahl == 0 ))                    # Kein Treffer?
then
    echo "$1 ist nicht in der Adreßdatei enthalten"
else                                      # Genau ein Treffer
    SATZ=`egrep "$MUSTER" $ADRESSE`       # Adresse suchen und
    anzeigen "$SATZ"                      # aufbereitet ausgeben
fi
```

Der Befehl

```
anzahl=`egrep -c "$MUSTER" $ADRESSE`
```

zählt die gefundenen Adressen und hinterlegt den Wert in der Variablen anzahl. Zur Überprüfung der richtigen Anzahl wird das Kommando `let` in der alternativen Schreibweise benutzt. Das Dollarzeichen vor der Variablen anzahl kann entfallen. Im folgenden wird mit der `elif`-Anweisung unterschieden, ob mehr als eine Adresse, keine Adresse oder genau eine Adresse gefunden wurde. Der Vergleich mit der `let`-Anweisung

Änderung der Prozedur suchen

```
if   (( anzahl >1   ))                    # Mehr als 1 Treffer
then
    egrep "$MUSTER" $ADRESSE | tr ":" ","  # Ersetze : durch ,
                                          # Als Liste anzeigen
elif (( anzahl == 0 ))                    # Kein Treffer?
then
    echo "$1 ist nicht in der Adreßdatei enthalten"
else                                      # Genau ein Treffer
    SATZ=`egrep "$MUSTER" $ADRESSE`       # Adresse suchen und
    anzeigen "$SATZ"                      # aufbereitet ausgeben
fi
```

kann auch mit dem Kommando `test` durchgeführt werden. In diesem Fall dürfen Sie nicht vergessen, die Operatoren > und == durch -gt und -eq auszutauschen. Nur bei der Korn-Shell kann das Dollarzeichen vor der Variablen anzahl entfallen. Eine genaue Beschreibung finden Sie in Kapitel 8.7 (`test` - Vergleich ganzer Zahlen).

```
if   [ anzahl -gt 1 ]                     # Mehr als 1 Treffer
then
    egrep "$MUSTER" $ADRESSE | tr ":" ","  # Ersetze : durch ,
                                          # Als Liste anzeigen
elif [ anzahl -eq 0 ]                     # Kein Treffer?
then
    echo "$1 ist nicht in der Adreßdatei enthalten"
else                                      # Genau ein Treffer
    SATZ=`egrep "$MUSTER" $ADRESSE`       # Adresse suchen und
    anzeigen "$SATZ"                      # aufbereitet ausgeben
fi
```

Wegen der besseren Übersicht werde ich im weiteren Verlauf des Buches das Kommando `let` zur Überprüfung numerischer Vergleiche verwenden. Bedenken Sie, daß dieser Befehl nur der Korn-Shell bekannt ist.

In der vorangegangenen Version haben Sie bereits entdeckt, daß die Prozedur `anzeigen` nur eine Adresse ausgeben kann. Daher erfolgt die aufbereitete Anzeige der Daten nur dann, wenn genau ein Satz in der Adreßkartei gefunden wurde.

Sollte die Suchanfrage mehrere Adressen liefern, wird die Ausgabe von `egrep` auf dem Bildschirm angezeigt. Der Feldtrenner : wird dabei mit Hilfe des Kommandos `tr` (translate) in ein Komma umgewandelt. Im fünften Teil der Adreßverwaltung werden wir diese Schwachstelle beseitigen.

Falls keine Adresse gefunden wurde, antwortet `suchen` mit einer Fehlermeldung und die Prozedur beendet sich.

Adreßkartei Teil 3

Änderung der Prozedur `loeschen`

Verwenden Sie die Anweisung `elif` um folgende Fälle zu unterscheiden:

a) keine Adresse gefunden
b) mehrere Adressen gefunden
c) genau eine Adresse gefunden

```ksh
#!/bin/ksh
#
# @(#) loeschen V1.1 Löschen einer Adresse
#
# Aufruf: loeschen Nachname

if (( $# != 1 ))                            # Anzahl Argumente != 1?
then
    echo "Aufruf: $0 Nachname"; exit 1
fi

#-------------------------------------#
ADRESSE=${ADRESSE:-$HOME/adressen.adr} # Name der Adreßkartei
MUSTER="^$1:"                          # Suchmuster
RET=1                                  # Exit-Status mit Fehler
#-------------------------------------# vorbelegen

anzahl=`egrep -c "$MUSTER" $ADRESSE`        # Anzahl Treffer zählen

if   (( anzahl == 0 ))                      # Kein Treffer?
then
    echo "$1 ist nicht in der Adreßdatei enthalten"
elif (( anzahl > 1 ))                       # Mehr als 1 Treffer
then
    echo "$1 wurde mehrfach gefunden. Löschen nicht erlaubt"
else
    SATZ=`egrep "$MUSTER" $ADRESSE`         # Genau 1 Treffer
    anzeigen "$SATZ"                        # Anzeigen Adresse
    echo "Adresse löschen [j,n]? \c"        # Löschvorgang bestätigen
    read eingabe
    if [ "$eingabe" = j ]
    then
        tmpdat=/tmp/loesch$$                # Name Zwischendatei
        # Suche alle Zeilen, die nicht
        # das Muster enthalten
        egrep -v "^$SATZ$" $ADRESSE >$tmpdat

        mv $tmpdat $ADRESSE                 # Verlagern Zwischendatei
                                            # auf Originaldatei
        echo "Die Adresse wurde gelöscht"
        RET=0                               # Löschen erfolgreich
    fi
fi
exit $RET                                   # Exit-Status zurückgeben
```

Sollten keine oder mehrere Adressen gefunden werden, beendet sich die Prozedur mit einer Fehlermeldung und führt die gewünschte Operation nicht aus. Das Löschen wird nur durchgeführt, wenn zu dem Nachnamen genau eine Adresse in der Datei enthalten ist. Die Adresse wird vor dem Löschen auf dem Bildschirm

Änderung der Prozedur loeschen

angezeigt, und der Benutzer wird aufgefordert, den Löschvorgang mit der Taste 'j' zu bestätigen.

```
SATZ=`egrep "$MUSTER" $ADRESSE`      # Genau 1 Treffer
anzeigen "$SATZ"                     # Anzeigen Adresse
echo "Adresse löschen [j,n]? \c"     # Löschvorgang bestätigen
read eingabe
if [ "$eingabe" = j ]
then
    tmpdat=/tmp/loesch$$             # Name Zwischendatei
    # Suche alle Zeilen, die nicht
    # das Muster enthalten
    egrep -v "^$SATZ$" $ADRESSE >$tmpdat

    mv $tmpdat $ADRESSE              # Verlagern Zwischendatei
                                     # auf Originaldatei
    echo "Die Adresse wurde gelöscht"
    RET=0                            # Löschen erfolgreich
fi
```

Zur Anzeige der Adresse verwenden Sie Ihre Prozedur `anzeigen`, die Sie beim Suchen bereits erfolgreich eingesetzt haben. Es hat sich bewährt, die Ausgabe einer Adresse als separates Kommando bereitzustellen. Hätten Sie die Ausgabe einer Adresse direkt in die Prozedur `suchen` aufgenommen, könnten Sie dieses Programm nicht in `loeschen` aufrufen. Sie wären gezwungen, die Ausgabe neu zu codieren.

Nach dem Anzeigen der Adresse muß der Benutzer den Löschvorgang zuerst mit der Taste 'j' bestätigen, bevor die Adresse endgültig aus der Datei entfernt wird. Alle anderen Eingaben beenden die Prozedur ohne die angezeigte Adresse zu löschen. Der Exit-Status der Prozedur wird zu Anfang der Variablen `RET` zugewiesen. Voreingestellt wird der Wert 1 (Fehler) eingesetzt; nur nach einem erfolgreichen Löschen der Adresse wird dieser Wert in 0 (erfolgreiches Löschen) geändert. Am Ende der Prozedur wird dann der Rückgabewert mit Hilfe von `exit` an das aufrufende Programm zurückgegeben.

An dieser Stelle können Sie sich bereits eine notwendige Änderung für den vierten Teil vormerken. In Zukunft soll neben der Taste 'j' die Eingabe von 'J', 'Ja', 'JA und 'ja' ebenfalls zum Löschen der Adresse führen. Das folgende Kapitel beschäftigt sich mit diesem Thema, und Sie werden eine Prozedur kennenlernen, die Ja/Nein-Abfragen vereinfacht. Mit den vorgenommenen Änderungen haben Sie die Prozeduren `anlegen`, `suchen` und `loeschen` wesentlich sicherer gestaltet. Die auftretenden Fehler des zweiten Teils konnten mit der `if`-Anweisung ausgeschaltet werden, wie der folgende Beispieldurchlauf zeigen wird.

> Änderung in Teil 4

Adreßkartei Teil 3

Ein Beispieldurchlauf

Sie werden in diesem Beispieldurchlauf die Schwachstellen des zweiten Teils genauer unter die Lupe nehmen und überprüfen, ob alle Fehlersituationen in der neuen Version ausgeschaltet wurden. Die Basis Ihrer neuen Adreßkartei ist die Datei `referenten.adr`, in der Schulungsreferenten und deren Themenschwerpunkte gespeichert werden.

```
$ ADRESSE=$HOME/referenten.adr
$ export ADRESSE
```

referenten.adr

Zuerst überprüfen Sie, ob die mehrfache Eingabe einer Adresse möglich ist:

```
$ anlegen
Bitte Adresse eingeben:
------------------------
Nachname  : Meister
Vorname   : Hans
Strasse   : Lilienweg 12
Wohnort   : 8000 München
Telefon   : 089/1231
Bemerkung : UNIX Grundlagen

Adresse wurde gespeichert
$
$ anlegen
Bitte Adresse eingeben:
------------------------
Nachname  : Meister
Vorname   : Hans
Strasse   : Lilienweg 12
Wohnort   : 8000 München
Telefon   : 089/1231
Bemerkung : UNIX Grundlagen

Adresse bereits vorhanden
$
```

Die Speicherung einer doppelten Adresse wird von der Prozedur `anlegen` nicht zugelassen. Bedenken Sie, daß eine mehrfache Adresse nur erkannt wird, wenn die Eingaben absolut identisch sind. Ein Blick in die Adreßdatei bestätigt die Aussage.

```
$ ausgabe
Meister:Hans:Lilienweg 12:8000 München:089/1231:UNIX Grundlagen
(EOF):
$
```

Legen Sie einen weiteren Kandidaten an:

```
$ anlegen
Bitte Adresse eingeben:
-----------------------
Nachname  : Meistersinger
Vorname   : Hans
Strasse   : Blumenweg 3
Wohnort   : 1000 Berlin
Telefon   : 030/3211
Bemerkung : C-Grundlagen

Adresse wurde gespeichert
$
$ ausgabe
Meister:Hans:Lilienweg 12:8000 München:089/1231:UNIX-Grundlagen
Meistersinger:Hans:Blumenweg 3:1000 Berlin:030/3211:C-Grundlagen
(EOF):
```

In der vorangegangenen Version von suchen führte das Auffinden von mehr als einer Adresse zu einem Fehler. Überprüfen Sie die neue Version:

```
$ suchen Meister                          Die Adresse ist nur einmal vorhanden
-----------------------------------------
Hans Meister
Lilienweg 12
8000 München
089/1231
UNIX-Grundlagen
-----------------------------------------
$
```

Mit regulären Ausdrücken können Sie die Suchanfrage verallgemeinern und zum Beispiel alle Nachnamen suchen, die mit dem Muster *Meister* beginnen.

```
$ suchen 'Meister.*'
Meister,Hans,Lilienweg 12,8000 München,089/1231,UNIX-Grundlagen
Meistersinger,Hans:Blumenweg 3,1000 Berlin,030/3211,C-Grundlagen
$
```

Die Prozedur hat die Nachnamen *Meister* und *Meistersinger* gefunden und gibt diese in Form einer Liste aus. Nur wenn genau eine Adresse gefunden wurde, erscheinen die Daten in aufbereiteter Form auf dem Bildschirm. Als Ausgabetrennzeichen wird das Komma verwendet. Probieren Sie es erneut mit dem Namen *Meistersinger*.

Adreßkartei Teil 3

```
$ suchen Meistersinger
-----------------------------------------
Hans Meistersinger
Blumenweg 3
1000 Berlin
030/3211
C Grundlagen
-----------------------------------------
```

Der Aufruf war erfolgreich, und die gesuchte Adresse wird auf dem Bildschirm angezeigt. Die Suche nach einer nicht vorhandenen Adresse wird mit einer Fehlermeldung beantwortet:

```
$ suchen Schulz
Schulz ist nicht in der Adressdatei enthalten
$
```

Nehmen Sie einen weiteren Schulungsreferenten auf:

```
$ anlegen
Bitte Adresse eingeben:
-----------------------------------------
Nachname   : Meier
Vorname    : Otto
Strasse    : Meierweg 12
Wohnort    : 4440 Rheine
Telefon    : 05971/7711
Bemerkung  : COBOL Praxis

Adresse wurde gespeichert
$
```

Bisher sind folgende Adressen gespeichert:

```
$ ausgabe
Meier:Otto:Meierweg 12:4440 Rheine:05971/7711:COBOL Praxis
Meister:Hans:Lilienweg 12:8000 München:089/1231:UNIX Grundlagen
Meistersinger:Hans:Blumenweg 3:1000 Berlin:030/3211:C Grundlagen
(EOF):
$
```

Nachdem alle Fehler in der Prozedur abgefangen sind, wenden Sie sich dem Löschen zu. In der vorangegangenen Version von loeschen wurden alle Adressen, die dem Suchmuster entsprachen, rücksichtslos gelöscht. Die neue Fassung erlaubt ein Löschen nur dann, wenn die gefundene Adresse nur einmal in der Kartei enthalten ist.

Ein Beispieldurchlauf

```
$ loeschen Mei.*                  Lösche alle Adressen, die mit 'Mei' beginnen
Mei.* wurde mehrfach gefunden. Löschen nicht erlaubt
$
$ loeschen Meister.*
Meister.* wurde mehrfach gefunden. Löschen nicht erlaubt
$
```

Die Datei enthält mehrere Nachnamen, die mit dem Muster *Mei* oder *Meister* beginnen. Das Löschen wird daher abgewiesen, und Sie sind aufgefordert, die Adresse genauer zu spezifizieren. Löschen Sie die Adresse *Meister* aus der Kartei:

```
$ loeschen Meister
---------------------------------------------
Hans Meister
Lilienweg 12
8000 München
089/1231
UNIX Grundlagen
---------------------------------------------
Adresse löschen [j,n]? J          Die Adresse wird nicht
                                  gelöscht
$
```

> Änderung in Teil 4

Vor dem Löschen wird die Adresse angezeigt und Sie werden aufgefordert, den Löschvorgang mit 'j' zu bestätigen. Die Eingabe muß mit einem Kleinbuchstaben erfolgen, sonst wird die Adresse nicht gelöscht. Bei einem erneuten Versuch geben Sie einen Kleinbuchstaben ein:

```
$ loeschen Meister
---------------------------------------------
Hans Meister
Lilienweg 12
8000 München
089/1231
UNIX Grundlagen
---------------------------------------------
Adresse löschen [j,n]? j
Die Adresse wurde gelöscht
$ ausgabe
Meier:Otto:Meierweg 12:4440 Rheine:05971/7711:COBOL-Praxis
Meistersinger:Hans:Blumenweg 3:1000 Berlin:030/3211:C-Grundlagen
(EOF):
$
```

Im folgenden Kapitel lernen Sie eine Prozedur zur Vereinfachung von Ja/Nein-Abfragen kennen, die Sie in Ihre Prozedur `loeschen` einbauen können. Wenn Sie versuchen, eine nicht vorhandene Adresse zu löschen erhalten Sie folgende Fehlermeldung:

Adreßkartei Teil 3

```
$ loeschen Schulz
  Schulz ist nicht in der Adressdatei enthalten
$
```

Damit sind alle bekannten Fehler des zweiten Teils behoben. Im nächsten Teil der Adreßverwaltung werden Sie eine neue Prozedur zum Ändern einer bestehenden Adresse erstellen. Außerdem werden Sie ein Kommando zur Verbesserung der Ja/Nein-Abfragen einführen und dieses in die Prozedur `loeschen` einbauen.

Geplante Änderungen in Teil 4

Folgende Änderungen werden im vierten Teil der Adreßverwaltung vorgenommen:

- Eine Prozedur zum Ändern einer Adresse wird erstellt.
- Eine Prozedur zur Vereinfachung von Ja/Nein-Abfragen wird in die Prozedur `loeschen` aufgenommen. Die Fallunterscheidung (bisher `elif`) wird mit einer neuen Anweisung durchgeführt.
- Die Fallunterscheidung (bisher `elif`) wird in der Prozedur `suchen` durch eine neue Anweisung ersetzt.
- Die Prozedur `testjn` vereinfacht Ja/Nein-Abfragen
- Sie werden ein Startprogramm für die Adreßverwaltung erstellen, das die Funktionen Anlegen, Suchen, Löschen, Ändern und Ausgeben in einem Auswahlmenü anbietet.

Sie haben in diesem Abschnitt vermutlich erkannt, wie unentbehrlich die `if`-Anweisung für Ihre Shell-Prozeduren ist. In den folgenden Kapiteln erfahren Sie, wie Entscheidungen mit der `case`-Anweisung sinnvoll und übersichtlich gestaltet werden können und warum diese Form der Fallunterscheidung derjenigen mit `elif` vorzuziehen ist. Außerdem lernen Sie eine alternative Form der `if...then...else` Anweisung kennen, die das Treffen von Entscheidungen vereinfacht. In der nächsten Version der Adreßverwaltung werden Sie die neuen Anweisungen nutzen, um die Prozeduren eleganter zu gestalten. Außerdem zeige ich Ihnen, wie Sie alle Funktionen der Adreßverwaltung in einem Auswahlmenü zur Verfügung stellen können.

9. Weitere Entscheidungen

9.1. Kapitelübersicht

Im Kapitel 8 haben Sie erste Erfahrungen im Umgang mit den Bedingungsanweisungen `if...then...else` und `elif` gewonnen. Dieses Kapitel beschäftigt sich mit weiteren Befehlen zum Thema "Entscheidungen treffen". Zuerst lernen Sie eine alternative Schreibweise der bekannten `if...then ...else` Verzweigung kennen, wobei die Operatoren `&&` und `||` eine kompakte Schreibweise zur Überprüfung des Exit-Status eines Kommandos ermöglichen.

Der zweite Abschnitt ist der `case`-Anweisung gewidmet, die auf komfortable Art einen Wert mit einer Liste von anderen Werten vergleicht und bei Übereinstimmung ein oder mehrere Kommando(s) dazu ausführt. Eine beliebte Anwendung dieses Befehls lernen Sie im Anschluß kennen: "Die Gestaltung von Auswahlmenüs".

- Die Befehle `&&` und `||` - eine Alternative zur `if`-Anweisung
- Die Fallunterscheidung mit `case`
- Gestalten von Auswahlmenüs

9.2. Die Befehle && und ||

Neben der `if`-Konstruktion bietet die Shell zwei weitere bedingte Anweisungen, mit denen Sie den Erfolg von Kommandos überprüfen können. Sie können einen Befehl abhängig davon ausführen lassen, ob der vorangegangene Befehl erfolgreich war oder fehlschlug. Die Operatoren heißen `&&`, das logische UND, sowie `||`, das logische ODER. Sie können die Operatoren folgendermaßen verwenden:

```
Kommando1 && Kommando2
(Falls Kommando1 wahr  - führe Kommando2 aus)

Kommando1 || Kommando2
(Falls Kommando1 falsch  - führe Kommando2 aus)
```

Das Kommando (`Kommando1`) links vom Befehl `&&` wird zuerst ausgeführt, und nur wenn dieses Kommando den Rückgabewert wahr zurückliefert, wird das Kommando rechts vom Befehl `&&` (`Kommando2`) ausgeführt. Liefern beide Kommandos (`Kommando1` und `Kommando2`) den Wert wahr, liefert `&&` als Gesamtergebnis wahr zurück. Die Überprüfung einer Suchanfrage könnte folgendermaßen aussehen:

```
$ grep peter /etc/passwd && mail peter
```

Nur wenn der Befehl `grep` den Rückgabewert wahr zurückreicht, wird mit dem Kommando `mail` eine Nachricht an den Benutzer gesendet. Die Befehlsfolge könnte auch mit Hilfe der `if`-Anweisung geschrieben werden:

```
if grep peter /etc/passwd
then
    mail peter
fi
```

Der Operator `&&` ist eine vereinfachte Form der `if`-Anweisung und trägt damit zur besseren Lesbarkeit Ihrer Programme bei. Die folgende Anweisung startet den Texteditor `vi` nur dann, wenn die Datei `adressen.dat` bereits existiert.

```
$ ls adressen.dat >/dev/null 2>/dev/null && vi adressen.dat
```

Nur wenn der Befehl `ls` erfolgreich war, wird der Texteditor `vi` gestartet. Selbstverständlich können Sie auch die `test`-Anweisung benutzen wie folgendes Beispiel zeigt:

Die Befehle && und ||

```
$ [ -f adresse ] && pg adresse
```

Die `test`-Anweisung überprüft, ob `adresse` eine gewöhnliche Datei ist und liefert im Erfolgsfall den Rückgabewert 0. Nur in diesem Fall wird die Datei mit dem Kommando `pg` auf dem Bildschirm ausgegeben.

Bei dem Befehl || wird ebenfalls zuerst der linke Befehl ausgeführt und nur wenn dieser den Rückgabewert falsch liefert, wird das rechte Kommando (Kommando2) aktiviert. Liefern beide Kommandos (Kommando1 und Kommando2) den Wert falsch, liefert || als Gesamtergebnis falsch zurück. Auf diese Weise können Sie das Ergebnis einer Suche überwachen und mit einer entsprechenden Meldung darauf reagieren:

```
$ grep demo /etc/passwd || echo "Kein Eintrag gefunden"
Kein Eintrag gefunden
$
```

Das Kommando `grep` sucht in der Datei `/etc/passwd` den Benutzer `demo`. Wird dieser nicht gefunden, liefert `grep` einen Rückgabewert ungleich 0. Daraufhin wird das Kommando rechts von || ausgeführt und eine Meldung erscheint auf dem Bildschirm. Der äquivalente Aufruf mit der `if`-Anweisung sieht folgendermaßen aus:

```
if grep demo /etc/passwd
then
    : # Der Doppelpunkt steht für den Nullbefehl
else
    echo "Kein Eintrag gefunden"
fi
```

Im nächsten Beispiel wird überprüft, ob ein Benutzer im System angemeldet ist:

```
$ who                                    Mal sehen, wer angemeldet ist
peter     tty00 Mar 29 19:30
dieter    tty01 Mar 29 12:30
$

$ who | grep anke || echo "Der Benutzer ist nicht angemeldet"
Der Benutzer ist nicht angemeldet         echo wird ausgeführt
$
```

In diesem Fall steht links vom Befehl || eine Kommandofolge, die durch eine Pipe verkettet ist. Bei der Interpretation durch den Befehl || ist der Rückgabewert des letzten Kommandos der Verkettung entscheidend. Findet `grep` keine Zeile, die das Muster `anke` enthält, wird ein Rückgabewert ungleich 0 zurückgeliefert und das Kommando `echo` ausgeführt. `grep` liefert den Rückgabewert 0, wenn das Muster in der Ausgabe von `who` gefunden wurde und der Aufruf des Kommandos `echo` unterbleibt.

Weitere Entscheidungen

```
$ who | grep peter || echo "Der Benutzer ist nicht angemeldet"
peter    term/tty00   Mar 29 19:30         Dieses ist die Ausgabe von grep
$                                          echo wird nicht mehr ausgeführt
```

Mit dem folgenden Befehl wechseln Sie in das Verzeichnis ADRESSEN. Sollte dieses Verzeichnis nicht gültig sein, wird zur Information der Inhalt des aktuellen Verzeichnisses ausgegeben.

```
$ cd ADRESSEN || ls -l
```

Die Befehle && und || können Sie auch miteinander kombinieren:

```
$ [ -f adresse ] && pg adresse || echo "Ausgabe unzulässig"
```

Zuerst wird das Kommando test ausgeführt, und sollte adresse eine gewöhnliche Datei sein, erfolgt die Ausgabe mittels pg auf dem Bildschirm. Handelt es sich nicht um eine gewöhnliche Datei (Rückgabewert test ungleich 0), sorgt || dafür, daß eine Meldung mit dem Kommando echo ausgegeben wird. So können Sie überprüfen, ob ein Benutzer im System angemeldet ist:

```
$ who | grep dieter >/dev/null && echo "dieter ist angemeldet"\
|| echo "dieter ist nicht angemeldet"
```

Sollte der Befehl grep den Benutzer dieter in der Ausgabe von who finden, wird der erste echo-Befehl ausgeführt. Mißlingt die Suche, wird der zweite echo-Befehl aktiviert. Das Zeichen \ am Ende der Zeile signalisiert der Shell, daß die Eingabe noch nicht abgeschlossen ist, und weitere Kommandos folgen. Manchmal möchte man mehrere Kommandos im Anschluß an die Operatoren && und || ausführen lassen. In diesem Fall müssen Sie die Befehlsfolge mit Hilfe der geschweiften Klammern gruppieren.

```
$ [ -a text.dat ] && { cp text.dat text.bak; vi text.dat; } || \
  echo "Ich kann die Datei nicht finden"
```

Existiert die Datei text.dat, wird davon zunächst eine Sicherungskopie erstellt, und erst dann wird der Texteditor vi gestartet. Sollte die Datei nicht existieren, gibt echo eine Meldung auf dem Bildschirm aus. Da es sich im ersten Fall um zwei Befehle handelt, müssen Sie diese mit Semikolon voneinander abgrenzen und in geschweifte Klammern setzen. Die Kommandofolge wird zu einer Kommandogruppierung und damit von der Shell wie ein Kommando behandelt.

```
Kommando 1 && { Kommando 2;  ... Kommando n; }
oder
Kommando 1 && { Kommando 2
                ...
                Kommando n
              }
```

Diese Kommandogruppierung gilt auch für den Operator | |. Sie können bei der Gruppierung zwischen verschiedenen Schreibweisen wählen. Sie müssen lediglich beachten, daß die Kommandos durch ein Semikolon oder ein Newline-Zeichen voneinander getrennt sind. Zusätzlich muß das letzte Kommando durch eines der Trennzeichen von der geschweiften Klammer abgegrenzt werden. Das erste Beispiel trennt die Kommandos durch ein Semikolon, im zweiten Beispiel wurde jedes Kommando mit dem Newline-Zeichen vom nächsten getrennt.

Die folgende Prozedur `post` versendet eine Nachricht an einen Benutzer. Sollte der Teilnehmer im System angemeldet sein, wird die Meldung mit dem Befehl `write` direkt auf den Bildschirm geschrieben. Im anderen Fall wird die Nachricht in seinem Postkasten hinterlegt.

```
#!/bin/ksh
#
# @(#) post V1.7 Nachricht versenden
#
# Aufruf: post Kennung
#
# Argumente prüfen
#
(( $# == 1 )) || { echo "Aufruf: $0 Kennung"; exit 1; }

BENUTZER=$1
echo "Bitte Nachricht eingeben: (CTRL-D Ende der Eingabe)"
cat >nachricht

who | grep "$BENUTZER" >/dev/null \
    && { # Benutzer ist angemeldet
         echo "Die Nachricht wurde auf den Bildschirm geschrieben"
         write $BENUTZER <nachricht
       } \
    || { # Benutzer ist nicht angemeldet
         echo "Die Nachricht wurde im Postkasten hinterlegt"
         mail $BENUTZER <nachricht; }
rm nachricht
```

Die Anweisung `who | grep "$BENUTZER" >/dev/null` sucht mit dem Kommando `grep` die Kennung in der Ausgabe von `who`. Sollte die Suche erfolgreich sein, werden die Kommandos zwischen den ersten geschweiften Klammern ausgeführt und die Nachricht wird direkt auf den Bildschirm des Benutzers geschrieben. Ansonsten aktiviert die Shell alle Befehle der zweiten

Weitere Entscheidungen

Kommandogruppierung, so daß die Nachricht im Postkorb des Teilnehmers hinterlegt wird.

Beachten Sie, daß im ersten Fall die geschweifte Klammer mit einem Newline-Zeichen vom letzten Kommando abgetrennt wurde. Im zweiten Fall wurde das Semikolon als Trennzeichen gewählt. Die einzelnen Kommandos wurden in beiden Gruppierungen mit dem Newline-Zeichen voneinander getrennt. Aus Platzgründen wurde der Befehl `grep` mit dem Zeichen \ beendet, so daß die Shell den folgenden Befehl in der nächsten Zeile erwartet. Ein Aufruf des Kommandos zeigt folgendes Ergebnis:

```
$ post peter            peter ist am System angemeldet
Bitte Nachricht eingeben: (CTRL-D Ende der Eingabe)
Hallo Peter, um 14.00 ist eine Besprechung in meinem Büro
<CTRL-D>
Die Nachricht wurde auf den Bildschirm geschrieben
$ post anke             anke ist nicht am System angemeldet
Bitte Nachricht eingeben: (CTRL-D Ende der Eingabe)
Hallo Anke, um 14.00 ist eine Besprechung in meinem Büro
<CTRL-D>
Die Nachricht wurde im Postkasten hinterlegt
$
```

Zum Abschluß möchte ich Ihnen eine kurze Prozedur vorstellen, die Ihnen bei der weiteren Arbeit nützliche Dienste leistet. Vermutlich haben Sie beim Testen der Shell-Prozeduren die Erfahrung gemacht, daß es oft notwendig ist, eine Datei wiederholt mit dem Texteditor zu bearbeiten. Wenn Sie die folgende Prozedur e ohne Argument aufrufen, wird die zuletzt bearbeitete Datei geladen. Alternativ können Sie beim Aufruf auch den Namen der gewünschten Datei angeben.

```
#!/bin/ksh
#
# @(#) e V1.0 Editieren der zuletzt bearbeiteten Datei
#
# Aufruf: e [Datei]

EDITOR=vi
(( $# == 0 )) && { $EDITOR `cat $HOME/.ed 2>/dev/null`; } \
              || { $EDITOR $1; echo $1 >$HOME/.ed; }
```

```
$ e post        Bearbeiten der Datei post mit dem Texteditor
$ e             Die Datei post wird erneut bearbeitet
```

Mit den neuen Operatoren können Sie die Prozeduren `sdel` und `undel` umschreiben und gleichzeitig einige Erweiterungen vornehmen. Im Kapitel 8 haben Sie diese Kommandos entworfen, um das Löschen von Dateien sicherer zu gestalten. Die ausgewählte Datei wird dazu in einen Papierkorb verlagert und kann auf Wunsch mit dem Befehl `undel` hervorgeholt werden. Bevor Sie mit dem Lesen fortfahren, empfehle ich Ihnen sich die Prozeduren in Kapitel 8 in Erinnerung zu rufen.

9.3. Anwendungsbeispiel: Das sichere Löschen

Die Prozedur `sdel` wurde in ihrer Funktionalität nicht verändert. Der Dateiname wird wie zuvor beim Aufruf übergeben und die Datei wird daraufhin in den Papierkorb übertragen. Mit Hilfe der neuen Operatoren `&&` und `||` kann das Kommando jedoch wesentlich kompakter formuliert werden:

```
#!/bin/ksh
#
# @(#) sdel V1.1 Löschen einer Datei in den Papierkorb
#
# Aufruf: sdel Datei

# Argumente prüfen
#
(( $# == 1 )) || { echo "Aufruf: $0 Datei"; exit 1; }

#-----Variablen festlegen------#
DATEI=$1                        # Löschdatei mit Pfad
PAPIERKORB=$HOME/.Papierkorb    # Name des Papierkorbes
VERZ=`dirname $DATEI`           # Vaterverzeichnis der Datei
DATNAME=`basename $DATEI`       # Löschdatei ohne Pfad
ANZAHL=2                        # Zulässige Anzahl Dateien im
                                # Papierkorb
#-----------------------------#

# Papierkorb anlegen, falls nicht vorhanden
#
[ ! -a $PAPIERKORB ] && mkdir $PAPIERKORB

# Ist der Papierkorb eine Datei? Wenn ja - Abbruch
#
[ -f $PAPIERKORB ] && { echo "$PAPIERKORB ist kein Verzeichnis"
                        exit 1; }

# Löschkriterien überprüfen
#
[ ! -f $DATEI -o ! -w $VERZ -o ! -w $DATEI -o ! -r $DATEI  ] && {
echo "Datei $DATEI kann nicht gelöscht werden"; exit 1; }

# Existiert die Datei bereits im Papierkorb?
# Wenn ja - Überschreiben bestätigen lassen
#
if [ -a $PAPIERKORB/$DATNAME ]
then
    echo "Datei $DATNAME existiert bereits im Papierkorb !"
    echo "Taste j überschreibt die Datei \c"; read antwort
    [ "$antwort" != "j" ] && {
    echo "Datei $DATNAME wurde nicht überschrieben"; exit 1; }
fi

# Verlagere Datei in den Papierkorb
#
mv $DATEI $PAPIERKORB || {
echo "Fehler beim Ausführen vom Kommando: mv"; exit 1; }

# Benachrichtige den Aufrufer, falls der Papierkorb überläuft
#
ueberlauf $PAPIERKORB $ANZAHL
```

Weitere Entscheidungen

Die `if`-Anweisung wurde fast vollständig gegen die Operatoren `&&` und `||` ausgetauscht. An einigen Stellen wurde dadurch die Lesbarkeit des Programmes verbessert. So ist zum Überprüfen der richtigen Argumentenzahl nur noch eine Zeile notwendig:

```
(( $# == 1 )) || { echo "Aufruf: $0 Datei"; exit 1; }
```

Wenn das Kommando `let` eine Argumentenzahl ungleich 1 feststellt, wird eine Hinweismeldung über den korrekten Aufruf des Kommandos ausgegeben. Das Erstellen des Papierkorbes läßt sich mit dem Operator `&&` in einer Zeile durchführen:

```
[ ! -a $PAPIERKORB ] && mkdir $PAPIERKORB
```

Das Überprüfen der Ja/Nein-Abfrage konnte auf zwei Zeilen reduziert werden:

```
[ "$antwort" != "j" ] && {
echo "Datei $DATNAME wurde nicht überschrieben"; exit 1; }
```

Eine Eingabe ungleich 'j' führt zu einem sofortigen Abbruch des Programmes. Wenn Sie diese Version mit dem Programm in Kapitel 8.8 vergleichen, erkennen Sie schnell die Vorteile der Operatoren `&&` und `||`. Entscheiden Sie selbst, welche Variante Ihnen zusagt.

Auf die gleiche Weise konnte die Lesbarkeit der Prozedur `undel` verbessert werden. Damit Sie in Zukunft nicht die Übersicht verlieren, können Sie zusätzlich mit der Option `"-i"` den Inhalt des Papierkorbes auf dem Bildschirm anzeigen lassen und gezielt eine Datei aus dieser Liste auswählen. Das Wiederherstellen einer Datei erfolgt auf bekannte Weise durch Angabe des Dateinamens. Der folgende Beispielaufruf verdeutlicht die zukünftige Arbeitsweise des Kommandos `undel`:

```
$ undel -i                          Den Inhalt vom Papierkorb anzeigen
Brief.txt
Umsatz.lst
$ undel Brief.txt
$ undel Umsatz.lst
$ ls Brief.txt Umsatz.lst
Brief.txt
Umsatz.lst
$
```

Die erweiterte Version der Prozedur `undel` hat nun folgenden Aufbau:

Anwendungsbeispiel: Das sichere Löschen

```ksh
#!/bin/ksh
#
# @(#) undel V1.1 Wiederherstellen einer gelöschten Datei
#
# Aufruf: undel Datei        Datei wiederherstellen
#         undel -i           Inhalt vom Papierkorb auflisten

(( $# != 1 )) && { echo "Aufruf: $0 Datei (Datei wiederherstellen)"
                   echo "        $0 -i    (Papierkorb auflisten)"
                   exit 1; }

#------- Variablen festlegen ----------#
DATEI=$1                                # Dateiname
PAPIERKORB=$HOME/.Papierkorb            # Name des Papierkorbes
#--------------------------------------#

[ ! -d $PAPIERKORB ] && {               # Papierkorb vorhanden?
echo "Der Papierkorb $PAPIERKORB ist nicht vorhanden"; exit 1; }

                                        # Bei Angabe von -i: Inhalt
                                        # vom Papierkorb auflisten
[ "$1" = -i ] && { ls $PAPIERKORB; exit 0; }

                                        # Pfadnamen sind nicht
echo $DATEI | grep "/" >/dev/null && {  # erlaubt
echo "Keine Pfadangabe erlaubt"; exit 1; }

                                        # Ist die Datei im
[ ! -f $PAPIERKORB/$DATEI ] && {        # Papierkorb enthalten?
echo "Datei $DATEI ist nicht im Papierkorb enthalten"; exit 1; }

if [ -a $DATEI ]                        # Existiert die Datei im
then                                    # aktuellen Verzeichnis?

    # Die Datei existiert bereits im aktuellen Verzeichnis
    # Wiederherstellen mit Bestätigung
    echo "Datei $DATEI im aktuellen Verzeichnis vorhanden"
    echo "Soll die Datei überschrieben werden (j/n)?\c"; read ok
    [ "$ok" != j ] && {
      echo "Die Datei $DATEI wurde nicht wiederhergestellt"; exit 1; }
fi
                                        # Datei aus dem Papierkorb
                                        # in das aktuelle Verzeich-
mv $PAPIERKORB/$DATEI . || {            # nis verlagern
echo "Fehler beim Ausführen vom Kommando: mv"; exit 1; }
```

Auch hier wurde an den meisten Stellen die `if`-Anweisung gegen die Operatoren `&&` und `||` ausgetauscht. Auf diese Art konnte auch diese Prozedur wesentlich kompakter geschrieben werden. Damit Sie in Zukunft nicht die Übersicht verlieren, können Sie beim Aufruf von `undel` die Option "`-i`" angeben. Als Folge davon werden alle Dateien des Papierkorbes auf dem Bildschirm aufgelistet.

Bisher gab es keine Möglichkeit, eine Datei für immer aus dem Papierkorb zu löschen. Für diese Aufgabe werden Sie nun die Prozedur `pdel` erstellen, mit der Sie eine Datei endgültig aus dem Papierkorb entfernen können:

Weitere Entscheidungen

```
#!/bin/ksh
#
# @(#) pdel V1.0 Löschen einer Datei im Papierkorb
#
# Aufruf: pdel Datei

(( $# != 1 )) && { echo "Aufruf: $0 Datei"; exit 1; }

#--------- Variablen festlegen --------#
DATEI=$1                                  # Zu löschende Datei
PAPIERKORB=$HOME/.Papierkorb              # Name des Papierkorbes
#-------------------------------------#

if [ ! -d $PAPIERKORB ]                   # Papierkorb vorhanden?
then
    echo "Der Papierkorb $PAPIERKORB ist nicht vorhanden"; exit 1
fi
                                          # Pfadnamen sind nicht
echo $DATEI | grep "/" >/dev/null && {    # erlaubt
echo "Keine Pfadangabe erlaubt"; exit 1; }

if [ ! -a $PAPIERKORB/$DATEI ]            # Existiert die Datei im
then                                      # Papierkorb?
    echo "Datei $DATEI ist nicht im Papierkorb enthalten"; exit 1
fi
                                          # Datei im Papierkorb
rm $PAPIERKORB/$DATEI || {                # endgültig löschen
echo "Fehler beim Ausführen vom Kommando: rm"; exit 1; }
```

Nachdem alle Fehlermöglichkeiten abgefangen sind, löscht der Befehl `rm` die angegebene Datei endgültig aus dem Papierkorb. Der folgende Beispieldurchlauf zeigt die Verwendung der drei Kommandos `sdel`, `undel` und `pdel`:

```
$ touch Datei1 Datei2 Datei3              Anlegen von Beispieldateien
$ sdel Datei1                             Löschen von Datei1 in den Papierkorb
$ ls Datei*
Datei2                                    Die Datei wurde gelöscht
Datei3
$ undel -i                                Den Inhalt vom Papierkorb anzeigen
Datei1
$ undel Datei1                            Wiederherstellen von Datei1
$ ls Datei*
Datei1                                    Die Datei wurde wiederhergestellt
Datei2
Datei3
$ sdel Datei3; sdel Datei1                Datei1, Datei2 löschen
$ pdel Datei3                             Datei3 wird endgültig gelöscht
$ undel -i                                Den Inhalt vom Papierkorb anzeigen
Datei1
$ sdel $HOME/adressen.dat; sdel Datei2
$ undel -i                                Den Inhalt vom Papierkorb anzeigen
Datei1
Datei2
adressen.dat
$
```

Anwendungsbeispiel: Das sichere Löschen

Da sich mehr als zwei Dateien in Ihrem Papierkorb befinden, dürfte Post in Ihrem Briefkasten hinterlegt sein.

```
$ mail                            Ist wirklich Post für mich vorhanden?
From peter Sun Apr   6 14:45
Content-Length: 100

Es sind mehr als 2 Dateien im Verzeichnis:/home/peter/.PAPIERKORB
Sie sollten mal wieder aufräumen !

Mfg    -  Ihr Computer
? q
$
```

Dieser nette Hinweis ist eine indirekte Aufforderung, den Papierkorb aufzuräumen. In der Prozedur `sdel` können Sie diesen Wert ändern, indem Sie beim Aufruf des Kommandos `ueberlauf` eine größere Anzahl von zulässigen Dateien angeben. Zum Leeren des Papierkorbes können Sie die Dateien auch auf eine Diskette oder ein Band sichern. Mit der folgenden Befehlsfolge wechseln Sie in Ihr Heimatverzeichnis und übertragen den Inhalt des Papierkorbes auf eine Diskette. Anschließend können Sie die Dateien des Papierkorbes mit dem Kommando `pdel` beruhigt löschen

```
$ cd && tar cvf /dev/fd196ds18 .Papierkorb || \
    echo "Fehler beim Sichern des Papierkorbes"
```

Ich hoffe die neuen Prozeduren `sdel`, `undel` und `pdel` erleichtern Ihnen in Zukunft die Arbeit. Auf jeden Fall ist die Gefahr des ungewollten Löschens von Dateien damit für alle Zeit gebannt, da Sie mit dem Kommando `undel` die Daten problemlos wiederherstellen können.

Sie haben vermutlich schon einen Nachteil gegenüber dem Kommando `rm` erkannt. Beim Aufruf von `sdel`, `undel` und `pdel` kann nur ein Dateiname angegeben werden. Es wäre vorteilhafter, wenn Sie in einem Aufruf mehrere Dateien löschen oder wiederherstellen könnten. Im Kapitel "Schleifen" lernen Sie eine Methode kennen, mit der Sie beliebig viele Aufrufargumente verarbeiten können. Wir werden `sdel`, `undel` und `pdel` um diese Eigenschaft erweitern. Vorher möchte ich Ihnen eine weitere Anweisung zur Mehrfachentscheidung vorstellen, mit der Sie anschließend Ihre Adreßverwaltung ausbauen und vielseitiger gestalten können.

9.4. Die Anweisung `case`

Der Befehl `case` prüft im Gegensatz zu `if` und `elif` nicht den Rückgabewert eines Kommandos. Er vergleicht einen Wert mit einer Liste von anderen Werten und führt ein oder mehrere Kommandos aus, sobald eine Übereinstimmung festgestellt wird. Das folgende Diagramm beschreibt den Ablauf der `case`-Anweisung:

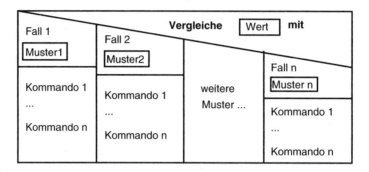

Diese Form der Fallunterscheidung wird mit Hilfe der `case`-Anweisung folgendermaßen formuliert:

```
case Wert in
      Muster 1)    Kommando 1
                   ...
                   Kommando n ;;
      Muster 2)    Kommando 1
                   ...
                   Kommando n ;;
      ...weitere Muster...
      Muster n)    Kommando 1
                   ...
                   Kommando n ;;
esac
```

Alle fettgedruckten Schlüsselwörter sind feste Bestandteile der Anweisung. Die Zeichenkette `Wert` nach dem Schlüsselwort `case` wird zuerst mit `Muster 1` verglichen.

Stimmen die Zeichenketten nicht überein, wird `Wert` mit `Muster 2` verglichen. Dieser Algorithmus wird solange fortgesetzt, bis eine Übereinstimmung festgestellt wird oder alle Muster abgearbeitet wurden. Jedes Muster wird mit einer runden Klammer von den folgenden Kommandos abgegrenzt. Die gesamte `case`-Anweisung wird mit `esac`, also `case` rückwärts geschrieben, abgeschlossen. Bei Übereinstimmung mit einem vorgegebenen Muster aus der Liste werden die zugeordneten Kommandos bis zum doppelten Semikolon ausgeführt. Nach Bearbeitung aller Anweisungen wird mit der Ausführung nach dem Schlüsselwort esac fortgefahren; die anderen Muster werden nicht weiter überprüft. Stimmt keines der Muster überein, werden alle Befehle der case-Anweisung ignoriert.

Wie Sie diese Anweisung einsetzen können, zeigen einige Anwendungen, in denen die case-Sequenz bevorzugt genutzt wird. Beginnen Sie mit einer einfachen Prozedur datum, die das Tagesdatum und die Uhrzeit in aufbereiteter Form ausgibt. Die Angaben entnehmen Sie der Ausgabe des Befehls date:

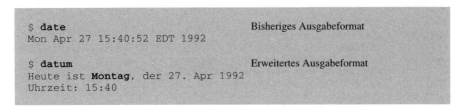

Sie müssen das Datum und die Uhrzeit in anderer Anordnung ausgeben und dabei die Abkürzung für den englischen Wochentag "Mon" in die deutsche Schreibweise "Montag" übersetzen. Dazu wird der Wochentag des Befehls date (hier: Mon) ausgeschnitten, in die Variable WTAG übertragen und mit den möglichen Abkürzungen aller Wochentage verglichen.

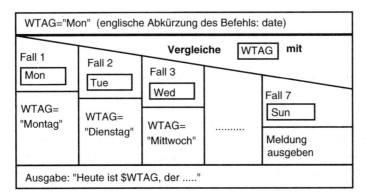

Bei Übereinstimmung von WTAG mit einer englischen Abkürzung, wird die entsprechende deutsche Schreibweise in die Variable WTAG hinterlegt. Lediglich am Samstag und Sonntag weist eine Meldung auf das Wochenende hin.

Weitere Entscheidungen

```
#
# @(#) datum V1.0 Ausgabe des Tagesdatums
#      Form: "Heute ist Wochentag, der TT Monat JJJJ"
#            "Uhrzeit: HH:MM"
# Aufruf: datum

set `date`     # Felder der Datumsausgabe aufteilen
WTAG=$1        # englische Abkürzung des Wochentages
MONAT=$2
TAG=$3
ZEIT=$4
JAHR=$6

case "$WTAG" in
Mon) WTAG="Montag";;
Tue) WTAG="Dienstag";;
Wed) WTAG="Mittwoch";;
Thu) WTAG="Donnerstag";;
Fri) WTAG="Freitag";;
Sat) echo "An den Wochenenden wird nicht gearbeitet"
     echo "Versuchen Sie es am Montag nochmals ..."; exit 0 ;;
Sun) echo "An den Wochenenden wird nicht gearbeitet"
     echo "Versuchen Sie es am Montag nochmals ..."; exit 0 ;;
esac

# Datum aufbereitet ausgeben
echo "Heute ist $WTAG, der $TAG. $MONAT $JAHR"
echo "Uhrzeit: $ZEIT"
```

Als erste Aktion zerlegen Sie mit dem Kommando `set` die Ausgabe des Befehls `date` in einzelne Felder:

```
set `date`
set Thu Apr 30 15:40:52 EDT 1992
    $1  $2  $3   $4    $5  $6
```

Das Kommando `set` weist die Felder den Positionsparametern $1 bis $6 zu. Diese Positionsparameter werden wiederum Variablen zugeordnet, deren Namen die Bedeutung der Felder gleich erkennen lassen. In der Variablen WTAG steht der aktuelle Wochentag in abgekürzter, englischer Schreibweise. Die Liste innerhalb der `case`-Sequenz enthält alle englischen Abkürzungen der möglichen Wochentage (Mon, Tue ... Sun). WTAG wird mit jedem Muster verglichen und bei Übereinstimmung wird der Variablen WTAG der deutsche Wochentag in ausgeschriebener Form zugewiesen. Bei den Mustern "Sat" und "Sun" verweigert das Kommando die Arbeit - es ist schließlich Wochenende.

Ein "deutschsprachiges UNIX" würde die Datumsausgabe mit den deutschen Abkürzungen anzeigen (Mon, Die ... Son). Ersetzen Sie dann die englischen Abkürzungen in der `case`-Anweisung gegen die deutsche Schreibweise und schon funktioniert wieder alles. Auf jeden Fall befindet sich nach dem Schlüsselwort `esac` die ausführliche Bezeichnung des Wochentages in der Variablen WTAG. Die letzte Aktion besteht nur noch darin, das Datum aufbereitet auszugeben.

```
$ datum
Heute ist Montag, der 27. Apr 1992
Uhrzeit: 15:40
$
```

Selbstverständlich können Sie die Umsetzung des abgekürzten Monatsnamens in die ausgeschriebene Form umsetzen. Dazu vergleichen Sie die Variable MONAT mit den möglichen Abkürzungen (Jan, Feb, Mar ... Dec) und ersetzen diese durch den vollen Monatsnamen (Januar, Februar ...).

Beim Vergleich von WTAG mit den anderen Mustern wird auf vollkommende Übereinstimmung der Zeichenketten geachtet. Dieses entspricht im Prinzip der Anweisung test "$WTAG" = "MUSTER". Vermutlich ist Ihnen in der Prozedur datum aufgefallen, daß für den Wochentag Sat und Sun zweimal die gleichen Kommandofolgen eingegeben wurden:

```
case "$WTAG" in
...
Sat)    echo "An den Wochenenden wird nicht gearbeitet"
        echo "Versuchen Sie es am Montag nochmals ..."; exit 0 ;;
Sun)    echo "An den Wochenenden wird nicht gearbeitet";
        echo "Versuchen Sie es am Montag nochmals ..."; exit 0 ;;
...
```

Die Abkürzungen der Tage Sat und Sun beginnen beide mit dem Großbuchstaben 'S'. Genau wie bei der Dateinamengenerierung können Sie auch hier eine Zeichenkette folgendermaßen formulieren:

```
S*)     echo "An den Wochenenden wird nicht gearbeitet"
        echo "Versuchen Sie es am Montag nochmals ..."; exit 0 ;;
```

Das Muster S* steht dabei für alle Zeichenketten, die mit dem Buchstaben S beginnen und mit einer beliebigen Zeichenkette enden. Auf diese Art müssen Sie die Kommandofolge für die Tage Sat und Sun nur noch einmal definieren. Der folgende Abschnitt befaßt sich näher mit den Sonderzeichen der case-Anweisung.

9.5. case und die Wildcard-Zeichen

In den Mustern einer case-Anweisung sind alle Wildcard-Zeichen erlaubt, die Sie von der Dateinamensubstitution kennen. Übrigens - der Bourne-Shell sind nur die ersten vier Muster der Tabelle bekannt, während die Korn-Shell alle aufgeführten Muster verarbeiten kann.

Weitere Entscheidungen

`*`	Eine beliebige Zeichenkette
`?`	Ein beliebiges Zeichen
`[zeichen]`	Ein beliebiges Zeichen aus der Menge
`[!zeichen]`	Ein beliebiges Zeichen, daß in der Menge nicht vorkommt
`?(muster)`	Null- oder einmaliges Auftreten von `muster`
`@(muster)`	Einmaliges Auftreten von `muster`
`*(muster)`	Null- oder mehrmaliges Auftreten von `muster`
`+(muster)`	Ein- oder mehrmaliges Auftreten von `muster`
`!(muster)`	Alle Zeichenketten, die nicht `muster` enthalten

Sie können die in der Tabelle genannten Sonderzeichen zur Definition unterschiedlichster Muster verwenden, um die verschiedenen Schreibweisen einer Zeichenkette zusammenzufassen. Stellen Sie sich folgenden Fall vor: Sie schreiben eine Prozedur `del`, die eine Datei nach vorheriger Bestätigung löscht. Dazu lesen Sie die Eingabe des Benutzers von der Tastatur und interpretieren diese wie folgt: Bei Eingabe von `Ja`, `JA`, `jA` oder `ja` wird die Datei gelöscht; dagegen beendet sich die Prozedur ohne weitere Aktionen, wenn Sie `Nein` oder `nein` eingeben. Die folgende Prozedur `del` wurde zunächst ohne Verwendung von Wildcard-Zeichen erstellt. Es müssen insgesamt sechs verschiedene Schreibweisen von Ja oder Nein in der `case`-Anweisung berücksichtigt werden.

Im Gegensatz dazu verwendet die zweite Version der Prozedur `del` Wildcards zur Unterscheidung der verschiedenen Schreibweisen von Ja/Nein. Auf diese Art kann die Vergleichsliste der `case`-Anweisung auf zwei Einträge reduziert werden. Betrachten Sie dazu die folgenden Beispiele:

```
#!/bin/ksh
#
# @(#) del V1.0 Löschen einer Datei mit Bestätigung
#
# Aufruf: del Datei

(( $# != 1 )) && { echo "Aufruf: $0 Datei"; exit 1; }

echo "Datei: $1 löschen (Ja, Nein)? \c"; read ok

case "$ok" in
Ja)     rm $1;; # Datei löschen
ja)     rm $1;; # Datei löschen
JA)     rm $1;; # Datei löschen
jA)     rm $1;; # Datei löschen
Nein)   # Datei nicht löschen
        echo "Datei $1 wurde nicht gelöscht!";;
nein)   # Datei nicht löschen
        echo "Datei $1 wurde nicht gelöscht!";;
esac
```

Sie entdecken vier gleiche Kommandozeilen für die Eingabe von Ja und zwei weitere für die Eingabe von Nein. Mit der `case`-Anweisung in Verbindung mit Wildcard-Zeichen lassen sich die verschiedenen Schreibweisen des Wortes

Ja oder Nein einfach zusammenfassen, so daß Sie die Kommandofolge nur einmalig schreiben müssen:

```
#
# @(#) del V1.1 Löschen einer Datei mit Bestätigung
#
# Aufruf: del Datei

(( $# != 1 )) && { echo "Aufruf: $0 Datei"; exit 1; }

echo "Datei: $1 löschen (Ja, Nein) ? \c"; read ok

case "$ok" in

[Jj][aA])    # Datei löschen
             rm $1;;
[Nn]ein)     # Datei nicht löschen
             echo "Datei $1 wurde nicht gelöscht!";;

esac
```

Durch die Muster [Jj][aA] und [Nn]ein ist die zweite Version von del kompakter und überschaubarer geworden. Durch den Einsatz von Wildcard-Zeichen konnten die sechs verschiedenen Fälle durch zwei Fallunterscheidungen ersetzt werden. Betrachten Sie folgendes Beispiel:

```
$ touch Datei1 Datei2 Datei3
$ del Datei1
Datei: Datei1 löschen (Ja, Nein) ? ja
$ del Datei2
Datei: Datei2 löschen (Ja, Nein) ? Ja
$ del Datei3
Datei: Datei3 löschen (Ja, Nein) ? nein
Datei Datei3 wurde nicht gelöscht !
$
```

In den folgenden Abschnitten lernen Sie beliebte Anwendungen der `case`-Anweisung kennen. Das Zeichen * hat dabei im ersten Beispiel eine besondere Bedeutung. Beim Vergleich eines Wertes mit den Mustern der Auswahlliste ist es durchaus wahrscheinlich, daß kein Wert in der Liste übereinstimmt. Die Ausführung wird nach dem Schlüsselwort `esac` fortgesetzt, ohne daß ein Kommando in der `case-Sequenz` aktiviert wurde. Für diesen Fall können Sie das Zeichen für die beliebige Zeichenkette * als letztes Muster der Liste angeben. Der Vergleich mit dem Muster * führt immer zu einem Erfolg, so daß die zugehörigen Befehle in jedem Fall ausgeführt werden, wenn zuvor nicht ein anderes Muster übereinstimmte.

Die folgende Prozedur `scp` kopiert eine Datei unter einem neuen Namen. Die Dateinamen werden von der Tastatur gelesen, sofern Sie vergessen haben, diese beim Aufruf anzugeben.

Weitere Entscheidungen

```
#
# @(#) scp V1.0   Kopieren einer Datei
#
# Aufruf: scp [Quelle] [Ziel]

# Wieviel Argumente wurden übergeben?
case $# in
0)  # Es wurden keine Argumente übergeben
    # Quell- und Zieldatei werden von der Tastatur gelesen
    echo "Quelldatei ? \c"; read quelle
    echo "Zieldatei ? \c"; read ziel;;

1)  # Quelldatei wurde angegeben
    # Die Zieldatei wird von der Tastatur gelesen
    quelle="$1"
    echo "Zieldatei ? \c"; read ziel;;

2)  # Quelldatei und Zieldatei wurden angegeben
    # Kein Lesen der Dateinamen notwendig
    quelle=$1
    ziel=$2;;

*)  # Voreinstellung - Falsche Anzahl Argumente
    echo "Aufruf: $0 [Quelldatei] [Zieldatei]"; exit 1;;
esac
# Falls die Datei existiert, wird sie zuvor aufgelistet
[ -f "$ziel" ] && ls -l $ziel
cp -i $quelle $ziel
```

Sie wissen, wie störend es sein kann, wenn Sie Kommandos starten und dabei vergessen, notwendige Argumente anzugeben. Betrachten Sie den Aufruf des Befehls `cp`:

```
$ cp datei1                      Das zweite Argument wurde vergessen
cp: Insufficient arguments (1)
Usage: cp [-i] [-p] f1 f2
       cp [-i] [-p] f1 ... fn d1
       cp [-i] [-p] [-r] d1 d2
```

Die Prozedur `scp` benötigt die Argumente Quelldatei und Zieldatei. Die Quelldatei wird auf die Zieldatei kopiert. Die Prozedur fordert, im Gegensatz zu `cp`, die Argumente automatisch nach, falls diese beim Aufruf vergessen wurden.

```
$ touch datei1                    Beispieldatei anlegen
$ scp datei1                      Auch hier wurde die Zieldatei nicht angegeben
Zieldatei ? datei2                ...aber sie wird automatisch angefordert und kopiert
$ scp                             Ein Versuch ganz ohne Argumente
Quelldatei ? datei1               Siehe da - Das erste Argument wird angefordert
Zieldatei ? datei3                Auch das zweite Argument wird eingelesen
$ scp datei1 datei3               Jetzt wurden korrekt zwei Argumente übergeben
-rw-r--r-- 1 peter other 12 Apr 30 15:30 datei3
overwrite datei3? y               Diese Meldung kommt von cp -i
$ scp datei1 datei2 datei3        Das sind zuviel Argumente
Aufruf: scp [Quelldatei] [Zieldatei]
```

In der `case`-Anweisung wird die Variable `$#` (Anzahl übergebener Argumente) mit den Mustern `0,1,2` und `*` verglichen. Besitzt `$#` den Wert 0, wurden keine Argumente angegeben und die Quell- sowie Zieldatei werden mit dem `read`-Befehl über die Tastatur angefordert. Der Wert 1 in `$#` weist auf das fehlende zweite Argument hin - die Zieldatei. Hier ist es ausreichend, den Dateinamen mit dem Befehl `read` einzulesen. Bei zwei übergebenen Argumenten (`$#` = 2) ist alles in Ordnung und eine Nachforderung von Dateinamen ist nicht notwendig.

Das letzte Muster in der `case-Liste` ist das Sonderzeichen `*`. Es ist stellvertretend für "Jede beliebige Zeichenkette" und dient als Voreinstellung, wenn zuvor kein passendes Muster gefunden wurde. In Ihrem Fall sind es alle Werte ungleich 0,1 oder 2. Bei Angabe von mehr als zwei Argumenten weist eine Meldung auf den korrekten Gebrauch des Befehls `scp` hin. Abschließend bleibt das Kopieren der Datei mit dem UNIX-Befehl `cp -i`. Die Option `-i` sorgt dafür, daß eine bestehende Zieldatei nur nach Rückfrage überschrieben wird.

Ein Vergleich mit dem Muster `*` ist immer erfolgreich, so daß die zugehörige Kommandofolge ausgeführt wird, wenn zuvor nicht ein anderes Muster übereinstimmte. Das Zeichen `*` ist sozusagen die letzte Anlaufstelle, wenn keines der angegebenen Muster in der `case-Liste` übereinstimmt. Es ist sehr wichtig, dieses Zeichen als letztes Muster in der Liste anzugeben, denn sie werden in der Reihenfolge des Auftretens verglichen. Befindet sich das Muster `*` beispielsweise an erster Stelle, wird immer eine Übereinstimmung festgestellt und die Befehlsfolge dazu wird ausgeführt; alle anderen Muster wären wertlos, da nach Ausführen der Kommandofolge die `case`-Anweisung verlassen wird. Das Sonderzeichen `*` ist nur eines der Wildcard-Zeichen. Wie lassen sich die anderen sinnvoll einsetzen? - Am besten beantwortet wird diese Frage mit einem Beispiel.

Die Verarbeitung von Optionen

Der Befehl `ls -l` listet typenunabhängig alle Dateien eines Verzeichnisses auf. Verzeichnisse, gewöhnliche Dateien, Gerätedateien und andere Formen werden namentlich sortiert angezeigt. Wir werden in der Prozedur `dir` das Verhalten ändern, so daß die Ausgabe des Inhaltsverzeichnisses nach Dateitypen erfolgt. Der Dateityp wird beim Aufruf des Kommandos als Option übergeben:

```
dir        [Verzeichnis/Datei]      Alle Dateitypen anzeigen
dir -[vV]  [Verzeichnis/Datei]      Nur Verzeichnisse anzeigen
dir -[dD]  [Verzeichnis/Datei]      Nur Dateien anzeigen
dir -[cC]  [Verzeichnis/Datei]      Nur zeichenorientierte
                                    Gerätedateien anzeigen
dir -[bB]  [Verzeichnis/Datei]      Nur blockorientierte  Geräte anzeigen
dir -[lL]  [Verzeichnis/Datei]      Symbolische Links anzeigen
```

Weitere Entscheidungen

Die Angabe einer Option erfolgt durch ein vorangestelltes Minuszeichen. Die Option selber wird durch `v,d,c,b` und `l` repräsentiert und kann als Klein- oder Großbuchstabe angegeben werden. Das Fehlen der Option führt zur Ausgabe aller Dateitypen. Wahlweise kann als Argument das aufzulistende Verzeichnis angegeben werden. Entfällt die Angabe, wird das aktuelle Verzeichnis gewählt. Nun zur Frage: Woran erkennen Sie den Typ einer Datei? Betrachten Sie dazu die Ausgabe von `ls -l`:

```
$ ls -l                          Ein Auszug des gesamten Listings
total 38
drwxr-xr-x   2 peter    other       512 May  2 13:33 buero
-rw-------   1 peter    other       529 Apr 30 14:39 mbox
-rw-------   1 peter    other       545 Apr 30 14:39 nachricht
drwxr-xr-x   2 peter    other       512 May  2 13:32 post
lrwxrwxrwx   1 peter    other         1 May  2 13:32 scp->scp.1
drwxr-xr-x   2 peter    other       512 May  2 13:32 post
...

$ ls -l /dev                     Ein Auszug des gesamten Listings
total 30
crw-------   2 root     sys       8,  0 Jan 16  1991 clock
c-w--w--w-   1 root     root     15,  0 Apr 12 11:38 conslog
crw--w----   1 buch     tty       5,  0 May  2 13:36 console
brw-rw-rw-   1 root     sys       1,60 Jan  9  1991 diskette
brw-rw-rw-   5 root     sys       1,  0 Jan  9  1991 fd0
brw-rw-rw-   5 root     sys       1,  0 Jan  9  1991 fd0135ds18
brw-rw-rw-   5 root     sys       1,  0 Jan  9  1991 fd0135ds9
brw-rw-rw-   5 root     sys       1,  0 Jan  9  1991 fd048
brw-rw-rw-   5 root     sys       1,  0 Jan  9  1991 fd048ds8
...
$
```

Das erste Zeichen der Ausgabe von `ls -l` bezeichnet den Typ der Datei:

-    -   Eine gewöhnliche Datei
- d   -   Verzeichnis
- c   -   Gerätedatei zeichenorientiert
- b   -   Gerätedatei blockorientiert
- l   -   Symbolischer Link

Sie müssen aus der gesamten Ausgabe des Befehls `ls -l` die Zeilen herausfiltern, die einen entsprechenden Buchstaben an erster Stelle besitzen. Das Kommando `grep` eignet sich dafür hervorragend als Filterprogramm. Da es zwischen einer Liste verschiedener Optionen auszuwählen gilt, wählen Sie sinnvollerweise die `case`-Anweisung. Die Prozedur `dir` hat folgenden Aufbau:

case und die Wildcard-Zeichen

```
#
# @(#) dir V1.0 Verzeichnis nach Typ auflisten
#
# Aufruf: dir [-Vv]   [Verzeichnis]
#             [-Dd]   [Verzeichnis]
#             [-Cc]   [Verzeichnis]
#             [-Bb]   [Verzeichnis]
#             [-lL]   [Verzeichnis]

case "$1" in
-[Vv])  # Verzeichnisse auflisten
        muster="^d.*"; shift;;
-[Dd])  # Dateien auflisten
        muster="^-.*"; shift;;
-[Cc])  # Zeichenorientierte Gerätedatei auflisten
        muster="^c.*"; shift;;
-[Bb])  # Blockorientierte Gerätedatei auflisten
        muster="^b.*"; shift;;
-[Ll])  # Symbolische Links auflisten
        muster="^l.*"; shift;;
-*)     # Unbekannte Optionen: Hilfe anzeigen
        echo "Aufruf: $0 [-option] [Verzeichnis]"
        echo "Option:"
        echo "  -d/D = Dateien auflisten"
        echo "  -v/V = Verzeichnisse auflisten"
        echo "  -c/C = Zeichenorientierte Geräte auflisten"
        echo "  -b/B = Blockorientierte Geräte auflisten"
        echo "  -l/L = Symbolische Links auflisten"
        exit 1;;
*)      # Aufruf ohne Option
        muster=".*";;
esac

[ -z "$1" ] && set .   # Falls kein Verzeichnis angegeben wurde,
                       # besetze $1 mit aktuellem Verzeichnis(.)
if [ -d "$1" ]         # Inhaltsverzeichnis nur dann ausgeben,
then                   # wenn $1 ein Verzeichnis ist.
    ls -l $1 | grep "$muster" | pg
else
    echo "<$1> ist kein Verzeichnis. Bitte Verzeichnis angeben."
fi
```

Die Option wird beim Aufruf an erster Stelle erwartet und befindet sich in der Variablen $1. Dieser Wert wird mit den möglichen Optionen der case- Sequenz verglichen. Das Muster -[dD] bedeutet, daß zuerst das Zeichen Minus (-) gefolgt von dem Buchstaben d oder D erwartet wird. Die Metazeichen [ ] stehen stellvertretend für ein Zeichen aus der angegebenen Menge. Damit akzeptieren Sie Groß- und Kleinschreibung bei den Optionen.

Die Kommandofolge zu einer erkannten Option besetzt die Variable muster mit einem entsprechenden Suchmuster, mit dem der Dateityp anschließend durch grep herausgefiltert wird.

Das Muster "^d.*" wird von der Shell folgendermaßen interpretiert: Das Zeichen ^ steht für den Zeilenanfang, darauf muß das Zeichen d folgen und daran kann sich jede beliebige Zeichenkette anschließen. In Worten ausgedrückt: "Suche alle Zeilen, die am Zeilenanfang das Zeichen d besitzen. Dieses Schema gilt auch für die anderen Optionen, nur das der erste Buchstabe ausgetauscht wird. Im Anschluß an die Zuweisung wird das Kommando shift ausgeführt.

Weitere Entscheidungen

Dadurch rückt $2 nach $1 auf und das aufzulistende Verzeichnis (zweites Argument) befindet sich immer in der Variablen $1, auf die später zugegriffen wird. Eine ausführliche Beschreibung von `shift` finden Sie im Kapitel 3.7.

Das Muster -*) der `case`-Anweisung steht für alle Zeichenketten, die mit dem Zeichen Minus beginnen. In Ihrer Nomenklatur ist das eine Option mit einem beliebigen Buchstaben nach dem Minus. Sofern in der zuvor aufgeführten Musterliste keine Übereinstimmung erkannt wurde, ist dieses der Ansprungspunkt für nicht erkannte Optionen, und es wird eine Hinweismeldung ausgegeben. Hier erkennen Sie wie wichtig die Reihenfolge der Muster ist. Setzen Sie dieses Muster an erster Stelle, würden die anderen Optionen niemals erkannt.

Das Kommando `dir` kann auch ohne Option aufgerufen werden. In diesem Fall befindet sich das Argument, sofern eines angegeben wurde, in der Variablen $1. Mit dem letzten Muster * (Voreinstellung) finden Sie alle Zeichenketten, die nicht mit Minus beginnen. Es kann sich nur um das Argument "aufzulistendes Verzeichnis" handeln. Bei fehlender Option sollen alle Dateien angezeigt werden; das entsprechende Muster lautet: .* (beliebige Zeichenkette).

Wenn Sie beim Aufruf der Prozedur keinen Verzeichnisnamen angeben, wird der Inhalt des aktuellen Verzeichnisses aufgelistet. Der Befehl

```
[ -z "$1" ] && set .
```

überprüft, ob die Variable $1 (aufzulistendes Verzeichnis) einen Wert besitzt. Sollte der Positionsparameter leer sein, überträgt die Anweisung `set` den Namen des aktuellen Verzeichnisses (.) nach $1. Abschließend ermittelt die `test`-Anweisung, ob es sich bei dem Namen um ein Verzeichnis handelt. Nur in diesem Fall wird die Kommandoverkettung

```
ls -l $1 | grep "$muster" | pg
```

ausgeführt. Die Ausgabe von `ls -l` wird von `grep` nach dem eingestellten Muster durchsucht, und die passenden Zeilen werden seitenweise ausgegeben.

Das Muster der beliebigen Zeichenkette ist ein wenig verwirrend. Nochmals zur Erinnerung: Die Anweisung `case` verwendet die Wildcard-Zeichen der Dateinamengenerierung und dort steht das Zeichen * für jede beliebige Zeichenkette. Das Kommando `grep` dagegen arbeitet mit eigenen Sonderzeichen zur Mustersuche. Die Zeichenfolge .* ist hier stellvertretend für die beliebige Zeichenkette anzugeben. Abschließend ein Durchlauf der Prozedur `dir`:

```
$ dir -v /etc           Liste alle Verzeichnisse von /etc
drwxr-xr-x   2 bin     bin      512 Jan 16  1991 acct
drwxr-xr-x   2 bin     bin      512 Jan 16  1991 ap
drwxr-xr-x   3 root    sys      512 Jan 16  1991 bkup
drwxr-xr-x  12 root    sys      512 Jan 16  1991 conf
drwxrwxr-x   2 root    sys      512 Jan 16  1991 dfs
...
: q
$
```

case und die Wildcard-Zeichen

```
$ dir -d /etc                    Liste alle Dateien von /etc
-rw-r--r--    1 bin      bin          113 Jan  9  1991 Backup
-r--r--r--    1 root     sys          107 Jan  9  1991 TIMEZONE
-rw-r--r--    1 root     root           7 Jan 16  1991 X0.hosts
-r--r--r--    2 bin      bin        13804 Jan  9  1991 boot
-rw-r--r--    1 root     sys          775 Jan  9  1991 bupsched
...
: q

$ dir -c /dev                    Liste alle zeichenorientierten Geräte von /dev
crw-------    2 root     sys       8,   0 Jan 16  1991 clock
c-w--w--w-    1 root     root     15,   0 Apr 12 11:38 conslog
crw--w----    1 buch     tty       5,   0 May  2 13:36 console
...
: q

$ dir -b /dev                    Liste alle blockorientierten Geräte von /dev
brw-rw-rw-    1 root     sys       1, 60 Jan  9  1991 diskette
brw-rw-rw-    5 root     sys       1,  0 Jan  9  1991 fd0
brw-rw-rw-    5 root     sys       1,  0 Jan  9  1991 fd0135ds18
brw-rw-rw-    5 root     sys       1,  0 Jan  9  1991 fd0135ds9
brw-rw-rw-    5 root     sys       1,  0 Jan  9  1991 fd048
brw-rw-rw-    5 root     sys       1,  0 Jan  9  1991 fd048ds8
...
: q

$ dir -p /etc                    Die Option ist noch nicht eingebaut
Aufruf: $0 -option [Verzeichnis/Datei]"
Option:"
 -d/D = Dateien auflisten
 -v/V = Verzeichnisse auflisten
 -c/C = Zeichenorientierte Geräte auflisten
 -b/B = Blockorientierte Geräte auflisten
 -l/L = Symbolische Links auflisten

$ dir /etc/passwd                Dateinamen sind nicht erlaubt
</etc/passwd> ist kein Verzeichnis. Bitte Verzeichnis angeben.
$
```

Der Aufruf von `dir` ohne Option verhält sich wie das Kommando `ls -l`. Es gibt einige weitere Dateitypen, die Sie in die Prozedur aufnehmen können. Im Kapitel 8.7 finden Sie eine Übersicht der gültigen Operatoren des Kommandos `test`. Die Sonderzeichen `*`, `[]` und `?` werden für die Musterbildung bevorzugt eingesetzt. Die übrigen Metazeichen (siehe Auflistung am Anfang des Abschnittes) sind nur der Korn-Shell bekannt. Wenn Sie auf das gesamte Repertoire der Mustererkennung zurückgreifen, ist die Vielfalt der kombinierbaren Möglichkeiten nahezu unbegrenzt.

Ich empfehle Ihnen eigene Beispiele zu konstruieren, um Sicherheit im Umgang mit der Mustererkennung zu erhalten. Im folgenden Abschnitt zeige ich Ihnen eine weitere Eigenschaft der `case`-Anweisung. Sie können in der Auswahlliste auch mehrere Muster miteinander verknüpfen.

9.6. Alternative Vergleichsmuster

In der Auswahlliste der `case`-Anweisung können Sie mehrere Muster zur Auswahl stellen und durch eine ODER (|) Verbindung miteinander verknüpfen. Es wird eine Übereinstimmung erkannt, wenn eines der Muster zutrifft. Die allgemeine Schreibweise lautet:

```
case Wert in
    muster 1a | muster 1b | muster 1c ...)
    Kommando 1
    ...
    Kommando n ;;

    muster 2a | muster 2b | muster 2c ...)
    Kommando 1
    ...
    Kommando n ;;
            ...
    muster na | muster nb | muster nc ...)
    Kommando 1
    ...
    Kommando n ;;
esac
```

Sie können innerhalb der `case`-Anweisung nicht nur Muster definieren, sondern diese auch untereinander kombinieren. Erinnern Sie sich an die Prozedur `del` aus dem vorherigen Abschnitt. Die Eingabe `Ja`, `JA`, `ja` und `jA` führte zum Löschen der ausgewählten Datei; dagegen führte die Antwort `Nein` oder `nein` zu einem Verlassen der Prozedur. Die verschiedenen Schreibweisen für Ja und Nein konnten mit den bekannten Wildcard-Zeichen in jeweils einem Muster dargestellt werden. Was aber, wenn Sie in Zukunft auch englischsprachige Eingaben wie `Yes`, `yes` oder `No`, `no` zulassen möchten. Dazu müßten Sie die neuen Muster in der Liste aufnehmen, wie die folgende Prozedur `del` zeigt:

```
#!/bin/ksh
#
# @(#) del V1.2 Löschen einer Datei mit Bestätigung
#
# Aufruf: del Datei

(( $# != 1 )) && { echo "Aufruf: $0 Datei"; exit 1; }

echo "Datei: $1 löschen ? \c"; read ok
case "$ok" in
[Jj][aA])  rm $1;; # Datei löschen
[Yy]es)    rm $1;; # Datei löschen
[Nn]ein)   # Datei nicht löschen
           echo "Datei $1 wurde nicht gelöscht!";;
[Nn]o)     # Datei nicht löschen
           echo "Datei $1 wurde nicht gelöscht!";;
esac
```

Alternative Vergleichsmuster

Durch das Aufnehmen der englischen Variationen für Ja oder Nein entstehen doppelte Kommandozeilen. Wenn Sie eine ODER-Verknüpfung verwenden, ersparen Sie sich Schreibarbeit:

```
#!/bin/ksh
#
# @(#) del V1.3 Löschen einer Datei mit Bestätigung
#
# Aufruf: del Datei

(( $# != 1 )) && { echo "Aufruf: $0 Datei"; exit 1; }

echo "Datei: $1 löschen ? \c"; read ok
case "$ok" in
[Jj][aA]  | [Yy]es)  rm $1;;   # Datei löschen
[Nn]ein   | [Nn]o)             # Datei nicht löschen
               echo "Datei $1 wurde nicht gelöscht!";;
esac
```

In der zweiten Version von `del` wurde das Muster der deutschen und der englischen Schreibweise durch den Operator | (logisches ODER) miteinander verbunden. Damit erkennt die Prozedur die unterschiedlichen Formen der Ja/Nein-Eingabe:

```
$ del post.txt
Datei löschen ? Ja
$ del liste.txt
Datei löschen ? ja
$ del post1.txt
Datei löschen ? Yes
$ del post2.txt
Datei löschen ? yes
$ del brief.dat
Datei löschen ? nein
Datei brief.dat wurde nicht gelöscht!
$ del brief.dat
Datei löschen ? No
Datei brief.dat wurde nicht gelöscht!
$
```

Sehen Sie dazu ein weiteres Beispiel: Die Prozedur `cmd` liest einen Befehl von der Tastatur und startet das angegebene Kommando. Die aufrufbaren Programme werden durch die Prozedur auf wenige Befehle eingeschränkt. So können die Befehle `cal`, `cp`, `date`, `find`, `ls`, `pg` und `ps` ausgeführt werden, während alle anderen Befehle mit einer Meldung abgewiesen werden. Destruktive Kommandos, wie zum Beispiel `rm` (Löschen einer Datei) können nicht gestartet werden. Dazu läßt sich hervorragend die `case`-Anweisung einsetzen, wie die Prozedur `cmd` zeigt:

Weitere Entscheidungen

```
#
# @(#) cmd V1.0 Ausführen von Kommandos
#
# Aufruf: cmd

echo "Bitte Kommando eingeben: \c"; read cmd Rest

case "$cmd" in

cal | cp | date | find | \
ls  | pg | ps                ) ksh -c "$cmd $Rest";;
*)                             echo "Unzulässiges Kommando";;

esac
```

Mit dem Befehl `read` wird das Kommando in die Variable `cmd` und die restlichen Angaben in die Variable `Rest` gelesen. Die `case`-Anweisung vergleicht dieses Kommando mit dem Muster, in der alle zulässigen Befehle durch die ODER Verknüpfung aufgeführt sind. Wird ein Kommando aus dieser Liste eingegeben, erfolgt der Start durch Aufruf der Shell mit der Option `-c`. Dieser Schalter bewirkt, daß die nachfolgenden Befehle ausgeführt werden, so als würden Sie diese in die Kommandozeile eintippen. Alle anderen Befehle werden mit einer Meldung abgewiesen.

```
$ cmd
Bitte Kommando eingeben: date
Thu Apr 30 15:40:52 EDT 1992
$ cmd
Bitte Kommando eingeben: cal 5 1992
    May 1992
 S  M Tu  W Th  F  S
                1  2
 3  4  5  6  7  8  9
10 11 12 13 14 15 16
17 18 19 20 21 22 23
24 25 26 27 28 29 30
31
$ cmd
Bitte Kommando eingeben: cp /etc/passwd passwd.neu
$ cmd
Bitte Kommando eingeben: rm /etc/motd
Unzulässiges Kommando
$
```

Jedes Kommando, das nicht in der Liste enthalten ist, wird abgewiesen. Die Befehle, die Sie für sinnvoll erachten, fügen Sie in die Liste der `case`-Anweisung ein. Wenn Sie die Prozedur `cmd` in der Datei `.profile` eines Benutzers eintragen, wird sie sofort nach dem Anmelden aufgerufen und der Benutzer kann nur vorbestimmte Kommandos aktivieren. Selbstverständlich befindet er sich nach Ausführung eines Kommandos in der Shell und kann wieder alle Befehle ausführen. Im Kapitel 10.2 stelle ich Ihnen eine Möglichkeit vor, die eine Rückkehr in die Shell unterbindet. Aber bevor Sie sich diesem Thema widmen, werden wir ein Auswahlmenü schreiben, in dem die Prozedur `cmd` ihren Platz findet.

9.7. Ein Auswahlmenü mit `case`

Der Einsatz von Auswahlmenüs ist ein beliebtes Mittel Shell-Prozeduren anwenderfreundlich zu gestalten. Sie treten in direkten Kontakt mit dem Benutzer und fordern ihn gleichzeitig auf, aus einer Liste von Menüpunkten eine gewünschte Aktion auszuwählen. Zur Realisierung von Auswahlmenüs eignet sich die `case`-Anweisung in besonderer Weise. Sie können auf einfache Art die Eingaben des Benutzers mit einer Liste von zulässigen Menüpunkten vergleichen und die zugeordneten Aktionen ausführen. Das folgende Beispiel ist ein Vorschlag, den Sie als Grundlage für eigene Ideen nutzen können. Die Prozedur `menue` stellt auf dem Bildschirm fünf Punkte zur Auswahl zwischen denen der Benutzer wählen kann:

```
+-----------------------------+
|  1) Post lesen              |
|  2) Post versenden          |
|  3) Aktive Benutzer anzeigen|
|  4) Kommando ausführen      |
|  5) Ende                    |
+-----------------------------+
Ihre Wahl (Ziffer 1-5) >
```

Bei Auswahl des Punktes:

1) wird das Kommando `mail` aufgerufen und die Post angezeigt

2) kann der Benutzer mit `mail` Post versenden; Empfänger und die Nachricht werden zuvor eingelesen.

3) werden mit dem Kommando `who` alle aktiven Benutzer angezeigt

4) wird ein UNIX-Kommando eingelesen und ausgeführt. Sie benutzen hier Ihre Prozedur `cmd` aus dem vorherigen Abschnitt und lassen nur spezielle Befehle zu.

5) wird das Menü verlassen, ohne eine Aktivität durchzuführen. Die Meldung "Menü wurde beendet" wird ausgegeben.

Alle anderen Eingaben werden mit einer Fehlermeldung abgewiesen. Die Prozedur `menue` hat folgenden Aufbau:

Weitere Entscheidungen

```
#
# @(#) menue V1.0 Auswahlmenü anzeigen
#
# Aufruf: menue

clear   # Bildschirm loeschen
echo "+----------------------------+"
echo "| 1) Post lesen              |"
echo "| 2) Post versenden          |"
echo "| 3) Aktive Benutzer anzeigen |"
echo "| 4) Kommando ausführen      |"
echo "| 5) Ende                    |"
echo "+----------------------------+"
echo "Ihre Wahl (Ziffer 1-5) > \c"; read auswahl

case "$auswahl" in

1)  # Post lesen
    echo "Ihre Post:"
    mail;;

2)  # Post versenden
    echo "Empfänger ? \c"; read userlist
    echo "Bitte Nachricht eingeben (CTRL-D - Ende):"
    cat >nachricht
    mail $userlist <nachricht
    rm nachricht;;

3)  # Aktive Benutzer anzeigen
    echo "Aktive Benutzer:"
    who;;

4)  # Kommando eingeben
    cmd;;

5)  # Menü beenden
    echo "Menü wurde beendet";;

*)  # Falsche Eingabe
    echo "Falsche Eingabe";;

esac
```

Vor der Ausgabe des Menüs löschen Sie mit dem Befehl clear den Bildschirm. Auf einigen Systemen ist der Befehl auch unter dem Namen tput clear bekannt. Das Kommando read fordert den Benutzer zur Eingabe einer Ziffer zwischen 1 und 5 auf. Die case-Anweisung überprüft daraufhin den eingegebenen Wert mit den Mustern 1,2,3,4,5 und führt bei Übereinstimmung die zugehörigen Befehle aus. Das Muster * ist die Voreinstellung für alle Eingaben außerhalb dieses Bereiches. Ich gehe nicht näher auf die einzelnen Befehle ein, da die Kommandofolgen des öfteren in diesem Buch besprochen wurden und mittlerweile kein Problem mehr für Sie darstellen. Beachten Sie, daß bei Eingabe der Ziffer 4 Ihre Prozedur cmd aufgerufen wird, die wir gemeinsam im vorherigen Abschnitt entwickelt haben. Der Ablauf von menue präsentiert sich wie folgt:

Ein Auswahlmenü mit case

```
$ menue
+-------------------------------+
| 1) Post lesen                 |
| 2) Post versenden             |
| 3) Aktive Benutzer anzeigen   |
| 4) Kommando ausführen         |
| 5) Ende                       |
+-------------------------------+
Ihre Wahl (Ziffer 1-5) > 2
Empfänger ? peter
Bitte Nachricht eingeben (CTRL-D - Ende):
Hallo mein Menü läuft hervorragend!
<CTRL-D>

$                                       Sie sind zurück in Ihrer Shell

$ menue
+-------------------------------+
| 1) Post lesen                 |
| 2) Post versenden             |
| 3) Aktive Benutzer anzeigen   |
| 4) Kommando ausführen         |
| 5) Ende                       |
+-------------------------------+
Ihre Wahl (Ziffer 1-5) > 4          Auswahl Menüpunkt 4
Bitte Kommando eingeben: ps         Das ist Ihre Prozedur cmd
   PID TTY        TIME COMD
   468 pts/1      0:00 ksh
   469 pts/1      0:00 ps
   452 pts/1      0:00 ksh
$

$ menue
+-------------------------------+
| 1) Post lesen                 |
| 2) Post versenden             |
| 3) Aktive Benutzer anzeigen   |
| 4) Kommando ausführen         |
| 5) Ende                       |
+-------------------------------+
Ihre Wahl (Ziffer 1-5) > 4
Bitte Kommando eingeben: rm datei1   Löschen einer Datei mit rm
Unzulässiges Kommando                nicht zulässig
$

$ menue
+-------------------------------+
| 1) Post lesen                 |
| 2) Post versenden             |
| 3) Aktive Benutzer anzeigen   |
| 4) Kommando ausführen         |
| 5) Ende                       |
+-------------------------------+
Ihre Wahl (Ziffer 1-5) > 99         Was passiert bei ungültiger
Falsche Eingabe                     Eingabe ?
$
```

Zum Codieren eines Auswahlmenüs eignet sich die `case`-Anweisung in besonderem Maße. Dieses Menü ist ein Vorschlag, den Sie mit Ihren eigenen

Weitere Entscheidungen

Menüpunkten ausfüllen und erweitern können. Sie müssen lediglich die Auswahlanzeige ändern und die `case-Leiste` um die eigenen Auswahlpunkte anpassen; das Grundgerüst können Sie vollständig übernehmen. Sie könnten zum Beispiel einen neuen Menüpunkt einführen, der den Tageskalender anzeigt.
Was ist unzureichend an diesem Auswahlmenü?

1) Nach der Auswahl eines Menüpunktes beendet sich die Prozedur und muß jedesmal neu gestartet werden. Optimal wäre, wenn nach jeder Eingabe das Menü erneut angezeigt wird und zwar solange, bis der Punkt 5 (Beenden) ausgewählt wird.

2) Ihre Prozedur `cmd` wurde entwickelt, um die Menge der ausführbaren Befehle zu begrenzen, sowie den unerfahrenen Benutzer vor Schaden zu bewahren und ihm gleichzeitig mit dem Auswahlmenü eine Hilfe zu bieten. Bei Beenden der Prozedur `menue` wird jedoch in die Shell verzweigt, in der der Benutzer beliebige Befehle eingeben kann. Optimal wäre es, das Auswahlmenü nach dem Anmelden sofort aufzurufen und nach Verlassen die laufende Sitzung zu beenden, so daß der Benutzer keinen direkten Zugriff auf die Shell hat.

Diese Idee wird im übernächsten Kapitel behandelt und die Prozedur um diese beiden Forderungen ergänzt. Momentan fehlt uns ein Hilfsmittel, um Befehle mehrfach ausführen zu lassen. Bevor ich Ihnen die erforderlichen Anweisungen vorstelle, die Ihre Prozeduren "lebendig" machen, sollten Sie die `case-Anweisung` am Beispiel der Adreßverwaltung nochmals üben und vertiefen. Durch den Einsatz der `case-Anweisung` werden Sie die Prozeduren lesbarer gestalten und zusätzlich ein Auswahlmenü entwerfen, mit dem Sie alle Funktionen der Adreßverwaltung in einem Auswahlmenü anbieten.

Adreßkartei Teil 4

Kapitelübersicht

Mit Hilfe der Anweisungen aus dem letzten Kapitel werden wir zunächst einige "Schönheitsreparaturen" vornehmen. Die Mehrfachentscheidung `elif` wird gegen das neue Kommando `case` ausgetauscht. Sie werden erkennen, daß dieser Befehl Ihre Programme übersichtlicher erscheinen läßt. Zusätzlich nehmen Sie zwei beliebte Anwendungen von `case` in Ihre Programme auf. Dazu gehört das Gestalten von Ja/Nein-Abfragen sowie das Erstellen von Auswahlmenüs. Zusätzlich wird die Adreßverwaltung um eine Prozedur ergänzt, die das Ändern einer Adresse ermöglicht. Im einzelnen werden folgende Befehle anhand von Beispielen vertieft:

- Die Befehle `&&` und `||`
- Die Anweisung `case`
- Das Gestalten von Ja/Nein-Abfragen
- Das Erstellen eines Auswahlmenüs

Adreßkartei Teil 4

Übersicht der Änderungen

Die vorangegangenen Kapitel haben Ihnen gezeigt, wie Sie Mehrfachentscheidungen übersichtlich mit der `case`-Anweisung bearbeiten können. Nutzen Sie diese Anweisung für eine neue Prozedur, die Ja/Nein-Abfragen in Zukunft vereinfacht. Außerdem werden Sie das Auswahlmenü aus dem vorherigen Kapitel für Ihre Adreßverwaltung umfunktionieren und alle Funktionalitäten in einem Menü zur Auswahl stellen. Sie werden kennenlernen, wie Sie die restlichen Prozeduren mit der `case`-Anweisung übersichtlich gestalten können und wie die Befehle &&, ‖ eingesetzt werden können.

Prozedur	Aktion	Beschreibung
`testjn`	Neu	Gestalten von Ja/Nein-Abfragen
`adr`	Neu	Das Hauptprogramm der Adreßverwaltung in Form eines Auswahlmenüs
`aendern`	Neu	Das Ändern einer bestehenden Adresse
`suchen`	Ändern	Umgestaltung der Prozedur mit `case`
`loeschen`	Ändern	Umgestaltung der Prozedur mit der `case`-Anweisung. Die Bestätigung des Löschvorganges wird mit der neuen Prozedur `testjn` abgefragt.

Die restlichen Prozeduren bleiben unverändert. Wechseln Sie vor dem Bearbeiten der Prozeduren in Ihr Arbeitsverzeichnis und, wenn gewünscht, kopieren Sie die Prozeduren der beigelegten Diskette in Ihren Arbeitsbereich:

```
$ cd $HOME/ADRESSEN
$ cp $HOME/BUCH/ADRESSEN/TEIL4/* .
```

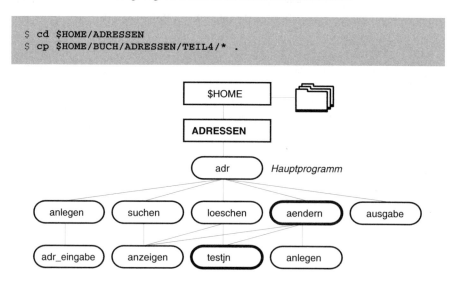

Ja/Nein-Abfragen gestalten

Im vierten Teil der Adreßverwaltung benötigen Sie Ja/Nein-Abfragen, um die Bestätigung eines Benutzers einzuholen, bevor eine Adresse gelöscht oder geändert wird. Dazu erstellen Sie eine Prozedur mit dem Namen `testjn`, die folgende Schreibweisen von Ja erkennt: j, J, ja, Ja und JA

```
#!/bin/ksh
#
# @(#) testjn V1.0 Gestalten von Ja/Nein Abfragen
#
# Aufruf: testjn [Meldung]

PROMPT="[J(a),N(ein)]"
MELDUNG="Ja oder Nein"

(( $# != 0 )) && MELDUNG="$@"

echo "$MELDUNG $PROMPT ? \c"; read ok

case "$ok" in
j | J | ja | Ja | JA)   exit 0;;
*)                      exit 1;;
esac
```

Sie können der Prozedur beim Aufruf einen Text übergeben, der auf dem Bildschirm angezeigt werden soll. Wurde keine Meldung angegeben, antwortet `testjn` mit dem Standardtext "Ja oder Nein". Bei Eingabe einer zulässigen Kombination für das Wort Ja kehrt die Prozedur mit dem Wert 0 zurück. Ansonsten wird der Wert 1 an das aufrufende Programm zurückgeliefert. Die `case`-`Anweisung` ist ein hervorragendes Hilfsmittel zur Unterscheidung der verschiedenen Kombinationen. Den Rückgabewert können Sie der Variablen `$?` entnehmen:

```
$ testjn Soll die Adresse gelöscht werden
Soll die Adresse gelöscht werden [J(a),N(ein)] ? Ja
$ echo $?
0           $
```

Das Hauptprogramm der Adreßverwaltung

In der neuen Prozedur `adr` werden alle Funktionalitäten der Adreßverwaltung in einem Auswahlmenü angeboten. Es ist zugleich das Startprogramm, aus dem alle weiteren Programme aufgerufen werden. Wenn Sie die Variable ADRESSE nicht mit dem Namen der Adreßkartei besetzt haben, wird voreingestellt die Datei `$HOME/adressen.dat` gewählt. Auf Wunsch wird eine neue Adreßdatei erstellt, sofern diese noch nicht vorhanden war.

Adreßkartei Teil 4

```ksh
#!/bin/ksh
#----------------------------------------------------------------
# @(#) adr V1.0 Adressverwaltung (Hauptprogramm)
#
# Aufruf: adr
#
# Hauptprogramm  -  Verwaltung einer Adreßkartei auf der Basis von
#                   Shell-Prozeduren.
#----------------------------------------------------------------
# ADRESSE enthält den Namen der Adreßkartei
# Besitzt ADRESSE einen Wert, wird dieser nicht verändert.
# Andernfalls wähle die Voreinstellung adressen.adr
# Exportiere ADRESSE,damit andere Programme darauf zugreifen können
#
export ADRESSE=${ADRESSE:-$HOME/adressen.adr}

if [ ! -f $ADRESSE ] # Adreßkartei vorhanden?
then
    echo "\nDie Datei \"$ADRESSE\" konnte nicht gefunden werden !"
    testjn "Soll ich sie erstellen" && >$ADRESSE || exit 1
fi

clear # Bildschirm löschen
echo
echo "+------------------------------+"
echo "|       Adressverwaltung       |"
echo "+------------------------------+"
echo "|                              |"
echo "|   1) Neue Adresse anlegen    |"
echo "|   2) Suchen von Adressen     |"
echo "|   3) Löschen von Adressen    |"
echo "|   4) Verändern von Adressen  |"
echo "|   5) Alle Adressen ausgeben  |"
echo "|   6) Beenden                 |"
echo "+------------------------------+"
echo
echo "Ihre Wahl (1-6): \c"; read auswahl

case $auswahl in
1) echo; anlegen
   ;;
2) echo "\nBitte Suchbegriff eingeben: "; read Nachname
   suchen "$Nachname"
   ;;
3) echo "\nWelche Adresse möchten Sie löschen?"
   echo "Bitte Nachname eingeben: \c";    read Nachname
   loeschen "$Nachname"
   ;;
4) echo "\nWelche Adresse möchten Sie ändern?"
   echo "Bitte Nachname eingeben: \c";    read Nachname
   aendern "$Nachname"
   ;;
5) ausgabe
   ;;
6) exit 0
   ;;
*) echo "Falsche Eingabe"
   ;;
esac
```

Nach dem Löschen des Bildschirms werden alle Funktionalitäten der Adreßverwaltung in einem Menü angezeigt. Ist die Adreßkartei nicht vorhanden, fordert die neue Prozedur `testjn` den Benutzer auf, die Neuanlage zu bestätigen:

```
testjn "Soll die Datei neu angelegt werden" && >$ADRESSE || exit 1
```

Kehrt die Funktion mit dem Rückgabewert 1 (für Nein) zurück, wird der Befehl `exit 1` aufgerufen und die Prozedur beendet. Die `case`-Anweisung überprüft, welche Ziffer ausgewählt wurde und aktiviert eine der bekannten Unterprogramme. Sie werden die Prozedur im Beispieldurchlauf noch genauer unter die Lupe nehmen. Zuerst wenden Sie sich dem Ändern einer Adresse zu.

Das Ändern einer Adresse

Nachdem nun alle erforderlichen Befehle bekannt sind, werden Sie sich um das Ändern einer Adresse kümmern. Wie würden Sie eine Adresse in der Datei ändern, ohne einen Texteditor zu benutzen? Ich habe folgenden Weg gewählt, der mir besonders einfach erschien: Ist die gesuchte Adresse in der Datei vorhanden, werden die Daten angezeigt und der Aufrufende wird zu einer Änderung der Adresse aufgefordert. Diese geänderte Adresse wird mit der bekannten Prozedur `anlegen` neu in die Adreßkartei aufgenommen und der bestehende Datensatz wird gelöscht.

Der Befehl `anzahl=`egrep -c "$MUSTER" $ADRESSE`` zählt die Anzahl der gefundenen Adressen in der Kartei. Nur wenn genau eine Adresse gefunden wurde, kann der Datensatz geändert werden.

Alle anderen Fälle führen zu einem Abbruch und zur Ausgabe einer Fehlermeldung. Zum Ändern benutzen Sie die bekannten Prozeduren `anzeigen`, `testjn`, `anlegen` und `loeschen`. Nach dem Anzeigen der gewünschten Adresse bittet die neue Prozedur `testjn` den Benutzer um Bestätigung. Erst dann wird die Prozedur `anlegen` aufgerufen, um die veränderte Adresse einzutragen. Als letzte Aktion wird der bestehende Datensatz gelöscht. Die Prozedur `aendern` hat nun folgenden Aufbau:

Adreßkartei Teil 4

```ksh
#!/bin/ksh
#
# @(#) aendern V1.0 Eine bestehende Adresse ändern
#
# Aufruf: aendern Nachname
#
# Aufrufargumente prüfen
#
(( $# != 1 )) && { echo "Aufruf: $0 Nachname"; exit 1; }

#-------------------------------------#
ADRESSE=${ADRESSE:-$HOME/adressen.adr} # Name der Adreßkartei
MUSTER="^$1:"                          # Suchmuster der Adresse
tmpdat=/tmp/loesch$$                   # Zwischendatei für das
                                       # Löschen einer Adresse
#-------------------------------------#

#
# Anzahl der gefundenen Adressen zählen
#
anzahl=`egrep -c "$MUSTER" $ADRESSE`

case $anzahl in
0)  #
    # Keine Adresse gefunden
    #
    echo "$1 ist nicht in der Adressdatei enthalten"
    exit 1
    ;;
1)  #
    # Adresse einmal vorhanden
    # Satz suchen, anzeigen und ändern
    #
    SATZ=`egrep "$MUSTER" $ADRESSE`
    anzeigen "$SATZ"

    testjn "Adresse ändern" && \
    { #
      # Adresse neu anlegen
      #
      anlegen || { echo "Keine Änderung vorgenommen"; exit 1; }
      #
      # Bestehende Adresse löschen
      #
      egrep -v "^$SATZ$" $ADRESSE >$tmpdat
      mv $tmpdat $ADRESSE
    }
    exit 0
    ;;
*)  #
    # Mehr als eine Adresse gefunden
    #
    echo Es wurden $anzahl Adressen gefunden.
    echo "Bitte spezifizieren Sie die Adresse genauer."
    exit 1
    ;;
esac
```

Die Prozeduren suchen und loeschen wurden in ihrer Funktionalität nicht geändert. Lediglich die Fallunterscheidung, ob keine, eine oder mehrere Adressen gefunden wurden, wird mit der case-Anweisung gestaltet.

Änderung der Prozedur suchen

```
#!/bin/ksh
#
# @(#) suchen V1.3 Suchen einer Adresse
#
# Aufruf: suchen Nachname

#
# Aufrufargumente prüfen
#
(( $# != 1 )) && { echo "Aufruf: $0 Nachname"; exit 1; }

#-----------------------------------#
ADRESSE=${ADRESSE:-$HOME/adressen.adr}  # Name der Adreßkartei
MUSTER="^$1:"                           # Suchmuster der Adresse
#-----------------------------------#

#
# Anzahl der gefundenen Adressen zählen
#
anzahl=`egrep -c "$MUSTER" $ADRESSE`

case $anzahl in
0)  #
    # Keine Adresse gefunden
    #
    echo "$1 ist nicht in der Adreßdatei enthalten"
    exit 1
    ;;
1)  #
    # Genau eine Adresse vorhanden
    # Adresse suchen und aufbereitet ausgeben
    #
    SATZ=`egrep "$MUSTER" $ADRESSE`
    anzeigen "$SATZ"
    exit 0
    ;;
*)  #
    # Mehr als eine Adresse vorhanden
    # Suchen der Adressen und als Liste ausgeben.
    # Ersetze : durch das Zeichen ,
    #
    egrep "$MUSTER" $ADRESSE | tr ":" ","
    exit 0
    ;;
esac
```

Vergleichen Sie diese Version mit der Prozedur des dritten Teils, so werden Sie feststellen, daß die Prozedur durch die case-Anweisung wesentlich übersichtlicher erscheint. Die Funktionalität bleibt gegenüber der vorangegangenen Version unverändert.

Adreßkartei Teil 4

Änderung der Prozedur `loeschen`

Auch hier wurde die Fallunterscheidung mit der `case`-Anweisung durchgeführt. Zusätzlich wird zur Bestätigung des Löschvorganges die neue Prozedur `testjn` benutzt, um Eingaben wie j , J, Ja, JA zuzulassen.

```
#!/bin/ksh
#
# @(#) loeschen V1.2 Löschen einer Adresse
#
# Aufruf: loeschen Nachname

#
# Aufrufargumente prüfen
#
(( $# != 1 )) && { echo "Aufruf: $0 Nachname"; exit 1; }

#-------------------------------------#
ADRESSE=${ADRESSE:-$HOME/adressen.adr} # Name der Adreßkartei
MUSTER="^$1:"                          # Suchmuster der Adresse
tmpdat=/tmp/loesch$$                   # Zwischendatei für das
                                       # Löschen der Adresse
#-------------------------------------#

#
# Anzahl der gefundenen Adressen zahlen
#
anzahl=`egrep -c "$MUSTER" $ADRESSE`

case $anzahl in
0) #
   # Keine Adresse gefunden
   #
   echo "$1 ist nicht in der Adressdatei enthalten"
   exit 1
   ;;
1) #
   # Genau eine Adresse gefunden
   # Satz suchen, anzeigen und Löschvorgang bestätigen
   #
   SATZ=`egrep "$MUSTER" $ADRESSE`
   anzeigen "$SATZ"

   testjn "Adresse löschen" && {
        egrep -v "^$SATZ$" $ADRESSE >$tmpdat
        mv $tmpdat $ADRESSE
        echo "Die Adresse wurde gelöscht"; }
   exit 0
   ;;
*) #
   # Mehr als eine Adresse gefunden
   #
   echo "Es wurden $anzahl Adressen gefunden."
   echo "Bitte spezifizieren Sie die Adresse genauer."
   exit 1
   ;;
esac
```

Der folgende Teil wurde gegenüber dem dritten Teil geändert:

```
testjn "Adresse löschen" && {
        egrep -v "^$SATZ$" $ADRESSE >$tmpdat
        mv $tmpdat $ADRESSE
        echo "Die Adresse wurde gelöscht"; }
```

Die Prozedur `testjn` verlangt vor dem Löschen eine Bestätigung des Benutzers. Bei Eingabe einer zulässigen Kombination des Wortes Ja kehrt das Kommando mit dem Wert 0 zurück. Der anschließende Befehl `&&` führt daraufhin die Befehlsfolgen in den geschweiften Klammern aus (Kommandogruppierung). Sie könnten diese Abfrage auch mit der `if-Anweisung` gestalten:

```
if testjn "Adresse löschen"
then
    egrep -v "^$SATZ$" $ADRESSE >$tmpdat
    mv $tmpdat $ADRESSE
    echo "Die Adresse wurde gelöscht"
fi
```

Entscheiden Sie, welche Form der Abfrage Ihnen zusagt und nehmen Sie diese in die Prozedur `loeschen` auf. Damit haben Sie alle Änderungen des vierten Teils aufgenommen. Der folgende Beispieldurchlauf gibt Ihnen eine Übersicht der neuen Funktionalitäten:

Ein Beispieldurchlauf

Zu Anfang der Prozedur `adr` wird überprüft, ob die eingestellte Adreßkartei bereits besteht. Ist das nicht der Fall, wird die Datei auf Wunsch angelegt. Sehen Sie sich folgendes Beispiel an:

```
$ ADRESSE=$HOME/kunden.adr
$ export ADRESSE
```

kunden.adr

```
$ adr            Aufruf des Auswahlmenüs

Die Datei "/home/peter/kunden.adr" konnte nicht gefunden werden !
Soll ich sie erstellen [J(a),N(ein)? Nein
```

Sie verneinen in diesem Fall die Neuanlage der Datei und schalten auf die Adreßkartei mit den Schulungsreferenten aus Teil 3 um:

```
$ ADRESSE=$HOME/referenten.adr
$ export ADRESSE
```

referenten.adr

Adreßkartei Teil 4

Zum Aufruf der Adreßverwaltung nutzen Sie erstmals das Programm `adr`. Beachten Sie, daß bei Ihnen zwischen den einzelnen Aufrufen der Bildschirm gelöscht wird. Lassen Sie sich zunächst alle Adressen ausgeben und nehmen Sie anschließend eine neue Adresse auf:

```
$ adr           Aufruf des Auswahlmenüs

+------------------------------+
|       Adressverwaltung       |
+------------------------------+
|                              |
|  1) Neue Adresse anlegen     |
|  2) Suchen von Adressen      |
|  3) Löschen von Adressen     |
|  4) Verändern von Adressen   |
|  5) Alle Adressen ausgeben   |
|  6) Beenden                  |
+------------------------------+

Ihre Wahl (1-6): 5
Meier:Otto:Meierweg 12:4440 Rheine:05971/7711:COBOL-Praxis
Meistersinger:Hans:Blumenweg 3:1000 Berlin:030/3211:C-Grundlagen
(EOF):q

$ adr

+------------------------------+
|       Adressverwaltung       |
+------------------------------+
|                              |
|  1) Neue Adresse anlegen     |
|  2) Suchen von Adressen      |
|  3) Löschen von Adressen     |
|  4) Verändern von Adressen   |
|  5) Alle Adressen ausgeben   |
|  6) Beenden                  |
+------------------------------+

Ihre Wahl (1-6): 1

Bitte Adresse eingeben:
------------------------
Nachname  : Maier
Vorname   : Karin
Strasse   : Am runden Bogen 2
Wohnort   : 5000 Köln
Telefon   : 0221/777
Bemerkung : MOTIF, X-Windows

Adresse wurde gespeichert
$
```

Stellen Sie sich vor, Sie haben bei der letzten Eintragung *Maier* einen Fehler begangen und den Namen mit *'ai'* statt mit *'ei'* eingegeben. Die Prozedur `aendern` erlaubt Ihnen, diesen Fehler rückgängig zu machen:

```
$ adr

+--------------------------------+
|       Adressverwaltung         |
+--------------------------------+
|                                |
|  1) Neue Adresse anlegen       |
|  2) Suchen von Adressen        |
|  3) Löschen von Adressen       |
|  4) Verändern von Adressen     |
|  5) Alle Adressen ausgeben     |
|  6) Beenden                    |
+--------------------------------+

Ihre Wahl (1-6): 4                       Eine Adresse ändern

Welche Adresse möchten Sie ändern?
Bitte Nachname eingeben: Maier

-------------------------------------------
Karin Maier
Am runden Bogen 2
5000 Köln
0221/777
MOTIF, X-Windows
-------------------------------------------
Adresse ändern [J(a),N(ein)]? JA         Adresse soll geändert werden
Bitte Adresse eingeben:                  Neue Adresse eingeben
-----------------------
Nachname  : Meier                        'ai' in 'ei' ändern.
Vorname   : Karin
Strasse   : Am runden Bogen 2
Wohnort   : 5000 Köln
Telefon   : 0221/777
Bemerkung: MOTIF, X-Windows

Adresse wurde gespeichert
$
```

Der Name *Maier* wurde in *Meier* geändert, wie der Auszug aus der Adreßdatei zeigt:

```
$ ausgabe
Meier:Karin:Am runden Bogen 2:5000 Köln:0221/777:MOTIF, X-Windows
Meier:Otto:Meierweg 12:4440 Rheine:05971/7711:COBOL Praxis
Meistersinger:Hans:Blumenweg 3:1000 Berlin:030/3211:C Grundlagen
(EOF):
$
```

Versuchen Sie nun Herrn *Otto Meier* aus der Datei zu löschen.

Adreßkartei Teil 4

```
$ adr

+------------------------------+
|       Adressverwaltung       |
+------------------------------+
|                              |
|  1) Neue Adresse anlegen     |
|  2) Suchen von Adressen      |
|  3) Löschen von Adressen     |
|  4) Verändern von Adressen   |
|  5) Alle Adressen ausgeben   |
|  6) Beenden                  |
+------------------------------+

Ihre Wahl (1-6): 3

Welche Adresse möchten Sie löschen?
Bitte Nachname eingeben: Meier
Es wurden 2 Adressen gefunden.
Bitte spezifizieren Sie die Adresse genauer.
$
```

Das Suchen nach dem Namen *Meier* bestätigt die Meldung:

```
$ adr

+------------------------------+
|       Adressverwaltung       |
+------------------------------+
|                              |
|  1) Neue Adresse anlegen     |
|  2) Suchen von Adressen      |
|  3) Löschen von Adressen     |
|  4) Verändern von Adressen   |
|  5) Alle Adressen ausgeben   |
|  6) Beenden                  |
+------------------------------+

Ihre Wahl (1-6): 2

Bitte Suchbegriff eingeben:
Meier
Meier:Karin:Am runden Bogen 2:5000 Köln:0221/777:MOTIF, X-Windows
Meier:Otto:Meierweg 12:4440 Rheine:05971/7711:COBOL Praxis
$
```

Auch das Ändern der Adresse ist nicht möglich:

Ein Beispieldurchlauf

```
$ adr

+--------------------------------+
|         Adressverwaltung       |
+--------------------------------+
|                                |
|   1) Neue Adresse anlegen      |
|   2) Suchen von Adressen       |
|   3) Löschen von Adressen      |
|   4) Verändern von Adressen    |
|   5) Alle Adressen ausgeben    |
|   6) Beenden                   |
+--------------------------------+

Ihre Wahl (1-6): 4

Welche Adresse möchten Sie ändern?
Bitte Nachname eingeben: Meier
Es wurden 2 Adressen gefunden.
Bitte spezifizieren Sie die Adresse genauer.
$
```

Dieses Problem ist Ihnen vermutlich schon im dritten Teil aufgefallen; es läßt sich aber mit dem bisherigen Stand der Adreßverwaltung nicht lösen. In der Adreßkartei sind zwei Personen gespeichert, die den gleichen Namen *Meier* tragen. Zum Löschen und Ändern einer Adresse schreiben Sie jedoch eindeutige Suchmuster vor. Der Aufforderung, den Namen zu spezifizieren, können Sie nicht nachkommen, denn mehr als den Nachnamen *Meier* können Sie nicht angeben. Als Folge davon können Sie diesen Teilnehmer weder löschen noch ändern.

Änderung in Teil 5

Auch die Prozedur `suchen` hat noch eine Einschränkung: Im dritten Teil der Adreßverwaltung konnten Sie bereits feststellen, daß die Prozedur `anzeigen` nur eine Adresse verarbeiten kann. Als Folge davon wird eine Adresse nur in aufbereiteter Form angezeigt, falls die Suchanfrage genau einen Treffer liefert. Bei mehreren Adressen erfolgt die Ausgabe in Form einer Liste.

Im nächsten Kapitel werden Sie lernen, wie Sie mit Hilfe einer Schleife beide Probleme lösen können. Sie werden mehrfach auftretende Adressen nacheinander anzeigen und zum Löschen bereitstellen. Auf diese Weise können Sie die gewünschte Person mit dem Namen *Meier* aus einer Liste von gefundenen Adressen auswählen. Beim Suchen von Adressen werden die einzelnen Treffer nacheinander am Bildschirm in aufbereiteter Form angezeigt.

Ein weiterer Punkt, der ausbaufähig erscheint, dürfte Ihnen bereits aufgefallen sein. Sie müssen das Auswahlmenü `adr` nach jeder Eingabe erneut aufrufen. Im folgenden Kapitel werden Sie Anweisungen kennenlernen, mit denen das Auswahlmenü solange angezeigt wird, bis die Ziffer 6 (Beenden) ausgewählt wurde. Im fünften Teil der Adreßverwaltung werden Sie die Prozeduren erneut gründlich überarbeiten. Der folgende Abschnitt gibt Ihnen einen Überblick über die geplanten Änderungen:

Änderung in Teil 5

Geplante Änderungen in Teil 5

Im Wesentlichen werden Sie im nächsten Teil der Adreßverwaltung die Prozeduren dahingehend ändern, daß ein Löschen, Suchen und Ändern von mehreren gefundenen Adreßeinträgen möglich ist. Bisher konnten diese Operationen nur durchgeführt werden, wenn genau eine Adresse zu einem Suchmuster gefunden wurde.

- Das Auswahlmenü `adr` wird solange angezeigt, bis Sie Punkt 6 (Beenden) eingeben. Dadurch muß das Programm nicht nach jeder Eingabe erneut aufgerufen werden.
- Wenn in der Prozedur `aendern` mehrere Einträge zu einem Suchmuster gefunden werden, zeigt das Programm diese Adressen nacheinander auf dem Bildschirm an. Sie können aus der Liste die gewünschten Adressen zur Änderung auswählen.
- Wenn in der Prozedur `loeschen` mehrere Einträge zu einem Suchmuster gefunden werden, zeigt das Programm diese Adressen nacheinander auf dem Bildschirm an. Sie können aus der Liste die gewünschten Adressen zum Löschen auswählen.
- Wenn in der Prozedur `suchen` mehrere Einträge zu einem Suchmuster gefunden werden, zeigt das Programm alle Adressen auf dem Bildschirm an.
- Die Prozedur `testjn` wird nicht beendet, bevor eine gültige Eingabe für das Wort Ja oder Nein eingegeben wurde.
- Sie werden die Prozedur `tel` zur Anzeige einer Telefonliste entwerfen.

Um diese Änderungen durchführen zu können, benötigen Sie Anweisungen zur wiederholten Ausführung eines oder mehrerer Kommandos. In dem folgenden Kapitel beschäftigen Sie sich mit dem Thema Schleifen, das neben dem Treffen von Entscheidungen eine wesentliche Rolle in der Shell-Programmierung einnimmt. Sie lernen Kommandos wiederholt auszuführen, Dateien satzweise zu lesen und mehrere Argumente einer Prozedur zu verarbeiten. Mit den Schleifen werden Sie in Teil 5 der Adreßverwaltung die Prozeduren nochmals wesentlich verbessern können.

10. Schleifen

10.1. Kapitelübersicht

Bei vielen Problemstellungen, die von Shell-Prozeduren zu bearbeiten sind, müssen Anweisungen wiederholt ausgeführt werden. Es wäre umständlich, die Befehle so oft in die Prozedur zu schreiben, wie sie zu wiederholen sind. Durch Verwendung von Schleifen können Sie diese Aufgabe eleganter lösen. Die Kommandofolge, die wiederholt ausgeführt werden soll, wird nur einmal geschrieben. Die Schleife umschließt diese Anweisungen und bestimmt gleichzeitig, wie oft diese Befehle ausgeführt werden. Genau gesagt, wird die Wiederholung solange durchgeführt, bis entweder eine Bedingung nicht mehr zutrifft oder eine vorbestimmte Anzahl Durchläufe erreicht wurde. Die Shell kennt folgende Schleifentypen:

- `while` - solange-Schleife
- `until` - bis-Schleife
- `for`   - Aufzählschleife

Jeder dieser Schleifen ist ein eigener Abschnitt in diesem Kapitel gewidmet. Sie lernen den grundsätzlichen Aufbau und die Verwendung dieser drei Typen kennen und wie immer werden Beispiele zur Vertiefung des Stoffes beitragen. Ich werde Ihnen einige Problemlösungen aufzeigen, die ohne den Einsatz von Schleifen nicht realisierbar wären.

10.2. Die `while`-Schleife

Der grundsätzliche Aufbau einer Schleife besteht aus einem Schleifenkopf und dem Schleifenkörper. Die `while-Schleife` enthält im Schleifenkopf eine Bedingung, die darüber entscheidet, ob die Befehle des Schleifenkörpers ausgeführt werden oder nicht. Genau wie bei der `if-Anweisung` muß die Bedingung in Form eines Kommandos formuliert werden. Dementsprechend werden die Anweisungen innerhalb der `while-Schleife` solange ausgeführt, wie der Befehl im Schleifenkopf den Rückgabewert 0 (wahr) liefert. Anders gesagt die Schleife bricht ab, falls der Rückgabewert ungleich 0 (falsch) ist. Es ist möglich, daß die Anweisungen der Schleife nie durchlaufen werden und zwar genau dann, wenn das Kommando im Schleifenkopf sofort den Rückgabewert falsch liefert. Die allgemeine Form der `while-Schleife` lautet:

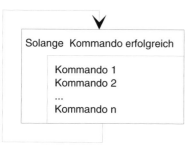

```
while Kommando erfolgreich      (Rückgabewert ist 0)
do
    Kommando 1
    Kommando 2
    ...
    Kommando n
done
```

Die fettgedruckten Wörter sind feste Bestandteile der Anweisung. Dem Schlüsselwort `while` muß ein Kommando folgen, das ein Ergebnis wahr oder falsch liefert. Die Bedingung muß den gleichen Anforderungen genügen wie bei der Anweisung `if`, die Sie im vorherigen Kapitel kennengelernt haben. Sie können auch hier nahezu jedes UNIX-Kommando einsetzen, das einen Rückgabewert 0 (wahr) oder ungleich 0 (falsch) zurückliefert. Im Gegensatz zur `if-Anweisung`, bei der mit der Programmausführung an anderer Stelle fortgefahren wurde, entscheidet die Bedingung hier über den Abbruch der Schleife.

Das Kommando nach `while` wird zuerst ausgeführt, und wenn der Rückgabewert wahr ist, werden alle Befehle zwischen `do` und `done` abgearbeitet. Nach Erreichen des letzten Befehls wird das Kommando im Schleifenkopf erneut aktiviert und bewertet. Trifft die Bedingung nicht mehr zu, wird mit der Ausführung nach dem Schlüsselwort `done` fortgefahren.

Sehen Sie zur Verdeutlichung folgendes Beispiel: Sie möchten die Zahlen von 1 bis 4 am Bildschirm ausgeben. Das Ablaufdiagramm könnte folgendermaßen aussehen:

Die while-Schleife

i=1
Solange i <= 4
Ausgabe der Zahl i
i=i+1
Fertig mit der Ausführung

Solange der Wert in der Variablen `i` kleiner/gleich 4 ist werden die beiden Befehle innerhalb des Schleifenkörpers ausgeführt. Die Variable i wird auf dem Bildschirm ausgegeben und anschließend um 1 erhöht. Anschließend wird die Ausführung im Schleifenkopf fortgesetzt und die Bedingung wird erneut bewertet.

Erst bei Erreichen des Wertes 4 wird die Schleife das letzte Mal durchlaufen und die Ausführung wird mit dem nächsten Kommando fortgesetzt. Vergessen Sie nicht, vor Eintritt in die Schleife die Variable i mit dem Wert 1 vorzubelegen, damit die Bedingung im Schleifenkopf erfüllt ist und die Anweisungen ausgeführt werden. Genau wie bei der `if`-Anweisung darf dem Schlüsselwort `while` kein Ausdruck der Form `i<4` folgen. Komplizierte Ausdrücke müssen daher mit dem Befehl `test` geprüft werden. Dieses Kommando bewertet den Ausdruck und liefert den Rückgabewert wahr oder falsch. Nur diese Antwort wird von der `while`-Schleife verstanden. Die Prozedur zaehle läßt sich folgendermaßen schreiben:

```
#!/bin/ksh
#
# @(#) zaehle V1.0 Ausgeben der Zahlen von 1 bis 4
#
# Aufruf: zaehle

i=1
while (( $i <= 4 ))   # Solange i kleiner/gleich 4
do
   echo $i
   let i=i+1    # (( i+=1 )) ist auch zulässig
done
echo "Fertig mit der Ausführung"
```

```
$ zaehle
1
2
3
4
Fertig mit der Ausführung
$
```

Der Einsatz einer Schleife ist also immer dann erforderlich, wenn Befehle oder Befehlsfolgen wiederholt werden sollen, bis eine Bedingung nicht mehr zutrifft. Das Kommando `test` wird häufig in Verbindung mit `while` eingesetzt, um eine Abbruchbedingung zu formulieren. Der Einsatz kann aber auch in Verbin-

Schleifen

dung mit anderen Befehlen sehr nützlich sein, wie folgendes Beispiel zeigt: Die Prozedur rechner liest zwei Zahlen und einen arithmetischen Operator von der Tastatur ein und gibt das Ergebnis auf dem Bildschirm aus.

```
#
# @(#) rechner V1.0 Ein einfacher Taschenrechner
#
# Aufruf: rechner

read zahl1 op zahl2
case "$op" in
+)   let summe=$zahl1+$zahl2;;
-)   let summe=$zahl1-$zahl2;;
\*)  let summe=$zahl1\*$zahl2;;  # * Sonderzeichen (maskieren)
/)   let summe=$zahl1/$zahl2;;
*)   echo "Operator $op nicht bekannt"
     exit 1;;
esac
echo "$summe"
```

```
$ rechner
12 + 12<RETURN>
24
$ rechner
3 * 123<RETURN>
369
$
```

Nach dem Einlesen der Zahlen und des Operators ermittelt die case-Anweisung die durchzuführende Rechenoperation. Alle Operatoren, die nicht in der vorangegangenen Musterliste auftreten, werden erkannt und mit einer Fehlermeldung abgewiesen. Nach jedem Aufruf müssen Sie die Prozedur erneut starten, um eine weitere Rechenoperation auszuführen. Es wäre viel sinnvoller, die Zahlen solange einzulesen, bis der Aufrufer explizit ein Ende verlangt. Hier ein Fall für den Einsatz der while-Schleife.

```
#
# @(#) rechner V1.1 Ein einfacher Taschenrechner
#
# Aufruf: rechner

while read zahl1 op zahl2
do
 case "$op" in
 +)   let summe=$zahl1+$zahl2;;
 -)   let summe=$zahl1-$zahl2;;
 \*)  let summe=$zahl1\*$zahl2;;  # * Sonderzeichen (maskieren)
 /)   let summe=$zahl1/$zahl2;;
 *)   echo "Operator $op nicht bekannt"
      exit 1;;
 esac
 echo "$summe"
done
```

Die while-Schleife

Jetzt hat es ein Ende mit dem ständigen Aufrufen der Prozedur. Die while-Schleife liest die Zahlen solange ein und errechnet das Ergebnis, bis der Befehl read falsch liefert und genau das tritt ein, wenn Sie die Eingabe mit der Tastenkombination <CTRL-D> beenden (Ende der Eingabe).

```
$ rechner              Der Rechner wird gestartet; Beenden mit <CTRL> D
12 * 13
156
344 + 13
357
12 / 4
3
<CTRL-D>               Genug gerechnet - Beenden des Rechners mit <CTRL> D
$
```

Sie sehen, die while-Schleife prüft die Bedingung im Schleifenkopf genau wie die Anweisung if. Der Befehl nach dem Schlüsselwort while wird solange ausgeführt, bis der Rückgabewert ungleich 0 ist. Erst dann wird hinter done mit der Ausführung fortgesetzt. Beim Testen werden Sie feststellen, daß diese Prozedur nicht "narrensicher" ist, da die Eingaben kritiklos übernommen werden. Die Eingabe von Buchstaben anstelle von Zahlen führt zu einem Fehler. Sie können diesen Mangel mit Hilfe der case-Anweisung beseitigen. Prüfen Sie zusätzlich anhand von case den ersten und dritten Parameter auf einen numerischen Wert. Ein Muster zur Identifizierung einer Zahl lautet: [0-9]* (Eine Ziffer, die beliebig oft vorkommt). Probieren Sie es doch einmal aus, bevor Sie mit dem Lesen fortfahren.

Die nächste Prozedur erleichtert Ihnen die Erstellung von Texten und wird in den folgenden Kapiteln mehrmals auftauchen. Bisher haben Sie den Befehl cat > datei genutzt, um Eingabedateien zu produzieren. Die Prozedur eingabe löst das Problem komfortabler.

```
#!/bin/ksh
#
# @(#) eingabe V1.0 Schreiben eines Textes in eine Datei
#
# Aufruf: eingabe Datei

(( $# != 1 )) && { echo "Aufruf: $0 Datei"; exit 1; }

PROMPT=">>"                # Eingabe Prompt
AUSGABE=$1                 # Name der Ausgabedatei
>$AUSGABE                  # Ausgabedatei neu anlegen

echo "Bitte geben Sie Ihren Text ein (e - Ende der Eingabe)"
echo "$PROMPT\c"; read eingabe

while [ "$eingabe" != "e" ] # Solange nicht e eingegeben wurde
do
   echo "$eingabe" >> $AUSGABE
   echo "$PROMPT\c"; read eingabe
done
```

Schleifen

```
$ eingabe meldung
  Bitte geben Sie Ihren Text ein (e - Ende der Eingabe)
>> Hallo Dieter! ich habe eine neue Prozedur zur Eingabe
>> von Texten entworfen.
>> e                       Die Eingabe von e beendet die Texteingabe
$
$ mail dieter < meldung    Die neue Datei kann mail zur Eingabe übergeben werden
```

Diese Form der Texteingabe ist übersichtlicher. Vor jeder Eingabezeile wird ein Prompt ausgegeben (>>) und das Lesen innerhalb der `while-Schleife` wird solange ausgeführt, bis der Buchstabe 'e' eingegeben wurde. Sie können diese Prozedur zukünftig verwenden, um Textdateien für Kommandos zu erstellen. Im Verlaufe dieses Kapitels werden Sie diese Prozedur um einige Funktionalitäten erweitern und die Texterstellung wesentlich komfortabler gestalten. Doch zunächst geht es weiter mit dem Thema "Auswahlmenüs gestalten". Besonders auf diesem Gebiet wird die `while-Schleife` bevorzugt eingesetzt.

Anwendungsbeispiel: Ein Auswahlmenü

Die `while-Schleife` läßt sich unter anderem hervorragend für die Erstellung eines Menüs verwenden. Wie versprochen wird das Auswahlmenü aus dem Kapitel 9.7 vervollständigt. In der letzten Version von `menue` wurde nach Auswahl eines Menüpunktes sofort in die Shell verzweigt. Sie können diese Rückkehr verhindern, indem Sie eine `while-Schleife` um die bisherige Prozedur legen, so daß erst bei Eingabe der Ziffer 5 (Ende) das Menü beendet wird.

```
#!/bin/ksh
#
# @(#) menue V1.1 - Auswahlmenü anzeigen
#
# Aufruf:menue

auswahl=                        # auswahl auf <leer> setzen
while [ "$auswahl" != "5" ]     # Solange nicht 5 eingegeben wurde
do                              # Menü anzeigen
   clear
   echo "+------------------------------+"
   echo "| 1) Post lesen                |"
   echo "| 2) Post versenden            |"
   echo "| 3) Aktive Benutzer anzeigen  |"
   echo "| 4) Kommando ausführen        |"
   echo "| 5) Ende                      |"
   echo "+------------------------------+"
   echo "Ihre Wahl (Ziffer 1-5) > \c"; read auswahl

   case "$auswahl" in

   1) # Post lesen
      echo "Ihre Post:"
      mail
      ;;
```

```
    2)  # Post versenden
        echo "Empfaenger? \c"; read userlist
        eingabe nachricht         # Ihre neue Prozedur
        mail $userlist <nachricht
        rm nachricht
        ;;
    3)  # Aktive Benutzer anzeigen
        echo "Aktive Benutzer:"
        who
        ;;
    4)  # Kommando eingeben
        cmd
        ;;
    5)  # Menü beenden
        echo "Menü wurde beendet"
        ;;
    *)  # Falsche Eingabe
        echo "Falsche Eingabe"
        ;;
    esac
    #
    # Warten, bis Taste betätigt wurde
    #
    echo "\n<RETURN> ... weiter\c"; read ok
done # Ende der while-Schleife
#
# Nach Beenden des Menüs - zurück zum "login"
# PPID ist die Prozeßnummer der Vatershell
# Mit dem Befehl kill wird die Vatershell beendet
#
kill -1 $PPID
```

Die `while-Schleife` wird solange ausgeführt, wie eine Auswahlziffer ungleich 5 (Ende) eingegeben wurde. Damit die Schleife nicht sofort terminiert, wird zu Anfang die Variable `auswahl` auf "leer" gesetzt. Das Menü wird nach Auswahl eines Punktes erneut angezeigt, so daß der Benutzer erst gar nicht in die Shell verzweigen kann. Erst bei Eingabe der Ziffer 5 wird die Schleife beendet und es wird hinter `done` fortgefahren. Im Normalfall würde, wenn keine weiteren Befehle folgen, direkt in die Shell verzweigt. Unsere Forderung war aber, daß der Benutzer keinen direkten Zugriff auf die Shell haben soll. Lediglich über den Punkt 4 (Kommando ausführen) soll eine überwachte Ausführung von Befehlen möglich sein.

Wie verhindern Sie die Rückkehr in die Shell, aus der die Prozedur aufgerufen wurde? Ganz einfach - sorgen Sie dafür, daß diese nach Beenden der Prozedur nicht mehr vorhanden ist. Die Prozeßnummer (PID) der aktiven Shell wird standardmäßig in der Environment-Variablen `$PPID` hinterlegt. Die aufgerufene Prozedur kennt damit die Shell, aus der sie gestartet wurde. Mit dem Befehl `kill -1` und dieser Nummer entfernen Sie den Prozeß aus dem System. Vorausgesetzt dieser Prozeß ist die login-Shell - entspricht dieser Vorgang dem ordnungsgemäßen Abmelden durch Betätigen der <CTRL-D> Tastenkombination. Der Benutzer erhält eine erneute Aufforderung sich im System anzumelden. Wenn Sie die Prozedur `menue` in die Datei `.profile` des Benutzers einfügen, wird nach dem Anmelden sofort das Menü angezeigt und zwischen den Punkten kann ausgewählt werden. Nach Beenden des Menüs wird sofort zur Anmeldung

Schleifen

zurückverzweigt. Wenn Sie nicht ganz so restriktiv vorgehen wollen, entfernen Sie die letzte Zeile der Prozedur menue und der Benutzer befindet sich in der Shell.

$ **menue**   Sie können den Aufruf in die Datei .profile einfügen (automatischer Start)

```
+-------------------------------+
| 1) Post lesen                 |
| 2) Post versenden             |
| 3) Aktive Benutzer anzeigen   |
| 4) Kommando ausfuehren        |
| 5) Ende                       |
+-------------------------------+

Ihre Wahl (Ziffer 1-5) > 2
```

                    Auswahl Menüpunkt 2

```
Empfaenger? peter

Bitte geben Sie Ihren Text ein (e - Ende der Eingabe)
>>Hallo die neue Version läuft hervorragend!
>>e

<RETURN> ... weiter <RETURN>
```
        Taste <RETURN> und es geht weiter

Bei Ihnen wird an dieser Stelle der Bildschirm gelöscht und das Menü erneut ausgegeben.

```
+-------------------------------+
| 1) Post lesen                 |
| 2) Post versenden             |
| 3) Aktive Benutzer anzeigen   |
| 4) Kommando ausführen         |
| 5) Ende                       |
+-------------------------------+

Ihre Wahl (Ziffer 1-5) > 3
Aktive Benutzer:
peter      console       May  2 13:27
dieter     term\tty01    May  2 14:30
anke       term\tty02    May  2 12:24

<RETURN> ... weiter <RETURN>
```
    Auswahl Menüpunkt 3

        Taste <RETURN> und es geht weiter

Bei Ihnen wird an dieser Stelle der Bildschirm gelöscht und das Menü erneut ausgegeben.

```
+-------------------------------+
| 1) Post lesen                 |
| 2) Post versenden             |
| 3) Aktive Benutzer anzeigen   |
| 4) Kommando ausführen         |
| 5) Ende                       |
+-------------------------------+

Ihre Wahl (Ziffer 1-5) > 4
Bitte Kommando eingeben: ps
   PID TTY       TIME COMD
   468 pts/1     0:00 ksh
   469 pts/1     0:00 ps
   452 pts/1     0:00 ksh
<RETURN> ... weiter <RETURN>
```
    Auswahl Menüpunkt 4
    Das ist Ihre Prozedur cmd

        Taste <RETURN> und es geht weiter

Die while-Schleife

```
+----------------------------+
| 1) Post lesen              |
| 2) Post versenden          |
| 3) Aktive Benutzer anzeigen|
| 4) Kommando ausführen      |
| 5) Ende                    |
+----------------------------+
Ihre Wahl (Ziffer 1-5) > 5          Beenden des Menüs
Menü wurde beendet

<RETURN> ... weiter <RETURN>        Taste <RETURN> und es geht weiter

Willkommen im UNIX-System V Release 4    Zurück zum Anmelden

login:
```

Bei Eingabe der Ziffer 5 (Ende) wird zur Anmeldung verzweigt - ein direkter Zugriff auf die Shell ist nicht mehr möglich oder doch? Suchen Sie nach einer Möglichkeit ... richtig die Abbruchtaste beendet die Prozedur vorzeitig und verzweigt in die Shell. Diese Taste hat auf den einzelnen Tastaturen eine unterschiedliche Beschriftung. Meistens wird sie mit <DEL>, <Entf> oder der Tastenkombination <CTRL-C> bezeichnet.

```
$ menue
+----------------------------+
| 1) Post lesen              |
| 2) Post versenden          |
| 3) Aktive Benutzer anzeigen|
| 4) Kommando ausführen      |
| 5) Ende                    |
+----------------------------+
Ihre Wahl (Ziffer 1-5) > <DEL>      Was passiert bei Betätigen
                                    der Abbruchtaste?
$                                   Sie sind wieder in der Shell
```

Betätigen Sie die Taste <DEL>, <Entf> oder <CTRL-C> wird ein Signal an die Shell-Prozedur menue gesendet. Dieses Signal führt zu einer Unterbrechung der Programmausführung und Sie befinden sich wieder in der Shell, von der aus die Prozedur gestartet wurde. Der Aufrufer erhält einen Zugang zur Shell und kann weitere Kommandos starten. Im Kapitel 14.6 lernen Sie einen Befehl kennen, mit dem Sie dieses Signal ignorieren können. Neben weiteren Signalen erfahren Sie einiges mehr über die Verwendung dieses Befehls zur Steuerung Ihrer Prozeduren.

Schleifen

10.3. Die until-Schleife

Im Gegensatz zur while-Schleife wird die until-Schleife solange ausgeführt, bis das Kommando nach dem Schlüsselwort until einen Rückgabewert gleich 0 liefert. Sprachlich ausgedrückt: "Wiederhole die Anweisungen innerhalb der Schleife bis das Kommando im Schleifenkopf den Rückgabewert wahr liefert".

```
until Kommando falsch   #(Rückgabewert ungleich 0)
 do
      Kommando 1
      Kommando 2
         ...
      Kommando n
 done
```

Die fettgedruckten Wörter sind feste Bestandteile der Anweisung. Dem Schlüsselwort until muß ein Kommando folgen, das ein Ergebnis wahr oder falsch liefert. Die Bedingung muß den gleichen Anforderungen genügen wie bei der Anweisung while.

Das Kommando nach until wird zuerst ausgeführt und ist der Rückgabewert falsch, werden alle Befehle zwischen do und done ausgeführt. Nach Erreichen des letzten Befehls wird das Kommando im Schleifenkopf erneut aktiviert und bewertet. Trifft die Bedingung nicht mehr zu, wird mit der Ausführung nach dem Schlüsselwort done fortgefahren. Die Anweisungen der Schleife werden solange ausgeführt, bis das Kommando im Schleifenkopf erfolgreich war. Damit kann diese Schleife sehr gut herangezogen werden, um auf ein bestimmtes Ereignis zu warten. Im vorherigen Abschnitt haben Sie die Prozedur zaehle unter Verwendung der while-Schleife entworfen. Bei der until-Schleife drehen Sie die Bedingung im Schleifenkopf einfach um:

i=1	
Bis i >4	
	Ausgabe der Zahl i
	i=i+1
Fertig mit der Ausführung	

Die until-Schleife

```
#!/bin/ksh
#
# @(#) zaehle V1.1 Ausgeben der Zahlen von 1 bis 4
#
# Aufruf: zaehle

i=1
until (( i > 4 ))   # Bis i größer als 4 ist
do
   echo $i
   let i=i+1   # (( i+=1 )) ist auch zulässig
done
echo "Fertig mit der Ausführung"
```

Die Variable `i` innerhalb der Schleife wird hochgezählt, bis sie größer als vier ist. Bei Erreichen des Wertes fünf terminiert die Schleife. Die Bedingung "kleiner/gleich" bei Verwendung der `while-Schleife` wurde bei der `until-Schleife` umgekehrt zu "größer".

Neben der `let-Anweisung` können Sie jedes Kommando in den Kopf der Schleife einsetzen, das einen Rückgabewert 0 oder ungleich 0 liefert. Der Schleifentyp wird oft verwendet, um auf das Eintreffen bestimmter Ereignisse zu warten. Stellen Sie sich vor, Sie warten auf die Anmeldung des Benutzers `dieter`, um Ihm umgehend eine wichtige Nachricht zuzusenden. Die eine Möglichkeit besteht darin, mit dem Kommando `who` in regelmäßigen Abständen die aktiven Benutzer auszugeben. Befindet sich `dieter` in der angezeigten Liste, dann hat er sich angemeldet und Sie können Ihm mit dem Kommando `write` eine Nachricht zusenden.

```
$ who
peter            console         08:10
...              Sie wiederholen den Aufruf in regelmäßigen Abständen
$ who
peter            console         08:10

$ who
peter            console         08:10
dieter           term/tty03      08:25

$ write dieter
Hallo Dieter!
Die Projektbesprechung findet schon um 10:00 statt.
Peter
<CTRL-D>
$
```

Es bleibt Ihnen zunächst nicht anderes, als mit dem Kommando who ständig die aktiven Benutzer zu überwachen, um das Eintreffen von dieter in Erfahrung zu bringen. Eine recht lästige und zeitaufwendige Aufgabe steht Ihnen bevor, bis sich dieter endlich angemeldet hat. Mit einer Shell-Prozedur läßt sich diese Aufgabe einfacher lösen. Sie benötigen ein Programm, das die Überwachung für Sie übernimmt und zusätzlich im Hintergrund abläuft, damit Sie bei Ihrer Arbeit nicht behindert werden. Wie stellen Sie das Eintreffen des Benutzers dieter

Schleifen

mit einem Kommando fest? Dazu benötigen Sie die Verkettung des Kommandos who mit dem Befehl grep:

```
$ who | grep dieter
dieter          tty03           09:10
$
```

Mit dem Kommando grep filtern Sie aus der Liste aller aktiven Benutzer die Zeile mit dem Teilnehmer dieter aus. Befindet sich dieter in der Liste, wird der Rückgabewert 0 (wahr) zurückgeliefert. Die until-Schleife sorgt dafür, daß diese Überprüfung solange durchgeführt wird, bis sich dieter anmeldet. Die Prozedur blogin stellt fest, ob sich ein Benutzer im System angemeldet hat und sendet, falls die Anmeldung erfolgt ist, eine Nachricht an den angemeldeten Teilnehmer.

```
#!/bin/ksh
#
# @(#) blogin V1.0 Anmelden eines Benutzers feststellen
#
# Aufruf: blogin Kennung

(( $# != 1 )) && { echo "Aufruf: $0 Kennung"; exit 1; }

#-------------------#
SCHLAFZEIT=60           # 60 Sekunden
EINGABE=nachricht       # Datei enthält Nachricht
PROT=$HOME/.logprot     # Protokolldatei
CMD=write               # Kommando zum Versenden der Nachricht
#-------------------#

#
# Schlafe solange bis sich der Benutzer angemeldet hat
#
until who | grep $1 >/dev/null
do
  sleep $SCHLAFZEIT     # Der Prozeß wird schlafend gesetzt
done

#
# Falls Eingabedatei vorliegt - versende die Nachricht
# an den angemeldeten Benutzer
#
[ -f $EINGABE ] && $CMD $1 <$EINGABE

#
# Anmeldung protokollieren und Aufrufer benachrichtigen
#
MELDUNG="Anmeldung: $1 (`date`)"
echo "$MELDUNG" >>$PROT
echo "\n$MELDUNG"
```

Die until-Schleife führt die Kommandoverkettung solange aus, bis diese einen Rückgabewert gleich 0 liefert. Anders ausgedrückt - wenn der Benutzer in der aktiven Liste erscheint, wird er von grep gefunden, das Kommando liefert den Rückgabewert 0 und die until-Schleife beendet sich.

Die until-Schleife

Falls `grep` den Benutzer in der Liste nicht findet, wird das Kommando `sleep` ausgeführt. Das Programm wird für die angegebene Zeit SCHLAFZEIT "schlafend" gesetzt und beansprucht für 60 Sekunden nicht die Zentraleinheit Ihres Rechners. Nach Ablauf von 60 Sekunden wird die `until`-Schleife erneut ausgeführt und die Kommandoverkettung im Schleifenkopf sucht wiederholt nach dem angegebenen Benutzer. Dieser Vorgang wird solange wiederholt, bis eine Anmeldung des gewünschten Teilnehmers erfolgt ist.

Im Anschluß wird, falls die Eingabedatei vorliegt, eine Nachricht an den Benutzer und den Aufrufer der Prozedur gesendet. Außerdem wird das Eintreffen des Benutzers in einer Protokolldatei festgehalten.

```
$ eingabe nachricht              Mit Ihrer Prozedur eingabe aus Kapitel 10.2 erstellen
                                 Sie die Nachricht für den Benutzer dieter.
Bitte geben Sie Ihren Text ein (e - Ende der Eingabe)
>>Hallo Dieter,
>>
>>Die Projektbesprechung findet schon um 10:00 statt.
>>
>> Mfg: Peter
>>e
$ blogin dieter &                Starten Sie die Prozedur im Hintergrund, da sonst die
[1] 5678                         weitere Eingabe des Terminals blockiert wird.

... einige Zeit später ...dieter hat sich angemeldet

Anmeldung: dieter (Fri Jul 17 09:10:29 EDT 1992)

$ cat $HOME/.logprot            Protokolldatei ausgeben
Anmeldung: dieter (Fri Jul 17 09:10:29 EDT 1992)
$
```

Durch Anhängen des Zeichens & läuft die Prozedur im Hintergrund und blockiert nicht die Eingabe weiterer Kommandos. Sobald sich der Benutzer `dieter` anmeldet, registriert Ihre Prozedur `blogin` die Anmeldung und schreibt die Nachricht auf den Bildschirm von `dieter`. Am sinnvollsten läßt sich diese Übung mit einem Partner ausführen, der das Erhalten der Meldung bestätigen kann. Der Benutzer `dieter` erhält folgende Meldung nach dem Anmelden:

```
Anmeldung von: dieter

Message from peter on idefix (console) ...
Hallo Dieter,

Die Projektbesprechung findet schon um 10:00 statt.

Mfg: Peter

$
```

Schleifen

Ihre Prozedur `blogin` hat einwandfrei funktioniert. Nach dem Anmelden als Benutzer `dieter` haben Sie die Nachricht erhalten, die von der Prozedur zuvor abgesandt wurde. Zusätzlich werden Sie mit einer Meldung über das Eintreffen des Benutzers `dieter` informiert.

Durch geringe Abwandlung der Prozedur `blogin` läßt sich die Prozedur `blogoff` erstellen, die das Abmelden eines bestimmten Benutzers überwacht. Dazu wird die `until-Schleife` in eine `while-Schleife` umgewandelt.

```
#!/bin/ksh
#
# @(#) blogoff V1.0 Hinweis auf abgemeldeten Benutzer ausgeben
#
# Aufruf: blogoff Kennung

(( $# != 1 )) && { echo "Aufruf: $0 Kennung"; exit 1; }

#-------------------------------#
SCHLAFZEIT=60                   # 60 Sekunden
PROT=$HOME/.logprot             # Protokolldatei
#-------------------------------#

while who | grep $1 >/dev/null   # Schlafe solange der Benutzer
do                               # angemeldet ist
 sleep $SCHLAFZEIT               # Prozeß schlafend setzen
done
MELDUNG="Abmeldung: $1 (`date`)" # Meldungstext erzeugen
echo "$MELDUNG" >>$PROT          # Abmeldung protokollieren
echo "$MELDUNG"                  # Benachrichtige den Aufrufer
```

Im Gegensatz zur vorherigen Prozedur führt die `while-Schleife` die Kommandoverkettung solange aus, wie der Benutzer angemeldet ist. Erst wenn sich der Benutzer abmeldet, wird der Aufrufer davon informiert und der Vorgang wird in einer Datei protokolliert.

```
$ blogoff dieter &
[1] 2345
$
...einige Zeit später.. dieter hat sich abgemeldet
Abmeldung: dieter (Fri Jul 17 10:10:29 EDT 1992)
$ cat $HOME/.logprot         Zurück zu der Kennung peter.
Anmeldung: dieter (Fri Jul 17 09:10:29 EDT 1992)
Abmeldung: dieter (Fri Jul 17 10:10:29 EDT 1992)
$
```

Im Verlauf dieses Kapitels werden Sie noch weitere Anwendungen von `while`- und `until-Schleifen` kennenlernen. Der folgende Abschnitt befaßt sich mit dem dritten Schleifentyp, der sich durch seine Verwendung deutlich von den anderen beiden Versionen (`while`, `until`) abhebt. Es handelt sich um die `for-Schleife`.

10.4. Die `for`-Schleife

Im Gegensatz zu den Anweisungen `while` und `until` ist die `for`-Schleife eine "Aufzählschleife". Sie führt eine Befehlsfolge für alle Wörter in der angegebenen Liste aus. Die Anzahl der Wörter in der Liste bestimmt, wie oft die Schleife durchlaufen wird. Vor jedem Eintritt in die Schleife wird das jeweils nächste Wort der Liste in die Variable `Var` übertragen und die Kommandos des Schleifenkörpers werden ausgeführt. Auf diese Art können Sie eine Befehlsfolge eine vorbestimmte Anzahl mal ausführen, ohne diese erneut eingeben zu müssen. Die allgemeine Form der `for`-Schleife lautet:

```
for Var in Wort1 Wort2 Wort3 ... Wortn
do
    Kommando 1
    ...
    Kommando n
done
```

Die fettgedruckten Schlüsselwörter sind fester Bestandteil der Anweisung. Die Liste folgt dem Schlüsselwort `in` und besteht aus Wörtern, die durch mindestens ein Leerzeichen voneinander getrennt sind. Beim Ablauf der Schleife wird das Listenelement `Wort1` in die Variable `Var` übertragen. Die Kommandos zwischen `do...done` werden ausgeführt. Anschließend wird `Wort2` in die Variable `Var` eingesetzt und der Kommandoteil erneut durchlaufen und solange ausgeführt, bis alle Elemente der Liste abgearbeitet wurden. Anschließend wird mit der Ausführung nach dem Schlüsselwort `done` fortgefahren.

Vermutlich fragen Sie sich jetzt, wie Sie diese Schleife sinnvoll einsetzen können. Ganz einfach: Hier ein Beispiel, das Ihnen bei der Erstellung von Sicherungskopien nützliche Dienste leistet: In manchen Fällen ist es wünschenswert, eine Sicherungskopie seiner Dateien zu erstellen, um gegebenenfalls auf einen älteren Datenbestand zurückgreifen zu können. Zu Testzwecken kopieren Sie zunächst die folgenden Dateien: `unix,who` und `passwd` in das aktuelle Verzeichnis.

```
$ cp /unix /bin/who /etc/passwd .
```

Die Prozedur `bkup` erleichtert Ihnen die Erstellung der Sicherungskopien:

Schleifen

```
#
# @(#) bkup V1.0 Sicherungskopie einer Datei erstellen
#
# Aufruf: bkup

for Datei in unix who passwd
do
   chmod u+w $Datei.BAK.Z 2>/dev/null
     cp $Datei $Datei.BAK          # Sicherungskopie erstellen
     compress -f $Datei.BAK        # Komprimieren der Datei (.Z wird
                                   # angefügt)
   chmod 400 $Datei.BAK.Z          # Zugriffsrechte auf r--,--- setzen
done
```

In diesem Fall besteht die `for-Schleife` aus einer Liste von Dateinamen, die nacheinander in die Variable `Datei` übertragen werden. Der Vorgang zur Erstellung einer Sicherungskopie besteht aus vier Kommandozeilen, die zwischen den Schlüsselwörtern `do...done` geschrieben werden: Damit eine bestehende Sicherungskopie überschrieben werden kann, werden zunächst die Zugriffsrechte um das Schreibrecht ergänzt.

Die kopierte Datei benötigt weniger Platz auf Ihrer Festplatte, wenn Sie diese anschließend mit dem Befehl `compress` bearbeiten. Dieses Kommando komprimiert die Datei und kennzeichnet den Dateinamen mit der Endung `.Z` (von Zip). Die Option -f sorgt dafür, daß eine bestehende Datei gleichen Namens ohne vorherige Rückfrage überschrieben wird. Beachten Sie, daß `compress` auf den meisten Systemen nur 12 Zeichen lange Dateinamen bearbeiten kann. Am Ende dieses Kapitels zeige ich Ihnen, wie Sie diese Begrenzung einfach umgehen können.

Sollte bereits eine Sicherungskopie existieren, wird die Datei in Zukunft kritiklos durch die neue Kopie ersetzt. Anschließend setzen Sie die Zugriffsrechte der Datei auf "nur lesbar", um den gesicherten Datenbestand vor dem Überschreiben zu schützen.

Beim Ablauf der Schleife wird jedes Wort der Liste nacheinander in die Variable `Datei` übertragen und die Kommandos werden dreimal ausgeführt. Sie brauchen die Kommandofolge nur einmal schreiben und überlassen es der Schleife, diese Befehle für die Dateien `unix`, `who` und `passwd` auszuführen. In Zukunft ist das Erstellen einer Sicherungskopie nur noch mit einem Kommandoaufruf verbunden.

```
$ bkup                   Erstellen einer Sicherung von unix, who, passwd
$ ls -l unix* who* passwd*
-r--r--r--   1 peter    other          895 Dec 13 13:54 passwd
-r--------   1 peter    other          555 Dec 13 13:56 passwd.BAK.Z
-rwxr--r--   1 peter    other      1353588 Dec 13 13:53 unix
-r--------   1 peter    other       802547 Dec 13 13:56 unix.BAK.Z
-r-xr-xr-x   1 peter    other        53428 Dec 13 13:54 who
-r--------   1 peter    other        35850 Dec 13 13:56 who.BAK.Z
```

Erkennen Sie die Vorteile dieser Schleife? Zwischen den Schlüsselwörtern `do...done` definieren Sie einmalig Ihre Kommandofolge und verarbeiten darin die Wörter, die Ihnen die Schleife automatisch aus der Liste zur Verfügung stellt. Bei den Wörtern kann es sich um Dateinamen, Verzeichnisnamen, Benutzernamen oder andere Objekte handeln, die Sie den UNIX-Kommandos als Argumente zur Verarbeitung übergeben können. Ohne die `for-Schleife` müßten Sie die Befehle jedesmal eingeben und die unterschiedlichen Argumente ersetzen.

Bei einem Testlauf der Prozedur `bkup` erkennen Sie vielleicht einen Nachteil. Sie können nicht ohne weiteres bestimmen, von welchen Dateien eine Kopie erstellt werden soll. Die Liste der Dateinamen innerhalb der `for-Schleife` ist fest codiert und jede Änderung kann nur durch nachträgliches Bearbeiten mit dem Texteditor vorgenommen werden. Alternativ können Sie die Liste der `for-Schleife` auch von der Shell erzeugen lassen. Dabei können Sie auf die bereits bekannten Verfahren wie Argumentenübergabe, Dateinamengenerierung und Kommandosubstitution zurückgreifen. In den folgenden Abschnitten lernen Sie diese Verfahren genauer kennen.

Argumente bearbeiten

Die Prozedur `bkup` berücksichtigt beim Aufruf nur die Dateien `unix`, `who` und `passwd`. Diese Namen sind feste Bestandteile der `for-Schleife`, so daß eine Änderung der Dateiliste nur durch Verändern der Shell-Prozedur möglich ist. Die Prozedur `bkup` wäre komfortabler und flexibler, könnten die Dateinamen beim Aufruf der Prozedur angegeben werden.

| `$ bkup unix who passwd` | Aufruf der Prozedur bkup mit Argumenten |

Sie bestimmen beim Aufruf der Prozedur, von welchen Dateien eine Sicherungskopie erstellt werden soll. Wie können Sie diese Argumente Wort für Wort mit der `for-Schleife` bearbeiten? Die Antwort ergibt sich von selbst, wenn Sie sich den Algorithmus der Argumentenübergabe vor Augen führen. Nach dem Aufruf der Prozedur weist die Shell die Argumente automatisch der Variablen `"$@"` zu. Die Liste der `for-Schleife`, die zuvor aus den fest codierten Benutzernamen bestand, wird durch die Variablen `"$@"` ersetzt.

```
#
# @(#) bkup V1.1 Sicherungskopien von Dateien erstellen
#
# Aufruf: bkup Datei Datei ...

for Datei in "$@"          # "$@" entspricht "$1" "$2"..."$n"
do                          # Alle Argumente des Aufrufes
   chmod u+w $Datei.BAK.Z 2>/dev/null
   cp $Datei $Datei.BAK    # Sicherungskopie erstellen
   compress -f $Datei.BAK  # Komprimieren der Datei (.Z wird
                           # angefügt)
   chmod 400 $Datei.BAK.Z  # Zugriffsrechte auf r------ setzen
done
```

Schleifen

Nun können Sie die Namen der zu sichernden Dateien beim Aufruf von bkup angeben:

```
$ ls >Datei1              Eine neue Datei wird angelegt

$ bkup unix who passwd Datei1

$ ls -l unix* who* passwd* Datei1*
-rw-r--r--    1 peter    other       1121 Dec 13 14:05 Datei1
-r--------    1 peter    other        743 Dec 13 14:10 Datei1.BAK.Z
-r--r--r--    1 peter    other        895 Dec 13 13:54 passwd
-r--------    1 peter    other        555 Dec 13 13:56 passwd.BAK.Z
-rwxr--r--    1 peter    other    1353588 Dec 13 13:53 unix
-r--------    1 peter    other     802547 Dec 13 13:56 unix.BAK.Z
-r-xr-xr-x    1 peter    other      53428 Dec 13 13:54 who
-r--------    1 peter    other      35850 Dec 13 13:56 who.BAK.Z
$
```

Die Variable "$@" wird zum Zeitpunkt des Aufrufes durch die Variablen "$1" "$2" "$3" "$4" ersetzt. Diese beinhalten wiederum die einzelnen Argumente "unix" "who" "passwd" "Datei1". Vermeiden Sie die Positionsparameter $1 bis $n innerhalb der Argumentenliste und benutzen Sie die Variable "$@".

Damit stellen Sie sicher, daß kein Argument des Aufrufes vergessen wird. Wahlweise können Sie die Liste der for-Schleife auch weglassen. Die Shell fügt den Zusatz **in** "**$@**" automatisch ein.

```
#
# @(#) bkup V1.2 Sicherungskopien von Dateien erstellen
#
# Aufruf: bkup Datei Datei ...

for Datei                 # Die Shell setzt "$@" ein
do                        # Alle Argumente des Aufrufes
  chmod u+w $Datei.BAK.Z 2>/dev/null
  cp $Datei $Datei.BAK    # Sicherungskopie erstellen
  compress -f $Datei.BAK  # Komprimieren der Datei (.Z wird
                          # angefügt)
  chmod 400 $Datei.BAK.Z  # Zugriffsrechte auf r------ setzen
done
```

Eine brauchbare Form der Argumentenbearbeitung finden Sie in der dritten Version Ihrer Prozedur. Diese besondere Form der for-Schleife besitzt keine Liste und das Schlüsselwort in entfällt. Die Shell fügt die Argumentenliste in "$@" vor der Ausführung in die for-Schleife ein.

Im folgenden Abschnitt lernen Sie anhand der Prozedur bkup eine weitere Anwendung der for-Schleife kennen, bei der die Liste der Schleife durch die Zeichen der Dateinamengenerierung erzeugt wird.

for und die Dateinamengenerierung

Das Generieren von Dateinamen mit den Sonderzeichen *, ?, [ ] kennen Sie bisher in Zusammenhang mit Kommandos wie `cp`, `ls`, `mv`, `cat` und weiteren Befehlen des UNIX-Betriebssystems.

```
$ ls ???           Liste alle Dateien auf, deren Namen aus drei Zeichen bestehen
$ cp * /tmp        Kopiere alle Dateien des aktuellen Verzeichnisses nach /tmp
```

Die Shell ersetzt die Sonderzeichen durch die entsprechenden Dateinamen und führt im Anschluß das Kommando aus. Dabei ist es völlig gleichgültig, welches Kommando Sie verwenden. Der Ersetzungsmechanismus wird standardmäßig durch die Shell ausgeführt, sobald ein Sonderzeichen erkannt wurde. Die erzeugten Dateinamen werden in die Kommandozeile eingesetzt und der Befehl wird ausgeführt. Bei der `for`-Schleife nutzen Sie diesen Mechanismus zur Erzeugung einer Liste von Dateinamen.

Die neue Version der Prozedur `bkup` erstellt von allen Dateien des aktuellen Verzeichnisses eine Sicherungskopie.

```
#
# @(#) bkup V1.3 Sicherungskopie aller Dateien des aktuellen
#               Verzeichnisses erstellen
#
# Aufruf: bkup

for Datei in *              # Die Shell ersetzt * durch die
do                          # Dateien des aktuellen Verzeichnisses
   if [ -f "$Datei" ]       # Nur Dateien werden berücksichtigt
   then
      chmod u+w $Datei.BAK.Z 2>/dev/null
      cp $Datei $Datei.BAK          # Sicherungskopie erstellen
      compress -f $Datei.BAK        # Komprimieren der Datei (.Z wird
                                    # angefügt)
      chmod 400 $Datei.BAK.Z        # Zugriffsrechte auf r------ setzen
   fi
done
```

Beachten Sie, daß Ihr Verzeichnis neben Dateien auch weitere Verzeichnisse enthalten kann. Da die Befehle der Prozedur nur auf Dateien anwendbar sind, sollten Sie vor dem Kopieren überprüfen, ob es sich um eine Datei handelt. Für einen Beispieldurchlauf erstellen Sie mit `mkdir` das Verzeichnis TEST, in das Sie nach erfolgreicher Ausführung gleich wechseln sollten:

```
$ mkdir TEST && cd TEST
$ cp $HOME/.profile .           Erstellen einiger Dateien
$ cp /etc/passwd  ben.dat
$ ls /etc >inst.txt
$ ls /bin >liste
$ mkdir verzeichnis
```

Schleifen

```
$ ls -a                    Folgende Dateien befinden sich in Ihrem Verzeichnis.
.profile                   Eine Datei ist "versteckt".
ben.dat
inst.txt
liste
verzeichnis                Ein Verzeichnis
$ bkup                     Sicherung aller Dateien im Verzeichnis
$ ls -a                    Anzeige der Dateien mit allen Sicherungskopien
.profile                   .profile wurde nicht berücksichtigt.
ben.dat                    Originaldatei
ben.dat.BAK.Z              Sicherungskopie
inst.txt                   Originaldatei
inst.txt.BAK.Z             Sicherungskopie
liste                      Originaldatei
liste.BAK.Z                Sicherungskopie
verzeichnis                Verzeichnisse werden nicht berücksichtigt
$
```

Von jeder Datei des aktuellen Verzeichnisses wird eine Kopie mit der Namenserweiterung .BAK.Z erstellt. Die Liste der Dateinamen wird durch das Sonderzeichen * erzeugt und von der `for-Schleife` wortweise bearbeitet. Die Liste in der Prozedur bkup wird von der Shell durch die Dateinamen des aktuellen Verzeichnisses ersetzt. Die Dateinamen werden nacheinander in die Variable Datei eingesetzt und die Kommandos der `for-Schleife` werden ausgeführt.

Eine Besonderheit ist bei der Verwendung des Sonderzeichens * zu berücksichtigen. Alle "versteckten" Dateien, die mit einem Punkt beginnen, werden nicht beachtet. In Ihrem Fall wurde von der Datei .profile keine Sicherungskopie erstellt. Solche Dateien müssen Sie explizit bei der Angabe des Suchmusters einfügen. In der erweiterten Version der Prozedur bkup sehen Sie ein Beispiel dafür.

```
#
# @(#) bkup V1.4 Sicherungskopie des aktuellen Verzeichnisses
#               erstellen. Nur die Dateien .profile, *.txt
#               und *.dat werden berücksichtigt.
# Aufruf: bkup

for Datei in .profile *.txt *.dat
do
  if [ -f "$Datei" ]           # Nur Dateien werden berücksichtigt
  then
      chmod u+w $Datei.BAK.Z 2>/dev/null
      cp $Datei $Datei.BAK     # Sicherungskopie erstellen
      compress -f $Datei.BAK   # Komprimieren der Datei (.Z wird
                               # angefügt)
      chmod 400 $Datei.BAK.Z   # Zugriffsrechte auf r------ setzen
  fi
done
```

Die for-Schleife

```
$ rm -f *.BAK.Z              Löschen der Sicherungskopien
$ ls -a                      Folgende Dateien befinden sich in Ihrem Verzeichnis.
.profile                     Eine Datei ist "versteckt".
ben.dat
inst.txt
liste
verzeichnis                  Ein Verzeichnis
$ bkup                       Sicherung aller Dateien im Verzeichnis
$ ls -a                      Anzeige der Dateien mit allen Sicherungskopien
.profile                     .
.profile.BAK.Z               Diesmal wurde die Datei berücksichtigt
ben.dat                      Originaldatei
ben.dat.BAK.Z                Sicherungskopie
inst.txt                     Originaldatei
inst.txt.BAK.Z               Sicherungskopie
liste                        Diese Datei wurde nicht berücksichtigt
verzeichnis                  Verzeichnisse werden nicht kopiert
$
```

Die Liste der `for-Schleife` wird bei jedem Aufruf aktualisiert, da Sie erst zur Laufzeit von der Shell erstellt wird. Die Liste setzt sich in diesem Fall aus Datei- oder Verzeichnisnamen zusammen und kann keine anderen Informationen beinhalten. Wenn Sie das Verzeichnis wechseln und die Prozedur aufrufen, werden die Sicherungskopien für alle Dateien der neuen Umgebung erstellt. Sie müssen die Prozedur deswegen nicht verändern. Die Liste der Dateinamen, für die eine Sicherungskopie erstellt werden soll, können Sie durch das eingestellte Suchmuster bestimmen. Wenn Sie ausschließlich Dateien mit der Endung `.txt` und `.dat` bearbeiten möchten, ändern Sie das Suchmuster in der Prozedur `bkup`. Sie erkennen es daran, daß die Datei `liste` nicht kopiert wurde. Die gleichzeitige Verwendung mehrerer Muster ist erlaubt. Zusätzlich wurde die Datei `.profile` in das Suchmuster aufgenommen. Bei mehreren Suchmustern sind die einzelnen Ausdrücke durch mindestens ein Leerzeichen voneinander zu trennen.

Durch die Angabe der verschiedenen Suchmuster können Sie den Bereich der zu verarbeitenden Dateinamen exakt eingrenzen. Eine Mischung aus Sonderzeichen und statischen Listenelementen, wie die Datei `.profile`, ist möglich. Beim Auflösen eines Suchmusters durch die Shell, besteht die Möglichkeit, daß zu dem Muster keine Datei gefunden wird. In diesem Fall läßt die Shell das Suchmuster unverändert. Bei Verwendung der `for-Schleife` kann das zu unerwünschten Resultaten führen. Als Beispiel werden Sie in der Prozedur `bkup` das Suchmuster auf alle Dateien mit der Endung `.prn` beschränken.

Schleifen

```
#
# @(#) bkup V1.5 Sicherungskopie des aktuellen Verzeichnisses
#                erstellen. Nur Dateien mit der Endung .prn
#                werden berücksichtigt.
# Aufruf: bkup

for Datei in *.prn
do
   if [ -f "$Datei" ]          # Nur Dateien werden berücksichtigt
   then
      chmod u+w $Datei.BAK.Z 2>/dev/null
      cp $Datei $Datei.BAK      # Sicherungskopie erstellen
      compress -f $Datei.BAK    # Komprimieren der Datei (.Z wird
                                # angefügt)
      chmod 400 $Datei.BAK.Z    # Zugriffsrechte auf r------ setzen
   fi
done
```

Ihr aktuelles Verzeichnis enthält keine Datei mit dieser Endung:

```
$ bkup
$ ls -a
.profile
.profile.BAK.Z
ben.dat
ben.dat.BAK.Z
inst.txt
inst.txt.BAK.Z
liste
verzeichnis
$
```

Die Shell konnte das Suchmuster *.prn nicht auflösen, da keine entsprechende Datei vorhanden war. Das Muster wird unverändert in die Liste der for-Schleife eingesetzt. Der Ersetzungsmechanismus der Shell versucht das Muster aufzulösen und findet keine zugehörige Datei. Die Schleife behandelt diese Zeichenkette wie einen Dateinamen und die Überprüfung mit dem Kommando [-f *.prn] ist erfolglos, so daß diese Datei übergangen wird. Die Prozedur wird beendet, ohne eine Aktion auszuführen. Beachten Sie diese Ausnahme bei Verwendung der for-Schleife in Verbindung mit der Dateinamengenerierung. Hier ein Lösungsvorschlag für einen derartigen Fall:

Die for-Schleife

```
#
# @(#) bkup V1.6 Sicherungskopie des aktuellen Verzeichnisses
#                erstellen. Nur die Dateien *.prn werden kopiert.
#
# Aufruf: bkup

for Datei in *.prn
do
 case "$Datei" in

 *.prn)  # Es existiert keine Datei zu dem Suchmuster
         echo "Keine Datei zu dem Muster $Datei vorhanden"
         ;;
 *)      if [ -f "$Datei" ]         # Nur Dateien werden berücksichtigt
         then
             chmod u+w $Datei.BAK.Z 2>/dev/null
             cp $Datei $Datei.BAK     # Sicherungskopie erstellen
             compress -f $Datei.BAK   # Komprimieren der Datei (.Z wird
                                      # angefügt)
             chmod 400 $Datei.BAK.Z   # Zugriffsrechte auf r------ setzen
         fi
         ;;
 esac
done
```

Die case-Anweisung überprüft, ob die Variable Datei das Muster *.prn enthält. Wenn ja, konnte das Suchmuster nicht aufgelöst werden und die Prozedur antwortet mit einer Meldung. Im anderen Fall ist es ein gültiger Dateiname und der bisherige Kopiervorgang wird ausgeführt.

```
$ bkup
Keine Datei zu dem Muster *.prn vorhanden
$
```

for und die Kommandosubstitution

Aus gutem Grund haben Sie sich bisher mit der Listenerstellung beschäftigt. Im einfachsten Fall wurde die Liste "per Hand" fest in die Shell-Prozedur codiert. Anschließend haben Sie die Liste von der Shell erzeugen lassen, indem Sie die Argumente des Aufrufes zum Bestandteil der Liste machten. In der dritten Variante wurde die Liste mit Hilfe der Dateinamengenerierung erzeugt. Dieses Kapitel beschäftigt sich mit der Listengenerierung durch ein Kommando, dessen Ausgabe als Liste herangezogen wird. Aus den vorherigen Kapiteln ist Ihnen diese Verarbeitung auch als Kommandosubstitution bekannt. Viele Problemstellungen der Praxis lassen sich mit dieser Methode lösen, im Anschluß sehen Sie einige Beispiele, in der die Verbindung der for-Schleife mit der Kommandosubstitution wertvolle Dienste leistet. Beginnen

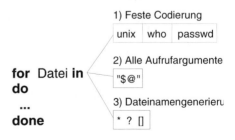

Schleifen

Sie mit der Prozedur `bkup`. Bisher konnten Sie die Dateien, von denen eine Sicherungskopie zu erstellen war, beim Aufruf der Prozedur angeben. In der zweiten Variante wurden alle Dateien des aktuellen Verzeichnisses kopiert. Stellen Sie sich vor, Sie möchten von allen Dateien unterhalb Ihres Heimatverzeichnisses eine Sicherungskopie erstellen, die mit der Namenserweiterung `.txt` enden. Wie würden Sie vorgehen?

Eine Möglichkeit besteht darin, daß Sie mit dem Kommando `find` zunächst alle Dateien mit dieser Endung suchen:

```
$ find $HOME -name "*.txt" -print 2>/dev/null
/home/peter/adr.txt
/home/peter/buch.txt
/home/peter/doku/brief.txt
/home/peter/doku/inst.txt
.... weitere Dateien können folgen
```

Sie können sich vorstellen, daß unter Umständen eine große Anzahl an Dateien mit der Endung `.txt` gefunden wurden. Um eine Sicherungskopie von allen Dateien zu erstellen, können Sie `bkup` Version 1.4 verwenden und alle Dateinamen beim Aufruf angeben:

```
$ bkup /home/peter/adr.txt /home/peter/buch.txt ...
```

Sie müßten beim Aufruf von `bkup` alle Dateinamen der Liste in die Kommandozeile eingeben, damit die Prozedur die Dateien in die Liste der `for`-Schleife einsetzt. Wenn das Ergebnis der Suche 20 oder mehr Dateien liefert, ist ein solcher Aufruf ein nahezu unlösbares Problem. Überlassen Sie es lieber der Shell, die Dateinamen in die Liste zu übertragen:

```
#
# @(#) bkup V1.7 Sicherungskopie aller Dateien mit der Endung
#               .txt erstellen
#
# Aufruf: bkup

for Datei in `find $HOME -name "*.txt" -print 2>/dev/null`
do
   if [ -f "$Datei" ]          # Nur Dateien werden berücksichtigt
   then
        chmod u+w $Datei.BAK.Z 2>/dev/null
        cp $Datei $Datei.BAK    # Sicherungskopie erstellen
        compress -f $Datei.BAK  # Komprimieren der Datei (.Z wird
                                # angefügt)
        chmod 400 $Datei.BAK.Z  # Zugriffsrechte auf r------ setzen
   fi
done
```

In dieser Version wird die Liste der `for-Schleife` durch eine Kommandosubstitution erstellt. Der Befehl `find` sucht alle Dateien mit der Endung `.txt`

Die for-Schleife

und die Shell setzt die Ausgabe des Kommandos in die Liste der `for-Schleife` ein. Als Ergebnis erhalten Sie eine Liste von Dateinamen, die nacheinander in die Variable Datei eingesetzt werden. Für jede Datei werden die Befehle zwischen `do...done` ausgeführt. Diese Methode ist doch wesentlich einfacher, als jeden Dateinamen der Liste "von Hand" in die Kommandozeile einzugeben.

Bevor Sie fortfahren, ein Hinweis auf Fehlermöglichkeiten in der Prozedur `bkup`, über die Sie vermutlich früher oder später stolpern werden. Auf den meisten Systemen kann der Befehl `compress` nur Dateinamen verarbeiten, die eine Länge von 12 Zeichen nicht überschreiten. Durch das Anhängen der Endung `.Z` nach der Komprimierung wird der Dateiname auf insgesamt 14 Zeichen erweitert. Dieses war in UNIX lange Zeit eine magische Zahl, da die meisten Dateisysteme aufgrund Ihrer Struktur keine längeren Dateinamen verarbeiten konnten. Durch Einführung des Berkley Dateisystems wurde diese Begrenzung auf 256 Zeichen ausgedehnt.

Dieses Dateisystem ist Bestandteil von UNIX-System V Rel. 4 und auch Ihr System dürfte über diese Eigenschaft verfügen. Das Kommando `compress` wurde den neuen Gegebenheiten noch nicht angepaßt und meldet folgenden Fehler, sollten Sie versuchen, einen Dateinamen mit mehr als 12 Zeichen zu komprimieren.

```
$ ls >ein_langer_name          Der Dateiname hat mehr als 12 Zeichen
$ compress ein_langer_name
ein_langer_name: filename too long to tack on .Z
$
```

Der Dateiname `ein_langer_name` besteht aus mehr als 12 Zeichen. `compress` kann daher die Endung `.Z` nicht anhängen und verweigert die Ausführung. Sie können sich glücklich schätzen, wenn dieser Fehler auf Ihrem System nicht auftritt. Für alle anderen gibt es folgende Lösung: Sie benennen die Datei vor dem Komprimieren um, so daß ein kürzerer Dateiname vorliegt. Anschließend kopieren Sie die Zwischendatei auf den ursprünglichen Namen zuzüglich der Endung `.Z`.

```
#
# @(#) bkup V1.8 Sicherungskopie aller Dateien mit der Endung
#                *.txt erstellen
#
# Aufruf: bkup
#

for Datei in `find $HOME -name "*.txt" -print 2>/dev/null`
do
   if [ -f "$Datei" ]          # Nur Dateien werden berücksichtigt
   then
      cp $Datei /tmp/tmpdat
      compress -f /tmp/tmpdat
      mv -f /tmp/tmpdat.Z $Datei.BAK.Z
      chmod 400 $Datei.BAK.Z   # Zugriffsrechte auf r------ setzen
   fi
done
```

Schleifen

Die Datei wird mit dem neuen Namen `tmpdat` in das Verzeichnis `/tmp` verlagert. Der neue Dateiname kann problemlos von `compress` verarbeitet werden, da er die Namenslänge von 12 Zeichen nicht überschreitet. Sie sollten das Kommando `mv` mit der Option `-f` aufrufen. Bestehende Sicherungskopien werden dadurch ohne Rückfrage überschrieben.

Vermutlich werden Sie sich bereits gefragt haben, wie Sie die komprimierte Datei wiederherstellen.

Eine Datei, die mit dem Befehl `compress` verkleinert wurde, kann durch Aufruf von `uncompress` wieder entkomprimiert werden. Dabei wird die Endung `.Z` automatisch entfernt. Die Datei steht danach für eine weitere Verarbeitung zur Verfügung.

```
$ uncompress who.BAK.Z             Entkomprimieren der Datei
$ ls who.BAK
who.BAK                            Die Endung .Z wurde entfernt
$
```

Damit genug zum Thema Datensicherung; lassen Sie uns abschließend nochmals die `for`-Schleife in Verbindung mit einer Kommandosubstitution aufgreifen. Es gibt einen weiteren Grund, ein Kommando zur Erzeugung der Liste zu verwenden. Immer wenn Sie aktuelle Informationen Ihres Rechners verarbeiten wollen, ist diese Form der Listengenerierung empfehlenswert. Was damit gemeint ist, zeigt ein weiteres Beispiel.

Stellen Sie sich vor, Sie möchten mit dem Kommando `write` eine Nachricht an alle aktiven Benutzer des Systems versenden. Wie könnten Sie dabei vorgehen? Die zunächst einfachste Lösung besteht darin, die aktiven Benutzer mit dem Kommando `who` anzuzeigen und jedem einzelnen eine Nachricht zu übersenden. Je nach Anzahl der aktiven Benutzer müssen Sie das Kommando `write` mehrfach eingeben.

```
$ who                              Anzeigen aller aktiven Benutzer
peter      tty00      11:45        Der Aufrufer von who
dieter     tty01      12:00
anke       tty02      12:15
$
$ eingabe meldung    I             ihre Prozedur aus Kapitel 10.2
Bitte geben Sie Ihren Text ein (e - Ende der Eingabe)
>> Um 15:00 beginnt die Wochensicherung!
>> Bitte abmelden!
>> e                               Die Eingabe von e beendet die Texteingabe
$
$ write dieter <nachricht
$ write anke < nachricht
$ write claudia < nachricht
```

Um die aufwendige Schreibarbeit zukünftig zu vermeiden entwickeln Sie eine Prozedur `writeall`, die unter Zuhilfenahme der `for`-Schleife dieses Problem geschickter löst. Die Liste der Schleife soll aus den aktiven Benutzern bestehen. Dabei stoßen Sie auf das erste Problem: Die Liste der aktiven Benutzer kann sich bei jedem Aufruf der Prozedur ändern, da sich Teilnehmer zwischenzeitlich am Rechner an- oder abgemeldet haben können. Eine feste Codierung der Liste ist daher ausgeschlossen. Die Übergabe als Argumente ist nicht empfehlenswert, denn Sie müßten sich jedesmal mit dem Kommando who die aktiven Benutzer anzeigen lassen und Sie beim Aufruf in die Kommandozeile einfügen. Für einen solchen Fall ist die Kommandosubstitution ein geeignetes Hilfsmittel zur Erzeugung der Benutzerliste:

```
#
# @(#) writeall V1.0 Nachricht an aktive Benutzer versenden
#
# Aufruf: writeall

NACHRICHT="nachricht"
eingabe $NACHRICHT    # Ihre Prozedur aus Kapitel 10, Version 1.0
                      # Nachricht erstellen

for user in `who | cut -c1-8 | grep -v $LOGNAME`
do
   # Nachricht versenden an alle angemeldeten Teilnehmer
   # mit Ausnahme des Aufrufers
   write $user <$NACHRICHT
   echo "Nachricht an $user übertragen"
done
rm $NACHRICHT          # Nachrichtendatei löschen
```

Sie benötigen in der Liste ausschließlich die Benutzernamen, nicht die anderen Informationen, die Ihnen who anzeigt. Daher schneiden Sie die Benutzernamen mit dem Kommando cut aus der Ausgabe heraus. Der Aufrufer, in diesem Fall peter, erscheint in der Liste der aktiven Benutzer. Diesen gilt es aus der Liste zu entfernen - oder möchten Sie sich selbst eine Nachricht senden? Dabei hilft Ihnen das Kommando grep -v: Das Kommando grep mit der Option -v gibt alle Zeilen aus, die nicht dem Suchmuster entsprechen. Da Sie den Aufrufer ausschließen möchten, wählen Sie dessen Benutzerkennung als Suchmuster. Da Sie den zukünftigen Aufrufer der Prozedur nicht kennen ist eine feste Codierung der Kennung nicht ratsam. Benutzen Sie die Variable LOGNAME, die von der Shell mit der Kennung des jeweiligen Aufrufers besetzt wird. Lassen Sie sich vor dem Aufruf die aktiven Benutzer anzeigen:

```
$ who                                   Anzeigen aller aktiven Benutzer
peter        term/tty00         11:45   Der Aufrufer von who
dieter       term/tty01         12:00
anke         term/tty02         12:15
$ writeall              Nachricht an alle aktiven Benutzer versenden
Bitte geben Sie Ihren Text ein (e - Ende der Eingabe)
>> Um 15:00 findet ein kleiner Umtrunk bei mir statt!
>> Ihr seid herzlich eingeladen!.
>> e                                    Die Eingabe von e beendet die Texteingabe
Nachricht an dieter übertragen
Nachricht an anke übertragen
```

Schleifen

Durch die Kommandosubstitution wird die Liste der aktiven Benutzer bei jedem Aufruf aktualisiert. Der Teilnehmer `anke` hat sich zwischenzeitlich abgemeldet und wird bei einem erneuten Aufruf von `writeall` nicht mehr berücksichtigt. Dafür erhalten die Benutzer `robert`, `dieter`, `claudia`, `susanne`, `tobias` und `michael` eine Meldung.

```
$ who                                         anke hat sich abgemeldet
peter       term/tty00      11:45             Der Aufrufer von who
dieter      term/tty01      12:00
robert      term/tty03      12:05
claudia     term/tty04      12:08
susanne     term/tty05      12:12
tobias      term/tty06      12:13
michael     term/tty07      12:14
$ writeall                                    Nachricht an alle aktiven Benutzer
                                              versenden
Bitte geben Sie Ihren Text ein (e - Ende der Eingabe)
>> Der Umtrunk wird von 15:00 auf 16:00 verschoben.
>> Ihr seid herzlich eingeladen!
>> e                                          Die Eingabe von e beendet die Texteingabe
Nachricht an dieter übertragen
Nachricht an robert übertragen
Nachricht an claudia übertragen
Nachricht an susanne übertragen
Nachricht an tobias übertragen
Nachricht an michael übertragen
$
```

Wenn Sie zur Erzeugung der Liste ein Kommando verwenden, hat das folgende Vorteile:

- Die Liste wird zum Zeitpunkt des Aufrufes erstellt und ist daher immer aktuell. Die Prozedur paßt sich den Gegebenheiten des Systems an.

- Sie müssen die Liste nicht mehr "per Hand" eintragen und ersparen sich eine Menge Schreibarbeit.

Das folgende Kapitel beschäftigt sich mit dem Befehl `continue`, den Sie mit den bisher bekannten Schleifentypen kombinieren können.

10.5. Der Befehl `continue`

Der Befehl `continue` dient zum Überspringen der restlichen Befehle einer Schleife. Trifft die Shell innerhalb einer Schleife auf diesen Befehl, werden alle nachfolgenden Kommandos übersprungen und die Ausführung wird im Schleifenkopf fortgesetzt. Die Bedingung der Schleife wird neu bewertet und falls diese erfüllt ist, werden die Befehle erneut ausgeführt. `continue` kann in Verbindung mit den drei bekannten Schleifentypen `while`, `until` und `for` eingesetzt werden. Das folgende Beispiel gibt, mit Ausnahme der Ziffer 3, alle Zahlen von 1 bis 5 auf dem Bildschirm aus.

```
#!/bin/ksh
#
# @(#) zaehle V1.2 Ausgeben der Zahlen von 1 bis 5.
#                  Überspringen der Zahl 3.
# Aufruf: zaehle

i=0
while (( i < 5 ))
do
   (( i=i+1 ))
   (( i == 3 )) && continue # Überspringe die restlichen Befehle
   echo $i
done
```

```
$ zaehle
1
2
4                Die Zahl 3 wird übersprungen
5
$
```

Die Variable `i` wird bei jedem Schleifendurchlauf um den Wert 1 inkrementiert. Bei Erreichen des Wertes 3 wird `continue` aktiviert und die Prozedur überspringt den nachfolgenden Befehl `echo $i`. Die Ausführung der Prozedur wird im Schleifenkopf fortgesetzt, und die Kommandos werden erneut durchlaufen.

Bei der `for`-Schleife können Sie mit `continue` bestimmte Wörter der Liste übergehen, sofern die Verarbeitung des Wortes nicht sinnvoll wäre. Im folgenden Beispiel liefert die Prozedur `userinfo` zu einem Benutzer alle Informationen der Datei `/etc/passwd` und gibt sie in folgender Form auf dem Bildschirm aus:

Schleifen

```
#-------------------------------------------------#
Kennung            : peter
User-ID            : 112
Gruppen-ID         : 2
Kommentar          : Peter Termöllen
Heimatverzeichnis: /home/peter
Startprogramm      : /bin/ksh
#-------------------------------------------------#
```

Beim Aufruf werden die Benutzernamen übergeben, die durch die for-Schleife nacheinander bearbeitet werden. Für jede Benutzerkennung wird eine Statusinformation ausgegeben.

```
#!/bin/ksh
#
# @(#) userinfo V1.0  - Informationen zu Benutzern ausgeben
#
# Aufruf: info Kennung1 Kennung2 ...

(( $# == 0 )) && { echo "Aufruf: $0 Kennung1 Kennung2 ..."
                   exit 1; }

for Benutzer                             # Bearbeite alle Argumente
do                                       # des Aufrufes
 info=`grep "^$Benutzer:" /etc/passwd`   # Suche Benutzerinformation
                                         # in der Datei /etc/passwd
 IFS=:                                   # Trennzeichen festlegen
 set $info                               # Ordne die einzelnen Felder
                                         # den Variablen $1 bis $7 zu
                                         # Benutzerdaten anzeigen
 echo "#-------------------------------------------------#"
 echo "Kennung            : $1"
 echo "User-ID            : $3"
 echo "Gruppen-ID         : $4"
 echo "Kommentar          : $5"
 echo "Heimatverzeichnis: $6"
 echo "Startprogramm      : $7"
 echo "#-------------------------------------------------#"
done
```

Die Liste der for-Schleife besteht aus den Benutzern, die der Prozedur als Argumente übergeben wurden. Das Kommando grep sucht für jeden dieser Namen einen Eintrag in der Datei /etc/passwd und überträgt die Zeile in die Variable info. Die Felder der Zeile sind durch einen Doppelpunkt voneinander getrennt:

```
peter:x:112:2:Peter Termöllen:/home/peter:/bin/ksh
```

Mit dem Kommando set werden die einzelnen Felder den Variablen $1 bis $7 zugewiesen und ausgegeben. Ein Aufruf der Prozedur userinfo zeigt folgenden Ablauf:

Der Befehl continue

```
$ userinfo peter otto          Zeige Informationen zu peter und otto
#----------------------------------------------------#
Kennung             : peter
User-ID             : 112
Gruppen-ID          : 2
Kommentar           : Peter Termöllen
Heimatverzeichnis:  /home/peter
Startprogramm       : /bin/ksh
#----------------------------------------------------#
ERRNO=10                       ein Fehler bei der Ausgabe der Kennung otto
FCEDIT=/bin/ed
HOME=/home/peter
HZ=100
IFS=:
LINENO=37
LOGNAME=peter
... weitere Ausgaben ...
TERMCAP=/etc/termcap
TZ=EST5EDT
_=./userinfo
info=
user=otto
#----------------------------------------------------#
Kennung             : peter
User-ID             : 112
Gruppen-ID          : 2
Kommentar           : Peter Termöllen
Heimatverzeichnis:  /home/peter
Startprogramm       : /bin/ksh
#----------------------------------------------------#
$
```

Hätten Sie diese Ausgabe erwartet? Die Kennung `otto` ist auf Ihrem Rechner nicht in der Datei `/etc/passwd` eingetragen und die Verarbeitung führt zu einem Fehler. Die Informationen zum Benutzer `peter` werden angezeigt, während die Kennung `otto` nicht erscheint. Anstatt eine Statusinformation auszugeben, erscheint eine Auflistung der Umgebungsvariablen sowie eine wiederholte Ausgabe der Informationen zu `peter`. Der Befehl:

```
info=`grep $user /etc/passwd`
```

findet keinen Eintrag und läßt die Variable `info` unbesetzt. Das folgende Kommando `set $info` erhält keine Argumente und erzeugt eine Ausgabe der Umgebungsvariablen. Folglich werden die Variablen `$1` bis `$7` nicht mit den Informationen des Benutzers `otto` überschrieben und behalten ihren ursprünglichen Wert. Das erklärt die wiederholte Ausgabe der Daten zu der Benutzerkennung `peter`.

Eine korrekte Version von `info` darf den Befehl `set` und alle nachfolgenden Kommandos nicht ausführen, wenn die Kennung dem System unbekannt ist. Dieser Fall ist typisch für den Einsatz des Kommandos `continue`. Ist die Variable `info` nicht besetzt, überspringt der Befehl alle folgenden Anweisungen und setzt die Ausführung der Schleife mit dem nächsten Benutzer fort.

Schleifen

```
#!/bin/ksh
#
# @(#) userinfo V1.1  - Informationen zu Benutzern ausgeben
#
# Aufruf: info Kennung1 Kennung2 ...

(( $# == 0 )) && { echo "Aufruf: $0 Kennung1 Kennung2 ..."
                   exit 1; }

for Benutzer                            # Bearbeite alle Argumente
do                                      # des Aufrufes
 info=`grep "^$Benutzer:" /etc/passwd`  # Suche Benutzerinformation
                                        # in der Datei /etc/passwd
 if [ -z "$info" ]                      # Falls info leer ist, gebe
 then                                   # Meldung aus und bearbeite
                                        # die nächste Kennung
     echo "#----------------------------------------------#"
     echo "Benutzer: \"$Benutzer\" nicht bekannt."
     echo "#----------------------------------------------#"
     continue                           # Setze die Ausführung im
                                        # Schleifenkopf fort.
 fi
 IFS=:                                  # Trennzeichen festlegen
 set $info                              # Ordne die einzelnen Felder
                                        # den Variablen $1 bis $7 zu
                                        # Benutzerdaten anzeigen
 echo "#----------------------------------------------#"
 echo "Kennung            : $1"
 echo "User-ID            : $3"
 echo "Gruppen-ID         : $4"
 echo "Kommentar          : $5"
 echo "Heimatverzeichnis: $6"
 echo "Startprogramm      : $7"
 echo "#----------------------------------------------#"
done
```

Das Kommando `grep` sucht für jeden Benutzernamen einen passenden Eintrag in der Datei /etc/passwd und überträgt die Zeile in die Variable info. Falls diese nach der Zuweisung nicht besetzt ist, wurden keine Angaben in der Datei gefunden und eine weitere Verarbeitung der Information durch die restlichen Befehle ist nicht sinnvoll. Für einen solchen Fall können Sie den Befehl `continue` einsetzen.

Die nachfolgenden Befehle werden übersprungen, und die Ausführung der Schleife wird mit dem nächsten Benutzernamen fortgesetzt. Eine Fehlermeldung weist auf den fehlenden Eintrag hin.

```
$ userinfo peter otto
#----------------------------------------------#
Kennung            : peter
User-ID            : 112
Gruppen-ID         : 2
Kommentar          : Peter Termöllen
Heimatverzeichnis: /home/peter
Startprogramm      : /bin/ksh
#----------------------------------------------#
#----------------------------------------------#
Benutzer: "otto" nicht bekannt.
#----------------------------------------------#
```

Anwendungsbeispiel: Das sichere Löschen

Erinnern Sie sich an die Kommandos `sdel`, `undel` und `pdel` aus Kapitel 9? Eine mit `sdel` gelöschte Datei kann mit dem Kommando `undel` wieder aus dem Papierkorb hervorgeholt werden. Sie konnten damit das Löschen von Dateien wesentlich sicherer gestalten. Zur Erinnerung ein Beispieldurchlauf der Prozeduren aus Kapitel 9:

```
$ touch Datei1 Datei2 Datei3        Anlegen von Beispieldateien
$ sdel Datei1                       Löschen von Datei1 in den Papierkorb
$ ls Datei*
Datei2                              Die Datei wurde gelöscht
Datei3
$ undel -i                          Den Inhalt vom Papierkorb anzeigen
Datei1
$ undel Datei1                      Wiederherstellen von Datei1
$ ls Datei*
Datei1                              Die Datei wurde wiederhergestellt
Datei2
Datei3
$ sdel Datei3; sdel Datei1          Datei1, Datei2 löschen
$ pdel Datei3                       Datei3 wird endgültig gelöscht
$ undel -i                          Den Inhalt vom Papierkorb anzeigen
Datei1
$ sdel $HOME/adressen.dat; sdel Datei2
$ undel -i                          Den Inhalt vom Papierkorb anzeigen
Datei1
Datei2
adressen.dat
$
```

Wenn Sie diese Prozeduren häufiger verwendet haben, dürfte Ihnen eines nachteilig aufgefallen sein. Beim Aufruf der Prozeduren ist nur ein Argument zulässig, so daß die Angabe von Metazeichen zur Dateinamengenerierung nicht erlaubt ist.

```
$ sdel Dat*                         Lösche alle Dateien, die mit Dat beginnen
Aufruf: sdel Datei
$
```

Bei diesem Kommando wäre es besonders wünschenswert, mehrere Argumente angeben zu können. Stellen Sie sich den Aufwand vor, wenn Sie alle Dateien eines Verzeichnisses löschen möchten. Sie müßten die Prozedur für jede Datei erneut aufrufen. Erweitern Sie daher die Prozeduren `sdel`, `undel` und `pdel`, so daß mehrere Dateien in einem Aufruf verarbeitet werden können.

Schleifen

```ksh
#!/bin/ksh
#
# @(#) sdel V1.2 Löschen von Dateien in den Papierkorb
#
# Aufruf: sdel Datei1 Datei2 ....

#-----Variablen festlegen----#
PAPIERKORB=$HOME/.Papierkorb  # Name des Papierkorbes
ANZAHL=10                     # Zulässige Anzahl Dateien im
                              # Papierkorb
#---------------------------#

# Papierkorb anlegen, falls nicht vorhanden
#
[ ! -a $PAPIERKORB ] && mkdir $PAPIERKORB

# Falls der Papierkorb eine Datei ist - Abbruch
#
[ -f $PAPIERKORB ] && { echo "$PAPIERKORB ist kein Verzeichnis"
                        exit 1; }

for DATEI                         # Bearbeite alle Argumente des Aufrufs
do
  VERZ=`dirname $DATEI`           # Vaterverzeichnis der Datei
  DATNAME=`basename $DATEI`       # Löschdatei ohne Pfad

  # Löschkriterien überprüfen
  #
  [ ! -f $DATEI -o ! -w $VERZ -o ! -w $DATEI -o ! -r $DATEI ] && {
  echo "Datei $DATEI kann nicht gelöscht werden"
  continue; }                     # Die nächste Datei bearbeiten

  # Existiert die Datei bereits im Papierkorb?
  # Wenn ja - überschreiben bestätigen lassen
  #
  if [ -a $PAPIERKORB/$DATNAME ]
  then
     echo "Datei $DATNAME existiert bereits im Papierkorb !"
     echo "Taste j überschreibt die Datei \c"; read antwort
     [ "$antwort" != "j" ] && continue # Die nächste Datei bitte
  fi

  # Verlagere Datei in den Papierkorb
  #
  mv $DATEI $PAPIERKORB || echo "Fehler beim Löschen von: $DATEI"
done

# Benachrichtige den Aufrufer, falls der Papierkorb überläuft
#
ueberlauf $PAPIERKORB $ANZAHL
```

Die Prozedur hat sich gegenüber der vorherigen Version nur wenig geändert. Die for-Schleife wurde zur Bearbeitung aller Aufrufargumente eingesetzt. Sie umschließt alle Befehle der Prozedur und überträgt die Argumente nacheinander in die Variable DATEI, so daß der bekannte Algorithmus auf mehrere Dateien angewendet werden kann.

Beachten Sie, daß fast alle exit-Kommandos gegen den Befehl continue ausgetauscht wurden. Dieses hat den Vorteil, daß die Ausführung mit der nächsten Datei fortgesetzt wird, wenn bei der Verarbeitung der aktuellen

Datei ein Fehler entdeckt wurde. Auch die Prozedur `undel` kann in der neuen Version mehrere Dateien aus dem Papierkorb hervorholen.

```ksh
#!/bin/ksh
#
# @(#) undel V1.2 Wiederherstellen gelöschter Dateien
#
# Aufruf: undel Datei1 Datei2 ...   Datei wiederherstellen
#         undel -i                  Inhalt vom Papierkorb auflisten

#--------- Variablen festlegen ---------#
PAPIERKORB=$HOME/.Papierkorb              # Name des Papierkorbes
#---------------------------------------#

# Falls Papierkorb nicht vorhanden
#
[ ! -d $PAPIERKORB ] && {                 # Papierkorb vorhanden?
echo "Der Papierkorb $PAPIERKORB ist nicht vorhanden"; exit 1; }

                                          # Bei Angabe von -i: Inhalt
                                          # vom Papierkorb auflisten
[ "$1" = -i ] && { ls $PAPIERKORB; exit 0; }

for DATEI                                 # Alle Argumente des
do                                        # Aufrufes bearbeiten

 echo $DATEI | grep "/" >/dev/null && {   # Pfadnamen sind nicht
 echo "Keine Pfadangabe erlaubt"          # erlaubt
 continue; }                              # Die nächste Datei bitte
                                          # Ist die Datei im
 [ -f $PAPIERKORB/$DATEI ] || {           # Papierkorb enthalten?
 echo "Datei $DATEI ist nicht im Papierkorb enthalten"
 continue; }                              # Die nächste Datei bitte

 if [ -a $DATEI ]                         # Existiert die Datei im
 then                                     # im aktuellen Verzeichnis?

    # Die Datei existiert bereits im aktuellen Verzeichnis
    # Wiederherstellen mit Bestätigung
    echo "Datei $DATEI im aktuellen Verzeichnis vorhanden"
    echo "Soll die Datei überschrieben werden (j/n)?\c"; read ok
    [ "$ok" != j ] && {
    echo "Die Datei wurde nicht wiederhergestellt"
    continue; }                           # Die nächste Datei bitte
 fi
                                          # Datei aus dem Papierkorb
                                          # in das aktuelle Verzeich-
 mv $PAPIERKORB/$DATEI . || {             # nis verlagern
 echo "Fehler beim Rücksichern von: $DATEI"
 continue; }                              # Die nächste Datei bitte

 echo "$DATEI wurde wiederhergestellt"    # Meldung ausgeben
done                                      # Ende der for-Schleife
```

Auch hier werden mit Hilfe der `for`-Schleife alle Argumente des Aufrufs nacheinander bearbeitet. Im Falle eines Fehlers wird durch Aufruf des Befehls `continue` die nächste Datei in der Liste bearbeitet.

Mit der Prozedur `pdel` können Sie Dateien endgültig aus dem Papierkorb löschen. Die Verarbeitung mehrerer Dateinamen ist auch für diese Prozedur kein Problem. Zusätzlich werden wir die Prozedur um eine Funktionalität erweitern:

Schleifen

Wenn Sie beim Aufruf die Option `-sichern` angeben, wird der Inhalt des Papierkorbes auf eine Diskette gesichert. Vor der Sicherung werden Sie aufgefordert, eine Diskette einzulegen und den Vorgang mit der Taste `j` zu starten.

Beachten Sie, daß in diesem Fall keine Dateien im Papierkorb gelöscht werden. Erst ein erneuter Aufruf von `pdel` entfernt die gewünschten Dateien endgültig aus dem Papierkorb. Ersetzen Sie gegebenenfalls den Gerätenamen in der Variablen `SICHERN` durch die gültige Bezeichnung auf Ihrem System.

```
#!/bin/ksh
#
# @(#) pdel V1.1 Löschen von Dateien des Papierkorbes
#
# Aufruf: pdel Datei1 Datei2 ...   Dateien im Papierkorb löschen
#         pdel -sichern            Papierkorb auf Diskette sichern

#--------- Variablen festlegen ---------#
PAPIERKORB=$HOME/.Papierkorb              # Name des Papierkorbes
SICHERN="tar cvf /dev/fd196ds18"          # Sicherungskommando
#---------------------------------------#

if [ ! -d $PAPIERKORB ]                   # Papierkorb vorhanden?
then
    echo "Der Papierkorb $PAPIERKORB ist nicht vorhanden"; exit 1
fi

[ "$1" = "-sichern" ] && {                # Die Option -s sichert
                                          # Papierkorb auf Diskette
echo "Bitte Diskette einlegen. "          # Warten auf Bestätigung
echo "Taste j sichert den Papierkorb>\c"  # j startet die Sicherung
read ok                                   # Antwort lesen
[ "$ok" = j ] && $SICHERN $PAPIERKORB     # Papierkorb sichern
exit 0; }

for DATEI                                 # Alle Argumente des
do                                        # Aufrufes bearbeiten

 echo $DATEI | grep "/" >/dev/null && {   # Pfadnamen sind nicht
 echo "Keine Pfadangabe erlaubt"          # erlaubt
 continue; }                              # Die nächste Datei bitte

    if [ ! -a $PAPIERKORB/$DATEI ]        # Existiert die Datei
    then                                  # im Papierkorb?
       echo "Datei $DATEI ist nicht im Papierkorb enthalten"
       continue                           # Die nächste Datei bitte
    fi
                                          # Datei im Papierkorb
rm $PAPIERKORB/$DATEI  || {               # endgültig löschen
echo "Die Datei $DATEI konnte nicht gelöscht werden"; } && {
echo "Die Datei $DATEI wurde im Papierkorb gelöscht"; }

done # Ende der for-Schleife
```

Das Löschen mehrerer Dateien ist nun kein Problem mehr:

Der Befehl continue

```
$ ls>Datei.1; ls>Datei.2; ls>Datei.3      "Dummy" Dateien anlegen
$ sdel Datei.*
$ ls Datei.*
Datei.*: No such file or directory
$ undel Datei.1 Datei.3
Datei.1 wurde wiederhergestellt
Datei.3 wurde wiederhergestellt
$ ls Datei.*
Datei.1
Datei.3
$ sdel Datei.*
$ undel -i                                Inhalt vom Papierkorb anzeigen
Datei.1
Datei.2
Datei.3
$
```

Der Papierkorb enthält nun die Dateien `Datei.1`, `Datei.2` und `Datei.3`. Bevor Sie diese Dateien endgültig aus dem Papierkorb löschen, können Sie die Daten mit dem Kommando `pdel -sichern` auf eine Diskette übertragen:

```
$ pdel -sichern                           Papierkorb auf Diskette sichern
Bitte Diskette einlegen.
Taste j sichert den Papierkorb>j
a /home/peter/.Papierkorb/ 0 tape blocks
a /home/peter/.Papierkorb/Datei.1 2 tape blocks
a /home/peter/.Papierkorb/Datei.2 2 tape blocks
a /home/peter/.Papierkorb/Datei.3 2 tape blocks
$
```

Anschließend können Sie die Dateien auf bekannte Art endgültig aus dem Papierkorb löschen:

```
$ pdel Datei.1 Datei.2 Datei.3            Dateien aus dem Papierkorb
                                          löschen
Die Datei Datei.1 wurde im Papierkorb gelöscht
Die Datei Datei.2 wurde im Papierkorb gelöscht
Die Datei Datei.3 wurde im Papierkorb gelöscht
$ undel -i
$                                         Papierkorb ist leer
```

Neben dem Befehl `continue` gibt es das Kommando `break`, das im Gegensatz zu `continue` die Schleife beendet. Im folgenden Kapitel beschäftigen Sie sich mit dem Thema Endlosschleifen, bei dem der Befehl `break` eine wesentliche Rolle spielt.

10.6. Endlosschleifen

Endlosschleifen sind in manchen Fällen ein nützliches Hilfsmittel zur Gestaltung Ihrer Prozeduren. Das Wesen einer solchen Schleife besteht darin, daß die Kommandos innerhalb des Schleifenkörpers endlos ausgeführt werden, ohne daß die Schleife terminiert. Folglich wird sich das Programm niemals beenden und zur aufgerufenen Shell zurückkehren. Mit den bekannten Schleifen while und until können Sie Endlosschleifen erzeugen. Dazu muß bei der while-Schleife das Kommando im Schleifenkopf immer den Wert wahr liefern. Bei der until-Schleife ist es genau umgekehrt - das Kommando im Schleifenkopf muß immer den Wert falsch zurückgeben. Zu diesem Zweck hat man zwei Kommandos eingeführt, die den Namen true und false haben.

```
while true                          until false
do                                  do
    Kommando                            Kommando
    ...                                 ...
done                                done
```

Das Kommando true liefert, wie der Name schon sagt, immer den Wert wahr zurück, während false den Wert falsch liefert. Die beiden aufgeführten Schleifen werden niemals beendet, da das Kommando im Schleifenkopf immer einen konstanten Wert liefert.

```
#
# @(#) endlos V1.0 Eine Endlosschleife
#
# Aufruf: endlos

while true
do
 echo "Ich bin eine Endlosschleife"
 sleep 2 # Schlafe zwei Sekunden
done
```

```
$ endlos
Ich bin eine Endlosschleife
Ich bin eine Endlosschleife
Ich bin eine Endlosschleife
...<CTRL-C> oder <DEL> oder <Entf>         Abbruch nur mit Abbruchtaste
$
```

Nach Aufruf der Prozedur endlos wird "endlos" eine Meldung auf dem Bildschirm ausgegeben. Sie können diese Prozedur nur durch Betätigen einer Abbruchtaste beenden. Wie Sie eine Endlosschleife sinnvoll einsetzen, erfahren Sie im folgenden Abschnitt.

Die Gestaltung von Ja/Nein-Abfragen

Eine häufig auftretende Sequenz in Shell-Prozeduren ist die Aufforderung an den Benutzer, eine bestimmte Frage mit Ja oder Nein zu beantworten. Im vierten Teil der Adreßverwaltung haben Sie eine erste Version dieser Prozedur bereits erstellt, um Ja/Nein-Abfragen zu vereinfachen.

In diesem Abschnitt werden Sie die Prozedur `testjn` mit Hilfe einer Endlosschleife erweitern, so daß alle Eingaben solange abgewiesen werden, bis eine gültige Antwort eingegeben wurde. Als zulässige Antwort auf eine solche Abfrage lassen Sie verschiedene Kombinationen für Ja oder Nein zu:

Ja: j, J, Ja, ja, JA   ist zulässig
Nein: n, N, Nein, nein, NEIN   ist zulässig

Die Abfrage kann zusätzlich durch Eingabe von 'a' oder 'A' abgebrochen werden. In allen anderen Fällen antwortet `testjn` mit einer erneuten Eingabeaufforderung.

```
#!/bin/ksh
#
# @(#) testjn V1.1 Gestalten von Ja/Nein-Abfragen
#
# Aufruf: testjn [Meldung]

PROMPT="[J(a),N(ein),A(bbruch)]"
MELDUNG="Ja oder Nein"

(( $# != 0 )) && MELDUNG="$@"

while true
do
  echo "$MELDUNG $PROMPT ? \c"; read ok
  case "$ok" in
  j | J | ja | Ja | JA)          exit 0;;
  n | N | nein | Nein | NEIN)    exit 1;;
  a | A)                         exit 2;;
  *) echo "Ungültige Eingabe. Bitte $PROMPT eingeben.";;
  esac
done
```

Bei Aufruf der Prozedur können Sie als Argument eine Meldung übergeben, die auf dem Bildschirm angezeigt wird. Gleichzeitig wird der Aufrufende mit dem Kommando `read` aufgefordert, die gestellte Frage mit Ja, Nein oder Abbruch zu beantworten. Mit der `case`-Anweisung vergleichen Sie die Eingabe mit den möglichen Mustern für das Wort Ja, Nein und Abbruch.

Der Stern ist ein Platzhalter für andere Eingaben, die nicht den vorherigen Mustern entsprechen. Diese Eingaben werden mit einer Fehlermeldung zurückgewiesen. Der ganze Vorgang ist in eine Endlosschleife eingebettet, die nur durch Eingabe der zulässigen Texte für die Worte Ja, Nein oder Abbruch verlassen werden kann. Erkennt die Anweisung `case` einen zulässigen Wert beendet der Befehl `exit` die Prozedur und hinterlegt in der Variablen $? folgende Rückgabewerte:

Schleifen

0   -   Frage wurde mit Ja beantwortet
1   -   Frage wurde mit Nein beantwortet
2   -   Abbruch der Fragestellung

```
$ testjn Datei löschen
Datei löschen [J(a),N(ein),A(bbruch)] ? y    Ungültige Eingabe
Ungültige Eingabe. Bitte [J(a),N(ein),A(bbruch)] eingeben.
Datei löschen [J(a),N(ein),A(bbruch)] ? a
$ echo $?
2           Antwort ist Abbruch
$
```

Die Prozedur unterscheidet nicht zwischen Groß- und Kleinschrift und läßt zusätzlich die Wörter Ja, ja, Nein oder nein zu. Zusätzlich kann die Prozedur auch ohne Argument gestartet werden. In diesem Fall wird eine Standardmeldung ausgegeben.

```
$ testjn Datei loeschen
Datei löschen [J(a),N(ein),A(bbruch)]? Ja
$ echo $?
0                                                    Antwort ist Ja
$
```

Die folgende Prozedur `delete` nutzt das neue Kommando, um das Löschen von Dateien durch den Benutzer bestätigen zu lassen. Sie können diesen Wert im Anschluß an den Aufruf auswerten.

```
#
# @(#) delete V1.1 Dateien löschen mit Abfrage
#
# Aufruf: delete Datei1 Datei2 ...

for DATEI                 # Alle Argumente des Aufrufes
do                        # bearbeiten
 [ -d $DATEI ] && continue # Verzeichnisse übergehen

  testjn "Datei <$DATEI> löschen"

  case $? in
  0)  # Ja
      rm $DATEI
      echo "Datei wurde gelöscht";;
  1)  # Nein
      echo "Datei wurde nicht gelöscht";;
  2)  # Abbruch
      exit 1;;
  esac
done
```

Die `for-Schleife` bearbeitet alle angegebenen Argumente des Aufrufes. Wenn sich in dieser Liste ein weiteres Verzeichnis befindet setzt der Befehl continue die Ausführung der Schleife fort, da Verzeichnisse vom Löschen ausgenommen werden. Vor dem Löschen einer Datei wird der Benutzer mit dem neuen Kommando testjn um Bestätigung gebeten. Nach Eingabe eines zulässigen Wertes wird die Antwort in der Variablen $? mit den möglichen Alternativen verglichen und die zugehörige Kommandofolge wird ausgeführt.

```
$ delete adressen.dat buero.dat buero1.dat
Datei <adressen.dat> löschen [J(a),N(ein),A(bbruch)] ? Ja
Datei wurde gelöscht
Datei <buero.dat> löschen [J(a),N(ein),A(bbruch)] ? no
Ungültige Eingabe. Bitte [J(a),N(ein),A(bbruch)] eingeben.
Datei <buero.dat> löschen [J(a),N(ein),A(bbruch)] ? n
Datei wurde nicht gelöscht
Datei <buero1.dat> löschen [J(a),N(ein),A(bbruch)] ? a
$    Prozedur wurde abgebrochen
```

Nur die Eingabe von Ja in den zulässigen Varianten löscht die Datei. Die Eingabe von Nein übergeht die Datei und Abbruch beendet die Prozedur. Alle anderen Eingaben werden mit einer Fehlermeldung abgewiesen. Verwenden Sie den Befehl exit zum Beenden der Endlosschleife wird die Prozedur abgebrochen. Manchmal ist es wünschenswert nur die Endlosschleife zu beenden, um im Anschluß mit der Programmausführung fortzufahren. Für diesen Fall steht Ihnen der Befehl break zur Verfügung.

Der Befehl break

Im Gegensatz zum Befehl continue beendet break eine Schleife und setzt die Programmausführung nach dem Schlüsselwort done fort.

Diese Form der Beendigung wird als "kontrollierter" Abbruch einer Schleife bezeichnet. Die allgemeine Schreibweise des Befehls lautet:

Schleifen

```
while true                          until false
do                                  do
    Kommando                            Kommando
    ...                                 ...
    break                               break
done                                done
```

Im folgenden Beispiel ändern Sie die Prozedur rechner des Kapitels 10.2 und verwenden eine Endlosschleife in Verbindung mit dem Befehl break.

```
#
# @(#) rechner V1.2 Ein einfacher Taschenrechner
#
# Aufruf: rechner

while true
do
 read zahl1 op zahl2

 [ "$zahl1" = "ende" ] && break   # Beende Endlosschleife
 case "$op" in
 +)  let summe=$zahl1+$zahl2;;
 -)  let summe=$zahl1-$zahl2;;
 \*) let summe=$zahl1\*$zahl2;;   # * Sonderzeichen (maskieren)
 /)  let summe=$zahl1/$zahl2;;
 *)  echo "Operator $op nicht bekannt"
     exit 1;;
 esac
 echo "$summe"
done
echo "Der Rechner wurde beendet"
```

```
$ rechner              Der Rechner wird gestartet; Beenden mit "ende"
344 + 13
357
ende                   Genug gerechnet - Beenden des Rechners mit "ende"
Der Rechner wurde beendet
$
```

Innerhalb der Endlosschleife werden die Werte solange von der Tastatur eingelesen, bis das Wort "ende" eingegeben wird. In diesem Fall unterbricht der Befehl break die Schleife und die Ausführung wird hinter dem Schlüsselwort done fortgesetzt.

Der Begriff "endlos" ist nicht wörtlich zu nehmen, denn die Schleife terminiert, wenn Sie das Wort "ende" eingeben. Erinnern Sie sich an die Prozedur eingabe im Kapitel 10.2? Betrachten Sie zur Erinnerung den folgenden Beispieldurchlauf:

Endlosschleifen

```
$ eingabe nachricht            Erstelle Eingabedatei nachricht
Bitte geben Sie Ihren Text ein (e - Ende der Eingabe)
>> Das Meeting findet heute um 14:00 statt.
>> Gruß Peter
>> e
$ mail dieter <nachricht
```

Sie können die Prozedur um einige Leistungsmerkmale erweitern. Neben der Eingabe von Text können sogenannte "Makrokürzel" angegeben werden, die in der Datei durch den entsprechenden Text ersetzt werden. Zusätzlich können Sie ein Kommando ausführen und dessen Ausgabe in den Text einsetzen. Die Kürzel lauten:

`!e`	- Beenden der Eingabe
`!?`	- Hilfe anzeigen
`!Kommando`	- Kommandoausgabe an Datei anhängen
`!kopf`	- Absender in Datei einfügen
`!mfg`	- Unterschrift in Datei einfügen
`!post`	- Eingabedatei per Post versenden
`!druck`	- Datei drucken
`!neu`	- Dateiinhalt löschen
`!zeige`	- Aktuelle Datei anzeigen

Durch Voranstellen des Zeichens '!' wird ein Makro erkannt und durch den entsprechenden Text ersetzt. Mit der Kommandoausführung können Sie ein Programm ausführen und die Ausgabe in Ihre Datei übernehmen. Möchten Sie beispielsweise ein Inhaltsverzeichnis Ihres Heimatverzeichnisses an den Systemverwalter per Post übertragen, nutzen Sie folgenden Befehl:

```
$ eingabe nachricht            Erstelle Eingabedatei nachricht
Bitte geben Sie Ihren Text ein (e - Ende der Eingabe)
>>!kopf                        Absender einfügen.
>>Zur Information der Inhalt meines Heimatverzeichnisses:
>>!ls /home/peter              Die Ausgabe des Kommandos wird in die Datei
>>                             nachricht eingesetzt.
>>!mfg                         Mit freundlichen Grüßen <der Absender>
>>!e                           Beenden der Eingabe - Datei wurde erstellt.
$ mail root <nachricht
```

Zur Steuerung der Prozedur `eingabe` benutzen Sie eine Endlosschleife in Verbindung mit der `break-Anweisung`.

Schleifen

```ksh
#!/bin/ksh
#
# @(#) eingabe V1.1 Schreiben eines Textes in eine Datei
#
# Aufruf: eingabe Datei

(( "$#" != 1 )) && { echo "Aufruf: $0 Datei"; exit 1; }

#-Makros-----------------------------------#
KOPF="Nachricht von: $LOGNAME     (`date`)"     # Kopfzeile
MFG="Mit freundlichen Grüßen $LOGNAME"          # Grußzeile
#-Variablen--------------------------------#
PROMPT=">>"                                     # Eingabe-Prompt
AUSGABE=$1                                      # Name der Ausgabedatei
>$AUSGABE                                       # Ausgabedatei anlegen
#------------------------------------------#
echo "Bitte geben Sie Ihren Text ein (!e - Ende der Eingabe)"

while true
do
  echo "$PROMPT\c"; read eingabe             # Eingabezeile lesen
  case "$eingabe" in                         # Auswerten Eingabe
    !e)     break;;                          # Beenden der Eingabe

    !\?)                                     # Hilfe anzeigen
            echo "!e       - Beenden der Eingabe"
            echo "!?       - Hilfe anzeigen"
            ccho "!Kommando - Kommandoausgabe an Datei anhängen"
            echo "!kopf    - Absender in Datei einfügen"
            echo "!mfg     - Unterschrift in Datei einfügen"
            echo "!post    - Eingabedatei per Post versenden"
            echo "!druck   - Datei drucken"
            echo "!neu     - Dateiinhalt löschen"
            echo "!zeige   - Aktuelle Datei anzeigen";;

    !kopf)  echo "$KOPF\n" >>$AUSGABE;;       # Kopfzeile einsetzen

    !mfg)   echo "$MFG"    >>$AUSGABE;;       # Grusszeile einsetzen

    !post)  echo "Empfänger: \c";read kennung # Eingabedatei per
            mail $kennung <$AUSGABE ;;        # mail versenden

    !druck) lp $AUSGABE;;                     # Eingabedatei drucken

    !zeige) pg $AUSGABE;;                     # Datei anzeigen

    !neu)   >$AUSGABE;;                       # Datei neu anlegen

    !*)     cmd=`echo "$eingabe" | tr -d '!'` # Kommando ausführen
            $cmd >>$AUSGABE;;                 # und Ausgabe in Datei
                                              # einfügen

    *)      echo "$eingabe" >> $AUSGABE;;     # Kein Makro erkannt.
                                              # Eingabetext in Datei
  esac                                        # schreiben.
done
```

Die Texte zu den Makros werden am Anfang den Shell-Variablen zugewiesen, um eine spätere Änderung an zentraler Stelle durchführen zu können. Mit dem Befehl >$AUSGABE wird eine leere Ausgabedatei erzeugt und bestehende Inhalte werden überschrieben. Während die Endlosschleife durchlaufen wird, werden Sie aufgefordert, Ihren Text einzugeben.

Alle Eingaben, die mit dem Zeichen ! beginnen, werden durch die `case`-Anweisung auf zulässige Kürzel untersucht. Jedem Makro ist eine bestimmte Aktion zugeordnet. So werden `kopf` und `mfg` durch den vordefinierten Text ersetzt und in die Ausgabedatei geschrieben. `post` sendet die Datei mit dem Kommando `mail` an andere Benutzer, `druck` erzeugt eine Druckausgabe der Datei, `neu` löscht die Datei, `zeige` gibt den Inhalt der bisher erstellten Datei auf dem Bildschirm aus und das Fragezeichen erzeugt eine Befehlsübersicht.

Beenden können Sie die Prozedur durch Eingabe von e. Der Befehl `break` unterbricht die Endlosschleife und fährt nach dem Schlüsselwort `done` mit der Ausführung fort. Alle anderen Wörter, die dem Zeichen ! folgen, werden als ein UNIX-Kommando betrachtet. Vor der Ausführung des Befehls wird das Ausrufezeichen entfernt und anschließend von der Shell gestartet.

```
!*)     cmd=`echo "$eingabe" | tr -d '!' `              Ein Auszug aus der
        $cmd >>$AUSGABE                                 Prozedur eingabe
```

Die Ausgabe des Kommandos wird an die Datei angehängt. Eingaben, die nicht mit dem Zeichen ! beginnen, werden dem Muster * zugeordnet und ohne Veränderung in die Ausgabedatei kopiert. Die Anwendungsgebiete der Prozedur sind äußerst vielseitig. Beginnen Sie mit der Erstellung eines einfachen Textes.

```
$ eingabe nachricht
Bitte geben Sie Ihren Text ein (!e - Ende der Eingabe)
>>!?                                        Ausgabe der Befehlsübersicht
!e           - Beenden der Eingabe
!?           - Hilfe anzeigen
!Kommando    - Kommandoausgabe an Datei anhängen
!kopf        - Absender in Datei einfügen
!mfg         - Unterschrift in Datei einfügen
!post        - Eingabedatei per Post versenden
!druck       - Datei drucken
!neu         - Dateiinhalt löschen
!zeige       - Aktuelle Datei anzeigen
>> Hallo Dieter,
>> die Besprechung findet heute um 16:00 statt.
>>  !e                                      Beenden der Eingabe
$
```

Sie können durch Einsatz eines Makros Ihre Shell-Prozeduren mit einem begleitenden Text versehen und an einen anderen Teilnehmer verschicken. Die Prozedur wird mit dem Kommando `cat` in die Ausgabedatei übertragen.

```
$ eingabe nachricht
Bitte geben Sie Ihren Text ein (!e - Ende der Eingabe)
>>!kopf                         Absender einfügen
>>Hallo Dieter,
>>hier ist meine neue Version der Prozedur rechner.
>>Der Aufruf: rechner   (ohne Argumente)
```

Schleifen

```
>>!cat rechner                     Einsetzen der Prozedur rechner in die Ausgabedatei
>><RETURN>
>>Du kannst die Nachricht mit dem Befehl 'w rechner'
>>in eine Textdatei schreiben.
>><RETURN>
>>!mfg                             Abschlußzeile einfügen - Mit freundlichen Grüßen
>>!zeige                           Anzeigen, was Sie bisher geschrieben haben
Nachricht von: peter    (Sat Jul 25 15:41:42 EDT 1992)

Hallo Dieter,
hier ist meine neue Version der Prozedur rechner.
Der Aufruf: rechner   (ohne Argumente)
while true
do
 read zahl1 op zahl2

 [ "$zahl1" = "ende" ] && break  # Beende Endlosschleife
 case "$op" in
 +)  let summe=$zahl1+$zahl2;;
 -)  let summe=$zahl1-$zahl2;;
 \*) let summe=$zahl1\*$zahl2;;  # * Sonderzeichen (maskieren)
 /)  let summe=$zahl1/$zahl2;;
 *)  echo "Operator $op nicht bekannt"
     exit 1;;
 esac
 echo "$summe"
done
echo "Der Rechner wurde beendet"

Du kannst die Nachricht mit dem Befehl 'w rechner'
in eine Textdatei schreiben.
Mit freundlichen Grüßen peter
>>!post                            Versenden des Textes mit mail
Empfänger: dieter                  Empfänger eingeben
>>!e                               Beenden der Eingabe
$
```

Das Kürzel !kopf wird durch den Absender ersetzt, der Befehl !cat rechner fügt die Datei rechner in den laufenden Text ein und !mfg schließt die Nachricht mit einer Grußzeile ab. Der Rest der Eingabe wird unverändert in die Ausgabe kopiert. Das Versenden der Nachrichtendatei erfolgt mit dem Befehl !post. Die Ausgabedatei wird in den Postkasten des Benutzers dieter übertragen. Mit dem Kommando mail kann er seine Post lesen und die Nachricht mit dem Befehl w rechner in eine Datei speichern. Zum fehlerfreien Ablauf der Prozedur muß der Empfänger die Datei mit dem Texteditor bearbeiten und Ihre Nachrichtenzeilen entfernen.

Das folgende Beispiel erzeugt eine Übersicht der Verzeichnisse /home/peter und /home/buch. Der Bericht läßt sich mit wenig Aufwand erstellen und auf den Drucker ausgeben.

Endlosschleifen

```
$ eingabe status
Bitte geben Sie Ihren Text ein (!e - Ende der Eingabe)
>>Statusbericht vom:
>>!date                      Systemdatum einfügen
>>
>>Dateien im Katalog /home/peter
>>-------------------------------
>>!ls -l /home/peter          Inhaltsverzeichnis von /home/peter einfügen
>>
>>Dateien im Katalog /home/buch
>>-----------------------------
>>!ls -l /home/buch           Inhaltsverzeichnis von /home/buch einfügen
>>
>>Meine Prozesse
>>--------------
>>!ps
>>!zeige                      Ausgabedatei anzeigen
Statusbericht vom:
Sat Jul 25 16:12:03 EDT 1992

Dateien im Katalog /home/peter
------------------------------
total 1288
drwxr-xr-x   2 peter    other      512 May  9 19:50 ORG
drwxr-xr-x   2 peter    other      512 Jun 14 12:56 ORG1
-rwxr-xr-x   1 peter    other     3512 Jun 14 13:57 ORGA1
-rwxr-xr-x   1 peter    other     5512 Jun 14 16:56 ORGA2
...

Dateien im Katalog /home/buch
-----------------------------
total 120
-rwxrwxrwx   1 buch     other      286 Apr 30 14:36 cmd
-rwxrwxrwx   1 buch     other      721 Apr 29 20:18 datum
-rwxrwxrwx   1 buch     other     1521 Apr 29 21:18 edit
-rwxrwxrwx   1 buch     other      721 Apr 19 22:18 textstar
...

Meine Prozesse
--------------
  PID TTY      TIME COMD
  300 console  0:20 textstar
  338 console  0:01 ksh
  609 console  0:01 ps
  605 console  0:01 eingabe
>>!druck                      Ausgabe der Datei auf den Drucker
>>!e                          Beenden der Eingabe
$
```

Durch Einfügen neuer Makros können Sie die Funktionalität der Prozedur schrittweise erweitern und Ihren eigenen Vorstellungen anpassen. Im folgenden Kapitel werden Sie sich noch eingehender mit dem Thema Endlosschleifen beschäftigen, und lernen eine weitere beliebte Anwendung dieser Schleifenform kennen.

Anwendungsbeispiel: Dämonen

Dämonprozesse sind Programme, die in zyklischen Abständen ablaufen und in der Regel für eine bestimmte Aufgabe zuständig sind. Nach Ausführung eines Auftrages suspendieren sich die Prozesse selbstständig, um nach einer bestimmten Zeit die Arbeit erneut aufzunehmen. Für den Benutzer sind diese Programme nicht unmittelbar sichtbar, da die Ausführung im Hintergrund erfolgt. UNIX verwendet standardmäßig bestimmte Dämonen zur Verwaltung des Systems. Einer der bekanntesten ist der Prozeß `cron`. Er erledigt Aufträge zu einer durch den Benutzer vorbestimmten Zeit. Der Druckerspooler `lpd` ist ebenfalls ein Dämon, der Ihre Druckaufträge bearbeitet und sie an den Drucker weiterleitet. Neben diesen Programmen gibt es eine Anzahl weiterer Prozesse, die durch Eingabe des Befehls `ps -ef` sichtbar gemacht werden können.

Ich werde Ihnen in diesem Kapitel aufzeigen, wie Sie sich eigene Dämonprozesse erstellen können, die Ihnen im Hintergrund ihre nützlichen Dienste anbieten. Den Grundbestandteil eines jeden Dämonen bildet eine Endlosschleife in Verbindung mit der Anweisung `sleep`. Folgende Prozedur ist ein Beispiel für einen Dämonprozeß.

```
#
# @(#) daemon V1.0 Beispiel für den Aufbau eines Dämonprozesses
#
# Aufruf: daemon

while true
do
   #
   # Kommandoteil
   #
   echo "Ich bin ein Dämon und erwache alle 5 Sekunden"
   #
   # Suspendiere den Prozeß für 5 Sekunden
   #
   sleep 5
done
```

```
$ daemon                         Start der Prozedur im Vordergrund
Ich bin ein Dämon und erwache alle 5 Sekunden
Ich bin ein Dämon und erwache alle 5 Sekunden
Ich bin ein Dämon und erwache alle 5 Sekunden
Ich bin ein Dämon und erwache alle 5 Sekunden
Ich bin ein Dämon und erwache alle 5 Sekunden
Ich bin ein Dämon und erwache alle 5 Sekunden
Ich bin ein Dämon und erwache alle 5 Sekunden
<DEL> oder <CTRL-C>              Die Abbruchtaste beendet die Prozedur
$
```

Die `while`-Schleife führt die Befehle zwischen `do...done` "endlos" aus. Das Programm läßt sich nur durch Betätigen der Abbruchtaste beenden. Das Kommando `sleep` läßt den Prozeß 5 Sekunden schlafen. Er belegt während dieser Zeit keine wertvolle Rechenzeit und belastet das System nicht. Genau dieses

Verhalten wird von einem Dämonprozeß erwartet. Ein Start des Programmes im Vordergrund würde die Eingabe ständig belegen und Sie bei der weiteren Arbeit behindern. Daher starten Sie den Dämonprozeß im Hintergrund und leiten die Ausgabe in eine Datei.

```
$ daemon >ausgabe &                Dämon-Prozeß im Hintergrunf starten
[1]     529                        Auftrags- und Prozeßnummer wird angezeigt
$

$ ps
PID TTY        TIME  COMD
527 pts/1      0:00  ksh
529 pts/1      0:00  ksh
530 pts/1      0:00  sleep         Der Dämon "schläft" gerade
531 pts/1      0:00  ps
$

$ cat ausgabe                      Mal sehen, was bisher ausgegeben wurde
Ich bin ein Dämon und erwache alle 5 Sekunden
Ich bin ein Dämon und erwache alle 5 Sekunden
Ich bin ein Dämon und erwache alle 5 Sekunden
Ich bin ein Dämon und erwache alle 5 Sekunden
$
```

Der Prozeß läuft "unsichtbar" im Hintergrund, nur das Kommando `ps` macht ihn sichtbar. Würden Sie ihn weiter laufen lassen, hätten Sie bald eine sehr große Ausgabedatei vorliegen, da er alle 5 Sekunden eine Zeile anfügt. Sie können den Prozeß mit dem Kommando `kill` aus dem System entfernen.

```
$ kill 529                         Entferne den Dämonprozeß
$
```

Die Prozedur `daemon` spiegelt den grundsätzlichen Aufbau eines Dämonprozesses wider. Sie müssen lediglich den Kommandoteil gegen einen sinnvollen Algorithmus ersetzen. Die folgenden Prozeduren sollen als Anregung für weitere Programme dienen und Ihnen den Einstieg in dieses Thema erleichtern.

Die Prozedur `bkdaemon` ist ein Dämonprozeß, der alle 2 Minuten eine Sicherungskopie Ihrer Dateien anlegt. Bei Aufruf geben Sie das Startverzeichnis an, das bei der Sicherung berücksichtigt werden soll. Von den Dateien in diesem Verzeichnis werden Kopien erzeugt, die den gleichen Namen haben und mit der Endung .BAK abschließen. Bei Verzeichnissen wird auf das Anlegen einer Sicherungskopie verzichtet. Der Name der Prozedur, die Argumente des Aufrufes und die Prozeßnummer der Prozedur werden in Ihrem Heimatkatalog in der Datei .daemon abgespeichert. Dadurch sind Sie über die aktiven Dämonen informiert und mit Hilfe der Prozeßnummer können Sie den Prozeß anhalten.

Schleifen

```
#!/bin/ksh
#
# @(#) bkdaemon V1.0 Erstellen von Backupdateien im Hintergrund
#
# Aufruf: bkdaemon Verzeichnis

(( $# != 1 )) && { echo "Aufruf: $0 Verzeichnis"; exit 1; }

#
# Name, Argumente und Prozessnummer in einer Datei hinterlegen
#
echo "$0 $1:$$" >>$HOME/.daemon

#-----------------#
SCHLAFZEIT=120          # Backup Erstellung alle 2 Minuten
EXT=BAK                 # Namenserweiterung der Backup-Dateien
#-----------------#

#
# Wechsle in den angegebenen Katalog
#
cd $1 2>/dev/null || { echo "Katalog $1 ungültig"; exit 1; }

while true
do
    for DATEI in *                      # Bearbeite alle Dateien
    do                                  # im Verzeichnis
       case $DATEI in

       *[*?[\]]*)  # Es existiert keine Datei zu dem Suchmuster.
                   # Unterbreche die Bearbeitung und gehe in den
                   # Schlafzustand. Versuche es anschließend erneut.
                   break;;

       *)          [ -d "$DATEI" ] && continue  # Ignoriere
                                                # Verzeichnisse
                   cp $DATEI $DATEI.$EXT;;      # Sicherungskopie
                                                # erstellen
       esac
    done                                # Ende for-Schleife
    sleep $SCHLAFZEIT                   # Suspendiere den Prozeß
                                        # für die Dauer der
                                        # Schlafzeit
done                                    # Ende while-Schleife
```

Mit dem Befehl:

```
echo $0:$1:$$ >>$HOME/.daemon
```

werden die Daten des Prozesses zu Beginn in eine Datei geschrieben. Die Variable $$ ist stellvertretend für die aktuelle Prozeß-ID der Prozedur. Anhand dieser Nummer können Sie das Programm später anhalten. Die Variable SCHLAFZEIT bestimmt den Zeitraum zwischen den Sicherungen Ihrer Dateien. Der Prozeß wird für diese Zeit "schlafend" gesetzt und setzt erst nach Ablauf dieser Zeit seine Arbeit fort. In der Variablen EXT hinterlegen Sie die Endung mit der eine Sicherungskopie ergänzt werden soll.

Vor dem Eintritt in die Endlosschleife wechselt die Prozedur in das angegebene Verzeichnis und nimmt erst im Anschluß die eigentliche Arbeit auf. Mit Hilfe der for-Schleife werden die Dateien des aktuellen Verzeichnisses nacheinander in die Variable `datei` übertragen und von der `case`-Anweisung auf Zulässigkeit überprüft. Dazu ersetzt die Shell das Muster * durch die entsprechenden Dateien und stellt diese Liste der `for`-Schleife zur Verfügung. Die Shell liefert das Muster unverändert zurück, wenn keine Datei zu diesem Muster gefunden wurde.

Stellen Sie sich vor, das Verzeichnis LEER enthält keine Dateien. Wenden Sie eine `for`-Schleife auf dieses Verzeichnis an, ergibt sich folgendes Bild:

```
$ cd $HOME/LEER
$for datei in *               Die Shell versucht das Muster aufzulösen
>do
>echo $datei
>done
*                             Das Muster * konnte nicht ersetzt werden
$
```

Die Shell konnte zu dem Muster * keine Datei finden und liefert das Suchmuster unverändert zurück. Die Liste der `for`-Schleife besteht in diesem Fall aus dem Zeichen *. Dieses gilt für alle Muster, die von der Shell nicht aufgelöst werden können. In Ihrer Prozedur haben Sie diesen Fall bereits berücksichtigt. Die `case`-Anweisung überprüft, ob ein Listenelement eines der Sonderzeichen *, ? oder [] enthält.

```
case $datei in
...
    *[*?[\]]*)    # Es existiert keine Datei zu dem Suchmuster.
                  # Unterbreche die Bearbeitung und gehe in den
                  # Schlafzustand. Versuche es anschließend erneut.
                  break;;
    ....
esac
```

Wenn keine Datei zu dem Muster gefunden wurde, setzt `break` die Ausführung hinter der `for`-Schleife fort; die Prozedur geht daraufhin in den Schlafzustand (`sleep $SCHLAFZEIT`) und versucht es später erneut. Für einen Test erstellen Sie das Verzeichnis `daten` und legen darin einige Dateien an.

```
$ mkdir daten && cd daten
$ ls >fibu.dat
$ ls >meeting.doc
$ ls >umsatz.dat
$ ls >zeitung.doc
$ cd ..
```

Anschließend starten Sie `bkdaemon` im Hintergrund. Die Prozedur soll Sicherungskopien aller Dateien im Verzeichnis `/home/peter/daten` erstellen.

Schleifen

```
$ bkdaemon /home/peter/daten &      Erstelle Sicherungskopien
[1]      481                        Auftragsnummer und Prozeßnummer
$
```

Durch das Starten der Prozedur im Hintergrund können Sie ungestört weiterarbeiten. Der Dämon dürfte inzwischen mit dem Anlegen der Sicherungskopien fertig sein. Das Inhaltsverzeichnis von `daten` gibt Ihnen darüber Aufschluß:

```
$ ls daten
fibu.dat
fibu.dat.BAK
meeting.doc
meeting.doc.BAK
umsatz.dat
umsatz.dat.BAK
zeitung.doc
zeitung.doc.BAK
$
```

Von jeder Datei wurde eine Sicherungskopie mit der Endung `.BAK` angelegt. Nach 2 Minuten nimmt der Prozeß seine Arbeit wieder auf und beginnt erneut die Sicherungskopien anzulegen. Warten Sie 2 Minuten und lassen Sie sich erneut das Inhaltsverzeichnis anzeigen.

```
$ ls daten                          Nach 2 Minuten zeigt sich folgendes Bild
fibu.dat
fibu.dat.BAK
fibu.dat.BAK.BAK
meeting.doc
meeting.doc.BAK
meeting.doc.BAK.BAK
umsatz.dat
umsatz.dat.BAK
umsatz.dat.BAK.BAK
zeitung.doc
zeitung.doc.BAK
zeitung.doc.BAK.BAK
$
```

Das Kommando `bkdaemon` hat eine Sicherungskopie der Sicherungskopie erstellt. Sie haben in der Prozedur ausdrücklich verlangt, daß von allen Dateien des Verzeichnisses eine Kopie angelegt wird. Die Dateien mit der Endung .BAK bilden keine Ausnahme. Wenn Sie 2 Minuten warten, werden weitere Sicherungskopien aller Dateien angelegt und aus der Datei `fibu.BAK.BAK` wird `fibu.BAK.BAK.BAK`. Sie haben offensichtlich einen Fehler in der Prozedur. Beenden Sie den Dämon, bevor er das gesamte Dateisystem beschreibt. Die Prozeßnummer von `bkdaemon` finden Sie in der Datei `$HOME/.daemon`.

```
$ cat $HOME/.daemon
bkdaemon /home/peter/daten:481
$

$ kill 481                       Entfernen des Prozesses aus dem System
[1] + Killed  bkdaemon /home/peter/daten &
$

$ rm $HOME/.daemon               Die Datei mit der hinterlegten Prozeß-ID löschen
$ rm daten/*BAK*                 Die .BAK Dateien werden gelöscht
$ ls daten
fibu.dat
meeting.doc
umsatz.dat
zeitung.doc
$
```

Wie können Sie verhindern, daß von den Sicherungskopien weitere Sicherungskopien erstellt werden? Die Shell generiert aus dem Muster `*` eine Liste aller Dateien und übergibt sie der `for-Schleife` zur Bearbeitung. Alle Dateien mit der Endung .BAK müssen von der Verarbeitung ausgeschlossen werden. In der `case-Anweisung` benötigen Sie ein weiteres Muster zur Erkennung aller Sicherungskopien:

```
*.BAK)     # Ignoriere die Backupdateien
    continue    # Der nächste bitte ...
```

Der Befehl `continue` übergeht alle Dateien mit der Endung .BAK und bearbeitet den nächsten Dateinamen der Liste. Die Sicherungsdateien werden vom Kopieren ausgeschlossen. Anstatt des Musters `*.BAK)` setzen Sie das Muster `*.$EXT)` ein. Die Variable `EXT` enthält die Endung der Sicherungskopie.

Zusätzlich werden wir die Prozedur um eine Funktionalität erweitern: Eine Sicherungskopie wird zukünftig nur dann erstellt, wenn sich die Originaldatei von der bestehenden Backupdatei unterscheidet. Andernfalls wird keine Sicherung vorgenommen und die Prozedur setzt die Verarbeitung mit der nächsten Datei fort.

Zum Vergleichen der Dateien steht Ihnen der Befehl `cmp $DATEI $DATEI.$EXT 2>/dev/null` zur Verfügung. Falls sich die Dateien unterscheiden oder wenn die Backupdatei (`$DATEI.$EXT`) nicht existiert, gibt `cmp` einen Exit-Status ungleich 0 (Fehler) zurück. Sollten die Dateien identisch sein, ist der Exit-Status 0. Die Prozedur `bkdaemon` hat nun folgenden Aufbau:

Schleifen

```ksh
#!/bin/ksh
#
# @(#) bkdaemon V1.1 Erstellen von Backupdateien im Hintergrund
#
# Aufruf: bkdaemon Verzeichnis

(( $# != 1 )) && { echo "Aufruf: $0 Verzeichnis"; exit 1; }

#
# Name, Argumente und Prozessnummer in einer Datei hinterlegen
#
echo "$0 $1:$$" >>$HOME/.daemon

#-----------------#
SCHLAFZEIT=120        # Backup Erstellung alle 2 Minuten
EXT=BAK               # Namenserweiterung der Backup-Dateien
#-----------------#
#
# Wechsle in den angegebenen Katalog
#
cd $1 2>/dev/null || { echo "Katalog $1 ungültig"; exit 1; }

while true
do
   for DATEI in *                           # Bearbeite alle Dateien
   do                                       # im Verzeichnis
      # Falls die Original- und Backupdatei
      # identisch sind - kopieren nicht notwendig.
      # Bearbeite die nächste Datei
      cmp -s $DATEI $DATEI.$EXT 2>/dev/null && continue

      case $DATEI in
      *[*?[\]]*)   # Es existiert keine Datei zu dem Suchmuster.
                   # Unterbreche die Bearbeitung und gehe in den
                   # Schlafzustand. Versuche es anschließend erneut.
                   break;;

      *.$EXT)      continue;;               # Ignoriere die
                                            # Backupdateien

      *)           [ -d "$DATEI" ] && continue # Ignoriere
                                               # Verzeichnisse
                   cp $DATEI $DATEI.$EXT;;     # Sicherungskopie
                                               # erstellen
      esac
   done                                     # Ende for-Schleife
   sleep $SCHLAFZEIT                        # Suspendiere den Prozeß
                                            # für die Dauer der
                                            # Schlafzeit
done                                        # Ende while-Schleife
```

In dieser Version von `bkdaemon` werden die Sicherungsdateien nicht kopiert. Der Aufruf zeigt folgendes Ergebnis:

```
$ ls -l daten
total 6
-rw-r--r--   1 buch     other      9 Jul 26 14:24 fibu.dat
-rw-r--r--   1 buch     other     32 Jul 26 14:25 meeting.doc
-rw-r--r--   1 buch     other     20 Jul 26 14:25 umsatz.dat
-rw-r--r--   1 buch     other     42 Jul 26 14:26 zeitung.doc
```

Endlosschleifen

```
$ bkdaemon /home/peter/daten &      Erstelle Sicherungskopien
[1]     499                         Auftrags- und Prozeßnummer
```

Überprüfen Sie, ob die Sicherungskopien angelegt wurden.

```
$ ls daten
fibu.dat
fibu.dat.BAK
meeting.doc
meeting.doc.BAK
umsatz.dat
umsatz.dat.BAK
zeitung.doc
zeitung.doc.BAK
$
```

Die Sicherungskopien aller Dateien wurden erstellt. Warten Sie 2 Minuten und geben Sie den Inhalt des Verzeichnisses daten erneut aus.

```
$ ls daten                          Nach 2 Minuten zeigt sich folgendes Bild
fibu.dat
fibu.dat.BAK
meeting.doc
meeting.doc.BAK
umsatz.dat
umsatz.dat.BAK
zeitung.doc
zeitung.doc.BAK
$
```

Die Sicherungsdateien sind nicht wiederholt kopiert worden. Die restlichen Dateien hingegen besitzen alle eine aktuelle Kopie mit der Endung .BAK. Das Datum dieser Dateien wurde aktualisiert. Der Dämon wiederholt seine Aufgabe alle 2 Minuten. Wenn Sie während dieser Zeit neue Dateien im Verzeichnis daten anlegen, werden diese beim nächsten Durchlauf von bkdaemon automatisch berücksichtigt.

```
$ ls >daten/anschreiben             Eine neue Datei wird angelegt
$ ls daten
anschreiben                         Die neue Datei
fibu.dat
fibu.dat.BAK
meeting.doc
meeting.doc.BAK
umsatz.dat
umsatz.dat.BAK
zeitung.doc
zeitung.doc.BAK
```

Schleifen

Das Verzeichnis `daten` enthält eine neue Datei. Wenn Sie einige Zeit warten, wird der Dämon von dieser Datei eine Sicherungskopie anlegen.

```
$ ls daten
anschreiben
anschreiben.BAK        Die Sicherungskopie der neuen Datei wurde erstellt
fibu.dat
fibu.dat.BAK
meeting.doc
meeting.doc.BAK
umsatz.dat
umsatz.dat.BAK
zeitung.doc
zeitung.doc.BAK
$
```

Der Prozeß führt seine Arbeit solange durch, bis Sie Ihn mit dem Kommando `kill` anhalten oder sich vom System abmelden. Wenn Sie mehrere Verzeichnisse in die Sicherung einbeziehen möchten, müssen Sie `bkdaemon` mehrfach starten.

```
$ bkdaemon /home/peter/briefe &      Erstelle Sicherungskopien
[2]     511                          Prozeßnummer
$ bkdaemon /home/peter/doku &        Erstelle Sicherungskopien
[3]     512                          Prozeßnummer
$
```

Die Shell gibt beim Starten eines Hintergrundprozesses eine Auftragsnummer (in eckigen Klammern) und eine Prozeßnummer aus. Nach diesen Aufrufen sind drei Dämonen aktiv, die Sicherungen aller Dateien in den Verzeichnissen `daten`, `briefe` und `doku` anlegen. Die Datei `$HOME/.daemon` informiert Sie über die aktiven Dämonen:

```
$ cat $HOME/.daemon
bkdaemon:/home/peter/daten:499
bkdaemon:/home/peter/briefe:511
bkdaemon:/home/peter/doku:512
$
```

Die Prozeßnummern der Programme werden willkürlich vom Betriebssystem vergeben und können bei Ihnen andere Werte besitzen. Die Job-Control der Korn-Shell macht die Prozesse sichtbar. Mit dem Kommando:

```
$ set -o monitor
$
```

aktivieren Sie diese Einstellung. Der Befehl `jobs` zeigt die gestarteten Prozesse an:

```
$ jobs                      Anzeige der gestarteten Prozesse
[1] + Running               bkdaemon /home/peter/daten &
[2] - Running               bkdaemon /home/peter/briefe &
[3] - Running               bkdaemon /home/peter/doku &
$
```

Die Nummer in der eckigen Klammer (Auftragsnummer) können Sie bei Aufruf des Befehls `kill` angeben, um den Prozeß zu beenden:

```
$ kill %1                   Prozeß entfernen
$
```

Alternativ können Sie die Prozeßnummer der Dämonen mit dem Befehl `cut` aus der Datei `$HOME/.daemon` ausschneiden und dem Kommando `kill` als Argumente übergeben. Auf diese Art lassen sich alle Dämonen aus dem System entfernen. Die Datei `$HOME/.daemon` wird anschließend gelöscht.

```
kill `cut -d: -f2 $HOME/.daemon`; rm $HOME/.daemon
```

Mit dem Befehl `alias` können Sie der Kommandofolge einen Namen zuordnen. Wie wäre es mit `dkill`?

```
$ alias dkill='kill `cut -d: -f2 $HOME/.daemon`;rm $HOME/.daemon'
$ dkill
[1] + Terminated            bkdaemon /home/peter/daten&
[1] - Terminated            bkdaemon /home/peter/briefe&
[1] - Terminated            bkdaemon /home/peter/doku&
$
```

Abschließend noch ein Hinweis zum Start eines Dämons. Sie können die Aufrufe der Prozeduren in die Datei `.profile` einfügen. Nach der Anmeldung werden die Dämonen automatisch gestartet.

Schleifen

```
#
# @(#) .profile V1.2 Eine typische .profile Datei
#
PATH=$PATH:$HOME/bin       # Pfad erweitern um das Verzeichnis,
                           # in dem sich Ihre Prozeduren befinden
MAILCHECK=10               # Alle 10 Sekunden auf eingetroffene
                           # Post prüfen.
set -o vi                  # Kommandowiederholung einschalten
set -o monitor             # Job Control einschalten

PS1='$PWD $ '              # Prompt auf den aktuellen Pfad
                           # einstellen

umask 022                  # Voreinstellung Zugriffsrechte
                           # rw-r--r-- (Dateien)
                           # rwxr-xr-x (Verzeichnisse)

logtest $LOGNAME 1         # Ist meine Kennung mehr als einmal
                           # angemeldet? (logtest V1.1)
if logtest dieter 0        # Falls dieter angemeldet ist:
then                       # Nachricht an dieter senden
    echo "Hallo Dieter ich bin eingetroffen" | write dieter
    echo "Nachricht an dieter versendet"
fi
ueberlauf $HOME 20         # Sende Nachricht, wenn das Heimat-
                           # verzeichnis mehr als 20 Dateien
                           # enthält. (ueberlauf V1.0)
ueberlauf $HOME/tmp 10     # Sende Nachricht, wenn das
                           # Verzeichnis $HOME/tmp mehr als 20
                           # Dateien enthält.

#
# Dämonen starten
#
LISTE=" \
/home/peter/daten    \
/home/peter/briefe   \
/home/peter/doku     \
"
for VERZEICHNIS in $LISTE
do
    bkdaemon $VERZEICHNIS &
    echo "bkdaemon $VERZEICHNIS wurde gestartet"
done
```

Im nächsten Kapitel werden Sie sich mit dem Thema der Ein-Ausgabeumlenkung in Schleifen beschäftigen. Sie werden lernen, wie Dateien mit einer Schleife satzweise gelesen und die Ausgabe in eine Datei geschrieben werden kann.

10.7. Ein-Ausgabeumlenkung

Voreingestellt schreiben die meisten UNIX-Kommandos ihre Ausgabe auf den Bildschirm und erwarten eine Eingabe von der Tastatur. Die Ausgaben einzelner Kommandos lassen sich durch Anhängen der Sonderzeichen >, >>, | in eine Datei umlenken oder an ein Kommando weiterreichen.

Ein-Ausgabeumlenkung

```
$ echo "Inhaltsverzeichnis" >liste
$ ls | grep "*.dat" >>liste
```

Wenn Sie eine Befehlsfolge mit geschweiften Klammern umschließen und das Umlenkungssymbol an das Ende der Klammerung schreiben, werden die Ausgaben aller Befehle in eine Datei umgelenkt oder an ein Kommando übergeben. Sie müssen die Umlenkung nicht für jedes Kommando durchführen.

```
$ { pwd; echo "Inhaltsverzeichnis"; ls -l; } >inhalt
$ { pwd; echo "Inhaltsverzeichnis"; ls -l; } | pg
```

Bei den Schleifentypen while, until und for steht Ihnen eine ähnliche Möglichkeit zur Verfügung, bei der die Ausgabe aller Schleifenbefehle umgelenkt werden kann, ohne dieses für jedes einzelne Kommando vornehmen zu müssen.

```
while / until / for ...
do
     Kommando 1
     ...
     Kommando n
done      >Ausgabe      Die Ausgabe einer Schleife in eine Datei umlenken
          >>Ausgabe     Die Ausgabe einer Schleife an eine Datei anhängen
          2>Fehler      Die Fehlerausgabe einer Schleife in eine Datei
                        umlenken
```

Durch Anhängen des Umlenkungssymbols an das Ende der Schleife schreiben alle Befehle, die voreingestellt ihre Daten auf den Bildschirm ausgeben, in die angegebene Datei. Für die Umlenkung stehen Ihnen die bekannten Sonderzeichen >, >> und 2> zur Verfügung. Im folgenden Beispiel werden die Ausgaben mehrerer Schleifenbefehle in eine Datei umgelenkt.

```
#
# @(#) suche V1.1 Dateien von Benutzern suchen
#
# Aufruf: suche Kennung1 Kennnung2 ...

for name
do
   echo "------------------------------------"
   echo "Dateien des Benutzers: $name"
   echo "------------------------------------"
   find / -user $name -print
done >SUCHLISTE 2>/dev/null
```

Diese Prozedur erstellt eine Übersicht aller Dateien eines Benutzers. Die Namen der Benutzer werden beim Aufruf übergeben und von der for-Schleife

Schleifen

nacheinander in die Variable `name` übertragen. Nach der Ausgabe einer Überschrift sucht das Kommando `find` die Dateien und liefert als Ergebnis eine Liste aller Pfadnamen. Durch die Umlenkung am Ende der Schleife werden die Ausgaben der Kommandos in die Datei SUCHLISTE geschrieben. Die Verzeichnisse, zu denen Sie keinen Zutritt haben, werden vom Befehl `find` voreingestellt auf die Standard-Fehlerausgabe protokolliert. Schreiben Sie die Fehlermeldungen in den UNIX-Papierkorb `/dev/null` und starten die Prozedur im Hintergrund. Während die Suche nach den Dateien der Benutzer ausgeführt wird, können Sie ungestört mit der Arbeit fortfahren.

```
$ suche karl peter &           Sie können ungestört weiterarbeiten

... einige Zeit später

$ pg SUCHLISTE                 Ausgeben der gefunden Dateien
-------------------------------------
Dateien des Benutzers: karl
-------------------------------------
-------------------------------------
Dateien des Benutzers: peter
-------------------------------------
/home/peter/.profile
/home/peter/.sh_history
... weitere Dateien können folgen

$
```

Die gefundenen Dateinamen der Benutzer `karl` und `peter` sind in der Datei SUCHLISTE hinterlegt. Sie können sich das Ergebnis der Suche zu gegebener Zeit ansehen oder direkt auf den Drucker ausgeben.

Die Ausgabeumlenkung an ein Kommando

Die Ausgabe einer Schleife kann einem weiteren Kommando als Eingabe übergeben werden. Durch Anhängen des Pipe-Symbols an das Ende der Schleife werden alle Ausgaben der Schleifenbefehle an den angegebenen Befehl weitergeleitet.

```
while / until / for ...
do
    Kommando 1
    ...
    Kommando n
done  |  Kommando          Die Ausgabe der Schleife wird an das Kommando
                           weitergeleitet
```

Ein-Ausgabeumlenkung

Dieser Mechanismus eignet sich hervorragend zum Sammeln der Ausgaben mehrerer Kommandos, ohne daß Sie eine Zwischendatei anlegen müssen. Stellen Sie sich vor, Sie möchten eine Auflistung der laufenden Programme für den Benutzer peter und root erzeugen und diese auf dem Bildschirm ausgeben. Das Kommando ps mit der Option -u Benutzername zeigt die Prozesse des angegebenen Benutzers. Für diese Aufgabe erstellen Sie die Prozedur myps. Die Benutzernamen werden als Argumente übergeben und mit der for-Schleife bearbeitet.

```
#
# @(#) myps V1.0 Prozesse von Benutzern anzeigen
#
# Aufruf: myps Kennung1 Kennung2 ...

for name
do
  echo "#-------------------------------------------------------#"
  echo "Prozesse des Benutzers: $name"
  echo "#-------------------------------------------------------#"
  ps -u $name
done | pg
```

Die for-Schleife bearbeitet jeden Benutzernamen, der als Argument übergeben wurde. Nach der Ausgabe einer Überschrift wird mit dem Kommando ps -u $name die Prozeßliste des Benutzers angezeigt. Das Kommando ps unterscheidet sich auf den verschiedenen UNIX-Systemen bezüglich seiner Optionen. Überprüfen Sie daher, wie die entsprechende Option auf Ihrem System lautet, um die Prozesse eines Benutzers anzuzeigen. Die Ausgaben der Schleifenbefehle werden durch das Pipe-Symbol an das Kommando pg weitergeleitet und seitenweise auf dem Bildschirm dargestellt.

```
$ myps peter root
#-------------------------------------------------------#
Prozesse des Benutzers: peter
#-------------------------------------------------------#
   PID TTY       TIME COMD
   370 console   0:01 ksh
   403 pts/5     0:00 ksh
   404 pts/5     0:00 ksh
   405 console   0:00 ps
#-------------------------------------------------------#
Prozesse des Benutzers: root
#-------------------------------------------------------#
   PID TTY       TIME COMD
     0 ?         0:01 sched
     1 ?         0:02 init
     2 ?         0:00 pageout
   205 ?         0:01 cron
   213 ?         0:01 lpshed
:    Das Kommando pg fordert Sie zur Eingabe auf
```

Die angezeigten Prozesse können bei Ihnen ein wenig anders aussehen. Nach dem Start der Prozedur wird die Ausgabe seitenweise aufbereitet.

Dateien lesen mit der Eingabeumlenkung

Die Umlenkung der Eingabe läßt sich für alle Kommandos einer Schleife durchführen. Genau wie in den vorangegangenen Fällen muß das Umlenkungszeichen an das Ende der Schleife geschrieben werden. Alle Kommandos, die voreingestellt von der Standardeingabe lesen, erhalten die Eingabe aus einer Datei.

```
while / until / for ...
do
    Kommando 1
    ...
    Kommando n
done  <  Eingabe            Die Eingabe aus einer Datei lesen
```

Eine beliebte Anwendung dieser Konstruktion ist das zeilenweise Lesen einer Datei in Verbindung mit dem Befehl `read`. Bevor ich Ihnen den Mechanismus genauer beschreibe, lassen Sie uns einige Vorbetrachtungen anstellen. Das folgende Beispiel ist Ihnen bereits bekannt:

```
$ read satz1 </etc/passwd
$ read satz2 </etc/passwd
$ echo $satz1
root:x:0:1:0000-Admin(0000):/:/bin/sh
$ echo $satz2
root:x:0:1:0000-Admin(0000):/:/bin/sh
$
```

Voreingestellt liest dieses Kommando von der Tastatur. Durch Umlenkung der Eingabe entnimmt der Befehl `read` die Zeilen aus der Datei `/etc/passwd`. Jeder Aufruf von `read </etc/passwd` positioniert die Datei auf den Anfang, so daß bei jedem Lesevorgang fortwährend die erste Zeile übertragen wird. Sie können es in dem vorangegangenen Beispiel deutlich erkennen. Die Variablen `satz1` und `satz2` beinhalten nach jedem Lesen dieselbe Information. Die Ausgabeumlenkung kennt einen Doppelpfeil >>, um Ausgaben an eine Datei anzuhängen. Bei der Eingabeumlenkung führen die Zeichen << jedoch nicht zum Lesen des nächsten Satzes der Datei.

Eine Lösung für dieses Problem wäre die Kommandogruppierung, mit der Sie die Eingabe für alle Befehle umlenken können:

```
$ { read satz1; read satz2; } </etc/passwd
$ echo $satz1
root:x:0:1:0000-Admin(0000):/:/bin/sh
$ echo $satz2
peter:x:112:2:Peter Termöllen:/home/peter:/bin/ksh
$
```

Ein-Ausgabeumlenkung

In diesem Fall liest jede `read`-Anweisung die jeweils nächste Zeile der Datei. Doch ist dieses eine Lösung? - Sicher nicht, denn Sie müßten innerhalb der Kommandogruppierung für jede Zeile der Datei den Befehl `read` aufrufen; nur so kann die Datei vollständig gelesen werden. Ein solches Verfahren wäre aufwendig und nicht zufriedenstellend.

Eine Eingabeumlenkung in Verbindung mit einer Schleife verhält sich prinzipiell wie eine Kommandogruppierung. Alle Befehle innerhalb des Schleifenkörpers, dazu zählt auch das Kommando im Schleifenkopf, lesen den jeweils nächsten Satz aus der angegebenen Datei. Wenn Sie den Befehl `read` mit einer `while`-Schleife kombinieren, können Sie auf einfache Art eine Datei zeilenweise lesen.

```
while read satz
do
     ... verarbeite den gelesenen Satz ...
done <Eingabe            Eine Datei zeilenweise lesen
```

Der Befehl `read` liest bei jedem Schleifendurchlauf den jeweils nächsten Satz aus der Datei `Eingabe` und überträgt den Inhalt in die Variable `satz`. Sobald das Dateiende erreicht ist, beendet `read` die Verarbeitung mit dem Rückgabewert 1, so daß die `while`-Schleife die Ausführung abbricht. Die folgende Prozedur `dnum` liest eine Datei, numeriert jede Zeile und gibt diese auf dem Bildschirm aus.

```
#!/bin/ksh
#
# @(#) dnum V1.0 Numerieren von Zeilen einer Datei
#
# Aufruf: dnum Datei

EINGABE=$1
integer i=1

while read satz
do
 echo "$i: $satz"
 (( i=i+=1 ))
done < $EINGABE
```

```
$ dnum /etc/passwd
1: root:x:0:1:0000-Admin(0000):/:/bin/sh
2: peter:x:112:2:Peter Termöllen:/home/peter:/bin/ksh
3: dieter:x:113:2:Dieter Harig:/home/dieter:/bin/ksh
4: anke:x:114:2:Anke Termöllen:/home/anke:/bin/ksh
...
```

Jeder Schleifendurchlauf liest eine Zeile der Datei `/etc/passwd` in die Variable `satz` und gibt diese, mit einer vorangestellten Zeilennummer, auf dem Bildschirm aus.

Schleifen

In einem weiteren Beispiel werden Sie die Datei /etc/passwd nutzen, um Ihre Prozedur userinfo von Kapitel 10.5 zu erweitern. Dieses Programm stellt die Informationen über einen Benutzer in aufbereiteter Form auf dem Bildschirm dar. Die Daten zu einem Benutzer wurden der Datei /etc/passwd entnommen. Jeder Satz enthält sieben Felder, die durch einen Doppelpunkt voneinander getrennt sind. Mit dem Befehl read werden Sie die Datei zeilenweise lesen und jedes Feld in eine Variable übertragen.

```
#
# @(#) userinfo V1.2 Die Datei /etc/passwd aufbereitet ausgeben
#
# Aufruf: userinfo

#
# Setze das Eingabetrennzeichen auf Doppelpunkt
#
IFS=:
while read Kennung Passwort User Gruppe Kommentar Heimat Prog
do
   echo "#-------------------------------------------------#"
   echo "Kennung              : $Kennung"
   echo "User-ID              : $User"
   echo "Gruppen-ID           : $Gruppe"
   echo "Kommentar            : $Kommentar"
   echo "Heimatverzeichnis: $Heimat"
   echo "Startprogramm        : $Prog"
   echo "#-------------------------------------------------#"
done </etc/passwd
```

```
$ userinfo
#-------------------------------------------------#
Kennung              : root
User-ID              : 0
Gruppen-ID           : 1
Kommentar            : 0000-Admin(0000)
Heimatverzeichnis: /
Startprogramm        : /bin/sh
#-------------------------------------------------#
#-------------------------------------------------#
Kennung              : peter
User-ID              : 112
Gruppen-ID           : 2
Kommentar            : Peter Termöllen
Heimatverzeichnis: /home/peter
Startprogramm        : /bin/ksh
#-------------------------------------------------#
#-------------------------------------------------#
Kennung              : dieter
User-ID              : 113
Gruppen-ID           : 2
Kommentar            : Dieter Harig
Heimatverzeichnis: /home/dieter
Startprogramm        : /bin/ksh
#-------------------------------------------------#
...weitere Kennungen folgen
```

Ein-Ausgabeumlenkung

Aus Platzgründen wurde an dieser Stelle auf die komplette Ausgabe der Datei verzichtet. Bei Ihnen werden vermutlich weitere Benutzer angezeigt. Die `while-Schleife` führt das Kommando `read` solange aus, bis alle Sätze der Datei gelesen wurden. Alle Einträge, die durch einen Doppelpunkt voneinander getrennt sind, werden nacheinander in die Variablen `Kennung`, `Passwort`, `User`, `Gruppe`, `Kommentar`, `Heimat` und `Prog` übertragen. Sie können die Ausgabe der Schleife zusätzlich an das Kommando `pg` weiterleiten, um eine seitenweise Darstellung zu erhalten.

```
#
# @(#) userinfo V1.3 Die Datei /etc/passwd aufbereitet ausgeben
#
# Aufruf: userinfo

#
# Setze das Eingabetrennzeichen auf Doppelpunkt
#
IFS=:
while read Kennung Passwort User Gruppe Kommentar Heimat Prog
do
   echo "#-----------------------------------------------#"
   echo "Kennung             : $Kennung"
   echo "User-ID             : $User"
   echo "Gruppen-ID          : $Gruppe"
   echo "Kommentar           : $Kommentar"
   echo "Heimatverzeichnis:  : $Heimat"
   echo "Startprogramm       : $Prog"
   echo "#-----------------------------------------------#"
done </etc/passwd | pg
```

In diesem Fall werden die Daten aus der Datei /etc/passwd gelesen und durch das Pipe-Symbol an das Kommando pg weitergereicht. Eine gleichzeitige Umlenkung der Ein-Ausgabe ist erlaubt. Alternativ könnten Sie die Ausgabe mit dem Umlenkungszeichen >Ausgabe auf eine Datei umlenken.

Bisher haben Sie die Ausgabe einer Schleife entweder in eine Datei umgelenkt oder die Daten durch das Pipe-Symbol an ein Kommando weitergereicht. In diesem letzten Beispiel wurde die Eingabeumlenkung benutzt, um Daten aus einer Datei zu lesen. Am Anfang des Kapitels wurde gesagt, daß eine Schleife sich wie ein einzelnes Kommando verhält. Daher dürfte das Lesen von Daten aus einer Pipe kein Hindernis darstellen.

Kommandoausgaben lesen

Mit dem Pipe-Symbol kann die Standardausgabe eines Kommandos an eine Schleife übergeben werden. Alle Befehle innerhalb der Schleife erhalten ihre Standardeingabe von diesem Kommando.

Schleifen

```
Kommando  |          Die Ausgabe des Kommandos in die Schleife umleiten

while / until / for ...
do
     Kommando 1
     ...
     Kommando n
done
```

Innerhalb der Schleife wird die Ausgabe des Kommandos zur Eingabe aller Befehle. Bei Verwendung des Befehls `read` in Verbindung mit einer `while`-Schleife können Sie die Ausgabe eines Kommandos zeilenweise lesen und verarbeiten.

```
Kommando  |               Eine Kommandoausgabe zeilenweise lesen

while read satz
do
     ... verarbeite den gelesenen Satz ...
done
```

Der Befehl `read` liest solange Daten aus der Pipe, bis ein Eingabeende erkannt wird. Jeder gelesene Satz wird in die Variable `satz` übertragen und kann von den Befehlen der Schleife verarbeitet werden. Die Prozedur `userinfo` kann auch folgendermaßen formuliert werden:

```
#
# @(#) userinfo V1.4   Die Datei /etc/passwd aufbereitet ausgeben
#
# Aufruf: userinfo

#
# Setze das Eingabetrennzeichen auf Doppelpunkt
#
IFS=:
#
# Lese die Daten aus einer Pipe
#
sort /etc/passwd |
while read Kennung Passwort User Gruppe Kommentar Heimat Prog
do
     echo "#------------------------------------------#"
     echo "Kennung            : $Kennung"
     echo "User-ID            : $User"
     echo "Gruppen-ID         : $Gruppe"
     echo "Kommentar          : $Kommentar"
     echo "Heimatverzeichnis: $Heimat"
     echo "Startprogramm    : $Prog"
     echo "#------------------------------------------#"
done | pg
```

In dieser Version wird die Sortierung der Originaldatei bei jedem Aufruf von `userinfo` vorgenommen. Die Datei `/etc/passwd` wird vor Übergabe in die Pipe durch den Befehl `sort` sortiert. Anschließend werden die Daten an den Befehl `read` weitergeleitet. Dieser überträgt die Felder eines Satzes in die angegebenen Variablen und die Schleifenbefehle leiten die aufbereitete Ausgabe an das Kommando `pg`. Im Unterschied zum vorherigen Beispiel erhält die Schleife die Daten aus einer Pipe und nicht von einer Datei. Bei der Ausführung der Prozedur werden Sie keinen Unterschied feststellen; das Verhalten beider Prozeduren ist identisch.

Sie werden sich möglicherweise nach den Vorteilen dieser Konstruktion fragen. Bei Verwendung einer Pipe zur Eingabeumleitung können Sie die Daten zuerst in die gewünschte Form bringen und anschließend der Schleife zur Verarbeitung übergeben. Die Schleife verhält sich wie ein einzelnes UNIX-Kommando, dessen Eingabeumlenkung Sie in gleicher Form vornehmen. Ein erneuter Aufruf von `userinfo` zeigt eine sortierte Liste der Benutzerkennungen.

```
$ userinfo                    Die Ausgabe erfolgt seitenweise
#-----------------------------------------------------------#
Kennung              : anke
User-ID              : 114
Gruppen-ID           : 2
Kommentar            : Anke Termöllen
Heimatverzeichnis    : /home/anke
Startprogramm        : /bin/ksh
#-----------------------------------------------------------#
#-----------------------------------------------------------#
Kennung              : dieter
User-ID              : 113
Gruppen-ID           : 2
Kommentar            : Dieter Harig
Heimatverzeichnis    : /home/dieter
Startprogramm        : /bin/ksh
#-----------------------------------------------------------#
#-----------------------------------------------------------#
Kennung              : robert
User-ID              : 114
Gruppen-ID           : 2
Kommentar            : Robert Barton
Heimatverzeichnis    : /home/robert
Startprogramm        : /bin/ksh
#-----------------------------------------------------------#
... weitere Kennungen folgen
```

Das Lesen von Daten ist nicht ausschließlich auf Dateien beschränkt. Wie die Prozedur `userinfo` zeigt, können Sie Ausgaben eines Kommandos direkt verarbeiten, ohne eine Zwischendatei verwenden zu müssen.

Bevor wir das Thema abschließen, möchte ich Sie noch auf eine Eigenschaft hinweisen, die bei der Ein-Ausgabeumlenkung von Schleifen oft zu Verwirrungen führt. Betrachten Sie dazu die folgende Prozedur `count`, mit der Sie die Anzahl der Zeilen in einer Datei zählen können:

Schleifen

```
#!/bin/ksh
#
# @(#) count V1.0 Zeilen einer Datei zählen
#
# Aufruf: count

DATEI=$1
anzahl=0

while read zeile
do
  (( anzahl=anzahl+1 ))
done <$DATEI

echo "$DATEI: $anzahl Zeilen"
```

Die Prozedur liest bei jedem Schleifendurchlauf eine Zeile aus der angegebenen Datei und addiert dabei den Wert 1 zu der Variablen `anzahl`. Wenn alle Sätze der Datei gelesen wurden, enthält diese Variable die Anzahl der Zeilen, die im Anschluß auf dem Bildschirm angezeigt wird. Abhängig von der Implementierung Ihrer Shell, kann der Aufruf von `count` zu unterschiedlichen Ergebnissen führen. Die Prozedur liefert auf meinem System (UNIX SYSV Rel. 4) das erwartete Ergebnis:

```
$ count /etc/passwd                    Zeilen der Datei /etc/passwd zählen
/etc/passwd: 21 Zeilen
$
```

Die Anzahl der Zeilen (hier 21) wird auf dem Bildschirm angezeigt. Einige von Ihnen könnten folgendes Ergebnis erhalten:

```
$ count /etc/passwd                    Zeilen der Datei /etc/passwd zählen
/etc/passwd: 0 Zeilen
$
```

In diesem Fall meldet die Prozedur 0 Zeilen in der Datei `/etc/passwd`. Eine Überprüfung mit dem UNIX-Kommando `wc -l` zeigt das wahre Ergebnis:

```
$ wc -l /etc/passwd                    Zeilen der Datei /etc/passwd zählen
     21 /etc/passwd
$
```

Sie wundern sich vielleicht, warum die Prozedur `count` bei manchen Shell-Implementierungen 0 Zeilen meldet und bei anderen eine korrekte Anzahl ausgibt. Die Sache ist einfach erklärt:

Im ersten Fall wurde die Schleife in der gleichen Shell ausgeführt, wie die restlichen Befehle der Prozedur. Aus diesem Grund wirkt sich das Hochzählen der Variablen `anzahl` direkt auf die Umgebung der aktuellen Shell aus, in der das Programm abläuft. Nachdem die Schleife sich beendet, gibt der Befehl echo die korrekte Anzahl der Zeilen auf dem Bildschirm aus.

Auf manchen Systemen dagegen wird die while-Schleife in einer Subshell ausgeführt, sofern Sie die Ein-Ausgabe für die gesamte Schleife umleiten. Es handelt sich in Wirklichkeit um eine Pseudosubshell, die Zugriff auf die Variablen der Eltern-Shell besitzt. Die Befehle in der Schleife können auf die Variablen der Prozedur zugreifen, diese aber nicht in der Umgebung der aufrufenden Shell verändern.

In diesem Fall wurde die Variable anzahl vor der Schleife mit 0 besetzt. In der Schleife, und damit in einer Subshell, wird eine Kopie dieser Variablen erzeugt und der Wert wird um die Anzahl der Zeilen erhöht. Wenn die Schleife sich beendet, verschwindet auch die Variable und die Shell setzt die Ausführung mit dem nächsten Befehl in count fort. Das Kommando echo gibt daraufhin den Wert 0 auf dem Bildschirm aus, da er auf die ursprünglich definierte Variable der Prozedur zugreift, die ja von der Schleife nicht verändert wurde.

Diese Ausführung mit Hilfe einer Subshell findet auch dann statt, wenn Sie die Ein-Ausgabeumlenkung mit einer Pipeline vornehmen. Auch dieses Beispiel führt nicht zum Erfolg:

```
#!/bin/ksh
#
# @(#) count V1.1 Zeilen einer Datei zählen
#
# Aufruf: count

DATEI=$1
anzahl=0

cat $DATEI |
while read zeile
do
    (( anzahl=anzahl+1 ))
done
echo "$DATEI: $anzahl Zeilen"
```

Für diejenigen unter Ihnen, bei der die while-Schleife in einer Subshell ausgeführt wird, gibt es folgende Alternative: Anstatt die Eingabe nur für die Schleife umzuleiten, müssen Sie die Standardeingabe bereits vor der Ausführung von while umlenken, so daß alle nachfolgenden Kommandos aus der Datei lesen. In diesem Fall führt die Shell die Schleife nicht in einer Subshell aus und die Variable anzahl wird in der aktuellen Umgebung verändert. Wenn Sie den Befehl exec < Datei aufrufen, erhalten alle Befehle der Prozedur, die voreingestellt von der Standardeingabe lesen, die Eingabe aus der angegebenen Datei. Sie können Ihre Prozedur folgendermaßen ändern:

Schleifen

```
#!/bin/ksh
#
# @(#) count V1.2 Zeilen einer Datei zählen
#
# Aufruf: count

DATEI=$1
anzahl=0
exec <$DATEI   # Alle nachfolgenden Befehle lesen aus der
               # angegebenen Datei.
while read zeile
do
  (( anzahl=anzahl+1 ))
done
echo "$DATEI: $anzahl Zeilen"
```

Durch den Befehl `exec < $DATEI` liest die `while-Schleife` die Zeilen aus der gewünschten Datei, so daß die Umlenkung am Ende der Schleife entfallen kann. Nun liefert auch diese Prozedur ein korrektes Ergebnis, da für die Ausführung der Schleife keine Subshell erzeugt wird:

```
$ count /etc/passwd                    Zeilen der Datei /etc/passwd zählen
/etc/passwd: 21 Zeilen
$
```

Der hier beschriebene Mechanismus gilt auch für die `for-` und `until-Schleife`, bei denen die Shell ebenfalls zur Ausführung eine Subshell verwendet, falls Sie eine Umlenkung vornehmen.

Mehr über den Befehl `exec` erfahren Sie im Kapitel 11.2, das sich intensiver mit der Ein-Ausgabeumlenkung beschäftigt. Dieser Vorgriff auf den Befehl war notwendig, um Ihnen eine mögliche Alternative aufzuzeigen, mit der Sie diese unliebsame Eigenschaft bei der Umlenkung in Schleifen umgehen können.

Mit den neuen Erkenntnissen endet das Thema Schleifen. Im folgenden Kapitel können Sie die Schleifenanweisungen nutzen, um Ihre Adreßverwaltung vielseitiger und komfortabler zu gestalten.

Adreßkartei Teil 5

Kapitelübersicht

In diesem Kapitel wird die Adreßverwaltung um die Schleifenanweisungen, die in den vorherigen Abschnitten vorgestellt wurden, erweitert. Am Ende des vierten Teils sind Sie auf ein Problem gestoßen, das sich mit den bis dahin bekannten Befehlen nicht lösen ließ. Die Prozeduren aendern, suchen und loeschen konnten eine Adresse nur bearbeiten, wenn zu dem gewünschten Suchmuster genau ein Eintrag gefunden wurde. Wurden mehrere Adressen zu dem Muster gefunden, erhielten Sie die Aufforderung den Nachnamen zu spezifizieren. Nachdem Sie zwei Personen mit dem Namen *Meier* aufgenommen haben, gibt es keine Möglichkeit diesen Namen genauer anzugeben, so ist ein Löschen, Ändern oder Suchen der Adressen nicht möglich.

In diesem Kapitel nutzen wir die while-Schleife, um alle gefundenen Adressen zu einem Suchmuster nacheinander auf dem Bildschirm anzuzeigen und aus dieser Liste den gewünschten Kandidaten auszuwählen. Sie werden folgende Befehle und Verfahren üben und vertiefen:

- Schleifen
- Ein-Ausgabeumlenkung in Schleifen
- Gestalten von Auswahlmenüs

Übersicht der Änderungen

Die geplanten Änderungen sind in der folgenden Übersicht zusammengefaßt:

Prozedur	Aktion	Beschreibung
`adr`	Ändern	Das Auswahlmenü der Adreßverwaltung wird solange angezeigt, bis Sie die Ziffer 6 eingeben. Ein erneutes Aufrufen ist nicht mehr nötig.
`aendern`	Ändern	Sind zu einem Suchmuster mehrere Adressen gespeichert, werden diese nacheinander auf dem Bildschirm angezeigt. Sie können aus dieser Liste die gewünschten Adressen zum Ändern auswählen.
`suchen`	Ändern	Liegen zu einem Nachnamen mehrere Treffer vor, werden diese nacheinander aufbereitet auf dem Bildschirm angezeigt.
`loeschen`	Ändern	Sind zu einem Suchmuster mehrere Adressen gespeichert, werden diese nacheinander auf dem Bildschirm angezeigt. Sie können aus dieser Liste die gewünschten Adressen zum Löschen auswählen. Damit können Sie mehrere Adressen gleichzeitig löschen.
`testjn`	Ändern	Die Ja/Nein-Abfragen wurden verbessert. Die Prozedur wird nur verlassen, wenn eine gültige Eingabe für Ja oder Nein vorliegt.
`tel`	Neu	Die Prozedur `ausgabe` wird von dem Kommando `tel` abgelöst. Die Prozedur zeigt eine sortierte Telefonliste auf dem Bildschirm an. Durch Angabe des Anfangsbuchstabens eines Nachnamens können Sie gezielt nach Telefonnummern suchen.

Wenn Sie die Prozeduren von der beigelegten Diskette verwenden, müssen Sie diese zuvor in Ihr Arbeitsverzeichnis kopieren.

```
$ cd $HOME/ADRESSEN
$ cp $HOME/BUCH/ADRESSEN/TEIL5/* .
```

Im anderen Fall können Sie die Prozeduren des vierten Teils als Basis für die geplanten Änderungen nutzen. Die Prozedur `ausgabe` (Ausgabe aller Adressen) wurde gegen das Kommando `tel` ausgetauscht. Mit diesem neuen Programm erhalten Sie eine Telefonliste bestehend aus den Angaben Nachname, Vorname und Telefonnummer.

Änderung der Ja/Nein-Abfrage

Das folgende Bild zeigt eine Übersicht aller Prozeduren des fünften Teils:

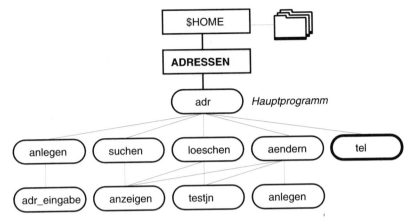

Änderung der Ja/Nein-Abfrage

Beginnen Sie mit der Prozedur `testjn`, die in den meisten Prozeduren der Adreßverwaltung zur Gestaltung der Ja/Nein-Abfragen verwendet wird.

```
#!/bin/ksh
#
# @(#) testjn V1.1 Gestalten von Ja/Nein-Abfragen
#
# Aufruf: testjn

PROMPT="[J(a),N(ein),A(bbruch)]"
MELDUNG="Ja oder Nein"

(( $# != 0 )) && MELDUNG="$@"

while true
do
  echo "$MELDUNG $PROMPT? \c"; read ok
  case "$ok" in
  j | J | ja | Ja | JA)       exit 0;;
  n | N | nein | Nein | NEIN) exit 1;;
  a | A)                      exit 2;;
  *) echo "Ungültige Eingabe. Bitte $PROMPT eingeben.";;
  esac
done
```

Gegenüber der Version im vierten Teil der Adreßverwaltung wird die Prozedur nicht sofort nach einer Eingabe verlassen. Die Endlosschleife verlangt solange eine Eingabe von der Tastatur, bis Sie eine gültige Bezeichnung für Ja, Nein oder Abbruch eingegeben haben. In allen anderen Fällen fordert Sie eine Fehlermeldung zu einer erneuten Eingabe auf. Damit ist sichergestellt, daß die Prozedur nur mit einer korrekten Eingabe verlassen werden kann, die in Form der Rückgabewerte 0 (Ja), 1(Nein) und 2 (Abbruch) an das aufrufende Programm zurückgereicht wird.

Änderung der Prozedur `adr`

Im letzten Teil mußte das Hauptprogramm nach Auswahl eines Menüpunktes erneut gestartet werden. In der neuen Version verwenden Sie eine Endlosschleife, um das Menü nach jeder Operation wiederholt anzuzeigen. Sie können die Adreßverwaltung nur durch Eingabe der Ziffer 6 beenden. Der neue Menüpunkt 5) startet die Prozedur `tel` und zeigt eine sortierte Telefonliste auf dem Bildschirm an.

```ksh
#!/bin/ksh
#-----------------------------------------------------------------
# @(#) adr V1.1 Adressverwaltung (Hauptprogramm)
#
# Aufruf: adr
#
# Hauptprogramm  -  Verwaltung einer Adreßkartei auf der Basis von
#                   Shell-Prozeduren.
#-----------------------------------------------------------------
# ADRESSE enthält den Namen der Adreßkartei
# Besitzt ADRESSE einen Wert, wird dieser nicht verändert.
# Andernfalls wähle die Voreinstellung adressen.adr
# Exportiere ADRESSE,damit andere Programme darauf zugreifen können
#
export ADRESSE=${ADRESSE:-$HOME/adressen.adr}

if [ ! -f $ADRESSE ] # Adreßkartei vorhanden?
then
    echo "\nDie Datei \"$ADRESSE\" konnte nicht gefunden werden !"
    testjn "Soll ich sie erstellen" && >$ADRESSE || exit 1
fi

while true # Anzeigen des Menüs, bis die Ziffer 6 ausgewählt wurde
do
  clear        # Bildschirm löschen
  echo
  echo "+-----------------------------+"
  echo "|      Adressverwaltung       |"
  echo "+-----------------------------+"
  echo "|                             |"
  echo "|  1) Neue Adresse anlegen    |"
  echo "|  2) Suchen von Adressen     |"
  echo "|  3) Löschen von Adressen    |"
  echo "|  4) Verändern von Adressen  |"
  echo "|  5) Telefonbuch aufschlagen |"
  echo "|  6) Beenden                 |"
  echo "+-----------------------------+"
  echo
  echo "Ihre Wahl (1-6): \c"; read auswahl

  case $auswahl in
  1) echo; anlegen
     ;;
  2) echo "\nBitte Suchbegriff eingeben: "; read Nachname
     suchen "$Nachname"
     ;;
  3) echo "\nWelche Adresse möchten Sie löschen?"
     echo "Bitte Nachname eingeben: \c";     read Nachname
     loeschen "$Nachname"
     ;;
```

```
   4) echo "\nWelche Adresse möchten Sie ändern?"
      echo "Bitte Nachname eingeben: \c";    read Nachname
      aendern "$Nachname"
      ;;
   5) echo \
      "\nBitte geben Sie den Anfangsbuchstaben des Nachnamens ein"
      echo "(<RETURN> zeigt alle Telefonnummern) : \c"; read MUSTER
      tel $MUSTER | pg
      ;;
   6) exit 0
      ;;
   *) echo "Falsche Eingabe"
      ;;
esac
echo "\nWeiter - <Return>-Taste betätigen"; read weiter

done # Ende der while-Schleife
```

Die Endlosschleife wird durch Eingabe der Ziffer 6 beendet. In diesem Fall beendet der Befehl `exit` die Prozedur `adr` und kehrt in die aufrufende Shell zurück. Nach einer Auswahl wird die gewünschte Funktion ausgeführt und bevor das Menü erneut angezeigt wird, wartet der Befehl `read weiter` auf eine Bestätigung durch den Benutzer. Ohne diese Bestätigung würde der Bildschirm sofort gelöscht, die Ausgaben der ausgewählten Funktion würden überschrieben. Betrachten Sie als nächstes, was sich in den restlichen Prozeduren geändert hat.

Ändern, Löschen und Suchen von Adressen

Bevor Sie die veränderten Prozeduren zum Ändern, Löschen und Suchen von Adressen kennenlernen, sehen Sie sich das Konzept an, das allen Kommandos zugrunde liegt. Blicken Sie zunächst zurück auf das bisherige Verfahren.

In jeder der Prozeduren `aendern`, `loeschen` und `suchen` wurde mit dem Befehl `egrep` zu dem angegebenen Nachnamen die Adresse in der Kartei gesucht und in die Variable SATZ übertragen. Für die weitere Bearbeitung wurden die Adreßdaten aus dieser Variablen genommen und mit den entsprechenden Kommandos geändert, gelöscht oder auf dem Bildschirm angezeigt. Wenn die Suche nach einem Nachnamen mehrere Treffer lieferte, wurden die Adressen hintereinander in die Variable SATZ abgelegt. Es war Ihnen allerdings nur möglich, auf den ersten Eintrag zuzugreifen, so daß Sie mehrfache Treffer von vornherein abgewiesen haben. In der neuen Version dieser Prozeduren nutzen Sie die `while-Schleife`, um die bekannten Aktionen auf mehrere Adressen anzuwenden.

Sollte der Befehl `egrep` mehrere Einträge zu einer Suchanfrage finden, werden die Adressen, durch ein Newline-Zeichen getrennt, in einer Pipe gesammelt und an die Schleife weitergeleitet. Der Schleifenbefehl `read` liest die Eingabe der Pipe bis zum nächsten Newline-Zeichen und überträgt so die Daten satzweise in die Variable SATZ. Ab hier unterscheidet sich der Prozeduraufbau nicht von der vorangegangenen Version und Sie können die bekannten Aktionen des vierten Teils zum Löschen, Ändern und Anzeigen einer Adresse verwenden. Nach

Bearbeiten einer Adresse wird die Ausführung im Schleifenkopf fortgesetzt und der Befehl `read` liest den nächsten Satz der Trefferliste in die Variable SATZ. Der Vorgang wiederholt sich, bis alle Sätze in der Pipeline gelesen und verarbeitet wurden.

Die Pipeline ist eine Sammelstelle für Daten, die von einem Folgekommando gelesen und verarbeitet werden. Eine Pipeline besitzt immer ein lesendes und ein schreibendes Ende und kann im allgemeinen Daten bis zu einer Größe von 4 KB aufnehmen. In diesem Fall schreibt der Befehl `egrep` die Trefferliste in die Pipeline und auf der anderen Seite liest das Kommando `read` diese Eingaben. So entsteht ein ständiger Datenfluß, der die Adressen von einem Kommando zum nächsten überträgt. Es ist durchaus möglich, daß `egrep` die Daten schneller in die Pipeline schreibt, als der Folgebefehl diese Eingaben entsorgen kann. Da eine Pipeline nur eine begrenzte Anzahl von Daten aufnehmen kann, könnten Sie annehmen, das es zu einem Überlauf und damit zu einem Abbruch der Programme kommt. Sie müssen sich darüber aber keine Sorgen machen, denn die Synchronisation wird von UNIX übernommen.

Sollte `egrep` keine Daten in die Pipe schreiben können, weil die Obergrenze von 4 KB überschritten wurde, wird das Kommando so lange vom System angehalten, bis genügend Platz vorhanden ist, neue Daten aufzunehmen. Erst dann nimmt `egrep` seine Arbeit wieder auf und beginnt neue Daten in die Pipeline zu schreiben. Genauso ist es vorstellbar, daß `read` die Daten schneller entsorgt, als der Befehl `egrep` die Sätze in die Pipeline schreiben kann. In diesem Fall wird `read` so lange wartend gesetzt, bis neue Daten angeliefert werden. Auf diese Weise können selbst große Datenmengen verarbeitet werden, ohne daß Sie sich um die Synchronisation von Lesen und Schreiben kümmern müssen. Sie kennen diesen Vorgang bereits in Verbindung mit einfachen Kommandos:

```
$ cat /etc/passwd | sort | pg
$ ls | pg
$ who | cut -c1-8
```

Hier erfolgt zum Beispiel eine Synchronisation zwischen dem Kommando `cat` und `sort`. Wenn Sie die Ausgabe an eine Schleife lenken, werden alle Befehle innerhalb der Schleife auf diese Weise synchronisiert. Dadurch verhält sich eine Schleife und die darin enthaltenen Befehle wie ein Kommando.

Änderung der Prozedur `aendern`

Die Prozedur stellt in der neuen Version mehrere Adressen zum Ändern zur Verfügung. Um eine Adresse zu ändern, geben Sie beim Aufruf den Nachnamen an. Das Muster kann reguläre Ausdrücke enthalten, so daß gegebenenfalls mehrere Adressen vom Befehl `egrep` gefunden werden. In der vorangegangenen Version führte dieses zum Abbruch der Prozedur mit der Aufforderung, die Adresse zu spezifizieren. In der neuen Version nutzen Sie die `while`-Schleife, um die Adressen nacheinander auf dem Bildschirm anzuzeigen. Sie können aus dieser Liste die entsprechenden Personen auswählen und die Daten nacheinander ändern. Die Prozedur `aendern` hat nun folgenden Aufbau:

```
#!/bin/ksh
#
# @(#) aendern V1.1 Eine bestehende Adresse ändern
#
# Aufruf: aendern Nachname
#
# Aufrufargumente prüfen
#
(( $# != 1 )) && { echo "Aufruf: $0 Nachname"; exit 1; }

#---------------------------------------#
ADRESSE=${ADRESSE:-$HOME/adressen.adr}   # Name der Adreßkartei
MUSTER="^$1:"                            # Suchmuster der Adresse
TERMINAL=/dev/tty                        # Eingabegerät: Bildschirm
tmpdat=/tmp/loesch$$                     # Zwischendatei für das
                                         # Löschen einer Adresse
#---------------------------------------#

#
# Anzahl der gefundenen Adressen zählen
# Falls keine Adresse gefunden - Abbruch der Prozedur
#
(( `egrep -c "$MUSTER" $ADRESSE` == 0 )) && {
echo "$1 ist nicht in der Adressdatei enthalten"; exit 1; }

egrep "$MUSTER" $ADRESSE |               # Alle gefundenen Sätze
                                         # mit Hilfe der Schleife
while read SATZ                          # lesen und bearbeiten
do
   anzeigen "$SATZ"                      # Adresse anzeigen
   testjn "Adresse ändern" <$TERMINAL    # Ändern bestätigen lassen

   case $? in                            # Vergleiche Exit-Status
                                         # von testjn
   0) anlegen <$TERMINAL || continue     # Ja - Adresse neu anlegen
                                         # Falls geänderte Adresse
                                         # bereits vorhanden -
                                         # nächste Adresse
      egrep -v "^$SATZ$" $ADRESSE >$tmpdat # Adresse löschen
      mv $tmpdat $ADRESSE
      ;;
   1) echo "Adresse wurde nicht geändert" # Nein - Keine Änderung
      continue                           # Der nächste bitte ...
      ;;
   2) exit 1                             # Abbruch der Prozedur
      ;;

   esac
done                                     # Ende der while-Schleife
exit 0                                   # Ausführung erfolgreich
```

Zu Anfang zählen Sie mit dem Befehl `egrep` die Anzahl der gefundenen Zeilen. Der anschließende Vergleich stellt fest, ob die Adresse in der Datei vorhanden ist und antwortet gegebenenfalls mit einer Fehlermeldung.

Ansonsten werden die gefundenen Sätze zu einem Suchmuster über die Pipe an die Schleife weitergeleitet. Der Befehl `read` liest so lange Daten aus dieser Pipe, bis kein weiterer Satz mehr vorliegt. Die Daten werden in die Variable SATZ übertragen.

Ab hier erfolgt die Verarbeitung einer Adresse genau wie im vierten Teil der Adreßverwaltung. Die Adresse wird angezeigt und die Prozedur `testjn` fordert Sie zu einer Eingabe auf. Die `case`-Anweisung überprüft den Rückgabewert und stellt fest, ob Sie sich für Ja, Nein oder Abbruch entschieden haben. Antworten Sie mit Ja, wird die Adresse auf bekannte Weise geändert. Bei Eingabe von Nein überspringt der Befehl `continue` alle nachfolgenden Befehle und die Ausführung der Prozedur wird im Schleifenkopf fortgesetzt. Der Befehl `read` liest den nächsten Satz. Der Vorgang wird so lange wiederholt, bis alle gefundenen Adressen verarbeitet wurden. Nur die Taste 'A' führt zu einem sofortigen Abbruch der Prozedur. Warum wurde die Eingabe bei der Prozedur `testjn` umgelenkt?

```
egrep "$MUSTER" $ADRESSE |              # Alle gefundenen Sätze
                                        # mit Hilfe der Schleife
while read SATZ                         # lesen und bearbeiten
do
   anzeigen "$SATZ"                     # Adresse anzeigen
   testjn "Adresse ändern" <$TERMINAL   # Ändern bestätigen lassen

   case $? in                           # Vergleiche Exit-Status
                                        # von testjn
...

done
```

Durch das Pipe-Symbol am Anfang der Schleife lesen alle Kommandos innerhalb des Schleifenkörpers die Daten aus dieser Pipe. Nutzen Sie diesen Effekt, um mit dem Kommando `read SATZ` die gefundenen Einträge des Befehls `egrep` zu verarbeiten. Die Prozedur `testjn` befindet sich ebenfalls innerhalb der Schleife und würde die Daten ohne eine Umlenkung vom Befehl `egrep` erhalten, statt diese von der Tastatur zu lesen. Daher besetzen Sie am Anfang der Prozedur `aendern` die Variable TERMINAL mit dem Gerätenamen `/dev/tty`. Dieses Gerät ist in UNIX ein Synonym für das tatsächliche Gerät, an dem das Programm gestartet wurde. Wenn Sie `testjn` mit der Umlenkung `</dev/tty` aufrufen

```
$ testjn "Adresse ändern" </dev/tty
Adresse aendern [J(a),N(ein),A(bbruch)]? Nein
$ echo $?
1
$
```

sorgt diese dafür, daß die Standardeingabe des Befehls auf Ihr Terminal gelenkt wird. Nur so ist sichergestellt, daß die Daten wirklich von der Tastatur gelesen werden. Bei allen Befehlen, die innerhalb der Schleife Daten von der Tastatur lesen sollen, müssen Sie unbedingt diese Umlenkung vornehmen. Das gilt auch für die Prozedur `anlegen`, die im weiteren Verlauf die geänderten Daten von der Tastatur einliest. Sie sollten den Gerätenamen Ihres Terminals nicht fest codieren, da die Prozedur sonst nur an diesem Gerät ablauffähig ist. Wenn Sie statt dessen den speziellen Namen `/dev/tty` verwenden, ermittelt UNIX zur Laufzeit die wirkliche Geräteadresse des Bildschirms, so daß die Daten vom aktuellen Terminal gelesen werden.

Von Vorteil ist hierbei, daß sich die Prozedur automatisch der Umgebung anpaßt und vom jedem Bildschirm gestartet werden kann. Im Gegensatz dazu kann bei einer festen Codierung des Gerätenamens die Prozedur nur von diesem Gerät aufgerufen werden. Auf die hier beschriebene Weise wurden auch die folgenden Prozeduren `loeschen` und `suchen` gestaltet.

Änderung der Prozedur `loeschen`

In der letzten Version dieser Prozedur konnte eine Adresse nur dann gelöscht werden, wenn zu dem angegebenen Nachnamen genau ein Eintrag gefunden wurde. Als Sie den Namen *Meier* zweimal in Ihre Adreßkartei aufgenommen hatten, gab es keine Möglichkeit diese Daten anschließend zu löschen.

Die Prozedur hatte Sie in diesem Fall aufgefordert den Nachnamen zu spezifizieren, was in dem vorliegenden Fall nicht möglich war. Mit einer Schleife läßt sich das Problem einfach lösen, indem die gefundenen Daten nacheinander zur Auswahl vorgelegt werden.

Die von `egrep` ermittelten Adressen werden mit einer Pipe an die `while`-Schleife weitergeleitet und vom Kommando `read` satzweise gelesen. Auf diese Weise können die Adressen nacheinander durch die Befehle innerhalb der Schleife bearbeitet werden. Dazu wird der Eintrag auf dem Bildschirm angezeigt und nach Bestätigung durch den Benutzer aus der Adreßkartei entfernt. Da alle Kommandos innerhalb der Schleife die Daten aus der Pipe lesen, dürfen Sie auch hier nicht vergessen, die Eingabe der Funktion `testjn` auf die Tastatur umzulenken. Nachfolgend sehen Sie die verbesserte Version der Prozedur `loeschen`:

Adreßkartei Teil 5

```
#!/bin/ksh
#
# @(#) loeschen V1.3 Löschen einer Adresse
#
# Aufruf: loeschen Nachname

#
# Aufrufargumente prüfen
#
(( $# != 1 )) && { echo "Aufruf: $0 Nachname"; exit 1; }

#----------------------------------------#
ADRESSE=${ADRESSE:-$HOME/adressen.adr}    # Name der Adreßkartei
MUSTER="^$1:"                             # Suchmuster der Adresse
TERMINAL=/dev/tty                         # Eingabegerät: Terminal
tmpdat=/tmp/loesch$$                      # Zwischendatei für das
                                          # Löschen der Adresse
#----------------------------------------#

#
# Anzahl der gefundenen Adressen zählen
# Falls keine Adresse gefunden - Abbruch der Prozedur
#
(( `egrep -c "$MUSTER" $ADRESSE` == 0 )) && {
echo "$1 ist nicht in der Adressdatei enthalten"; exit 1; }

egrep "$MUSTER" $ADRESSE |                # Alle gefundenen Sätze
                                          # mit Hilfe der Schleife
while read SATZ                           # lesen und bearbeiten
do
  anzeigen "$SATZ"                        # Adresse anzeigen
  testjn "Adresse löschen" <$TERMINAL     # Löschen bestätigen.
                                          # Eingabe vom Terminal
                                          # lesen, statt von egrep
  case $? in                              # Vergleiche Exit-Status
                                          # von testjn
  0) egrep -v "^$SATZ$" $ADRESSE >$tmpdat # Ja - Adresse löschen
     mv $tmpdat $ADRESSE
     echo "Die Adresse wurde gelöscht"
     ;;
  1) echo "Adresse wurde nicht gelöscht"  # Nein - nicht löschen
     continue                             # Der nächste bitte ...
     ;;
  2) exit 1                               # Abbruch der Prozedur
     ;;

  esac
done                                      # Ende der while-Schleife
exit 0                                    # Ausführung erfolgreich
```

Für diese Prozedur sind mehrfach auftretende Nachnamen kein Problem. Sollte der Name *Meier* mehrfach in der Adreßkartei vorhanden sein, werden alle Adressen mit diesem Namen nacheinander angezeigt, und Sie können die gewünschte Adresse aus dieser Liste zum Löschen auswählen. Am Ende des Kapitels finden Sie ausführliche Beispiele zu dieser Prozedur.

Änderung der Prozedur suchen

Wie bei den anderen Prozeduren wird die Trefferliste des Befehls `egrep` in der Pipeline gesammelt und an die Schleife weitergeleitet. Der Befehl `read` liest jeden Satz, überträgt die Adresse in die Variable SATZ und gibt die Daten wie bisher mit der Prozedur `anzeigen` auf dem Bildschirm aus.

```ksh
#!/bin/ksh
#
# @(#) suchen V1.4 Suchen einer Adresse
#
# Aufruf: suchen Nachname

#
# Aufrufargumente prüfen
#
(( $# != 1 )) && { echo "Aufruf: $0 Nachname"; exit 1; }

#-------------------------------------#
ADRESSE=${ADRESSE:-$HOME/adressen.adr}  # Name der Adreßkartei
MUSTER="^$1:"                           # Suchmuster der Adresse
#-------------------------------------#

#
# Anzahl der gefundenen Adressen zählen
# Falls keine Adresse gefunden - Abbruch der Prozedur
#
(( `egrep -c "$MUSTER" $ADRESSE` == 0 )) && {
echo "$1 ist nicht in der Adressdatei enthalten"; exit 1; }

egrep "$MUSTER" $ADRESSE |            # Suchen der angegebenen
while read SATZ                       # Adresse.Daten zur
do                                    # Aufbereitung weiterleiten
   anzeigen $SATZ                     # Adresse aufbereitet
                                      # ausgeben
done | pg                             # Ausgabe seitenweise
                                      # aufbereiten
exit 0                                # Ausführung erfolgreich
```

Die Prozedur `tel`

Die Prozedur `tel` ersetzt das Kommando `ausgabe`, das Sie bisher zur Anzeige aller Adressen eingesetzt haben. Wenn Sie `tel` ohne Argument starten, wird eine Telefonliste aller Teilnehmer auf dem Bildschirm angezeigt. Durch Angabe eines Anfangsbuchstabens zwischen A und Z können Sie gezielt nach Teilnehmern suchen, deren Nachname mit diesem Buchstaben beginnt. Die angezeigte Information besteht aus den Feldern: Nachname, Vorname und Telefonnummer.

Adreßkartei Teil 5

```
#
# @(#) tel V1.0 Telefonliste anzeigen
#
# Aufruf: tel Buchstabe

#------------------------------------#
MUSTER="^$1"                         #
ADRESSE=${ADRESSE:-$HOME/adressen.adr} #
#------------------------------------#

echo "Telefonliste"
echo "-------------------------------------------------------------"

IFS=:
egrep "$MUSTER" $ADRESSE | cut -d: -f1,2,5 |

while read Nachname Vorname Telefon
do
   echo "$Nachname $Vorname $Telefon"
done
```

Der Befehl `egrep` sucht zunächst alle Einträge des angegebenen Musters und leitet die Ausgabe an das Kommando `cut`, um die Felder 1 (Nachname), 2 (Vorname) und 5 (Telefonnummer) aus einer Adresse auszuschneiden. Die reduzierten Adressen werden satzweise vom Kommando `read` gelesen, in die angegebenen Variablen übertragen und auf dem Bildschirm ausgegeben. Da die Adreßangaben durch einen Doppelpunkt voneinander getrennt sind, bestimmt die Variable `IFS` den Doppelpunkt als Trennzeichen der Eingabe für den Befehl `read`. Beachten Sie, daß die Prozedur auch ohne Argument aufgerufen werden kann. In diesem Fall ist die Variable $1 leer, so daß das Suchmuster nur das Zeichen ^ enthält. Als Folge davon werden alle Sätze der Datei gefunden.

Im sechsten Teil der Adreßverwaltung werden wir zusätzlich überprüfen, ob das Suchmuster genau einen Buchstaben umfaßt. Andernfalls antwortet die Prozedur mit einer Fehlermeldung.

Der folgende Beispieldurchlauf aller Prozeduren läßt die verbesserte Funktionalität gleich erkennen:

Ein Beispieldurchlauf

Im vierten Teil haben Sie die Adreßkartei `referenten.adr` bearbeitet. Fahren Sie mit diesem Datenbestand fort:

```
$ ADRESSE=$HOME/referenten.adr
$ export ADRESSE
```

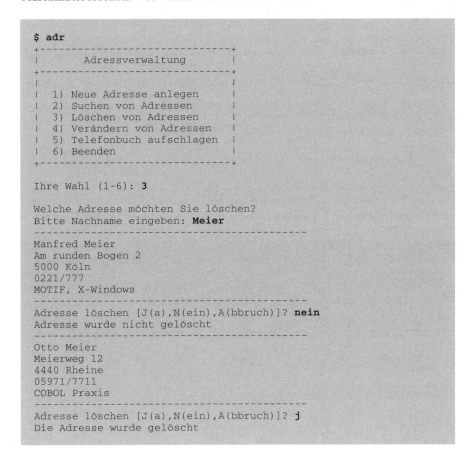

referenten.adr

```
$ cat $ADRESSE
Meier:Manfred:Am runden Bogen 2:5000 Köln:0221/777:MOTIF, X-Windows
Meier:Otto:Meierweg 12:4440 Rheine:05971/7711:COBOL Praxis
Meistersinger:Hans:Blumenweg 3:1000 Berlin:030/3211:C Grundlagen
```

Im vierten Teil der Adreßverwaltung konnten Sie den Namen *Meier* nicht aus der Adreßkartei löschen. Wie verhält sich die neue Prozedur?

```
$ adr
+------------------------------+
|        Adressverwaltung      |
+------------------------------+
|                              |
|  1) Neue Adresse anlegen     |
|  2) Suchen von Adressen      |
|  3) Löschen von Adressen     |
|  4) Verändern von Adressen   |
|  5) Telefonbuch aufschlagen  |
|  6) Beenden                  |
+------------------------------+

Ihre Wahl (1-6): 3

Welche Adresse möchten Sie löschen?
Bitte Nachname eingeben: Meier
-----------------------------------------
Manfred Meier
Am runden Bogen 2
5000 Köln
0221/777
MOTIF, X-Windows
-----------------------------------------
Adresse löschen [J(a),N(ein),A(bbruch)]? nein
Adresse wurde nicht gelöscht
-----------------------------------------
Otto Meier
Meierweg 12
4440 Rheine
05971/7711
COBOL Praxis
-----------------------------------------
Adresse löschen [J(a),N(ein),A(bbruch)]? j
Die Adresse wurde gelöscht
```

Adreßkartei Teil 5

In der neuen Version der Prozedur `loeschen` werden alle Adressen mit dem Nachnamen *Meier* nacheinander angezeigt und zum Löschen freigegeben. In diesem Beispiel wurde der Name *Otto Meier* aus der Adreßkartei entfernt. Nach Betätigen der <RETURN>-Taste wird der Bildschirm gelöscht und das Auswahlmenü erscheint erneut auf dem Bildschirm. Tragen Sie die gelöschte Adresse erneut ein:

```
      +------------------------------+
      |       Adressverwaltung       |
      +------------------------------+
      |                              |
      |  1) Neue Adresse anlegen     |
      |  2) Suchen von Adressen      |
      |  3) Löschen von Adressen     |
      |  4) Verändern von Adressen   |
      |  5) Telefonbuch aufschlagen  |
      |  6) Beenden                  |
      +------------------------------+

Ihre Wahl (1-6): 1

Bitte Adresse eingeben:
------------------------
Nachname  : Meier
Vorname   : Otto
Strasse   : Meierweg 12
Wohnort   : 4440 Rheine
Telefon   : 05971/7711
Bemerkung : COBOL Praxis

Adresse wurde gespeichert

Weiter - <Return>-Taste betätigen
```

Die Adresse wurde neu aufgenommen und nun sind zwei Personen mit dem Namen *Meier* gespeichert. Mal sehen, wie die Prozedur `aendern` darauf reagiert:

```
      +------------------------------+
      |       Adressverwaltung       |
      +------------------------------+
      |                              |
      |  1) Neue Adresse anlegen     |
      |  2) Suchen von Adressen      |
      |  3) Löschen von Adressen     |
      |  4) Verändern von Adressen   |
      |  5) Telefonbuch aufschlagen  |
      |  6) Beenden                  |
      +------------------------------+

Ihre Wahl (1-6): 4

Welche Adresse möchten Sie ändern?

Bitte Nachname eingeben: Meier
```

```
---------------------------------------
Manfred Meier
Am runden Bogen 2
5000 Köln
0221/777
MOTIF, X-Windows
---------------------------------------
Adresse ändern [J(a),N(ein),A(bbruch)]? nein
Adresse wurde nicht geändert
---------------------------------------
Otto Meier
Meierweg 12
4440 Rheine
05971/7711
COBOL Praxis
---------------------------------------
Adresse ändern [J(a),N(ein),A(bbruch)]? j
Bitte Adresse eingeben:
----------------------
Nachname   : Maier
Vorname    : Otto
Strasse    : Meierweg 12
Wohnort    : 4440 Rheine
Telefon    : 05971/7711
Bemerkung: COBOL Praxis

Adresse wurde gespeichert

Weiter - <Return>-Taste betätigen
```

Auch in diesem Fall können Sie aus einer Trefferliste den gewünschten Kandidaten zum Ändern auswählen. Erweitern Sie den Adreßbestand.

```
+-------------------------------+
|        Adressverwaltung       |
+-------------------------------+
|                               |
|   1) Neue Adresse anlegen     |
|   2) Suchen von Adressen      |
|   3) Löschen von Adressen     |
|   4) Verändern von Adressen   |
|   5) Telefonbuch aufschlagen  |
|   6) Beenden                  |
+-------------------------------+
Ihre Wahl (1-6): 1

Bitte Adresse eingeben:
----------------------
Nachname   : Mayer
Vorname    : Klaus
Strasse    : Am Rundbogen 24
Wohnort    : 2000 Hamburg
Telefon    : 040/889988
Bemerkung: Grundlagen UNIX

Adresse wurde gespeichert
Weiter - <Return>-Taste betätigen
```

Adreßkartei Teil 5

Wählen Sie den Punkt 5, erhalten Sie eine Telefonliste angezeigt. Durch Eingabe eines Anfangsbuchstabens können Sie gezielt im Telefonbuch nach Telefonnummern suchen. Folgende Eingabe zeigt alle Personen, die mit dem Buchstaben 'M' beginnen.

```
              +------------------------------+
              |       Adressverwaltung       |
              +------------------------------+
              |                              |
              |   1) Neue Adresse anlegen    |
              |   2) Suchen von Adressen     |
              |   3) Löschen von Adressen    |
              |   4) Verändern von Adressen  |
              |   5) Telefonbuch aufschlagen |
              |   6) Beenden                 |
              +------------------------------+

              Ihre Wahl (1-6): 5

              Bitte geben Sie den Anfangsbuchstaben des Nachnamens ein
              (<RETURN> zeigt alle Telefonnummern) : M
              Telefonliste
              ------------------------------------------------------
              Maier Otto 05971/7711
              Mayer Klaus 040/889988
              Meier Manfred 0221/777
              Meistersinger Hans 030/3211

              (EOF):

              Weiter - <Return>-Taste betätigen
```

Änderung in Teil 6

Wenn Sie bei der Anforderung des Anfangsbuchstabens die Taste <RETURN> betätigen, erhalten Sie eine Telefonliste aller Personen.

Das Ausgabeformat der Telefonliste werden Sie in der nächsten Version verbessern. Die Felder Nachname, Vorname und Telefonnummer werden in einzelne Spalten linksbündig angeordnet. Bevor Sie den fünften Teil der Adreßverwaltung abschließen, werfen Sie einen Blick auf das Suchen von Adressen. Zur Zeit sind drei verschiedene Adressen mit dem Namen *Meier* gespeichert: *Meier*, *Maier* und *Mayer*. Wenn Sie nicht genau wissen, wie der gesuchte Name geschrieben wird, hilft Ihnen folgender regulärer Ausdruck:

```
              +------------------------------+
              |       Adressverwaltung       |
              +------------------------------+
              |                              |
              |   1) Neue Adresse anlegen    |
              |   2) Suchen von Adressen     |
              |   3) Löschen von Adressen    |
              |   4) Verändern von Adressen  |
              |   5) Telefonbuch aufschlagen |
              |   6) Beenden                 |
              +------------------------------+

              Ihre Wahl (1-6): 2
```

```
Bitte Suchbegriff eingeben:
M[ae][yi]er            Berücksichtigen der verschiedenen Schreibweisen von Meier


-------------------------------------------
Otto Maier
Meierweg 12
4440 Rheine
05971/7711
COBOL Praxis
-------------------------------------------
-------------------------------------------
Klaus Mayer
Am Rundbogen 24
2000 Hamburg
040/889988
Grundlagen UNIX
-------------------------------------------
-------------------------------------------
Manfred Meier
Am runden Bogen 2
5000 Köln
0221/777
MOTIF, X-Windows
-------------------------------------------

(EOF):


Weiter - <Return>-Taste betätigen
```

Das Suchmuster `M[ae][yi]er` berücksichtigt alle Namen, die mit *M* beginnen, an zweiter Stelle ein *a* oder *e* besitzen, an dritter Stelle die Zeichen *y* oder *i* beinhalten und mit *er* enden. Damit werden auch die unterschiedlichen Schreibweisen des Namens *Meier* gefunden. Sie können alle regulären Ausdrücke verwenden, die das Kommando `egrep` bei der Suche unterstützt.

Durch Eingabe der Ziffer 6 beenden Sie die Adreßverwaltung und befinden sich wieder in Ihrer ursprünglichen Shell.

Im nächsten Teil der Adreßverwaltung werden Sie an der grundsätzlichen Funktionalität der Prozeduren nichts ändern. Statt dessen verbessern Sie das Ausgabeformat der Prozeduren `anzeigen` und `tel`. Die folgende Auflistung gibt eine Übersicht der geplanten Änderungen.

Geplante Änderungen in Teil 6

Im sechsten Teil der Adreßverwaltung werden die Ausgabeformate der Prozeduren `anzeigen` und `tel` verbessert:

- Eine Adresse wird in Form folgender Karteikarte auf dem Bildschirm ausgegeben:

```
+-------------------------------------------+
| Klaus Mayer                               |
| Am Rundbogen 24                           |
| 2000 Hamburg                              |
| Grundlagen UNIX                           |
|                          Tel. 040/889988  |
+-------------------------------------------+
```

- Die Telefonliste erhält ein übersichtlicheres Ausgabeformat:

```
Telefonliste
-----------------------------------------------------------
Nachname                  Vorname                  Telefon
-----------------------------------------------------------
Maier                     Otto                 05971/7711
Mayer                     Klaus                040/889988
Meier                     Manfred                0221/777
Meistersinger             Hans                  030/3211
```

Wie Sie diese Ausgaben erstellen, erfahren Sie im Kapitel "Zeichenketten bearbeiten". Dort werden Sie sich eingehend mit dem Formatieren und Bearbeiten von Zeichenketten beschäftigen. Sie lernen Text rechts- oder linksbündig auszurichten, Zeichenketten vor dem Überschreiben zu schützen, Zeichen aus einer Zeichenkette auszuschneiden und den Inhalt von Zeichenketten zu überprüfen. Bevor Sie sich diesem Thema zuwenden, lernen Sie eine weitere Möglichkeit der Ein-Ausgabeumlenkung kennen.

11. Das Umlenken von Daten

11.1. Kapitelübersicht

Dieses Kapitel beschäftigt sich mit weiteren Möglichkeiten der Ein-Ausgabeumlenkung in Shell-Prozeduren. Durch die Verwendung von Dateideskriptoren können Sie in Zukunft die Fehlermeldungen auf die Standardfehlerausgabe schreiben und sich damit dem Standard der restlichen UNIX-Kommandos anpassen. Eine weitere Form der Umlenkung sind Here-Dokumente, mit denen Sie die Antworten zu interaktiven Kommandos direkt aus den Zeilen der Shell-Prozedur entnehmen. An zwei Anwendungsbeispielen können Sie das Erlernte nochmals üben und vertiefen.

- Umlenkung mit dem Befehl `exec`
- Verwendung von Dateideskriptoren
- Here-Dokumente
- Anwendungsbeispiele: Fließkommaberechnungen
  Ein Vorschlag zur Datensicherung

Das Umlenken von Daten

11.2. Umlenkung mit dem Befehl `exec`

Mit dem Befehl `exec` können Sie die Ein-Ausgabe für alle Kommandos einer Prozedur umlenken.

```
Umlenkung der Ausgabe:
    exec   >Ausgabe
    exec   >>Ausgabe

Umlenkung der Fehlerausgabe:
    exec   2>Fehler
    exec   2>>Fehler

Umlenkung der Eingabe:
    exec   <Eingabe
```

Folgt dem Befehl `exec` eine Umlenkung der Form >Ausgabe, wird die Standardausgabe auf die angegebene Datei umgeleitet. Die Angabe `exec 2>Fehler` schließt die Standardfehlerausgabe und lenkt sie auf eine Datei um. Zum Beispiel lenkt

```
exec >Ausgabe 2>Fehler
```

die Standardausgabe in die Datei Ausgabe um und die Fehlerausgabe in die Datei Fehler. Diese Voreinstellungen gelten für alle folgenden Kommandos.

```
#
# @(#) mywho V1.0 Liste der aktiven Benutzer in eine Datei
#                 schreiben
# Aufruf: mywho

echo "Diese Meldung erscheint auf dem Bildschirm"

exec >BENUTZER   # Schreibe alle Ausgaben in die Datei BENUTZER

echo "Liste der aktiven Benutzer:"
echo "--------------------------"
who
echo "Es sind `who | wc -l` Benutzer aktiv."
```

```
$ mywho
Diese Meldung erscheint auf dem Bildschirm
$ cat BENUTZER
Liste der aktiven Benutzer:
--------------------------
peter        console         Aug 16 12:05
dieter       term/tty01      Aug 16 10:30
Es sind    2 Benutzer aktiv.
$
```

Umlenkung mit dem Befehl exec

In der Prozedur wird die erste Meldung auf dem Bildschirm ausgegeben, da der Aufruf von `echo` vor dem Befehl `exec` erfolgte. Alle Kommandos, die im Anschluß gestartet wurden, schreiben ihre Standardausgabe in die Datei BENUTZER. Die Ausgaben der Befehle werden jeweils an das Ende der Datei angefügt; dieser Mechanismus entspricht dem Umlenkungszeichen >>. Auf diese Art können Sie die Ausgaben in einer Datei sammeln.

Die Umlenkung der Eingabe kann in gleicher Weise vorgenommen werden. Alle Kommandos, die voreingestellt von der Standardeingabe lesen, erhalten ihre Daten aus einer Datei. Der Vorteil dieses Verfahrens liegt vor allem darin, daß jedes Kommando an der letzten Leseposition aufsetzt, so daß Sie alle Zeilen einer Datei nacheinander lesen können. Im folgenden Beispiel lesen Sie die Datei `telefon` und geben den Inhalt aufbereitet auf dem Bildschirm aus:

```
$ cat telefon
Dieter Harig      9999
Peter Termöllen   4711
$
```

```
#
# @(#) atelno V1.1 Lesen eines Telefonregisters
#
# Aufruf: atelno

exec <telefon   # Die Eingabe wird der Datei telefon entnommen
while read vorname nachname tel
do
   echo "-----------------------------------"
   echo $vorname $nachname
   echo $tel
done
```

```
$ telno
-----------------------------------
Dieter Harig
9999
-----------------------------------
Peter Termöllen
4711
$
```

Sie könnten die Umlenkung der Ausgabe für jeden einzelnen Befehl vornehmen. Bei größeren Prozeduren erwartet Sie eine Menge Schreibarbeit, denn Sie müßten das Umlenkungszeichen hinter jedem Befehl schreiben.

Wenn Sie das Zeichen für die Eingabeumlenkung < an das Ende eines jeden Befehls innerhalb der Schleife setzen, hat das den Effekt, daß die Kommandos wiederholt die erste Zeile der Datei lesen.

Setzen Sie das Kommando `exec` an den Anfang der Prozedur, lösen sich beide Probleme von selbst. Bei der Ausgabeumlenkung werden die Ausgaben in der Datei gesammelt; die Eingabeumlenkung sorgt dafür, daß die Befehle alle

Das Umlenken von Daten

Sätze der Datei lesen. Mit den neuen Erkenntnissen können Sie ein Prozedur entwerfen, die einen Dateibaum rekursiv nach einem Muster durchsucht.

```
#!/bin/ksh
#
# @(#) mygrep V1.0   Suche nach Mustern in einem Dateibaum
#
# Aufruf: mygrep Muster Verzeichnis

#----------------#
muster=$1          # Suchmuster
verzeichnis=$2     # Startverzeichnis der Suche
integer anz=0      # Gesamtzahl der Treffer
#----------------#
exec >SUCHLISTE    # Alle Ausgaben werden in die Datei umgeleitet
exec 2>/dev/null   # Fehlerausgaben werden in den UNIX-Papierkorb
                   # umgelenkt

echo "#---------------------------------"
echo "# Suche nach dem Muster: $muster"
echo "#---------------------------------"

find $verzeichnis -print |
while read datei
do
 grep -l $muster $datei && (( anz+=1 ))
done
echo "Das Muster $muster wurde in $anz Dateien gefunden."
```

Die Umlenkung der Standardausgabe und der Standardfehlerausgabe wurde einmalig am Anfang vorgenommen. Dadurch entfällt die Umlenkung der Ausgabe jedes einzelnen Befehls in die Datei SUCHLISTE. Die Prozedur wird übersichtlicher, und Sie ersparen sich lästige Schreibarbeit. Eine spätere Änderung der Namen beider Ausgabedateien läßt sich problemlos durchführen. Sie müssen lediglich die Namensgebung am Anfang der Prozedur ändern. Im Gegensatz dazu ist der Änderungsaufwand sehr viel größer, wenn Sie die Ausgabeumlenkung für jeden Befehl vorgenommen hätten.

11.3. Die Benutzung von Dateideskriptoren

Die Umlenkung mit den Sonderzeichen >, >> und < ist Ihnen hinlänglich bekannt. Fehlerausgaben können mit 2>Fehler in eine Datei geschrieben werden. Die Nummer 2 vor dem Umlenkungssymbol ist der Dateideskriptor. Für jeden Datenkanal gibt es einen solchen Deskriptor:

Deskriptornummer	Bedeutung
0	Standardeingabe
1	Standardausgabe
2	Standardfehlerausgabe

Folgende Formen der Umlenkung sind Ihnen bereits bekannt:

```
$ ls >Ausgabe
$ mail peter <nachricht
```

Für die Umlenkung könnten Sie alternativ folgende Schreibweisen angeben:

```
$ ls 1>Ausgabe              Der Deskriptor 1 kann entfallen
$ mail peter 0< nachricht   Der Deskriptor 0 kann entfallen
```

Bei der Umlenkung der Standardausgabe müssen Sie den Deskriptor 1 nicht unbedingt angeben, da er vom System voreingestellt eingesetzt wird. Das gleiche gilt für die Standardeingabe. Die Angabe der Deskriptoren 0 und 1 ist optional. Anders dagegen ist es bei der Standardfehlerausgabe. Hier ist der Deskriptor 2 unerläßlich, denn ansonsten würde die Shell die Ziffer 1 einsetzen und die Standardausgabe umlenken. Bisher haben Sie in Ihren Prozeduren Fehlermeldungen auf die Standardausgabe geschrieben. Sie können sich der üblichen Norm anderer UNIX-Kommandos anschließen und Fehlermeldungen auf die Standardfehlerausgabe ausgeben.

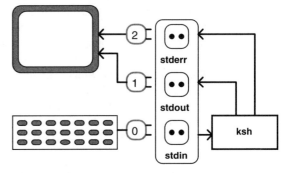

```
$   echo "Dateiname ist unzulässig" >&2
```

Der Befehl schreibt die Meldung auf die Standardfehlerausgabe. Der Ausdruck &2 besagt, daß die Standardausgabe auf den Dateideskriptor 2 ausgegeben wird. Zwischen dem Zeichen & und dem Dateideskriptor darf kein Leerzeichen stehen.

Manchmal ist es notwendig, Kommandoausgaben und Fehlermeldungen in eine Datei zu schreiben. Eine gleichzeitige Umlenkung der Standardausgabe und der Standardfehlerausgabe läßt sich mit folgendem Befehl ausdrücken:

```
$ find / -name eingabe -print >Ausgabe 2>&1
```

Die Notation 2>&1 legt fest, daß die Standardfehlerausgabe auf den Dateideskriptor 1 umgelenkt wird. Damit werden Fehlermeldungen des Kommandos find auf die Standardausgabe geschrieben, die ihrerseits mit der Notation >Ausgabe in die Datei umgelenkt. Dadurch werden Fehlermeldungen und die restlichen Ausgaben gemeinsam in eine Datei geschrieben.

Zum Abschluß des Themas Umlenkung sehen Sie eine Sonderform der Eingabeumlenkung. Kommandos können ihre Eingabe direkt aus der Shell-Prozedur lesen.

11.4. Here-Dokumente (In-line-Eingabeumleitung)

Die Umlenkung der Standardeingabe mit dem Sonderzeichen < ist Ihnen bereits bekannt. Der Befehl

```
$ mail dieter <nachricht
```

liest den Inhalt der Datei `nachricht` und leitet ihn an den Benutzer `dieter`. Genau wie bei der Ausgabeumlenkung können Sie zwei Umlenkungssymbole hintereinander schreiben. Das Symbol >> bei der Ausgabeumlenkung bedeutet, daß die Ausgabedaten an eine bestehende Datei angehängt werden sollen. In Verbindung mit der Eingabeumlenkung ist der Ausdruck nicht sinnvoll. Die Shell verwendet die Sonderzeichen << für einen anderen Zweck. Folgen einem Kommando die doppelten Umlenkungszeichen in der Form: Kommando <<wort nimmt das Kommando alle nachfolgenden Zeilen als Standardeingabe und zwar solange, bis es auf das Wort trifft, das dem Sonderzeichen << folgt. Schauen Sie sich folgendes Beispielprogramm an:

```
#
# @(#) post V1.8 Nachricht versenden
#
# Aufruf: post

mail $1 <<ENDE_DES_TEXTES
Datum: `date`
Hallo Dieter,
das versprochene Programm zum Anlegen
von Sicherungskopien befindet sich in
meinem Heimatverzeichnis: $HOME
ENDE_DES_TEXTES
```

Das Kommando `mail` liest solange die nachfolgenden Zeilen der Prozedur, bis das Wort ENDE_DES_TEXTES erkannt wird. Die Kommandosubstitution und Variablen innerhalb des Textes werden zuvor von der Shell ersetzt. Here-Dokumente sind in Shell-Prozeduren sehr nützlich. Sie können den Text direkt an einen Befehl weiterleiten, ohne ihn vorher in eine Datei unterbringen zu müssen. Die Ausgabe umfangreicher Texte wird mit einem Here-Dokument wesentlich einfacher:

Here-Dokumente (In-line-Eingabeumleitung)

```
#
# @(#) inst V1.0 Installation von Dateien
#
# Aufruf: inst

INST=$HOME

cat <<ENDE_DER_EINGABE
Sie können durch Eingabe von 'j' mit der Installation
fortfahren.
Alle Dateien werden in den Katalog $INST
übertragen.Bitte legen Sie die Diskette ein.
ENDE_DER_EINGABE

read eingabe
[ $eingabe = "j" ] && ( cd $INST; tar xvf /dev/fd196ds18; )
```

```
$  inst
Sie können durch Eingabe von 'j' mit der Installation
fortfahren.
Alle Dateien werden in den Katalog /home/peter
übertragen. Bitte legen Sie die Diskette ein.
j       Ihre Eingabe
... Die Dateien werden von der Diskette eingelesen
```

Das Kommando `cat` nimmt die Eingabe aus den nachfolgenden Zeilen der Prozedur und gibt den Text auf dem Bildschirm aus. Das Wort ENDE_DER_EINGABE schließt die Eingabe ab und setzt die Ausführung mit dem nächsten Befehl fort. Diese Technik ist wesentlich einfacher anzuwenden, als wenn Sie jede Zeile mit dem Kommando `echo` ausgeben.

Beachten Sie, daß die Variable INST gegen den Wert /home/peter ausgetauscht wurde. Die Ersetzung von Variablen und der Kommandosubstitution wird nicht durchgeführt, wenn vor dem Wort, welches den Sonderzeichen << folgt, ein umgekehrter Schrägstrich gesetzt wird.

```
$  cat <<\ENDE
> Die Variable wird nicht ersetzt: $HOME
> Die Kommandosubstitution wird nicht interpretiert: `date`
> ENDE
Die Variable wird nicht ersetzt: $HOME
Die Kommandosubstitution wird nicht interpretiert: `date`
$
```

Durch Voranstellen des Zeichens \ vor dem Wort ENDE werden die Zeilen nicht von der Shell interpretiert. Sie können den Text vor dem Zugriff der Shell schützen.

In dem folgenden Beispiel nutzen Sie ein Here-Dokument, um arithmetische Ausdrücke mit dem Kommando `bc` zu berechnen. Das Lösen arithmetischer Ausdrücke mit den Kommandos `let` und `expr` haben Sie bereits in Kapitel 7 kennengelernt. Diese Befehle beschränken sich jedoch auf die Behandlung ganzzahliger Werte und ignorieren alle Stellen nach dem Komma. Das Programm `bc`

Das Umlenken von Daten

dagegen berücksichtigt die Nachkommastellen einer Zahl und erlaubt darüber hinaus die Verwendung komplexer mathematischer Ausdrücke wie Wurzelberechnung, Winkelberechnung und Potenzierung.

```
bc [-l]
```

Das Kommando `bc` arbeitet interaktiv und erwartet die Eingaben von der Tastatur. Bei Angabe der Option -l wird die mathematische Bibliothek `/usr/lib/lib.b` zur Berechnung von Ausdrücken verwendet. Die gesamte Leistungsfähigkeit dieses Befehls zu beschreiben würde an dieser Stelle den Rahmen sprengen, deshalb werde ich mich auf die grundlegenden Eigenschaften beschränken. In Ihrem Systemhandbuch finden Sie eine ausführliche Beschreibung der vielseitigen Möglichkeiten von `bc`.

Das Ziel dieses Abschnittes ist es, Ihnen aufzuzeigen, wie Sie ein interaktives Kommando mit der In-line-Eingabeumleitung zu einem nicht interaktiven Befehl umgestalten können. Zunächst starten Sie `bc` im interaktiven Modus:

```
$ bc -l              Die Option -l erlaubt die Berechnung von zwanzig Nachkommastellen
123/3.4              Der Befehl erwartet Ihre Eingabe
36.17647058823529411764
quit                 quit beendet das Kommando
$
```

Nach Aufruf von `bc` erwartet das Kommando die Eingaben von der Tastatur. Sie können beliebige arithmetische Ausdrücke eingeben, das Ergebnis erscheint anschließend auf dem Bildschirm. Wie Sie sehen, arbeitet der Befehl mit einer hohen Genauigkeit. Mit `quit` beenden Sie die Eingabe und befinden sich wieder in Ihrer Ausgangsshell. Durch Anhängen der doppelten Eingabeumleitung an den Kommandoaufruf liest der Befehl alle nachfolgenden Zeilen, anstatt die Daten von der Tastatur einzulesen. Die folgende Prozedur `mybc` nutzt dazu ein Here-Dokument:

```
#
# @(#) mybc V1.0 Kommando bc mit der In-line Eingabeumlenkung
#
# Aufruf: mybc

bc -l <<ENDE
(3.7+4.76)*15.6
quit
ENDE
```

Durch Anhängen von <<ENDE liest der Befehl `bc` alle nachfolgenden Zeilen, bis er auf das Wort ENDE trifft. Der letzte Befehl `quit` beendet das Kommando und gibt das Ergebnis auf dem Bildschirm aus.

Here-Dokumente (In-line-Eingabeumleitung)

```
$ mybc
131.976                    Das Ergebnis der Berechnung
$
```

Variablen innerhalb des Ausdrucks werden von der Shell durch den Wert ersetzt, bevor Sie an das Kommando bc übergeben werden. Die folgende Prozedur verbrauch berechnet den durchschnittlichen Benzinverbrauch eines Autos pro 100 gefahrener Kilometer.

```
#
# @(#) verbrauch V1.0 Berechnung des Benzinverbrauchs pro 100 km
#
# Aufruf: verbrauch

echo "Gefahrene Kilometer ? \c"; read km
echo "Benzinverbrauch      ? \c"; read liter
echo "Verbrauch pro 100 Kilometer: \c"
bc -l <<ENDE
100*$liter/$km
quit
ENDE
```

```
$ verbrauch
Gefahrene Kilometer ? 456
Benzinverbrauch      ? 33.7
Verbrauch pro 100 Kilometer: 7.39035087719298245614
$
```

Die Ausgangswerte werden von der Tastatur eingelesen und in die Variablen km und liter übertragen. Die Shell ersetzt zuerst die Variablen in der Eingabezeile und erst im Anschluß liest das Kommando bc alle nachfolgenden Zeilen, bis es auf das Wort ENDE trifft. Der Befehl quit beendet die Berechnung und das Ergebnis erscheint auf dem Bildschirm. Mit dieser Methode haben Sie ein interaktives Kommando zu einem nicht interaktiven Befehl umgestaltet. Sie können dieses Verfahren auf alle Kommandos anwenden, die voreingestellt Daten von der Tastatur lesen.

Zum Abschluß des Themas "Umlenkung von Daten" lernen Sie zwei weitere Anwendungen kennen, die Ihnen vielleicht in Ihrer täglichen Praxis von Nutzen sind. Im ersten Fall handelt es sich um ein Kommando, das die Berechnung komplexer mathematischer Ausdrücke erlaubt. Das zweite Beispiel ist ein Vorschlag zur Datensicherung und dient zugleich als Zusammenfassung der bisher erlernten Mechanismen zur Umlenkung von Daten.

11.5. Anwendungsbeispiel: Fließkommaberechnungen

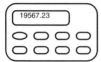

Hier lernen sie die Prozedur `fcalc` kennen, mit der Sie in Zukunft Ihre Fließkommaberechnungen erledigen können. Der mathematische Ausdruck wird beim Aufruf des Kommandos angegeben, und das Ergebnis erscheint auf dem Bildschirm. Die Basis für die Auswertung des Ausdruckes ist das Kommando `bc`:

```
#
# @(#) fcalc V1.0 Berechnung arithmetischer Ausdrücke
#
# Aufruf: fcalc Ausdruck

(( $# == 0 )) && { echo "Aufruf: $0 Ausdruck"; exit 1; }
#
# Berechne den übergebenen Ausdruck
#
bc -l <<ENDE
$*
quit
ENDE
```

Die Variable `$*` beinhaltet den beim Aufruf übergebenen Ausdruck, der von der Shell zunächst ersetzt wird, bevor das Kommando `bc` die Zeile zur Eingabe erhält. Das Kommando `quit` beendet den Befehl `bc` und gibt das Ergebnis auf dem Bildschirm aus. Vergessen Sie nicht, die Sonderzeichen der Shell beim Aufruf zu maskieren:

```
$ fcalc '(88.76+5.6)*23.4'
2208.024
```

Mit der Kommandosubstitution läßt sich das Ergebnis der Berechnung in eine Variable speichern. Sie kennen das Verfahren bereits vom Kommando `expr`:

```
$ liter=`fcalc 100*33.7/456`
$ echo "Der Verbrauch auf 100 Kilometer: $ liter"
Der Verbrauch auf 100 Kilometer: 7.39035087719298245614
$ echo "Die Wurzel aus 16 lautet: `fcalc sqrt\(26\)`"
Die Wurzel aus 16 lautet: 5.09901951359278483002
```

Jetzt steht der Berechnung komplexer Ausdrücke nichts mehr im Wege. Winkelfunktionen können mit den Funktionen Sinus `s()` und Cosinus `c()` berechnet werden. Die Wurzel einer Zahl erhalten Sie mit `sqrt()`. Die Klammern sind Sonderzeichen der Shell (Subshell); vergessen Sie nicht, diese vor einem Aufruf zu maskieren.

Das zweite Anwendungsbeispiel faßt das Thema Ein-Ausgabeumlenkung in Schleifen nochmals zusammen und ist zugleich ein Beispiel dafür, wie Sie Ihre Datensicherung in Zukunft gestalten können.

11.6. Anwendungsbeispiel: Datensicherung

Das folgende Beispiel, das vor allem die zukünftigen Systemverwalter unter Ihnen ansprechen wird, beschäftigt sich mit dem Thema Datensicherung. Das Konzept der Prozedur `archive` ist schnell erklärt. In der Datei `archive.list` sind alle Kennungen verzeichnet, deren Heimatverzeichnisse bei einer Sicherung berücksichtigt werden sollen. Für jede Kennung wird zuerst der Name des zugehörigen Heimatverzeichnisses aus der Datei `/etc/passwd` ermittelt, um anschließend die darin enthaltenen Dateien zu sichern. Das Protokoll der gesicherten Daten wird in der Datei `sich.prot` geschrieben, eventuelle Fehlermeldungen werden in der Datei `sich.err` hinterlegt.

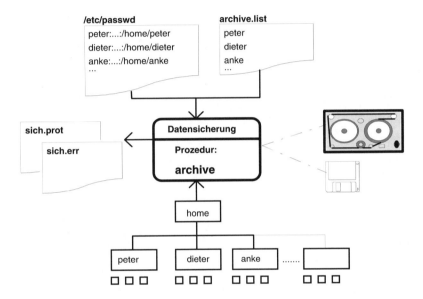

Bei mehreren Benutzern werden Sie mit einer Diskette nicht genügend Speicherkapazität besitzen, daher verwenden Sie vorsichtshalber ein Bandlaufwerk. Die in der Prozedur verwendeten Mechanismen wurden in den vorangegangenen Kapiteln hinreichend besprochen und dürften für Sie vermutlich keine Schwierigkeit mehr darstellen. Dieses Kommando soll Ihnen eine Anregung zum Thema Datensicherung geben und gleichzeitig die bisher behandelten Verfahren vertiefen. Die genaue Parametrierung und die Arbeitsweise des hier verwendeten Kommandos `cpio` (copy in copy out) finden Sie im ersten Band dieser Reihe[2] oder in Ihrem Systemhandbuch.

---

[2] D.Harig: "UNIX im Alleingang. 1993, Springer, Berlin, Heidelberg.

Das Umlenken von Daten

```
           #
           # @(#) archive V1.0 Dateien von Benutzern sichern
           #
           # Aufruf: archive

           #--------------------------#
           GERAET=/dev/rmt/c0s0        # Ausgabegerät
           PROTOKOLL=sich.prot         # Sicherungsprotokoll
           FEHLER=sich.err             # Fehlerprotokoll
           LISTE=$HOME/archive.list    # Liste der zu sichernden Kennungen
           TERMINAL=/dev/tty           # Gerätenamen des Terminals
           #--------------------------#

           [ -r "$LISTE" ] || { echo "Datei: $LISTE nicht lesbar" >&2;exit 1;}

           exec 2>$FEHLER              # Schreibe Fehlermeldungen in die
                                       # Protokolldatei
           echo "Fehlerprotokoll der Sicherung vom: `date +%D`" >&2

           grep -v "^ *#.*$" $LISTE |  # Lese Datei mit den Kennungen.
                                       # Kommentarzeilen, die mit '#'
                                       # beginnen, werden nicht beachtet.
           while read Benutzer Kommentar
           do
             #
             # Suche Benutzerangaben in der Datei /etc/passwd
             # Das Feld 6 (Heimatverzeichnis) ausschneiden und in
             # die Variable HEIMAT übertragen
             #
             HEIMAT=`grep "^$Benutzer:" /etc/passwd | cut -d: -f6`
             #
             # Falls das Heimatverzeichnis nicht gefunden wurde -
             # Fehlermeldung ausgeben und nächste Kennung bearbeiten
             #
             [ -z "$HEIMAT" ] && {
             echo "*** Benutzer $Benutzer unbekannt" >$TERMINAL
             continue; }                # Der Nächste bitte ...
             #
             # Meldung auf den Bildschirm protokollieren.
             # Liste aller Dateien mit dem Kommando find erstellen
             # und an den Befehl cpio weiterleiten.
             #
             echo "Sicherung der Kennung: $Benutzer ($Kommentar)" >$TERMINAL
             find $HEIMAT -print

           done | cpio -octv0 $GERAET >$PROTOKOLL

           mail $LOGNAME <$FEHLER      # Sende Fehlerprotokoll an den
                                       # Aufrufer.
```

Mit dem Befehl `exec 2>$FEHLER` wird die Fehlerausgabe aller Kommandos in eine gemeinsame Protokolldatei gelenkt. Vor dem Aufruf von `archive` erstellen Sie die Liste der zu sichernden Kennungen. Der Benutzerkennung kann ein Kommentar folgen, dieser muß mindestens durch ein Leerzeichen abgetrennt sein. Der Befehl `read` liest das erste Wort in die Variable `Benutzer` und alles weitere in die Variable `Kommentar` ein. Diese Hinweiszeile erscheint zusätzlich auf Ihrem Bildschirm während die Datensicherung ausgeführt wird. Zusätzlich können Kommentarzeilen an beliebiger Stelle in der Datei auftreten. Die Zeilen werden von der Prozedur ignoriert, wenn sie mit dem Zeichen # beginnen; dabei können vor dem Kommentarzeichen beliebig viele Leerzeichen auftreten.

Anwendungsbeispiel: Datensicherung

```
#-----------------------------------------------------------
# Datei:            archive.list V1.0
# letzte Änderung: 06.12.92
#
# Die Heimatverzeichnisse folgender Kennungen werden bei der
# Datensicherung berücksichtigt.
#-----------------------------------------------------------
# Kennung     Kommentar
#-----------------------------------------------------------
# Kennungen der Abteilung: Entwicklung
#
peter         Der Autor dieser Prozedur
dieter        Abteilung: Entwicklung
#
# Kennungen der Abteilung: Geschäftsleitung
#
anke          Abteilung: Geschäftsleitung
claudia       Abteilung: Geschäftsleitung
tobias        Am 15.09.91 neu aufgenommen
```

Ein gültiger Eintrag der Datei `archive.list` besteht aus den Feldern "Benutzerkennung" und "Kommentar". Weitere Kommentarzeilen müssen durch das Zeichen # eingeleitet werden. Der Befehl `grep` liest alle Sätze der Datei `archive.list` und filtert aus dem Datenstrom alle Kommentarzeilen aus und leitet diese mit einer Pipe an das Kommando `read`. Das erste Wort einer Zeile, der Benutzername, wird in die Variable `Benutzer` übertragen. Alle folgenden Angaben werden in der Variablen `Kommentar` hinterlegt.

Innerhalb der Schleife wird überprüft, ob der Benutzer in der Datei `/etc/passwd` enthalten ist. Im Erfolgsfall wird der Name des zugehörigen Heimatverzeichnisses aus der Datei ermittelt und das Kommando `find` erstellt mit dieser Angabe eine Liste aller untergeordneten Dateien, die durch eine weitere Pipe an das Sicherungskommando `cpio` weitergereicht werden.

Dieser Vorgang wird solange wiederholt, bis `read` keine weiteren Eingaben erhält und alle Benutzerkennungen gesichert wurden. Nach Abschluß hinterlegt die Prozedur das Fehlerprotokoll in den Briefkasten des Aufrufers. Warum wurden die beiden Ausgaben innerhalb der Schleife auf Ihren Bildschirm umgelenkt?

```
echo "*** Benutzer $Benutzer unbekannt" >$TERMINAL
echo "Sicherung der Kennung: $Benutzer ($Kommentar)" >$TERMINAL
```

Richtig - für alle Kommandos innerhalb der Schleife wurde die Standardausgabe mit dem Pipe-Symbol umgelenkt. Das Kommando `echo` würde die Meldungen ebenfalls dorthin schreiben und an das Kommando `cpio` weiterreichen. Dieses würde sich sofort mit einer Fehlermeldung bei Ihnen bedanken. Alle Bildschirmausgaben müssen daher auf das Gerät `/dev/tty` umgelenkt werden.

Die Schleife verhält sich wie ein einzelnes Kommando, das die Eingabedaten durch eine Pipe erhält und die Ausgaben an das Folgekommando weiterreicht. Als Eingabe erhält die Schleife alle Benutzerkennungen der Datei `archive.list`, ermittelt die Heimatverzeichnisse, erstellt davon eine Liste aller untergeordneten Dateien und leitet die Pfadnamen an das Kommando `cpio`. Ein "Seitenausgang" bildet die Fehlerdatei und Ihr Bildschirm. Alle

Das Umlenken von Daten

Daten, die nicht an das Kommando `cpio` weitergeleitet werden sollen, müssen auf diese Geräte separat umgelenkt werden.

Nach dem Aufruf der Prozedur werden die Heimatverzeichnisse der aufgeführten Kennungen gesichert. Es ist möglich, daß Sie als "normaler" Benutzer nicht berechtigt sind, die Daten aller Benutzer zu lesen. Eine erfolgreiche Sicherung aller Dateien ist daher nur als Systemverwalter durchführbar. Berücksichtigen Sie diese Einschränkung beim Aufruf der Prozedur und vergewissern Sie sich, daß vor dem Aufruf ein Band eingelegt wurde:

```
$ archive
Sicherung der Kennung: peter (Der Autor dieser Prozedur)
Sicherung der Kennung: dieter (Abteilung: Entwicklung)
Sicherung der Kennung: anke (Abteilung:Geschäftsleitung)
Sicherung der Kennung: claudia (Abteilung:Geschäftsleitung)
Sicherung der Kennung: tobias (Am 15.09.91 neu aufgenommen)
$
```

Nach Beendigung der Sicherung finden Sie das Protokoll der gesicherten Daten im aktuellen Verzeichnis unter dem Namen `sich.prot`. Damit sind Sie immer über den letzten Stand der Sicherung informiert.

Das Fehlerprotokoll wurde von der Prozedur in Ihrem Briefkasten hinterlegt. Mit dem Kommando `mail` können Sie das Ergebnis der Sicherung überprüfen:

```
$ mail
From peter Sun Mar 21 20:11 MET 1993
Content-Length: 55

Fehlerprotokoll der Sicherung vom: 03/21/93
520 blocks

? q
$
```

Mit dem Abschluß dieses Kapitels haben Sie alle Kontrollstrukturen der Shell kennengelernt. Auf die Themen Entscheidungen und Schleifen folgt nun eine Sammlung von Befehlen, die sich nicht so recht in diese Reihe der bedingten Anweisungen einordnen lassen. Als erstes ein Befehl der Korn-Shell, mit dem Sie auf einfache Art Auswahlmenüs gestalten können. Das zweite Kommando ist ebenfalls nur der Korn-Shell bekannt und beschäftigt sich mit dem Typenkonzept von Variablen. Sie lernen Anweisungen kennen, mit der Sie auf komfortable Art Zeichenketten formatieren und bearbeiten können. Den Abschluß bildet dann der sechste Teil der Adreßverwaltung, in dem Sie mit diesen Anweisungen einige "Schönheitsreparaturen" vornehmen werden.

12. Auswahlmenüs

12.1. Kapitelübersicht

```
1) Suchen
2) Löschen
3) Ändern
Ihre Wahl ?  1
```

Auswahlmenüs sind in der Shell-Programmierung ein beliebtes Hilfsmittel, um besonders unerfahrenen Benutzern die Bedienung eines Programmes zu erleichtern. In den vorangegangenen Kapiteln haben Sie anhand zahlreicher Beispiele gesehen, wie Sie mit Hilfe einer Schleife und der Anweisung `case` Menüpunkte anzeigen und zur Auswahl stellen können. Die Korn-Shell kennt darüber hinaus einen weiteren Schleifenbefehl, der die Gestaltung von Auswahlmenüs in Zukunft wesentlich vereinfacht.

- Die Anweisung `select`
- Ein Anwendungsbeispiel: Das sichere Löschen

Auswahlmenüs

12.2. Die `select`-Anweisung

Das Erstellen von Auswahlmenüs wurde in der Korn-Shell durch die Anweisung `select` vereinfacht. Der Befehl führt die Anzeige von Menüpunkten und deren Auswahl automatisch durch und reicht den ausgewählten Punkt an die Prozedur zurück. Die Anweisung hat folgenden Aufbau:

```
select auswahl in Menüpunkt1   Menüpunkt2 ...
do
      Kommando 1
      ...
      Kommando n
done
```

Die fettgedruckten Schlüsselwörter sind fester Bestandteil der Anweisung. Nach dem Schlüsselwort `in` folgen die Menüpunkte. Jeder Menüpunkt muß vom nächsten durch mindestens ein Leerzeichen getrennt sein. Nach Aufruf der `select`-Anweisung wird diese Liste auf die Standardfehlerausgabe ausgegeben und jeder Menüpunkt erhält eine fortlaufende Nummer von 1 bis n. Nach Aufruf des Kommandos können Sie anhand der Positionsnummer Ihre Auswahl treffen. Beginnt die Eingabe mit einer der Positionsnummern, wird der Menüpunkt in die Variable `auswahl`, und die Positionsnummer in die Variable `REPLY`, abgelegt. Geben Sie etwas anderes ein, wird die Variable `auswahl` auf "leer" gesetzt. Nach jeder Auswahl werden die Kommandos zwischen `do...done` ausgeführt und die Eingabeaufforderung wird erneut angezeigt.

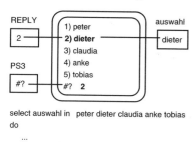

```
select auswahl in peter dieter claudia anke tobias
do
   ...
done
```

Geben Sie bei der Auswahl nichts an, erfolgt gleichfalls eine erneute Ausgabe des Menüs. Sie können das Auswahlmenü nur auf folgende Art beenden:

- Eingabe der Tastenkombination <CTRL-D> beendet das Menü.
- Ausführen der Befehle `exit` oder `break` innerhalb von `do...done` beenden das Menü.

Bei der Eingabe wird als Prompt die Variable `PS3` angezeigt. Sie ist in Ihrem Environment von der Korn-Shell mit `#?` vorbesetzt. Nach der langen Vorrede einige Beispiele zur `select`-Anweisung.

Die select-Anweisung

```
#!/bin/ksh
#
# @(#) auswahl V1.0 Benutzer auswählen
#
# Aufruf: auswahl

select benutzer in peter dieter claudia anke tobias
do
 echo "Sie haben $benutzer ausgewählt."
 echo "Eingabe: $REPLY"
done
```

`$ auswahl`	Das Menü wird angezeigt
`1) peter`	
`2) dieter`	
`3) claudia`	
`4) anke`	
`5) tobias`	
`#? 1`	Auswahl Punkt 1
Sie haben *peter* ausgewählt.	
Eingabe: *1*	
`#? 99`	select ist noch nicht beendet; eine erneute Eingabe wird verlangt
Sie haben ausgewählt.	Ungültige Eingabe 99
Eingabe: *99*	Variable benutzer ist leer
`#? <CTRL> D`	Beenden mit <CTRL> D (EOF)
`$`	

Die Wörter nach dem Schlüsselwort `in` werden in Form einer numerierten Liste angezeigt. Das voreingestellte Promptzeichen `#?` (PS3) zeigt an, daß `select` eine Eingabe erwartet. Nach Auswahl des Punktes 1 wird der zugehörige Wert in die Variable `benutzer` übertragen und die Kommandos zwischen `do...done` werden ausgeführt. Während der Variablen `benutzer` das Listenelement zugewiesen wird, wird in `REPLY` die ausgewählte Positionsnummer hinterlegt. Diese beiden Variablen können im Kommandoteil verarbeitet werden. Nach der Auswahl einer Ziffer ist die Anweisung nicht beendet und das Promptzeichen verlangt eine erneute Auswahl. Die Eingabe einer ungültigen Zahl führt zu einer unbesetzten Variablen `benutzer`, ohne daß eine Fehlermeldung angezeigt wird. Ein Abbruch ist nur durch Eingabe der Tastenkombination <CTRL> D möglich.

Die Auswertung falscher Eingaben sowie der Ausstieg aus dem Menü müssen von Ihnen im Kommandoteil programmiert werden. So können Sie Ihr Menü nach Ihren Vorstellungen entwerfen. Sie können die Prozedur `auswahl` durch folgende Ergänzungen im Kommandoteil verbessern:.

Auswahlmenüs

```ksh
#!/bin/ksh
#
# @(#) auswahl V1.1 Benutzer auswählen
#
# Aufruf: auswahl

PS3="Ihre Wahl: ? "   # Auswahlprompt neu besetzen

select benutzer in peter dieter claudia anke tobias Ende
do
 case "$benutzer" in

 Ende)   exit 0;;
 "")     echo "Ungültige Auswahl";;
 *)      echo "Sie haben $benutzer ausgewaehlt;;

 esac
done
```

```
$ auswahl
1) peter
2) dieter
3) claudia
4) anke
5) tobias
6) Ende
Ihre Wahl: ? 1                    Eine gültige Auswahl
Sie haben peter ausgewählt.
Ihre Wahl: ? 99                   Eine ungültige Eingabe wird mit einer Meldung
                                  abgewiesen
Ungültige Auswahl
Ihre Wahl: ? 6                    Ein Beenden ist möglich
$
```

Sie können den Aufrufer mit einer beliebigen Zeichenkette zur Eingabe auffordern. Hier wurde die Variable PS3 mit dem Prompt Ihre Wahl ? besetzt. Die Liste der Menüpunkte wurde um den Menüpunkt Ende erweitert. Nur bei Auswahl dieses Punktes wird die Prozedur beendet. Im Kommandoteil zwischen do...done wird der ausgewählte Menüpunkt mit der case-Anweisung überprüft. Bei Eingabe von Ende wird die Prozedur durch Aufruf des Befehls exit verlassen. Die leere Zeichenkette zeigt eine ungültige Auswahl an und in allen anderen Fällen war die Auswahl zulässig. Beachten Sie bei Verwendung der select-Anweisung drei Regeln:

- Besetzen Sie die Variable PS3 mit Ihrem Promptzeichen.
- Führen Sie einen Menüpunkt zum Beenden der select-Anweisung ein.
- Überprüfen Sie die Variable der select-Anweisung auf die leere Zeichenkette, damit ungültige Eingaben erkannt werden.

Nachdem der grundsätzliche Aufbau der Anweisung besprochen wurde, einige Anregungen zum Einsatz der select-Anweisung. Die folgende Prozedur

Die select-Anweisung

`myfind` vereinfacht den Umgang mit dem UNIX-Befehl `find`. Insbesondere unerfahrene UNIX-Anwender werden diese Prozedur zu schätzen wissen.

```
#!/bin/ksh
#
# @(#) myfind V1.0 Suchen von Dateien mit dem Kommando find
#
# Aufruf: myfind

PS3="Suchen nach Dateien. Suchkriterium eingeben> "

select option in Dateinamen Kennung Groesse Zugriffsrechte Ende
do
 case "$option" in
  Dateinamen)
     echo "Bitte Dateinamen eingeben: \c"; read datei
     cmd="-name $datei";       break;;
  Kennung)
     echo "Bitte Benutzerkennung eingeben: \c"; read kennung
     cmd="-user $kennung"; break;;
  Groesse)
     echo "Bitte Dateigröße in Blöcken zu 512 Byte angeben:\c"
     read block
     cmd="-size $block";       break;;
  Zugriffsrechte)
     echo "Bitte Zugriffsrechte eingeben (oktal): \c"; read rechte
     cmd="-perm $rechte";      break;;
  Ende)
     exit 0;;
  *)
     echo "Ungültige Auswahl";;
 esac
done
echo "*** Die Liste der Dateien wird erstellt. Bitte warten ..."
find / $cmd -print 2>/dev/null
```

Die Prozedur stellt eine Liste von Suchkriterien zur Auswahl, mit denen Sie nach bestimmten Dateien suchen können. Nach Auswahl einer Positionsnummer wird die zugehörige Option in die Variable `option` übertragen, die Befehle zwischen `do .. done` werden ausgeführt.

Die `case`-Anweisung ermittelt das ausgewählte Suchkriterium und besetzt die Variable `cmd` mit der entsprechenden Option des Kommandos `find`. Ergänzende Informationen wie Dateiname, Dateigröße, Benutzername und Zugriffsrechte werden über die Tastatur nachgefordert.

Im Gegensatz zum Befehl `exit`, mit dem die Prozedur beendet wird, verläßt `break` die `select`-Anweisung und die Ausführung wird hinter dem Schlüsselwort `done` fortgesetzt. Der Menüpunkt Ende schließt die Bearbeitung ab, das Muster `*` am Ende der `case`-Leiste beantwortet alle ungültigen Eingaben mit einer Fehlermeldung.

Auswahlmenüs

```
$ myfind
1) Dateinamen
2) Kennung
3) Größe
4) Zugriffsrechte
5) Ende
Suchen von Dateien.Suchkriterium eingeben> 2
Bitte Benutzerkennung eingeben: peter
*** Die Liste der Dateien wird erstellt. Bitte warten ...
/home/peter/.profile
/home/peter/brief.txt
/home/peter/post1.txt
/home/peter/post2.txt
/tmp/sort.lst
   ... weitere Dateien folgen ...

$ myfind
1) Dateinamen
2) Kennung
3) Größe
4) Zugriffsrechte
5) Ende
Suchen von Dateien. Suchkriterium eingeben> 4
Bitte Zugriffsrechte eingeben (oktal): 700
*** Die Liste der Dateien wird erstellt. Bitte warten ...
/home/peter/ausgabe
/home/peter/post1.txt
/home/peter/post2.txt
   ... weitere Dateien folgen ...

$ myfind
1) Dateinamen
2) Kennung
3) Größe
4) Zugriffsrechte
5) Ende
Suchen von Dateien. Suchkriterium eingeben> 3
Bitte Dateigröße in Blöcken zu 512 Byte angeben: 10
*** Die Liste der Dateien wird erstellt. Bitte warten ...
/tmp/user.tmp
/tmp/text1234.sort
/home/peter/orga.doc
   ... weitere Dateien folgen ...
```

Für einen unerfahrenen UNIX-Benutzer ist diese Form der Eingabe wesentlich komfortabler als der direkte Aufruf des Kommandos `find`. Der Anwender kann zwischen verschiedenen Suchkriterien auswählen, ohne sich mit der genauen Parametrierung von `find` auszukennen.

Wie bei der `for`-Schleife können Sie die Liste der Menüpunkte mit den Sonderzeichen der Dateinamengenerierung oder durch eine Kommandosubstitution erzeugen lassen. Die Idee zu folgender Prozedur entstand während der Bearbeitung unterschiedlicher Dateien mit dem Texteditor `vi`. Die Auswahl einer Datei und die anschließende Bearbeitung durch einen Texteditor Ihrer Wahl können Sie mit dem Kommando `select` vereinfachen. Nennen Sie die Prozedur `aedit`:

Die select-Anweisung

```
#!/bin/ksh
#
# @(#) aedit V1.0 Datei zum Editieren auswaehlen
#
# Aufruf: aedit

PS3="Ihre Wahl ? > "

#-----------------------#
EDITOR=vi               # Name des Texteditors
#-----------------------#

echo "Welche Datei möchten Sie bearbeiten?"

select DATEI in * Ende
do
 case "$DATEI" in

 Ende)   exit 0
         ;;
 "")     echo "Ungültige Auswahl"
         ;;
 *)      [ -d "$DATEI" ] && {
         echo "$DATEI ist ein Verzeichnis"; exit 0; }

         $EDITOR $DATEI      # Starte Texteditor
         exit 0              # Prozedur verlassen
         ;;
 esac
done
```

```
$ aedit
Welche Datei möchten Sie bearbeiten?
 1) auswahl                  15) src
 2) auswahl1                 16) srm
 3) bkdaemon                 17) suche1
 4) bkup                     18) suche2
 5) bkup1                    19) tree
 6) blogin                   20) undel
 7) blogoff                  21) undo
 8) chkr                     22) writeall
 9) dkill                    23) writex
10) e                        24) writex1
11) eingabe                  25) writex2
12) eingabe1                 26) zaehle
13) for1                     27) zaehle1
14) logdaemon                28) Ende
Ihre Wahl ? > 22
```

Das Suchmuster in der Liste der Anweisung select bestimmt die anzuzeigenden Dateien des aktuellen Verzeichnisses. Sie können das Suchmuster nach Ihren Wünschen gestalten, um die Auswahlliste auf bestimmte Dateien einzugrenzen. Zum Beispiel reduzieren Sie mit dem Suchmuster *.txt die Liste der Dateien auf alle Namen mit der Endung .txt.

Je nach Suchmuster generiert die Shell aus den Sonderzeichen *, ? und [] zunächst eine Liste und startet anschließend die select-Anweisung. Die Menüpunkte werden zum Zeitpunkt des Aufrufes festgelegt und müssen nicht fest codiert werden.

Auswahlmenüs

Das Sonderzeichen * wird durch die Dateinamen des aktuellen Verzeichnisses ausgetauscht. Wenn Sie diese Prozedur in Ihrem Verzeichnis starten, sehen sie die Dateien Ihrer Umgebung. Die Variable EDITOR bestimmt den Texteditors, mit dem die Datei bearbeitet wird. Durch die automatische Generierung der Listenelemente in der `select`-Anweisung erhalten Sie eine äußerst flexible Prozedur.

Wenn Sie das Arbeitsverzeichnis wechseln, erhalten Sie automatisch eine aktualisierte Auswahlliste der Dateinamen. Ich empfehle Ihnen die Prozedur in dem zentralen Katalog `$HOME/bin` abzuspeichern, damit die Prozedur von jedem Standort im Dateisystem aktiviert werden kann. In Kapitel 1 habe ich Ihnen vorgeschlagen, dieses Verzeichnis in der Variablen PATH zu ergänzen. Am sinnvollsten läßt sich diese Einstellung in der Datei `.profile` vornehmen.

Bedenken Sie, daß in der Auswahlliste eventuell auch Namen von Verzeichnissen auftreten. Diese können Sie nicht mit einem Texteditor bearbeiten. Daher wird vor dem Aufruf des Editors überprüft, ob es sich um ein Verzeichnis handelt. In diesem Fall wird die Prozedur mit einer Fehlermeldung beendet.

Die Generierung der Listenelemente läßt sich ebenfalls mit der Kommandosubstitution durchführen. Das folgende Beispiel stellt eine Auswahlliste aller aktiven Benutzer zur Verfügung, aus der Sie einen bestimmten Teilnehmer auswählen können. Die Post wird wahlweise an den ausgewählten Benutzer oder an alle Benutzer des Systems gesendet.

```ksh
#!/bin/ksh
#
# @(#) apost V1.0 Post an aktive Benutzer senden
#
# Aufruf: apost

PS3="Ihre Wahl ? "
BENLISTE=`who | cut -c1-8 | grep -v $LOGNAME`
select BEN in $BENLISTE "Alle Benutzer der Liste" Ende
do
    case "$BEN" in

    Ende)   exit 0                  # Verlasse Prozedur
            ;;
    "")     echo "Ungültige Auswahl"
            ;;
    Alle*)  echo "*** Nachricht an: $BENLISTE"
            mail "$BENLISTE"        # Post an alle aktiven Benutzer
            ;;
    *)      echo "*** Nachricht an: $BEN"
            mail "$BEN"             # Post an ausgewählte Benutzer
            ;;
    esac
done
```

```
$ who                                   Wer ist momentan angemeldet
dieter    tty01    Nov 28 13:13
claudia   tty02    Nov 28 12:25
anke      tty03    Nov 28 12:45
$
```

Die select-Anweisung

```
$ apost                                    Post senden an einen
                                           angemeldeten Benutzer
1) dieter
2) claudia
3) anke
4) Alle Benutzer der Liste
5) Ende
Ihre Wahl ? 3                              Nachricht an anke
*** Nachricht an: anke
Hallo Anke!
Ich probiere gerade meine neue Prozedur
zum Versenden von Post. Wenn Du die Post
erhältst, antworte mir bitte.
Danke, Peter
<CTRL> D

Ihre Wahl ? 4                              Post an alle Benutzer
*** Nachricht an: dieter claudia anke
An Alle!
Ihr seid um 14.00 herzlich eingeladen,
an meiner kleinen Geburtstagsfeier
teilzunehmen.
Bis dann, Peter
<CTRL> D
Ihre Wahl ? 5
$                                          Die Prozedur beendet sich
                                           nach Eingabe von 5.
```

Die Auswahlliste wurde in diesem Fall durch die Kommandosubstitution

`` `who | cut -c1-8 | grep -v $LOGNAME` ``

gebildet. Der Befehl `grep` sucht in der Ausgabe der aktiven Benutzer alle Namen, die nicht Ihrer Kennung entsprechen und schließt Sie damit aus der Benutzerliste aus. Die Liste der `select-Anweisung` wurde um die Menüpunkte "Alle Benutzer der Liste" und "Ende" ergänzt.

Beachten Sie, daß der Menüpunkt "Alle Benutzer der Liste" mit doppelten Anführungszeichen eingeschlossen wurde, um die Sonderbedeutung des Leerzeichens aufzuheben. Andernfalls würde die Shell diese Zeichenkette als vier verschiedene Menüpunkte interpretieren. Wie in den anderen Prozeduren beendet der Menüpunkt "Ende" das Programm und es wird in die Shell verzweigt.

Sie können die Prozedur so umgestalten, daß die Nachricht an die Benutzer direkt auf den Bildschirm ausgegeben werden. In diesem Fall müssen Sie das Kommando `mail` gegen den Befehl `write` austauschen. Beachten Sie jedoch, daß bei `write` nur ein Benutzername angegeben werden kann. Wie Sie trotzdem eine Nachricht an alle aktiven Benutzer senden können, zeigt die Prozedur `writeall` aus Kapitel 10.4.

Das folgende Kapitel greift das Thema "Das sichere Löschen" erneut auf und zeigt Ihnen, wie Sie mit Hilfe der `select-Anweisung` die Prozedur `undel` nochmals verbessern können.

12.3. Anwendungsbeispiel: Das sichere Löschen

Zum Abschluß des Themas "Auswahlmenüs" eine Erweiterung Ihrer Prozedur `undel` von Kapitel 10.5. Zusammen mit den Prozeduren `sdel` und `pdel` konnte das Löschen von Dateien sicherer gestaltet werden. Die Prozedur hat die Aufgabe, Dateien, die mit dem Kommando `sdel` gelöscht wurden, aus dem Papierkorb hervorzuholen. Dadurch lassen sich gelöschte Dateien auf einfache Art wiederherstellen. Betrachten Sie folgendes Beispiel:

```
$ ls | sort >liste.sort
$ sort /etc/passwd >passwd.sort
$ ls *.sort
liste.sort
passwd.sort

$ sdel *.sort                          Löschen der Dateien in den
                                       Papierkorb

$ ls *.sort
*.sort: No such file or directory      Die Dateien wurden gelöscht
$ undel -i                             Anzeigen der gelöschten Dateien
liste.sort
passwd.sort
$
```

Mit dem Befehl `undel -i` können Sie sich die Liste der gelöschten Dateien anzeigen lassen. Ein erneuter Aufruf von `undel` mit dem gewünschten Dateinamen verlagert die Dateien aus dem Papierkorb in Ihr Arbeitsverzeichnis.

```
$ undel liste.sort passwd.sort
$ ls *.sort                            Die Dateien wurden wiederhergestellt
liste.sort
passwd.sort
$
```

In der erweiterten Version von `undel` ist das Rücksichern von Dateien wesentlich komfortabler. Bei Angabe der Option -i werden alle Dateien des Papierkorbes in einem Menü angezeigt. Dazu wechselt die Prozedur in das Verzeichnis .Papierkorb, erzeugt mit dem Muster * eine Liste aller enthaltenen Dateien und stellt diese der `select`-Anweisung zur Verfügung. Die Prozedur `undel` hat nun folgenden Aufbau:

```ksh
#!/bin/ksh
#
# @(#) undel V1.3 Wiederherstellen gelöschter Dateien
#
# Aufruf: undel Datei1 Datei2 ...    Datei wiederherstellen
#         undel -i                   Inhalt vom Papierkorb auflisten

#--------- Variablen festlegen ---------#
PAPIERKORB=$HOME/.Papierkorb            # Name des Papierkorbes
LISTE=                                  # Liste der Dateien
PS3="Ihre Wahl ? "                      # Auswahlprompt
VER=`pwd`                               # Aktuelles Verzeichnis
#---------------------------------------#

[ ! -d $PAPIERKORB ] && {               # Papierkorb vorhanden?
echo "Der Papierkorb $PAPIERKORB ist nicht vorhanden"; exit 1; }

if [ "$1" = -i ]                        # Papierkorb auflisten?
then                                    # und Datei(en) auswählen
    cd $PAPIERKORB || { echo "$PAPIERKORB: Zugriff nicht erlaubt";
                       exit 1; }
    echo "Folgende Dateien sind im Papierkorb:"
    select DATEI in * Anzeigen Wiederherstellen
    do
      case "$DATEI" in
      Wieder*)  break;;
      Anzeigen) echo $LISTE;;
      "")       echo "Ungültige Auswahl";;
      *)        LISTE="$LISTE $DATEI";;
      esac
    done
    cd $VER                             # Wechsel in das
                                        # Ausgangsverzeichnis
    [ -n "$LISTE" ] && set $LISTE || exit 0
fi

for DATEI                               # Argumentenliste
do                                      # bearbeiten
 echo $DATEI | grep "/" >/dev/null && { # Pfadnamen sind nicht
 echo "Keine Pfadangabe erlaubt"        # erlaubt
 continue; }                            # Die nächste Datei bitte
                                        # Ist die Datei im
 [ -f $PAPIERKORB/$DATEI ] || {         # Papierkorb enthalten?
 echo "Datei $DATEI ist nicht im Papierkorb enthalten"
 continue; }                            # Die nächste Datei bitte

 if [ -a $DATEI ]                       # Existiert die Datei im
 then                                   # im aktuellen Verzeichnis?
     # Die Datei existiert bereits im aktuellen Verzeichnis
     # Wiederherstellen mit Bestätigung
     echo "Datei $DATEI im aktuellen Verzeichnis vorhanden"
     echo "Soll die Datei überschrieben werden (j/n)?\c"; read ok
     [ "$ok" != j ] && {
       echo "Die Datei wurde nicht wiederhergestellt"
       continue; }                      # Die nächste Datei bitte
 fi
                                        # Datei aus dem Papierkorb
                                        # in das aktuelle Verzeich-
 mv $PAPIERKORB/$DATEI . || {           # nis verlagern
 echo "Fehler beim Rücksichern von: $DATEI"
 continue; }                            # Die nächste Datei bitte
 echo "$DATEI wurde wiederhergestellt"  # Meldung ausgeben
done                                    # Ende der for-Schleife
```

Auswahlmenüs

Der Befehl

```
select DATEI in * Anzeigen Wiederherstellen
...
```

erzeugt ein Auswahlmenü, bestehend aus den Dateinamen des Papierkorbes und den zusätzlichen Menüpunkten "Anzeigen" und "Wiederherstellen". Wenn Sie eine Datei auswählen, wird der jeweilige Dateiname an die Variable LISTE angefügt. Auf diese Weise können Sie die ausgewählten Dateien in einer Liste sammeln, um sie später gemeinsam aus dem Papierkorb hervorzuholen. Mit dem Menüpunkt "Anzeigen" wird die Variable LISTE auf dem Bildschirm angezeigt, so daß Sie jederzeit über die ausgewählten Dateien im Bilde sind. Wenn Sie die Dateien ausgewählt haben, überprüft der Befehl

```
[ -n "$LISTE" ] && set $LISTE || exit 0
```

ob mindestens eine Datei zum Wiederherstellen ausgewählt wurde und weist im Erfolgsfall die Dateinamen den Positionsparametern `$1` bis `${n}` zu. Die restlichen Befehle der Prozedur bleiben unverändert, so daß die `for`-Schleife wie in der vorangegangenen Version die einzelnen Argumente nacheinander bearbeitet.

```
$ ls *.sort                          Die folgenden Dateien werden gelöscht
liste.sort
passwd.sort
$ sdel *.sort
$ undel -i
Folgende Dateien sind im Papierkorb:
1) liste.sort
2) passwd.sort
3) Anzeigen
4) Wiederherstellen
Ihre Wahl ? 1
Ihre Wahl ? 2
Ihre Wahl ? 3                        Anzeigen der bisher ausgewählten Dateien
liste.sort passwd.sort
Ihre Wahl ? 4                        Wiederherstellen der Dateien
liste.sort wurde wiederhergestellt
passwd.sort wurde wiederhergestellt
$ sdel liste.sort
$ undel liste.sort                   Sie können den Dateinamen auch direkt angeben
liste.sort wurde wiederhergestellt
```

Mit diesem Beispiel endet das Thema "Auswahlmenüs" und weiter geht es mit einem Kapitel, das sich mit dem Formatieren von Zeichenketten beschäftigt. Die Korn-Shell besitzt ein Typenkonzept für Variablen, mit dem Sie das Format einer Zeichenkette bestimmen können.

13. Zeichenketten formatieren

13.1. Kapitelübersicht

Mit der Korn-Shell wurde erstmals in der Shell-Programmierung die Vereinbarung von typisierten Variablen ermöglicht. Standardmäßig werden Daten in Form von lesbarem, unformatiertem Text in einer Variablen gespeichert. Der Befehl `typeset` dagegen weist einer Variablen ein bestimmtes Attribut zu. So bestimmen Sie, ob der Inhalt einer Variablen links- oder rechtsbündig ausgerichtet werden soll, Kleinbuchstaben automatisch in Großbuchstaben umgewandelt werden, Variablen nur lesbar sind oder Zahlen in binärer Form abgespeichert werden sollen. Das folgende Kapitel beschäftigt sich mit diesen neuen Möglichkeiten der Datenformatierung und zeigt darüber hinaus neue Befehle zur Verarbeitung von Zeichenketten.

- Typen definieren mit `typeset`
- Das Prüfen und Zerlegen von Zeichenketten mit `expr`

13.2. Der Befehl `typeset`

Bisher war es nicht möglich, das Format einer Variablen festzulegen. Die Daten wurden grundsätzlich in Form einer unformatierten Zeichenkette in der Variablen gespeichert. So können Sie einer Variablen Text oder eine Zahl zuweisen. In beiden Fällen erfolgt die Speicherung in Form einer lesbaren Zeichenkette.

```
$ ZAHL="Peter"
$ ZAHL="123"
```

Die Korn-Shell eröffnet mit dem Befehl `typeset` neue Möglichkeiten zur Gestaltung Ihrer Ausgaben. Das Kommando legt das Datenformat einer Variablen fest, so daß zugewiesene Daten in einer aufbereiteten Form abgespeichert werden.

```
typeset -Option[n] Variable[=Wert]
```

Mit `typeset` können Sie Variablen vereinbaren. Auf den Befehl `typeset` folgt eine Formatangabe, eine Länge und zum Schluß der Name der Variablen. Optional können Sie der Variablen gleich einen Wert zuweisen. Der folgende Befehl vereinbart die Variable ANZAHL als dreistellige Zahl, die rechtsbündig mit führenden Nullen aufgefüllt werden soll.

```
$ typeset -Z3 ANZAHL
$ ANZAHL=2
$ echo $ANZAHL
002
$ ANZAHL=99
$ echo $ANZAHL
099
$
```

Sie müssen die Typenvereinbarung nur einmal durchführen. Die Variable behält das Format, bis Sie mit `typeset` einen neuen Typ angeben.

```
$ typeset -Z6 ANZAHL=1
$ echo $ANZAHL
000001
$
```

Der Befehl typeset

Die folgende Tabelle gibt Ihnen eine Übersicht der möglichen Formatangaben. Im Anschluß sehen Sie, wie Sie die unterschiedlichen Typen für die Shell-Programmierung nutzen können.

Option	Beschreibung	Beispiel

-Ln	Die Ausrichtung erfolgt linksbündig, führende Leerzeichen werden entfernt. Der Wert n legt die Breite des Feldes fest. Fehlt diese Angabe oder hat der Wert die Länge 0, bestimmt der erste zugewiesene Wert die Feldlänge. Besetzen Sie eine Variable mit einem Wert, werden nicht ausgefüllte Positionen von rechts mit Leerzeichen aufgefüllt. Ist der zugewiesene Wert länger als die angegebene Länge n, werden die rechts überstehenden Zeichen abgeschnitten. Sofern Sie zusätzlich die Option **-Z** angeben, werden führende Nullen entfernt. Die Option **-R** wird ausgeschaltet.	`typeset -L6 text`
		`text="   UNIX"`
		
		| U | N | I | X | | |
		
		`typeset -L text1`
		`text1="    UNIX"`
		
		| U | N | I | X |
		
		`typeset -L3 text2`
		`text2="   UNIX"`
		
		| U | N | I |

-Rn	Die Ausrichtung erfolgt rechtsbündig, führende Positionen werden mit Leerzeichen aufgefüllt. Der Wert n legt die Breite des Feldes fest. Fehlt diese Angabe oder hat der Wert die Länge 0, bestimmt der erste zugewiesene Wert die Feldlänge. Besetzen Sie eine Variable mit einem Wert, werden nicht ausgefüllte Positionen von links mit Leerzeichen aufgefüllt. Ist der zugewiesene Wert länger als die angegebene Länge n, werden die links überstehenden Zeichen abgeschnitten. Die Option **-L** wird ausgeschaltet.	`typeset -R6 text`
		`text="UNIX"`
		
		| | | U | N | I | X |
		
		`typeset -R text1`
		`text1="UNIX"`
		
		| U | N | I | X |
		
		`typeset -R3 text2`
		`text2="UNIX"`
		
		| N | I | X |

Zeichenketten formatieren

Option	Beschreibung	Beispiel

-Z_n_	Die Ausrichtung erfolgt rechtsbündig, führende Positionen werden mit Nullen aufgefüllt, sofern das erste Zeichen eine Ziffer oder ein Leerzeichen ist und die Option **-L** nicht angegeben wurde. Andernfalls werden die führenden Positionen mit Leerzeichen aufgefüllt. Der Wert _n_ legt die Breite des Feldes fest. Fehlt diese Angabe oder hat der Wert die Länge 0 bestimmt der erste zugewiesene Wert die Feldlänge. Besetzen Sie eine Variable mit einem Wert, werden nicht ausgefüllte Positionen von links mit Nullen aufgefüllt. Ist der zugewiesene Wert länger als die angegebene Länge _n_, werden die links überstehenden Zeichen abgeschnitten.	`typeset -Z6 zahl`
		`zahl="789"`
		
		| 0 | 0 | 0 | 7 | 8 | 9 |
		
		`typeset -Z6 text`
		`text="UNIX"`
		
		| | | U | N | I | X |
		
		`typeset -Z zahl2`
		`zahl2="123"`
		
		| 1 | 2 | 3 |
		
		`typeset -Z3 zahl3`
		`zahl3="123456"`
		
		| 4 | 5 | 6 |

-l	Alle Großbuchstaben werden in Kleinbuchstaben umgewandelt. Die Option **-u** wird ausgeschaltet.	`typeset -l text`
		`text="UNIX"`
		
		| u | n | i | x |

-u	Alle Kleinbuchstaben werden in Großbuchstaben umgewandelt. Die Option **-l** wird ausgeschaltet.	`typeset -u text`
		`text="unix"`
		
		| U | N | I | X |

-i	Die Speicherung eines ganzzahligen Wertes erfolgt in binärer Form. Die Berechnung arithmetischer Ausdrücke wird beschleunigt.	`typeset -i zahl=0` `let zahl=7*9`
-r	Die angegebenen Variablen werden als nur lesbar markiert. Spätere Zuweisungen führen zu einem Fehler.	`typeset -r zahl=123`
-x	Die angegebenen Variablen werden automatisch exportiert, so das alle Subshells darauf zugreifen können.	`typeset -x GLOBAL` `GLOBAL="An Alle"`

Variablen Formate zuweisen

Der Befehl `typeset` ordnet einer Variablen eine Formatangabe zu, so daß spätere Zuweisungen entsprechend der Einstellung aufbereitet werden. Die Kombination `-option` schaltet das gewünschte Format ein. Nachfolgend sehen Sie einige Beispiele zur Verwendung des Befehls `typeset`:

```
$ typeset -L8 vorname
$ typeset -L12 nachname
$ vorname="Peter"
$ nachname="Termöllen"
```

Bei der Ausgabe der beiden Variablen müssen Sie den Ausdruck in doppelte Anführungszeichen einschließen, damit die aufgefüllten Leerzeichen von der Shell nicht als Trennzeichen behandelt und ignoriert werden. Das Zeichen ! am Anfang und am Ende der Ausgabe läßt die Ausrichtung der Variablen besser erkennen:

```
$ echo "!$vorname $nachname!"
!Peter    Termöllen    !
$
```

Die Ausgabe ohne Anführungszeichen ignoriert die Leerzeichen der beiden Variablen:

```
$ echo !$vorname $nachname!
!Peter Termöllen!
$
```

Sie können einer Variablen ein Format und gleichzeitig einen Anfangswert zuweisen:

```
$ typeset -L8 vorname="Peter"
$ typeset -L12 nachname="Termöllen"
$ echo "!$vorname $nachname!"
!Peter    Termöllen    !
$
```

Bei der linksbündigen Ausrichtung werden führende Leerzeichen ignoriert. Die spitzen Klammern <...> lassen in den folgenden Beispielen die Formatierung der Variablen besser erkennen:

Zeichenketten formatieren

```
$ typeset -L10 benutzer="   dieter"
$ echo "<$benutzer>"
<dieter    >
$
```

Für die rechtsbündige Ausrichtung steht Ihnen die Optionen -R zur Verfügung. Führende, freie Positionen werden mit Leerzeichen aufgefüllt. Die Formatangabe -Z entspricht der Funktionalität von -R mit dem Unterschied, daß bei Zahlenwerten rechtsbündig mit Nullen aufgefüllt wird.

```
$ typeset -R5 text="UNIX"
$ typeset -Z5 text1="UNIX"
$ echo "<$text>"
< UNIX>
$ echo "<$text1>"
< UNIX>
$
```

Beginnt der Inhalt einer Variablen mit einer Ziffer, wird bei der Option -Z mit Nullen, anstatt mit Leerzeichen, aufgefüllt:

```
$ typeset -R5 zahl="3641"
$ typeset -Z5 zahl1="3641"
$ echo "<$zahl>"
< 3641>
$ echo "<$zahl1>"
<03641>
$
```

Wenn Sie die Längenangabe einer Variablen weglassen oder den Wert 0 angeben, bestimmt die erste Zuweisung die Länge des Feldes:

```
$ typeset -Z ergebnis
$ ergebnis=10000
$ echo $ergebnis
10000
$
```

Nach der Zuweisung der Zahl 10000 ist die Länge der Variablen auf fünf festgesetzt. Alle weiteren Formatierungen werden mit dieser Längenangabe durchgeführt:

```
$ let ergebnis=ergebnis-5000
$ echo $ergebnis
05000
```

Der Befehl typeset

Einige Optionen lassen sich zu sinnvollen Formatangaben verknüpfen. So werden bei einer Variablen führende Nullen ignoriert, wenn Sie die Optionen -L und -Z angeben:

```
$ typeset -L5Z wert=000123
$ echo "<$wert>"
<123  >
$
```

Die Verbindung der Optionen -R und -u richtet Ihren Text rechtsbündig aus und wandelt alle Kleinbuchstaben in Großbuchstaben um:

```
$ typeset -R15u zeichenkette
$ zeichenkette="Unix macht Spass"
$ echo "$zeichenkette"
NIX MACHT SPASS                    Das will ich nicht hoffen.
$
```

Variablen vor dem Überschreiben schützen

Die Option -r dient nicht der Formatierung, sondern beeinflußt den Status einer Variablen. Sie können eine Variable als "nur lesbar" definieren und verhindern damit, daß sie während der Programmausführung mit einem anderen Wert überschrieben wird. Die Wertzuweisung kann entweder vor dem Befehl typeset erfolgen oder durch Initialisieren der Variablen beim Aufruf des Befehls. Spätere Zuweisungen führen zu einer Fehlermeldung. Folgende Befehlsfolge sollten Sie daher vermeiden:

```
$ typeset -rZ3 MAXBENUTZER
$ MAXBENUTZER=3
ksh: MAXBENUTZER: is read only
$
```

Beachten Sie, daß die Option -r mit den übrigen Formatierangaben verknüpft werden können:

```
$ MAXBENUTZER=3
$ typeset -rZ3 MAXBENUTZER
$ echo $MAXBENUTZER
003
$
```

Zeichenketten formatieren

Alternativ können Sie Zuweisungen folgendermaßen durchführen:

```
$ typeset -rL6 AUTOR=Peter
$ echo "<$AUTOR>"
<Peter >
$
```

Variablen exportieren

Variablen sind nur in der Shell bekannt, in der sie definiert wurden. Wenn Sie eine weitere Shell starten, werden die Variablen nicht in die neue Umgebung übernommen.

`$ ZAHL1=123`	Definition der Variablen in der aktiven Shell
`$ typeset -Z5 ZAHL2=123`	
`$ ksh`	Start einer Subshell
`$ echo "$ZAHL1"`	
	Die Variable ist in der Subshell nicht bekannt
`$ echo "$ZAHL2"`	
	Die Variable ist in der Subshell nicht bekannt
`$ <CTRL-D>`	Zurück zur vorherigen Shell
`$ echo "$ZAHL1"`	
`123`	Hier ist die Variable bekannt
`$ echo "$ZAHL2"`	
`00123`	
`$`	

Unabhängig davon, ob Sie eine Variable auf die bekannte Art oder mit dem Kommando `typeset` vereinbaren, werden die Werte bei Aufruf einer Subshell nicht in die neue Umgebung übernommen. Sie haben bisher den Befehl `export` verwendet, um Variablen als global zu kennzeichnen, so daß der Wert auch in Subshells bekannt ist. Alternativ können Sie Variablen mit dem Kommando `typeset -x` vereinbaren, um diese weiteren Shell-Programmen bekannt zu machen. Die Angabe von weiteren Optionen ist erlaubt:

`$ ZAHL1=123`	Definition der Variablen in der aktiven Shell
`$ export ZAHL1`	Die Variable ZAHL1 wird global definiert
`$ typeset -xZ5 ZAHL2=123`	Die Option -x hat die gleiche Wirkung wie export
`$ ksh`	Start einer Subshell
`$ echo "$ZAHL1"`	
`123`	Die Variable ist in der Subshell bekannt
`$ echo "$ZAHL2"`	
`00123`	Die Variable ist in der Subshell bekannt
`$ <CTRL-D>`	Zurück zur vorherigen Shell

Der Befehl typeset

Durch Verknüpfung der Einstellung -x mit weiteren Optionen des Befehls `typeset` können Sie Variablen exportieren und gleichzeitig ein Format zuweisen. Sie ersparen sich einen Aufruf des Kommandos `export`. Die Definition

```
$ typeset -rL10 DATEI="adresse"
$ export DATEI
```

ist gleichbedeutend mit:

```
$ typeset -xrL10 DATEI="adresse"
$
```

Das Zurücksetzen von Optionen

Das Zeichen + vor einer Option schaltet die Formatangaben und Attribute einer Variablen aus.

```
typeset   +option Variable
```

```
$ typeset -Z5 zahl=123           Einschalten der Formatangabe
$ echo $zahl
00123
$
```

Sie können die eingestellte Formatangabe folgendermaßen rückgängig machen:

```
$ typeset +Z zahl                Zurücksetzen der Formatangabe
$ zahl=123
$ echo $zahl
123
$
```

Das Zurücksetzen der Optionen mit einem vorangestellten + Zeichen gilt für alle Optionen von `typeset`.

Zeichenketten formatieren

Anzeigen der definierten Variablen

Der Aufruf des Kommandos `typeset` ohne weitere Angaben listet alle bisher definierten Variablen auf. Sie können die Ausgabe auf spezielle Formate eingrenzen, indem Sie die entsprechende Option angeben.

```
typeset   -Option
```

Vorab einige Variablendefinitionen:

```
$ typeset -Z6 ZAHL=999
$ typeset -R10 NAME=Peter
$ typeset -L10 VERZ=/home/peter
```

Mit folgendem Aufruf können Sie alle rechtsbündig ausgerichteten Variablen anzeigen:

```
$ typeset -R              Anzeige aller rechtsbündigen Variablen
NAME=     Peter
ZAHL=000999
$
```

Variablen, die mit dem Format -Z vereinbart wurden, sind ebenfalls Bestandteil der Ausgabe. Alle linksbündigen Variablen erhalten Sie durch den Aufruf:

```
$ typeset -L
LINENO=1
RANDOM=20125
SECONDS=148
VERZ=/home/peter
$
```

An dieser Ausgabe erkennen Sie, daß die Shell voreingestellt eine Reihe von Variablen linksbündig definiert hat. Ihre Variable VERZ finden Sie am Ende der Liste. Alle globalen Variablen lassen sich mit der Option -x ermitteln. Ein Aufruf von `typeset` auf meinem System zeigt folgende Ausgabe:

```
$ typeset -x              Zeige alle exportierten Variablen
DISPLAY=unix:0
HOME=/home/peter
HZ=100
LOGNAME=peter
MAIL=/usr/mail/peter
```

```
MANPATH=/usr/share/man:/usr/share/man/X11
PATH=/usr/bin:/usr/ucb:/sbin:.:/usr/X/bin:/usr/ucb:/usr  /ucb
PWD=/home/peter
SHELL=/bin/ksh
TERM=xterm
TERMCAP=/etc/termcap
TZ=EST5EDT
WINDOWID=3145738
...
$
```

Sie entdecken in dieser Liste eine Reihe von vordefinierten Variablen der Shell. Ihre exportierten Variablen werden in dieser Liste eingereiht. Der Aufruf des Befehls `typeset` ohne Option zeigt alle definierten Variablen auf dem Bildschirm an:

```
$ typeset                        Anzeige aller Variablen
export HZ
export XWINFONTPATH
export PATH
integer ERRNO
rightjust 10 NAME
integer OPTIND
... weitere Variablen können bei Ihnen folgen
```

Die Aufbereitung von Ausgaben

Mit dem Kommando `typeset` können Sie die Ausgabe von Prozeduren anspruchsvoller und lesbarer gestalten. Das folgende Beispiel nutzt den Befehl, um eine Literaturliste aufbereitet auf dem Bildschirm anzuzeigen. Die Angaben zu einem Buch werden zeilenweise aus der Datei `Buchliste.dat` gelesen und in bereitgestellte, formatierte Variablen übertragen. Die Felder eines Datensatzes sind durch ein Komma voneinander getrennt und enthalten die Angaben: Nachname, Vorname, Buchtitel und Verlag. Erstellen Sie zunächst die Datei `$HOME/Buchliste.dat` mit folgendem Inhalt:

```
$ cat $HOME/Buchliste.dat
Termöllen,Peter,Shell-Programmierung im Alleingang,Springer
Rojahn,Mathias,WinWord 2 für Power User,Springer
Gramms,Timm,Denkfallen und Programmierfehler,Springer
Harig,Dieter,UNIX im Alleingang,Springer
Gulbins,Jürgen,UNIX Version 7 bis System V.3,Springer
$
```

Die Daten sollen in Form einer sortierten Liste angezeigt werden, bei der die Felder spaltenweise angeordnet sind. Jede Spalte erhält eine Überschrift in der folgenden Form:

Zeichenketten formatieren

```
            ------------------------------------------------------------
            Nachname   Vorname  Buchtitel                        Verlag
            ------------------------------------------------------------
         01 GRAMMS     Timm     Denkfallen und Programmierfehler Springer
         02 GULBINS    Jürgen   UNIX Version 7, bis System V.3   Springer
         03 HARIG      Dieter   UNIX im Alleingang               Springer
         04 ROHJAN     Mathias  WinWord 2 für Power User         Springer
         05 TERMÖLLEN  Peter    Shell-Programmierung im Alleingang Springer
            ------------------------------------------------------------
```

Die folgende Prozedur buch liest die Sätze der Datei und überträgt die Felder in bereitgestellte Variablen, die zuvor mit dem Befehl typeset eine vorbestimmte Länge und Ausrichtung erhalten haben. Als ersten Schritt definieren Sie mit Hilfe von typeset den Aufbau der Kopfzeile sowie die Struktur eines Datensatzes:

```
#!/bin/ksh
#
# @(#) buch V1.0 Literaturliste anzeigen
#
# Aufruf: buch

#-Überschrift---------------#
typeset -L2    k1=""           #
typeset -L9    k2="Nachname"   #
typeset -L7    k3="Vorname"    #
typeset -L34   k4="Buchtitel"  #
typeset -L8    k5="Verlag"     #

#-Datensatz-----------------#
typeset -Z2    lfdNr=0         # Satznummer,rechtsbündig mit Nullen
                               # aufgefüllt
typeset -uL9   Nachname        # Linksbündig, 9 Stellen,Großschreibung
typeset -L7    Vorname         # Linksbündig, 7 Stellen
typeset -L34   Buchtitel       # Linksbündig,34 Stellen
typeset -L8    Verlag          # Linksbündig, 8 Stellen
#--------------------------#

KOPF="$k1 $k2 $k3 $k4 $k5"
BUCHDAT="$HOME/Buchliste.dat"
IFS=,                          # Eingabetrennzeichen von read
lfdNr=0

#
# Überschrift ausgeben
#
echo \
"-------------------------------------------------------------------"
echo "$KOPF"
echo \
"-------------------------------------------------------------------"

sort $BUCHDAT |

while read Nachname Vorname Buchtitel Verlag
do
   (( lfdNr+=1 ))
   echo "$lfdNr $Nachname $Vorname $Buchtitel $Verlag"
done

echo \
"-------------------------------------------------------------------"
```

Ein Aufruf von buch zeigt folgendes Ergebnis:

```
$ buch
------------------------------------------------------------------
     Nachname   Vorname Buchtitel                          Verlag
------------------------------------------------------------------
01   GRAMMS     Timm    Denkfallen und Programmierfehler   Springer
02   GULBINS    Jürgen  UNIX Version 7, bis System V.3     Springer
03   HARIG      Dieter  UNIX im Alleingang                 Springer
04   ROJAHN     Mathias WinWord 2 für Power User           Springer
05   TERMÖLLEN  Peter   Shell-Programmierung im Alleingang Springer
------------------------------------------------------------------
$
```

Die Variablen der Überschriftszeile und eines Datensatzes werden zu Anfang der Prozedur mit dem Befehl `typeset` auf die gewünschte Länge, Ausrichtung und dem Format eingestellt. Das Kommando `sort` sortiert die Datei nach dem ersten Feld und leitet die Ausgabe an den Befehl `read`, der die einzelnen Felder in die definierten Variablen überträgt.

Nach der Wertzuweisung werden freie Positionen bis zur angegebenen Länge mit Leerzeichen besetzt und zu lange Zeichenketten abgeschnitten. Bei der Variablen `Nachname` werden zusätzlich alle Kleinbuchstaben in Großbuchstaben umgewandelt. Die laufende Nummer eines Satzes wird bei jedem Schleifendurchlauf um eins erhöht und dem Ausgabesatz als zweistellige Ziffer vorangestellt. Freie Positionen werden von links mit führenden Nullen aufgefüllt. Durch die einheitliche Länge der Variablen werden die Felder bei der Ausgabe bündig untereinander angeordnet.

Eine derartige Liste ließe sich auch mit einem Kommando erzeugen, das bei der Ausgabe einer Zeichenkette eine Formatangabe berücksichtigt. Der Name des Befehls könnte zum Beispiel `echof` lauten:

```
$ echof "Ergebnis%L15" "432%Z5"
Ergebnis        00432
$
```

Im Gegensatz zum bekannten Befehl `echo` folgt der Zeichenkette eine Angabe über die Länge und die Ausrichtung mit der ein Text auf dem Bildschirm angezeigt werden soll. Die Formatangabe erfolgt genau wie bei dem Befehl `typeset` und wird durch ein Prozentzeichen von der Zeichenkette getrennt. Bei der Ausgabe werden die einzelnen Felder durch ein Zeichen voneinander abgegrenzt. Der Wert dieses Zeichens wird in der Variablen `OFS` hinterlegt.

Zeichenketten formatieren

```
#!/bin/ksh
#
# @(#) echof V1.0   Formatierte Ausgabe einer Zeichenkette
#
# Aufruf: echof Text%Format Text%Format ...

IFS=%                   # Das Zeichen % trennt Text und Format
for argument            # Bearbeite die Argumente: Text%Format ...
do
  set $argument         # $1 = Text, $2 = Formatangabe
  typeset -$2 feld      # Zuweisen des Formates an das Hilfsfeld
  feld="$1"             # Text entsprechend dem Format aufbereiten
  echo "$feld$OFS\c"    # Ausgabe der aufbereiteten Zeichenkette
                        # OFS ist das Trennzeichen der Ausgabe
done
echo                    # Zeilenvorschub ausgeben
```

Bei jedem Schleifendurchlauf wird ein Argument in die Variable `argument` übertragen und mit dem Kommando `set` in die Bestandteile Zeichenkette und Formatangabe zerlegt. Mit dem Befehl `typeset` wird der Variablen `feld` das angegebene Format zugeordnet, so das die zugewiesene Zeichenkette entsprechend den vorgenommenen Einstellungen ausgerichtet wird. Bei der anschließenden Ausgabe der Variablen wird der Inhalt des Zeichens `OFS` angefügt. Sie können den Wert von `OFS` vor dem Aufruf von `echof` mit dem Trennzeichen Ihrer Wahl besetzen.

Ein Zeilenvorschub wird durch die Steueranweisung `\c` unterdrückt. Dieser wird erst durchgeführt, wenn alle Argumente des Aufrufes bearbeitet wurden. Besetzen Sie für einen Test zunächst die Variablen VORNAME, NACHNAME und TEL mit einem Wert. Mit dem Befehl `echof` können Sie anschließend das Format der Variablen zum Zeitpunkt der Ausgabe festlegen. Die Formatangabe wird durch ein Prozentzeichen von der Variablen getrennt. Die Variable `OFS` bestimmt den Spaltentrenner der Ausgabe:

```
$ VORNAME=Robert; NACHNAME=Barton; TEL=089/12345
$ export OFS=" "         Trennzeichen der Ausgabe ist das Leerzeichen

$ echof "$VORNAME%L6" "$NACHNAME%uL6" "$TEL%R11"
Robert BARTON     089/12345

$ OFS="|"                Trennzeichen der Ausgabe ist der senkrechte Strich
$ echof "$VORNAME%L6" "$NACHNAME%uL6" "$TEL%R11"
Robert|BARTON|    089/12345|

$ OFS=                   Kein Trennzeichen
$ echof "$VORNAME%L6" "$NACHNAME%uL6" "$TEL%R11"
RobertBARTON    089/12345
```

Durch Umbesetzen der Variablen OFS können Sie das Ausgabetrennzeichen zwischen den Feldern bestimmen. Vergessen Sie nicht, OFS vor dem Aufruf von `echof` zu exportieren. Wenn Sie keine Trennung der Felder wünschen, setzen Sie OFS einfach auf "leer". Sie können die Formatieranweisungen L, R, Z, u und l des Befehls `typeset` verwenden. Es ist empfehlenswert, den Text und die Formatangabe in doppelte Anführungszeichen einzuschließen, damit auftretende Leerzeichen im Text nicht als Trennzeichen erkannt werden. Nur so ist gewährleistet, daß die Angaben Text und Format der Prozedur `echof` als ein Argument übergeben werden. Das Prozentzeichen trennt die Zeichenkette von der Formatangabe; vermeiden Sie dieses Zeichen innerhalb des Textes:

```
$ echof "10% Umsatz 1992%R20"         Vermeiden Sie das Zeichen % im Text
echof[11]: typeset: bad options(s)
$
```

Der Aufruf führt zu einem Fehler, da `echof` die Zeichenkette 10 als Text und die Angabe `Umsatz 1992` als Formatangabe interpretiert. Überlegen Sie sich genau, welches Symbol Sie als zukünftiges Trennzeichen verwenden möchten. Durch Umbesetzen der Variablen `IFS` in der Prozedur `echof` ist dieses Symbol frei wählbar. Die Prozedur `buch` läßt sich mit Hilfe von `echof` auch folgendermaßen schreiben:

```
#!/bin/ksh
#
# @(#) buch V1.1 Literaturliste anzeigen
#
# Aufruf: buch

#---------------------------#
BUCHDAT="$HOME/Buchliste.dat"  # Eingabedatei
IFS=,                          # Eingabetrennzeichen von read
OFS=${OFS:-" "}                # Ausgabetrenner von echof
export OFS                     # OFS exportieren
lfdNr=0                        # Laufende Nummer vor jedem Satz
#---------------------------#
#
# Überschrift ausgeben
#
echo \
"-----------------------------------------------------------------"
echof ""%L2 Nachname%L9 Vorname%L7 Buchtitel%L34 Verlag%L8
echo \
"-----------------------------------------------------------------"

sort $BUCHDAT |
while read Nachname Vorname Buchtitel Verlag
do
  (( lfdNr+=1 ))

  echof "$lfdNr%Z2"        \
        "$Nachname%uL9"    \
        "$Vorname%L7"      \
        "$Buchtitel%L34"   \
        "$Verlag%L8"
done

echo \
"-----------------------------------------------------------------"
```

Zeichenketten formatieren

Der Aufruf von buch erfolgt zunächst mit dem Leerzeichen als Ausgabetrenner:

```
$ export OFS=
$ buch
-------------------------------------------------------------------
   Nachname   Vorname  Buchtitel                             Verlag
-------------------------------------------------------------------
01 GRAMMS     Timm     Denkfallen und Programmierfehler      Springer
02 GULBINS    Jürgen   UNIX Version 7, bis System V.3        Springer
03 HARIG      Dieter   UNIX im Alleingang                    Springer
04 ROJAHN     Mathias  WinWord 2 für Power User              Springer
05 TERMÖLLEN  Peter    Shell-Programmierung im Alleingang    Springer
-------------------------------------------------------------------
$
```

Durch Umbesetzen von OFS können Sie die Felder durch einen senkrechten Balken oder einen Stern voneinander trennen:

```
$ export OFS="|"              Feldtrenner neu besetzen
$ buch
-------------------------------------------------------------------
  |Nachname  |Vorname|Buchtitel                             |Verlag  |
-------------------------------------------------------------------
01|GRAMMS    |Timm   |Denkfallen und Programmierfehler      |Springer|
02|GULBINS   |Jürgen |UNIX Version 7, bis System V.3        |Springer|
03|HARIG     |Dieter |UNIX im Alleingang                    |Springer|
04|ROJAHN    |Mathias|WinWord 2 für Power User              |Springer|
05|TERMÖLLEN |Peter  |Shell-Programmierung im Alleingang    |Springer|
-------------------------------------------------------------------
$ export OFS="*"              Feldtrenner neu besetzen
$ buch
-------------------------------------------------------------------
  *Nachname  *Vorname*Buchtitel                             *Verlag  *
-------------------------------------------------------------------
01*GRAMMS    *Timm   *Denkfallen und Programmierfehler      *Springer*
02*GULBINS   *Jürgen *UNIX Version 7, bis System V.3        *Springer*
03*HARIG     *Dieter *UNIX im Alleingang                    *Springer*
04*ROJAHN    *Mathias*WinWord 2 für Power User              *Springer*
05*TERMÖLLEN *Peter  *Shell-Programmierung im Alleingang    *Springer*
-------------------------------------------------------------------
$
```

Beide Varianten der Prozedur buch erzeugen die gleiche Ausgabe. In der ersten Version haben Sie den Variablen am Anfang Ihrer Prozedur ein Format zugewiesen und die ausgerichteten Zeilen mit dem Kommando echo ausgegeben. Der Befehl echo ist in der Shell eingebaut und daher sehr schnell. In der zweiten Version entfällt die Definition der Variablen, da das Format zum Zeitpunkt der Ausgabe durch den Befehl echof festgelegt wird. Sie ersparen sich Schreibarbeit, dafür ist die Ausführung langsamer, da bei jedem Aufruf von echof der Prozeß zur Ausführung in den Speicher geladen werden muß. Sehen Sie dazu ein weiteres Beispiel. Die folgende Prozedur bstatus nutzt die Prozedur echof, um eine aufbereitete Ausgabe der Datei /etc/passwd zu erstellen. Alle

Kennungen des Systems werden in sortierter Reihenfolge ausgegeben. Die Liste enthält die Informationen Benutzerkennung, Kommentar, Zustand und die Anzahl der zugehörigen Prozesse.

```ksh
#!/bin/ksh
#
# @(#) bstatus V1.0 Statusbericht über die Benutzer Ihres Systems
#
# Aufruf: bstatus

#----------------#
IFS=:                   # Eingabetrennzeichen für den Befehl read
OFS=" "                 # Feldtrennzeichen bei der Ausgabe von echof
export OFS              # exportieren nicht vergessen!
integer nummer=1        # Laufende Nummer vor jedem Satz der Ausgabe
#----------------#

echo \
"-----------------------------------------------------------------"
echof ""%L2 Kennung%L10 Kommentar%L30 Zustand%L8 Prozesse%L8
echo \
"-----------------------------------------------------------------"

sort /etc/passwd |
while read kennung passwd uid gid kommentar heimatverz startprog
do
  #
  # Ist der Benutzer angemeldet?
  #
  who | grep $kennung >/dev/null && aktiv="aktiv" || aktiv=
  #
  # Zähle die Prozesse des Benutzers
  #
  anzproc=`ps -u $kennung | tail +2 | wc -l`
  echof "$nummer%Z2"       \
        "$kennung%L10"     \
        "$kommentar%L30"   \
        "$aktiv%L8"        \
        "$anzproc%Z3"
  (( nummer+=1 ))
done
```

Der Befehl sort leitet die sortierten Zeilen der Datei /etc/passwd an das Kommando read. Da die einzelnen Einträge einer Zeile durch einen Doppelpunkt voneinander getrennt sind, wird die Variable IFS zu Anfang mit diesem Trennzeichen besetzt. Das Kommando read ordnet, dem neuen Trennzeichen folgend, die Felder den aufgeführten Variablen zu. Beachten Sie, daß sich das Umbesetzen von IFS nicht auf echof auswirkt, da die Prozedur diese Variable bei jedem Aufruf initialisiert. Der Befehl:

```
who | grep $kennung >/dev/null && aktiv="aktiv" || aktiv=
```

besetzt die Variable aktiv mit dem Wert "aktiv" wenn der Benutzer im System angemeldet ist. Ansonsten wird die Variable mit einer leeren Zeichenkette belegt. Die Anzahl der zugehörigen Prozesse wird mit der Sequenz:

```
anzproc=`ps -u $kennung | tail +2 | wc -l`
```

Zeichenketten formatieren

ermittelt. Der Befehl `ps` listet alle Prozesse des angegebenen Benutzers auf, `tail` entfernt die Überschrift in der Ausgabe und leitet die übrigen Zeilen an das Kommando `wc -l`, das die Anzahl der Zeilen und damit die Zahl der Prozesse zählt. Zur spaltenweise Aufbereitung der Liste leistet die Prozedur `echof` wertvolle Dienste. Ein Aufruf auf meinem System zeigt folgendes Ergebnis:

```
$ bstatus
--------------------------------------------------------------------
      Kennung     Kommentar                        Zustand  Prozesse
--------------------------------------------------------------------
   01 adm         0000-Admin(0000)                          000
   02 anke        Abteilung: Geschäftsleitung      aktiv    005
   03 bin         0000-Admin(0000)                          000
   04 claudia     Abteilung: Geschäftsleitung      aktiv    010
   05 daemon      0000-Admin(0000)                          000
   06 dieter      Dieter Harig                     aktiv    025
   07 install     Initial Login                             000
   08 listen      Network Admin                             000
   09 lp          0000-LP(0000)                             000
   10 nobody      unprivileged user                         000
   11 nuucp       0000-uucp(0000)                           000
   12 oasys       Object Architecture Files                 000
   13 peter       Peter Termöllen                           023
   14 root        0000-Admin(0000)                          015
   15 sysadm      general system administration             015
   16 tobias      Junior                           aktiv    002
$
```

Nachdem Sie nun das Aufbereiten von Zeichenketten kennengelernt haben, wenden wir uns einem weiteren Thema zu, das sich ebenfalls mit der Bearbeitung von Text beschäftigt. Im folgenden Kapitel erfahren Sie, wie Sie mit dem Kommando `expr` Zeichenketten prüfen und zerlegen können.

13.3. Zeichenketten bearbeiten mit `expr`

Im Kapitel 7.2 haben Sie den Befehl `expr` bereits kennengelernt. Er wurde zur Berechnung arithmetischer Ausdrücke verwendet:

```
$ expr 4 + 5
9
$
```

Die Ausführung von `expr` zur Berechnung von Ausdrücken ist langsam. Hier ist es sinnvoll den Befehl `let` einzusetzen, da er die Berechnung 10-30 mal schneller durchführt und zusätzlich zur besseren Lesbarkeit beiträgt. Das eigentliche Einsatzgebiet dieses Befehls, nämlich die Bearbeitung von Zeichenketten, wird oft verkannt. Das Kommando kann Zeichenketten miteinander vergleichen und Teilmuster aus einem Text ausschneiden. In diesem Kapitel werden Sie sich mit dieser Eigenschaft des Befehls näher beschäftigen. Folgender Aufruf vergleicht Zeichenketten miteinander und gibt die Anzahl der übereinstimmenden Zeichen auf dem Bildschirm aus. Die allgemeine Form lautet:

```
expr   "Zeichenkette1"  :  "Zeichenkette2"
```

Der Inhalt von Zeichenkette1 wird zeichenweise (von links nach rechts) mit der Zeichenkette2 verglichen. Sobald eine Unstimmigkeit erkannt wird, bricht der Befehl ab und schreibt den Wert 0 (Vergleich nicht erfolgreich) auf die Standardausgabe. Die zweite Zeichenkette muß zum Teil oder in der ganzen Länge mit der Zeichenkette 1 übereinstimmen, alle anderen Konstellationen führen zu einem Mißerfolg. Der Befehl zählt die übereinstimmenden Zeichen der Zeichenkette1 und der Zeichenkette2 und gibt die Anzahl auf dem Bildschirm aus. Die folgenden Beispiele verdeutlichen die Arbeitsweise von `expr`:

```
$ expr "UNIX" : "UNIX"
4
$
```

Die ersten vier Zeichen der beiden Zeichenketten sind identisch und `expr` liefert die Zahl 4 zurück. Dieses entspricht zugleich der Länge der beiden Zeichenketten. Im zweiten Fall beinhaltet die Zeichenkette 2 ein Teilmuster der Zeichenkette 1:

```
$ expr "UNIX" : "UN"
2
$
```

Der Befehl vergleicht die einzelnen Zeichen von links nach rechts und stellt zwei übereinstimmende Zeichen fest. Im Gegensatz dazu liefert folgender Vergleich die Länge 0:

```
$ expr "UNIX" : "NIX"
0
$
```

Da der Zeichenvergleich von links nach rechts durchgeführt wird, stellt `expr` fest, daß 'U' nicht gleich 'N' ist und bricht die Verarbeitung ab. Die Muster müssen daher mit den gleichen Zeichen beginnen wie folgender Ablauf zeigt:

Zeichenketten formatieren

```
$ expr "UNIX" : "U"
1
$ expr "UNIX" : "UN"
2
$ expr "UNIX" : "UNI"
3
$ expr "UNIX" : "UNIX"
4
$ expr "UNIX" : "UNIX SYSV"
0
$
```

In den ersten vier Vergleichen wird ein gültiges Teilmuster erkannt und die Anzahl der übereinstimmenden Zeichen wird zurückgeliefert. Im letzten Vergleich registriert `expr`, daß `"UNIX SYSV"` in den ersten vier Buchstaben mit `"UNIX"` übereinstimmt und in den übrigen Zeichen voneinander abweicht. Das Ergebnis der Überprüfung liefert daher die Länge 0. Die zweite Zeichenkette muß zum Teil oder in der ganzen Länge mit Zeichenkette 1 übereinstimmen, alle anderen Konstellationen führen zu einem Mißerfolg.

Sie können innerhalb der Zeichenketten reguläre Ausdrücke verwenden, um die Zeichenketten miteinander zu vergleichen. Zur Erinnerung eine Auflistung der gängigen Sonderzeichen:

Sonderzeichen zur Bildung regulärer Ausdrücke:

.	Jedes beliebige Zeichen
*	0 oder n- malige Wiederholung des vorangestellten Zeichens
[ ]	Ein Zeichen aus der angegebenen Menge
^	Anfang der Zeile
$	Ende der Zeile
.*	Jede beliebige Zeichenkette

Mit folgendem regulären Ausdruck können Sie die Länge einer Zeichenkette bestimmen:

```
$ TEXT="UNIX macht Spass"
$ expr "$TEXT" : ".*"
16
$
```

Der Befehl `expr` vergleicht den Inhalt der Variablen TEXT mit der beliebigen Zeichenkette `".*"`. Da `"UNIX macht Spass"` eine beliebige Zeichenkette darstellt, erkennt `expr` alle Zeichen als gleich an und gibt die Länge der Zeichenkette auf dem Bildschirm aus. Sie können die Ausgabe mit einer Kommandosubstitution verarbeiten und die Ziffer zusammen mit einer Meldung ausgeben:

Zeichenketten bearbeiten mit expr

```
$ TEXT="UNIX macht Spass"
$ echo "Die Länge von TEXT: `expr "$TEXT" : ".*"`"
Die Länge von TEXT: 16
$
```

Mit einem weiteren Ausdruck überprüfen Sie, ob eine Zeichenkette nur Buchstaben enthält:

```
$ expr "UNIX" : "^[a-zA-Z]*$"
4
$
```

Zwischen dem Textanfang (^) und dem Textende ($) sind alle Klein- und Großbuchstaben erlaubt. Diese Buchstaben können beliebig oft auftreten (*). Der Punkt innerhalb der ersten Zeichenkette führt damit zu dem Ergebnis 0.

```
$ expr "UNIXSYSV.4" : "^[a-zA-Z]*$"
0
$
```

Der Rückgabewert 0 drückt aus, daß die erste Zeichenkette an irgendeiner Position eine Ziffer oder ein Sonderzeichen enthält. Das Muster läßt nur kleine oder große Buchstaben zu.

Mit Hilfe von `expr` läßt sich auf einfache Art feststellen, ob eine Zeichenkette in einem Text enthalten ist. Sollte der Rückgabewert von `expr` ungleich 0 sein, ist die rechte Teilzeichenkette in der linken enthalten:

```
$ expr "Das UNIX Betriebssystem" : ".*UNIX.*"
23
$
```

Sollte die rechte Zeichenkette nicht in der linken enthalten sein, liefert `expr` den Wert 0:

```
$ expr "Das UNIX Betriebssystem" : ".*MS-DOS.*"
0
$
```

Das folgende Kapitel zeigt einige Anwendungen des Befehls `expr`.

Den Inhalt einer Zeichenkette überprüfen

Mit Hilfe dieses Kommandos können Sie in Ihren Shell-Prozeduren die Eingaben von Benutzern überprüfen, bevor Sie mit der Verarbeitung beginnen. Als Beispiel wählen Sie die Prozedur chknum, die eine Zeichenkette auf einen numerischen Inhalt überprüft:

```
#!/bin/ksh
#
# @(#) chknum V1.0 Zeichenkette auf numerischen Inhalt überprüfen
#
# Aufruf: chknum Zeichenkette

(( $# != 1 )) && { echo "Aufruf: $0 Zeichenkette"; exit 1; }
ergebnis=`expr "$1" : "^[0-9]*$"`
if (( ergebnis == 0 ))
then
    echo "$1 ist nicht numerisch"; exit 1
else
    echo "$1 ist numerisch";        exit 0
fi
```

Die beim Aufruf übergebene Zeichenkette in $1 wird mit dem Muster ^[0-9]*$ verglichen. Das Muster besagt, daß zwischen dem Textanfang und dem Textende Ziffern aus der Menge von 0 bis 9 erlaubt sind. Diese Ziffern können beliebig oft auftreten. Falls expr das Ergebnis 0 liefert, enthält die Zeichenkette ein Zeichen, das nicht einer Ziffer entspricht. Damit ist der Wert nicht numerisch.

```
$ chknum "008421"
008421 ist numerisch
$

$ chknum "UNIX SYSV.4"
UNIX SYSV.4 ist nicht numerisch
$

$ chknum ""                       leere Zeichenkette
 ist nicht numerisch
$
```

Die Prozedur chknum liefert den Rückgabewert 1, wenn die Zeichenkette nicht numerisch ist und 0, wenn die Eingabe nur Ziffern enthält. Sie können die Prozedur in Zukunft in Ihren Shell-Prozeduren aufrufen, um die Eingaben eines Benutzers vor der Verarbeitung zu überprüfen. Die folgende Prozedur druck gibt eine Datei mit dem Kommando lp auf den Drucker aus. Der Dateiname und die Anzahl der Kopien werden von der Tastatur eingelesen:

Zeichenketten bearbeiten mit expr

```
#!/bin/ksh
#
# @(#) druck V1.0 Datei auf den Drucker ausgeben
#
# Aufruf: druck

integer i=1

echo "Welche Datei möchten Sie drucken? \c"; read datei

[ -f "$datei" ] || {     # Datei vorhanden?
echo "Datei $datei nicht vorhanden."; exit 1; }
#
# Anzahl Kopien von der Tastatur lesen. Ist die Eingabe numerisch?
#
echo "Anzahl der Kopien ? \c"; read anzahl
chknum "$anzahl" >/dev/null || { echo "Ungültige Angabe"; exit 1; }

while (( i <= anzahl )) # Gewünschte Anzahl Kopien drucken
do
   lp $datei; (( i+=1 ))
done
echo "Die Datei $datei wird gedruckt. Anzahl Kopien: $anzahl"
```

Ein Aufruf von `druck` zeigt folgendes Ergebnis:

```
$ druck
Welche Datei möchten Sie drucken? /etc/passwd
Anzahl der Kopien ? 2
Die Datei /etc/passwd wird gedruckt. Anzahl Kopien: 2
$

$ druck
Welche Datei möchten Sie drucken? /etc/passwd
Anzahl der Kopien? zwei            Ungültige Eingabe
Ungültige Angabe
$
```

Zur Überprüfung der Datei steht das Kommando `test` zur Verfügung. Die Anzahl gewünschter Kopien wird mit der Prozedur `chknum` überwacht. Gibt der Benutzer etwas anderes als eine Folge von Ziffern ein, antwortet die Prozedur mit einer Fehlermeldung. Damit die Ausgabe von `chknum` nicht auf dem Bildschirm erscheint, leiten Sie den Text in den UNIX-Papierkorb `/dev/null`.

Neben der Kontrolle numerischer Eingaben ist die Überprüfung von Dateinamen eine häufig auftretende Anwendung. Sonderzeichen wie -, *, +, ; $, (,), [ ] und einige mehr sollten nicht Bestandteil eines Dateinamens sein, da diese Zeichen von der Shell gesondert behandelt werden. Es ist ebenfalls nicht empfehlenswert, Leerzeichen zu verwenden, da dieses ein Trennzeichen der Shell ist. Zusätzlich ist in manchen UNIX-Systemen die Namenslänge auf 14 Zeichen beschränkt. Die folgende Prozedur `chkdat` überprüft einen Dateinamen auf diese Kriterien:

Zeichenketten formatieren

```
#!/bin/ksh
#
# @(#) chkdat V1.0 Überprüfen eines Dateinamens
#
# Aufruf: chkdat Pfad

#---------------------#
Pfad="$1"                    # Pfadangabe der Datei
typeset -ri MAXLEN=14        # Nur lesbar, integer Format
typeset -i  len=0            # integer Format
#---------------------#
#
# Den Dateinamen auf der Pfadangabe herausschneiden.
# Die Länge des Dateinamens feststellen
# Es sind nur Klein- Großbuchstaben und Ziffern erlaubt
#
datei=`basename "$Pfad"`
len=`expr "$datei" : "^[a-zA-Z0-9_\.]*$"`
#
# Falls der Dateiname unzulässige Zeichen enthält ODER
# länger als MAXLEN Zeichen ist - Fehlermeldung ausgeben
#
if (( len == 0 || len > MAXLEN ))
then
     echo "Ungültiger Dateiname"; exit 1
else
     echo "Gültiger Dateiname";    exit 0
fi
```

`$ chkdat /home/peter/Adressen.dat`
Gültiger Dateiname
`$ chkdat POST_12.09.92`
Gültiger Dateiname
`$ chkdat POST-12-09-92`
Ungültiger Dateiname
`$ chkdat BITTE_NICHT_ANSEHEN`
Ungültiger Dateiname
`$`
	Es wird nur der Name
	Adressen.dat überprüft.
	
	Der Name enthält das Zeichen -
	
	Der Name ist länger als 14
	Zeichen

Die Variablen, mit denen Sie Rechenoperationen ausführen, werden als ganzzahlige Werte definiert. Bei der Variablen MAXLEN verwenden Sie zusätzlich die Option -r, um sie nur lesbar zu setzen. Damit verhindern Sie ein zufälliges Überschreiben des Wertes für die maximale Namenslänge. Falls der Prozedur ein Pfadname übergeben wird, schneidet das Kommando basename den letzten Namensteil der Pfadangabe heraus und Sie erhalten den eigentlichen Dateinamen.

Der Vergleich auf zulässige Zeichen innerhalb des Dateinamens wird mit dem Muster ^[a-zA-Z0-9_\.]*$ durchgeführt. Zwischen dem Anfang und dem Ende des Dateinamens darf ein Zeichen aus der angegebenen Menge beliebig oft auftreten. Dazu gehören alle Klein- und Großbuchstaben, Ziffern von 0-9, der Unterstrich und der Punkt. Beachten Sie, daß der Punkt mit einem umgekehrten Schrägstrich entwertet werden muß, da dieses Zeichen sonst als beliebiges Zeichen angesehen wird. Enthält der Dateiname ein anderes als die aufgeführten Zeichen, liefert expr den Wert 0 zurück. In allen anderen Fällen wird die Länge des Namens ausgegeben. Die maximale Namenslänge wurde auf 14 Zeichen eingestellt. Ein Dateiname, der länger ist oder ein ungültiges Zeichen beinhaltet, wird als nicht richtig abgewiesen. Sie können dem Muster Zeichen hinzufügen und entsprechend Ihren Vorstellungen abändern. In Zukunft können Sie innerhalb Ihrer Prozeduren `chkdat` zur Überprüfung von Dateinamen verwenden wie folgendes Beispiel zeigt:

```
#
# @(#) mycp V1.0 Kopieren einer Datei
#
# Aufruf: mycp Quelldatei Zieldatei

QUELLE="$1"
ZIEL="$2"

[ -f "$QUELLE" ] || { echo "Quelldatei nicht vorhanden."; exit 1; }

if chkdat "$ZIEL" >/dev/null
then
    cp $QUELLE $ZIEL && echo "Datei wurde kopiert"
else
    echo "Ungültiger Dateiname: $ZIEL"; exit 1
fi
```

```
$ mycp /etc/passwd passwd.NEU.PETER          Der Dateiname ist länger
Ungültiger Dateiname: passwd.NEU.PETER       als 14 Zeichen.
$ mycp /etc/passwd -PASSWD
Ungültiger Dateiname: -PASSWD
$ mycp /etc/passwd PASSWD
Datei wurde kopiert
$
```

Teilzeichenketten ausschneiden

Der Vergleich von Zeichenketten ist nur ein Einsatzgebiet der zu Anfang genannten Eigenschaften des Befehls `expr`. Sie können mit `expr` auch Teilmuster einer Zeichenkette heraustrennen, dabei muß das gewünschte Teilmuster in runde Klammern eingeschlossen und mit \ maskiert werden:

```
expr   "Zeichenkette"  :  "Zei\(chen\)kette
```

Sehen Sie dazu folgendes Beispiel:

```
$ expr "UNIX" : "U\(NIX\)"
NIX
$
```

Zeichenketten formatieren

In der zweiten Zeichenkette wurde die Teilzeichenkette NIX in runde Klammern gesetzt. Der Befehl expr schneidet diese Zeichenkette aus dem Wort heraus und stellt sie auf dem Bildschirm dar. Sie müssen die runden Klammern mit dem umgekehrten Schrägstrich entwerten, da expr diese Zeichen ansonsten zur Gruppierung von Ausdrücken verwendet. Die zweite Zeichenkette muß, von links nach rechts gesehen, teilweise oder vollständig in der ersten Zeichenkette enthalten sein. So führt folgender Aufruf zu einem Mißerfolg:

```
$ expr "UNIX" : "\(NIX\)"
```

Dateinamen haben häufig eine Namenserweiterung, die mit einem Punkt von dem eigentlichen Dateinamen abgetrennt ist. Sie können die Zeichenkette folgendermaßen in die einzelnen Bestandteile auflösen:

```
$ expr "adressen.dat" : "adressen.\(dat\)"
dat
$ expr "adressen.dat" : "\(adressen\).dat"
adressen
$
```

Sie können wie in den vorangegangenen Fällen reguläre Ausdrücke innerhalb der Muster verwenden. Das vorangegangene Beispiel läßt sich auch anders formulieren:

```
$ expr "adressen.dat" : ".*\.\(.*\)"
dat
$
```

Lassen Sie sich nicht von dem regulären Ausdruck der zweiten Zeichenkette abschrecken. Er ist folgendermaßen zu lesen: Der Dateiname beginnt mit einer beliebigen Zeichenkette. Falls sich daran ein Punkt anschließt, soll die beliebige Zeichenfolge, die dem Punkt folgt, genommen und auf dem Bildschirm ausgegeben werden

Der Schrägstrich vor dem Punkt und den runden Klammern ist notwendig, um die Sonderbedeutung dieser Zeichen aufzuheben. Die Teilzeichenkette, die Sie in runde Klammer einschließen, wird auf dem Bildschirm ausgegeben. In diesem Fall ist es der Text dat, der im Dateinamen dem Punkt folgt. Möchten Sie den Dateinamen ausschneiden, müssen Sie nur die Stellung der runden Klammern verändern:

```
$ expr "adressen.dat" : "\(.*\)\..*"
adressen
$
```

Zeichenketten bearbeiten mit expr

Nun wird die beliebige Zeichenkette, die vor dem Punkt steht auf dem Bildschirm ausgegeben. Enthält die Zeichenkette keinen Punkt, liefert expr eine leere Zeichenkette zurück:

```
$ expr "adressen" : "\(.*\)\..*"
            leere Zeichenkette
$
```

Sie können expr verwenden, um zum Beispiel Sicherungskopien von Dateien zu erstellen, bevor sie mit einem Texteditor verändert werden. Die Namenserweiterung wird dabei durch das Kürzel .BAK ausgetauscht. So wird aus dem Dateinamen adressen.dat nach dem Kopieren der Name adressen.BAK. Die folgende Prozedur editor bearbeitet eine Datei mit dem Texteditor Ihrer Wahl. Vor dem Laden wird von der zu bearbeitenden Datei eine Sicherungskopie erstellt, bei der die Namenserweiterung durch .BAK ausgetauscht wird.

```
#!/bin/ksh
#
# @(#) editor V1.0 Sicherungskopie erstellen und Datei mit dem
#                  Editor bearbeiten
#
# Aufruf: editor Datei

(( $# != 1 )) && { echo "Aufruf: $0 Datei"; exit 1; }

#------------#
DATEI="$1"    #
EDITOR="vi"   #
EXT="BAK"     #
#------------#
#
# Verzeichnisse können nicht bearbeitet werden
#
[ -d "$DATEI" ] && { echo "$DATEI ist ein Verzeichnis"; exit 1; }
#
# Bei einer neuen Datei wird keine Kopie erstellt
#
if [ -f "$DATEI" ]
then
    #
    # Datei ist vorhanden. Ausschneiden des Dateinamens
    #
    DATNAME=`expr "$DATEI" : "\(.*\)\..*"`
    #
    # Falls keine Namenserweiterung gefunden wurde, setze
    # den Dateinamen ein
    #
    [ -z "$DATNAME" ] && DATNAME="$DATEI"
    #
    # Sicherungskopie anlegen
    #
    cp $DATEI $DATNAME.$EXT
fi

$EDITOR $DATEI
```

Zeichenketten formatieren

Sie können den Namen Ihres Texteditors in der Variablen EDITOR hinterlegen. Die Prozedur benutzt dieses Programm zur Bearbeitung der angegebenen Datei. Falls der beim Aufruf übergebene Dateiname ein Verzeichnis ist, beendet sich die Prozedur mit einer Fehlermeldung.

Bei einer neuen Datei wird auf das Anlegen einer Sicherungskopie verzichtet. Ansonsten schneidet das Kommando `expr` den Dateinamen aus der Zeichenkette aus, fügt die neue Erweiterung .BAK an und erstellt eine Sicherungskopie. Sofern der Dateiname keine Erweiterung enthält, liefert `expr` eine leere Zeichenkette zurück und Sie besetzen den Namensteil der Datei mit dem übergebenen Dateinamen. Abschließend wird die Originaldatei mit dem eingestellten Texteditor bearbeitet.

Das folgende Beispiel veranschaulicht den Ablauf der Prozedur. Das Programm `vi` wird aufgerufen, und Sie tragen eine Zeile in die Datei `telno.dat` ein. Die Datei ist neu, daher wird keine Sicherungskopie angelegt:

```
$ editor telno.dat          Anlegen einer neuen Datei mit dem Texteditor vi
```

```
Peter Termöllen 089/12345
~
~
~
~
~
~
~
~
"telno.dat" [New file]
```

Eine Auflistung der Dateien, die mit `telno` beginnen, zeigt, daß beim ersten Mal keine Kopie angelegt wurde:

```
$ ls telno.*
telno.dat                   Von einer neuen Datei wird keine Kopie erstellt
$
```

Durch einen erneuten Aufruf von `editor` können Sie die bestehende Datei um eine Zeile erweitern:

```
$ editor telno.dat          Erneute Bearbeitung der Datei.
```

Zeichenketten bearbeiten mit expr

```
Peter Termöllen 089/12345
Dieter Harig 089/54321
~
~
~
~
~
~
~
~
~
:x
```

```
$ ls telno.*
telno.BAK                       Eine Sicherungskopie wurde angelegt
telno.dat
$ cat telno.BAK
Peter Termöllen 089/12345       Die vorangegangene Version der Datei
$
```

Beim zweiten Aufruf von `editor` wurde vor der Bearbeitung eine Kopie der Datei `telno.dat` erstellt, bei der die Namenserweiterung `.dat` durch `.BAK` ersetzt wurde. Sie können damit auf den letzten Stand Ihrer Datei zurückgreifen, falls die Änderungen in der aktuellen Datei rückgängig gemacht werden sollen. Damit die Prozedur `editor` von jeder Stelle in Ihrem Dateibaum aufgerufen werden kann, sollten Sie die Variable `PATH` um das Verzeichnis ergänzen, in dem die Prozedur gespeichert ist. Befindet sich `editor` in Ihrem globalen Verzeichnis für ausführbare Programme, dann müssen Sie folgende Änderung vornehmen:

```
$ PATH=$PATH:$HOME/bin
```

Wurde der Eintrag in der Datei `.profile` vorgenommen, so wird der Pfad gleich nach dem Anmelden eingestellt. Die Bearbeitung von Zeichenketten mit dem Befehl `expr` ist sehr vielfältig und besonders die Verwendung von regulären Ausdrücken bedarf einiger Übungen, um sich mit dem Befehl vertraut zu machen. Bevor dieses Thema abgeschlossen wird, einige weitere reguläre Ausdrücke zur Bearbeitung von Zeichenketten.

Ausschneiden der ersten vier Zeichen einer Zeichenkette:

```
$ expr "UNIXSYSV.4" : "^\(....\).*"
UNIX
$
```

Zeichenketten formatieren

"Nehme vom Anfang der Zeichenkette die ersten vier beliebigen Zeichen und gebe sie auf dem Bildschirm aus. Auf diesen vier Zeichen kann eine beliebige Zeichenkette folgen."

Ausschneiden der letzten beiden Ziffern der Prozeßnummer der aktuellen Shell:

```
$ echo $$              Prozeßnummer der Shell
4731
$ expr "$$" : ".*\(..\)"
31
$
```

"Nehme die letzten beiden beliebigen Zeichen der Prozeßnummer und gebe Sie auf dem Bildschirm aus. Vor diesen beiden Zeichen kann eine beliebige Zeichenkette stehen."

Feststellen der User-Id eines Benutzers

Das Kommando `id` zeigt Ihre aktuelle Benutzerkennung am Bildschirm an:

```
$ id
uid=108(peter) gid=1(other)
$
```

Der folgende Ausdruck schneidet den Benutzernamen (peter) aus der Ausgabe von `id` heraus:

```
$ UID=`id`              Die Ausgabe wird in der Variablen UID abgelegt.
$ expr "$UID" : ".*(\(.*\)) .*"
peter
$
```

"Nehme den ersten geklammerten Ausdruck (peter) auf den ein Leerzeichen folgt. Schneide die Zeichenkette aus und gebe sie auf dem Bildschirm aus."

Im folgenden Kapitel helfen Ihnen die Kommandos `typeset` und `expr` das Ausgabeformat der Adreßverwaltung komfortabler und übersichtlicher zu gestalten. So können Sie eine Adresse in Zukunft in Form einer Karteikarte darstellen und die Felder der Telefonliste spaltenweise aufbereiten. Ihre Adreßverwaltung erhält mit diesen Kommandos "den letzten Schliff".

Adreßkartei Teil 6

Kapitelübersicht

Im vorangegangenen Kapitel haben Sie sich mit dem Formatieren und Bearbeiten von Zeichenketten beschäftigt. In diesem Teil der Adreßverwaltung können Sie das Ausgabeformat der Prozeduren `anzeigen` und `tel` mit Hilfe des Kommandos `typeset` überarbeiten und dadurch wesentlich freundlicher gestalten. Eine Adresse wird in Form einer Karteikarte angezeigt und die Spalten der Telefonliste werden bündig angeordnet. Durch einen weiteren Menüpunkt erhalten Sie die Möglichkeit, innerhalb der Adreßverwaltung zwischen verschiedenen Dateien umzuschalten. Dazu erstellen Sie eine neue Prozedur `adr_auswahl`, die mit Hilfe der Anweisung `select` alle bisher angelegten Dateien zur Auswahl stellt. Die Themen dieses Kapitels lauten:

- Formatierung von Zeichenketten
- Der Befehl `typeset`
- Zeichenketten bearbeiten mit `expr`
- Auswahlmenü mit der Anweisung `select`

Adreßkartei Teil 6

Übersicht der Änderungen

Prozedur	Aktion	Beschreibung
anzeigen	Ändern	Die Adresse wird in Form einer Karteikarte angezeigt.
tel	Ändern	Die Felder Nachname, Vorname und Telefonnummer werden spaltenweise, linksbündig ausgegeben.
adr	Ändern	Eine neuer Menüpunkt zur Auswahl einer Adreßkartei wird eingefügt.
adr_auswahl	Neu	Die Prozedur erstellt eine Liste aller bisher bearbeiteten Adreßkarteien und stellt diese zur Auswahl.

Die wenigen Änderungen lassen sich leicht "von Hand" durchführen. Sie können die Prozeduren auch von der Diskette übernehmen. Wechseln Sie auf jeden Fall zunächst in Ihr Arbeitsverzeichnis:

```
$ cd $HOME/ADRESSEN
$ cp $HOME/BUCH/ADRESSEN/Teil6/* .
```

Die neue Prozedur `echof` wird zur formatierten Ausgabe von Daten von der Prozedur `anzeigen` aufgerufen. Mit dem Kommando `adr_auswahl` können Sie zukünftig eine Adreßkartei auswählen:

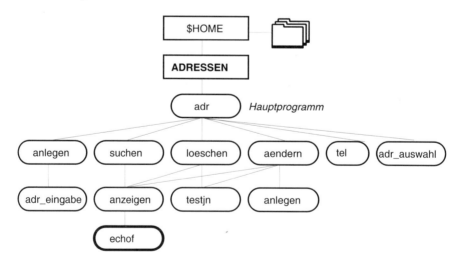

Die bisherige Ausgabe der Prozeduren `suchen`, `loeschen` und `aendern` hatte folgendes Format:

Übersicht der Änderungen

```
------------------------------------
Mayer Klaus
Am Rundbogen 24
2000 Hamburg
040/889988
Grundlagen UNIX
------------------------------------
```

Das neue Format wird in Form einer Karteikarte abgebildet:

```
+----------------------------------+
| Klaus Mayer                      |
| Am Rundbogen 24                  |
| 2000 Hamburg                     |
| Grundlagen UNIX                  |
|                   Tel. 040/889988|
+----------------------------------+
```

Jede der Prozeduren suchen, aendern und loeschen verwendet das Kommando anzeigen zur Ausgabe einer Adresse.

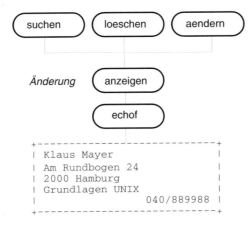

```
                  +----------------------------+
                  | Klaus Mayer                |
                  | Am Rundbogen 24            |
                  | 2000 Hamburg               |
                  | Grundlagen UNIX            |
                  |                 040/889988 |
                  +----------------------------+
```

Folglich müssen Sie nur diesen Befehl an das neue Format anpassen, um die veränderte Ausgabe für die genannten Prozeduren durchzuführen. Hier hat es sich bewährt, die Anzeige mit einer zentralen Funktion durchzuführen, statt die Befehle in die einzelnen Kommandos aufzunehmen. Durch Änderung der Prozedur anzeigen kann das Format für alle Prozeduren umgestellt werden; nutzen Sie dazu die Prozedur echof aus Kapitel 10:

Änderung der Prozedur anzeigen

Die zuvor beschriebene Karteikarte läßt sich nur durch das Setzen fester Länge für die Ausgabefelder erreichen. Im vorangegangenen Kapitel haben Sie die Prozedur echof erstellt, um Zeichenketten formatiert auf dem Bildschirm auszugeben. Das Kommando anzeigen verwendet diese Funktion um die Karteikarte aufzubauen:

```
#!/bin/ksh
#
# @(#) anzeigen V1.1 Anzeigen einer Adresse
#
# Aufruf:
# anzeigen Nachname:Vorname:Strasse:Wohnort:Telefon:Bemerkung

SATZ="$*"
typeset -x OFS=""     # Kein Feldtrenner bei der Ausgabe von echof
IFS=:                 # Trennzeichen der Shell auf Doppelpunkt setzen
set $SATZ             # Zuweisung der Felder an die Positionsparameter
                      # $1=Nachname, $2=Vorname, $3=Strasse
                      # $4=Wohnort,  $5=Telefon, $6=Bemerkung

RAHMEN="+-------------------------------------------+"

# Maximale Länge des Feldes "feld" festlegen
#
BREITE=`expr $RAHMEN : '.*'`
(( BREITE-=4 ))

echo $RAHMEN
echof   "|%L2"    "$2 $1%L$BREITE"     "|%R2"
echof   "|%L2"    "$3%L$BREITE"        "|%R2"
echof   "|%L2"    "$4%L$BREITE"        "|%R2"
echof   "|%L2"    "$6%L$BREITE"        "|%R2"
echof   "|%L2"    "Tel. $5%R$BREITE"   "|%R2"
echo $RAHMEN
```

Die Prozedur überträgt die einzelnen Felder einer Adresse wie bisher in die Positionsparameter $1 bis $6. Die Variable RAHMEN beinhaltet den Umriß der Karteikarte und bestimmt gleichzeitig die Kartenbreite bei der Ausgabe. Die Anweisung:

```
BREITE=`expr $RAHMEN : '.*'`
(( BREITE-=4 ))
```

berechnet die Anzahl der Zeichen in der Variablen RAHMEN. Damit bestimmen Sie die Breite der Karteikarte, von der Sie insgesamt vier Zeichen für die Randbegrenzungen abziehen müssen. Die errechnete Länge bestimmt das Ausgabeformat aller Variablen innerhalb der Karteikarte.

Änderung der Prozedur anzeigen

Der folgende Beispielaufruf verdeutlicht den Vorgang:

```
$ anzeigen \
  Mayer:Klaus:Am Rundbogen 24:2000 Hamburg:040/889988:Grundlagen UNIX
+---------------------------------------------+
| Klaus Mayer                                 |
| Am Rundbogen 24                             |
| 2000 Hamburg                                |
| Grundlagen UNIX                             |
|                           Tel. 040/889988   |
+---------------------------------------------+
$
```

Wenn Sie innerhalb der Prozedur anzeigen mit Ihrem Editor die Rahmenbreite verkürzen, ändert sich die restliche Karteikarte von selbst:

```
RAHMEN="+---------------------------------------------+"
RAHMEN="+-------------------------------+"
```

```
$ anzeigen \
  Mayer:Klaus:Am Rundbogen 24:2000 Hamburg:040/889988:Grundlagen UNIX
+-------------------------------+
| Klaus Mayer                   |
| Am Rundbogen 24               |
| 2000 Hamburg                  |
| Grundlagen UNIX               |
|             Tel. 040/889988   |
+-------------------------------+
$
```

Die Breite der Karteikarte wird von der Länge der Variablen RAHMEN bestimmt, die bei jedem Aufruf neu berechnet wird. Die Ausgabe der einzelnen Zeilen der Karteikarte übernimmt die Prozedur echof. Sie haben dieses Kommando im vorangegangenen Kapitel bereits kennengelernt, sehen Sie sich die genaue Funktionsweise im Kapitel 13.2 nochmals an.

Adreßkartei Teil 6

```
#!/bin/ksh
#
# @(#) echof V1.0    Formatierte Ausgabe einer Zeichenkette
#
# Aufruf: echof Text%Format Text%Format ...

IFS=%                    # Das Zeichen % trennt Text und Format
for argument             # Bearbeite die Argumente: Text%Format ...
do
  set $argument          # $1=Text, $2=Formatangabe
  typeset -$2 feld       # Zuweisen des Formates an das Hilfsfeld
  feld="$1"              # Text entsprechend dem Format aufbereiten
  echo "$feld$OFS\c"     # Ausgabe der aufbereiteten Zeichenkette
                         # OFS ist das Trennzeichen der Ausgabe
done
echo                     # Zeilenvorschub ausgeben
```

Die Karteikarte wird von folgenden Anweisungen erzeugt:

```
echo $RAHMEN

echof   "|%L2"   "$2 $1%L$BREITE"    "|%R2"
echof   "|%L2"   "$3%L$BREITE"       "|%R2"
echof   "|%L2"   "$4%L$BREITE"       "|%R2"
echof   "|%L2"   "$6%L$BREITE"       "|%R2"
echof   "|%L2"   "Tel. $5%R$BREITE"  "|%R2"

echo $RAHMEN

+----------------------------------------+
| Klaus Mayer                            |
| Am Rundbogen 24                        |
| 2000 Hamburg                           |
| Grundlagen UNIX                        |
|                       Tel. 040/889988  |
+----------------------------------------+
```

Die Telefonnummer wurde rechtsbündig in der errechneten Länge ausgegeben, um sie besonders hervorzuheben. Die erhöhte Flexibilität des Kommandos anzeigen hat auch Nachteile. Das Anzeigen der Karteikarte ist zeitaufwendig, da die Shell jedesmal eine Subshell erzeugt, um das Kommando echof auszuführen.

Den Geschwindigkeitsverlust werden Sie vermutlich beim Anzeigen größerer Datenmengen deutlich spüren. Wenn Sie statt dessen die Ausgabe mit dem Kommando echo durchführen, ist die Ausführung der Prozedur schneller. Die Formatierung der Variablen mit dem Kommando typeset wird innerhalb der Prozedur anzeigen ausgeführt. Die folgende Prozedur anzeigen ist eine Alternative zu dem ursprünglichen Kommando. Sie können beide Prozeduren abwechselnd im Kommando suchen aufrufen und den Zeitaufwand beider Prozeduren miteinander vergleichen.

```
#!/bin/ksh
#
# @(#) anzeigen V1.2 Anzeigen einer Adresse
#
# Aufruf:
# anzeigen Nachname:Vorname:Strasse:Wohnort:Telefon:Bemerkung

SATZ="$*"
IFS=:            # Trennzeichen der Shell auf Doppelpunkt setzen
set $SATZ        # Zuweisung der Felder an die Positionsparameter
                 # $1=Nachname, $2=Vorname, $3=Strasse
                 # $4=Wohnort,  $5=Telefon, $6=Bemerkung

RAHMEN="+------------------------------------------+"

BREITE=`expr $RAHMEN : '.*'`
(( BREITE-=4 ))

echo $RAHMEN

typeset -L$BREITE zeile

for zeile in "$2 $1" "$3" "$4" "$6"
do
   echo "| $zeile |"
done

typeset -R$BREITE zeile # Telefonnummer rechtsbündig
zeile="Tel. $5"
echo "| $zeile |"

echo $RAHMEN
```

Die Formatierung mit dem Befehl `typeset` und die Ausgabe mit `echo` erfolgt sehr schnell, da beide eingebaute Befehle der Shell sind und für die Ausführung keine Subshell gestartet werden muß. Andererseits können Sie die Prozedur `echof` für andere Prozeduren einsetzen, ohne die Befehle erneut einfügen zu müssen.

Entscheiden Sie selbst, welche Prozedur Sie in die Adreßverwaltung aufnehmen möchten; im weiteren Verlauf wird die erste Version von `anzeigen` verwendet. Die Kommandos `suchen`, `aendern` und `loeschen` müssen nicht modifiziert werden, da diese ihre Daten mit dem Kommando `anzeigen` darstellen und sich damit automatisch dem neuen Ausgabeformat anpassen. Bevor Sie mit dem Beispieldurchlauf beginnen, werden Sie noch eine Änderung an der Prozedur `tel` vornehmen.

Änderung der Prozedur `tel`

Die Prozedur `tel` wurde im vorangegangenen Teil der Adreßverwaltung zur Anzeige einer Telefonliste entwickelt. In der letzten Version hatte die Telefonliste folgende Form:

```
+------------------------------+
|      Adressverwaltung        |
+------------------------------+
|                              |
|  1) Neue Adresse anlegen     |
|  2) Suchen von Adressen      |
|  3) Löschen von Adressen     |
|  4) Verändern von Adressen   |
|  5) Telefonbuch aufschlagen  |
|  6) Beenden                  |
+------------------------------+

Ihre Wahl (1-6): 5

Bitte geben Sie den Anfangsbuchstaben des Nachnamens ein
(<RETURN> zeigt alle Telefonnummern) : M

Telefonliste
-----------------------------------------------------------------
Maier Otto 05971/7711
Mayer Klaus 040/889988
Meier Manfred 0221/777
Meistersinger Hans 030/3211
```

In der neuen Version werden die Felder spaltenweise linksbündig bzw. rechtsbündig ausgerichtet, so daß folgende Ausgabe erscheint:

```
Telefonliste
-----------------------------------------------------------------
Nachname                    Vorname                      Telefon
-----------------------------------------------------------------
Maier                       Otto                      05971/7711
Mayer                       Klaus                     040/889988
Meier                       Manfred                     0221/777
Meistersinger               Hans                        030/3211
```

Der beim Aufruf angegebene Anfangsbuchstabe wird automatisch in einen Großbuchstaben umgewandelt, und die Angabe von mehr als einem Buchstaben wird mit einer Meldung abgewiesen.

Änderung der Prozedur tel

```
#!/bin/ksh
#
# @(#) tel V1.1 Telefonliste anzeigen
#
# Aufruf: tel Buchstabe

typeset -u MUSTER=$1    # Umwandlung des Arguments in einen
                        # Großbuchstaben
integer len=0           # Initialisieren der Länge mit 0
if [ "$MUSTER" ]        # Eingabe nur dann prüfen, wenn nicht
then                    # <RETURN> eingegeben wurde.
   len=`expr "$MUSTER" : "^[A-Z]$" 2>/dev/null`
   ((len==0)) && { echo "Bitte einen Buchstaben von A-Z eingeben"
                   exit 1; }
fi

ADRESSE=${ADRESSE:-$HOME/adressen.adr}
typeset -L29 Nachname   # Linksbündig  29 Stellen
typeset -L19 Vorname    # Linksbündig  19 Stellen
typeset -R10 Telefon    # Rechtsbündig 10 Stellen

echo "Telefonliste"
echo "-----------------------------------------------------------"
echo "Nachname                     Vorname               Telefon"
echo "-----------------------------------------------------------"

IFS=:
egrep "^$MUSTER" $ADRESSE | cut -d: -f1,2,5 |
while read Nachname Vorname Telefon
do
   echo "$Nachname $Vorname $Telefon"
done
```

Als Argument erwartet die Prozedur einen Buchstaben, der durch die Formatangabe `typeset -u MUSTER` automatisch in einen Großbuchstaben umgewandelt wird. Bei Betätigen der `<RETURN>`-Taste (`$MUSTER` ist leer) wird keine Prüfung vorgenommen und alle Adressen werden angezeigt. Andernfalls wird mit der Anweisung

```
len=`expr "$MUSTER" : "^[A-Z]$" 2>/dev/null`
```

überprüft, ob die eingegebene Zeichenkette aus genau einem Großbuchstaben besteht. Anders ausgedrückt: "Zwischen dem Zeilenanfang (^) und dem Zeilenende ($) darf nur ein Buchstabe von A bis Z auftreten". Sollte die Zeichenkette nicht den Erwartungen entsprechen, meldet `expr` den Wert 0 zurück und die Prozedur gibt eine Fehlermeldung auf dem Bildschirm aus. Eventuelle Fehlerausgaben von `expr` werden vorsichtshalber in den UNIX-Papierkorb (`/dev/null`) umgeleitet.

Der Befehl `typeset` weist den Variablen `Nachname`, `Vorname` und `Telefon` feste Längen zu und füllt die Zeichenkette gegebenenfalls mit Leerzeichen aus. Das Muster `^MUSTER` sucht alle Nachnamen, die mit dem angegebenen Buchstaben beginnen und schreibt die Ausgabe der Telefonliste spaltenweise auf den Bildschirm.

Die Auswahl einer Adreßkartei

Bisher konnten Sie den Namen der Adreßdatei durch Besetzen der Variablen ADRESSE einstellen. Alle Prozeduren entnehmen den Dateinamen dieser Variablen, so daß Sie durch Umbesetzen von ADRESSE zwischen verschiedenen Karteien umschalten können. Sollten Sie jemals vergessen, die Variable mit einem Dateinamen zu besetzen, wird ohne Rückfrage die Adreßdatei $HOME/adressen.adr bearbeitet.

Mit der neuen Prozedur adr_auswahl wird diese Funktionalität dahingehend erweitert, daß ab Ihrem Heimatverzeichnis alle Dateien mit der Namenserweiterung ".adr" gesucht und auf dem Bildschirm angezeigt werden:

```ksh
#!/bin/ksh
#
# @(#) adr_auswahl V1.0 Adressdatei auswählen
#
# Aufruf: adr_auswahl

#------------------------------------------------#
ADRESSE=$HOME/adressen.adr          # Voreinstellung
MUSTER="*.adr"                      # Suchmuster
PS3="Bitte wählen Sie eine Adreßkartei: "  # select-Prompt
#------------------------------------------------#

echo "\nListe der Adreßkarteien wird erstellt. Bitte warten...\n"
LISTE=`find $HOME -name "$MUSTER" -print 2>/dev/null | sort`
select datei in $LISTE "Dateiname eingeben" Abbruch
do
   case "$datei" in
   "Dateiname eingeben") echo "Karteiname: \c"; read ADRESSE;;
   Abbruch)              exit 0;;
   '')                   echo "Ungültige Auswahl"; continue;;
   *)                    ADRESSE=$datei;;
   esac
   break
done
```

Das Kommando find sucht ab dem Heimatverzeichnis alle Dateien mit der Endung .adr und überträgt die Dateinamen in die Variable LISTE. Mit der select-Anweisung werden die Dateinamen zur Auswahl auf dem Bildschirm angezeigt und zusätzlich um die Menüpunkte "Dateiname eingeben" sowie "Abbruch" ergänzt. Wenn Sie "Dateiname eingeben" auswählen, wird der Dateiname der Adreßkartei von der Tastatur eingelesen. Der Punkt "Abbruch" beendet die Auswahl mit dem Kommando exit, die Variable ADRESSE bleibt daraufhin unbesetzt. Bei einer ungültigen Auswahl liefert die select-Anweisung eine leere Zeichenkette, das Menü wird daraufhin erneut angezeigt. Damit die Prozeduren der Adreßverwaltung auf die ausgewählte Datei zugreifen können, wird der Dateiname wie bisher in der Variablen ADRESSE hinterlegt.

```
$ unset ADRESSE              Variable ADRESSE auf leer setzen
$ . adr_auswahl              Aufruf mit vorangestellten Punkt
Liste der Adreßkarteien wird erstellt. Bitte warten ...

1) /home/peter/adressen.adr
2) /home/peter/privat.adr
3) /home/peter/referenten.adr
4) Dateiname eingeben
5) Abbruch
Bitte wählen Sie eine Adreßkartei: 3
```

In diesem Fall wurde die Adreßkartei `referenten.adr` als aktuelle Datei ausgewählt. Nach Rückkehr der Prozedur finden Sie den ausgewählten Dateinamen in der Variablen ADRESSE. Die Variable ADRESSE wurde in der aktuellen Umgebung verändert. Sie steht damit den Prozeduren der Adreßverwaltung zur Verfügung, die aus dieser Shell gestartet werden. Vergessen Sie nicht, in Zukunft den Punkt beim Aufruf von `adr_auswahl` voranzustellen. Sie können die Prozedur im Hauptprogramm `adr` aufrufen, um eine Liste von Adreßkarteien vorzuschlagen, sofern die Variable ADRESSE noch keinen Wert besitzt. Sollte diese Variable bereits einen Wert beinhalten, wird dieser Dateiname weiterhin als aktuelle Adreßkartei übernommen. Zusätzlich wird ein Menüpunkt eingeführt, um während der Bearbeitung einer Adreßkartei den Datenbestand zu wechseln.

Änderung der Prozedur `adr`

Sollte die Variable ADRESSE beim Aufruf von `adr` unbesetzt sein, zeigt das neue Kommando `adr_auswahl` eine Liste der bisher erstellten Adreßkarteien auf dem Bildschirm an. Sie können aus diesen Vorschlägen eine Datei auswählen oder eine neue bestimmen. Beachten Sie, daß Sie `adr_auswahl` mit einem vorangestellten Punkt aufrufen müssen, um die Variable ADRESSE in der Umgebung von `adr` zu ändern. Durch den neuen Menüpunkt "Adreßkartei auswählen" können Sie zwischen den verschiedenen Adreßkarteien umschalten. Der Name der aktuellen Kartei wird unterhalb des Auswahlmenüs angezeigt.

```
#!/bin/ksh
#-----------------------------------------------------------------
# @(#) adr V1.2 Adressverwaltung (Hauptprogramm)
#
# Aufruf: adr
#
# Hauptprogramm  -  Verwaltung einer Adreßkartei auf der Basis von
#                   Shell-Prozeduren.
#-----------------------------------------------------------------
# ADRESSE enthält den Namen der Adreßkartei. Besitzt ADRESSE einen
# Wert, wird dieser nicht verändert. Andernfalls werden alle
# Adreßkarteien gesucht und zur Auswahl gestellt.
#
[ -z "$ADRESSE" ] && . adr_auswahl; export ADRESSE
```

Adreßkartei Teil 6

```
      [ ! -f $ADRESSE ] && { # Adreßkartei vorhanden?
      echo "\nDie Datei \"$ADRESSE\" konnte nicht gefunden werden !"
      testjn "Soll ich sie erstellen" && >$ADRESSE || exit 1; }

      while true # Anzeigen des Menüs, bis die Ziffer 7 ausgwählt wurde
      do
       clear      # Bildschirm löschen
       echo
       echo "+----------------------------+"
       echo "|       Adreßverwaltung      |"
       echo "+----------------------------+"
       echo "|                            |"
       echo "|  1) Neue Adresse anlegen   |"
       echo "|  2) Suchen von Adressen    |"
       echo "|  3) Löschen von Adressen   |"
       echo "|  4) Verändern von Adressen |"
       echo "|  5) Telefonbuch aufschlagen|"
       echo "|  6) Adreßkartei auswählen  |"
       echo "|  7) Beenden                |"
       echo "+----------------------------+"
       echo "Kartei: $ADRESSE\n"
       echo "Ihre Wahl (1-7): \c"; read auswahl
       case $auswahl in
       1) echo; anlegen
          ;;
       2) echo "\nBitte Suchbegriff eingeben: "; read Nachname
          suchen "$Nachname"
          ;;
       3) echo "\nWelche Adresse möchten Sie löschen?"
          echo "Bitte Nachname eingeben: \c";     read Nachname
          loeschen "$Nachname"
          ;;
       4) echo "\nWelche Adresse möchten Sie ändern?"
          echo "Bitte Nachname eingeben: \c";     read Nachname
          aendern "$Nachname"
          ;;
       5) echo \
          "\nBitte geben Sie den Anfangsbuchstaben des Nachnamens ein"
          echo "(<RETURN> zeigt alle Telefonnummern) : \c"; read MUSTER
          tel $MUSTER | pg
          ;;
       6) OADR=$ADRESSE           # Name der Adreßkartei sichern
          . adr_auswahl           # Adreßkartei auswählen

          [ ! -f "$ADRESSE" ] && { # Adreßkartei vorhanden?
          echo "Die Datei \"$ADRESSE\" konnte nicht gefunden werden !"
          testjn "Soll ich sie erstellen" && >$ADRESSE || ADRESSE=$OADR;}
          ;;
       7) exit 0
          ;;
       *) echo "Falsche Eingabe"
          ;;
       esac
       echo "\nWeiter - <Return>-Taste betätigen"; read weiter

      done # Ende der while-Schleife
```

Ein Beispieldurchlauf

Sie können die Adreßverwaltung starten, ohne die Adreßdatei in der Variablen ADRESSE zu hinterlegen. In diesem Fall durchsucht die Prozedur adr Ihr Heimatverzeichnis nach existierenden Adreßdateien und zeigt diese automatisch auf dem Bildschirm an. Beachten Sie, daß der aktuelle Karteiname unterhalb des Auswahlmenüs angezeigt wird. Wählen Sie nun den Datenbestand referenten.adr und überprüfen Sie das neue Ausgabeformat der Telefonliste.

```
$ unset ADRESSE              Die Variable ADRESSE ist leer
$ adr                        Aufruf der Adreßverwaltung

Liste der Adreßkarteien wird erstellt. Bitte warten...

1) /home/peter/adressen.adr
2) /home/peter/privat.adr
3) /home/peter/referenten.adr
4) Dateiname eingeben
5) Abbruch
Bitte wählen Sie eine Adreßkartei: 3
+------------------------------+
|       Adreßverwaltung        |
+------------------------------+
|                              |
|  1) Neue Adresse anlegen     |
|  2) Suchen von Adressen      |
|  3) Löschen von Adressen     |
|  4) Verändern von Adressen   |
|  5) Telefonbuch aufschlagen  |
|  6) Adreßkartei auswählen    |
|  7) Beenden                  |
+------------------------------+
Kartei: /home/peter/referenten.adr

Ihre Wahl (1-8): 5

Bitte geben Sie den Anfangsbuchstaben des Nachnamens ein
(<RETURN> zeigt alle Telefonnummern) : <RETURN>
Telefonliste
-----------------------------------------------------------
Nachname              Vorname              Telefon
-----------------------------------------------------------
Maier                 Otto                 05971/7711
Mayer                 Klaus                040/889988
Meier                 Manfred              0221/777
Vaitl                 Susanne              040/4411
Vilsmann              Gaby                 08092/7123
```

In der Liste entdecken Sie alle Teilnehmer aus der Adreßkartei des fünften Teils. Wenn Sie bei der Abfrage des Anfangsbuchstabens die Taste <RETURN> betätigen, erhalten Sie eine Liste aller Personen; durch Angabe des entsprechenden Buchstabens können Sie gezielt nach Namen suchen.

Adreßkartei Teil 6

```
+-------------------------------+
|       Adreßverwaltung         |
+-------------------------------+
|                               |
|   1) Neue Adresse anlegen     |
|   2) Suchen von Adressen      |
|   3) Löschen von Adressen     |
|   4) Verändern von Adressen   |
|   5) Telefonbuch aufschlagen  |
|   6) Adreßkartei auswählen    |
|   7) Beenden                  |
+-------------------------------+
Kartei: /home/peter/referenten.adr

Ihre Wahl (1-8): 5

Bitte geben Sie den Anfangsbuchstaben des Nachnamens ein
(<RETURN> zeigt alle Telefonnummern) : V
Telefonliste
-----------------------------------------------------------------
Nachname                      Vorname                      Telefon
-----------------------------------------------------------------
Vaitl                         Susanne                      040/4411
Vilsmann                      Gaby                         08092/7123
(EOF):
Weiter - <Return>-Taste betätigen
```

Mit dem Menüpunkt 6 können Sie eine andere Adreßkartei auswählen.

```
+-------------------------------+
|       Adreßverwaltung         |
+-------------------------------+
|                               |
|   1) Neue Adresse anlegen     |
|   2) Suchen von Adressen      |
|   3) Löschen von Adressen     |
|   4) Verändern von Adressen   |
|   5) Telefonbuch aufschlagen  |
|   6) Adreßkartei auswählen    |
|   7) Beenden                  |
+-------------------------------+
Kartei: /home/peter/referenten.adr

Ihre Wahl (1-8): 6

Liste der Adreßkarteien wird erstellt. Bitte warten...

1) /home/peter/adressen.adr
2) /home/peter/privat.adr
3) /home/peter/referenten.adr
4) Dateiname eingeben
5) Abbruch
Bitte wählen Sie eine Adreßkartei: 2

Weiter - <Return>-Taste betätigen
```

Die Adreßkartei heißt nun: `/home/peter/privat.adr`; Sie erkennen es an der Anzeige unterhalb des Auswahlmenüs. Auf folgende Weise können Sie auch eine neue Datei erstellen: Wählen Sie den Menüpunkt 6 und anschließend den Unterpunkt "Dateiname eingeben":

```
+-------------------------------+
|       Adreßverwaltung         |
+-------------------------------+
|                               |
|   1) Neue Adresse anlegen     |
|   2) Suchen von Adressen      |
|   3) Löschen von Adressen     |
|   4) Verändern von Adressen   |
|   5) Telefonbuch aufschlagen  |
|   6) Adreßkartei auswählen    |
|   7) Beenden                  |
+-------------------------------+
Kartei: /home/peter/privat.adr

Ihre Wahl (1-8): 6

Liste der Adreßkarteien wird erstellt. Bitte warten...

1) /home/peter/adressen.adr
2) /home/peter/privat.adr
3) /home/buch/referenten.adr
4) Dateiname eingeben
5) Abbruch

Bitte wählen Sie eine Adreßkartei: 4              Neue Datei auswählen
Karteiname: /home/peter/kunden.adr                Dateiname eingeben
Soll die Datei neu angelegt werden [J(a),N(ein),A(bruch)]? j
```

Schalten Sie auf die bestehende Datei `referenten.adr`, um mit der Überprüfung der restlichen Funktionen fortzufahren:

```
+-------------------------------+
|       Adreßverwaltung         |
+-------------------------------+
|                               |
|   1) Neue Adresse anlegen     |
|   2) Suchen von Adressen      |
|   3) Löschen von Adressen     |
|   4) Verändern von Adressen   |
|   5) Telefonbuch aufschlagen  |
|   6) Adreßkartei auswählen    |
|   7) Beenden                  |
+-------------------------------+
Kartei: /home/peter/kunden.adr

Ihre Wahl (1-8): 6
```

Adreßkartei Teil 6

```
Liste der Adreßkarteien wird erstellt. Bitte warten...

1) /home/peter/adressen.adr
2) /home/peter/kunden.adr           Die neue Datei wurde bereits berücksichtigt
3) /home/peter/privat.adr
4) /home/peter/referenten.adr
5) Dateiname eingeben
6) Abbruch
Bitte wählen Sie eine Adreßkartei: 4
```

Beginnen Sie mit der Suche von Adressen, um das neue Karteikartenformat zu überprüfen. Der Befehl `egrep` ermöglicht die Angabe verschiedener Suchmuster. So können Sie mit einer Suchanfrage die Namen *Mayer* oder *Meier* suchen.

```
+--------------------------------+
|        Adreßverwaltung         |
+--------------------------------+
|                                |
|   1) Neue Adresse anlegen      |
|   2) Suchen von Adressen       |
|   3) Löschen von Adressen      |
|   4) Verändern von Adressen    |
|   5) Telefonbuch aufschlagen   |
|   6) Adreßkartei auswählen     |
|   7) Beenden                   |
+--------------------------------+
Kartei: /home/peter/referenten.adr

Ihre Wahl (1-6): 2

Bitte Suchbegriff eingeben:
(Mayer|Meier)                   Suche nach den angegebenen Namen

+----------------------------------------------+
| Klaus Mayer                                  |
| Am Rundbogen 24                              |
| 2000 Hamburg                                 |
| Grundlagen UNIX                              |
|                              Tel. 040/889988 |
+----------------------------------------------+
+----------------------------------------------+
| Manfred Meier                                |
| Am runden Bogen 2                            |
| 5000 Köln                                    |
| MOTIF, X-Windows                             |
|                              Tel. 0221/777   |
+----------------------------------------------+
(EOF):

Weiter - <Return>-Taste betätigen
```

Die Änderung des Anzeigeformats gilt ebenfalls für die Prozeduren `aendern` und `loeschen`. Betrachten Sie die Ausgabe anhand der Prozedur `aendern`.

```
+-------------------------------+
|       Adreßverwaltung         |
+-------------------------------+
|                               |
| 1) Neue Adresse anlegen       |
| 2) Suchen von Adressen        |
| 3) Löschen von Adressen       |
| 4) Verändern von Adressen     |
| 5) Telefonbuch aufschlagen    |
| 6) Adreßkartei auswählen      |
| 7) Beenden                    |
+-------------------------------+
Kartei: /home/peter/referenten.adr

Ihre Wahl (1-6): 4

Welche Adresse möchten Sie ändern?
Bitte Nachname eingeben: (Mayer|Meier)
+--------------------------------------------+
| Klaus Mayer                                |
| Am Rundbogen 24                            |
| 2000 Hamburg                               |
| Grundlagen UNIX                            |
|                          Tel. 040/889988   |
+--------------------------------------------+
Adresse ändern [J(a),N(ein),A(bbruch)]? n
Adresse wurde nicht geändert
+--------------------------------------------+
| Manfred Meier                              |
| Am runden Bogen 2                          |
| 5000 Köln                                  |
| MOTIF, X-Windows                           |
|                          Tel. 0221/777     |
+--------------------------------------------+
Adresse ändern [J(a),N(ein),A(bbruch)]? n
Adresse wurde nicht geändert

Weiter - <Return>-Taste betätigen
```

Sie können mit dieser Version der Adreßverwaltung zufrieden sein. Die möglichen Fehlerquellen sind, so ist zu hoffen, ausgeschaltet, und das Auswahlmenü kann nur über den Menüpunkt 7 ordnungsgemäß verlassen werden. Allerdings ist eine Abbruchbedingung in den Prozeduren noch nicht berücksichtigt. Wenn Sie die Abbruchtaste betätigen, wird die Adreßverwaltung beendet und Sie befinden sich wieder in der ursprünglichen Shell. Die Abbruchtaste hat auf den meisten Tastaturen die Aufschrift <DEL> oder <Entf>. In manchen Fällen kann ein Abbruch über die Tastenkombination <CTRL-C> erreicht werden.

Adreßkartei Teil 6

```
+------------------------------+
|        Adreßverwaltung       |
+------------------------------+
|                              |
|   1) Neue Adresse anlegen    |
|   2) Suchen von Adressen     |
|   3) Löschen von Adressen    |
|   4) Verändern von Adressen  |
|   5) Telefonbuch aufschlagen |
|   6) Adreßkartei auswählen   |
|   7) Beenden                 |
+------------------------------+
Kartei: /home/peter/referenten.adr

Ihre Wahl (1-6):  <DEL> oder <CTRL-C>     Betätigen der Abbruchtaste

$                                         Sie befinden sich in der
                                          ursprünglichen Shell
```

| Änderung in Teil 7 | Wenn Sie aufgefordert werden, einen Menüpunkt einzugeben und statt dessen die Abbruchtaste betätigen, wird die Prozedur unkontrolliert unterbrochen. Das gilt auch, wenn Sie gerade versuchen, eine Adresse zu löschen. |

Im folgenden Kapitel lernen Sie eine Anweisung kennen, mit der Sie den Abbruch einer Prozedur verhindern und entsprechend darauf reagieren können. Der unkontrollierte Abbruch einer Prozedur kann unter Umständen zu unerwarteten Ergebnissen führen, die manchmal auch unliebsame Folgen nach sich ziehen. In der nächsten Version der Adreßverwaltung werden Sie den Abbruch der Prozeduren mit einem neuen Kommando zu verhindern wissen.

Geplante Änderungen in Teil 7

- Bei Abbruch der Adreßverwaltung durch die <DEL> Taste wird eine Meldung ausgegeben und die Prozeduren setzen ihre Arbeit fort. Das Beenden ist nur über den Menüpunkt 6 möglich.
- Ein neuer Menüpunkt in der Adreßverwaltung sorgt dafür, daß Sie Ihr Terminal während Ihrer Abwesenheit sperren können. Damit schützen Sie Ihren Datenbestand vor unbefugtem Zugriff.

Das folgende Kapitel gibt Ihnen Antworten auf die Fragen:

- Wie ist der Abbruch einer Prozedur in UNIX realisiert?
- Welche Abbruchmöglichkeiten stehen zur Verfügung?
- Welche Folgen können bei Abbruch einer Prozedur auftreten?
- Wie kann der Abbruch einer Prozedur verhindert werden?

14. Signale

14.1. Kapitelübersicht

Während eine Shell-Prozedur ausgeführt wird, kann es vorkommen, daß ein unvorhergesehenes Ereignis den Ablauf des Programmes vorzeitig beendet. Betätigen Sie z.B. die Tasten <DEL> oder <CTRL-C>, wird das Programm im Normalfall sofort unterbrochen und Sie befinden sich wieder in Ihrer Ausgangsshell. UNIX informiert einen laufenden Prozeß über ein bestimmtes Ereignis, indem es sogenannte Signale an das Programm sendet. Voreingestellt wird ein Prozeß, der ein Signal empfängt, abgebrochen. In diesem Kapitel lernen Sie den Befehl `trap` kennen, mit dem Sie Signale abfangen oder ignorieren können. Damit versetzen Sie Ihre Shell-Prozeduren in die Lage, beim Auftreten eines Signals in bestimmter Weise zu reagieren oder einfach so weiterzumachen, als ob nichts geschehen wäre. Im einzelnen werden folgende Themen vorgestellt:

- Abfangen und Ignorieren von Unterbrechungen in einer Prozedur
- Das UNIX Signal-Konzept
- Die verschiedenen Signalformen
- Unterbrechungen ignorieren mit der Anweisung `trap`
- Auf Signale reagieren
- Das Sperren eines Terminals
- Geltungsbereich von Signalen

14.2. Was sind Signale?

Zum Einstieg in dieses Thema blicken Sie zurück auf die Art, wie ein Programm in UNIX ausgeführt wird. Wenn Sie ein Programm starten, erzeugt die aktive Shell eine Subshell, in der das Programm abläuft. Der Aufruf im Vordergrund bewirkt, daß die Shell auf die Beendigung des Kommandos wartet und während dieser Zeit keine weiteren Eingaben entgegennimmt. Der folgende Aufruf dürfte Ihnen vertraut sein:

```
$ find / -name .profile -print
/home/peter/.profile
/home/dieter/.profile
<DEL>                      Vorzeitiger Abbruch mit der Taste <DEL>
$
```

Während der Suche nach den Dateien mit dem Namen .profile nimmt die Shell keine weiteren Eingaben entgegen. In diesem Fall können Sie entweder auf die Beendigung des Kommandos warten oder es durch Drücken der Abbruchtaste vorzeitig beenden. Bei deutschen Tastaturen wird die <DEL>-Taste oft mit der Aufschrift <Entf> bezeichnet. Die Tastenkombination <CTRL-C> ist auf den meisten Systemen ebenfalls wirksam. Im weiteren Verlauf des Kapitels verwende ich die Bezeichnung <DEL> zur Kennzeichnung der Abbruchtaste.

Wie unterbrechen Sie aber ein Programm, das im Hintergrund gestartet wurde?

```
$ find / -name .profile -print >such.dat 2>/dev/null &
[1]    458        Die Auftrags- und Prozeßnummer wird ausgegeben
$ kill 458
$
```

Bei Hintergrundprozessen ist die Taste <DEL> wirkungslos. Die einzige "Notbremse" zur Unterbrechung des Befehls ist das Kommando kill in Verbindung mit der angezeigten Prozeß- oder Auftragsnummer. Das Ausschalten Ihres Bildschirms bewirkt ebenfalls bei beiden Aufrufvarianten einen Abbruch des Kommandos find. Das Betriebssystem UNIX realisiert diese Abbruchverfahren intern über Signale, die an den Prozeß gesendet werden. Jedes Signal ist einem bestimmten Ereignis zugeordnet und durch eine eindeutige Nummer gekennzeichnet. Anhand dieser Nummer erkennt der Prozeß die Ursache des Signals und reagiert mit einer entsprechenden Aktion darauf. Das Betätigen der Taste <DEL> erzeugt ein Signal mit der Nummer 2, der Befehl kill erzeugt das Signal 15 und das Ausschalten des Bildschirms sendet das Signal 1 an den laufenden Prozeß. Dieser reagiert voreingestellt mit einem Programmabbruch auf diese eintreffenden Signale. Ihre Shell-Prozeduren werden in gleicher Weise behandelt, wie die folgende Prozedur signal beweist:

Signale abfangen mit trap

```
#!/bin/ksh
#
# @(#) signal V1.0 Unterbrechen von Prozeduren
#
# Aufruf: signal

integer i=0

while (( i<5 ))
do
 echo "Ich bin eine Schleife"
 ((i+=1))
 sleep 2    # Warte 2 Sekunden bis zur nächsten Ausgabe
done
```

Betätigen Sie nach dem Start die Taste <DEL> oder <CTRL-C>, und beobachten Sie die Reaktion:

```
$ signal
Ich bin eine Schleife
Ich bin eine Schleife
<DEL> oder <CTRL-C>
$
```

Nach Ausgabe der dritten Meldung wurde die Prozedur mit der Taste <DEL> abgebrochen. Das Signal wurde an die Shell gesendet, die für die Ausführung Ihrer Prozedur zuständig war.

14.3. Signale abfangen mit `trap`

Mit dem Befehl `trap` (engl. Falle) können Sie in Ihren Shell-Prozeduren auf eingehende Signale reagieren und den Abbruch eines Programmes verhindern. Dem Kommandonamen folgt ein Befehl oder eine Liste von Befehlen, die ausgeführt werden sollen, wenn eines der angegebenen Signale eintrifft.

```
trap  "Kommando 1; ... ; Kommando n"  Signalnummern
```

Signal	Beschreibung
0	exit - Aufruf des Kommandos exit (Verlassen der Shell)
1	hangup - Leitungsunterbrechung des Terminals
2	interrupt-Betätigen der Abbruchtaste <DEL> oder <CTRL-C>
3	quit (Tastenkombination <CTRL-\>)
	Beenden mit Speicherauszug (core)
9	Kommando kill -9 (kann nicht abgefangen werden)
15	Abbruch durch Software (Kommando kill)
DEBUG	Wird nach Ausführung jedes Kommandos gesendet

Signale

Das erste Argument des Kommandos `trap` ist ein Befehl oder eine Befehlsfolge, die ausgeführt wird, wenn eines der nachfolgenden Signale eintrifft. Diese(s) Kommando(s) müssen in doppelte Anführungszeichen eingeschlossen werden. Trifft ein Signal ein, wird die Programmausführung an der aktuellen Stelle unterbrochen und die angegebenen Kommandos der `trap`-Anweisung werden ausgeführt. Anschließend wird in der Prozedur an der unterbrochenen Stelle mit der Ausführung fortgefahren. Damit können Sie eingehende Signale abfangen und darauf mit einem Kommando reagieren.

```
#!/bin/ksh
#
# @(#) signal V1.1 Abfangen der Abbruch-Taste
#
# Aufruf: signal

trap "echo Ich lasse mich nicht unterbrechen." 2 3 15
integer i=0
while (( i<5 ))
do
 echo "Ich bin eine Schleife"
 ((i+=1))
 sleep 8   # Warte 8 Sekunden bis zur nächsten Ausgabe
done
```

Die `trap`-Anweisung zu Anfang der Prozedur sorgt dafür, daß bei Eintreffen des Signals 2 (Abbruchtaste), 3 (Taste CTRL \) und 15 (kill) die Meldung: "Ich lasse mich nicht unterbrechen" ausgegeben wird. Anschließend wird mit der Ausführung der Prozedur fortgefahren. Beginnen Sie mit dem Signal 2 (Abbruchtaste):

```
$ signal                                   Start im Vordergrund
Ich bin eine Schleife
Ich bin eine Schleife
<DEL>                                      Betätigen der Abbruchtaste
Ich lasse mich nicht unterbrechen          Reaktion der Anweisung trap
Ich bin eine Schleife
Ich bin eine Schleife
<DEL>                                      Betätigen der Abbruchtaste
Ich lasse mich nicht unterbrechen          Reaktion der Anweisung trap
Ich bin eine Schleife
$
```

Bei jedem Schleifendurchlauf wird eine Meldung auf dem Bildschirm ausgegeben. Das Kommando `sleep 8` verlangsamt die Ausgabe, so daß Sie genug Zeit haben, während der Ausführung die Taste <DEL> zu drücken. Sobald das Signal 2 bei der Prozedur eintrifft, wird der in der `trap`-Anweisung angegebene Befehl `echo` aktiviert und es erscheint eine Meldung auf dem Bildschirm. Die Prozedur wird daraufhin nicht beendet und setzt die Ausführung an der unterbrochenen Stelle fort. Sie müssen warten, bis die Prozedur völlig beendet ist, um mit der

Kommandoeingabe fortzufahren. Um die Reaktion auf das Signal 3 zu testen, starten Sie die Prozedur im Vordergrund und betätigen die Taste <CTRL-\>.

```
$ signal                                    Start im Vordergrund
Ich bin eine Schleife
Ich bin eine Schleife
<CTRL-\>                                    Betätigen der Quit-Taste
signal[12]: 740 Quit (coredump)             Ein Speicherauszug wird
                                            geschrieben
Ich lasse mich nicht unterbrechen           Reaktion der Anweisung trap
Ich bin eine Schleife
Ich bin eine Schleife
Ich bin eine Schleife
$
```

Die Tastenkombination <CTRL-\> sendet das Signal 3 (Quit) an den laufenden Prozeß und damit an alle Prozesse, die von diesem gestartet wurden. Bevor die trap-Anweisung die zugehörige Kommandofolge ausführt, wird von der Shell die Meldung

signal[17]: 740 Quit (coredump)

auf den Bildschirm geschrieben. Sie besagt, daß die Prozedur signal, in der Zeile 17 unterbrochen und der Prozeß mit der Nummer 740 durch das Signal Quit beendet wurde. Zusätzlich wurde eine Datei mit dem Namen core in das aktuelle Verzeichnis geschrieben, die einen Speicherauszug des Prozesses beinhaltet. Der Programmierer nutzt diese Datei, um die Absturzursache besser verfolgen zu können. Die Prozedur wird in diesem Fall nicht beendet, da Sie das Signal mit der trap-Anweisung abgefangen haben. Statt dessen wird die Meldung "Ich lasse mich nicht unterbrechen" ausgegeben. Mit dem Befehl kill können Sie das Signal 15 (Terminate) an den Prozeß senden. Starten Sie die Prozedur signal im Hintergrund:

```
$ signal &
[1]    631                          Die Prozeßnummer der Prozedur
$ Ich bin eine Schleife
Ich bin eine Schleife
$ kill 631                          Signal 15 an die Prozedur senden
$ Ich lasse mich nicht unterbrechen
Ich bin eine Schleife
Ich bin eine Schleife
Ich bin eine Schleife
$
```

Das Kommando kill sendet voreingestellt das Signal 15 an den Prozeß mit der Nummer 631. Auch dieses Signal führt nicht zu einem Abbruch der Prozedur, da die trap-Anweisung das Signal abfängt. Ihre Prozedur ist durch den Befehl trap kaum noch zu unterbrechen. Durch Anfügen der Signalnummern 1 und 9

Signale

an den Befehl `trap` würden Sie alle Signale abfangen, und die Prozedur wäre niemals unterbrechbar.

Erkennen Sie die Gefahr eines solchen Programmes? Stellen Sie sich vor, eine Prozedur befindet sich fälschlicherweise in einer Endlosschleife und schreibt Daten in eine Datei. Würden mehrere Benutzer das Programm starten, käme es bald zu einem Zusammenbruch des Systems, da nicht einmal der Systemverwalter die Möglichkeit hätte, eine derartige Prozedur zu unterbrechen. Aus diesem Grund wurde ein Signal eingeführt, das immer zum Abbruch führt und von keinem Programm abgefangen werden kann.

Das Signal mit der Nummer 9 führt immer zu einem Abbruch des Programmes. Daher können Sie dieses Signal nicht mit der `trap`-Anweisung abfangen.

```
#!/bin/ksh
#
# @(#) signal V1.2 Abfangen der Abbruch-Taste
#
# Aufruf: signal

trap "echo Ich lasse mich nicht unterbrechen." 2 3 15 9
integer i=0
while (( i<5 ))
do
 echo "Ich bin eine Schleife"; ((i+=1))
 sleep 8    # Warte 8 Sekunden bis zur nächsten Ausgabe
done
```

```
$ signal &
[1]    635                    Die Prozeßnummer der Prozedur
$ Ich bin eine Schleife
Ich bin eine Schleife
Ich bin eine Schleife
$ kill -9 631                 Signal 9 an die Prozedur senden
[1] + Killed      signal &
$
```

Das Signal 9 konnte nicht abgefangen werden. Es führt immer zu einem Abbruch der Prozedur. Selbstverständlich können Sie nur die Prozesse mit einem `kill`-Befehl beenden, die von Ihnen gestartet wurden. Nur der Systemverwalter hat die Berechtigung, alle Prozesse in einem System zu beenden.

14.4. Signale abfangen und Beenden der Prozedur

Ein abgefangenes Signal führt nicht zu einem Programmabbruch. Die Kommandofolge der `trap`-Anweisung wird aktiviert, und die Prozedur wird an der unterbrochenen Stelle fortgesetzt. In manchen Fällen ist es erwünscht, die Prozedur nach einer Unterbrechung zu beenden. Setzen Sie dazu den Befehl `exit` an das Ende der Kommandofolge, die Sie in der `trap`-Anweisung angegeben haben:

```
trap    "Kommando 1; ... ; exit"   Signalnummern
```

Nachdem alle Kommandos der `trap`-Anweisung ausgeführt wurden, beendet der Befehl `exit` die Prozedur und kehrt in die Shell zurück. Sie können dieses Verfahren nutzen, um Aufräumarbeiten vorzunehmen, bevor die Prozedur zurückkehrt. Sollte Ihre Prozedur während des Ablaufs temporäre Dateien erzeugen, würden diese nach Eintreffen einer Unterbrechung nicht gelöscht und als "Datenleichen" im Dateisystem verbleiben.

```
#!/bin/ksh
#
# @(#) rgrep V1.0 Muster in einem Dateibaum suchen
#
# Aufruf: rgrep Muster Startverzeichnis

(( $# != 2 )) && { echo "Aufruf: $0 Muster Startverzeichnis";
                   exit 1; }

#-------------#
 MUSTER="$1"   # Muster
  START="$2"   # Startverzeichnis
    TMP=tmp$$  # Zwischendatei der Dateinamen,
#-------------# die das Muster enthalten

find $START -type f -exec grep -l "$MUSTER" {} \; >$TMP 2>/dev/null

typeset -Z3 ANZAHL="`wc -l <$TMP`"

echo "----------------------------------------"
echo "Suche nach dem Muster: $MUSTER"
echo "Anzahl Treffer       : $ANZAHL"
echo "----------------------------------------"
sort $TMP # Sortieren der Dateinamen und Ausgabe auf den Bildschirm
rm $TMP   # Löschen der Zwischendatei
```

Die Prozedur `rgrep` ist eine Erweiterung des bekannten Kommandos `grep`. Im Gegensatz zum Original werden auch alle Dateien unterhalb des genannten Startverzeichnisses nach dem angegebenen Muster durchsucht. Die Kommandozeile

```
find $START -type f -exec grep -l $MUSTER {} \; >$TMP 2>/dev/null
```

startet den Befehl `find`, der ab dem Startverzeichnis alle Dateien auflistet. Für jede Datei aktiviert `find` das Kommando `grep` und ersetzt die geschweiften

Signale

Klammern {} durch den jeweiligen Dateinamen. Der Befehl `grep` durchsucht die Datei nach dem gewünschten Muster und liefert als Ergebnis den Dateinamen, in der das Muster enthalten ist. Die Ausgabe wird in eine Zwischendatei geschrieben, die später in sortierter Form zusammen mit einer Überschrift ausgegeben wird. Diese Zwischendatei wird nach Beenden der Prozedur gelöscht, da sie nicht weiter benötigt wird.

Begeben Sie sich zunächst auf die Suche nach Dateien, die den Befehl `while` enthalten. Als Startverzeichnis wählen Sie `/etc`, da fast alle Shell-Prozeduren zur Verwaltung des UNIX-Systems dort zu finden sind. Vielleicht entdecken Sie weitere Anregungen zu diesem Befehl, wenn Sie die gefundenen Dateien mit dem Texteditor durchstöbern.

```
$ rgrep while /etc                    Suche nach der while-Schleife
-----------------------------------------
Suche nach dem Muster: while
Anzahl Treffer        : 017
-----------------------------------------
/etc/adduser
/etc/bcheckrc
/etc/conf/pack.d/asy/space.c
/etc/custom
/etc/dumpsave
/etc/fstyp
/etc/init.d/firstcheck
/etc/init.d/sysetup
/etc/ldsysdump
 ... weitere Dateien folgen ...
$
```

Die Zwischendatei wird im Anschluß an die Überschrift ausgegeben. Sehen Sie nach, ob die Zwischendatei tatsächlich gelöscht wurde:

```
$ ls tmp*
tmp*: No such file or directory
$
```

Die Datei wurde ordnungsgemäß gelöscht. Was geschieht, wenn Sie die Suche mit der Taste <DEL> abbrechen?

```
$ rgrep while /etc        Suche nach der while-Schleife
<DEL>                     Die Suche unterbrechen
$ ls tmp*                 Wurde die Zwischendatei gelöscht?
tmp8892                   Die Zwischendatei wurde nicht gelöscht
$
```

Die Datei wird nur gelöscht, wenn sich die Prozedur ordnungsgemäß beenden. Lediglich in diesem Fall löscht der letzte Befehl der Prozedur die erzeugte Zwi-

Signale abfangen und Beenden der Prozedur

schendatei. Bei einem vorzeitigen Abbruch wird dieses Kommando nicht mehr aktiviert und die Datei bleibt bestehen.

Falls Sie diesen Vorgang mehrmals wiederholen, sammeln sich eine Menge Dateien in Ihrem Verzeichnis. Mit der `trap`-Anweisung können Sie verhindern, daß es zu einer Ansammlung von solchen Zwischendateien kommt.

```
#!/bin/ksh
#
# @(#) rgrep V1.1 Muster in einem Dateibaum suchen
#
# Aufruf: rgrep Muster Startverzeichnis

(( $# != 2 )) && { echo "Aufruf: $0 Muster Startverzeichnis";
                   exit 1; }

#-------------#
 MUSTER="$1"   # Muster
  START="$2"   # Startverzeichnis
    TMP=tmp$$  # Zwischendatei der Dateinamen,
#-------------# die das Muster enthalten

# Zwischendatei löschen bei Abbruch der Prozedur
trap "rm $TMP; exit 1" 1 2 15

find $START -type f -exec grep -l $MUSTER {} \; >$TMP 2>/dev/null

typeset -Z3 ANZAHL="`wc -l <$TMP`"
echo "-----------------------------------"
echo "Suche nach dem Muster: $MUSTER"
echo "Anzahl Treffer       : $ANZAHL"
echo "-----------------------------------"
sort $TMP # Sortieren der Dateinamen und Ausgabe auf den Bildschirm
rm $TMP   # Löschen der Zwischendatei
```

Trifft das Signal **1** ,**2** oder **15** ein, wird die Ausführung der Prozedur unterbrochen, der Befehl `trap` führt das Kommando `rm` aus und löscht die erzeugte Zwischendatei. Das Kommando `exit` beendet die Prozedur und verzweigt in die ursprüngliche Shell. Ohne diesen Befehl würde die Prozedur nach dem Löschen der Datei mit der Ausführung an der unterbrochenen Stelle fortfahren. Überprüfen Sie die Änderung:

`$ rm tmp*`	Löschen der Zwischendatei
`$ rgrep while /etc`	Suche nach der while-Schleife
`<DEL>`	Die Suche unterbrechen
`$ ls tmp*`	Wurde die Zwischendatei gelöscht?
`tmp*: No such file or directory`	Die Zwischendatei wurde gelöscht
`$`	

Der Abbruch des Kommandos `rgrep` hinterläßt keine temporären Dateien. Sie sollten immer daran denken, daß eine Prozedur an beliebiger Stelle durch den Benutzer unterbrochen werden kann. Diesen Fall sollten Sie nach Möglichkeit durch die Anweisung `trap` abfangen, um wie in diesem Beispiel, letzte Aufräumarbeiten vorzunehmen.

14.5. Das Signal 0 - Verlassen der Shell

Sie kennen die Datei `.profile`, die nach dem Anmelden abgearbeitet wird und die enthaltenen Kommandos ausführt. Eine Datei, die vor dem Abmelden vom System ausgeführt wird, ist in der Korn-Shell nicht vorgesehen. Mit der Anweisung `trap` und dem Signal 0 läßt sich ein solcher Mechanismus leicht erstellen. Das Signal 0 wird immer gesendet, wenn die Shell verlassen wird. Also bei Beenden einer Shell-Prozedur oder bei Verlassen Ihrer Shell mit der Tastenkombination `<CTRL-D>`. Wenn Sie dieses Signal in der login-Shell mit der Anweisung `trap` abfangen, können Sie vor dem Abmelden eine Datei aufrufen, in der alle enthaltenen Befehle ausgeführt werden. Genau wie die Datei `.profile` legen Sie die Datei im Heimatkatalog an und geben ihr den Namen `.logout`. Der erste Befehl, den Sie hineinschreiben, ist ein Erinnerungstext, der vor jedem Abmelden ausgegeben werden soll. Erstellen Sie die Datei mit Ihrem Texteditor:

```
#
# @(#) .logout V1.0 Befehle vor dem Abmelden ausführen
#
cat <<END
****************************************************
* Die Rechner in der Buchhaltung müssen noch        *
* ausgeschaltet werden.                             *
* !!! Rechnerraum abschließen !!!                   *
****************************************************
END
echo "Weiter mit der Taste <RETURN> ..."
read ok
```

Wenn Sie folgende Befehlsfolge in die login-Shell eingeben, wird die Datei `.logout` vor jedem Abmelden ausgeführt:

```
$ trap "/bin/ksh $HOME/.logout" 0
$
```

Die Befehlsfolge der `trap`-Anweisung wird ausgeführt, wenn die Shell das Signal 0 erhält. Da die Anweisung in der login-Shell ausgeführt wurde, schnappt die Falle zu, sobald Sie Ihre Shell verlassen. Bevor Sie aber endgültig aus dem System aussteigen, werden die Anweisungen von `trap` ausgeführt. Die Datei `.logout` wird ausgeführt und der Erinnerungstext erscheint auf dem Bildschirm. Nach Abfangen dieses Signals ist es nicht möglich, mit der Ausführung der Shell fortzufahren; daher kann der Befehl `exit` als letzte Anweisung der `trap`-Anweisung entfallen.

Der Befehl `read` wartet auf einen Tastendruck bevor die Shell beendet wird. Sie haben damit genügend Zeit den Text in Ruhe zu lesen. Probieren Sie es gleich aus und melden Sie sich vom System ab:

Signale ignorieren

```
$ <CTRL-D>              Abmelden vom System
*****************************************************
* Die Rechner in der Buchhaltung müssen noch         *
* ausgeschaltet werden.                              *
* !!! Rechnerraum abschließen !!!                    *
*****************************************************
Weiter mit der Taste <RETURN> ...   Die Taste <RETURN>
<RETURN>                beendet endgültig die Sitzung

login:                  Sie erhalten eine erneute Aufforderung zum Anmelden
```

Damit werden Sie in Zukunft keine wichtigen Dinge mehr vergessen oder? Sie können die `trap`-Anweisung in Ihrer `.profile` eintragen, damit sichergestellt wird, daß sie nach dem Anmelden in der login-Shell ausgeführt wird. Die Datei `.logout` wird daraufhin vor jedem Abmelden ausgeführt.

```
#
# Datei .profile
#
Ihre Anweisungen der Datei .profile
...
...
#
# Vor dem Abmelden die Datei .logout ausführen
#
trap "/bin/ksh $HOME/.logout" 0
```

14.6. Signale ignorieren

Anstatt eingehende Signale abzufangen, können Sie diese während der Programmausführung ignorieren. Wenn Sie die auf `trap` folgende Befehlsfolge leer setzen, werden die nachstehenden Signalnummern von der Shell nicht beachtet:

```
trap ""   Signalnummern
```

So führt der Befehl

```
trap "" 2
```

dazu, daß die Unterbrechungstaste <DEL> von der Shell ignoriert wird. Manchmal ist es notwendig, eine Prozedur vor Unterbrechungen zu schützen, damit kritische Befehlsfolgen sicher ausgeführt werden können. Stellen Sie sich vor, Sie haben eine Prozedur zur Sicherung Ihrer Dateien erstellt und möchten verhindern, daß ein Abbruch mit der Taste <DEL> die Sicherung beendet. Die folgende Prozedur fängt dieses Signal ab:

Signale

```
#
# @(#) bkuphome V1.0 Sichern des Heimatverzeichnisses
#
# Aufruf: bkuphome

trap "" 2                    # Abbruchtaste ignorieren

#---------------------#
GERAET=/dev/fd196ds18   # Ausgabegerät
PROT=$HOME/sich.prot    # Protokolldatei
ERR=$HOME/sich.err      # Fehlerdatei
TMP=/tmp/sich$$         # Zwischendatei
#---------------------#

exec 2>$ERR
exec  >$PROT

if find $HOME -print | cpio -ocvO $GERAET
then
    echo "Sicherung vom `date` erfolgreich."           >$TMP
else
    echo "Sicherung vom `date` nicht erfolgreich." >$TMP
    cat $ERR >>$TMP
fi

mail $LOGNAME <$TMP
rm $TMP
```

Die Prozedur sichert alle Dateien unterhalb Ihres Heimatverzeichnisses. Mit dem Kommando `find` wird eine Liste der Dateien erstellt, an das Kommando `cpio` weitergeleitet und auf das Diskettenlaufwerk geschrieben. Damit das Protokoll und eventuelle Fehlermeldungen nicht auf dem Bildschirm ausgegeben werden, lenkt der Befehl `exec` die beiden Ausgaben in die Dateien `sich.prot` (Protokoll) und `sich.err` (Fehlerausgabe). Die `if`- Anweisung überprüft den Rückgabewert des Kommandos `cpio` und schreibt eine entsprechende Meldung über den Erfolg/Mißerfolg der Sicherung in Ihre Post.

Denken Sie daran, die Laufwerksbezeichnung `/dev/fd196ds18` gegebenenfalls gegen die gültige Bezeichnung Ihres Systems auszutauschen. Für den folgenden Test sollten Sie eine Diskette zur Hand haben und diese, falls noch nicht geschehen, mit dem Kommando `format` formatieren. Vergessen Sie nicht dem Gerätenamen ein 'r' voranzustellen, denn das Kommando verlangt als Argument ein sogenanntes 'raw device', also ein Gerät, daß die Daten zeichenweise überträgt. Legen Sie zunächst eine Diskette in das Laufwerk:

```
$ format /dev/rfd196ds18
formatting................
Formatted 160 tracks: 0 thru 159, interleave 2.
$
```

Starten Sie die Prozedur `bkuphome` und versuchen die Sicherung mit der Taste `<DEL>` zu unterbrechen:

Signale ignorieren

```
$ bkuphome              Ihr Heimatverzeichnis wird auf Diskette gesichert.
<DEL>                   Versuch die Prozedur zu unterbrechen ist erfolglos
<DEL>
... nach Beenden der Sicherung meldet sich die Prozedur zurück ....
$
```

Ein Abbruch durch die Taste `<DEL>` bleibt erfolglos. Der Befehl

```
trap "" 2
```

am Anfang der Prozedur sorgt dafür, daß die Taste `<DEL>` (Signal 2) ignoriert wird. Die Prozedur kehrt erst nach Beenden der Sicherung zurück und gibt die Shell für die Eingabe weiterer Kommandos frei. In Ihrer Post müßte sich ein Hinweis über den Erfolg oder Mißerfolg der Datensicherung befinden. Sehen Sie nach:

```
$ mail
From peter Sat Oct  3 18:53 EDT 1992
Content-Length: 56

Sicherung vom Sat Oct  3 18:53:29 EDT 1992 erfolgreich.
? q
$
```

Die Sicherung war, trotz aller Bemühungen, diese zu unterbrechen, erfolgreich. Der wesentliche Vorteil der Anweisung `trap` wird erst dann deutlich, wenn Sie sich folgende Situation vorstellen: Nach der täglichen Arbeit am Rechner möchten Sie vor Verlassen des Systems die Datensicherung starten und nicht auf deren Beendigung warten, da die Sicherung unter Umständen einige Zeit in Anspruch nehmen kann. Sie legen die Diskette ein, starten die Prozedur `bkuphome` im Hintergrund und melden sich vom System ab.

```
$ bkuphome &
[1] 1884
$ <CTRL-D>              Abmelden vom System

login:                  Sie haben das System verlassen
```

Sind Sie sicher, daß die Prozedur nach dem Abmelden weiterläuft? Melden Sie sich erneut an und überprüfen Sie ob die Sicherung noch aktiv ist:

Signale

```
login: peter
Password:

$ ps -u peter
  PID TTY      TIME COMD
 2033 console 0:01 ksh
 2034 console 0:00 ps
$
```

Nur Ihre login-Shell und der Befehl ps sind dem System bekannt. Von dem Kommando cpio oder find, die für die Datensicherung zuständig sind, ist keine Spur zu entdecken. Wenn Ihr Rechner in Reichweite steht, werden Sie feststellen, daß die Anzeigelampe des Laufwerkes nicht leuchtet. Nach dem Abmelden vom System wurde Ihre Prozedur bkuphome und alle davon aktivierten Kommandos, aus dem System entfernt, da durch das Verlassen des Systems das Signal 1 an alle Prozesse gesendet wurde, die von Ihrem Terminal gestartet wurden.

Die Datensicherung wurde nach dem Verlassen des Systems sofort beendet. Wenn Sie zusätzlich das Signal 1 (Terminalunterbrechung) in der Prozedur bkuphome abfangen, können Sie guten Gewissens die Datensicherung starten und Ihren Arbeitsplatz verlassen.

```
#
# @(#) bkuphome V1.1 Sichern des Heimatverzeichnisses
#
# Aufruf: bkuphome

trap "" 1 2                # Leitungsunterbrechung und Abbruchtaste
                           # ignorieren
#---------------------#
GERAET=/dev/fd196ds18  # Ausgabegerät
PROT=$HOME/sich.prot   # Protokolldatei
ERR=$HOME/sich.err     # Fehlerdatei
TMP=/tmp/sich$$        # Zwischendatei
#---------------------#

exec 2>$ERR
exec  >$PROT

if find $HOME -print | cpio -ocvO $GERAET
then
    echo "Sicherung vom `date` erfolgreich."          >$TMP
else
    echo "Sicherung vom `date` nicht erfolgreich." >$TMP
    cat $ERR >>$TMP
fi

mail $LOGNAME <$TMP
rm $TMP
```

Wenn Sie nun die Datensicherung starten und Ihren Arbeitsplatz verlassen, finden Sie nach Ihrer Rückkehr und dem Anmelden eine Nachricht über den Erfolg/Mißerfolg der Datensicherung in Ihrer Post. Durch das Ignorieren des Si-

Signale ignorieren

gnals 1 bleibt die Prozedur bkuphome auch nach dem Abmelden aktiv und führt die Datensicherung ohne Ihre Anwesenheit durch.

```
$ bkuphome &          Start der Datensicherung im Hintergrund
[1] 2001
$ <CTRL-D>            Abmelden vom System

login:                Sie haben das System verlassen
```

Nach dem Verlassen des Systems werden Sie feststellen, daß die Anzeigelampe des Laufwerkes weiterhin leuchtet. Ein Hinweis dafür, daß die Datensicherung noch läuft. Warten Sie auf die Beendigung der Sicherung, bevor Sie sich erneut anmelden:

```
login: peter
Password:
```

Nach dem Anmelden im System werden Sie gleich daraufhingewiesen, daß sich Post in Ihrem Briefkasten befindet. Vermutlich ist es die Meldung über den Ausgang der Datensicherung, die von der Prozedur bkuphome hinterlegt wurde:

```
you have mail
$ mail
From peter Sat Oct  3 19:15 EDT 1992
Content-Length: 56

Sicherung vom Sat Oct  3 19:25:29 EDT 1992 erfolgreich.

? q
$
```

Na also - die Prozedur bkuphome war auch nach dem Verlassen der login- Shell noch aktiv und hat die Datensicherung erfolgreich ausgeführt. Mit dem Befehl

```
$ cpio -itcv </dev/fd196ds18
```

können Sie den Inhalt der Diskette lesen und die Datensicherung überprüfen. Zum Ignorieren des Signals 1 gibt es einen weiteren Befehl. Das UNIX-Kommando nohup (no hangup) hätte den gleichen Erfolg gebracht. Dieser Befehl startet ein Kommando und sorgt dafür, daß dieses nach dem Verlassen des Systems weiter läuft. Auch nohup ignoriert das Signal 1.

Signale

```
$ nohup bkuphome &
Sending output to nohup.out.
$ nohup find / -name passwd -print &
[1] 2112
Sending output to nohup.out.
```

Mit dem Kommando nohup können Sie Befehle im Hintergrund starten und gleichzeitig verhindern, daß dieser nach Verlassen des Systems beendet wird. Weitere Informationen zum Kommando nohup finden Sie im ersten Band dieser Reihe[3] oder in Ihren Systemhandbüchern.

Die Prozedur bkuphome könnte ein weiterer Befehl sein, der in die Datei .logout aufgenommen wird. Sie haben die Datei in Kapitel 14.6 kennengelernt und dort eine Erinnerungsmeldung auf dem Bildschirm ausgegeben, sobald Sie das System verlassen haben. Ergänzen Sie die Datei um den Befehl bkuphome, wird vor dem Abmelden automatisch die Datensicherung aktiviert. Damit Sie nicht auf die Beendigung warten müssen und das System sofort verlassen können, starten Sie die Prozedur im Hintergrund. Vor dem Start wird auf eine Bestätigung des Benutzers gewartet. Sie sollten das Kommando bkuphome in das zentrale Verzeichnis $HOME/bin kopieren und die Variable PATH um dieses Verzeichnis ergänzen (.profilc). Nur so ist sichergestellt, daß die Prozedur auch ohne Pfadangabe aufgerufen werden kann. Zusätzlich muß sich die Datei .logout im Heimatverzeichnis befinden:

```
#
# @(#) .logout V1.1 Befehle vor dem Abmelden ausführen
#
cat <<END
****************************************************
* Die Rechner in der Buchhaltung müssen noch        *
* ausgeschaltet werden.                             *
* !!! Rechnerraum abschließen !!!                   *
****************************************************
END
echo "Möchten Sie die Datensicherung starten? (j/n) \c"; read ok
[ "$ok" = "j" ] && { echo "Starten der täglichen Datensicherung."
                    echo "Bitte Diskette einlegen ..."
                    echo "Taste <RETURN> startet die Sicherung"
                    read ok
                    bkuphome &; }

echo "<RETURN> ... beendet die Sitzung."; read ok
```

Denken Sie daran - die Datei .logout wird nur ausgeführt, wenn der Befehl

trap "/bin/ksh $HOME/.logout" 0

zuvor in der login-Shell eingegeben oder in der Datei .profile angefügt wurde. Ergänzen Sie daher die Datei um folgende Befehle:

---

[3] D.Harig: UNIX ... im Alleingang. 1993, Springer, Berlin, Heidelberg

Signale ignorieren

```
#
# Datei .profile (Heimatverzeichnis)
#

...Ihre Kommandos ...

# Folgende Aktionen sollten durchgeführt worden sein:
# ---------------------------------------------------
# 1) Kopieren Sie .logout in das Heimatverzeichnis
# 2) Kopieren Sie die Prozedur bkuphome nach $HOME/bin
# ---------------------------------------------------
# Die folgenden Befehle sollten an das Ende der .profile
# angefügt werden:

PATH=$PATH:$HOME/bin                  # Suchpfad erweitern
trap "/bin/ksh $HOME/.logout" 0       # Vor Verlassen der login-Sell
                                      # $HOME.logout ausführen
```

Führen Sie die Datei .profile folgendermaßen aus:

```
$ . $HOME/.profile
$
```

Beim Abmelden vom System erscheint folgende Meldung:

```
$<CTRL-D>              Abmelden vom System
**********************************************
* Die Rechner in der Buchhaltung müssen noch *
* ausgeschaltet werden.                      *
* !!! Rechnerraum abschließen !!!            *
**********************************************
Möchten Sie die Datensicherung starten? (j/n) j
Starten der täglichen Datensicherung.
Bitte Diskette einlegen ...
Taste <RETURN> startet die Sicherung
<RETURN>
<RETURN> ... beendet die Sitzung.
<RETURN>

login:             Sie haben das System verlassen
```

Die Datensicherung wird durch die Abmeldung nicht unterbrochen und setzt im Hintergrund die Ausführung fort. In dieser Zeit können Sie getrost Ihrem Erinnerungsschreiben folgen und die notwendigen Dinge erledigen. Die Meldung über den Ausgang der Sicherung können Sie beim nächsten Anmelden in Ihrer Post einsehen.

Sollten Fehler aufgetreten sein, starten Sie die Prozedur bkuphome erneut, um die fehlgeschlagene Sicherung nachzuholen. Sie können die Datei .logout in Zukunft um weitere Kommandos, die vor dem Abmelden ausgeführt werden sollen, ergänzen. Signale, die einmal mit der Anweisung trap abgefangen oder ignoriert worden sind, können durch Aufruf von trap ohne Angabe einer Kommandofolge zurückgesetzt werden.

14.7. Zurücksetzen von Signalen

Wenn Sie die Reaktion, die standardmäßig auf ein Signal erfolgt, einmal mit der Anweisung `trap` verändert haben, können Sie durch erneuten Aufruf des Kommandos ohne Angabe einer Kommandofolge die Signalbehandlung wieder auf den ursprünglichen Zustand zurücksetzen:

```
trap   Signalnummern
```
Beispiel:
```
      trap 1 2 15          Zurücksetzen der Signalbehandlung
                           für die Signale 1, 2 und 15
```

Wenn Sie die `trap`-Anweisung an den Anfang Ihrer Prozeduren setzen, werden die angegebenen Signale bis zur Beendigung der Prozedur abgefangen oder ignoriert. In manchen Fällen ist es sinnvoll, die Signale nur für einen Befehl oder eine Folge von Befehlen abzufangen und die Sperre im Anschluß wieder aufzuheben, damit nur ein bestimmter Teil der Prozedur vor dem Abbruch gesperrt ist.

Im folgenden Beispiel wird während der Suche nach den Dateien des Benutzers `peter` die Abbruchtaste ignoriert. Nachdem `find` die Suche beendet hat, setzt der Befehl `trap` die Behandlung der Signalnummer 2 wieder auf den voreingestellten Wert, so daß alle nachfolgenden Kommandos unterbrechbar sind:

```
trap "" 2
find / -user peter -print
trap 2
```

Damit können Sie gezielt Befehlssequenzen, deren vorzeitige Unterbrechung nicht sinnvoll erscheint, vor einer Unterbrechung schützen. Die folgende Prozedur `bkupuser` sucht alle Dateien des Aufrufers und sichert diese auf eine Diskette. Vor dem Beschreiben kann der Benutzer entscheiden, ob er den Datenträger formatieren möchte.

Während die Formatierung läuft, wird die Abbruchtaste ignoriert und erst nach Beendigung des Vorganges wieder auf den voreingestellten Wert gesetzt, so daß die anschließende Sicherung mit der Taste <DEL> unterbrochen werden kann:

```
#!/bin/ksh
#
# @(#) bkupuser V1.0 Sichern aller Datenbestände des Aufrufers
#
# Aufruf: bkupuser

DISKETTE=/dev/fd196ds18      # Gerät zur Datensicherung
FDISKETTE=/dev/rfd196ds18    # Gerät zur Formatierung

echo "+---------------------------------+"
echo "| Sicherung der Daten von: $LOGNAME"
echo "+---------------------------------+"
echo
testjn Diskette formatieren
case "$?" in
0) # JA - Formatierung vor dem Abbruch schützen
   trap "" 2
   /usr/sbin/format $FDISKETTE || exit 1
   trap 2;;
2) # Abbruch
   exit 1;;
esac

# Suche alle Dateien des Aufrufers und sichere die Daten auf
# Diskette
exec 2>/tmp/sich.err        # Fehlerausgabe umlenken.
exec  >/tmp/sich.prot       # cpio-Protokoll umlenken
find / -user $LOGNAME -type f -print | cpio -octvO $DISKETTE
```

In der Variablen DISKETTE hinterlegen Sie den UNIX-Gerätenamen Ihres Diskettenlaufwerkes. Das Kommando format verlangt zur Formatierung ein sogenanntes "raw device" (zeichenorientiertes Lesen/Schreiben), das meistens durch ein vorangestelltes 'r' gekennzeichnet ist. Prüfen Sie den genauen Standort des Kommandos auf Ihrem System (hier: /usr/sbin) und ersetzen Sie den Pfadnamen gegebenenfalls durch die gültige Bezeichnung auf Ihrem Rechner.

Zur Bestätigung der Formatierung wurde die Prozedur testjn von Kapitel 10.6 eingesetzt. Bei Eingabe von Ja sorgt der Befehl trap "" 2 dafür, daß die Abbruchtaste während des Formatiervorganges unwirksam ist. Nach Beenden des Vorganges setzt die Anweisung trap 2 die Signalbehandlung der Shell auf den voreingestellten Wert, so daß die anschließende Sicherung unterbrochen werden kann.

```
$ bkupuser
+---------------------------------+
| Sicherung der Daten von: peter
+---------------------------------+

Diskette formatieren [J(a),N(ein),A(bbruch)]? ja
formatting..............    Die Taste <DEL> ist wirkungslos
Formatted 160 tracks: 0 thru 159, interleave 2.
... cpio wird ausgeführt ...
1784 blocks
$
```

In diesem Beispiel wurde eine Diskette formatiert. Eventuelle Versuche, den Vorgang mit der Taste <DEL> zu unterbrechen, werden ignoriert. Erst wenn das Sichern der Daten beginnt, ist die Prozedur wieder unterbrechbar. Damit Sie in Zukunft nicht die Übersicht über die vielen Signale verlieren, gibt es eine Möglichkeit, alle bisher definierten "Fallen" anzuzeigen.

14.8. Anzeigen der abgefangenen Signale

Wenn Sie das Kommando `trap` ohne weitere Argumente starten, erhalten Sie eine Auflistung der abgefangenen Signale:

```
trap
```

```
$ trap "/bin/ksh $HOME/.logout" 0
$ trap
0 :/bin/ksh /home/buch/.logout
↓              ↓
Signal         Befehlsfolge der trap Anweisung
```

Nachdem nun der grundsätzliche Aufbau und die Verwendung der Anweisung `trap` besprochen wurde, möchte ich Ihnen eine weitere Anregung für den praxisnahen Einsatz dieses Kommandos geben.

14.9. Anwendungsbeispiel: Das Terminal sperren

Folgende Situation dürfte Ihnen nicht unbekannt sein. Sie sind im System angemeldet und müssen für kurze Zeit Ihren Arbeitsplatz verlassen, um andere Dinge zu erledigen. Damit unbefugte Benutzer während dieser Zeit keinen Zugriff auf Ihre Daten haben, bleibt Ihnen nur die Möglichkeit, die login- Shell zu beenden und sich vom System abzumelden.

Dieses Verfahren hat den Nachteil, daß definierte Shell-Variablen verloren gehen und im Hintergrund gestartete Programme vorzeitig beendet werden. Kurz gesagt, Ihre gesamte Arbeitsumgebung geht verloren, und Sie müssen diese nach Ihrer Rückkehr neu aufbauen.

Die folgende Prozedur `sterm` ermöglicht Ihnen das Sperren Ihres Terminals, ohne sich vom System abzumelden. Gestartete Programme können während dieser Zeit weiterlaufen, und auch die Umgebung der Shell bleibt erhalten. Zum Blockieren des Terminals geben Sie ein Passwort an, und nur durch dessen erneute Eingabe kann dieses wieder entriegelt werden. Aus Sicherheitsgründen sind bei der Passworteingabe drei Versuche zugelassen, bevor die Prozedur für

Anwendungsbeispiel: Das Terminal sperren

10 Minuten jede weitere Eingabe ignoriert. Erst nach Ablauf dieser Zeit ist ein erneuter Versuch möglich.

```ksh
#!/bin/ksh
#
# @(#) sterm V1.0 Das Terminal sperren
#
# Aufruf: sterm

#---------------------------#
MINLEN=6                      # Minimale Passwortlänge
MAXANZ=3                      # Anzahl zulässiger Versuche
integer anz=0                 # Gezählte Versuche
integer len=0                 # Ermittelte Passwortlänge
typeset -L50 nachricht        # Nachrichtentext
#---------------------------#
stty -echo                    # Unsichtbare Eingabe bei read
trap "stty echo; exit 1" 2    # Bei Betätigen der Abbruchtaste
                              # Eingabe auf sichtbar zurücksetzen
                              # und Prozedur beenden.
while true                    # Passwort einlesen.
do
   echo "Passwort?: \c"       # Passwort eingeben
   read passwd </dev/tty      # Eingabe erfolgt unsichtbar
   len=`expr "$passwd" : ".*"`  # Länge Passwort ermitteln
   (( len < MINLEN )) && {    # Passwortlänge ausreichend?
      echo "\nMindestens $MINLEN Zeichen eingeben"; continue; }

   # Länge war zulässig. Passwort zur Sicherheit erneut eingeben
   # Falls die Passwörter übereinstimmen - Schleife beenden.
   # Andernfalls Schleife erneut durchlaufen und Passwort eingeben.
   echo "\nPasswort wiederholen: \c"; read passwdneu </dev/tty
   [ "$passwd" = "$passwdneu" ] && break
   echo "\nEingaben stimmen nicht überein. Neue Eingabe."
done

# Passwort wurde korrekt eingegeben. Zum Eingeben einer Nachricht
# die Eingabe auf sichtbar setzen. Nachricht lesen und Eingabe
# anschließend auf unsichtbar zurücksetzen.
stty echo
echo "\nSie können eine Nachricht hinterlassen (max. 50 Zeichen)"
echo "> \c"; read nachricht
stty -echo
trap "" 1 2 3 15              # Signale 1 2 3 15 ignorieren
passwdneu=                    # Variable auf leer setzen
clear                         # Bildschirm löschen

while true
do
cat <<ENDE
****************************************************************
Mitteilung von $LOGNAME: `echo $nachricht`
****************************************************************
+--------------------------------------------------------------+
|                        Das Terminal                          |
|                           wurde                              |
|                          gesperrt                            |
+--------------------------------------------------------------+
ENDE
```

Signale

```
       # Das Terminal kann nur durch Eingabe des zuvor vereinbarten
       # Passwortes entsperrt werden. Falls die Passwörter übereinstimmen
       # wird die Endlosschleife verlassen und die Prozedur beendet sich.
       # Andernfalls wird die Anzahl der ungültigen Versuche gezählt.
       echo "\nZum Entsperren Passwort eingeben: \c";
       read passwdneu </dev/tty
       [ "$passwd" = "$passwdneu" ] && break || (( anz+=1 ))
       if (( anz >= MAXANZ ))
       then
            # Informiere Aufrufer über die ungültigen Versuche
            # und sperre die Eingabe fuer 10 Minuten
            #
            echo "Terminalsperre $MAXANZ ungültige Eingaben." | \
            mail $LOGNAME
            echo "\nDie Eingabe ist fuer 10 Minuten gesperrt."
            ((anz=0)); sleep 600
       else
            echo "\nUngültige Eingabe."
            echo "Sie haben `expr $MAXANZ - $anz` Versuche."
       fi
done                                    # Ende der while-Schleife
echo "\nTerminal entsperrt"
stty echo                               # Eingabe auf sichtbar setzen
```

Was geschieht in dieser Prozedur? In der ersten Endlosschleife wird das Passwort zum Sperren des Terminals abgefragt.

Durch die Umlenkung im Anschluß an das Kommando `read` wird die Eingabe von Ihrem Terminal erwartet. Daraufhin wird die Länge des Passwortes mit der Mindestlänge verglichen und falls die Eingabe weniger als sechs Zeichen beinhaltet, wird der Benutzer zu einer erneuten Eingabe aufgefordert. Zur Sicherheit muß der Aufrufer das Passwort wiederholt eingeben und erst wenn beide übereinstimmen, wird das Terminal blockiert.

Der Befehl `stty -echo` verändert die Einstellung Ihres Terminals, so daß Eingaben nicht auf dem Bildschirm widergespiegelt werden. Die Passworteingabe bleibt unsichtbar und damit für unbefugte Augen verdeckt. Betätigen Sie während der Eingabe die Taste <DEL>, schnappt die Falle zu und die Anweisung `trap "stty echo; exit 1" 2` setzt vor Verlassen der Prozedur die Eingabe wieder auf sichtbar. Nach der korrekten Eingabe des Passwortes schützt der Befehl `trap "" 1 2 3 15` die restlichen Befehle vor einem Abbruch durch die Signale 1, 2, 3 und 15.

Die folgende Endlosschleife kann nur durch korrekte Eingabe des Passwortes verlassen werden. In allen anderen Fällen bleibt die Prozedur aktiv und damit ist die Shell für weitere Eingaben gesperrt. Aus Sicherheitsgründen wird nach dem dritten Fehlversuch die Eingabe für zehn Minuten gesperrt bevor eine erneute Passworteingabe möglich ist. Sie können nun im Hintergrund einen Befehl starten, das Terminal sperren und beruhigt Ihren Arbeitsplatz verlassen.

```
$ find / -name adressen.dat -print >prot 2>&1 &
[1] 456
$ sterm
Passwort?: oregano
Passwort wiederholen: oregano
Sie können eine Nachricht hinterlassen (max. 50 Zeichen)

> Ich bin in der Buchhaltung. Telefon: 42234

*************************************************************
Mitteilung von peter: Ich bin in der Buchhaltung. Telefon 42234
*************************************************************
+-----------------------------------------------------+
|                    Das Terminal                     |
|                         ist                         |
|                      gesperrt                       |
+-----------------------------------------------------+
Zum Entsperren Passwort eingeben: oregano

Terminal entsperrt
```

Nach dem Starten von `sterm` werden Sie zunächst aufgefordert, ein Passwort einzugeben. Die in dem Beispiel aufgeführten Passwörter sind nur aus dokumentarischen Gründen sichtbar, bei Ihnen wird die Ausgabe unterdrückt. Bevor das Terminal endgültig gesperrt wird, können Sie eine Nachricht hinterlassen, die den Grund Ihrer Abwesenheit und Ihren Aufenthaltsort beinhaltet.

Anschließend geht die Prozedur in eine Endlosschleife, die erst nach Eingabe des zu Anfang vereinbarten Passwortes beendet wird. Während die Prozedur `sterm` aktiv ist, ignoriert die Anweisung trap die Signale 1, 2, 3 und 15, so daß ein Abbruch durch die Taste <DEL> oder den Befehl `kill` nicht möglich ist.

Nach drei Versuchen versetzt der Befehl `sleep` die Prozedur für zehn Minuten in den Schlafzustand und erst nach Ablauf dieser Zeit ist eine erneute Eingabe des Passwortes möglich. Während der Befehl `find` die Suche nach den Dateien aufnimmt, können Sie Ihren Arbeitsplatz beruhigt verlassen, denn nur durch Eingabe des Ihnen bekannten Passwortes läßt sich die Sperre aufheben.

14.10. Geltungsbereich von Signalen

Dieses Kapitel beschäftigt sich eingehender mit dem Geltungsbereich der Abbruchtaste innerhalb der Shell-Programmierung. Wenn Sie von einer Prozedur weitere Prozeduren starten, eröffnet die Shell jedesmal eine Subshell, so daß eine Aufrufhierarchie gebildet wird, an der mehrere Prozesse beteiligt sind. Sehen Sie dazu folgendes Beispiel:

Signale

```
#
# Prozedur: info
#
trap "echo eingabe: Signal 2 erhalten und abgefangen!!!" 2

echo "Start von: info"
echo "Taste <DEL> unterbricht die Suche"

suche root

echo "info: Die Prozedur info wurde ordnungsgemäß beendet"
```

```
#
# Prozedur: suche
#
trap "echo suche: Signal 2 erhalten und abgefangen!!!" 2

echo "Start von: suche"

find / -user $1 -print >suche.lst 2>/dev/null

echo "suche: Die Prozedur suche wurde ordnungsgemäß beendet"
```

Nach dem Start von info wird die Prozedur suche aufgerufen, die ihrerseits den Befehl find aktiviert und alle Dateien des Benutzers root unterhalb des Root-Verzeichnisses sucht und die Ausgabe in eine Datei schreibt. Mit dem Aufruf von info starten Sie eine Kettenreaktion, an der vier Prozesse beteiligt sind. Der Befehl find liegt in der Aufrufreihenfolge an letzter Stelle und sucht die angegebenen Dateien. Während dieser Zeit sind oberhalb drei Prozesse aktiv, die jeweils auf die Beendigung ihres Nachfolgers warten. In UNIX wird diese Konstellation als Prozeßgruppe bezeichnet, deren "Anführer" die login-Shell ist. Nach Beendigung des Befehls find wird der Ablauf zunächst in suche und anschließend in info fortgesetzt. Erst nach Beendigung von info befinden Sie sich in der login-Shell und können weitere Kommandos starten.

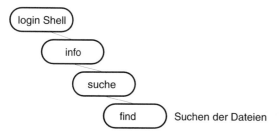

Suchen der Dateien

Durch den Befehl trap wird in den Prozeduren info und suche das Signal 2 abgefangen. Wenn Sie die Abbruchtaste betätigen, protokollieren die Prozeduren eine Meldung über das eingegangene Signal und setzen die Ausführung fort. Was geschieht, wenn Sie während der Ausführung von find die <DEL>-Taste betätigen, um die Suche vorzeitig abzubrechen? Wird das Signal 2 nur an find gesendet, oder erhalten die übergeordneten Prozeduren der Gruppe ebenfalls ein Signal? Sie bekommen eine Antwort auf diese Fragen, wenn Sie info im Vordergrund starten und während der Suche die <DEL>-Taste betätigen:

Geltungsbereich von Signalen

```
$ info
Start von: info
Taste <DEL> unterbricht die Suche
Start von: suche
...Unterbrechen Sie die Suche durch Betätigen der <DEL>-Taste
<DEL> oder <CTRL-C>
suche: Signal 2 erhalten und abgefangen!!!
suche: Die Prozedur suche wurde ordnungsgemäß beendet
info: Signal 2 erhalten und abgefangen!!!
info: Die Prozedur info wurde ordnungsgemäß beendet
$
```

An der Ausgabe können Sie erkennen, daß die `<DEL>`-Taste das Signal 2 an die Prozeduren info und suche gesendet hat; beide bestätigen den Eingang des Signals mit einer Meldung auf dem Bildschirm. Wie kommt es zu diesem Verhalten?

Beim Betätigen der Taste `<DEL>` sendet UNIX das Signal 2 an alle beteiligten Prozesse einer Gruppe. Dieses hat jedoch nicht zur Folge, daß alle Prozesse auf das Signal sofort reagieren. Während eine Prozedur auf die Beendigung eines im Vordergrund gestarteten Kommandos wartet, wird das Signal 2 nicht bearbeitet. Erst nach Beendigung des aufgerufenen Programmes schnappt die Falle zu und die Befehle der trap-Anweisung werden aktiviert.

In unserem Beispiel erhalten die login-Shell sowie die Befehle info, suchen und find die Signale zur gleichen Zeit. Die login-Shell wartet mit der Signalbehandlung auf das Ende der Prozedur info; diese wartet auf die Rückkehr von suche, bevor der trap-Befehl ausgeführt wird; suche wiederum wartet auf das Ende von find, um die Signalbehandlung durchzuführen. Das Kommando find dagegen hat keinen weiteren Befehl gestartet und aus diesem Grund reagiert es sofort auf das Signal. Die fehlende Signalbehandlung führt zu einem Abbruch des Kommandos und löst damit eine Kettenreaktion aus.

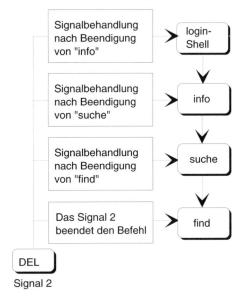

Nach der Unterbrechung von find wird die Ausführung in der Prozedur suche fortgesetzt. Erst jetzt wird die trap-Anweisung aktiviert und eine Meldung bestätigt das eingegangene Signal. Im Anschluß wird in suche mit der Ausführung fortgefahren; Sie erkennen es an den Meldungen, die das ordnungsgemäße Ende bestätigen. Nachdem suche sich beendet, wird die Ausführung in der Prozedur info fortgesetzt. Diese hatte nur auf das Ende von suche gewartet, um das anstehende Signal 2 mit der trap-Anweisung zu bearbeiten. Bevor die Kommandos der Prozedur info weiter ausgeführt werden, bestätigt diese die Unterbrechung mit einer Meldung.

Signale

Zum Schluß erreicht das Signal sogar Ihre login-Shell, die glücklicherweise den Abbruch grundsätzlich ignoriert, denn ansonsten würde auch dieses Programm beendet und Sie müßten sich im System neu anmelden. Obwohl die Abbruchtaste ursprünglich dem Befehl `find` galt, wurde das Signal an alle Prozeduren in der Aufrufhierachie gesendet.

Die Abbruchtaste gilt allen Mitgliedern einer Prozeßgruppe und ist nicht lokal auf eine Prozedur beschränkt!

Stellen Sie sich vor, Sie starten aus einer Prozedur eine weitere Shell-Prozedur, in der ein Abbruch mit der `<DEL>`-Taste nicht erwünscht ist. Sie ignorieren deshalb in dieser Prozedur mit dem Befehl `trap` das Signal 2, so daß die Abbruchtaste keine Wirkung mehr zeigt. Wenn das Programm sich korrekt beendet und in die aufrufende Prozedur zurückkehrt, erhält auch das übergeordnete Kommando das Signal und es kommt zu einem ungewollten Abbruch der Prozedur. Folgendes Beispiel verdeutlicht diesen Vorgang und die Folgen, die daraus entstehen können.

In Kapitel 10.6 haben Sie zur Vereinfachung von Ja/Nein-Abfragen die Prozedur `testjn` entwickelt. Wenn Sie während der Eingabeaufforderung die `<DEL>`-Taste betätigen, wird das Kommando unterbrochen:

```
$ testjn Datei löschen
Datei löschen [J(a),N(ein),A(bbruch)]? <DEL>
... Die Prozedur wurde unterbrochen...
$
```

Erweitern Sie die Prozedur und ignorieren Sie während der Eingabe die Abbruchtaste. Dadurch kann `testjn` nur über Ja, Nein oder Abbruch verlassen werden.

```
#!/bin/ksh
#
# @(#) testjn V1.2 Gestalten von Ja/Nein-Abfragen
#
# Aufruf: testjn [Meldung]

PROMPT="[J(a),N(ein),A(bbruch)]"
MELDUNG="Ja oder Nein"

(( $# != 0 )) && MELDUNG="$@"

trap "" 2                       # Abbruchtaste ignorieren
while true
do
  echo "$MELDUNG $PROMPT ? \c"; read ok
  case "$ok" in
  j | J | ja | Ja | JA)         exit 0;;
  n | N | nein | Nein | NEIN)   exit 1;;
  a | A)                        exit 2;;
  *) echo "Ungültige Eingabe. Bitte $PROMPT eingeben.";;
  esac
done
```

Durch Einfügen der `trap`-Anweisung ist ein unkontrollierter Abbruch mit der `<DEL>`-Taste nun nicht mehr möglich. Das Signal 2 wird von der Prozedur ignoriert, wie folgendes Beispiel zeigt:

```
$ testjn Datei löschen
Datei löschen [J(a),N(ein),A(bbruch)]? No
Ungültige Eingabe. Bitte [J(a),N(ein),A(bbruch)] eingeben.
Datei löschen [J(a),N(ein),A(bbruch)]? <DEL>
... Die Taste <DEL> ist wirkungslos...
$
```

Sie können `testjn` in der folgenden Prozedur `srm` verwenden. Dieses Kommando ist eine Erweiterung des UNIX-Befehls `rm` und löscht die in der Aufrufzeile angegebenen Dateien. Im Gegensatz zum Original muß jeder Löschvorgang zuvor bestätigt werden.

```
#!/bin/ksh
#
# @(#) srm V1.0 Löschen von Dateien
#
# Aufruf: srm Datei1 Datei2 ...

for datei
do
   testjn "Möchten Sie die Datei $datei löschen"
   if (( $? == 0 ))
   then
      rm $datei; echo "Datei $datei wurde gelöscht"
   else
      echo "Datei $datei wurde nicht gelöscht."
   fi
done
```

Für einen Test der Prozedur erstellen wir zwei neue Dateien, um sie anschließend mit `srm` zu löschen. Vor jedem Löschen wartet die Prozedur auf eine Bestätigung. Ein Abbruch mit der `<DEL>`-Taste ist nicht möglich, da wir in `testjn` das Signal 2 ignorieren.

```
$ ls >datei1; ls >datei2          Erstellen von "Dummy" Dateien
$ srm datei1 datei2
Möchten Sie die Datei datei1 löschen [J(a),N(ein),A(bbruch)]? n
Datei datei1 wurde nicht gelöscht.
Möchten Sie die Datei datei2 löschen [J(a),N(ein),A(bbruch)]?<DEL>
                                                              Ja
$ ls datei2          Die Datei wurde nicht gelöscht
datei2
$
```

Bei der Datei `datei1` haben Sie sich für Nein entschieden und eine Meldung weist darauf hin, daß die Datei nicht gelöscht wurde. Die folgende Unterbrechung mit der `<DEL>`-Taste zeigt, daß `testjn` korrekt funktioniert und die

Signale

Abbruchtaste ignoriert. Wenn Sie sich daraufhin für ein Löschen entschieden haben und die Frage mit Ja beantworten, erleben Sie eine Überraschung. Die Prozedur `srm` beendet sich, ohne die Datei zu löschen. Wie ist das zu erklären?

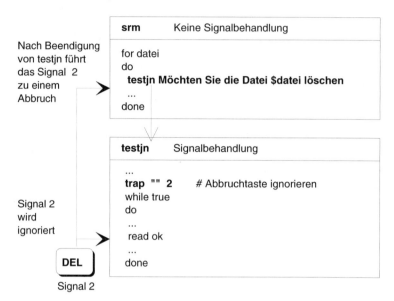

Das Signal 2 wird zunächst an `testjn` gesendet und von diesem Kommando korrekt abgefangen. Nachdem Sie Ja eingegeben haben, wird die Prozedur verlassen und die Ausführung wird in `srm` fortgesetzt. Das Signal 2 bleibt erhalten und wird umgehend an `srm` gesendet. In dieser Prozedur führt das Signal sofort zu einem Abbruch, da Sie es versäumt haben die `<DEL>`-Taste mit der `trap`-Anweisung zu ignorieren.

Die Prozedur `srm` führt keine Signalbehandlung durch, so daß die Prozedur nach Rückkehr von `testjn` unterbrochen wird. Die folgenden Kommandos zum Löschen der Datei werden nicht mehr ausgeführt. Eine Fehlerbehebung in `testjn` hat einen Fehler in der Prozedur `srm` verursacht.

Beachten Sie in Zukunft, daß die Abbruchtaste immer an alle Prozeduren einer Aufrufkette das Signal 2 sendet. Wenn Sie ein Signal nur an einer Stelle abfangen, führt es zu einem Abbruch der übergeordneten Prozeduren. Fügen Sie daher die `trap`-Anweisung auch in die restlichen Prozeduren der Prozeßgruppe ein. In Ihrem Fall erweitern Sie die Prozedur `srm` um die `trap`-Anweisung und ignorieren das Signal 2. Auf diese Weise ist sichergestellt, daß beide Prozeduren von einem Abbruch verschont bleiben.

Geltungsbereich von Signalen

```
#!/bin/ksh
#
# @(#) srm V1.1 Löschen von Dateien
#
# Aufruf: srm Datei1 Datei2 ...

for datei
do
   trap "" 2
   testjn "Möchten Sie die Datei $datei löschen"
   if (( $? == 0 ))
   then
       rm $datei; echo "Datei $datei wurde gelöscht"
   else
       echo "Datei $datei wurde nicht gelöscht."
   fi
done
```

Durch das Einfügen der `trap`-Anweisung ist auch `srm` vor dem Abbruch geschützt. Nach Rückkehr von `testjn` wird die `<DEL>`-Taste ignoriert und die Prozedur setzt die Ausführung fort.

```
$ ls >datei1; ls>datei2           Erstellen von "Dummy" Dateien
$ srm datei1 datei2
Möchten Sie die Datei datei1 löschen [J(a),N(ein),A(bbruch)? n
Datei datei1 wurde nicht gelöscht.
Möchten Sie die Datei datei2 löschen [J(a),N(ein),A(bbruch)?<DEL>
                                                              Ja
Datei datei2 wurde gelöscht.
$ ls datei2
datei2: No such file or directory    Datei wurde gelöscht
$
```

In der neuen Version wird die Datei nach Eingabe von Ja gelöscht. Die Auflistung mit dem Befehl `ls` zeigt, daß die Datei nicht mehr existiert. Das letzte Beispiel hat gezeigt, daß Signale immer an alle Prozesse einer Gruppe gesendet werden. Wenn Sie ein Signal in einer Prozedur abfangen, vergessen Sie nicht, die übergeordneten Prozeduren ebenfalls mit der `trap`-Anweisung vor einem Abbruch zu schützen.

Im letzten Beispiel ignorieren die Prozeduren `srm` und `testjn` gleichermaßen die Abbruchtaste. In solchen Fällen können Sie auf eine nützliche Eigenschaft zurückgreifen, bei der ignorierte Signale automatisch an alle nachfolgend aufgerufenen Kommandos vererbt werden. Wenn Sie ein Signal innerhalb einer Prozedur mit der `trap`-Anweisung ignorieren, gilt diese Einstellung auch für alle weiteren Prozeduren, die von diesem Programm gestartet werden. Auf diesem Wege müssen Sie die Signalbehandlung nicht in jeder Prozedur erneut ausführen. Es wäre ausreichend gewesen, die Abbruchtaste lediglich in der Prozedur `srm` zu ignorieren, da diese Einstellung automatisch an alle davon aufgerufenen Programme vererbt wird; die `trap`-Anweisung in der Prozedur `testjn` kann auch entfallen, wie das folgende Beispiel verdeutlicht:

Signale

```
#
# Prozedur prog1
#
trap "" 2   # Signal 2 ignorieren
prog2       # Aufruf prog2
echo "$0 wurde nicht vom Signal 2 unterbrochen."
```

```
#
# Prozedur prog2 - Keine Signalbehandlung
#
prog3
echo "$0 wurde nicht vom Signal 2 unterbrochen."
```

```
#
# Prozedur prog3 - Keine Signalbehandlung
#
echo "Ich bin $0. Bitte <DEL>-Taste betätigen"
read taste
echo "$0 wurde nicht vom Signal 2 unterbrochen."
```

Die Signalbehandlung wurde nur in `prog1` gesetzt, die restlichen Prozeduren enthalten keine `trap`-Anweisung. Genau wie zuvor startet `prog1` die Prozedur `prog2` und diese den Befehl `prog3`. Was geschieht, wenn Sie während der Eingabe in `prog3` die `<DEL>`-Taste betätigen?

```
$ prog1
Ich bin prog3. Bitte <DEL>-Taste betätigen.
<DEL>                   Die <DEL>-Taste zeigt keine Wirkung..
<RETURN>                Erst die Taste <RETURN> beendet die Eingabe
prog3 wurde nicht vom Signal 2 unterbrochen.
prog2 wurde nicht vom Signal 2 unterbrochen.
prog1 wurde nicht vom Signal 2 unterbrochen.
$
```

Wenn Sie während der Eingabe die `<DEL>`-Taste betätigen, wird das Signal 2 zunächst an den Befehl `read` gesendet. Obwohl `prog3` keine `trap`-Anweisung enthält, führt die Taste nicht zu einem Abbruch des Programmes. Erst nach einer korrekten Eingabe wird der Befehl `read` beendet und die Ausführung wird in der Prozedur `prog3` fortgesetzt. Nach Ausgabe einer Meldung beendet sich die Prozedur und die Ausführung wird in `prog2` fortgesetzt. Diese Prozedur ignoriert ebenfalls das eingehende Signal 2, zeigt eine Meldung an und verzweigt nach `prog1`. Als letztes Programm gibt `prog1` eine Meldung aus und Sie befinden sich erneut in der login-Shell.

Die Meldungen beweisen, daß die Prozeduren nicht abgebrochen wurden. Alle Kommandos protokollieren das ordnungsgemäße Ende ihrer Ausführung auf dem Bildschirm. Die Prozedur `prog1` ist für diese Signalbehandlung verantwortlich. Das ignorierte Signal 2 wird an alle weiteren Prozeduren die von `prog1` gestartet werden vererbt. Sie ersparen sich Schreibarbeit, denn Sie müssen die `trap`-Anweisung nicht in jede Prozedur einbauen.

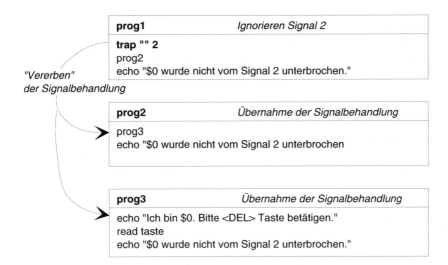

Beachten Sie, daß in prog2 und prog3 keine Signalbehandlung erfolgt, so daß diese Prozeduren eigentlich bei Eintreffen eines Signals die Ausführung unterbrechen würden. Durch das Ignorieren des Signals in der Prozedur prog1 wird der Abbruch jedoch verhindert, da die trap-Anweisung für alle aufgerufenen Prozeduren gesetzt wird.

Wenn Sie innerhalb der trap-Anweisung mit einem Kommando auf die Unterbrechung reagieren, wird diese Signalbehandlung **nicht** an die restlichen Prozeduren vererbt. Sie können es gleich ausprobieren, wenn Sie in prog1 das Signal 2 mit einer Meldung beantworten und die übrigen Prozeduren unverändert lassen:

```
#
# Prozedur prog1
#
trap "echo $0 wurde unterbrochen;exit 1" 2   # Signal abfangen
prog2       # Aufruf prog2
echo "$0 wurde nicht vom Signal 2 unterbrochen."
```

```
#
# Prozedur prog2 - Keine Signalbehandlung
#
prog3       # Aufruf prog3
echo "$0 wurde nicht vom Signal 2 unterbrochen."
```

```
#
# Prozedur prog3 - Keine Signalbehandlung
#
echo "Ich bin $0. Bitte <DEL>-Taste betätigen"
read taste
echo "$0 wurde nicht vom Signal 2 unterbrochen."
```

Ein erneuter Aufruf von prog1 zeigt folgendes Ergebnis:

Signale

```
$ prog1
Ich bin prog3. Bitte <DEL>-Taste betätigen.
<DEL>                          prog3 wird unterbrochen
prog1 wurde unterbrochen
$
```

Die Prozedur `prog1` hat erwartungsgemäß mit einer Meldung auf das Signal 2 geantwortet und anschließend die Ausführung fortgesetzt. Die Meldungen über das Ende der Kommandos `prog2` und `prog3` sind nicht zu sehen. Die Signalbehandlung von `prog1` wurde nicht vererbt, so daß die Prozeduren `prog2` und `prog3` unterbrochen wurden.

In dieser Variante wird die Signalbehandlung nicht an die folgenden Kommandos vererbt, so daß die aufgerufenen Prozeduren mit einem Abbruch auf das Signal reagieren. Um das zu verhindern, müssen Sie die `trap`-Anweisung in jeder Prozedur erneut setzen.

Die beiden Varianten haben sich in der Praxis bestens bewährt. Das Ignorieren von Signalen für alle Kommandos einer Prozeßgruppe ist eine beliebte Anwendung in der Shell-Programmierung. Vermutlich haben die Entwickler der Shell sich daher entschlossen, diese Signalbehandlung durch einmaliges Setzen der `trap`-Anweisung zu vereinfachen.

Wenn Sie mit einem Kommando oder einer Kommandofolge gezielt auf ein Signal reagieren ist es nicht sinnvoll, die Signalbehandlung automatisch an alle aufgerufenen Prozeduren zu vererben. Jede Prozedur der Prozeßgruppe würde, ohne die Folgen zu berücksichtigen, mit denselben Kommandos auf eine Unterbrechung reagieren.

Stellen Sie sich vor, Sie löschen bei Eintreffen eines Signals eine Zwischendatei, um letzte Aufräumarbeiten vorzunehmen. Wenn diese Signalbehandlung automatisch in allen aufgerufenen Prozeduren gültig wäre, würde jedes Programm bei Eintreffen des Signals die Datei löschen. Da eine Datei nur einmal gelöscht werden kann, führen alle weiteren Versuche zu einem Fehler.

Um solche Gefahrensituationen zu vermeiden wurde in der zweiten Variante auf eine Vererbung der Signalbehandlung verzichtet. Der Benutzer wird dadurch gezwungen, die `trap`-Anweisung in den einzelnen Prozeduren gezielt einzusetzen. Beim Ignorieren von Signalen werden in den Prozeduren keine Kommandos aufgerufen, so daß eventuelle Fehlerquellen von vornherein ausgeschaltet sind. Nur in diesem Fall ist eine Vererbung der Signalbehandlung gefahrlos möglich.

Mit diesem Kapitel wird das Thema Signale abgeschlossen und weiter geht es mit der Adreßverwaltung. Im folgenden letzten Teil dieser Serie werden wir die Prozeduren mit der `trap`-Anweisung absichern, so daß ein Abbruch der Adreßverwaltung nur über das Auswahlmenü möglich ist.

Adreßkartei Teil 7

Kapitelübersicht

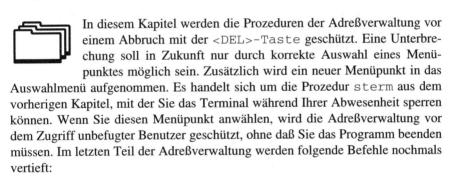

In diesem Kapitel werden die Prozeduren der Adreßverwaltung vor einem Abbruch mit der <DEL>-Taste geschützt. Eine Unterbrechung soll in Zukunft nur durch korrekte Auswahl eines Menüpunktes möglich sein. Zusätzlich wird ein neuer Menüpunkt in das Auswahlmenü aufgenommen. Es handelt sich um die Prozedur sterm aus dem vorherigen Kapitel, mit der Sie das Terminal während Ihrer Abwesenheit sperren können. Wenn Sie diesen Menüpunkt anwählen, wird die Adreßverwaltung vor dem Zugriff unbefugter Benutzer geschützt, ohne daß Sie das Programm beenden müssen. Im letzten Teil der Adreßverwaltung werden folgende Befehle nochmals vertieft:

- Die Anweisung trap
- Signale ignorieren
- Auf Signale reagieren

Übersicht der Änderungen

Prozedur	Aktion	Beschreibung
adr	Ändern	Bei Betätigen der Abbruchtaste wird eine Hinweismeldung ausgegeben und die Ausführung der Prozedur wird fortgesetzt. Der Menüpunkt "Terminal sperren" wird neu aufgenommen.
aendern	Ändern	Während einer Änderung wird die Abbruchtaste ignoriert.
anlegen	Ändern	Während des Anlegens einer Adresse wird die Abbruchtaste ignoriert.
loeschen	Ändern	Während des Löschens wird die Abbruchtaste ignoriert.
sterm	Neu	Sperren des Terminals. Übernahme der Prozedur aus Kapitel 14.9.

Die restlichen Prozeduren wurden aus dem sechsten Teil der Adreßverwaltung übernommen. Das folgende Bild zeigt eine Übersicht aller Prozeduren und deren Verknüpfungen untereinander:

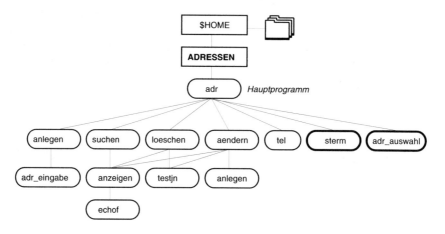

Wechseln Sie zunächst in Ihr Arbeitsverzeichnis und, wenn gewünscht, kopieren Sie die Prozeduren von der beigelegten Diskette.

```
$ cd $HOME/ADRESSEN
$ cp $HOME/BUCH/ADRESSEN/Teil7/* .
```

Das Hauptprogramm `adr` gibt eine Hinweismeldung auf dem Bildschirm aus, wenn in einer Prozedur die <DEL>-Taste betätigt wurde. Zusätzlich wird in den Programmen `anlegen`, `loeschen` und `aendern` mit der Anweisung `trap` die Abbruchtaste ignoriert. Die Prozedur `sterm` wird aus Kapitel 14.9

übernommen. Da Sie mit diesem Kapitel die Adreßverwaltung beenden, sehen Sie auf den folgenden Seiten nochmals alle Prozeduren in der Übersicht. Eine genaue Erklärung der Prozeduren finden Sie in den vorangegangenen Teilen der Adreßverwaltung.

Änderung der Prozedur `adr`

Die Adreßverwaltung kann nicht mehr mit der <DEL>-Taste unterbrochen werden. Dafür sorgt die `trap`-Anweisung am Anfang der Prozedur, die beim Eintreffen des Signals 2 eine Hinweismeldung auf dem Bildschirm ausgibt und mit der Ausführung der Prozedur fortfährt. Durch einen neuen Menüpunkte können Sie mit der Prozedur `sterm` Ihr Terminal sperren, ohne die Adreßverwaltung beenden zu müssen.

```
#!/bin/ksh
#-----------------------------------------------------------------
# @(#) adr V1.3 Adressverwaltung (Hauptprogramm)
#
# Aufruf: adr
#
# Hauptprogramm   -  Verwaltung einer Adreßkartei auf der Basis von
#                    Shell-Prozeduren.
#-----------------------------------------------------------------
#
# Bei Eintreffen des Signals 2 wird eine Hinweismeldung ausgegeben.
# Der Befehl continue setzt die Ausführung der while-Schleife
# im Schleifenkopf fort; das Auswahlmenü wird erneut angezeigt.
#
trap "\
cat <<ENDE
*************************************************************
Information:  Sie haben die Abbruchtaste betätigt!
------------
    Die Adreßverwaltung kann nicht unterbrochen werden.
    Bitte verlassen Sie das Programm durch korrekte
    Auswahl eines Menüpunktes.

*************************************************************

ENDE

sleep 3; continue" 2
#
# ADRESSE enthält den Namen der Adreßkartei. Besitzt ADRESSE einen
# Wert, wird dieser nicht verändert. Andernfalls werden alle
# Adreßkarteien gesucht und zur Auswahl gestellt.
#
[ -z "$ADRESSE" ] && . adr_auswahl; export ADRESSE

[ ! -f $ADRESSE ] && { # Adreßkartei vorhanden?
echo "\nDie Datei \"$ADRESSE\" konnte nicht gefunden werden !"
testjn "Soll ich sie erstellen" && >$ADRESSE || exit 1; }
```

Adreßkartei Teil 7

```
while true # Anzeigen des Menüs, bis die Ziffer 8 ausgewählt wurde
do
  clear      # Bildschirm löschen
  echo
  echo "+-------------------------------+"
  echo "|         Adreßverwaltung       |"
  echo "+-------------------------------+"
  echo "|                               |"
  echo "|  1) Neue Adresse anlegen      |"
  echo "|  2) Suchen von Adressen       |"
  echo "|  3) Löschen von Adressen      |"
  echo "|  4) Verändern von Adressen    |"
  echo "|  5) Telefonbuch aufschlagen   |"
  echo "|  6) Adreßkartei auswählen     |"
  echo "|  7) Terminal sperren          |"
  echo "|  8) Beenden                   |"
  echo "+-------------------------------+"
  echo "Kartei: $ADRESSE\n"
  echo "Ihre Wahl (1-8): \c"; read auswahl
  case $auswahl in
  1) echo; anlegen
     ;;
  2) echo "\nBitte Suchbegriff eingeben: "; read Nachname
     suchen "$Nachname"
     ;;
  3) echo "\nWelche Adresse möchten Sie löschen?"
     echo "Bitte Nachname eingeben: \c";   read Nachname
     loeschen "$Nachname"
     ;;
  4) echo "\nWelche Adresse möchten Sie ändern?"
     echo "Bitte Nachname eingeben: \c";   read Nachname
     aendern "$Nachname"
     ;;
  5) echo \
     "\nBitte geben Sie den Anfangsbuchstaben des Nachnamens ein"
     echo "(<RETURN> zeigt alle Telefonnummern) : \c"; read MUSTER
     tel $MUSTER | pg
     ;;
  6) OADR=$ADRESSE            # Name der Adreßkartei sichern
     . adr_auswahl            # Adreßkartei auswählen

     [ ! -f "$ADRESSE" ] && { # Adreßkartei vorhanden?
     echo "Die Datei \"$ADRESSE\" konnte nicht gefunden werden !"
     testjn "Soll ich sie erstellen" && >$ADRESSE || ADRESSE=$OADR;}
     ;;
  7) sterm  # Terminal sperren
     ;;
  8) exit 0
     ;;
  *) echo "Falsche Eingabe"
     ;;
  esac
  echo "\nWeiter - <Return>-Taste betätigen"; read weiter

done # Ende der while-Schleife
```

Sollten Sie in irgendeiner Prozedur der Adreßverwaltung die <DEL>-Taste betätigen, wird eine Hinweismeldung auf dem Bildschirm ausgegeben. Wenn die Variable ADRESSE den Namen der Adreßkartei beinhaltet, wird dieser Datenbestand bearbeitet. Andernfalls fordert Sie die Prozedur adr_auswahl auf, einen Dateinamen aus der Liste auszuwählen. Beachten Sie den neuen Menüpunkt 7, mit dem Sie Ihr Terminal sperren können. Der Beispieldurchlauf am Ende des Kapitels gibt eine genaue Übersicht der neuen Funktionalitäten des Hauptprogrammes. Betrachten Sie zunächst alle Prozeduren der Adreßverwaltung.

Auswahl einer Adreßkartei

```ksh
#!/bin/ksh
#
# @(#) adr_auswahl V1.0 Adressdatei auswählen
#
# Aufruf: adr_auswahl

#------------------------------------------------#
ADRESSE=$HOME/adressen.adr                # Voreinstellung
MUSTER="*.adr"                            # Suchmuster
PS3="Bitte wählen Sie eine Adreßkartei: " # select-Prompt
#------------------------------------------------#

echo "\nListe der Adreßkarteien wird erstellt. Bitte warten...\n"
LISTE=`find $HOME -name "$MUSTER" -print 2>/dev/null | sort`
select datei in $LISTE "Dateiname eingeben" Abbruch
do
   case "$datei" in
   "Dateiname eingeben") echo "Karteiname: \c"; read ADRESSE;;
   Abbruch)              exit 0;;
   '')                   echo "Ungültige Auswahl"; continue;;
   *)                    ADRESSE=$datei;;
   esac
   break
done
```

Eingeben einer Adresse

```
#
# @(#) adr_eingabe V1.1 Adreßdaten eingeben
#
# Aufruf: adr_eingabe

#
# Adresse von der Tastatur lesen
#
echo "Bitte Adresse eingeben:"
echo "----------------------"
echo "Nachname  : \c"; read Nachname
echo "Vorname   : \c"; read Vorname
echo "Strasse   : \c"; read Strasse
echo "Wohnort   : \c"; read Wohnort
echo "Telefon   : \c"; read Telefon
echo "Bemerkung: \c"; read Bemerkung
```

Adreßkartei Teil 7

Ändern von Adressen

Die `trap`-Anweisung am Anfang der Prozedur ignoriert die Abbruchtaste während der Änderung einer Adresse.

```
#!/bin/ksh
#
# @(#) aendern V1.2 Eine bestehende Adresse ändern
#
# Aufruf: aendern Nachname
#
# Aufrufargumente prüfen
#
(( $# != 1 )) && { echo "Aufruf: $0 Nachname"; exit 1; }

trap "" 2                                    # Abbruchtaste ignorieren

#---------------------------------------#
ADRESSE=${ADRESSE:-$HOME/adressen.adr}        # Name der Adreßkartei
MUSTER="^$1:"                                 # Suchmuster der Adresse
TERMINAL=/dev/tty                             # Eingabegerät: Bildschirm
tmpdat=/tmp/loesch$$                          # Zwischendatei für das
                                              # Löschen einer Adresse
#---------------------------------------#

#
# Anzahl der gefundenen Adressen zählen
# Falls keine Adresse gefunden - Abbruch der Prozedur
#
(( `egrep -c "$MUSTER" $ADRESSE` == 0 )) && {
echo "$1 ist nicht in der Adressdatei enthalten"; exit 1; }

egrep "$MUSTER" $ADRESSE |                    # Alle gefundenen Sätze
                                              # mit Hilfe der Schleife
while read SATZ                               # lesen und bearbeiten
do
   anzeigen "$SATZ"                           # Adresse anzeigen
   testjn "Adresse ändern" <$TERMINAL         # Ändern bestätigen lassen

   case $? in                                 # Vergleiche Exit-Status
                                              # von testjn
   0) anlegen <$TERMINAL || continue          # Ja - Adresse neu anlegen
                                              # Falls geänderte Adresse
                                              # bereits vorhanden -
                                              # nächste Adresse
      egrep -v "^$SATZ$" $ADRESSE >$tmpdat    # Adresse löschen
      mv $tmpdat $ADRESSE
      ;;
   1) echo "Adresse wurde nicht geändert"     # Nein - Keine Änderung
      continue                                # Der nächste bitte ...
      ;;
   2) exit 1                                  # Abbruch der Prozedur
      ;;
   esac
done                                          # Ende der while-Schleife
exit 0                                        # Ausführung erfolgreich
```

Anlegen einer Adresse

Während des Anlegens einer Adresse wird die Abbruchtaste ignoriert:

```
#
# @(#) anlegen V1.2 Neue Adresse hinzufügen
#
# Aufruf: anlegen

ADRESSE=${ADRESSE:-$HOME/adressen.adr}

. adr_eingabe                         # Adresse von der Tastatur lesen

SATZ="$Nachname":"$Vorname":"$Strasse":"$Wohnort":"$Telefon":"$Bemerkung"

# Adresse bereits vorhanden?
if egrep "^$SATZ$" $ADRESSE >/dev/null 2>/dev/null
then
     echo "\nAdresse bereits vorhanden"; exit 1
fi
trap "" 2
echo $SATZ >>$ADRESSE                 # Adresse speichern
sort -o $ADRESSE $ADRESSE             # Sortieren der Adreßkartei
echo "\nAdresse wurde gespeichert"
trap 2
exit 0
```

Eine Adresse anzeigen

```
#!/bin/ksh
#
# @(#) anzeigen V1.1 Anzeigen einer Adresse
#
# Aufruf:
# anzeigen Nachname:Vorname:Strasse:Wohnort:Telefon:Bemerkung

SATZ="$*"
typeset -x OFS=""    # Kein Feldtrenner bei der Ausgabe von echof
IFS=:                # Trennzeichen der Shell auf Doppelpunkt setzen
set $SATZ            # Zuweisung der Felder an die Positionsparameter
                     # $1=Nachname, $2=Vorname, $3=Strasse
                     # $4=Wohnort,  $5=Telefon, $6=Bemerkung

RAHMEN="+----------------------------------------+"

# Maximale Länge des Feldes "feld" festlegen
#
BREITE=`expr $RAHMEN : '.*'`
(( BREITE-=4 ))

echo $RAHMEN
echof    "|%L2"   "$2 $1%L$BREITE"    "|%R2"
echof    "|%L2"   "$3%L$BREITE"       "|%R2"
echof    "|%L2"   "$4%L$BREITE"       "|%R2"
echof    "|%L2"   "$6%L$BREITE"       "|%R2"
echof    "|%L2"   "Tel. $5%R$BREITE"  "|%R2"
echo $RAHMEN
```

Formatierte Ausgabe

```
#!/bin/ksh
#
# @(#) echof V1.0   Formatierte Ausgabe einer Zeichenkette
#
# Aufruf: echof Text%Format Text%Format ...

IFS=%                   # Das Zeichen % trennt Text und Format
for argument            # Bearbeite die Argumente: Text%Format ...
do
 set $argument          # $1=Text, $2=Formatangabe
 typeset -$2 feld       # Zuweisen des Formates an das Hilfsfeld
 feld="$1"              # Text entsprechend dem Format aufbereiten
 echo "$feld$OFS\c"     # Ausgabe der aufbereiteten Zeichenkette
                        # OFS ist das Trennzeichen der Ausgabe
done
echo                    # Zeilenvorschub ausgeben
```

Suchen von Adressen

```
#!/bin/ksh
#
# @(#) suchen V1.4 Suchen einer Adresse
#
# Aufruf: suchen Nachname

#
# Aufrufargumente prüfen
#
(( $# != 1 )) && { echo "Aufruf: $0 Nachname"; exit 1; }

#-----------------------------------#
ADRESSE=${ADRESSE:-$HOME/adressen.adr}  # Name der Adreßkartei
MUSTER="^$1:"                           # Suchmuster der Adresse
#-----------------------------------#

#
# Anzahl der gefundenen Adressen zählen
# Falls keine Adresse gefunden - Abbruch der Prozedur
#
(( `egrep -c "$MUSTER" $ADRESSE` == 0 )) && {
echo "$1 ist nicht in der Adressdatei enthalten"; exit 1; }

egrep "$MUSTER" $ADRESSE |          # Suchen der angegebenen
while read SATZ                     # Adresse.Daten zur
do                                  # Aufbereitung weiterleiten
   anzeigen $SATZ                   # Adresse aufbereitet
                                    # ausgeben
done | pg                           # Ausgabe seitenweise
                                    # aufbereiten
exit 0                              # Ausführung erfolgreich
```

Löschen von Adressen

Die Anweisung `trap` am Anfang der Prozedur ignoriert während des Löschens einer Adresse die Abbruchtaste.

```ksh
#!/bin/ksh
#
# @(#) loeschen V1.4 Löschen einer Adresse
#
# Aufruf: loeschen Nachname

#
# Aufrufargumente prüfen
#
(( $# != 1 )) && { echo "Aufruf: $0 Nachname"; exit 1; }

trap "" 2                              # Abbruchtaste ignorieren

#---------------------------------------#
ADRESSE=${ADRESSE:-$HOME/adressen.adr}  # Name der Adreßkartei
MUSTER="^$1:"                          # Suchmuster der Adresse
TERMINAL=/dev/tty                      # Eingabegerät: Terminal
tmpdat=/tmp/loesch$$                   # Zwischendatei für das
                                       # Löschen der Adresse
#---------------------------------------#

#
# Anzahl der gefundenen Adressen zählen
# Falls keine Adresse gefunden - Abbruch der Prozedur
#
(( `egrep -c "$MUSTER" $ADRESSE` == 0 )) && {
echo "$1 ist nicht in der Adressdatei enthalten"; exit 1; }

egrep "$MUSTER" $ADRESSE |             # Alle gefundenen Sätze
                                       # mit Hilfe der Schleife
while read SATZ                        # lesen und bearbeiten
do
   anzeigen "$SATZ"                    # Adresse anzeigen
   testjn "Adresse löschen" <$TERMINAL # Löschen bestätigen.
                                       # Eingabe vom Terminal
                                       # lesen, statt von egrep
   case $? in                          # Vergleiche Exit-Status
                                       # von testjn
   0) egrep -v "^$SATZ$" $ADRESSE >$tmpdat # Ja - Adresse löschen
      mv $tmpdat $ADRESSE
      echo "Die Adresse wurde gelöscht"
      ;;
   1) echo "Adresse wurde nicht gelöscht" # Nein - nicht löschen
      continue                         # Der nächste bitte ...
      ;;
   2) exit 1                           # Abbruch der Prozedur
      ;;

   esac
done                                   # Ende der while-Schleife
exit 0                                 # Ausführung erfolgreich
```

Gestalten von Ja/Nein-Abfragen

```ksh
#!/bin/ksh
#
# @(#) testjn V1.2 Gestalten von Ja/Nein-Abfragen
#
# Aufruf: testjn [Meldung]

PROMPT="[J(a),N(ein),A(bbruch)]"
MELDUNG="Ja oder Nein"

(( $# != 0 )) && MELDUNG="$@"

trap "" 2                          # Abbruchtaste ignorieren
while true
do
   echo "$MELDUNG $PROMPT ? \c"; read ok
   case "$ok" in
   j | J | ja | Ja | JA)          exit 0;;
   n | N | nein | Nein | NEIN)    exit 1;;
   a | A)                         exit 2;;
   *) echo "Ungültige Eingabe. Bitte $PROMPT eingeben.";;
   esac
done
```

Telefonbuch aufschlagen

```ksh
#!/bin/ksh
#
# @(#) tel V1.1 Telefonliste anzeigen
#
# Aufruf: tel Buchstabe

typeset -u MUSTER=$1        # Umwandlung des Arguments in einen
                            # Großbuchstaben
integer len=0               # Initialisieren der Länge mit 0
if [ "$MUSTER" ]            # Eingabe nur dann prüfen, wenn nicht
then                        # <RETURN> eingegeben wurde.
     len=`expr "$MUSTER" : "^[A-Z]$" 2>/dev/null`
     ((len==0)) && { echo "Bitte einen Buchstaben von A-Z eingeben"
                     exit 1; }
fi

ADRESSE=${ADRESSE:-$HOME/adressen.adr}
typeset -L29 Nachname     # Linksbündig  29 Stellen
typeset -L19 Vorname      # Linksbündig  19 Stellen
typeset -R10 Telefon      # Rechtsbündig 10 Stellen

echo "Telefonliste"
echo "-----------------------------------------------------------------"
echo "Nachname                    Vorname                       Telefon"
echo "-----------------------------------------------------------------"

IFS=:
egrep "^$MUSTER" $ADRESSE | cut -d: -f1,2,5 |
while read Nachname Vorname Telefon
do
   echo "$Nachname $Vorname $Telefon"
done
```

Terminal sperren

```ksh
#!/bin/ksh
#
# @(#) sterm V1.0 Das Terminal sperren
#
# Aufruf: sterm

#---------------------------#
MINLEN=6                    # Minimale Passwortlänge
MAXANZ=3                    # Anzahl zulässiger Versuche
integer anz=0               # Gezählte Versuche
integer len=0               # Ermittelte Passwortlänge
typeset -L50 nachricht      # Nachrichtentext
#---------------------------#
stty -echo                  # Unsichtbare Eingabe bei read
trap "stty echo; exit 1" 2  # Bei Betätigen der Abbruchtaste
                            # Eingabe auf sichtbar zurücksetzen
                            # und Prozedur beenden.
while true                  # Passwort einlesen.
do
   echo "Passwort?: \c"                 # Passwort eingeben
   read passwd </dev/tty                # Eingabe erfolgt unsichtbar
   len=`expr "$passwd" : ".*"`          # Länge Passwort ermitteln
   (( len < MINLEN )) && {              # Passwortlänge ausreichend?
      echo "\nMindestens $MINLEN Zeichen eingeben"; continue; }

   # Länge war zulässig. Passwort zur Sicherheit erneut eingeben
   # Falls die Passwörter übereinstimmen - Schleife beenden.
   # Andernfalls Schleife erneut durchlaufen und Passwort eingeben.
   #
   echo "\nPasswort wiederholen: \c"; read passwdneu </dev/tty
   [ "$passwd" = "$passwdneu" ] && break
   echo "\nEingaben stimmen nicht überein. Neue Eingabe."
done

# Passwort wurde korrekt eingegeben. Zum Eingeben einer Nachricht
# die Eingabe auf sichtbar setzen. Nachricht lesen und Eingabe
# anschließend auf unsichtbar zurücksetzen.
#
stty echo
echo "\nSie können eine Nachricht hinterlassen (max. 50 Zeichen)"
echo "> \c"; read nachricht
stty -echo

trap "" 1 2 3 15            # Signale 1 2 3 15 ignorieren
passwdneu=                  # Variable auf leer setzen
clear                       # Bildschirm löschen

while true
do
cat <<ENDE
****************************************************************
Mitteilung von $LOGNAME: `echo $nachricht`
****************************************************************
+--------------------------------------------------------------+
|                        Das Terminal                          |
|                           wurde                              |
|                          gesperrt                            |
+--------------------------------------------------------------+
ENDE
```

```
# Das Terminal kann nur durch Eingabe des zuvor vereinbarten
# Passwortes entsperrt werden. Falls die Passwörter übereinstimmen
# wird die Endlosschleife verlassen und die Prozedur beendet sich.
# Andernfalls wird die Anzahl der ungültigen Versuche gezählt.
#
echo "\nZum Entsperren Passwort eingeben: \c";
read passwdneu </dev/tty
[ "$passwd" = "$passwdneu" ] && break || (( anz+=1 ))

if (( anz >= MAXANZ ))
then
    # Informiere Aufrufer über die ungültigen Versuche
    # und sperre die Eingabe fuer 10 Minuten
    #
    echo "Terminalsperre $MAXANZ ungültige Eingaben." | \
    mail $LOGNAME
    echo "\nDie Eingabe ist fuer 10 Minuten gesperrt."
    ((anz=0)); sleep 600
else
    echo "\nUngültige Eingabe."
    echo "Sie haben `expr $MAXANZ - $anz` Versuche."
fi
done                                    # Ende der while-Schleife
echo "\nTerminal entsperrt"
stty echo                               # Eingabe auf sichtbar setzen
```

Mit den aufgeführten Prozeduren ist Ihre Adreßverwaltung nun vollständig, so daß Sie die Funktionalität der neuen Version gleich in einem Beispieldurchlauf testen können.

Ein Beispieldurchlauf

Sie können die Adreßverwaltung starten, ohne die Adreßdatei in der Variablen ADRESSE zu hinterlegen. In diesem Fall durchsucht die Prozedur `adr` Ihr Heimatverzeichnis nach existierenden Adreßdateien und zeigt diese automatisch auf dem Bildschirm an.

```
$ unset ADRESSE
$ adr                           Aufruf der Adreßverwaltung

Liste der Adresskarteien wird erstellt. Bitte warten...

1) /home/peter/adressen.adr
2) /home/peter/privat.adr
3) /home/buch/referenten.adr
4) Dateiname eingeben
5) Abbruch
Bitte wählen Sie eine Adresskartei: 3
```

Wenn Sie während der Auswahl eines Menüpunktes die <DEL>-Taste oder <CTRL-C>-Taste betätigen, erscheint eine Hinweismeldung. Nach 3 Sekunden wird das Auswahlmenü erneut angezeigt, Sie können mit der Bearbeitung fortfahren.

Ein Beispieldurchlauf

```
+-------------------------------+
|       Adreßverwaltung         |
+-------------------------------+
|                               |
|   1) Neue Adresse anlegen     |
|   2) Suchen von Adressen      |
|   3) Löschen von Adressen     |
|   4) Verändern von Adressen   |
|   5) Telefonbuch aufschlagen  |
|   6) Adreßkartei auswählen    |
|   7) Terminal sperren         |
|   8) Beenden                  |
+-------------------------------+
Kartei: /home/peter/referenten.adr

Ihre Wahl (1-8):    <DEL> oder <CTRL-C>    Abbruch der Adreßverwaltung
***************************************************************
Information: Sie haben die Abbruchtaste betätigt!
------------
   Die Adreßverwaltung kann nicht unterbrochen werden.
   Bitte Verlassen Sie das Programm durch korrekte
   Auswahl eines Menüpunktes.

***************************************************************
```

Beim Löschen von Dateien wird die Abbruchtaste ignoriert:

```
+-------------------------------+
|       Adreßverwaltung         |
+-------------------------------+
|                               |
|   1) Neue Adresse anlegen     |
|   2) Suchen von Adressen      |
|   3) Löschen von Adressen     |
|   4) Verändern von Adressen   |
|   5) Telefonbuch aufschlagen  |
|   6) Adreßkartei auswählen    |
|   7) Terminal sperren         |
|   8) Beenden                  |
+-------------------------------+
Kartei: /home/peter/referenten.adr

Ihre Wahl (1-8): 3

Welche Adresse möchten Sie löschen?
Bitte Nachname eingeben: (Mayer|Meier)

+---------------------------------------------+
| Klaus Mayer                                 |
| Am Rundbogen 24                             |
| 2000 Hamburg                                |
| Grundlagen UNIX                             |
|                         Tel. 040/889988     |
+---------------------------------------------+
Adresse löschen [J(a),N(ein),A(bbruch)]? <DEL>      oder <CTRL-C>
                                          Nein
```

```
    Adresse wurde nicht gelöscht.
    +--------------------------------------------+
    | Manfred Meier                              |
    | Am runden Bogen 2                          |
    | 5000 Köln                                  |
    | MOTIF, X-Windows                           |
    |                                Tel. 0221/777 |
    +--------------------------------------------+
    Adresse löschen [J(a),N(ein),A(bbruch)]? Nein
    ****************************************************************
    Information:  Sie haben die Abbruchtaste betätigt!
    ------------
        Die Adreßverwaltung kann nicht unterbrochen werden.
        Bitte Verlassen Sie das Programm durch korrekte
        Auswahl eines Menüpunktes.

    ****************************************************************
```

Bevor eine Adresse gelöscht wird, fordert Sie die Prozedur `testjn` zu einer Bestätigung auf. Das Ignorieren der Abbruchtaste in der Prozedur `loeschen` führt dazu, daß `testjn` während der Eingabe nicht unterbrochen werden kann. Erst nach einer korrekten Eingabe wird die Prozedur beendet und die Ausführung in der Prozedur `loeschen` fortgesetzt. Dieses Kommando ignoriert die Abbruchtaste und zeigt die nächste Adresse auf dem Bildschirm an. Erst wenn alle gefundenen Adressen bearbeitet wurden, kehrt `loeschen` in das Hauptprogramm zurück. Das Signal 2 wird auch an diese Prozedur gesendet und die Hinweismeldung erscheint auf dem Bildschirm.

Da alle Prozeduren der Adreßverwaltung aus dem Hauptprogramm aufgerufen werden, registriert `adr` jede Unterbrechung und beantwortet diese mit einer Meldung. Nach einigen Sekunden wird das Auswahlmenü erneut auf dem Bildschirm angezeigt. Mit dem Menüpunkt 7 können Sie in Zukunft Ihr Terminal sperren, ohne die Adreßverwaltung beenden zu müssen. Sie können Ihren Arbeitsplatz beruhigt verlassen, denn während Ihrer Abwesenheit sind die Daten vor einem Zugriff durch unbefugte Personen geschützt. Nur durch Eingabe des Passwortes kann das Terminal entriegelt werden. Eine genaue Beschreibung der Prozedur `sterm` finden Sie in Kapitel 14.

```
    +------------------------------+
    |      Adreßverwaltung         |
    +------------------------------+
    |                              |
    |   1) Neue Adresse anlegen    |
    |   2) Suchen von Adressen     |
    |   3) Löschen von Adressen    |
    |   4) Verändern von Adressen  |
    |   5) Telefonbuch aufschlagen |
    |   6) Adreßkartei auswählen   |
    |   7) Terminal sperren        |
    |   8) Beenden                 |
    +------------------------------+
    Kartei: /home/peter/referenten.adr
    Ihre Wahl (1-8): 7              Das Terminal sperren
```

Die Adreßverwaltung richtig plazieren

```
Passwort?: xxxxxx            Die Eingabe bleibt unsichtbar
Passwort wiederholen: xxxxxx

Sie können eine Nachricht hinterlassen (max. 50 Zeichen)
> Ich bin für ca. 30 Minuten in der Kantine.

*****************************************************************
Mitteilung von peter: Ich bin für ca. 30 Minuten in der Kantine.
*****************************************************************
+---------------------------------------------------------------+
|                        Das Terminal                           |
|                           wurde                               |
|                          gesperrt                             |
+---------------------------------------------------------------+

Zum Entsperren Passwort eingeben: xxxxxx
Terminal entsperrt

Weiter - <Return>-Taste betätigen
```

Durch Eingabe des zuvor vereinbarten Passwortes können Sie das Terminal wieder entriegeln und mit der Adreßverwaltung fortfahren.

Sie haben nun die wichtigsten Änderungen an verschiedenen Beispielen kennengelernt. Wie Sie die Adreßverwaltung in Zukunft von jedem Standort aus starten können, sehen Sie im folgenden Abschnitt.

Die Adreßverwaltung richtig plazieren

Alle Prozeduren der Adreßverwaltung sollten sich in Ihrem Arbeitsverzeichnis $HOME/ADRESSEN befinden. Bisher war es notwendig, in dieses Verzeichnis zu wechseln, um die Prozeduren der Adreßkartei aufrufen zu können. Wenn Sie die Variable PATH um dieses Verzeichnis erweitern, können Sie die Adreßverwaltung in Zukunft von jeder Position des Dateisystems starten, ohne vorher in das zentrale Verzeichnis wechseln zu müssen.

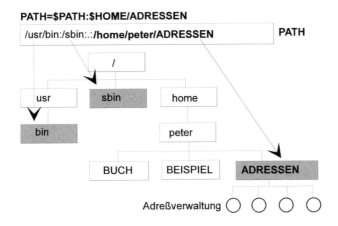

erweitert den Suchpfad für Programme um das Verzeichnis der Adreßverwaltung. Dadurch findet die Shell alle Prozeduren Ihrer Adreßverwaltung unabhängig von Ihrem Standort. Bei Aufruf eines Kommandos werden die Verzeichnisse in der Variablen PATH nach dem Kommando abgesucht. Wenn Sie diese Liste um das Verzeichnis der Adreßverwaltung erweitern, findet die Shell die Prozeduren auch dann, wenn Sie sich nicht in diesem Verzeichnis befinden. Der Punkt in der Liste der Verzeichnisnamen steht stellvertretend für das aktuelle Arbeitsverzeichnis, in dem Sie sich gerade befinden. Ich empfehle Ihnen die Erweiterung der Variablen PATH in der Datei .profile einzutragen. Damit wird der Suchpfad nach dem Anmelden automatisch besetzt.

Damit sind Sie am letzten Teil der Adreßverwaltung angelangt. Die Prozeduren sind komfortabel und sicher, so daß einem Einsatz nichts mehr im Wege steht. Im letzten Kapitel des Buches lernen Sie einige Befehle kennen, die den anderen Abschnitten nicht sinnvoll zugeordnet werden konnten. Daher lautet der Name "Sammelsurium".

15. Sammelsurium

15.1. Kapitelübersicht

Dieses letzte Kapitel des Buches beschäftigt sich mit unterschiedlichen Themengebieten, die sich den vorangegangenen Kapiteln nicht sinnvoll zuordnen lassen. Im ersten Teil werden Sie Shell-Funktionen kennenlernen, die neben den Shell-Prozeduren eine weitere Art des Kommandoaufrufes darstellen. Mit dem Befehl `type` können Sie den Typ eines Kommandos erfahren, das Kommando `eval` dient dem Bewerten von Shell-Ausdrücken und mit `exec` lernen Sie eine weitere Möglichkeit kennen, ein Programm in UNIX auszuführen.

- Der Umgang mit Shell-Funktionen
- Der Befehl `type`
- Der Befehl `eval`
- Der Befehl `exec`

15.2. Shell-Funktionen

Neben den bereits bekannten Shell-Prozeduren ermöglicht die Shell die Definition von Funktionen. Eine Funktion wird in der Korn-Shell folgendermaßen definiert:

```
function name           oder    typeset -f name
{                                {
  Kommando 1                       Kommando 1
  ...                              ...
  Kommando n                       Kommando n
}                                }
```

Eine Funktion wird durch `typeset -f` oder `function` eingeleitet. Beide Schlüsselwörter sind zulässig. Aufgrund der besseren Lesbarkeit wird im Nachfolgenden der Name `function` zur Definition einer Funktion verwendet. Bei `name` handelt es sich um den Namen der Funktion, die geschweiften Klammern umschließen die zugehörige Befehlsfolge.

Prinzipiell verhält sich eine Shell-Funktion wie eine Prozedur. Der Aufruf erfolgt unter Angabe des Namens, Argumente können wie bei einer Prozedur mit Hilfe der Positionsparameter `$1` bis `$n` übergeben werden. Der Name der Funktion wird in der Variablen `$0` hinterlegt. Nach dem Ausführen aller Befehle kehrt die Funktion in das aufrufende Programm zurück. Genau wie bei einer Shell-Prozedur bestimmt der Rückgabewert des zuletzt ausgeführten Kommandos den Exit-Status der Funktion. Dennoch gibt es folgende Unterschiede zu den Shell-Prozeduren:

- Beim Aufruf einer Funktion wird keine Subshell gestartet; der Ablauf erfolgt in der aktuellen Shell.
- Eine Funktion kann globale und lokale Variablen enthalten. Lokale Variablen sind nur innerhalb der Funktion bekannt, globale Variablen gelten auch außerhalb der Funktion.
- Funktionen sind nur in der Shell bekannt, in der sie definiert wurden.

Im folgenden werden Sie anhand einiger Beispiele diese Punkte genauer durchleuchten. Beginnen Sie mit der Definition einer einfachen Funktion, die ab einem vorgegebenen Startverzeichnis alle Dateien nach einer Zeichenkette durchsucht und die Dateinamen auf dem Bildschirm ausgibt. Sie können die neue Funktion `xgrep` gleich in der aktuellen Shell definieren:

```
$ function xgrep    <RETURN>
>{
    > echo "Startverzeichnis : $2"
> echo "Muster: $1"
> echo "---------------------------"
> find $2 -type f -exec egrep -l "$1" {} \; 2>/dev/null
>}
$
```

Nachdem Sie den Befehl `function xgrep` eingegeben haben, erwartet die Shell die Kommandozeilen der neuen Funktion und zwar so lange, bis Sie die Definition durch Eingabe der geschweiften Klammer } abschließen. Das Zeichen > am Anfang der Zeile wird von der Shell ausgegeben, die damit signalisiert, daß die Eingabe noch nicht abgeschlossen ist.

Die Funktionsdefinition wird von der aktuellen Shell zunächst eingelesen und im Umgebungsbereich gespeichert. Genau wie bei einer Shell-Prozedur können Sie beim Aufruf Argumente übergeben. Innerhalb der Funktion können Sie mit den Positionsparametern `$1 bis $n` auf die einzelnen Parameter zugreifen. Sie kennen das Verfahren bereits von den Shell-Prozeduren. In diesem Fall befindet sich das Startverzeichnis in der Variablen `$2`; das Suchmuster wird in der Variablen `$1` hinterlegt.

Der Befehl `xgrep` gibt eine Überschrift auf dem Bildschirm aus und durchsucht alle Dateien unterhalb des Startverzeichnisses nach dem angegebenen Suchmuster. Als Ergebnis erhalten Sie eine Liste von Dateinamen, die das gewünschte Muster enthalten. Nach Eingabe aller Kommandos steht die Funktion für einen Aufruf zur Verfügung. Der folgende Aufruf durchsucht ab Ihrem Heimatverzeichnis alle Dateien, die die Zeichenkette `while` enthalten:

```
$ xgrep while $HOME
Startverzeichnis : /home/peter
Muster: while
-----------------------------
/home/peter/bin/menue
/home/peter/bin/zaehle
/home/peter/bin/eingabe
/home/peter/bin/blogoff
/home/peter/bin/blogin
/home/peter/bin/pdel
/home/peter/bin/sdel
/home/peter/bin/rgrep
/home/peter/bin/undel
/home/peter/bin/writeall

...weitere Ausgaben folgen

$
```

Eine Funktion wird genau wie eine Shell-Variable im Umgebungsbereich der aktuellen Shell gespeichert. Das hat den Vorteil, daß der Aufruf sehr schnell erfolgt, da die Shell das neue Kommando nicht erst von der Festplatte in den Speicher übertragen muß. Die Befehle der Funktion werden direkt aus dem Speicherbereich der Shell gelesen und ausgeführt. Würden Sie das Kommando `xgrep` als Shell-Prozedur definieren, so würde zunächst eine Subshell gestartet, die alle Befehle aus der zugehörigen Datei liest und ausführt. Spätestens nach dem nächsten Anmelden wird Ihnen der Nachteil dieser Art der Verwendung von Shell-Funktionen bewußt werden: Die Funktion ist nur für die Lebensdauer Ihrer Shell gültig. Nach dem Abmelden vom System sind alle Funktionen automatisch gelöscht, da der zugeordnete Speicherbereich wieder freigegeben wird. Speichern Sie daher Ihre Funktionen in Zukunft in eine Datei, statt diese direkt in die Shell einzugeben. Dabei sollten Sie gleich einen kurzen Kommentar aufnehmen. Nachdem Sie die Funktion `xgrep` mit Ihrem Texteditor in die Datei `funktionen` übertragen haben, ergibt sich folgendes Bild:

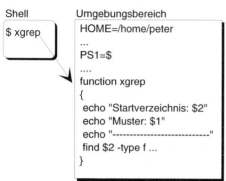

```
#!/bin/ksh
#
# @(#) funktionen V1.0 Zusammenfassung nützlicher Funktionen
#
# Aufruf: . funktionen

# Funktion:      xgrep
# Aufruf:        xgrep Muster Verzeichnis
# Beschreibung:  Durchsuchen eines Dateibaumes nach einem Muster
function xgrep
{
 echo "Startverzeichnis : $2"
 echo "Muster: $1"
 echo "---------------------------"
 find $2 -type f -exec egrep -l "$1" {} \; 2>/dev/null
}
```

Nun müssen Sie die Shell nur noch dazu bringen, die Funktion in den Speicherbereich der aktuellen Shell zu übertragen. Nichts leichter als das:

```
$ . $HOME/funktionen         Lesen der Funktionen in den Speicherbereich der
                             Shell
$
```

Der vorangestellte Punkt unterdrückt den Aufruf einer Subshell, so daß die Befehle von der aktuellen Shell gelesen werden. Sie sollten die Datei `funktionen` in Ihrem Heimatverzeichnis ablegen. Die Funktionen stehen Ihnen anschließend zur Verfügung, ohne das Sie diese jedesmal erneut eingeben müssen.

Shell-Funktionen

```
$ xgrep while $HOME
Startverzeichnis : /home/peter
Muster: while
----------------------------
/home/peter/bin/menue
/home/peter/bin/zaehle
/home/peter/bin/eingabe
/home/peter/bin/blogoff
/home/peter/bin/blogin
/home/peter/bin/pdel
/home/peter/bin/sdel
/home/peter/bin/rgrep
/home/peter/bin/undel
/home/peter/bin/writeall
...weitere Ausgaben folgen
$
```

Auf diese Art können Sie Ihre Funktionsbibliothek in der Datei funktionen um weitere Funktionen ergänzen. Die folgende Funktion mycd hilft Ihnen in Zukunft beim Navigieren im Dateisystem. Genau wie das Original cd wechselt die Funktion in das angegebene Verzeichnis und zeigt zusätzlich den neuen Pfad als Prompt der Eingabe an. Bei einer tiefen Verschachtelung im UNIX-Dateisystem kann leicht ein Prompt entstehen, das 80 Zeichen oder länger wird. mycd begrenzt die Anzeige auf die letzten 20 Stellen der Pfadangabe. Erweitern Sie die Datei funktionen um mycd:

```
#!/bin/ksh
#
# @(#) funktionen V1.1 Zusammenfassung nützlicher Funktionen
#
# Aufruf: . funktionen

#-----------------------------------------------------------------
# Funktion:      xgrep
# Aufruf:        xgrep Muster Verzeichnis
# Beschreibung: Durchsuchen eines Dateibaumes nach einem Muster
#-----------------------------------------------------------------
function xgrep
{
 echo "Startverzeichnis : $2"
 echo "Muster: $1"
 echo "----------------------------"
 find $2 -type f -exec egrep -l "$1" {} \; 2>/dev/null
}
#-----------------------------------------------------------------
# Funktion:      mycd
# Aufruf:        mycd [Verzeichnis]
# Beschreibung: Wechseln des Verzeichnisses
#-----------------------------------------------------------------
function mycd
{
 integer len=0 REST=0 MAXLEN=20
 cd $1; PFAD=$PWD
 len=`expr "$PFAD" : ".*"`
 (( len > $MAXLEN )) && { REST=len-MAXLEN+1
                         PFAD=...`echo $PWD | cut -c$REST-`; }
 PS1="[$PFAD]$ "; ls -C
}
```

Sammelsurium

Wie bei `cd` erwartet `mycd` einen Verzeichnisnamen als Argument. Fehlt diese Angabe, wird in das Heimatverzeichnis verzweigt. Mit dem Kommando `cd` wird zunächst in das neue Verzeichnis gewechselt. Die Korn-Shell besetzt die Variable `PWD` automatisch mit der Pfadangabe des aktuellen Verzeichnisses.

Falls diese Angabe länger als 20 Zeichen sein sollte, werden in diesem Fall nur die letzten 20 Stellen des Pfadnamens, geführt von drei Punkten, ausgegeben. Sie können diese Begrenzung durch Umbesetzen der Variablen `MAXLEN` verändern. Durch Zuweisung des Pfades an die Variable `PS1` wird das Prompt der Eingabe neu eingestellt.

Zur Übersicht wird mit dem Kommando `ls -C` nach dem Wechseln gleich ein Inhaltsverzeichnis ausgegeben. Auf den meisten Systemen sorgt die Option -C dafür, daß die Ausgabe der Dateinamen spaltenweise erfolgt. Vergessen Sie nicht die Funktionen, durch erneuten Aufruf von `funktionen` zu definieren:

```
$ . $HOME/funktionen            Aktivieren aller Funktionen
$ mycd /home/peter/BUCH
ADRESSEN    Kap03    Kap05    Kap08    Kap10    Kap12    Kap14    tree
Kap02       Kap04    Kap06    Kap09    Kap11    Kap13    Kap15
[/home/peter/BUCH]$ mycd /home/peter/beispiele/proc
proc1       proc3    proc4    proc5
[...peter/beispiele/proc]$ pwd
/home/peter/beispiele/proc
[...peter/beispiele/proc]$ mycd
ARCHIV             adressen.adr    head           proclist        tree
ARCHIV.TAB         adressen.dat    inhalt         procs           xtext
BUCH               adressen.sav    kunden.adr     sich.err
$ mycd /home/peter/BUCH
ADRESSEN    Kap03    Kap05    Kap08    Kap10    Kap12    Kap14    tree
Kap02       Kap04    Kap06    Kap09    Kap11    Kap13    Kap15
[/home/peter/BUCH]$
```

Jetzt sind Sie nach einem Verzeichniswechsel über den neuen Standort und den Inhalt des Verzeichnisses im Bilde. Das Prompt verändert sich nach dem ersten Aufruf von `mycd`, so daß Sie statt des Zeichens $ (Dollar) den aktuellen Pfad angezeigt bekommen. Beachten Sie, daß `mycd` nur als Shell-Funktion wirksam arbeitet. Was würde geschehen, wenn Sie `mycd` als Shell-Prozedur starten? Richtig - es würde nicht funktionieren; es ist unbedingt notwendig, daß der Befehl `cd` innerhalb der aktuellen Shell ausgeführt wird. Nur so kann der Standort verändert werden. Bei Verwendung einer Shell-Prozedur würde eine Subshell gestartet, so daß ein Verzeichniswechsel keinen Einfluß auf die aktuelle Umgebung hätte.

Anzeigen der bisher definierten Funktionen

Der Befehl `typeset -f` zeigt alle bisher definierten Funktionen auf dem Bildschirm an:

```
[/home/peter]$ typeset -f
function xgrep
{
 echo "Startverzeichnis : $2"
 echo "Muster: $1"
 echo "-----------------------------"
 find $2 -type f -exec egrep -l "$1" {} \; 2>/dev/null
}
function mycd
{
 integer len=0 REST=0 MAXLEN=20
 cd $1; PFAD=$PWD
 len=`expr "$PFAD" : ".*"`
 (( len > $MAXLEN )) && { REST=len-MAXLEN+1
                          PFAD=...`echo $PWD | cut -c$REST-`; }
 PS1="[$PFAD]$ "; ls -C
}
```

Beim Aufruf einer neuen Shell werden Funktionen nicht an die neue Umgebung vererbt. Im Gegensatz zu Variablen, die Sie durch Aufruf des Befehls `export` global definieren können, gibt es keine Möglichkeit, eine Funktion gleichermaßen zu exportieren.

```
[/home/peter] $ ksh           Start einer neuen Shell
$ mycd
ksh: mycd: not found          mycd ist der neuen Shell nicht bekannt
$
```

Erst ein erneuter Aufruf von `funktionen` überträgt die Funktionen in den neuen Umgebungsbereich:

```
$ . $HOME/funktionen          Aufruf mit vorangestelltem Punkt
$ mycd $HOME/bin
[/home/peter/bin]$ xgrep while .
Startverzeichnis : .
Muster: while
-----------------------------
/home/peter/bin/eingabe
/home/peter/bin/menue
/home/peter/bin/eingabe
/home/peter/bin/blogoff
/home/peter/bin/blogin
/home/peter/bin/pdel
...weitere Ausgaben folgen
[/home/peter/bin]$ exit       Zurück zur ursprünglichen Shell
```

Die Variable ENV

Die Datei `funktionen` wird automatisch von der Korn-Shell ausgeführt, wenn Sie den Dateinamen der Variablen ENV zuweisen. Beim Start einer Korn-Shell sucht diese zuerst die Variable ENV im aktuellen Umgebungsbereich. Findet Sie die Variable, wird die darin spezifizierte Datei ausgeführt, ähnlich dem bekannten `.profile` Mechanismus.

```
[/home/peter]$ export ENV=$HOME/funktionen
[/home/peter]$ ksh
[/home/peter]$ mycd /home/peter/BUCH
ADRESSEN   Kap03    Kap05    Kap08    Kap10    Kap12    Kap14    tree
Kap02      Kap04    Kap06    Kap09    Kap11    Kap13    Kap15
[/home/peter/BUCH]$                          Das neue Prompt (aktuelles Verzeichnis)
```

Der Variablen ENV wurde der vollständige Pfadname der Datei `funktionen` zugewiesen. Nachdem Sie die Variable mit dem Befehl `export` als global definiert haben, wird eine weitere Shell gestartet. Die neue Shell führt die Befehle der durch ENV spezifizierten Datei aus, so daß Ihre Funktionen auch dort automatisch zur Verfügung stehen. So können Sie Funktionen auf einfache Art an untergeordnete Shell-Programme vererben.

Es ist empfehlenswert, die Variable ENV in Ihrer Datei `.profile` zu definieren, damit diese gleich nach dem Anmelden zur Verfügung steht. Falls Ihnen während Ihrer Arbeit weitere Ideen zu hilfreichen Funktionen einfallen, sollten Sie diese gleich in der Datei `funktionen` hinterlegen. Wie wäre es zum Beispiel mit einer Funktion, die die Anzahl der angemeldeten Benutzer ausgibt? Mit etwas Phantasie wird Ihnen am Ende ein umfangreiches Repertoire an neuen Kommandos zur Verfügung stehen.

Funktionen exportieren

Abschließend sollten Sie wissen, daß Funktionen normalerweise nicht übergeben werden, wenn die Shell eine Prozedur ausführt. Stellen Sie sich vor, Sie haben Ihre Funktionen `xgrep` und `mycd` in der Shell definiert und starten eine Shell-Prozedur, die diese Kommandos aktiviert. Beim Start einer Prozedur wird indirekt eine neue Subshell gestartet, die für die Ausführung verantwortlich ist. Die Funktionen werden voreingestellt nicht an diese Subshell vererbt. Die Option -xf des Kommandos `typeset` definiert eine Funktion als global, so daß sie bei Aufruf einer Shell-Prozedur an die neue Umgebung vererbt wird.

```
typeset -fx name
{
    Kommando1
    ...
    Kommando n
}
```

Nur wenn Sie eine Funktion auf diese Art definieren, können Sie diese in Ihren Shell-Prozeduren aufrufen. Das gilt allerdings nicht für den expliziten Aufruf einer Shell durch Angabe von ksh. In diesem Fall müssen Sie den zuvor beschriebenen Weg über die Variable ENV gehen. Der Befehl typeset -fx macht alle exportierten Funktionen sichtbar.

Entfernen einer Funktionsdefinition

Mit dem Befehl unset -f können Sie eine Funktion aus dem Umgebungsbereich entfernen.

```
unset -f Funktionsname
```

15.3. Anwendungsbeispiel: Archivieren von Daten

Sie können Funktionen auch innerhalb Ihrer Prozeduren definieren, um diese übersichtlicher und modularer zu gestalten. Eine Prozedur läßt sich so in die Bestandteile Unterprogramme und Hauptprogramm unterteilen. Besonders wenn spezielle Kommandofolgen häufig wiederholt werden, ist es ratsam, diese in eine Funktion zusammenzufassen.

Die folgende Prozedur archiver ist ein gutes Beispiel für die Verwendung von Funktionen innerhalb einer Shell-Prozedur. Das Kommando ist menügeführt und dient dem Sichern, Lesen und Formatieren von Datenträgern. Der Name des gewünschten Gerätes wird beim Aufruf der Prozedur angegeben. Da sich Bezeichnungen wie /dev/rmt/c0s0 oder /dev/fd196ds18 nur schwer einprägen lassen, verwenden wir eine Beschreibungsdatei, in der alle Geräte einen symbolischen Namen wie z.B. Diskette1, Diskette2 oder Band zugeordnet bekommen.

Jeder Satz beinhaltet folgende Informationen: symbolischer Gerätename, UNIX-Gerätename (Formatierung), UNIX-Gerätename (Lesen/Schreiben) und einen Kurztext. Die einzelnen Felder werden durch einen Doppelpunkt voneinander getrennt. Für die Formatierung eines Datenträgers verwendet UNIX ein zeichenorientiertes Gerät, während beim Lesen/Schreiben ein blockorientiertes

Gerät eingesetzt wird. Erkundigen Sie sich bei Ihrem Systemverwalter nach den entsprechenden Namen und erstellen Sie die Datei ARCHIV.TAB in Ihrem Heimatverzeichnis. Bandgeräte müssen in der Regel nicht formatiert werden; daher entfällt beim Bandgerät (Band) der Gerätename für das zeichenorientierte Lesen/Schreiben.

```
$ cat $HOME/ARCHIV.TAB
Name      Gerät(Formatierung)     Gerät        Kurztext
----------------------------------------------------------------
Diskette1:/dev/rfd096ds18:/dev/fd096ds18:Diskette (1,2 MB)
Diskette2:/dev/rfd196ds18:/dev/fd196ds18:Diskette (1,44 MB)
Band::/dev/rmt/c0s0:Bandkassette (60-150 MB)
$
```

Wenn Sie beim Aufruf einen symbolischen Gerätenamen wie z.B. `Diskette1` oder `Diskette2` angeben, ermittelt die Prozedur zuerst die UNIX-Gerätenamen und den zugehörigen Kurztext aus dieser Datei. Anschließend wird ein Auswahlmenü angezeigt, aus dem Sie folgende Funktionen wählen können:

```
$ archiver Diskette2
-----------------------------------------
ARCHIVER: Diskette2
-----------------------------------------
1) Sichern
2) Lesen
3) Inhaltsverzeichnis
4) Formatieren
5) Ende
-----------------------------------------
```

Die Auswahlpunkte: Sichern, Lesen, Inhaltsverzeichnis und Formatieren sind mit Hilfe von Funktionen realisiert, die zu Anfang der Prozedur vereinbart werden. Weiterhin gibt es Funktionen für das Lesen der Gerätedatei sowie der Ausgabe von Fehlermeldungen. Das Hauptprogramm zeigt das Auswahlmenü an und aktiviert nach der Auswahl eines Menüpunktes das entsprechende Unterprogramm. Da die Shell ein Interpreter ist, müssen Sie zuerst die Funktionen definieren, bevor Sie diese im Hauptprogramm aufrufen. Das folgende Beispiel zeigt, wie Sie mit Hilfe von Funktionen Ihre Prozeduren zukünftig übersichtlicher gestalten können:

Anwendungsbeispiel: Archivieren von Daten

```ksh
#!/bin/ksh
#
# @(#) archiver V1.0 Archivierung von Daten
#
# Aufruf: archiver Gerät

function Fehler      # Ausgabe einer Fehlermeldung
{
 echo "\007"
 echo "*** Fehler ***" 1>&2
 echo $1 1>&2
 exit 1
}

function LeseGeraetedaten   # Lesen der Daten aus der Gerätedatei.
{
 GTAB=$1; GERAET=$2
 EINTRAG=`grep ^$GERAET: $GTAB 2>/dev/null`
 [ -z "$EINTRAG" ] && return 1
 IFS=:
 set $EINTRAG; NAME="$1"; FGERAET="$2"; GERAET="$3"; GTEXT="$4"
 return 0
}

function Meldung     # Warten auf Bestätigung durch den Aufrufer
{
echo "Bitte $GTEXT einlegen"
while true
do
 echo "[s] für Start"
 echo "[a] Abbruch"
 echo "> \c"; read ok
 case "$ok" in
 s) return 0;;  # Rückkehr in das Hauptprogramm
 a) exit   1;;  # Beenden der Prozedur
 *) continue;;
 esac
done
}

function Sichern     # Sichern von Daten auf Diskette
{
 [ -z "$GERAET" ] && return 1
 echo "*--------------------------------*"
 echo "* Sichern von Daten              *"
 echo "*--------------------------------*"
 echo "Dateien/Verzeichnisse: \c"; read LISTE
 Meldung
 tar cvf $GERAET $LISTE 2>/dev/null; return $?
}

function Lesen       # Lesen der gesicherten Daten von Diskette
{
 [ -z "$GERAET" ] && return 1
 echo "*--------------------------------*"
 echo "* Lesen von gesicherten Daten    *"
 echo "*--------------------------------*"
 Meldung
 tar xvf $GERAET 2>/dev/null; return $?
}
```

Sammelsurium

```
     function Inhalt  # Anzeigen Inhaltsverzeichnis der Diskette
     {
     [ -z "$GERAET" ] && return 1
     echo "*-------------------------------*"
     echo "* Inhaltsverzeichnis Datenträger *"
     echo "*-------------------------------*"
     Meldung
     tar tvf $GERAET 2>/dev/null; return $?
     }

     function Formatieren  # Formatieren einer Diskette
     {
     [ -z "$FGERAET" ] && return 1
     echo "*-------------------------------*"
     echo "* Datenträger formatieren        *"
     echo "*-------------------------------*"
     Meldung
     /etc/format $FGERAET 2>/dev/null; return $?
     }
     #-----------------------------------------------------------#
     #              H A U P T P R O G R A M M                    #
     #-----------------------------------------------------------#
     (( $# != 1 )) && { echo "Aufruf: $0 Gerät"; exit 1; }       #
     GERAETETAB=$HOME/ARCHIV.TAB   # Tabelle der Geräte           #
     NAME=$1                       # Symbolischer Gerätename      #
     #
     # Informationen über das symbolische Gerät aus der Datei     #
     # mit den Gerätebeschreibungen lesen. Folgende globale       #
     # Variablen sind anschliessend besetzt:                      #
     #   NAME    : Symbolischer Name des Gerätes (Diskette1...)   #
     #   FGERAET : Gerätename (Raw device) zur Formatierung       #
     #   GERAET  : Gerätename für das Lesen und Schreiben         #
     #   MELDUNG : AusgabeMeldung                                 #
     #-----------------------------------------------------------#
     [ -f "$GERAETETAB" ]            || {
          Fehler "Gerätedatei: $GERAETETAB nicht vorhanden."; }
     LeseGeraetedaten $GERAETETAB $NAME || {
          Fehler "Unbekanntes Gerät: $NAME."; }
     while true
     do
      clear
      echo "-------------------------------"
      echo "ARCHIVER: $NAME"
      echo "-------------------------------"
      echo "1) Sichern"
      echo "2) Lesen"
      echo "3) Inhaltsverzeichnis"
      echo "4) Formatieren"
      echo "5) Ende"
      echo "-------------------------------"
      echo "> \c"; read auswahl

      case "$auswahl" in
      1) Sichern      || Fehler "Datensicherung fehlerhaft beendet";;
      2) Lesen        || Fehler "Lesevorgang nicht erfolgreich";;
      3) Inhalt       || Fehler "Inhaltsverzeichnis nicht lesbar";;
      4) Formatieren  || Fehler "Formatierung fehlerhaft";;
      5) exit 0;;
      *) echo "Ungültige Eingabe";;
      esac
      echo "<RETURN>...weiter \c"; read ok
     done
```

Anwendungsbeispiel: Archivieren von Daten

Beim Start der Prozedur `archiver` werden die Funktionsdefinitionen zunächst in den Umgebungsbereich der Prozedur gelesen, ohne diese auszuführen. Nachdem die Definitionen übertragen wurden beginnt die Shell mit der Ausführung der Kommandos im Hauptprogramm. Die einzelnen Aufgaben der Prozedur lassen sich so übersichtlich in Funktionen gliedern.

Fehlermeldungen werden mit der Funktion `Fehler` auf den Bildschirm geschrieben. Als Argument wird der Fehlertext übergeben, der durch die Umlenkung `1>&2` auf die Standardfehlerausgabe gelenkt wird. Die Funktion `Meldung` bittet den Aufrufenden den gewünschten Datenträger einzulegen und den Vorgang durch Eingabe von `s` zu starten. `Sichern` übernimmt die Sicherung der Daten, `Lesen` überträgt den Inhalt des Mediums auf die Festplatte, `Inhalt` zeigt ein Inhaltsverzeichnis und `Formatieren` formatiert den Datenträger für den späteren Gebrauch.

Die Kommandos der einzelnen Funktionen dürften für Sie kein Problem mehr darstellen, konzentrieren Sie sich daher auf die speziellen Eigenschaften, die Ihnen Funktionen bieten.

Funktionen und Hauptprogramm teilen sich die Variablen

Beim Aufruf der Prozedur können Sie einen symbolischen Gerätenamen wie z.B. `Diskette1` (Diskettenlaufwerk 1) angeben. Mit Hilfe dieses Namens ermittelt die Funktion `LeseGeraetedaten` aus der Datei `ARCHIV.TAB` die zugehörigen UNIX-Gerätenamen sowie den Kurznamen des Datenträgers. Mit diesen Informationen werden die Variablen `NAME`, `FGERAET`, `GERAET` und `GTEXT` besetzt. Dabei handelt es sich um globale Variablen, die nach Rückkehr der Funktion allen anderen Funktionen und dem Hauptprogramm zur Verfügung stehen. Zum Thema "Geltungsbereich von Variablen" erfahren Sie gleich mehr.

Innerhalb der Funktionen entdecken Sie den neuen Befehl `return`. Was leistet dieser Befehl?

Der Befehl return

Der Befehl `return` beendet eine Funktion und die Ausführung wird im Hauptprogramm fortgesetzt. Sie können dem Kommando zusätzlich einen Wert zuordnen:

```
return n
```

Der Wert `n` ist der Return-Status der Funktion. Er wird bei Rückkehr der Funktion an das Hauptprogramm zurückgegeben.

Die Kommandos des Hauptprogrammes können auf den Wert mit Hilfe der Shell-Variablen `$?` zugreifen und ihn von den Befehlen `while`, `if`, `until` überprüfen lassen. Damit können Sie entscheiden, ob die Ausführung der Funktion erfolgreich war. Sie kennen das Verfahren bereits vom Befehl `exit`, dessen

Rückgabewert von anderen Befehlen getestet werden kann. Der Wert 0 steht für eine erfolgreiche Ausführung, ein Wert ungleich 0 deutet auf einen Fehler hin. Wenn Sie `exit` in einer Funktion verwenden, wird die gesamte Prozedur beendet und das Programm verzweigt in die aufrufende Shell. `return` dagegen beendet lediglich die Funktion und kehrt in das Hauptprogramm zurück.

Ein Beispiel dafür zeigt die Funktion `Sichern`. Wählen Sie im Hauptprogramm den Punkt 1, wird die Funktion aktiviert. Nach Abschluß der Sicherung kehrt die Funktion mit dem Befehl `return $?` in das Hauptprogramm zurück. Die Variable `$?` enthält den Rückgabewert des Kommandos `tar`, im Hauptprogramm wird der Wert überprüft und im Fehlerfall wird die Funktion `Fehler` aufgerufen.

Wenn Sie in der Funktion `Sichern` den Befehl `return $?` einfach weglassen, wird automatisch der Rückgabewert des letzten Kommandos zurückgereicht. Die gleiche Wirkung hätte ein Aufruf von `return` ohne weitere Angaben. In der Funktion `Fehler` wird der Unterschied zum Befehl `return` besonders deutlich. Nach Ausgabe der Fehlermeldung beendet `exit` die Prozedur `archiver` und die Funktion kehrt nicht in das Hauptprogramm zurück.

Funktionen können weitere Funktionen aufrufen

Eine weitere Besonderheit zeigt die Funktion `Meldung`; sie wird von den restlichen Funktionen vor dem Start einer Ein-Ausgabeoperation aufgerufen. Funktionen können also andere Funktionen aufrufen. Auf diese Art können Sie den Aufruf von Funktionen ineinander verschachteln.

Das Hauptprogramm wird durch die Verwendung von Funktionen sehr viel übersichtlicher und kompakter. Nach Anzeige eines Auswahlmenüs, können Sie eine Funktion auswählen und sich zwischen den Punkten "Sichern", "Lesen", "Inhaltsverzeichnis" und "Formatieren" entscheiden.

```
$ archiver Diskette2          Diskettenlaufwerk 2
-----------------------------------
ARCHIVER: Diskette2
-----------------------------------
1) Sichern
2) Lesen
3) Inhaltsverzeichnis
4) Formatieren
5) Ende
-----------------------------------
> 1
*---------------------------------*
* Sichern von Daten               *
*---------------------------------*
Dateien/Verzeichnisse: /home/peter/BUCH/Kap15
Bitte Diskette (1,44 MB) einlegen
[s] für Start
[a] Abbruch
> s
```

```
a /home/peter/BUCH/Kap15/ 0 tape blocks
a /home/peter/BUCH/Kap15/arg.1.0
a /home/peter/BUCH/Kap15/funktionen.1.0 2 tape blocks
a /home/peter/BUCH/Kap15/funktionen.1.1 2 tape blocks
a /home/peter/BUCH/Kap15/ftest.1.0 2 tape blocks
a /home/peter/BUCH/Kap15/ARCHIVE.TAB 1 tape blocks
a /home/peter/BUCH/Kap15/archiver 8 tape blocks
...weiter Dateien folgen

<RETURN>...weiter <RETURN>

--------------------------------
ARCHIVER: Diskette2
--------------------------------
1) Sichern
2) Lesen
3) Inhaltsverzeichnis
4) Formatieren
5) Ende
--------------------------------
> 4
*------------------------------*
* Datenträger formatieren      *
*------------------------------*
Bitte Diskette (1,44 MB) einlegen
[s] für Start
[a] Abbruch
> s
formatting................
Formatted 160 tracks: 0 thru 159, interleave 2.
<RETURN>...weiter <RETURN>

--------------------------------
ARCHIVER: Diskette2
--------------------------------
1) Sichern
2) Lesen
3) Inhaltsverzeichnis
4) Formatieren
5) Ende
--------------------------------
> 5                            Beenden der Prozedur
$ archiver CD-ROM              Erneuter Aufruf mit unbekanntem Gerät

*** Fehler ***
Unbekanntes Gerät: CD-ROM
$
```

Wenn Sie den Punkt 1 anwählen und die Diskette vorher aus dem Laufwerk nehmen, werden Sie feststellen, daß die Funktion Fehler eine Meldung ausgibt und die Prozedur mit der Anweisung exit beendet. Lassen Sie uns vor Abschluß des Kapitels nochmals auf das Thema Variablen zurückkommen.

15.4. Der Geltungsbereich von Variablen

Wenn Sie innerhalb Ihrer Prozeduren Shell-Funktionen verwenden, sollten Sie folgende Regeln beachten:

- Variablen des Hauptprogrammes sind auch einer Funktion bekannt.
- Wenn Sie in einer Funktion eine Variable definieren, so ist diese auch dem Hauptprogramm bekannt. Auf diese Art können Sie Werte an das Hauptprogramm zurückgeben
- Variablen innerhalb einer Funktion können als lokal definiert werden, wenn Sie diese mit dem Befehl typeset vereinbaren. Das Hauptprogramm hat dann keinen Zugriff auf diese Variablen.

Das folgende Beispielprogramm verdeutlicht diesen Vorgang:

```
#!/bin/ksh
#
# @(#) ftest V1.0 Der Geltungsbereich von Variablen
#
# Aufruf:ftest

function vartest
{
 echo "Ich bin: $0"
 GLOBAL2="In der Funktion global definiert"
 typeset -L LOKAL="In der Funktion lokal definiert"
 echo "    GLOBAL1:<$GLOBAL1>"
 echo "    GLOBAL2:<$GLOBAL2>"
 echo "    LOKAL  :<$LOKAL>"
}

#
# Hauptprogramm
#
GLOBAL1="Im Hauptprogramm global definiert"
echo "Aufruf Funktion: vartest"
vartest
echo "Variablen Hauptprogramm nach Aufruf vartest"
echo "    GLOBAL1:<$GLOBAL1>"
echo "    GLOBAL2:<$GLOBAL2>"
echo "    LOKAL  :<$LOKAL>"
```

```
$ ftest
Aufruf Funktion: vartest
Ich bin: vartest
    GLOBAL1:<Im Hauptprogramm global definiert>
    GLOBAL2:<In der Funktion global definiert>
    LOKAL  :<In der Funktion lokal definiert>
Variablen Hauptprogramm nach Aufruf vartest
    GLOBAL1:<Im Hauptprogramm global definiert>
    GLOBAL2:<In vartest global definiert>
    LOKAL  :<>
$
```

Der Geltungsbereich von Variablen

An diesem Beispiel erkennen Sie deutlich, daß sich das Hauptprogramm und die Funktion alle Variablen teilen. Man sagt, die Variablen sind global definiert. Variablen des Hauptprogrammes sind also in Funktionen bekannt, Variablen innerhalb einer Funktion sind wiederum dem Hauptprogramm bekannt. Nur wenn Sie eine Variable innerhalb einer Funktion mit dem Befehl `typeset` vereinbaren, ist diese als lokal definiert. In diesem Beispiel definiert das Kommando `typeset -L LOKAL` die Variable als lokale Variable der Funktion `vartest`. Sie erkennen es daran, daß die Ausgabe der Variablen im Hauptprogramm auf "leer" gesetzt ist. Globale Variablen lassen sich hervorragend zum Austausch von Daten zwischen der Funktion und dem Hauptprogramm verwenden. Wenn Sie zum Beispiel in einer Funktion Daten von der Tastatur in eine Variable lesen, so ist der Wert auch im Hauptprogramm bekannt. In der folgenden Prozedur `ftest` wird dieser Vorgang besonders deutlich. Die Funktion `prompt` ist eine Erweiterung des Kommandos `read` und erlaubt zusätzlich die Angabe einer Meldung.

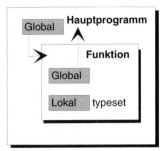

```
#!/bin/ksh
#
# @(#) ftest V1.1 Beispiel für den Austausch von Daten zwischen
#                 Funktionen und dem Hauptprogramm
# Aufruf: ftest

function prompt
{
 echo "$1 : \c"; read EINGABE
}

prompt "Bitte Dateinamen eingeben"
echo "Hauptprogramm: Der Dateiname lautet: $EINGABE"
```

```
$ ftest
Bitte Dateinamen eingeben : Datei1           Die Funktion "prompt"
Hauptprogramm: Der Dateiname lautet: Datei1
$
```

Die Funktion `prompt` erhält als Argument einen Text und liest den Dateinamen in die Variable `EINGABE`. Diesen Wert können Sie im Hauptprogramm verwenden, da er voreingestellt als global definiert wurde. Auf diese Art können Funktionen Werte an das aufrufende Programm zurückgeben.

Funktionen haben den Vorteil, daß sie schnell sind und Ihre Prozeduren übersichtlich gestalten. Auch der Datenaustausch zwischen Hauptprogramm und Funktion ist problemlos. Nutzen Sie daher in Zukunft die neuen Möglichkeiten, um Ihre Prozeduren modular und übersichtlich zu gestalten.

Damit wird das Thema "Funktionen" abgeschlossen und einige weitere Befehle folgen, die Ihnen im Verlauf Ihrer Arbeit vermutlich noch hilfreich zur Seite stehen werden.

15.5. Der Befehl `type`

UNIX kennt verschiedene Typen von Kommandos. Es gibt Kommandos, die in der Shell eingebaut sind, UNIX-Standard-Befehle, Shell-Prozeduren oder Funktionen. Der Befehl `type` erwartet als Argument einen Kommandonamen und teilt Ihnen mit, von welcher Art der Befehl ist bzw. wo der Befehl steht.

```
$ type mycd
mycd is a function
$ type cat
cat is a tracked alias for /usr/bin/cat
$ pwd
pwd is a shell builtin
$ type function
function is a keyword
$
```

Das Beispiel zeigt einige der unterschiedlichen Kommandoarten in UNIX. Ob Funktion, UNIX-Befehl, eingebautes Shell-Programm oder Schlüsselwort, `type` sagt Ihnen alles, was es über den Befehl weiß.

15.6. Der Befehl `eval`

Dieser Abschnitt beschäftigt sich mit einem etwas ungewöhnlichen Befehl der Shell. Der Befehl lautet `eval` und hat folgendes Format:

```
eval Kommandozeile
```

Mit `Kommandozeile` ist eine gewöhnliche Kommandozeile gemeint, wie Sie sie mit der Tastatur eingeben. Schreiben Sie `eval` vor einer Kommandozeile, wird die Befehlsfolge zweimal von der Shell bewertet, bevor sie ausgeführt wird. In manchen Fällen reicht eine einfache Bewertung einer Kommandofolge nicht aus. Wenn Sie beispielsweise eine Befehlsfolge in einer Variablen speichern, um diese anschließend ausführen zu lassen, ist der Befehl `eval` unabdingbar. Betrachten Sie folgendes Beispiel ohne Verwendung von `eval`:

```
$ LIST="ls | sort -r | pg"
$ $LIST
|: No such file or directory
sort: No such file or directory
|: No such file or directory
pg: No such file or directory
$
```

Der Befehl eval

Der Variablen `LIST` wurde eine Befehlsfolge zugewiesen, die die Befehle `ls`, `sort` und `pg` durch ein Pipe-Symbol verbinden. Um den Befehl auszuführen, lassen Sie den Inhalt der Variablen von der Shell ersetzen.

Anstatt die Befehlsfolge auszuführen, antwortet die Shell mit einem Fehler. Aus der Sicht der Shell ergibt sich folgendes Bild:

```
$LIST
↓                          Die Shell ersetzt die Variable gegen den Inhalt
ls | sort -r | pg          Die Zeile wird ohne Bewertung ausgeführt
```

Nachdem Sie den Ausdruck `$LIST` eingegeben haben, erkennt die Shell anhand des Dollar-Zeichens eine Variable und ersetzt `$LIST` gegen den Inhalt `ls | sort -r | pg`. Dieser Ausdruck enthält das Sonderzeichen | (Pipe) und müßte korrekterweise ein zweites Mal von der Shell bewertet werden. Statt dessen wird die Befehlsfolge sofort ausgeführt, so daß `ls` die Argumente |, `sort` `-r`, | und `pg` zugeordnet bekommt. Das Kommando betrachtet die Werte als Dateinamen und versucht diese auf dem Bildschirm aufzulisten. `ls` findet diese Dateien nicht und antwortet mit einer Fehlermeldung. Die Shell bewertet einen Ausdruck grundsätzlich nur einmal, so daß die Kommandozeile fehlerhaft ausgeführt wird. Es ist also unbedingt eine erneute Bewertung der Zeile notwendig. Genau das erreichen Sie durch voranstellen des Befehls `eval`.

```
$ eval $LIST
Kunden
Buchungen
Adressen
: q
$
```

Diesmal hat es funktioniert. Das Inhaltsverzeichnis wurde in umgekehrter Reihenfolge sortiert auf dem Bildschirm angezeigt. Der Befehl `eval` hat die Kommandozeile nach der Auflösung von `$LIST` erneut bewertet.

```
eval $LIST
↓                          Die Shell ersetzt die Variable gegen den Inhalt
eval ls | sort -r | pg     Die Zeile wird nochmals bewertet und ausgeführt
```

Der Befehl `eval` ist also immer unabdingbar, wenn Sie eine Kommandozeile in einer Variablen definieren. Wenn Sie sich nun fragen, ob dieses überhaupt Sinn macht, gibt Ihnen die folgende Prozedur eine Antwort. Wie Sie wissen, kennt UNIX zwei Kommandos (`cpio` und `tar`) zur Datensicherung. Die Prozedur sicherung sichert Ihr Heimatverzeichnis auf eine Diskette. Beim Aufruf können Sie entscheiden, welches Kommando die Sicherung durchführen soll. Es stehen Ihnen folgende Alternativen zur Verfügung:

Sammelsurium

```
transfer -cpio  Sicherung mit dem Kommando cpio
transfer -tar   Sicherung mit dem Kommando tar
```

Die Option -cpio sichert das Heimatverzeichnis mit dem Kommando cpio. Arbeiten Sie lieber mit dem Kommando tar, dann müssen Sie die Prozedur mit der Option -tar aufrufen. Die Prozedur transfer hat folgenden Aufbau:

```
#!/bin/ksh
#
# @(#) transfer V1.0 Sicherung des Heimatverzeichnisses mit
#                   cpio oder tar
#
# Aufruf: transfer -cpio -> Sicherung mit cpio
#         transfer -tar  -> Sicherung mit tar

function gebrauch
{
 echo "transfer: *** Fehler ***"
 echo "transfer -cpio -> Sicherung mit cpio"
 echo "transfer -tar  -> Sicherung mit tar"
 exit 1
}

#----------------------------------------#
# Hauptprogramm                          #
#----------------------------------------#
GERAET=/dev/fd196ds18 # Diskettenlaufwerk

case $1 in

-cpio) KMD="find $HOME -print 2>/dev/null | cpio -ocvO $GERAET"
       ;;
-tar)  KMD="tar cvf $GERAET $HOME 2>/dev/null"
       ;;
*)     gebrauch
       ;;
esac

echo "Sicherung erfolgt mit  : `expr "$1" : "-\(.*\)"`"
echo "Bitte Diskette einlegen: (<RETURN> für Start) \c"
read ok

#
# Sicherung starten
#
eval $KMD
```

Mit Hilfe der case-Anweisung wird das gewünschte Sicherungskommando bestimmt. Je nach Option (-cpio/-tar) wird die Variable Kommando mit der entsprechenden Befehlsfolge besetzt. Wenn Sie keine Option angeben, antwortet die Funktion gebrauch mit einer Fehlermeldung.

Nach der Bitte eine Diskette einzulegen, wird das gewünschte Sicherungskommando in der Variablen Kommando ausgeführt. Nach dem Ersetzen der Variablen gegen die Kommandofolge, würde die Shell diese Zeile sofort ausführen. Da diese Zeile jedoch Sonderzeichen wie | (Pipe) oder > (Umlenkung) enthält, ist eine einmalige Ersetzung der Variablen Kommando nicht ausreichend, es käme zu einer Fehlermeldung. In diesem Fall müssen Sie vor die Variable zusätz-

Der Befehl eval

lich den Befehl `eval` setzen. Damit wird die Zeile ein zweites Mal bewertet, so als hätten Sie diese "per Hand" eingegeben. In einem solchen Fall ist der Befehl `eval` unabdingbar.

Es gibt noch eine weitere Anwendung des Befehls in Verbindung mit dem indirekten Zugriff auf Variablen. Dieses Verfahren läßt sich am Beispiel der Positionsparameter `$1` bis `$n` gut verdeutlichen. Mit dem Befehl `set` können Sie diese Variablen besetzen:

```
$ set ARG1 ARG2 ARG3 ARG4
$ echo $#
4                       Anzahl der Argumente
$ echo $1
ARG1                    Argument 1
$ echo $2
ARG2                    Argument 2
$ echo $4
ARG4                    Argument 4
$
```

Mit dem Kommando `eval` können Sie auf einfache Art auf das letzte Argument zugreifen. Die Variable `$#` enthält die Anzahl der zugewiesenen Argumente, dieser Wert ist zugleich die Nummer des letzten Argumentes. Betrachten Sie die Ausführung zunächst ohne Verwendung von `eval`:

```
$ echo \$$#
$4
$
```

Das Zeichen `$` (Dollar) wurde mit dem Schrägstrich maskiert vor dem Zugriff der Shell geschützt und gegen `$` ersetzt. Die Variable `$#` dagegen wird durch den Wert 4 ausgetauscht (Anzahl der Argumente). Das Ergebnis der Auflösung ist somit: `$4`. Die Shell bewertet diesen Ausdruck kein zweites Mal, so daß der Befehl `echo` die Zeichenkette `$4` auf dem Bildschirm ausgibt. Eigentlich wollten Sie aber den Inhalt dieser Variablen sehen. Dazu muß die gesamte Kommandozeile nochmals mit dem Befehl `eval` ausgewertet werden.

```
$ eval echo \$$#
ARG4
$
```

eval bewertet die Kommandozeile erneut:

Zunächst bewertet die Shell den Ausdruck `eval echo \$$#` und erzeugt daraus die Kommandozeile `eval echo $4`. Anschließend bewertet `eval` das Ergebnis erneut, so daß `$4` gegen den Inhalt ARG4 ausgetauscht wird; das Kommando `echo` gibt daraufhin den Wert ARG4 am Bildschirm aus. So läßt sich eine Prozedur entwerfen, die alle Argumente des Aufrufes auf dem Bildschirm anzeigt:

```
#!/bin/ksh
#
# @(#) args V1.0 Ausgabe aller Argumente
#
# Aufruf: args

integer nummer=1
while (( nummer <= $# ))
do
 eval echo \$$nummer
 (( nummer +=1 ))
done
```

```
$ args Argument1 Argument2 Argument3 Argument4 Argument5
Argument1
Argument2
Argument3
Argument4
Argument5
$
```

Prinzipiell können Sie mit dieser Methode Zeiger auf Variablen definieren. Betrachten Sie folgendes Beispiel:

```
$ A="Inhalt von A"
$ zgrA=A
$ eval \$$zgrA
Inhalt von A
$
```

15.7. Der Befehl `exec`

Sie haben `exec` bereits im Kapitel 11.2 verwendet, um die Ein-Ausgaben aller Befehle einer Prozedur umzulenken. Folgt dem Kommando eine Umlenkung der Form

```
exec 2>Fehler      Umlenkung der Fehlerausgabe
exec >Ausgabe      Umlenkung der Standardausgabe
```

schreiben alle folgenden Kommandos ihre Standardfehlerausgabe bzw. Standardausgabe auf die angegebene Datei. Im Gegensatz dazu bewirkt der Aufruf

```
exec <Eingabe      Umlenkung der Standardeingabe
```

eine Umlenkung der Standardeingabe; alle nachfolgenden Befehle lesen aus der genannten Datei.

Neben der Umlenkung von Daten besitzt der Befehl eine weitere Eigenschaft: Wie der Name `exec` bereits andeutet, können Sie mit Hilfe dieses Kommandos Programme ausführen. Bisher haben Sie einen Befehl durch Eingabe seines Namens aufgerufen. Der Aufruf:

```
$ who
```

erzeugt zunächst eine Subshell und startet das Kommando `who`. Anschließend befinden Sie sich wieder in der aktuellen Shell und können das nächste Kommando eingeben. Mit dem Befehl `exec` lassen sich ebenfalls Kommandos starten. Der Befehl hat folgenden Aufbau:

```
exec Kommando
```

Im Unterschied zur ersten Form des Aufrufes wird keine Subshell erzeugt. Das Kommando, das dem Befehl `exec` folgt, überlagert den aktuellen Prozeß. Das heißt, der aktuelle Prozeß wird gegen das neue Kommando ausgetauscht. Ein einfaches Beispiel zeigt deutlich die Wirkungsweise dieses Kommandos. Sorgen Sie dafür, daß Sie sich in der login-Shell befinden und geben Sie anschließend folgende Kommandozeilen ein:

```
$ who                    Der "normale" Aufruf
peter     console   Jan 4   15:16
$
```

An dieser Ausführung ist nichts ungewöhnliches. Die Shell startet eine Subshell, in der der Befehl who ausgeführt wird. Anschließend befinden Sie sich erneut in der login-Shell. Der Start von who mit dem Befehl exec wird Sie überraschen.

```
$ exec who
peter        console    Jan  4  15:16
login:               Zurück zum login (Ihre login-Shell wurde beendet)
```

Nach dem Ausführen von who wird nicht in die login-Shell zurückgekehrt. exec überlagert die login-Shell mit dem aufgerufenem Programm. Nach Beendigung dieses Befehls existiert die login-Shell nicht mehr und Sie erhalten eine erneute Aufforderung, sich im System anzumelden. Den Befehl exec in der login-Shell aufzurufen ist nicht besonders sinnvoll. Allerdings ist es eine gute Möglichkeit, auf die verschiedenen Shell-Varianten umzuschalten. Der folgende Aufruf ersetzt die Korn-Shell gegen die Bourne-Shell.

```
$ exec /bin/sh              Umschalten auf die Bourne-Shell
$ ps
  PID TTY      TIME COMD
  773 console  0:01 sh
  774 console  0:00 ps
$ exec /bin/ksh             Umschalten auf die Korn-Shell
```

Innerhalb von Shell-Prozeduren läßt sich exec dagegen sinnvoll verwenden. Durch die Tatsache, daß exec das aktuelle Programm überlagert, existiert ein Prozeß weniger im System. In allen anderen Fällen würde für die Ausführung eines Programmes eine Subshell erzeugt, die ihrerseits das neue Kommando ausführt. Die folgende Prozedur shell hilft Ihnen bei der Wahl Ihrer Shell:

```
#
# @(#) shell V1.0 Auswahl einer Shell
#
# Aufruf: shell

echo "#----------------------------------------#"
echo "# Mit welcher Shell möchten Sie arbeiten  #"
echo "# 1) Korn-Shell                           #"
echo "# 2) Bourne-Shell                         #"
echo "# 3) C-Shell                              #"
echo "#----------------------------------------#"
echo "> \c"
read shell

case "$shell" in
1) SHELL="/bin/ksh";;
2) SHELL="/bin/sh";;
3) SHELL="/bin/csh";;
*) SHELL="/bin/ksh";; # Voreinstellung Korn-Shell
esac

$SHELL  # Ausgewählte Shell starten
```

Der Befehl exec

Das Programm stellt eine Liste von Shell-Varianten zur Verfügung. Nachdem Sie sich für eine Version entschieden haben, wird mit $SHELL diese Shell gestartet. Damit Sie den Unterschied erkennen, starten Sie die neue Shell zunächst ohne exec. Mit dem Kommando ps läßt sich die Anzahl der Prozesse leicht überprüfen:

```
$ ps
PID TTY        TIME COMD
809 console    0:01 ksh                                  Nur die login-Shell ist aktiv
810 console    0:00 ps
$ shell
#-----------------------------------------#
# Mit welcher Shell möchten Sie arbeiten  #
# 1) Korn-Shell                           #
# 2) Bourne-Shell                         #
# 3) C-Shell                              #
#-----------------------------------------#
> 2                 Auswahl Bourne-Shell
$ ps
PID TTY        TIME COMD
809 console    0:01 ksh                                  login-Shell
826 console    0:00 ps
825 console    0:00 sh                                   Bourne-Shell
824 console    0:00 ksh                                  Subshell
$ exit                                                   Zurück zur login-Shell
```

Vor dem Start von shell ist nur Ihre login-Shell aktiv. Wenn Sie die Prozedur shell starten und die Bourne-Shell auswählen, sind insgesamt drei Shell-Programme aktiv, Ihre login-Shell, die Subshell (Start von shell) und die neue Bourne-Shell. Tauschen Sie nun in Ihrer Prozedur shell die Zeile $SHELL gegen exec $SHELL aus und starten Sie das Kommando erneut:

```
#
# @(#) shell V1.1 Auswahl einer Shell
#
# Aufruf: shell
#
echo "#-----------------------------------------#"
echo "# Mit welcher Shell möchten Sie arbeiten  #"
echo "# 1) Korn-Shell                           #"
echo "# 2) Bourne-Shell                         #"
echo "# 3) C-Shell                              #"
echo "#-----------------------------------------#"
echo "> \c"
read shell

case "$shell" in
1) SHELL="/bin/ksh";;
2) SHELL="/bin/sh";;
3) SHELL="/bin/csh";;
*) SHELL="/bin/ksh";;    # Voreinstellung Korn-Shell
esac

exec $SHELL    # Ausgewählte Shell starten
echo "Diese Zeile wird nie ausgeführt"
```

Sammelsurium

Ein wiederholter Aufruf zeigt folgendes Ergebnis:

```
$ ps
PID TTY        TIME COMD
809 console    0:01 ksh           Nur die login-Shell ist aktiv
840 console    0:00 ps
$ shell
#---------------------------------------#
# Mit welcher Shell möchten Sie arbeiten #
# 1) Korn-Shell                          #
# 2) Bourne-Shell                        #
# 3) C-Shell                             #
#---------------------------------------#
> 2              Auswahl Bourne-Shell
$ ps
PID TTY        TIME COMD
809 console    0:01 ksh           login-Shell
851 console    0:00 ps
850 console    0:00 sh            Bourne-Shell
$ exit                            Zurück zur login-Shell
```

In diesem Fall startet die login-Shell eine Subshell, die ihrerseits das Auswahlmenü bereitstellt und Sie um eine Eingabe bittet. Während dieser Zeit sind zwei Prozesse aktiv. Anschließend wird in der Subshell mit dem Befehl exec die Bourne-Shell gestartet, so daß die Subshell von diesem neuen Prozeß überlagert wird. Als Folge davon werden alle Befehle, die dem exec-Aufruf folgen, nicht mehr ausgeführt. Sie erkennen es an der letzten Zeile der Prozedur shell; das Kommando echo wird nicht mehr aktiviert. Im Gegensatz zum Start eines Befehls ohne exec sind nur noch zwei Shell-Programme aktiv, Ihre login-Shell und die ausgewählte Bourne-Shell. Sie sparen damit einen Prozeß. Bei einem herkömmlichen Kommandostart wird die Subshell nicht überlagert. Statt dessen wird als weiterer Prozeß die Bourne-Shell aktiviert. Dadurch sind drei Prozesse aktiv. Erst nach deren Beendigung wird die Subshell aus dem System entfernt.

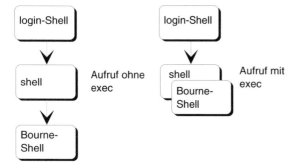

Sie können einen weiteren Prozeß einsparen, wenn Sie die Prozedur shell mit dem Befehl exec aufrufen. In diesem Fall überlagert das Kommando shell direkt die login-Shell; der anschließende Aufruf der Bourne-Shell überlagert wiederum diesen Prozeß. Als Folge davon wird die login-Shell gegen die neue Shell ausgetauscht, ohne einen weiteren Prozeß im System zu beanspruchen.

```
$ ps
PID TTY        TIME COMD
809 console    0:01 ksh         Nur die login-Shell ist aktiv
860 console    0:00 ps
$ exec shell
#----------------------------------------#
# Mit welcher Shell möchten Sie arbeiten #
# 1) Korn-Shell                          #
# 2) Bourne-Shell                        #
# 3) C-Shell                             #
#----------------------------------------#
> 2                Auswahl Bourne-Shell
$ ps
PID TTY        TIME COMD
809 console    0:01 sh          login-Shell wurde mit der Bourne-Shell überlagert
861 console    0:00 ps
$
```

Ein Vergleich der Prozeßnummer (PID) Ihrer login-Shell mit der PID der gestarteten Bourne-Shell läßt sofort erkennen, daß eine Überlagerung stattgefunden hat. Beide Prozesse tragen die Prozeßnummer 809.

Nun kennen Sie die wichtigsten Befehle und Verfahren der Shell-Programmierung. In den folgenden Kapitel finden Sie zusätzlich eine Kurzübersicht der Tools `awk` und `sed`, die häufig in Verbindung mit der Shell-Programmierung eingesetzt werden.

16. Kurzübersicht awk

16.1. Kapitelübersicht

Dieses Kapitel dient als Ergänzung zu dem vorangegangenen Thema "Korn-Shell-Programmierung". Es beschreibt die vielseitige und leistungsfähige Sprache **awk**. Dieser programmierbare Textfilter eignet sich hervorragend, um täglich anfallende Analysen und Manipulationen von Dateien leicht und elegant durchzuführen. Im einzelnen werden folgende Themen behandelt:

- Funktionsweise eines awk-Programmes
- Struktur eines awk-Programmes
- Einfache Ausgaben
- Formatierte Ausgaben
- Arithmetik und Vergleiche
- Kontrollstrukturen
- Mustersuche
- Eingebaute Funktionen

16.2. Einleitung

Der Name awk setzt sich aus den Anfangsbuchstaben seiner Erfinder zusammen: Alfred V. **A**ho, Peter J. **W**einberger, Brian W. **K**ernighan.

Die erste awk-Version wurde 1977 entwickelt und hatte das Ziel, ein einfaches und mächtiges Werkzeug zur Manipulation von Daten bereitzustellen.

- Mit awk lassen sich eine oder mehrere Dateien nach vorgegebenen Textmustern untersuchen. Werden die Textmuster gefunden, kann man bestimmte Aktionen darauf anwenden, wie etwa den gefundenen Text zu ersetzen oder in irgendeiner Weise zu manipulieren.
- Die Schreibweise des Programmes ist an die Programmiersprache C angelehnt.
- awk durchsucht jede Eingabezeile nach einem Muster und führt, wenn dieses erkannt ist, die zugehörige Aktion aus.
- Aktionen können sein: Schleifen, Bedingte Anweisungen, Variablen, Funktionsaufrufe, Zuweisungen, Konstanten sowie Ein-Ausgabeoperationen.
- awk enthält eine Reihe von eingebauten Funktionen zur Bearbeitung von Zeichenketten: length(), split(), substr(), index() ...
- awk ermöglicht arithmetische Operationen wie +, -, *, / und kennt darüber hinaus Funktionen wie exp(), cos(), atan(), log(), sqrt() ...

16.3. Funktionsweise

Eingabezeile:

Jede Eingabezeile besteht aus Feldern, die durch Leerzeichen (FS) getrennt sind. Die Felder lassen sich mit Hilfe der Variablen $1 (Feld 1) ... $n (Feld n) ansprechen. $0 enthält die gesamte Eingabezeile. In NF wird die Anzahl der Felder pro Zeile hinterlegt. NR enthält die Anzahl der gelesenen Zeilen.

Die Variable FILENAME enthält den Namen der momentan zu verarbeitenden Datei.

Ausgabezeile

- Der Feldtrenner für die Ausgabe OFS ist voreingestellt mit Leerzeichen besetzt.
- Der Zeilentrenner für die Ausgabe ist voreingestellt mit "Newline" besetzt. Das Ausgabeformat für Zahlen OFMT ist auf "%.6g" gestellt.

16.4. Struktur eines awk-Programmes

```
awk 'BEGIN    { ... Startanweisungen ...              }
     [Muster] { ... Aktionen ...                      }
     END      { ... abschließende Anweisungen ... }
   ' [Eingabedatei(en)]
```

Die mit BEGIN { ... } gekennzeichneten Anweisungen werden bei Start des awk-Programmes einmalig ausgeführt. Anschließend tastet awk die vorgegebene Eingabedatei Zeile für Zeile ab und sucht nach Zeilen, für die die in Muster angegebene Bedingung erfüllt ist. Für jede dieser Zeilen, bei der die Musterüberprüfung erfolgreich war, wird die zugehörige Aktion ausgeführt. Nach der Verarbeitung aller Zeilen werden die Anweisungen des END { ... } Blockes einmalig ausgeführt. Die BEGIN { ... } und END { ... } Blöcke können **optional** angegeben werden.

Für die weiteren Beispiele in diesem Kapitel verwenden wir eine Umsatzstatistik mit den Spalten Vertreter-Nr., Ort der Vertretung, Umsatz 1992, Umsatz 1993 und Beteiligung des Vertreters in Prozent. Damit Sie die folgenden Beispiele direkt nachvollziehen können, sollten Sie zunächst eine Datei umsatz mit folgendem Inhalt erstellen:

Datei: umsatz

```
2711    Meier        Hamburg      40000    33000   22
3872    Schulz       Berlin       61000    88450   30
7654    Mayer        Stuttgart    22344    34021   15
8981    Huber        Rosenheim    12445     8763   30
2832    Adam         Hamburg      56090   123456   40
8891    Grantler     Muenchen      9123     6789   23
3456    Mustermann   Berlin       36000    38000   24
```

Auf Basis dieser Datei können Sie bereits Ihre ersten awk-Programme eingeben:

Kurzübersicht awk

```
$ awk '/Hamburg/ { print $2 }' umsatz
Meier
Adam
$ awk '{ print $2 }' umsatz
Meier
Schulz
Mayer
Huber
Adam
Grantler
Mustermann
$ awk '$5<$4 { print $2 }' umsatz
Meier
Huber
Grantler
$
```

Denken Sie daran, das awk-Programm in einfache Anführungszeichen einzuschließen. Nur so ist gewährleistet, daß die Shell alle Sonderzeichen ignoriert und unverändert an das Programm awk übergibt. Was wäre passiert, wenn Sie die voranstehenden Beispiele in doppelte Anführungszeichen "..." eingeschlossen hätten? Richtig - die Shell hätte die Variablen $2, $5 und $4 vor dem Aufruf des awk ersetzt, und es wären die Inhalte der Variablen an den awk übergeben worden.

16.5. Einfache Ausgaben

Mit Hilfe der Funktion print lassen sich einfache Ausgaben produzieren. Beachten Sie, daß das Zeichen $ im Gegensatz zur Shell-Programmierung nicht zur Ersetzung von Variablen notwendig ist. Die Feldvariablen $1 - $n sind definierte Namen für die einzelnen Felder des Satzes. Das Dollarzeichen ist hier Bestandteil des Namens und kein Sonderzeichen zur Ersetzung der Variablen. Dieses wird in den nachfolgenden Beispielen deutlich, wo die awk-Variablen NF oder NR verwendet werden. Sie werden entdecken, daß hier zur Ersetzung kein Dollarzeichen benötigt wird. Dies gilt übrigens auch für selbstdefinierte Variablen, die wir zu einem späteren Zeitpunkt besprechen werden.

Betrachten Sie zunächst folgende Beispiele, bei denen Sie mit Hilfe der print-Funktion einfache Ausgaben erstellen können:

Einfache Ausgaben

Jede Zeile unverändert ausgeben

```
$ awk '{ print $0 }' umsatz                         $0 kann entfallen
2711   Meier        Hamburg     40000    33000    22
3872   Schulz       Berlin      61000    88450    30
7654   Mayer        Stuttgart   22344    34021    15
8981   Huber        Rosenheim   12445     8763    30
2832   Adam         Hamburg     56090   123456    40
8891   Grantler     Muenchen     9123     6789    23
3456   Mustermann   Berlin      36000    38000    24
```

Bestimmte Felder ausgeben

```
$ awk '{ print $1, $2, $6 }' umsatz
2711 Meier 22
3872 Schulz 30
7654 Mayer 15
8981 Huber 30
2832 Adam 40
8891 Grantler 23
3456 Mustermann 24
```

Textkonstanten ausgeben

```
$ awk '$5<$4 { print $2 " hatte 1992 weniger Umsatz als 1993" }'
   umsatz
Meier hatte 1992 weniger Umsatz als 1993
Huber hatte 1992 weniger Umsatz als 1993
Grantler hatte 1992 weniger Umsatz als 1993
```

NF - Die Anzahl von Feldern

```
$ awk '/M[ea][iy]er/ { print NF, $(NF-4) }' umsatz
6 Meier
6 Mayer
```

Die aktuelle Zeilennummer ausgeben

```
$ awk '{ print "Vertreter: ", NR, $2 }' umsatz
Vertreter:  1 Meier
Vertreter:  2 Schulz
Vertreter:  3 Mayer
Vertreter:  4 Huber
Vertreter:  5 Adam
Vertreter:  6 Grantler
Vertreter:  7 Mustermann
$
```

16.6. Formatierte Ausgaben

Mit Hilfe der Funktion `printf` lassen sich formatierte Ausgaben produzieren:

```
printf(format, wert_1, ... , wert_n)
```

Im Gegensatz zu `print` erfolgt kein automatischer Zeilenvorschub am Ende der Zeile. Mit der Angabe der Escape-Sequenz `\n` können an beliebigen Stellen innerhalb von `format` Zeilenvorschübe vorgenommen werden.

format kann enthalten:

- Zeichen (nicht %), welche unverändert ausgegeben werden
- Umwandlungsvorgaben, die sich auf die nachfolgenden Argumente beziehen

Eine Umwandlungsangabe kann sich zusammensetzen aus:

%FWGU

Die Werte in [ ] sind optional:

F= [Formatierungskennzeichen]
  - linksbündige Justierung
W= [Weite] Mindestanzahl der auszugebenden Zeichen
G= [Genauigkeit] .*ganzahl*
  bei Zeichenketten: maximale Anzahl auszugebender Zeichen
  bei Zahlen: die auszugebenden Nachkommastellen
U= Umwandlungszeichen
  c   ASCII-Zeichen
  d   vorzeichenbehaftete ganze Zahl
  f   Gleitpunktzahl in der Form: [-]ddd.dddddd
  s   String
  x   vorzeichenlose Hexadezimalzahl

Dazu einige Beispiele:

```
$ awk '/Hamburg/ { printf("%-20s: %8.2f\n", $2, $5-$4) }' umsatz
Meier               : -7000.00
Adam                : 67366.00

$ awk '/Hamburg/ { printf("%-20s: %8d\n", $2, $5-$4) }' umsatz
Meier               :    -7000
Adam                :    67366
```

```
$ awk '/Hamburg/ { printf("%20s: %8.2f\n", $2, $5-$4) }' umsatz
            Meier:  -7000.00
             Adam:  67366.00

$ awk '/Hamburg/ { printf("%s: %8.2f\n", $2, $5-$4) }' umsatz
Meier: -7000.00
Adam: 67366.00
```

16.7. BEGIN und END

BEGIN { ... Anweisungen ... }   Ausführung einmalig vor Verarbeitung der
                                 ersten Eingabezeile

END   { ... Anweisungen ... }   Wird ausgeführt, nachdem die letzte
                                 Ausgabezeile verarbeitet wurde

Die folgende Shell-Prozedur zeigt die Umsatzbeteiligung aller Vertreter:

```
#
# @(#) vtab 1.0 Alle Vertreter in einer Tabelle anzeigen
#
sort +1 umsatz |
awk 'BEGIN { printf("%-17s | %25s\n", "Vertreter",
                                     "Umsatzbeteiligung 1993")
             print("-------------------------------------------")
           }

           # Jede Zeile verarbeiten
           { printf("%-17s | %25.2f\n", $2, $6*$5/100) }

      END  { print("-------------------------------------------")
             printf("Anzahl Vertreter: %3d\n", NR)
           }
```

```
$ vtab
Vertreter         |     Umsatzbeteiligung 1993
-------------------------------------------
Adam              |                   49382.40
Grantler          |                    1561.47
Huber             |                    2628.90
Mayer             |                    5103.15
Meier             |                    7260.00
Mustermann        |                    9120.00
Schulz            |                   26535.00
-------------------------------------------
Anzahl Vertreter:   7
```

Kurzübersicht awk

16.8. Aufrufsyntax

```
a) awk 'Programm'           [Eingabedatei(en)]
b) awk -f Programmdatei     [Eingabedatei(en)]
```

Die Aufrufvariante a) wurde bereits vorgestellt. Hier folgt dem `awk`-Aufruf gleich ein Programm, das in einfache Anführungszeichen eingeschlossen wird. Alternativ kann das `awk`-Programm auch in einer Datei hinterlegt werden, die beim Aufruf von `awk` mit der Option `-f` spezifiziert wird. Die Eingabedatei kann im Anschluß an diesen Aufruf angegeben werden. Bei fehlender Eingabedatei liest `awk` von der Standardeingabe.

```
#
# @(#) vtab 1.1 Alle Vertreter in einer Tabelle anzeigen
#
BEGIN { printf("%-17s | %25s\n", "Vertreter",
                                  "Umsatzbeteiligung 1993")
        print("-----------------------------------------------")
      }

        # Jede Zeile verarbeiten
        { printf("%-17s | %25.2f\n", $2, $6*$5/100) }

END   { print("-----------------------------------------------")
        printf("Anzahl Vertreter: %3d\n", NR)
      }
```

```
$ awk -f vtab umsatz
```

Der Kommandointerpreter `awk` kann auch durch den speziellen Kommentar `#!` (in der ersten Zeile) eingestellt werden:

```
#!/bin/awk -f
#
# @(#) vtab 1.2 Alle Vertreter in einer Tabelle anzeigen
#
BEGIN { printf("%-17s | %25s\n", "Vertreter",
                                  "Umsatzbeteiligung 1993")
        print("-----------------------------------------------")
      }

        # Jede Zeile verarbeiten
        { printf("%-17s | %25.2f\n", $2, $6*$5/100) }

END   { print("-----------------------------------------------")
        printf("Anzahl Vertreter: %3d\n", NR)
      }
```

```
$ vtab umsatz
$ sort +1 umsatz | vtab
```

16.9. Eigene Variablen verwenden

Es ist möglich, eigene Variablen in einem awk-Programm zu verwenden. Diese müssen im Gegensatz zu höheren Programmiersprachen nicht deklariert werden. Sie werden bei ihrem ersten Auftauchen automatisch angelegt:

```
#
# @(#) vtab 1.3 Alle Vertreter in einer Tabelle anzeigen
#

sort +1 umsatz |
awk 'BEGIN  { summe=0
              profit=0
              printf("%-17s | %25s\n", "Vertreter",
                                      "Umsatzbeteiligung 1993")
              print("-------------------------------------------")
            }

            # Jede Zeile verarbeiten
            { profit=$6*$5/100
              printf("%-17s | %25.2f\n", $2, profit)
              summe+=profit }

      END   { print("-------------------------------------------")
              printf("Summe:%39.2f\n", summe)
            }
```

```
$ vtab
Vertreter         |    Umsatzbeteiligung 1993
-------------------------------------------
Adam              |                 49382.40
Grantler          |                  1561.47
Huber             |                  2628.90
Mayer             |                  5103.15
Meier             |                  7260.00
Mustermann        |                  9120.00
Schulz            |                 26535.00
-------------------------------------------
Summe:                              101590.92
$
```

16.10. Arithmetik und Vergleiche

Arithmetik:	+ - * / %
Vergleiche:	< <= == != >= >
wie C:	++ -- += -= *= /= %=
logische Verknüpfungen:	|| && !

16.11. Kontrollstrukturen und Befehle

- **if** (Bedingung) Anweisung [else Anweisung]
- **while** (Bedingung) Anweisung
- **for** (Ausdruck; Bedingung; Ausdruck) Anweisung
- **for** (Variable in Array) Anweisung
- **break**
- **continue**
- **Variable = Ausdruck**
- **print**
- **printf**
- **next** # nächste Zeile lesen
- **exit** # Rest der Eingabe überlesen

Beispiel `for-Schleife`:

```
#
# @(#) reverse 1.0 Satz umgekehrt ausgeben
#

awk '{ for (i=NF; i>=1; i--) printf("%s ", $i)
       printf("\n")
     }'
```

```
$ echo "UNIX macht Spaß" | reverse
Spaß macht UNIX
$
```

Beispiel `if-Anweisung`:

```
#
# umsatz 1.0 Umsatzsteigerung/Rückgang anzeigen
#

awk '{ if( $5 > $4 )
           printf("Der Vertreter %s hatte eine Umsatzsteigerung\n",$2)
       else
           printf("Der Vertreter %s hatte einen Umsatzrückgang\n",$2)

     }' umsatz
```

16.12. Muster

Mit einem Muster können bestimmte Zeilen in einem awk-Programm adressiert werden:

`/muster/`	`muster` kann reguläre Ausdrücke enthalten
`feld ~ /muster/`	Überprüft, ob `feld` in `muster` enthalten ist
`feld !~ /muster/`	Überprüft, ob `feld` nicht in `muster` enthalten ist
`< <= > >= == !=`	Vergleich von Zahlen und Zeichenketten

Die Kombination von Mustern kann mit den logischen Operatoren

- `&&` Und
- `||` Oder
- `!` Nicht

durchgeführt werden.

Beispiele:

```
$ awk '/M[ae][yi]er/ { print $1, $2, $3 }' umsatz
2711 Meier Hamburg
7654 Mayer Stuttgart
$

$ awk '$6 ~ /3./ { print $2, $6 }' umsatz
Schulz 30
Huber 30
$

$ awk '$5 > $4 { print $2,"gewinnt",$5-$4 }' umsatz
Schulz gewinnt 27450
Mayer gewinnt 11677
Adam gewinnt 67366
Mustermann gewinnt 2000
$

$ awk '$5 < $4 { print $2,"verliert",$5-$4 }' umsatz
Meier verliert -7000
Huber verliert -3682
Grantler verliert -2334
$

$ awk '$5 > $4 && $3 ~ /Berlin/ { print $2,"gewinnt",$5-$4,"in Berlin" }' umsatz
Schulz gewinnt 27450 in Berlin
Mustermann gewinnt 2000 in Berlin
$
```

16.13. Arrays

Strings und Zahlen können in einem eindimensionalen Array gespeichert werden. Arrays müssen weder explizit deklariert werden, noch muß ihre Größe im voraus angegeben werden.

Array[index]=**Wert**

```
#!/bin/awk -f
#
# @(#) shell 1.0 Bourne und Korn-Shell Benutzer ausgeben
#

BEGIN { FS=":" }

        # Alle Benutzer und Startprogramme speichern
        { USER[NR]=$1; START[NR]=$7 }

END     {
        print "Korn-Shell Benutzer"
        print "--------------------"
        for(i=NR; i>=1; i--)
            if( START[i] ~ /\/ksh/ ) print USER[i]

        print "Bourne-Shell Benutzer"
        print "--------------------"
        for(i=NR; i>=1; i--)
            if( START[i] ~ /\/sh/ ) print USER[i]
        }
```

```
$ shell /etc/passwd
Korn-Shell Benutzer
--------------------
team00
team01
team02
team03
...
Bourne-Shell Benutzer
--------------------
lp
root
peter
...
$
```

16.14. Eingebaute Funktionen

Arithmetische Funktionen

`atan2(x,y)`	Arcustangens von y/x
`cos(x)`	Cosinus von x (x im Bogenmaß)
`exp`	Exponent zur Basis e
`int`	ganzzahlige Basis
`log`	natürlicher Logarithmus
`rand()`	Zufallszahl
`sin(x)`	Sinus von x (x im Bogenmaß)
`sqrt`	Quadratwurzel

String-Funktionen

`gsub(r,s)`	Ersetzt überall in `$0` das Muster `r` durch den String `s`; liefert die Anzahl der Ersetzungen
`gsub(t,r,s)`	Ersetzt überall im String `t` das Muster `r` durch den String `s`; liefert die Anzahl der Ersetzungen
`index(s, t)`	Die Position des ersten Auftretens der Zeichenkette `t` in `s`, andernfalls 0
`length(s)`	Die Länge des Zeichenkettenargumentes
`length`	Die Länge der momentanen Zeile
`split(s,a)`	Zerlegt `s` entsprechend den Trennzeichen in `FS` in einzelne Felder und legt diese Felder im Array `a` ab; liefert die Anzahl der Felder
`sprintf (fmt, expr ...)`	Formatierung wie bei `printf`. Die Zeichenkette wird zurückgegeben
`substr(s,p)`	Liefert ab Position `p` den Rest von String `s`
`substr(s,p,n)`	Liefert ab Position `p` `n` Zeichen von String `s`
`tolower(s)`	Liefert Zeichenkette `s`, wobei Großbuchstaben durch Kleinbuchstaben ersetzt werden
`toupper(s)`	Liefert Zeichenkette `s`, wobei Kleinbuchstaben durch Großbuchstaben ersetzt werden

16.15. Eingebaute Variablen

FILENAME	Name der aktuellen Eingabedatei
FNR	Anzahl der gelesenen Eingabedateien
FS	Trennzeichen für Eingabfelder
NF	Anzahl der Felder in der momentanen Eingabezeile
NR	Anzahl der bisher gelesenen Eingabezeilen
OFMT	Ausgabeformat für Zahlen ("%.6g")
OFS	Trennzeichen für Ausgabezeilen
RS	Trennzeichen für Eingabezeilen ("\n")

16.16. Feldvariablen

$0	Gesamte Eingabezeile
$1 - $n	Feld_1 bis Feld_n der Eingabezeile

Als Abschluß zu dieser Kurzübersicht finden Sie auf den folgenden Seiten einige Übungen, die Ihnen bei der Vertiefung des vorgestellten Stoffes ein wenig behilflich sein sollen.

16.17. Übungen

16.1.1

Schreiben Sie ein awk-Programm, das alle Vertreter und deren Umsatz 1993 untereinander in folgender Form auflistet (vor jedem Satz soll die aktuelle Satznummer erscheinen):

```
1 Meier: 33000
2 Schulz: 88450
...
```

16.1.2

Schreiben Sie ein awk-Programm, das für jede Zeile der Datei umsatz folgende Auswertung am Bildschirm liefert:

```
Vertreter Meier aus Hamburg hatte 1993 einen Umsatz von: 33000
...
```

16.1.3

Verändern Sie Übung 16.1.2 so, daß nur alle Vertreter aus Hamburg angezeigt werden.

16.1.4

Schreiben Sie eine Prozedur umsatz.1, die mit Hilfe des awk folgende Auswertung liefert:
a)   Die Ausgabe erfolgt sortiert nach dem Nachnamen
b)   Die Ausgabe erfolgt 3-spaltig
      Spalte 1: Nachname 20 Stellen, linksbündig
      Spalte 2: Umsatz 1992, rechtsbündig, 12 Stellen (2 Nachkommastellen)
      Spalte 3: Umsatz 1993, rechtsbündig, 12 Stellen (2 Nachkommastellen)

```
| Adam              |     56090.00 |    123456.00 |
| Grantler          |      9123.00 |      6789.00 |
| Huber             |     12445.00 |      8763.00 |
| Mayer             |     22344.00 |     34021.00 |
| Meier             |     40000.00 |     33000.00 |
| Mustermann        |     36000.00 |     38000.00 |
| Schulz            |     61000.00 |     88450.00 |
```

16.1.5

Die Tabelle aus Übung 16.1.4 soll zusätzlich folgende Kopf- und Fußzeile erhalten:

```
-----------------------------------------------------
| Vertreter         | Umsatz 1992 | Umsatz 1993 |
-----------------------------------------------------
| Adam              |    56090.00 |   123456.00 |
| Grantler          |     9123.00 |     6789.00 |
| Huber             |    12445.00 |     8763.00 |
| Mayer             |    22344.00 |    34021.00 |
| Meier             |    40000.00 |    33000.00 |
| Mustermann        |    36000.00 |    38000.00 |
| Schulz            |    61000.00 |    88450.00 |
-----------------------------------------------------
```

16.1.6

Die Tabelle aus Übung 16.1.5 soll folgendermaßen erweitert werden:

- Es wird eine weitere Fußzeile ausgegeben, die jeweils den Umsatz 1992 und 1993 in einer Summe zusammenfaßt.
- Alle Vertreter mit einer Umsatzsteigerung in 1993 werden mit einem Stern (*) vor dem Namen gekennzeichnet.
- Die Tabelle erhält am Ende eine Legende (* Umsatzsteigerung gegenüber 1992)

```
-----------------------------------------------------
| Vertreter         | Umsatz 1992 | Umsatz 1993 |
-----------------------------------------------------
| *Adam             |    56090.00 |   123456.00 |
|  Grantler         |     9123.00 |     6789.00 |
|  Huber            |    12445.00 |     8763.00 |
| *Mayer            |    22344.00 |    34021.00 |
|  Meier            |    40000.00 |    33000.00 |
| *Mustermann       |    36000.00 |    38000.00 |
| *Schulz           |    61000.00 |    88450.00 |
-----------------------------------------------------
| Summe (in DM):    |   237002.00 |   332479.00 |
-----------------------------------------------------
* Umsatzsteigerung gegenueber 1992
```

16.18. Lösungen

16.1.1

```
awk '{ print NR,$2":",$5 }' umsatz
```

16.1.2

```
awk '{ print "Vertreter",$2,"aus",$3,"hatte 1993 einen Umsatz von:",$5 }' umsatz
```

16.1.3

```
awk '/Hamburg/ \
     { print "Vertreter",$2,"aus",$3,"hatte 1993 einen Umsatz von:",$5 }' umsatz
```

16.1.4

```
#
# @(#) umsatz.1 Umsatzuebersicht 1992,1993
#

sort +1 umsatz |
awk '{ printf("| %-20s | %12.2f | %12.2f |\n",$2,$4,$5) }'
```

16.1.5

```
#
# @(#) umsatz.2 Umsatzuebersicht 1992,1993
#

sort +1 umsatz |
awk 'BEGIN {
 printf("-------------------------------------------------------\n")
 printf("| %-20s | %12s | %12s |\n","Vertreter",
        "Umsatz 1992","Umsatz 1993")
 printf("-------------------------------------------------------\n")
 }

 { printf("| %-20s | %12.2f | %12.2f |\n",$2,$4,$5) }

 END {
 printf("-------------------------------------------------------\n")
 }'
```

16.1.6

```
#
# @(#) umsatz.3 Umsatzuebersicht 1992,1993
#

sort +1 umsatz |
awk 'BEGIN {
 printf("-------------------------------------------------------\n")
 printf("| %-20s | %12s | %12s |\n","Vertreter",
        "Umsatz 1992","Umsatz 1993")
 printf("-------------------------------------------------------\n")
 summe92=0
 summe93=0
}

{ if( $5 > $4 )
      marker="*"
  else
      marker=" "

  printf("| %s%-19s | %12.2f | %12.2f |\n",marker,$2,$4,$5)
  summe92+=$4
  summe93+=$5
}

END {
 printf("-------------------------------------------------------\n")
 printf("| %-20s | %12.2f | %12.2f |\n","Summe (in DM):",summe92,
        summe93)
 printf("-------------------------------------------------------\n")
 print "* Umsatzsteigerung gegenueber 1992"
}'
```

17. Kurzübersicht sed

17.1. Kapitelübersicht

Dieses Kapitel dient als Ergänzung zu dem vorangegangenen Thema "Korn-Shell-Programmierung". Es beschreibt den Stream-Editor **sed**. Dieser nicht-interaktive zeilenorientierte Editor wurde vom UNIX-Texteditor **ed** abgeleitet. Im einzelnen werden folgende Themen behandelt:

- Struktur eines sed-Programmes
- Editieranweisungen
- Adressierung von Zeilen
- sed-Funktionen
- Beispiele

17.2. Einleitung

Im Gegensatz zu den Editoren ed, vi und ex arbeitet sed (stream **ed**itor) nicht interaktiv. Anstatt die Editieranweisungen von der Tastatur zu lesen, werden diese von der Kommandozeile oder einer Skriptdatei erwartet. Die veränderten Zeilen werden vom sed auf die Standardausgabe geschrieben, so daß die Originaldatei zunächst unverändert bleibt.

sed wird in der Praxis hauptsächlich zur Manipulation von Dateien genutzt. Durch den Einsatz von sed-Skripten lassen sich somit wiederkehrende Textänderungen bequem und schnell ausführen.

17.3. Struktur eines sed-Programmes

```
sed [-n] [-e] 'skript' [-f skript_datei]'
    [Eingabedatei(en)]
-e  '...Editieranweisungen'
    Falls -f nicht angegeben wird, kann die Option -e vor den
    Editieranweisungen entfallen
-f  Datei (Befehle werden aus der Datei gelesen)
-n  Es werden nur die Zeilen ausgegeben, die explizit mittels einer
    Ausgabeanweisung auf die Standardausgabe geschrieben werden
```

17.4. Editieranweisungen

Die allgemeine Form einer sed-Editieranweisung lautet:

[adresse1 [,adresse2]] **funktion** [argumente]

Nachfolgend werden die Themen Adressierung und Funktionen genauer erläutert.

17.5. Adressen

ganze Zahl n	adressiert die Zeile n
$	adressiert die letzte Zeile
/regulärer Ausdruck/	adressiert Zeilen, die eine Zeichenkette beinhalten, die durch den regulären Ausdruck bestimmt ist. Die Metazeichen von regulären Ausdrücken sind: \ ^ $. [ ] *

Beispiele:

Die hier verwendete Funktion p gibt eine Zeile am Bildschirm aus.

```
$ cat adressen                      So sieht die Datei adressen aus
Meier
Schulz
Huber
Mayer
Mustermann
Meyer
Habicht
$
$ sed -n 'p' adressen               Alle Zeilen ausgeben
Meier
Schulz
Huber
Mayer
Mustermann
Meyer
Habicht
$ sed -n '1,3p' adressen            Zeile 1 bis 3 ausgeben
Meier
Schulz
Huber
$ sed -n '5,$p' adressen            Zeile 5 bis Dateiende ausgeben
Mustermann
Meyer
Habicht
$ sed -n '3p' adressen              Zeile 3 ausgeben
Huber
$ sed -n '/M[ea][iy]er/p' adressen  Verschiedene Schreibweisen von Meier
Meier                               ausgeben
Mayer
Meyer
$ sed -n '/t$/p' adressen           Alle Zeilen ausgeben, die mit t enden
Habicht
$ sed -n '/^......$/p' adressen     Alle Zeilen ausgeben, die 6 Zeichen
Schulz                              beinhalten
$
```

17.6. Funktionen

Funktion: Anhängen (a)

```
a\ (append lines)              Zeilen anhängen
text
```

Der *text* wird nach der aktuellen Eingabezeile auf die Standardausgabe geschrieben. Der *text* muß in einer neuen Zeile beginnen, wobei das Neue-Zeile-Zeichen mit \ maskiert werden muß.

```
$ cat adressen
Meier
Schulz
Huber
Mayer
Mustermann
Meyer
Habicht
$

$ cat sed.1
sed '/M[ae][iy]er/a\
---------------------' adressen
$

$ sed.1
Meier
---------------------
Schulz
Huber
Mayer
---------------------
Mustermann
Meyer
---------------------
Habicht
$

$ cat sed.2
who | sed 'a\
-------------------------------------'
$

$ sed.2
team00      tty1        Sep 12 10:54
-------------------------------------
team01      tty2        Sep 12 11:53
-------------------------------------
team02      tty3        Sep 12 10:10
-------------------------------------
$
```

Funktion: Einfügen (i)

```
i\   (insert lines)                    Zeilen einfügen
text
```

Der *text* wird vor der aktuellen Eingabezeile auf die Standardausgabe geschrieben. Der *text* muß in einer neuen Zeile beginnen, wobei das Neue-Zeile-Zeichen mit \ maskiert werden muß.

```
$ cat sed.3
sed '/M[ae][iy]er/i\
--> Diese Zeile wurde vorher eingefügt' adressen
$
$ sed.3
--> Diese Zeile wurde vorher eingefügt
Meier
Schulz
Huber
--> Diese Zeile wurde vorher eingefügt
Mayer
Mustermann
--> Diese Zeile wurde vorher eingefügt
Meyer
Habicht
$
$ cat sed.4
sed '/Huber/i\
-----------------------------\
      /Huber/a\
-----------------------------' adressen
$
$ sed.4
Meier
Schulz
-----------------------------
Huber
-----------------------------
Mayer
Mayer
Mustermann
Meyer
Habicht
$
```

Funktion: Ersetzen (c)

```
c\ (change lines)                    Zeilen ersetzen
text
```

Der Inhalt des Eingabepuffers (gesamte Zeile) wird durch `text` ersetzt. Der `text` muß in einer neuen Zeile beginnen, wobei das Neue-Zeile-Zeichen mit \ maskiert werden muß.

```
$ cat sed.5
sed '
/Mayer/c\
Mayr
/Huber/c\
Hubermann
' adressen
$

$ sed.5
Meier
Schulz
Hubermann
Mayr
Mustermann
Meyer
Habicht
$
```

Funktion: Löschen (d)

```
d (delete lines)                     Zeilen löschen
```

Der Inhalt des Eingabepuffers wird gelöscht.

```
$ sed '/M[ae][iy]er/d' adressen
Schulz
Huber
Mustermann
Habicht
$ sed '1,4d' adressen
Mustermann
Meyer
Habicht
$
```

Funktion: Drucken (p)

`p (print)`	Zeilen anzeigen

Der Eingabepuffer wird auf die Standardausgabe geschrieben.

```
$ sed -n '1,3p' adressen
Meier
Schulz
Huber
$
```

Funktion: Ersetzen (s)

`s/`*regulärer Ausdruck*`/`*text*`/[`**flags**`]` **(substitute)**

flags	**g**	Ersetze den Ausdruck in der gesamten Zeile
	w *datei*	Falls eine Ersetzung stattfand, wird die veränderte Zeile an das Ende der Datei *datei* geschrieben

Im Eingabepuffer werden die Zeichenketten, die durch den regulären Ausdruck abgedeckt sind, gegen `text` ersetzt, und die Zeile wird auf die Standardausgabe geschrieben.

```
$ sed 's/M[ae]yer/Mayer/' adressen
Meier
Schulz
Huber
Mayer
Mustermann
Mayer
Habicht
$

$ sed 's/^/        /' adressen
        Meier
        Schulz
        Huber
        Mayer
        Mustermann
        Mayer
        Habicht
$
```

Funktion: Speichern (w)

| w *datei* (write file) | Zeilen speichern |

Es wird der Eingabepuffer an das Ende der Datei *datei* geschrieben.

```
$ sed -n '/M[ae][iy]er/w meier.dat' adressen
$

$ cat meier.dat
Meier
Mayer
Meyer
$

$ sed -n '4,5w dat1' adressen
$

$ cat dat1
Mayer
Mustermann
$

$ cat sed.6
sed -n '/^M/w m.dat
        /^H/w h.dat
        /^S/w s.dat
' adressen
$

$ sed.6
$ ls ?.dat
h.dat   m.dat   s.dat
$

$ cat h.dat
Huber
Habicht
$

$ cat m.dat
Meier
Mayer
Mustermann
Meyer
$

$ cat s.dat
Schulz
$
```

17.7. Beispiele

Erweitertes Directory-Listing:

Die Prozedur `dir` nutzt den `sed`, um die Kurzbezeichnung für die Dateiart, die vom Befehl `ls` in der ersten Spalte angezeigt wird, in eine ausführliche Form umzuwandeln:

```
#
# @(#) dir V1.0 Erweitertes Directory-Listing
#
# Aufruf: dir [Verzeichnis]
#
ls -l $@ | sed 's/^d/<DIRECTORY> /
               s/^-/<REG.FILE>  /
               s/^l/<SYMBLINK>  /
               s/^c/<CHAR-DEV>  /
               s/^b/<BLOCK-DEV> /'
```

```
$ dir /
total 9349
<DIRECTORY> rwxr-xr-x   ...    512 Apr 26 08:50 CDROM
<DIRECTORY> rwxr-xr-x   ...    512 Apr 26 14:49 KMS_trees
<REG.FILE>  rw-r--r--   ...    788 Aug 29 19:36 TREE.make
<SYMBLINK>  rwxr-xr-x   ...      7 Apr 25 16:11 bin->/usr/bin
<SYMBLINK>  rwxr-xr-x   ...      5 Apr 26 10:43 debug->/home/debug
<DIRECTORY> rwxr-xr-x   ...    512 Apr 25 17:06 lib
<DIRECTORY> rwx------   ...    512 Apr 25 15:35 mnt
<REG.FILE>  rw-r--r--   ...      0 Apr 27 14:40 nohup.out
<DIRECTORY> rwxr-xr-x   ...    512 Apr 25 16:12 opt.org
<DIRECTORY> r-xr-xr-x   ...   6432 Sep 12 18:56 proc
<DIRECTORY> rwxrwxr-x   ...    512 Sep 12 10:53 usr
<SYMBLINK>  rwxr-xr-x   ...      8 Apr 26 10:43 var->/usr/var
...
$
```

Kurzübersicht sed

Verzeichnisbaum anzeigen:

Die aufbereitete Ausgabe eines Verzeichnisbaumes läßt sich mit Hilfe des `sed` schnell und elegant durchführen:

```
#
# @(#) tree V1.0 Verzeichnisbaum ausgeben
#
# Aufruf: tree Verzeichnis
#
(( $# < 1 )) && { echo "Aufruf: $0 Pfad1 Pfad2 ..." >&2; exit 1; }

find $@ -print 2>/dev/null |
    sed -e 's/[^\/]*\//|------/g' -e 's/------|/          |/g'
```

```
$ tree /usr
|------usr
|       |------lost+found
|       |------var
|       |       |------inst
|       |       |       |------hist.delta
|       |       |       |------4Dwm
|       |       |       |------help
|       |       |       |------DeltaBase
|       |       |       |------WorkShop
|       |       |------adm
|       |       |       |------crash
|       |       |       |       |------README
|       |       |       |       |------orgdcron
...
$
```

18. Übersicht

Abschließend werden noch einmal die in diesem Buch behandelten Kommandos alphabetisch sortiert wiedergegeben. Außerdem finden Sie bei jedem Kommando die Nummer des Kapitels, in dem es behandelt wird. Wichtige Befehle, die bereits im ersten Band[4] besprochen wurden, sind der Vollständigkeit halber nochmals aufgeführt. Diese Kommandos enthalten keinen Bezug auf eine Kapitelnummer. Da sich die Kommandos der Bourne- und Korn-Shell teilweise voneinander unterscheiden, finden Sie zusätzlich einen Hinweis auf den Gültigkeitsbereich der Anweisung. Dabei wurde folgende Kennzeichnung gewählt:

Kommando ist nur der Korn-Shell bekannt: ksh
Kommando ist der Bourne- und Korn-Shell bekannt: sh ksh

Die Liste der Kommandos ist bei weitem nicht umfassend. Es wird empfohlen, ergänzend die Systemmanuale oder den ersten Band der Reihe einzusehen. Sie können sich dort einen Überblick über die Menge der Funktionen, die UNIX insgesamt zur Verfügung stellt, verschaffen. Wagen Sie also durchaus auch einen Griff ins Regal, in dem die Systemmanuale stehen. Auch dazu Anreize zu liefern, war Ziel dieses Buches.

---

[4] D. Harig: UNIX ... im Alleingang. 1993, Springer, Berlin, Heidelberg

18.1. Kommandos

B

break   Beenden einer for, while oder until-Schleife   **(Kap. 10)**

break   [n]   `sh ksh`

C

case   Einen Wert mit einer Liste von Mustern vergleichen   **(Kap. 9)**

```
case Wert in
    Muster 1)    Kommando 1
                 ...
                 Kommando n ;;
    Muster 2)    Kommando 1
                 ...
                 Kommando n ;;
    ...weitere Muster...
    Muster n)    Kommando 1
                 ...
                 Kommando n ;;
esac
```
`sh ksh`

In den Mustern einer `case`-Anweisung sind alle Wildcard-Zeichen erlaubt, die Sie von der Dateinamensubstitution kennen. Übrigens - der Bourne-Shell sind nur die ersten vier Muster der Tabelle bekannt, während die Korn-Shell alle aufgeführten Muster verarbeiten kann.

`*`	Eine beliebige Zeichenkette
`?`	Ein beliebiges Zeichen
`[zeichen]`	Ein beliebiges Zeichen aus der Menge
`[!zeichen]`	Ein beliebiges Zeichen, daß in der Menge nicht vorkommt
`?(muster)`	Null- oder einmaliges Auftreten von muster
`@(muster)`	Einmaliges Auftreten von muster
`*(muster)`	Null- oder mehrmaliges Auftreten von muster
`+(muster)`	Ein- oder mehrmaliges Auftreten von muster
`!(muster)`	Alle Zeichenketten, die nicht muster enthalten

In der Auswahlliste der `case`-Anweisung können Sie mehrere Muster zur Auswahl stellen und durch eine ODER (|) Verbindung miteinander verknüpfen.

Es wird eine Übereinstimmung erkannt, wenn eines der Muster zutrifft. Die allgemeine Schreibweise lautet:

```
case Wert in

     muster 1a | muster 1b | muster 1c ...)
     Kommando 1
     ...
     Kommando n ;;

     muster 2a | muster 2b | muster 2c ...)
     Kommando 1
     ...
     Kommando n ;;
            ...
     muster na | muster nb | muster nc ...)
     Kommando 1
     ...
     Kommando n ;;

esac
```

compress   Compress files (Dateien komprimieren)

        (siehe auch `uncompress`)

`compress [-v] file(s)`
`-v`   gibt die Komprimierung in Prozent aus
`Datei(en)`   zu komprimierende Dateien (dem ursprünglichen Dateinamen wird ".Z" angehängt.)

Das Kommando steht unter älteren Systemversionen nicht zur Verfügung. Dort muß `pack` verwendet werden.

Beispiel: `compress layout.doc`

continue   Restliche Befehle einer Schleife überspringen   **(Kap. 10)**

`continue`   `sh | ksh`

C

cpio Copy file and archives in and out

Optionen des Eingabemodus
cpio `-i [cdfkmrsStuv] [-E file] [-H hdr]`
`[-I file [-M msg]] [pattern]`

Optionen des Ausgabemodus
cpio `-o [aAcLv] [-H hdr] [-O file -M msg]]`

Optionen des Durchgangsmodus
cpio `-p [adlLmuv] directory`

Die Liste beschreibt die einzelnen Optionen unabhängig vom Modus:

a	Setzt den Zeitstempel des letzten Zugriffes zurück.
A	Hängt Dateien an bestehende Archive an. Die Option ist nur gültig in Verbindung mit -O und nur anwendbar auf Disketten oder Plattenarchive (nicht auf Bänder!).
c	Bewirkt Schreiben der Headerinformation im ASCII-Format.
d	Erlaubt das Erzeugen von Unterdateiverzeichnissen beim Import von Dateien.
`-E file`	Spezifiziert eine Datei `file`, die eine Liste von wiederherzustellenden Dateinamen beinhaltet. Die Datei enthält dabei einen Dateinamen pro Zeile.
f	Schließt die durch `pattern` erfaßten Dateien beim Zurücksichern aus.
`-H hdr`	Zum Einlesen und/oder Schreiben von Fremdformaten (beispielsweise `-H tar` zum Bearbeiten von `tar`-Formaten.
`-I file`	Spezifiziert eine Datei `file`, als Eingabearchiv. Falls `file` eine Gerätedatei (`/dev/fd0135ds18,...`) ist, kann nach komplettem Einlesen der Datenträger gewechselt und (nach RETURN) weitergelesen werden.
`-k`	Bewirkt ein Weiterlesen auch von Datenträgern mit nicht lesbaren Headern. Es werden dann die Dateien mit ordnungsgemäßer Headerinformationen gelesen, die anderen werden übergangen. Ohne die Option bricht `cpio` sofort ab.
`-l`	Gilt nur in Verbindung mit p und bewirkt, daß Dateien wenn möglich, gelinkt statt kopiert werden. Es gelten die Kriterien für Hard Links.
`-L`	Symbolische Links werden aufgelöst, d.h. es werden nicht nur die Linkfiles, sondern auch die gelinkten Dateien kopiert (nur mit -o,-p).
`-m`	Sorgt dafür, daß das Datum der letzten Änderung erhalten bleibt.

`-M msg`	In Verbindung mit `-I` und `-O` kann ein Meldungstext (`msg`) angegeben werden, der bei erforderlichem Wechsel des Mediums (Folgedisketten) ausgegeben wird.
`-O file`	Schreibt die Ausgabe von `cpio` anstatt nach Standardout direkt in die Datei `file`. Für die Ausgabe gilt der bei `-I` beschriebene Sachverhalt analog.
`-r`	Dient zum interaktiven Umbenennen von Dateien im Eingabemodus. Nach jeder aus dem Archiv gelesenen Datei unterbricht das Kommando und verlangt vom Bediener eine der drei folgenden Angaben: <RET> die aktuelle Datei wird übersprungen (also nicht eingelesen) (Punkt) die Datei wird unter gleichem Namen eingelesen <name> die Datei wird unter dem angegebenen Namen `name` eingelesen
`-t`	bewirkt lediglich die Ausgabe eines Inhaltsverzeichnisses
`-u`	Normalerweise werden gleichnamige Dateien, deren Zeitstempel aktueller ist als der der korrespondierenden Archivdatei nicht überschrieben. -u schaltet diese Restriktion aus.
`-v`	Liefert in allen Modi eine Liste der bearbeiteten Dateinamen aus der Standardausgabe.

cut	Cut out fields (Felder ausschneiden)
`cut`	`-clist Datei(en)`
`cut`	`-flist [-dt_char] Datei(en)`
`-c`	Selektion nach Zeichen (character)
`-f`	Selektion nach Feldern (fields)
`list`	Angabe der Felder gemäß: n, m bei einzelnen Feldern (z.B.:`3,7`) n-m bei Bereichen (z.B.: `1-4`) Beide Angaben können auch beliebig gemischt werden
`-d`	definiert den Feldtrenner "`t_char`" (z.B.: `-d:` oder `-d!`)
`Datei(en)`	Name der Datei(en), aus der (denen) Teile selektiert werden sollen

E

echo	Ausgabe von Zeichenketten auf dem Bildschirm
`echo`	`[-n] Zeichenkette 1 ... Zeichenkette n`
`-n`	Die Ausgabe wird nicht mit einem Zeilenwechsel abgeschlossen

E

Der Befehl schreibt die Argumente `Zeichenkette 1` bis `Zeichenkette n` auf die Standardausgabe. Am Ende der Ausgabe wird ein Newline-Zeichen ausgegeben. Ohne Argumente gibt `echo` lediglich ein Leerzeichen aus. Bestimmte Zeichen haben eine Sonderbedeutung:

`\b`	Backspace-Zeichen
`\c`	Die Ausgabe eines Newline-Zeichen wird unterdrückt
`\f`	Seitenwechsel (Formfeed)
`\n`	Neue Zeile (Newline-Zeichen)
`\r`	Return-Zeichen
`\t`	Tabulator-Zeichen
`\\`	Backslash-Zeichen
`\nnn`	ASCII-Zeichen mit dem oktalen Wert `nnn`.
`\007`	Signalton erzeugen

Sie sollten diese Sonderzeichen mit den doppelten Anführungsstrichen umschließen, damit sie von `echo` und nicht von der Shell interpretiert werden.

Beispiel:

```
echo "\007 Fehler in der Prozedur. Bitte Eingabe:\c"
```

egrep   Mustersuche mit erweiterter regulärer Syntax

`egrep`	`[-opt] rex [Datei(en)]`
rex	die zu suchende Zeichenfolge, die gemäß der allgemeinen regulären Syntax definiert ist
Datei(en)	Datei oder Liste von Dateien, in denen der angegebene Ausdruck gesucht werden soll
opt	
-b	gibt für jede Zeile, in der der Ausdruck gefunden wurde, die Nummer des Datenblockes der Datei aus
-c	gibt nur die Nummer der Zeile aus, die den Ausdruck enthält
-i	ignoriert Groß- und Kleinschreibung
-h	unterdrückt die Dateinamen bei der Ausgabe
-l	gibt nur die Namen der Dateien aus, die den Ausdruck enthalten
-n	gibt die Zeilennummer der Datei aus, in denen der Ausdruck vorkommt
-v	liefert alle Zeilen, die den Ausdruck nicht enthalten
-f	**Datei** liest den regulären Ausdruck aus der Datei <Datei>

Die Erweiterungen der regulären Syntax, die von `egrep` akzeptiert werden, sind im wesentlichen:

rex+   prüft auf ein- oder mehrmaliges Vorkommen des regulären Ausdruckes rex

rex?   prüft auf Nichtvorkommen oder auf genau einmaliges Vorkommen des regulären Ausdruckes rgex

rex1|rex2   prüft das Vorkommen des Ausdruckes rex1 oder rex2 (oder beide)

(rex1)rex2   gruppiert den Ausdruck rex1 mit rex2
rex1 ist dabei sinnvollerweise ein kombinierter Ausdruck
(z.B.: (rex1|rex3)rex2)

elif   Mehrfachentscheidung (siehe `if`)   **(Kap. 8)**

eval   Bewerten eines Ausdruckes durch die Shell   **(Kap. 15)**

`eval    Kommandozeile`   `sh` | `ksh`

Mit `Kommandozeile` ist eine gewöhnliche Kommandozeile gemeint, wie Sie sie über die Tastatur eingeben. Schreiben Sie `eval` vor einer Kommandozeile, wird die Befehlsfolge zweimal von der Shell bewertet, bevor sie ausgeführt wird.

exec   Ein-Ausgabe umlenken   **(Kap. 11)**
            Kommando starten   **(Kap. 15)**

`sh` | `ksh`

Mit dem Befehl `exec` können Sie die Ein-Ausgabe für alle Kommandos einer Prozedur umlenken.

Umlenkung der Ausgabe:
`exec    >Ausgabe`
`exec    >>Ausgabe`

Umlenkung der Fehlerausgabe:
`exec    2>Fehler`
`exec    2>>Fehler`

Umlenkung der Eingabe:
`exec    <Eingabe`

Neben der Umlenkung von Daten besitzt der Befehl eine weitere Eigenschaft: Wie der Name `exec` bereits andeutet, können Sie mit Hilfe dieses Kommandos Programme ausführen.

```
exec      Kommando
```

exit　　　Beenden einer Shell-Prozedur　　　　　　　　　　**(Kap. 8)**

```
exit      [n]
```
sh | ksh

Mit dem Befehl `exit` können Sie die Ausführung einer Prozedur sofort beenden. Die Zahl n ist der Exit-Status, der in der Variablen $? hinterlegt wird. Wenn Sie keinen Wert angeben, setzt die Shell den Rückgabewert des Kommandos ein, das vor `exit` ausgeführt wurde.

expr　　　Arithmetische Ausdrücke berechnen　　　　　　**(Kap. 7)**
　　　　　　Zeichenketten bearbeiten　　　　　　　　　　　**(Kap. 13)**

```
expr      Ausdruck
```
sh | ksh

Integerarithmetik (siehe auch `let`)

Der Befehl kennt folgende Operatoren:

+	Addition
-	Subtraktion
*	Multiplikation
\	Division
%	Modulo (Divisionsrest)

Der Befehl kann nur ganzzahlige Werte berechnen. Das Ergebnis wird auf die Standardausgabe ausgegeben:

Zeichenketten bearbeiten

```
expr      "Zeichenkette1" : "Zeichenkette2"
```

Der Inhalt von Zeichenkette 1 wird zeichenweise (von links nach rechts) mit der Zeichenkette 2 verglichen. Sobald eine Unstimmigkeit erkannt wird, bricht der Befehl ab und schreibt den Wert 0 (Vergleich nicht erfolgreich) auf die Standardausgabe. Die zweite Zeichenkette muß zum Teil oder in der ganzen Länge mit der Zeichenkette 1 übereinstimmen, alle anderen Konstellationen führen zu einem Mißerfolg. Der Befehl zählt die übereinstimmenden Zeichen der Zeichenkette 1 und der Zeichenkette 2 und gibt die Anzahl auf dem Bildschirm aus.

Teilzeichenketten ausschneiden

Sie können mit `expr` auch Teilmuster einer Zeichenkette heraustrennen, dabei muß das gewünschte Teilmuster in runde Klammern eingeschlossen und mit \ maskiert werden:

`expr "Zeichenkette" : "Zei\(chen\)kette`

F

find   find files

`find        start -<select> -<action>` (wenn erfolgreich)

`start`	legt den Pfadnamen fest, ab dem gesucht werden soll
`-select`	definiert ein Kriterium, nach dem zu suchen ist
`-action`	bestimmt eine Aktion, die bei erfolgreicher Suche ablaufen soll
Selektion	**Bedeutung**
`name pat`	Dateiname oder "wild card"
`perm msk`	Dateien mit Zugriffsrechten entsprechend der Maske `msk` (`777,640,...`) wie bei Zugriffsrechten erläutert
`size n[c]`	Dateien mit Größe n Blöcke oder nc Zeichen
`atime n`	Dateien auf die vor n Tagen das letzte Mal zugegriffen wurde
`mtime n`	Dateien, die vor n Tagen das letzte Mal geändert wurden
`newer fil`	Dateien, die jünger sind als die Vergleichsdatei `fil`
`links n`	liefert wahr, wenn die fragliche Datei n Links hat
`user name`	Dateien, die dem Benutzer `name` gehören
`depth`	liefert alle Dateien ab dem Startverzeichnis jeweils von unten nach oben, ohne diese Option vom Verzeichnis abwärts (insbesondere für `cpio` nützlich)
`inum n`	liefert alle Namen der Datei mit der Inodenummer n

format   Datenträger formatieren

`format      Gerät`

`Gerät`   Pfadangabe des entsprechenden Gerätes
             z.B. `/dev/rfd196ds18`

for   Die for-Schleife   (Kap. 10)

```
for Var in Wort1 Wort2 Wort3 ... Wortn         sh ksh
do
   Kommando 1
   ...
   Kommando n
done
```

Die for-Schleife führt eine Befehlsfolge für alle Wörter in der angegebenen Liste aus. Die Anzahl der Wörter in der Liste bestimmt, wie oft die Schleife durchlaufen wird. Vor jedem Eintritt in die Schleife wird das jeweils nächste Wort der Liste in die Variable Var übertragen, und die Kommandos des Schleifenkörpers werden ausgeführt. Die Liste kann auf verschiedene Arten erzeugt werden:

Aufrufargumente ($1 bis $n) bearbeiten:

```
for Var                         for Var in "$@"
do                              do
   Kommando 1                      Kommando1
   ...                             ...
   Kommando n                      Kommando n
done                            done
```

Dateien eines Verzeichnisses bearbeiten:

Muster: *, [], ?

```
for Var in Muster
do
   ...
done
```

Ausgaben einer Kommandosubstitution bearbeiten:

```
for Var in `Kommando(s)`
do
   ...
done
```

function   Funktion in der Korn-Shell definieren   (Kap. 15)

```
function name         oder     typeset -f name                  ksh
{                              {
 Kommando 1                     Kommando 1
 ...                            ...
 Kommando n                     Kommando n
 [return n]                     [return n]
}                              }
```

Eine Funktion wird durch `typeset -f` oder `function` eingeleitet. Beide Schlüsselwörter sind zulässig. Bei `name` handelt es sich um den Namen der Funktion, die geschweiften Klammern umschließen die zugehörige Befehlsfolge. Mit dem Befehl `return` (siehe auch `return`) kann die Ausführung einer Funktion vorzeitig beendet werden, ohne die Shell-Prozedur zu verlassen. Funktionen besitzen folgende Eigenschaften:

Aufruf	Beim Aufruf einer Funktion wird keine Subshell gestartet; der Ablauf erfolgt in der aktuellen Shell.
$0	enthält den Funktionsnamen
$1 bis $n	enthält die Aufrufargumente der Prozedur
Signale	Wenn Signale innerhalb einer Funktion mit dem Befehl `trap` abgefangen oder ignoriert werden, setzt die Korn-Shell die Signalbehandlung nach dem Verlassen der Funktion auf den "alten" Wert zurück. Ein in der Korn-Shell gesetzter Exit-trap (Signal 0) wird aktiviert, sobald die Funktion verlassen wird (siehe `trap`).
Variablen	Eine Funktion kann globale und lokale Variablen enthalten. Standardmäßig sind Variablen innerhalb von Funktionen global. Sie gelten damit auch außerhalb der Funktion. Lokale Variablen müssen mit dem Befehl `typeset` vereinbart werden und sind nur innerhalb der Funktion bekannt.
Gültigkeit	Funktionen, die mit dem Befehl `typeset -fx` vereinbart wurden, sind innerhalb von Shell-Prozeduren bekannt. Mit Hilfe der Variablen ENV (siehe Kapitel 15) können Funktionen in Subshells exportiert werden.
Löschen	Mit dem Befehl `unset -f` können Funktionen aus dem Umgebungsbereich der Shell gelöscht werden.

G

grep   siehe egrep

I

if Den Rückgabewert eines Kommandos prüfen **(Kap. 8)**

`sh` `ksh`

```
if Kommando erfolgreich
then
        # JA-Zweig
        Befehle Ja-Zweig
        ...
else
        # NEIN-Zweig
        Befehle Nein-Zweig
        ...
fi
```

Das Fehlen des Nein-Zweiges (`else`) stellt eine besondere Form der `if`-Bedingung dar.

```
if Kommando erfolgreich
then
        # JA-Zweig
        Befehle Ja-Zweig
        ...
fi
```

Bei Verwendung einer Kommandoverkettung durch das Pipe-Symbol ist der Rückgabewert des letzten Kommandos für die `if`-Anweisung entscheidend.

Entscheidend für den Erfolg
↓
```
if  Kommando 1  |  Kommando 2  |  ...  |  Kommando n
then
        # JA-Zweig
        Befehle Ja-Zweig
        ...
else
        # NEIN-Zweig
        Befehle Nein-Zweig
        ...
fi
```

Zum Vergleich komplizierterer Ausdrücke wird `if` häufig in Verbindung mit der Anweisung `test` (siehe auch `test`) eingesetzt:

Sollten Sie mehrere Entscheidungen zu treffen haben, ist es immer ratsam, den `elif-Befehl` zu verwenden.

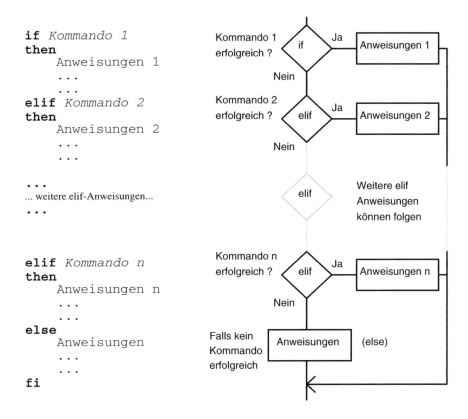

```
if Kommando 1
then
     Anweisungen 1
     ...
     ...
elif Kommando 2
then
     Anweisungen 2
     ...
     ...

...
... weitere elif-Anweisungen...
...

elif Kommando n
then
     Anweisungen n
     ...
     ...
else
     Anweisungen
     ...
     ...
fi
```

Alle Kommandos *Kommando 1* bis *Kommando n* werden in der aufgeführten Reihenfolge abgearbeitet.

Die Befehle: && und ||

Neben der `if`-Konstruktion bietet die Shell zwei weitere bedingte Anweisungen, mit denen Sie den Erfolg von Kommandos überprüfen können. Sie können einen Befehl abhängig davon ausführen lassen, ob der vorangegangene Befehl erfolgreich war oder fehlschlug. Die Operatoren heißen `&&`, das logische UND, sowie `||`, das logische ODER. Sie können die Operatoren folgendermaßen verwenden:

Kommando1 && Kommando2
(Falls `Kommando1` wahr - führe `Kommando2` aus)

Kommando1 || Kommando2
(Falls `Kommando1` falsch - führe `Kommando2` aus)

J

jobs   Liste der aktiven Jobs ausgeben

`jobs`   `[-lp] [job]`   `ksh`

`job`   Zeige Informationen über einen bestimmten Auftrag
`-l`   Die Prozeßnummer wird zusätzlich ausgegeben
`-p`   Zeigt nur die Prozeßnummern an

Der Befehl `jobs` listet alle aktiven Jobs am Bildschirm. Die Anzeige besteht aus einer Auftragsnummer, dem Prozeßstatus sowie dem Namen des Jobs. Ohne Angabe von `job` werden alle Jobs aufgelistet.

```
Beispiel:   $ sleep 60&
            [1]    2305
            $ jobs
            [1] + Running                    sleep 60&
```

Die Auftragsnummer kann bei dem Befehl `kill` verwendet werden, um einen bestimmten Job zu beenden (siehe `kill`).

K

kill   Signal an Prozeß senden

`kill`   `[-l][-signal]PID`   `sh` `ksh`
`-l`   gibt eine Liste der definierten Signale aus (siehe unten)
`-signal`   zu verwendendes Signal (siehe Tabelle unten)
    Wird kein Signal angegeben, wird Signal 15 TERM verwendet.
`PID`   Prozeß-ID des abzubrechenden Prozesses

```
 1) HUP           12) SYS            23) STOP
 2) INT           13) PIPE           24) TSTP
 3) QUIT          14) ALRM           25) CONT
 4) ILL           15) TERM           26) TTIN
 5) TRAP          16) USR1           27) TTOU
 6) IOT           17) USR2           28) VTALRM
 7) EMT           18) CHLD           29) PROF
 8) FPE           19) PWR            30) XCPU
 9) KILL          20) WINCH          31) XFSZ
10) BUS           21) URG
11) SEGV          22) POLL
```

Das Signal kann in Form einer Nummer (z.B. 15) oder als Kürzel (TERM) angegeben werden. Das folgende Beispiel sendet das Signal 2 (INT) an einen Prozeß (Leitungsunterbrechung). Sie können beide Schreibweisen verwenden:

Beispiel: `kill -2 9987`
           `kill -INT 9987`

kill   `[-l][-signal]%Job`   `ksh`

In der Korn-Shell ist zusätzlich die Angabe der Auftragsnummer möglich. Die Liste der aktiven Jobs kann mit dem Befehl `jobs` angezeigt werden.

Beispiel:
```
$ jobs
[1] + Running                          sleep 60&
$ kill -2 %1
$ kill -INT %1
```

L

let   Auswerten arithmetischer Ausdrücke   **(Kap. 7)**

`let   Ausdruck`   `ksh`
`((Ausdruck))`

Der Befehl `let` wertet arithemtische Integerausdrücke aus. Der Befehl kann auch durch Setzen der doppelten runden Klammern geschrieben werden. Eine Anwendung dieses Befehls ist die Berechnung arithemtischer Ausdrücke. Dazu stehen folgende Operatoren zur Verfügung:

Operator	Bedeutung
+	Addieren
-	Subtrahieren
*	Multiplizieren
/	Dividieren
%	Modulo (Divisionsrest)
=	Zuweisung
+=, -=, *=, /=	Zuweisung und Ausführung der Rechenoperation

Vergleichen von ganzen Zahlen

Mit dem Kommando `let` stellt die Korn-Shell einen weiteren Befehl zur Verfügung, mit dem Sie ganze Zahlen numerisch vergleichen können. Das Kommando besitzt folgende Vergleichsoperatoren:

Ausdruck	Ergebnis von let ist wahr Rückgabewert 0, wenn ...
((Zahl1 == Zahl2))	Zahl1 gleich Zahl2 ist
((Zahl1 != Zahl2))	Zahl1 ungleich Zahl2 ist
((Zahl1 <= Zahl2))	Zahl1 kleiner/gleich Zahl1 ist
((Zahl1 >= Zahl2))	Zahl1 größer/gleich Zahl2 ist
((Zahl1 < Zahl2))	Zahl1 kleiner als Zahl2 ist
((Zahl1 > Zahl2))	Zahl1 größer als Zahl2 ist
&&	logische UND Verknüpfung
||	logische ODER Verknüpfung

Tabelle 18.1 Die Operatoren von let

Die Zahlen werden vor dem Vergleich in ein internes numerisches Format umgewandelt. Es wird ein Exit-Status von 0 zurückgegeben, falls der Ausdruck wahr ist. Andernfalls ist der Rückgabewert 1 (falsch).

R

read   Lesen von der Standardeingabe, aus einer Datei   **(Kap. 3)**
oder einer Pipeline

```
read       Variable1 Variable2 ...
read       Variable1 Varibale2 ... <Datei
Kommando | read Variable1 Variable2 ...
```
`sh` `ksh`

- Voreingestellt liest `read` Daten von der Standardeingabe
- Durch Umlenkung kann aus einer Datei oder Pipe gelesen werden
- Jedes Feld, das durch ein Leerzeichen vom nächsten getrennt ist, wird nacheinander den Variablen des Befehls `read` zugewiesen.
- Die Taste `<RETURN>` beendet die Eingabe
- `IFS` bestimmt das Eingabetrenzeichen von `read`
- Stehen mehr Worte in der Eingabe als Variablen in der Liste vorhanden sind, werden die überzähligen Angaben der letzten Variablen zugewiesen.

return   Die Ausführung einer Funktion beenden   **(Kap. 15)**

```
return     [n]
```
`sh` `ksh`

Der Befehl `return` beendet eine Funktion und die Ausführung wird im Hauptprogramm fortgesetzt. Der Wert n ist der Return-Status der Funktion. Er wird bei Rückkehr der Funktion an das Hauptprogramm zurückgegeben. Wenn Sie in einer Funktion den Befehl `return` einfach weglassen, wird automatisch der Rückgabewert des letzten Kommandos zurückgereicht. Die gleiche Wirkung hätte ein Aufruf von `return` ohne weitere Angaben.

S

select   Ein Auswahlmenü anzeigen   **(Kap. 12)**

```
select auswahl in Menüpunkt1  Menüpunkt2 ...          ksh
do
        Kommando 1
        ...
        Kommando n
done
```

Nach Aufruf der `select`-Anweisung wird `Menüpunkt1` bis `Menüpunkt n` auf die Standardfehlerausgabe ausgegeben und jeder Menüpunkt erhält eine fortlaufende Nummer von 1 bis n. Nach Aufruf des Kommandos können Sie anhand der Positionsnummer Ihre Auswahl treffen. `select` verwendet folgende Variablen:

auswahl   Die Variable enthält nach einer Auswahl den Text des Menüpunktes.
PS3   Der Inhalt der Variablen wird von `select` als Prompt ausgegeben
REPLY   Die Variable enthält nach einer Auswahl die Nummer des Menüpunktes.

Sie können das Auswahlmenü nur auf folgende Art beenden:

- Eingabe der Tastenkombination <CTRL-D> beendet das Menü.
- Ausführen der Befehle `exit` oder `break` innerhalb von `do...done` beenden das Menü.

set   Setzen von Shell-Optionen   **(Kap. 2)**
              Setzen der Positionsparameter $1 bis $n   **(Kap. 6)**
              Ausgabe aller definierten Variablen

set   `[[-option][Argumente]]`   sh ksh
              `[[+option][Argumente]]`

Der Befehl aktiviert die durch `option` gesetzten Optionen der Shell. Zusätzlich können mit seiner Hilfe die Positionsparameter `$1` bis `$n` besetzt werden. **set** liefert ohne Zusatzangaben alle momentan definierten Variablen. Die folgende Auflistung gibt eine Übersicht der wichtigsten Optionen der Korn-Shell:

Argumente jede angegebene Zeichenkette wird einer Stellungsvariablen zugeordnet (`$1,...,$n`); als Variablentrennsymbol dient das Leerzeichen

option (Optionen werden mit – gesetzt und mit + aufgehoben)

`--` Alle folgenden Argumente, vor denen ein Minuszeichen steht, werden nicht als Option behandelt

`-a` jede künftig definierte Variable wird exportiert

`-e` beendet die Shell augenblicklich, wenn ein Kommando mit Fehler beendet wird (`$?` ungleich 0)

`-f` verhindert Dateinamenexpansion

`-h` jedes Kommando erhält einen tracked alias

`-m` Hintergundprozesse laufen in einer eigenen Prozeßgruppe. Bei Ende eines Hintergrundprozesses wird eine Meldung ausgegeben.

`-n` verhindert die Ausführung von Kommandos

`-t` beendet die Shell nach Ausführung genau eines Kommandos

`-u` gibt eine Fehlermeldung aus, falls undefinierte Variable angesprochen werden.

`-v` gibt eingegebene Kommandos vor deren Ausführung noch einmal aus (und zwar so, wie eingegeben)

`-x` wie `-v`; die Kommandos werden jedoch so ausgegeben, wie sie ausgeführt werden

`-o` **allexport** wie `-a`
      errexit   wie `-e`
      bgnice   Hintergrundprozesse erhalten geringere Priorität
      ignoreeof Shell wird nur durch Kommando `exit` beendet
      markdirs   Verzeichnisse werden mit / markiert (bei `ls`)
      monitor   wie `-m`
      noclobber verhindert das Überschreiben von Dateien bei umgelenkter Standardausgabe
      noexec   wie `-n`
      noglob   wie `-f`
      nolog   Funktionsdefinitionen werden nicht in der History-Datei gespeichert
      nounset   wie `-u`
      verbose   wie `-v`
      trackall   wie `-h`

vi	setzt den integrierten vi-Editor
xtrace	wie -x

set - Besetzen der Positionsparameter $1 bis $n: (Kap. 6)

Der Befehl `set` überträgt die Argumente seines Aufrufs nacheinander in die Positionsparameter $1 bis $n.

```
set    Arg₁   Arg₂   Arg₃   Arg₄   ...   Argₙ
        ↓      ↓      ↓      ↓            ↓
        $1     $2     $3     $4           $n
```

`$#`	wird mit der Anzahl von Argumenten besetzt
`$*`	enthält alle Positionsparameter in einer Zeichenkette

Die Argumentenliste von `set` wird häufig mit einer Kommandosubstitution erzeugt.

shift   Verschieben der Positionsparameter nach links   (Kap. 3)

`sh` `ksh`

shift `[n]`	
n	Anzahl der zu verschiebenden Positionen

Wenn Sie `shift` ausführen, wird der Inhalt von $2 nach $1 übertragen, was sich vorher in $3 befand, ist dann in $2 usw. Der Wert des ersten Positionsparameters geht dabei unwiederbringlich verloren. Die Variable $# (Anzahl der Argumente) wird zusätzlich nach jedem Aufruf von `shift` um 1 verringert. Sie können die Posititionsparameter auch um mehr als eine Stelle verschieben, indem Sie die Anzahl im Anschluß an das Kommando angeben.

T

tar   Tape file archiver (Archivierung)

`tar`	`[-opts] [-f] Gerät Datei(en)`
`-c`	Schreiboption: ein Datenträger wird neu angelegt, das heißt, eventuell bereits auf dem Datenträger befindliche Information wird überschrieben
`-r`	Schreiboption: es wird an den Inhalt eines Datenträgers angeknüpft und ab dem freien Platz weiter geschrieben, vorhandene Information bleibt also erhalten

`-u`	es werden nur Dateien, die noch nicht auf dem Datenträger existieren, oder solche mit aktuellerem Zeitstempel archiviert (impliziert `r`)
`-x`	Leseoption: die unter `Datei(en)` spezifizierte Datenmenge wird vom Datenträger eingelesen, ist kein Namen angegeben, wird der gesamte Inhalt zurückgeholt
`-t`	Leseoption: nur Inhaltsverzeichnis anzeigen
`-v`	Protokollierung eingeschaltet
`-f`	muß angegeben werden, wenn ein Gerät spezifiziert wird
`Gerät`	Gerätename des externen Mediums (Band-, Diskettenlaufwerk) oder Name einer Datei wird anstelle des Namens "-" gesetzt, schreibt `tar` auf die Standardausgabe

`Datei(en)` Name(n) der zu sichernden/lesenden Dateien

Bei einigen `tar`-Implementierungen können Sie durch Angabe der Option `-F Datei` die Namen der zu sichernden/lesenden Dateien in einer Datei ablegen. `tar` liest die Namen aus der angegebenen Datei, statt diese von der Kommandozeile zu erwarten.

`tar     [-opts] [-f][-F] Gerät Datei`

`Datei` beinhaltet die Namen der zu sichernden/lesenden Dateien

Die Option `-F` ist nicht bei allen `tar`-Implementierungen zulässig!

test   Vergleichen von Zahlen und Zeichenketten   (**Kap. 8**)
             Den Status von Dateien abfragen
             (siehe auch `let`)

`test    Ausdruck`   sh | ksh
`[ Ausdruck ]`

Als Argument erwartet `test` einen Ausdruck, der auf seinen Wahrheitswert untersucht wird. Der Befehl `test` überprüft zuerst den Ausdruck und liefert einen Rückgabewert von 0 (wahr) oder ungleich 0 (falsch). Das Kommando wird vorwiegend in Verbindung mit der Anweisung `if` eingesetzt:

```
if test -f Datei     alternative Schreibweise     if [ -f Datei ]
then                                              then
   ...                                               ...
else                                              else
   ...                                               ...
fi                                                fi
```

Sie können für den Befehl `test` verschiedene Ausdrücke formulieren, die einen Vergleich von Zeichenketten und Zahlenwerten ermöglichen und den Status von Dateien überprüfen. Nachfolgend sehen Sie eine Übersicht der `test`-Operatoren:

`test` - Zeichenketten vergleichen

Ausdruck	Ergebnis von test ist wahr Rückgabewert 0, wenn ...
Zeichenkette1 = Zeichenkette2	Zeichenkette1 mit Zeichenkette2 übereinstimmt
Zeichenkette1 != Zeichenkette2	Zeichenkette1 mit Zeichenkette2 nicht übereinstimmt
Zeichenkette	Zeichenkette nicht leer ist
`-n` Zeichenkette	Zeichenkette nicht leer ist
`-z` Zeichenkette	Zeichenkette leer ist

Tabelle 18.2 Das Kommando test: Operatoren zum Vergleichen von Zeichenketten

`test` - Den Status von Dateien abfragen

Ausdruck	Ergebnis von test ist wahr Rückgabewert 0, wenn ...
`-a` Datei	die Datei existiert
`-r` Datei	die Datei existiert und lesbar ist
`-w` Datei	die Datei existiert und schreibbar ist
`-x` Datei	die Datei existiert und ausführbar ist
`-f` Datei	die Datei existiert und eine reguläre Datei ist
`-d` Datei	die Datei existiert und ein Verzeichnis ist
`-h` Datei	die Datei existiert und ein symbolischer Link ist
`-b` Datei	die Datei existiert und ein blockorientiertes Gerät ist
`-c` Datei	die Datei existiert und ein zeichenorientiertes Gerät ist
`-p` Datei	die Datei existiert und eine benannte Pipe ist
`-s` Datei	die Datei existiert und nicht leer ist

Tabelle 18.3 Dateioperatoren des Kommandos test

`test` - **Ganze Zahlen vergleichen**

Ausdruck			Ergebnis von test ist wahr (Rückgabewert 0) wenn ...
zahl1 `-eq` zahl2		(equal)	Zahl1 gleich Zahl2 ist
zahl1 `-ne` zahl2		(not equal)	Zahl1 ungleich Zahl2 ist
zahl1 `-lt` zahl2		(less than)	Zahl1 kleiner Zahl2 ist
zahl1 `-gt` zahl2		(greater than)	Zahl1 größer Zahl2 ist
zahl1 `-le` zahl2		(less equal)	Zahl1 kleiner/gleich Zahl2 ist
zahl1 `-ge` zahl2		(greater equal)	Zahl1 größer/gleich Zahl2 ist

Tabelle 18.4 Das Kommando test: Operatoren zum Vergleich ganzer Zahlen

`test` - **Bool´sche Operatoren**

Ausdruck	Ergebnis von test ist wahr (Rückgabewert 0) wenn ...
! Ausdruck	Ausdruck falsch ist
Ausdruck1 -a Ausdruck2	Ausdruck1 **und** Ausdruck2 wahr ist
Ausdruck1 -o Ausdruck2	Ausdruck1 **oder** Ausdruck2 wahr ist

Tabelle 18.5 Das Kommando test: Bool´sche Ausdrücke

trap   Eingehende Signale abfangen oder ignorieren   **(Kap. 14)**

trap   `"Kommando 1;...; Kommando n"`   Signale   `sh` `ksh`

Signal	Beschreibung
0	exit - Aufruf des Kommandos `exit` (Verlassen der Shell oder einer Funktion)
1	hangup - Leitungsunterbrechung des Terminals
2	interrupt - Betätigen der Abbruchtaste `<DEL>` oder `<CTRL-C>`
3	quit (Tastenkombination `<CTRL-\>`) Beenden mit Speicherauszug (core)
9	Kommando `kill -9` (kann nicht abgefangen werden)
15	Abbruch durch Software (Kommando `kill`)
DEBUG	Wird nach Ausführung jedes Kommandos gesendet

(siehe Kommando `kill` für weitere Signale)

Signale abfangen

Mit dem Befehl `trap` (engl. Falle) können Sie in Ihren Shell-Prozeduren auf eingehende Signale reagieren und den Abbruch eines Programmes verhindern. Dem Kommandonamen folgt ein Befehl oder eine Liste von Befehlen, die ausgeführt werden sollen, wenn eines der angegebenen Signale eintrifft. Anschließend wird in der Prozedur an der unterbrochenen Stelle mit der Ausführung fortgefahren. Enthält die `trap-Anweisung` als letztes den Befehl `exit`, so wird die Shell-Prozedur beendet.

Signale ignorieren

Wenn Sie die auf `trap` folgende Befehlsfolge "leer" setzen, werden die nachstehenden Signalnummern von der Shell nicht beachtet:

`trap " " 2`   ignoriert während der Programmausführung die Abbruchtaste

Signale zurücksetzen

Wenn Sie die Reaktion, die standardmäßig auf ein Signal erfolgt, einmal mit der Anweisung `trap` verändert haben, können Sie durch erneuten Aufruf des Kommandos ohne Angabe einer Kommandofolge die Signalbehandlung wieder auf den ursprünglichen Zustand zurücksetzen:

`trap 2`   Zurücksetzen der Signalbehandlung bei Betätigung der Abbruchtaste.

Abgefangene Signale anzeigen

Wenn Sie das Kommando `trap` ohne weitere Argumente starten, erhalten Sie eine Auflistung der abgefangenen Signale:

`trap`

type   Den Typ eines Kommandos anzeigen   (Kap. 15)

`type`   `Kommandoname`   sh | ksh

Der Befehl `type` erwartet als Argument einen Kommandonamen und teilt Ihnen mit, von welcher Art der Befehl ist bzw. wo der Befehl steht.

typeset   Variablen Formate zuweisen   (Kap. 13)

```
typeset  -Option [n] Var=Wert [Var=Wert...]
```
`ksh`

-Option: (− setzt die Option, + hebt die Option auf)

Op-tion	Beschreibung	Beispiel
-Ln	Die Ausrichtung erfolgt linksbündig, führende Leerzeichen werden entfernt. Der Wert n legt die Breite des Feldes fest. Fehlt diese Angabe oder hat der Wert die Länge 0, bestimmt der erste zugewiesene Wert die Feldlänge. Besetzen Sie eine Variable mit einem Wert, werden nicht ausgefüllte Positionen von rechts mit Leerzeichen aufgefüllt. Ist der zugewiesene Wert länger als die angegebene Länge n, werden die rechts überstehenden Zeichen abgeschnitten. Sofern Sie zusätzlich die Option **-Z** angeben, werden führende Nullen entfernt. Die Option **-R** wird ausgeschaltet.	`typeset -L6 text` `text="   UNIX"` `| U	N	I	X		|`  `typeset -L text1` `text1=" UNIX"` `| U	N	I	X |`  `typeset -L3 text2` `text2=" UNIX"` `| U	N	I |`
-Rn	Die Ausrichtung erfolgt rechtsbündig, führende Positionen werden mit Leerzeichen aufgefüllt. Der Wert n legt die Breite des Feldes fest. Fehlt diese Angabe oder hat der Wert die Länge 0, bestimmt der erste zugewiesene Wert die Feldlänge. Besetzen Sie eine Variable mit einem Wert, werden nicht ausgefüllte Positionen von links mit Leerzeichen aufgefüllt. Ist der zugewiesene Wert länger als die angegebene Länge n, werden die links überstehenden Zeichen abgeschnitten. Die Option **-L** wird ausgeschaltet.	`typeset -R6 text` `text="UNIX"` `|		U	N	I	X |`  `typeset -R text1` `text1="UNIX"` `| U	N	I	X |`  `typeset -R3 text2` `text2="UNIX"` `| N	I	X |`

Tabelle 18.6 Optionen des Kommandos typeset

Option	Beschreibung	Beispiel

-Zn	Die Ausrichtung erfolgt rechtsbündig, führende Positionen werden mit Nullen aufgefüllt, sofern das erste Zeichen eine Ziffer oder ein Leerzeichen ist und die Option **-L** nicht angegeben wurde. Andernfalls werden die führenden Positionen mit Leerzeichen aufgefüllt. Der Wert *n* legt die Breite des Feldes fest. Fehlt diese Angabe oder hat der Wert die Länge 0 bestimmt der erste zugewiesene Wert die Feldlänge. Besetzen Sie eine Variable mit einem Wert, werden nicht ausgefüllte Positionen von links mit Nullen aufgefüllt. Ist der zugewiesene Wert länger als die angegebene Länge *n*, werden die links überstehenden Zeichen abgeschnitten.	`typeset -Z6 zahl`
		`zahl="789"`
		
		| 0 | 0 | 0 | 7 | 8 | 9 |
		
		`typeset -Z6 text`
		`text="UNIX"`
		
		| | | U | N | I | X |
		
		`typeset -Z zahl2`
		`zahl2="123"`
		
		| 1 | 2 | 3 |
		
		`typeset -Z3 zahl3`
		`zahl3="123456"`
		
		| 4 | 5 | 6 |

-l	Alle Großbuchstaben werden in Kleinbuchstaben umgewandelt. Die Option **-u** wird ausgeschaltet.	`typeset -l text`
		`text="UNIX"`
		
		| u | n | i | x |

-u	Alle Kleinbuchstaben werden in Großbuchstaben umgewandelt. Die Option **-l** wird ausgeschaltet.	`typeset -u text`
		`text="unix"`
		
		| U | N | I | X |

-i	Die Speicherung eines ganzzahligen Wertes erfolgt in binärer Form. Die Berechnung arithmetischer Ausdrücke wird beschleunigt.	`typeset -i zahl=0` `let zahl=7*9`
-r	Die angegebenen Variablen werden als nur lesbar markiert. Spätere Zuweisungen führen zu einem Fehler.	`typeset -r zahl=123`
-x	Die angegebenen Variablen werden automatisch exportiert, so das alle Subshells darauf zugreifen können.	`typeset -x GLOBAL` `GLOBAL="An Alle"`

Tabelle 18.7 Optionen des Kommandos typeset

Formate anzeigen

Der Aufruf von `typeset` ohne Variablennamen listet alle durch `-Option` spezifizierten Varibalen auf:

Beispiele:
`typeset -r`	listet alle nur lesbaren Variablen
`typeset -R`	listet alle rechtsbündigen Variablen

U

unset   Definition von Variablen löschen

`unset`	`Variable1 Variable2 ...`	sh ksh
`unset`	`-f Funktion1 Funktion2 ...`	ksh

Der Befehl entfernt Variablen, die durch `Variable1 Variable2 ...` angegeben sind, aus dem Umgebungsbereich der Shell. Bei der Korn-Shell ist zusätzlich die Angabe der Option `-f` möglich. In diesem Fall werden die aufgeführten Funktionen gelöscht.

uncompress   Datei(en) entkomprimieren

`uncompress  Datei(en)`

Datei(en)   Liste der zu entkomprimierenden Dateien (das von `compress` verliehene Suffix `".Z"` , bzw `".z"` bei `pack` muß nicht angegeben werden)

until   until-Schleife   **(Kap. 10)**

```
until Kommando falsch
do
        Kommando 1
        Kommando 2
        ...
        Kommando n
done
```

sh ksh

Im Gegensatz zur `while-Schleife` wird die `until-Schleife` solange ausgeführt, bis das Kommando nach dem Schlüsselwort `until` einen Rückgabewert ungleich 0 (falsch) liefert. Sprachlich ausgedrückt: "Wiederhole die Anweisungen innerhalb der Schleife bis das Kommando im Schleifenkopf den Rückgabewert wahr liefert".

Endlosschleifen

```
until false
do
        Kommando 1
        Kommando 2
        ...
        Kommando n
done
```

Das Kommando `false` liefert, wie der Name schon sagt, immer den Wert falsch zurück.

W

while   Die while-Schleife   **(Kap. 10)**

```
while Kommando erfolgreich
do
        Kommando 1
        ...
        Kommando n
done
```

`sh` `ksh`

Die Anweisungen innerhalb der `while-Schleife` werden solange ausgeführt, wie der Befehl im Schleifenkopf den Rückgabewert 0 (wahr) liefert. Anders gesagt die Schleife bricht ab, falls der Rückgabewert ungleich 0 (falsch) ist.

Endlosschleifen

```
while true
do
        Kommando 1
        ...
        Kommando n
done
```

Das Kommando `true` liefert, wie der Name schon sagt, immer den Wert wahr zurück.

18.2. Environment (Korn-Shell)

`ERRNO`	enthält den Returnwert des letzten Systemcalls
`FCEDIT`	voreingestellter Editor für fix comand-Mechanismus
`HOME`	das Heimatverzeichnis
`HZ`	Frequenz des Stromnetzes in Hertz (nicht in allen Systemen)
`IFS`	Feldtrennsymbol
`LINENO`	Zeile des Befehls einer Prozedur
`LOGNAME`	Benutzerkennung
`MAIL`	Pfadname des Directories, das Ihre Mail enthält
`MAILCHECK`	Wert in Sekunden (600=10 min) nach dem nach neuer Post geschaut wird
`PATH`	Liste der Verzeichnisse, die die Shell nach Kommandos durchsucht
`PPID`	Vaterprozeß der Shell
`PS1`	primäres Promptsymbol ($)
`PS2`	sekundäres Promptsymbol (>), wird ausgegeben, falls ein Kommando interaktiv Informationen von Ihnen erwartet.
`PS3`	Von der `select-Anweisung` verwendeter Prompt
`PS4`	von set -x verwendeter Prompt
`PWD`	aktueller Pfad
`RANDOM`	Zufallszahl
`SECONDS`	Dauer der Session in Sekunden
`SHELL`	Pfadname der Shell (teilweise auch in Bourne-Shell besetzt)
`TERM`	Terminaltyp
`TERMCAP`	Datenbasis mit Detailinformationen zum Terminal
`TMOUT`	Zeitspanne (in Sek.) innerhalb der ein Benutzer aktiv sein muß, ansonsten wird die Session vom System beendet.
`TZ`	Zeitzone

18.3. Vordefinierte Variablen der Shell

`$0`	Name der Shell-Prozedur; bei Funktionen der Name der Funktion (nur bei Korn-Shell)
`$1 - $n`	Die beim Aufruf übergebenen Argumente oder die durch den Befehl `set` gesetzten Argumente
`$#`	Anzahl der Argumente, die der Prozedur übergeben wurden
	Anzahl der Argumente, die durch den Befehl `set` gesetzt wurden
`$*`	Alle Positionsparameter `$1` bis `$n` in einer Zeichenkette
`$@`	Wie `$*`, steht der Parameter in doppelten Anführungszeichen (`"$@"`), so wird er durch `"$1"`, `"$2"` ... ersetzt.
`$$`	Prozeßnummer der aktuellen Shell
`$!`	Prozeßnummer des letzten Hintergrundprozesses
`$?`	Exit-Status des letzten Befehls, der nicht im Hintergrund gestartet wurde

18.4. Parametersubstitution

Im einfachsten Fall kann durch Voranstellen des Dollarzeichens (`$`) auf eine Variable zugegriffen werden. Die Shell kennt darüberhinaus weitere Mechanismen zur Ersetzung von Variablen:

`${variable:-Wert}`	Die Variable `variable` wird durch ihren Wert ersetzt, falls dieser ungleich Null ist; ansonsten wird `wert` eingesetzt
`${variable:=Wert}`	Die Variable `variable` wird durch ihren Wert ersetzt, falls dieser ungleich Null ist; ansonsten wird `wert` eingesetzt und gleichzeitig der Variablen `variable` zugewiesen
`${variable:+Wert}`	Der Wert `wert` wird eingesetzt, falls `variable` ungleich Null (also bereits einen Wert besitzt); ansonsten wird nichts ersetzt.
`${#variable}`	Die Variable `variable` wird durch ihre Länge ersetzt. Wenn Sie das Zeichen * einsetzen, wird die Anzahl der Positionsparameter eingesetzt (entspricht `$#`)

18.5. Tabellen und Sonderzeichen

Reguläre Ausdrücke

Zeichen	Bedeutung
.	ersetzt ein beliebiges Zeichen
*	ersetzt eine beliebig lange Folge des vorangegangenen Zeichens
[$z_1..z_k$]	Mengenangabe diskreter Zeichen
[z_1-z_k]	Bereichsangabe von Zeichen
^z	Zeichen z am Satzanfang
z$	Zeichen z am Satzende
[^z]	Negation von z
|	logisches ODER bei egrep
(..)	partieller regulärer Ausdruck bei egrep

Shell

Zeichen	Bedeutung
*	ersetzt beliebige Zeichenfolge in Dateinamen
?	ersetzt ein beliebiges Zeichen in Dateinamen
[$z_1..z_k$]	Mengenangabe diskreter Zeichen
[z_1-z_k]	Bereichsangabe von Zeichen
&	Kommandoausführung im Hintergrund
&&	bedingte Kommandoausführung wenn erfolgreich
|	Pipeline
||	bedingte Kommandoausführung wenn nicht erfolgreich
;	Kommandoverkettung
>	Standardausgabeumlenkung
<	Standardeingabeumlenkung
>>	Ausgabeumlenkung konkatenieren
<<	Eingabe bei Here-Dokumenten
\	Entwertung des folgenden Zeichens
"..."	Aufhebung aller Sonderzeichen mit Ausnahme von $ und `
'...'	Aufhebung aller Sonderzeichen
`...`	Kommandosubstitution
(...)	Kommando in Subshell ausführen
{...}	Kommandoausgaben zusammenfassen
#	Kommentarzeile

18.6. Verzeichnis der Prozeduren

Prozeduren der Buchkapitel 2 bis 15

Name	Version	Seite	Prozedurname der Diskette
.			
.logout	1.0	420	BUCH/Kap14/logout.1.0
.logout	1.1	426	BUCH/Kap14/logout.1.1
.profile	1.0	164	BUCH/Kap08/profile.1.0
.profile	1.1	177	BUCH/Kap08/profile.1.1
.profile	1.2	306	BUCH/Kap10/profile.1.2
A			
adr_eingabe	1.0	70	BUCH/Kap04/adr_eingabe.1.0
aedit	1.0	357	BUCH/Kap12/aedit.1.0
aktiv	1.0	15	BUCH/Kap02/aktiv.1.0
aktiv	1.1	144	BUCH/Kap08/aktiv.1.1
apost	1.0	358	BUCH/Kap12/apost.1.0
ARCHIV.TAB		468	BUCH/Kap14/ARCHIV.TAB
archive	1.0	348	BUCH/Kap11/archive.1.0
archive.list	1.0	349	BUCH/Kap11/archive.list
archiver	1.0	469	BUCH/Kap15/archiver.1.0
args	1.0	480	BUCH/Kap15/args.1.0
atelno	1.0	54	BUCH/Kap03/atelno.1.0
atelno	1.1	339	BUCH/Kap11/atelno.1.1
auswahl	1.0	353	BUCH/Kap12/auswahl.1.0
auswahl	1.1	354	BUCH/Kap12/auswahl.1.1
B			
bcpio	1.0	102	BUCH/Kap06/bcpio.1.0
besitzer	1.0	49	BUCH/Kap03/besitzer.1.0
binfo	1.0	96	BUCH/Kap06/binfo.1.0
binfo	1.1	105	BUCH/Kap06/binfo.1.1
binfo	1.2	110	BUCH/Kap06/binfo.1.2
binfo	1.3	111	BUCH/Kap06/binfo.1.3
binfo	1.4	146	BUCH/Kap08/binfo.1.4
binfo	1.5	149	BUCH/Kap08/binfo.1.5
bkdaemon	1.0	298	BUCH/Kap10/bkdaemon.1.0
bkdaemon	1.1	302	BUCH/Kap10/bkdaemon.1.1
bkup	1.0	264	BUCH/Kap10/bkup.1.0
bkup	1.1	265	BUCH/Kap10/bkup.1.1
bkup	1.2	266	BUCH/Kap10/bkup.1.2
bkup	1.3	267	BUCH/Kap10/bkup.1.3
bkup	1.4	268	BUCH/Kap10/bkup.1.4
bkup	1.5	270	BUCH/Kap10/bkup.1.5
bkup	1.6	271	BUCH/Kap10/bkup.1.6

Verzeichnis der Prozeduren

Name	Version	Seite	Prozedurname der Diskette
bkup	1.7	272	BUCH/Kap10/bkup.1.7
bkup	1.8	273	BUCH/Kap10/bkup.1.8
bkuphome	1.0	422	BUCH/Kap14/bkuphome.1.0
bkuphome	1.1	424	BUCH/Kap14/bkuphome.1.1
bkupuser	1.0	429	BUCH/Kap14/bkupuser.1.0
blogin	1.0	260	BUCH/Kap10/blogin.1.0
blogoff	1.0	262	BUCH/Kap10/blogoff.1.0
bstatus	1.0	379	BUCH/Kap13/bstatus.1.0
btar	1.0	102	BUCH/Kap06/btar.1.0
buch	1.0	374	BUCH/Kap13/buch.1.0
buch	1.1	377	BUCH/Kap13/buch.1.1
Buchliste.dat		373	BUCH/Kap13/Buchliste.dat
C			
chkdat	1.0	386	BUCH/Kap13/chkdat.1.0
chknum	1.0	384	BUCH/Kap13/chknum.1.0
cmd	1.0	230	BUCH/Kap09/cmd.1.0
cmd	1.0	230	BUCH/Kap10/cmd.1.0
count	1.0	316	BUCH/Kap10/count.1.0
count	1.1	317	BUCH/Kap10/count.1.1
count	1.2	318	BUCH/Kap10/count.1.2
D			
daemon	1.0	296	BUCH/Kap10/daemon.1.1
datum	1.0	218	BUCH/Kap09/datum.1.0
del	1.0	220	BUCH/Kap09/del.1.0
del	1.1	221	BUCH/Kap09/del.1.1
del	1.2	228	BUCH/Kap09/del.1.2
del	1.3	229	BUCH/Kap09/del.1.3
delete	1.0	172	BUCH/Kap08/delete.1.0
delete	1.1	288	BUCH/Kap10/delete.1.1
dinfo	1.0	49	BUCH/Kap03/dinfo.1.0
dir	1.0	225	BUCH/Kap09/dir.1.0
dnum	1.0	311	BUCH/Kap10/dnum.1.0
druck	1.0	385	BUCH/Kap13/druck.1.0
E			
e	1.0	210	BUCH/Kap09/e.1.0
echof	1.0	376	BUCH/Kap13/echof.1.0
editor	1.0	389	BUCH/Kap13/editor.1.0
eingabe	1.0	253	BUCH/Kap10/eingabe.1.0
eingabe	1.1	292	BUCH/Kap10/eingabe.1.1
endlos	1.0	286	BUCH/Kap10/endlos.1.0
F			
fcalc	1.0	346	BUCH/Kap11/fcalc.1.0
ftest	1.0	474	BUCH/Kap15/ftest.1.0
ftest	1.1	475	BUCH/Kap15/ftest.1.1

Verzeichnis der Prozeduren

Name	Version	Seite	Prozedurname der Diskette
ftyp	1.0	189	BUCH/Kap08/ftyp.1.0
ftyp	1.1	190	BUCH/Kap08/ftyp.1.1
funktionen	1.0	462	BUCH/Kap15/funktionen.1.0
funktionen	1.1	463	BUCH/Kap15/funktionen.1.1
G			
GERAETE.TAB		156	BUCH/Kap08/GERAETE.TAB
I			
initvar	1.0	65/67	BUCH/Kap04/initvar.1.0
inst	1.0	343	BUCH/Kap11/inst.1.0
L			
list	1.0	22	BUCH/Kap02/list.1.0
logtest	1.0	162	BUCH/Kap08/logtest.1.0
logtest	1.1	168	BUCH/Kap08/logtest.1.1
M			
meldung	1.0	21	BUCH/Kap02/meldung.1.0
menue	1.0	232	BUCH/Kap09/menue.1.0
menue	1.1	254	BUCH/Kap10/menue.1.1
mybc	1.0	344	BUCH/Kap11/mybc.1.0
mycp	1.0	387	BUCH/Kap13/mycp.1.0
myfind	1.0	355	BUCH/Kap12/myfind.1.0
mygrep	1.0	340	BUCH/Kap11/mygrep.1.0
myps	1.0	309	BUCH/Kap10/myps.1.0
myshift	1.0	40	BUCH/Kap03/myshift.1.0
myshift	1.1	41	BUCH/Kap03/myshift.1.1
myshift	1.2	41	BUCH/Kap03/myshift.1.2
mywho	1.0	338	BUCH/Kap11/mywho.1.0
P			
pdel	1.0	214	BUCH/Kap09/pdel.1.0
pdel	1.1	284	BUCH/Kap10/pdel.1.1
post	1.0	36	BUCH/Kap03/post.1.0
post	1.1	37	BUCH/Kap03/post.1.1
post	1.2	38	BUCH/Kap03/post.1.2
post	1.2	97	BUCH/Kap06/post.1.2
post	1.3	39	BUCH/Kap03/post.1.3
post	1.4	97	BUCH/Kap06/post.1.4
post	1.5	99	BUCH/Kap06/post.1.5
post	1.6	101	BUCH/Kap06/post.1.6
post	1.7	209	BUCH/Kap09/post.1.7
post	1.8	342	BUCH/Kap11/post.1.8
pruefe	1.0	141	BUCH/Kap08/pruefe.1.0
pruefe	1.1	143	BUCH/Kap08/pruefe.1.1
R			
rechner	1.0	252	BUCH/Kap10/rechner.1.0

Verzeichnis der Prozeduren

Name	Version	Seite	Prozedurname der Diskette
rechner	1.1	252	BUCH/Kap10/rechner.1.1
rechner	1.2	290	BUCH/Kap10/rechner.1.2
rgrep	1.0	417	BUCH/Kap14/rgrep.1.0
rgrep	1.1	419	BUCH/Kap14/rgrep.1.1
S			
scp	1.0	222	BUCH/Kap09/scp.1.0
sdel	1.0	180	BUCH/Kap08/sdel.1.0
sdel	1.1	211	BUCH/Kap09/sdel.1.1
sdel	1.2	282	BUCH/Kap10/sdel.1.2
sdel	1.2	282	BUCH/Kap12/sdel.1.2
shell	1.0	482	BUCH/Kap15/shell.1.0
shell	1.1	483	BUCH/Kap15/shell.1.1
shelltest	1.0	29	BUCH/Kap02/shelltest.1.0
sichern	1.0	153	BUCH/Kap08/sichern.1.0
sichern	1.1	157	BUCH/Kap08/sichern.1.1
sicherung	1.0	50	BUCH/Kap03/sicherung.1.0
signal	1.0	413	BUCH/Kap14/signal.1.0
signal	1.1	414	BUCH/Kap14/signal.1.1
signal	1.2	416	BUCH/Kap14/signal.1.2
srm	1.0	437	BUCH/Kap14/srm.1.0
srm	1.1	439	BUCH/Kap14/srm.1.1
status	1.0	25	BUCH/Kap02/status.1.0
status	1.0	27	BUCH/Kap02/status.1.0
stelno	1.0	54	BUCH/Kap03/stelno.1.0
sterm	1.0	431	BUCH/Kap14/sterm.1.0
suche	1.0	35	BUCH/Kap03/suche.1.0
suche	1.0	138	BUCH/Kap08/suche.1.0
suche	1.1	307	BUCH/Kap10/suche.1.1
suche_dieter	1.0	34	BUCH/Kap03/suche_dieter.1.0
suche_peter	1.0	23	BUCH/Kap02/suche_peter.1.0
suche_peter	1.0	34	BUCH/Kap03/suche_peter.1.0
T			
telno	1.0	42	BUCH/Kap03/telno.1.0
telno	1.1	44	BUCH/Kap03/telno.1.1
telno	1.2	46	BUCH/Kap03/telno.1.2
telno	1.3	52/57	BUCH/Kap03/telno.1.3
telno	1.4	59	BUCH/Kap03/telno.1.4
telno	1.5	70	BUCH/Kap04/telno.1.5
testjn	1.1	287	BUCH/Kap10/testjn.1.1
testjn	1.2	436	BUCH/Kap14/testjn.1.2
transfer	1.0	478	BUCH/Kap15/transfer.1.0
U			
ueberlauf	1.0	176	BUCH/Kap08/ueberlauf.1.0
ueberlauf	1.0	176	BUCH/Kap09/ueberlauf.1.0

Verzeichnis der Prozeduren

Name	Version	Seite	Prozedurname der Diskette
ueberlauf	1.0	176	BUCH/Kap10/ueberlauf.1.0
ueberlauf	1.0	176	BUCH/Kap12/ueberlauf.1.0
undel	1.0	184	BUCH/Kap08/undel.1.0
undel	1.1	213	BUCH/Kap09/undel.1.1
undel	1.2	283	BUCH/Kap10/undel.1.2
undel	1.3	361	BUCH/Kap12/undel.1.3
userinfo	1.0	278	BUCH/Kap10/userinfo.1.0
userinfo	1.1	280	BUCH/Kap10/userinfo.1.1
userinfo	1.2	312	BUCH/Kap10/userinfo.1.2
userinfo	1.3	313	BUCH/Kap10/userinfo.1.3
userinfo	1.4	314	BUCH/Kap10/userinfo.1.4
V			
var_test	1.0	76	BUCH/Kap05/var_test.1.0
verbrauch	1.0	345	BUCH/Kap11/verbrauch.1.0
W			
writeall	1.0	275	BUCH/Kap10/writeall.1.0
Z			
zaehle	1.0	251	BUCH/Kap10/zaehle.1.0
zaehle	1.1	259	BUCH/Kap10/zaehle.1.1
zaehle	1.2	277	BUCH/Kap10/zaehle.1.2
zeit	1.0	104	BUCH/Kap06/zeit.1.0

Prozeduren der Adreßverwaltung

Name	Version	Seite	Verzeichnis der Diskette
A			
adr	1.0	238	BUCH/ADRESSEN/Teil4
adr	1.1	322	BUCH/ADRESSEN/Teil5
adr	1.2	403	BUCH/ADRESSEN/Teil6
adr	1.3	445	BUCH/ADRESSEN/Teil7
adr_auswahl	1.0	402	BUCH/ADRESSEN/Teil6
adr_auswahl	1.0	447	BUCH/ADRESSEN/Teil7
adr_eingabe	1.1	83	BUCH/ADRESSEN/Teil1
adr_eingabe	1.1	447	BUCH/ADRESSEN/Teil7
aendern	1.0	240	BUCH/ADRESSEN/Teil4
aendern	1.1	325	BUCH/ADRESSEN/Teil5
aendern	1.2	448	BUCH/ADRESSEN/Teil7
anlegen	1.0	83	BUCH/ADRESSEN/Teil1
anlegen	1.1	195	BUCH/ADRESSEN/Teil3
anlegen	1.2	449	BUCH/ADRESSEN/Teil7
anzeigen	1.0	127	BUCH/ADRESSEN/Teil2
anzeigen	1.1	396	BUCH/ADRESSEN/Teil6

Verzeichnis der Prozeduren

Name	Version	Seite	Verzeichnis der Diskette
anzeigen	1.2	399	BUCH/ADRESSEN/Teil6
anzeigen	1.1	449	BUCH/ADRESSEN/Teil7
ausgabe	1.0	84	BUCH/ADRESSEN/Teil1
E			
echof	1.0	398	BUCH/ADRESSEN/Teil6
echof	1.0	450	BUCH/ADRESSEN/Teil7
L			
loeschen	1.0	85	BUCH/ADRESSEN/Teil1
loeschen	1.1	198	BUCH/ADRESSEN/Teil3
loeschen	1.2	242	BUCH/ADRESSEN/Teil4
loeschen	1.3	328	BUCH/ADRESSEN/Teil5
loeschen	1.4	451	BUCH/ADRESSEN/Teil7
S			
sterm	1.0	453	BUCH/ADRESSEN/Teil7
suchen	1.0	84	BUCH/ADRESSEN/Teil1
suchen	1.1	128	BUCH/ADRESSEN/Teil2
suchen	1.2	196	BUCH/ADRESSEN/Teil3
suchen	1.3	241	BUCH/ADRESSEN/Teil4
suchen	1.4	329	BUCH/ADRESSEN/Teil5
suchen	1.4	450	BUCH/ADRESSEN/Teil7
T			
tel	1.0	330	BUCH/ADRESSEN/Teil5
tel	1.1	401	BUCH/ADRESSEN/Teil6
tel	1.1	452	BUCH/ADRESSEN/Teil7
testjn	1.0	237	BUCH/ADRESSEN/Teil4
testjn	1.1	321	BUCH/ADRESSEN/Teil5
testjn	1.2	452	BUCH/ADRESSEN/Teil7

18.7. Schlußwort

Zum Schluß noch einige Worte zu der Buchreihe "... im Alleingang": Im ersten Band der Reihe "UNIX ... im Alleingang"[5] konnten Sie sich bereits mit den Grundlagen von UNIX vertraut machen. Die besprochenen Themenbereiche wie Systemzugang, Kommunikation, Arbeiten mit dem Texteditor, Verzeichnisse und Dateien, Archivierung, Zugriffsrechte von Dateien und der Umgang mit der Shell waren eine optimale Vorbereitung zu diesem Buch.

Neben den UNIX-Grundlagen und der Shell-Programmierung gibt es einen weiteren Bereich, der in den letzten Jahren immer deutlicher in den Vordergrund getreten ist. Es handelt sich um das Thema: Graphische Oberflächen. Daher ist ein weiteres Buch zu erwähnen, das im Springer-Verlag veröffentlicht wurde.

Das Buch "Die X/Motif Umgebung" von Robert Barton[6] ist eine Einführung in graphische Benutzeroberflächen unter UNIX aus der Sicht eines Anwenders oder Systemverwalters. Sie erhalten Hintergrundinformationen zu der prinzipiellen Funktionsweise von graphischen Oberflächen und lernen Begriffe wie X-Windows, Motif, Client-Server-Architekturen, X-Server und Ressourcen genauer kennen. Sie lernen Ihre Arbeitsumgebung einzurichten und entsprechend Ihren Wünschen zu konfigurieren.

Ich wünsche Ihnen weiterhin viel Spaß und Erfolg "... im Alleingang" mit UNIX.

Peter Termöllen

---

[5] D.Harig: "UNIX ... im Alleingang". 1993, Springer, Berlin, Heidelberg
[6] R. Barton: "Die X/Motif Umgebung". 1994, Springer, Berlin, Heidelberg

Stichwortverzeichnis

!

! 174

"

"$@" 39; 265

#

544
#! 28
#!/bin/ksh 27; 28; 168
#!/bin/sh 28

$

$! 76; 543
$# 39; 161; 543
$$ 75; 298; 543
$* 38; 39; 543
$? 75; 137; 543
$@ 543
${#variable} 60; 543
${variable\:+Wert} 543
${variable:=Wert} 59; 543
${variable:-Wert} 59; 543
$0 42; 74; 162; 163; 172; 543
$1 36
$1 - $n 543
$2 37

&

& 261; 544
&& 167; 206; 211; 527; 544

(

((...)) 119; 166
(...) 544

-

-a, 175
-o, 175
-x, 30

.

.Aufruf 67; 69
.logout 420; 426
.profile 52; 57; 230; 255; 420
   ausführen 427
   Ein Beispiel 164; 306
.Z 264

/

/dev/null 23; 142; 308
/dev/tty 326; 349
/etc/passwd 47; 111; 279

Stichwortverzeichnis

<

< 97; 544
<< 310; 342; 544

>

> 97; 544
>> 339; 544

@

@(#) 25

[

[[]] 178
[] 173; 544

****

\ 544
\c 376

{

{} 36; 544

|

| 228; 544
|| 167; 206; 211; 527; 544

A

-a 175; 536
Abbruchbedingung 251
Abbruchtaste 257; 412; 455
    abfangen 414
Adreßkartei
    Adressen ändern 239; 324; 448
    Adressen anlegen 82; 195; 449
    Adressen anzeigen 127; 396; 449
    Adressen löschen 85; 198; 242; 327; 451
    Adreßkartei auswählen 402; 447
    Alle Adressen ausgeben 84
    Allgemeine Beschreibung 80
    Eingeben einer Adresse 447
    Formatierte Ausgabe 450
    Hauptprogramm 237; 322; 403; 445
    Prozeduren der Diskette 81
    richtig plazieren 457
    Suchen einer Adresse 84; 128; 196; 241; 329; 450
    Telefonliste 329; 400; 452
    Terminal sperren 453
    Übersicht der Prozeduren 549
    wechseln 88
alias 121; 305
Alternative Vergleichsmuster 228
Anführungszeichen
    Befehl test 154
    doppelte 43; 96
    einfache 96
    Kommandosubstitution 114
    umgekehrte `...` 92
Angemeldte Benutzer
    anschreiben 275
Archivieren von Daten 467
Argumente
    Anführungszeichen 43
    Anzahl 39
    Anzahl prüfen 161; 222
    aus dem Environment lesen 50
    bearbeiten mit for 265; 281
    durch Variablen übergeben 57
    Funktionen 461
    generieren 98
    Kommandosubstitution 98
    Leerzeichen 42
    letztes Argument anzeigen 479
    maximale Anzahl 35
    übergeben 33; 35
    variable Anzahl 38
    Zuordnung 42
Argumentenübergabe
    Formen 52
Aufbau
    Prozedur 15
Aufruf
    als Argument der Shell 17
    Hintergrund 18
    in der aktuellen Shell 67
    mit dem Dateinamen 19

Stichwortverzeichnis

mit dem Punkt (.) 67; 69; 462
Shell-Prozedur 17
Subshell 18
x-Recht setzen 19
Aufrufe
   Arten 20
Aufrufhierarchie 433
Aufrufkette 438
Auftragsnummer 304; 412
Aufzählschleife 263
Ausgabe
   spaltenweise 373
Ausgaben
   aufbereiten 373
   sammeln 307
Ausgabeumlenkung 337
   mit { } 36
   mit dem Befehl exec 338
   von Schleifen 307; 308
Ausrichtung
   linksbündig 368
   rechtsbündig 368
Ausschneiden von Zeichenketten 387
Auswahlmenüs 231; 254; 351
awk
   Arithmetik, Vergleiche 496
   Arithmetische Funktionen 499
   Arrays 498
   Aufrufsyntax 494
   Ausgabezeile 489
   BEGIN, END Block 493
   Einfache Ausgaben 490
   Eingabezeile 488
   Eingebaute Funktionen 499
   Eingebaute Variablen 500
   Feld Variablen 500
   Formatierte Ausgabe 492
   Funktionsweise 488
   Kontrollstrukturen 496
   Lösungen 503
   Muster 497
   Programmaufbau 489
   String-Funktionen 499
   Übersicht 488
   Übungen 501
   Variablen 495

B

Bandgerät 158; 468
basename 179
bc 343
Bedingte Anweisung
   &&, || 206
   if 140
Befehl
   && 206; 211; 527
   . 67; 69
   || 206; 211; 527
   alias 305
   basename 179
   bc 343
   break 289; 516
   case 216; 516
   cat 36; 293
   clear 232
   cmp 301
   compress 264; 273; 517
   continue 277; 517
   cpio 103; 518
   cron 296
   cut 99; 275; 519
   date 92
   dirname 179
   echo 83; 519
   egrep 84; 85; 128; 520
   elif 188; 521
   eval 476; 521
   exec 317; 338; 481; 521
   exit 139; 141; 522
   export 50
   expr 115; 116; 380; 522
   false 286; 541
   find 34; 272; 523
   for 263; 524
   format 422; 523
   function 460; 525
   grep 76; 525
   id 392
   if 140; 526
   jobs 305; 528
   kill 76; 255; 297; 305; 528
   let 115; 117; 166; 529
   lp 384
   mail 98; 294

Stichwortverzeichnis

nohup 425
ps 29
read 44; 109; 530
return 471; 530
select 352; 531
set 64; 104; 127; 147; 157; 531
shift 40; 225; 533
sleep 261; 296
stty 432
tar 103; 158; 533
test 150; 534
tput 232
trap 413; 420; 536
true 286; 541
type 476; 537
typeset 364; 538
uncompress 274; 540
unset 89; 467; 540
until 258; 540
while 250; 541
who 48; 99
write 176; 274
Beispiele
   Shell-Prozeduren 21
Benutzer
   Abmeldung überwachen 262
   Anmeldung feststellen 144
   Anmeldung überwachen 165; 260
   Anzahl zählen 93
   ausführliche Anzeige 106
   Informationen anzeigen 111; 277; 312
   mehrfache Anmeldung 162
   Nachricht versenden 274
   sortiert anzeigen 15
   Status anzeigen 379
Besitzer
   einer Datei ermitteln 49
Bildschirm löschen 232
break 289; 516

C

case 216; 516
   alternative Vergleichsmuster 228
   Auswahlmenüs 231
   Optionen verarbeiten 223
   Wildcard-Zeichen 219; 223

cat 36; 293
chmod 19
clear 232
cmp 301
compress 264; 273; 517
   Namenslänge 273
continue 277; 279; 517
core 415
cpio 103; 347; 478; 518
   Inhalt Diskette anzeigen 425
cron 296
C-Shell 26; 28
CTRL-\\ 415
CTRL-C 257; 412
CTRL-D 253; 352; 420
cut 99; 275; 519

D

Dämonen 296
   starten 305
date 92
Dateideskriptoren 340
Dateien
   bearbeiten 210
   bearbeiten mit for 267
   entkomprimieren 274
   komprimieren 264; 273
   kopieren 221; 387
   lesen 310; 339
   Löschen mit Bestätigung 171; 220; 288; 437
   numerieren 311
   sicheres Löschen 179; 211; 281; 360
   Sicherungskopie erstellen 263; 265; 272; 297
   Status abfragen 170
   suchen rekursiv 417
   temporär 75
   überschreiben, leeren 292
   vergleichen 301
   wiederherstellen 183; 212; 283; 360
   Zugriffsrechte prüfen 170
Dateinamen
   Aufbau 385
   prüfen 385

Dateinamen verarbeiten 281; 288
Dateinamengenerierung 219; 267
Dateisystem
    Berkley 273
    navigieren 463
Dateityp feststellen 189; 224
Daten zurückgeben 63; 70
Datenformat bestimmen 364
Datensicherung 50; 157; 421; 467
    aller Benutzer 347
    cpio 103
    Dateien eines Benutzers 428
    Heimatverzeichnis 153; 478
    im Hintergrund 424
    Signale ignorieren 424
    tar 103
Datentyp
    integer 120
Datum
    Ausgabe formatieren 105
DEL 257; 412
dirname 179
Diskette
    formatieren 429
    Prozeduren Buch 6
    Prozeduren der Adreßkartei 81
    Sichern, Lesen, Inhalt 468
Diskettenlaufwerk 158
Doppelte Anführungszeichen 96
Drucken 384
Druckerspooler 296

E

echo 83; 519
egrep 84; 85; 128; 520
    Option -v 85
Ein- Ausgabeumlenkung 315
Einfache Anführungszeichen 96
Eingabe unsichtbar 432
Eingabeumlenkung 337
    << 310
    Dateien lesen 310
    mit dem Befehl exec 317; 338
    von Schleifen 310
Eingebauter Befehl 378
elif 188; 521; 526
Eltern-Shell 317

Endlosschleifen 286; 298; 541
Entf 412
Entkomprimieren von Dateien 274
Entscheidungen 135
ENV 466
Environment 50; 64; 66; 542
    anzeigen 64
    Argumente übernehmen 50
    Korn-Shell 542
    verändern 64
Erneute Bewertung 479
ERRNO 542
eval 476; 521
exec 28; 317; 338; 481; 521
exit 139; 141; 419; 522
Exit-Status 75; 138; 139; 141
    einer Kommandoverkettung 138
    prüfen mit if 141
export 50; 370
expr 115; 116; 380; 522
    Reguläre Ausdrücke 382

F

Fallunterscheidung
    mit dem Befehl case 216
    mit dem Befehl elif 188
false 286; 541
FCEDIT 542
Fehlerausgabe 23
Fehlermeldungen 341
Fehlersuche 30
find 34; 272; 523
    -user 34
Fließkommaberechnungen 346
for 263; 524
    Argumente bearbeiten 265
    Dateien bearbeiten 267
    Kommandosubstitution 271; 278
format 422; 523
Formatieren Diskette 429; 468
Formatieren von Zeichenketten 363
Formatierte Ausgabe
    echof 375
Führende Leerzeichen
    durch Nullen ersetzen 368
    ignorieren 109

function 460; 525
Funktionen 460
    anzeigen 465
    beenden 471
    entfernen 467
    exportieren 466
    globale Variablen 471
    lokale Variablen 474
    Unterschied zur Prozedur 460
Funktionsbibliothek 463

G

Gerät
    /dev/tty 326
    zeichen- blockorientiert 171; 224; 429; 467
Geräte
    Status abfragen 171
Gerätename
    symbolisch 64; 156; 467
    UNIX 64
grep 76; 525
    Exit-Status 141
    Option -v 275
Großbuchstaben 369
Grundrechenarten 115

H

Hauptprogramm 467; 475
Here-Dokumente 342; 344
Hintergrundprozeß 24; 261; 412
HOME 97; 542
HZ 542

I

id 392
Identifikation 25
if 140; 526
    Kommandoverkettung 143
IFS 107; 109; 110; 112; 147; 377; 542
Inhaltsverzeichnis
    aufbereitet anzeigen 9
    nach Typ auflisten 223
In-line-Eingabeumleitung 342

Installation
    Diskette 6
integer 120
    Variablen auflisten 123
Integerarithmetik 115
    mit dem Befehl expr 116
    mit dem Befehl let 117
Interpreter 28

J

Ja/Nein Abfragen 221; 228; 237; 287; 321; 436; 452
Job-Control 24; 304
    einschalten 304
jobs 305; 528

K

Kanal 340
Kanalnummer 16
kill 76; 255; 297; 305; 415; 528
Kleinbuchstaben 369
Kommando
    Erfolg/Mißerfolg 136
    Rückgabewert 136; 137
    starten mit exec 481
    Übersicht 515
    unbenennen 305
Kommandoausgaben
    lesen 313
    speichern 92
Kommandodatei 17
Kommandogruppierung 36; 209; 307; 310
Kommandoname 42
Kommandosubstitution 91; 97; 116
    Argumente generieren 98
    Dateiinhalt einsetzen 100; 102
    Der Befehl set 104
    die Variable IFS 112
    for-Schleife 271
    Hintergrundinformationen 113
    mehrzeilige Ausgaben 93; 99
    Newline-Zeichen 113
    Zeichenketten zerlegen 104; 127
    Zuweisung an Variablen 101
Kommandoverkettung 14; 261

Rückgabewert 138
   und der Befehl if 143
Kommentar 24; 25
   #! 28; 168
Komprimieren von Dateien 264
Korn-Shell 26
   Anmeldung 10
   Job-Control 24
   Version 11
ksh -x 38

L

Länge einer Zeichenkette 60; 382
Laufwerksbezeichnung 422
Leitungsunterbrechung 424
Lesen von Daten
   read 44
let 115; 117; 529
   alternative Schreibweise 119; 166
   Ausdrücke klammern 118
   Operatoren 117; 529
      +=, -=, *=, /= 118
   und der Befehl if 167
   Vergleichsoperatoren 166
   Zahlen vergleichen 166
LINENO 31; 542
Liste
   bearbeiten mit for 263
login-Shell 20; 54; 255; 434; 482
Logische Verknüpfungen
   des Befehls let 167
   des Befehls test 174
LOGNAME 97; 275; 542
lp 384

M

mail 98; 294; 542
   an alle aktiven Benutzer 98
MAILCHECK 542
Makro 291
Mehrfachentscheidung 188; 216
Menüpunkte 231; 352
Modulo-Rechnung 116
Multiuser/Multitasking 179
mv
   Option -f 274

N

Nachrichten versenden 274
Namenserweiterung 388
Negationsoperator ! 174
Newline-Zeichen 95
nohup 425
Numerische Eingaben prüfen 384

O

-o 175; 536
ODER-Verknüpfung 175; 178; 228
Operatoren
   +=, -=, *= , /= 118
   des Befehls let 117; 166
   des Befehls test 152; 159; 169
Optionen
   verarbeiten 223

P

Papierkorb 34; 142
   löschen 283
   sichern 215; 284
Parametersubstitution 543
   ${#variable} 60
   ${variable:=Wert} 59
   ${variable:-Wert} 59
Passwort 430
PATH 9; 391; 426; 457; 542
PID 18; 76; 485
Pipeline 324
Positionsparameter 35
   als einzelne Zeichenketten 39
   Besetzen mit set 104
   Funktionen 461
   in einer Zeichenkette 38
   verschieben 40
Post
   an alle aktiven Benutzer 98
PPID 18; 20; 255; 542
Prompt
   aktuelle Zeilennummer 31
   aktueller Pfad 463
   Fehlersuche 31
   select-Anweisung 353

Stichwortverzeichnis

Prozeß
    Abbruch durch Signale 412
    aktive Prozesse anzeigen 305
    Aufruf mit dem Befehl exec 481
    beenden 305
    Damönen 296
    Datenbereich 66
    entfernen 255
    schlafend setzen 296
    Status anzeigen 18
    überlagern 482
Prozeßgruppe 434; 436; 438
Prozeßnummer 18; 300; 412
    der Shell 75
    Hintergrundprozeß 76
ps 29; 380
    Option -ef 296
PS1 464; 542
PS2 542
PS3 352; 354; 531; 542
PS4 31; 542
Pseudosubshell 317
PWD 464; 542

R

RANDOM 29; 542
raw device 422; 429
read 44; 109; 530
    Dateien lesen 310
    führende Leerzeichen 109
    Kommandoausgaben lesen 47; 314
    Lesen aus Datei 47
    Trennzeichen der Eingabe 108
    überzählige Eingaben 45
    Zerlegen von Zeichenketten 48
    Zuordnung der Eingaben 46
Reguläre Ausdrücke 128; 335; 382; 388; 391; 544
REPLY 352; 531
return 471; 530
Return-Status 471
rm
    Option -i 171
Rückgabewert 139
    Kommandoverkettung 138; 143

S

Schleife 249
    abbrechen 289
    aktuelle Umgebung ändern 317
    Ausführen in der Subshell 317
    Ausgabeumlenkung 307; 308
    Befehle überspringen 277
    Eingabeumlenkung 310
    Endlosschleife 286
    for 263; 265; 267; 271
    Kommandoausgaben lesen 313
    until 258
    while 250
Schleifenkopf 250; 251
Schleifenkörper 250; 251
Schleifentypen 277
SECONDS 542
sed 505
    Adressen 507
    Aufrufsyntax 506
    Beispiele 513
    Funktionen 508
sed-Funktionen
    Anhängen 508
    Drucken 511
    Einfügen 509
    Ersetzen 510; 511
    Löschen 510
    Speichern 512
select 352; 531
    Dateinamengenerierung 356
    Kommandosubstitution 358
set 64; 127; 147; 157; 531
    Kommandosubstitution 104
    Option -o 304
    Optionen 532
    Positionsparameter besetzen 104
    Trennzeichen 107
Shell 542; 544
    auswählen 26; 168; 482
    Bourne-Shell 26
    C-Shell 26
    doppelte Bewertung 479
    eingebauter Befehl 378
    Ersetzungsmechanismus 267
    Korn-Shell 26
    Option -c 230

Option -x 30; 38
Sonderzeichen 61; 96; 97; 544
Trennzeichen 108
Umgebung 64
verlassen 420
Shell-Funktionen 460
Shell-Prozedur
   abbrechen 257
   Anzahl Argumente prüfen 161
   Argumente bearbeiten 265
   Argumente übergeben 33; 35
   Aufruf 16
   Aufruf als Argument 17
   Aufruf mit . 67
   Aufruf mit Namen 19
   Ausführung im Hintergrund 23
   Beenden 139
   Beispiele 21
   Daten zurückgeben 64
   Ein- Ausgaben umlenken 338
   Exit-Status 75
   Fehlersuche 30
   im Hintergrund ausführen 261
   Interpreter auswählen 28
   konfigurieren 89
   modular gestalten 475
   Name ermitteln 74
   Optionen verarbeiten 223
   Testhilfe 30
   Umlenkung 23
   Unterprogramm 468
Shell-Prozeduren
      UNIX Umfeld 23
Shell-Varianten 26; 482
shift 40; 225; 533
Sichern
   Dateien 50; 157
   Heimatverzeichnis 153; 347; 421
Sichern von Daten
   cpio 103
   tar 103
Sicherungskopie 263; 265; 272; 297; 389
Signalbehandlung 435
Signale 257; 411
   '0' 420
   '1' 424
   '2', '3', '15' 414

'9' 416
abfangen 413
anzeigen 430
Geltungsbereich 433
ignorieren 421; 442; 537
Leitungsunterbrechung 424
Signalbehandlung vererben 440
zurücksetzen 428; 537
Signalnummern 413; 528
sleep 261; 296
Sonderzeichen
   * 97
   < 97
   > 97
   Shell 97
Spalten ausschneiden 99; 275
Spaltenweise Ausgabe 373
Sperren Terminal 430
Sprachgegebenheiten 10
Standardausgabe 341
Standardeingabe 16; 341
Standardfehlerausgabe 16; 34; 338
   umlenken 338
stty 432
Subshell 18; 20; 28; 51; 55; 66; 67; 317; 433; 460
Suchmuster 84
Symbolischer Link 224

T

tar 103; 158; 478; 533
Teilzeichenketten
   ausschneiden 387
   vergleichen 383
Telefonregister 44; 52; 54; 59; 70
temporäre Dateien 75
   löschen 417
TERM 542
TERMCAP 542
Terminal sperren 430
Terminalunterbrechung 424
test 150; 534
   alternative Schreibweise 173
   Anführungszeichen 154
   Erweiterung in SVR4 178
   Negationsoperator 174
   ODER-Verknüpfung 175; 178

Stichwortverzeichnis

Status von Dateien abfragen 169
und der Befehl if 152
UND-Verknüpfung 175; 178
Vergleich ganzer Zahlen 159
Zeichenketten vergleichen 152; 155
Testhilfe 30
Text erstellen 253; 291
TMOUT 542
tput 232
trap 413; 420; 536
tree 9
Trennzeichen
    der Befehle &&, || 210
    des Befehls read 109
    des Befehls set 107
    IFS 108
    Shell 43
true 286; 541
type 476; 537
typeset 364; 538
    Option -f 460; 465
    Option -L, -R, -Z 368
    Option -r 369
    Option -u 369
    Option -x 370
    Option -xf 466
    Option zurücksetzen 371
    Optionen in der Übersicht 365
TZ 542

U

Uhrzeit
    anzeigen 105
Umgebungsbereich 52
    Shell 50; 64
Umgebungsvariablen 53
    Prozeduren konfigurieren 55; 57
Umgekehrte Anführungszeichen 92
Umlenkung 337
uncompress 274; 540
UND-Verknüpfung 175; 178
unset 89; 467; 540
    Option -f 467
Unsichtbare Eingabe 432
Unterprogramm 467
until 258; 540

Endlosschleife 286
User-ID feststellen 392

V

Variable
    "$@" 39; 265
    $! 76
    $# 39; 161
    $$ 75; 298
    $* 38
    $? 75; 137
    $0 42; 74; 162; 163; 172
    $1 36
    $1 bis $n 35
    $2 37
    anzeigen 372
    ausrichten 368
    der aktuellen Shell verändern 70
    ENV 466
    exportieren 50; 51; 370
    formatieren 367
    Geltungsbereich 474
    global definieren 50; 370; 471
    HOME 97
    IFS 107; 109; 110; 112; 147
    in der Shellumgebung setzen 65
    Integer-Format 121
    Länge bestimmen 60; 382
    LINENO 31
    LOGNAME 97; 275
    lokal definieren 475
    Namen abgrenzen ${variable} 60
    nicht überschreibbar setzen 369
    PID 18; 76
    PPID 18; 255
    PS3 352; 531
    PS4 31
    PWD 464
    RANDOM 29
    REPLY 352; 531
    Typen definieren 364
    vordefinierte 64
Vaterprozesses 18
Vergleich
    alphanumerisch 159
    numerisch 159
    von Zahlen mit let 166

von Zahlen mit test 159
von Zeichenketten 152; 155; 216; 220; 383
Verzeichnis
   der Prozeduren 545
Verzeichnisse
   Anzahl Dateien überwachen 176
   Status abfragen 171
Verzeichnisstruktur
   anzeigen 9
   Diskette 6
vi 15; 21; 390
Vordefinierte Variablen 64; 73; 543
Voreinstellungswert
   Variablen 58

W

wc 24
what 11; 25
what string 25
while 250; 541
   Endlosschleife 286
who 48; 99
Wildcard-Zeichen 219; 223
write 176; 274

X

-x 30
x-Recht 19; 20

Z

Zeichenketten
   ausschneiden mit expr 387
   beliebige 223
   formatieren 363
   Länge bestimmen 60; 382
   prüfen numerisch 384
   Teilzeichenkette 383
   vergleichen mit case 216; 220
   vergleichen mit expr 380; 383
   vergleichen mit test 152; 155
Zeichenketten zerlegen 104; 278; 376
Zeiger auf Variablen 480

Springer und Umwelt

Als internationaler wissenschaftlicher Verlag sind wir uns unserer besonderen Verpflichtung der Umwelt gegenüber bewußt und beziehen umweltorientierte Grundsätze in Unternehmensentscheidungen mit ein. Von unseren Geschäftspartnern (Druckereien, Papierfabriken, Verpackungsherstellern usw.) verlangen wir, daß sie sowohl beim Herstellungsprozess selbst als auch beim Einsatz der zur Verwendung kommenden Materialien ökologische Gesichtspunkte berücksichtigen.
Das für dieses Buch verwendete Papier ist aus chlorfrei bzw. chlorarm hergestelltem Zellstoff gefertigt und im pH-Wert neutral.

Druck: STRAUSS OFFSETDRUCK, MÖRLENBACH
Verarbeitung: SCHÄFFER, GRÜNSTADT

Wir wollen unsere Computerbücher noch besser machen!

Das können wir aber nur mit Ihrer Hilfe. Deshalb möchten wir Sie bitten, die Karte ausgefüllt an uns zurückzuschicken. Alle Kommentare und Anregungen sind willkommen.

Herzlichen Dank für Ihre Unterstützung.

[you]

[sir]

user

Enter Springer. Enter Solution.

Was erwarten Sie von unseren Computerbüchern, und wie werden Ihre Erwartungen erfüllt?	Bitte geben Sie an, wie wichtig für Sie die Kriterien sind.					Bitte vergeben Sie Noten, wie dieses Buch Ihre Erwartungen erfüllt.				
	sehr wichtig 1	2	3	4	unwichtig 5	sehr gut 1	2	3	4	unzureichend 5
wertvolle Hinweise für die Lösung konkreter beruflicher Aufgaben	1	2	3	4	5	1	2	3	4	5
ausführliche Darstellung neuer Theorieansätze	1	2	3	4	5	1	2	3	4	5
Fortbildung über das Tagesgeschäft hinaus	1	2	3	4	5	1	2	3	4	5
einen schnellen Überblick über neue Produkte und Verfahren	1	2	3	4	5	1	2	3	4	5
nützliche Computersoftware auf einer beiliegenden Diskette/CD-ROM	1	2	3	4	5	1	2	3	4	5

Enter Springer. Enter Solution.
Internet: http://www.springer.de

[you]

Termöllen: Shell-Programmierung ... im Alleingang, 2. Aufl.

Absender

Name

Straße

PLZ/Ort

Wofür nutzen Sie dieses Buch?
☐ Berufliche Weiterbildung – Branche
☐ Studium – Fach _____ Semester
☐ Privat

Antwortkarte

An
Springer-Verlag
Product Manager, Planung Informatik
Tiergartenstraße 17
D-69121 Heidelberg

Bitte freimachen
falls Briefmarke
zur Hand.

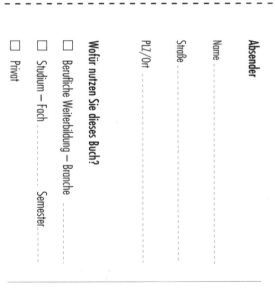

[sir]

user

D4